20世纪世界史
基础史料选编

上册

孟钟捷 梁 志 主编

中国出版集团 东方出版中心

图书在版编目（CIP）数据

20世纪世界史基础史料选编：上下册 / 孟钟捷, 梁
志主编. -- 上海：东方出版中心, 2024. 12. -- ISBN
978-7-5473-2585-8

Ⅰ. K15

中国国家版本馆CIP数据核字第202459MH91号

20世纪世界史基础史料选编（上下册）

主　　编	孟钟捷　梁　志
组　　稿	张爱民　刘　叶
责任编辑	黄　驰
封面设计	钟　颖

出 版 人	陈义望
出版发行	东方出版中心
地　　址	上海市仙霞路345号
邮政编码	200336
电　　话	021-62417400
印 刷 者	上海万卷印刷股份有限公司

开　　本	710mm×1000mm　1/16
印　　张	66.75
字　　数	900千字
版　　次	2025年1月第1版
印　　次	2025年1月第1次印刷
定　　价	198.00元

本书编委会

主　编：孟钟捷　梁　志

副主编：赵继珂　高嘉懿

参编成员（按姓氏笔画为序）：
丁夏阳　王志华　朱雅莉　陈　波　陈洪运　李　昀　李晔梦
肖　琦　郝江东　姚　昱　顾年茂　高志平　夏亚峰　徐之凯
葛　君　童　欣　谢国荣

编者的话

本书系普通高等教育"十一五"国家级规划教材、"十三五"国家重点图书出版规划教材和"首批上海高等教育精品教材"——《世界通史（第三版）》第三编《现代文明的发展与选择：20世纪世界史》（王斯德主编，余伟民、郑寅达著，华东师范大学出版社，2020年版）的配套教学用书。

华东师范大学世界史学科担负着培养历史学复合型本科人才和未来卓越教师的任务。"20世纪世界史"作为历史学系本科生专业必修课，至今已经过大约30年的建设。本课程2004年入选上海市精品课程，2020年入选上海市高校市级一流本科课程，2023年入选第二批国家级一流本科课程。通过修读本课程，希望同学们达成如下三项目标：（1）知识层面：从多维视角总体上把握20世纪人类社会发展的历史进程、基本脉络和演化大势；（2）能力层面：通过深入体察20世纪世界历史发展的丰富面相，逐步摒弃简单的线性因果思维，初步具备剖析多种原因导致多种结果的复杂思维能力和批判思维能力；（3）价值层面：通过了解世界历史发展的整体态势，体认中国共产党和中华人民共和国发展历程与世界历史演进之间的关联以及前者在后者中的地位，涵育家国情怀。

近年来，结合国家人才培养的最新指导精神，本课程授课团队在多年史料教学实践的基础上，进一步积极尝试探索如何更好地实现以学生发展为中心，不断提升课程建设的高阶性、创新性和挑战度。《20世纪世界史基础史料选编》（上下册）便是这一努力的阶段性成果。这套读本既可以作为"20世纪世界史"课堂讨论、过程性考核和期末考试的选题库，又可以为其他兄弟院校同类课程的史料教学提供资料来源，甚至可以作为中学历史教学的参考书。

为便于同学们和其他读者更好地熟悉和使用本史料读本，编者在此对本书的编辑体例及具体编写内容略作说明。

第一，在挑选历史文献资料时，除重点关注较为权威的国内中文版译本及国内外世界史领域顶级学者主编的世界近现代史或冷战史史料集之外，本书编者还尝试直接选译了部分英文及其他语种的原始史料，以便更加丰富该史料读本的涵盖内容，保持史料的原始属性。

第二，在选择将哪些条目纳入编写目录时，除按照传统编写习惯收录了大量国际关系领域的条目外，为了更加契合课堂授课内容，本书还特别收录了世界上一些大国的国内史史料，同时增加了一些与世界反殖民主义运动和第三世界国家发展问题相关的史料。

第三，参考本课程坚持打破世界史与中国史区隔的教学特色，在史料条目选择过程中特别收录了一些与中国问题密切相关的史料内容，力求以此促使学生既能从宏观的角度了解20世纪世界发展的基本态势和外观，也能以此了解中国共产党和中华人民共和国在世界整体发展中的地位以及世界对中国的影响。

第四，本书主要依据时间顺序对收录史料进行排序，并未刻意选择将之拆分成不同的专题。之所以选择如此编辑，主要是鉴于其中收录的很多条目涉及多个不同主题，刻意进行拆分反而增加同学们在具体学习过程中参考使用的难度。

第五，本书以第二次世界大战为界分为上下册。由于史料数量、类型等不同，上下册的编辑体例有所不同，下册除沿用上册的"历史背景介绍"和"思考题"之外，增加了"史家争鸣"，以便让读者更好地了解史学界研究状况。

第六，本书上册编写由孟钟捷和赵继珂负责，下册编写由梁志和高嘉懿负责。为了更好地提升本书应用的普及性，在组建编写队伍过程中，除重点依靠华东师范大学世界史教学团队师资（孟钟捷、梁志、姚昱、谢国荣、陈波、赵继珂、高嘉懿、肖琦、李晔梦、葛君、郝江东、童欣、顾年茂）外，还特意邀请美国长岛大学夏亚峰、湖北大学高志平、福建师范大学李昀、厦门大学陈洪运、华侨大学朱雅莉、上海大学徐之凯、上海师范大学丁夏阳以及华中师范大学王志华等参与编写，并请他们结合各自学校"20世纪世界史"的授课特点及教学重点等对史料选编条目建言献策，在此一并予以感谢。

最后，本书所收录文献资料大多来源于已经出版的史料选集，编者在编辑过程中都标明了文献的具体引用出处，在此对原作者、编者和译者深表谢忱。本书在选编文献过程中难免会出现这样或那样的疏漏或错误，敬请专家、读者不吝赐教。

目　录

1900年巴黎世界博览会开幕仪式

（1900年4月14日）

今天，在礼炮的轰鸣声中，共和国总统将宣布世界博览会开幕。

今天全天的安排尽显主办方的真挚热情与对和平的渴望。当然我们也期待今天晴空万里，春光明媚。

官 方 车 队

由一队身着盛装的铁甲骑兵开道，共和国总统的盛大马车将经加布里埃尔大道上的大门驶出爱丽舍宫。

内政部长瓦尔德克·卢梭、总统府军事事务负责人巴尤将军将与总统卢贝一起乘坐这辆套着华丽棕红色骏马的道蒙式马车。

紧随其后的是部长与副国务秘书们的车辆。然后是军区司令与总统府官员，总参谋部及各省代表们所乘坐的车辆。

官方车队将经过协和广场、拉图尔·莫堡大道，并将在位于拉莫特·皮凯大道的礼堂前停下。

......

仪 式

共和国总统抵达后，由塔法内尔指挥的合唱团和管弦乐队将奏响《马赛曲》，所有人起立、脱帽。

法国国歌奏毕，管弦乐队将单独演奏马塞内的《庄严进行曲》。

米勒兰随后将发表长篇讲话，接着是卢贝总统致辞。

总统致辞毕，合唱团和管弦乐队将表演卡米尔·圣-桑的《雨果颂》。在泰奥多尔·迪布瓦的美妙的《英雄进行曲》中，嘉宾们将跟随总统前往战神广场花园。

参 观 展 览

共和国总统将在部长、副国务秘书、最高荣誉骑士团勋章获得者、巴黎军区司令及总统府内政和军事官员的陪同下参观展览。

一同参观的还有：

大使与全权公使；

参议员与众议员；

巴黎市议员与塞纳省议员；

各国特使；

世博会高级委员会委员与各主要委员会主席；

塞纳省省长与警察总监。

参观将由世界博览会主任专员与高级工作人员引导。

塞 纳 河 上

埃米尔·卢贝总统将在耶拿桥附近登上精心装饰、挂满彩旗的57号游览观光船。同乘的还有米勒兰、瓦尔德克·卢梭、部长、外交使团与各国特使以及阿尔弗雷德·皮卡尔先生。

紧随总统游船的是同样彩旗飘扬、装饰一新的58号和59号游览观光船。

前一艘将搭乘参议员、众议员及所有其他来宾；第二艘游船上乘坐的是法国和外国媒体人士以及共和国卫队乐团的乐手们，乐手们将在登船、途中及下船时演奏乐曲。

游船将航行至亚历山大三世桥脚下。

埃米尔·卢贝总统将在雄壮欢快的进行曲中穿过大桥，回到他的马车中，再驶入一条新的大道，返回爱丽舍宫。

夜 间 庆 祝

巴黎各地将举行各种各样的群众庆祝活动。

莱皮纳决定满足大多数巴黎人民的心愿，批准自今天起，连续三天举办公共舞会。

只要天气晴暖，节日的灯盏不被雨水浇灭，表演者们就会尽兴舞蹈，尽情欢乐，以庆祝世界博览会的开幕。

译自"L'exposition universelle: la cérémonie d'inauguration", *Le Petit Parisien*, le 14, avril, 1900.

[**历史背景介绍**]

1900 年 4 月 14 日，巴黎世界博览会开幕。这是法国自 1855 年举办了第一届巴黎世博会之后，举办的第五届世博会。1892 年 7 月 13 日，德国想举办世纪之交的世博会的流言最终催生了法兰西第三共和国计划举办世博会的决定。法国力图保持每 11 年举办一次世博会的传统，更因为 1900 年是新世纪开始的第一年，法兰西共和国要通过世博会体面地结束 19 世纪，以体现作为世界文明前哨的法兰西精神。这届博览会持续了六个月，40 余国参展，期间还举办了第二届现代奥林匹克运动会，总计吸引全球 5 000 余万观众参观游览。世博会也吸引了媒体的广泛关注，所选资料即为巴黎著名的独立报刊《小巴黎人报》于开幕式当天刊发的对开幕式流程的详细报道。巴黎世博会第一次使用"世界博览会"这个名称，从此"世博会"成为此项国际盛事的正式名称。

[思考题]

1. 请列举出在20世纪上半叶举办的三次具有重要意义的世界博览会。

2. 思考世界博览会举办的政治、经济及社会意义?

（肖琦　编）

1900年巴黎奥林匹克运动会
（1900年5月14日—10月28日）

　　11年前我所看到的1889年万国博览会的三巨头，特别是乔治·贝尔热和阿尔方，是那么开通、那么务实、那么敢作敢为，致使我天真地指望，1900年的奥运会必然会获得同样的支持。对推广学校体育这一新生事物，他们曾欣然表示支持，又怎会对复兴奥运会这一伟大事业加以拒绝呢？要知道，雅典奥运会已一鸣惊人，曾掀起报界风潮。但是此时，个人专权已经取代了昔日灵活的三头政治。1900年博览会的总监阿尔弗雷德·皮卡尔先生像许多清高的大人物一样，讨厌"步人后尘"。我们唯一进行过的一次谈话，还是发生在几年以前，准确说来是1894年1月30日。几个月后，奥运会复兴运动便如火如荼地展开了。当时我们向他提交了一份由我和蒙泰涅中学教师、古希腊学者和著名体操运动员G.施特雷先生签署的计划。将第二届奥运会纳入巴黎万国博览会的想法当即就引起了他的不快，单独设立"体育运动现状与回顾"展区的想法同样令他生厌。我们的计划还包括在博览会或附属部分的场界内，复制奥林匹亚阿尔迪斯圣林，建筑物内将展出古代、中世纪和现代的体育文物。皮卡尔在表示他会关注我们的计划之后，便将它束之高阁，永久地抛到了脑后，从此石沉大海，杳无音讯。三年后在公布展品分类时，运动员们吃惊地看到滑冰鞋被列入钢制品类；赛艇被列入救生类；体育协会被列入社会共济机构之列；如此等等，不一而足，令人啼笑皆非。我早已看出，已不能对他再抱有任何幻想，指望他为奥运会做些什么，犹如水中捞月。前议会主席A.里博先生也曾试图说服他支持奥运会，但同样是徒劳无功。

于是，我决心撇开一切行政当局的干预，通过一个私人委员会来组织1900年的奥林匹克运动会。德·拉罗什富科子爵同意担任委员会主席，并在巴黎瓦莱纳大街的拉罗什富科饭店设立了办公机构。这个计划表面上看是非常冒失的，其实不然。我是经过深思熟虑的。博览会管理局声称将组织"身体训练和体育运动的比赛"，这是坐办公室的人才想得出的一个令人惊叹的同义迭用词语。比赛地点的选择（万森），委员会和委员分会的庞大和重复，比赛项目的纷杂，据说还加进了台球、垂钓和棋牌一类，所有这些，无论从哪一方面看，都无法使他们获得成功。这将只能是一个嘈杂而混乱的集市，与我们希望奥林匹克运动会所具有的特点完全背道而驰。我们提供给参赛者的，应该是他们无法在其他地方找到的东西。他们曾进入雅典，触摸到最纯粹的古代文化。巴黎则应该为他们展示古老的法兰西，它悠久的传统和优美的环境。大众有博览会的竞技和节目，而我们将为精英组织一届奥运会，报名参赛的运动员虽然人数不多，却是精英中的精英，囊括了世界最优秀的选手；观看比赛的观众中的精英，包括社交人士、外交人士、教授、将军、法兰西研究院院士。对他们来说，有什么能比皮埃尔的游园会、瓦莱纳大街的节日之夜、艾斯克里蒙或布奈尔的远足更令人感到心旷神怡、妙不可言的呢？

　　我们的资源不应该只限于此。我们还应该有一个能起关键作用的总监。罗贝尔·富尼耶·萨尔洛韦泽先生接受了我的邀请，同意担任这一职务。他精力充沛、机智灵活且阅历丰富，我对他抱有十足的信心。随他而来的是孔皮埃涅体育协会（Sport gemeinschaft von Compiegne），是那些令人满意的场地，是那些热情高涨而踏实肯干的会员。包括径赛和田赛项目的田径比赛交由赛跑俱乐部组织，以感谢它对学校体育的发展所给予的大力支持。出于同一理由，足球比赛理所当然地委托给法国场地运动协会筹办。这样，创建法国体育协会联合会的两个体育协会，在历经艰难困厄之后终将为世人所称颂。击剑推广协会也做出提供支持的保证，各协会纷纷承诺予以支持……

　　若想正确地理解，为何这样一个计划并非不可行的，就需要读者诸君充分发挥想象力，设想一下30年前的情景了。那时候，没有什么比聚集大量观众观看体育比赛更不容易的了。赛事的吸引力很小，只有自行车赛能吸引大批观众。几年前，赛跑俱乐部邀请著名的纽约曼哈顿田径俱乐部代表队前来比赛时，门票收入仅够支付比赛费用的三分之二。次年，首次英法足球赛在法国举行，虽然新任驻法大使、赫赫有名的达弗林勋爵亲临主持，亏空仍相当醒目。后不久，首次同伦敦赛艇俱乐部进行对抗的八人赛艇比赛在安得雷兹举行，法国队取得胜利。英国来宾对此表现出了绅士风度，但是令他们大惑不解的是，何以法国舆论对此胜利竟然毫不关注？面对此情此景，你又能怎样呢？体育，用某位大学人士的话来说，无非是休闲活动，仅此而已，岂有他哉！公众舆论仍陷在这一定论之中。

……

在1900年，体育精神还只是下意识地存在于真正的运动员身上。公众舆论对此几乎毫无概念，而行政当局，正如我们所认为的那样，更是一头雾水，什么也不明白。如果说战神广场上的这些先生们缺乏体育精神，那么他们的组织技术也好不到哪儿去。他们左发一个通报，右发一个通报。通报雪片般地飘来飘去，可是有用的消息没几条。最为奇怪的是，已不存在的拉罗什富科委员会，却仍然得到国外人士的信任。人们收不到这个委员会的任何消息，便向国际奥委会主席发出抱怨。怨声不绝于耳。10月11日，奥运会开幕前6个月，卡斯珀·惠特尼公开表示了美国人的不满。10月23日，吉里·古思在布拉格宣称，因无所适从而感到心灰意冷。不久，从哥本哈根传来同样的声音。从四面八方传来大家对本次运动会的怨声载道，正如斯隆先生所说，"它是由一群无能之辈组织的"。大家纷纷要求我进行干预。惠特尼天真地请驻巴黎使馆敦促博览会放弃官方计划，将"金钱和自由"交给国际奥委会确定的人选。1900年4月14日，弗朗茨·约瑟夫皇帝的侍卫官图恩·瓦尔塞西纳伯爵宣称，"鉴于巴黎奥运会国际奥委会应有一名奥地利委员"。加拿大人采取了同样的行动。

这期间，时间一分一秒地流逝。什么也没有建起，只是又出现了新的委员会分会和繁琐的规则。万森被放弃了。没有钱，没有体育场，没有比赛场地。人们请求国际奥委会委员加入裁判团，最终却不得不同各个体育协会联系，以谋求直接的支援和借用场地。为了组织田径运动日，他们与赛跑俱乐部进行了接洽。既有今日，何必当初，他们当初疾言厉色地弃绝了我1898年的计划，斥之为"平庸而辱没国家"的计划，又何苦来呢？

……

关于1900年奥运会的其他赛事，我在这里欲言无语。大家竭心尽力，运动员全力拼搏，成绩惹人瞩目，但是没有任何奥林匹克的影子。用我的一位同事的话来说，他们"剁碎了我们的事业，滥加利用"。此话言之不谬，一语道破了1900年奥运会的特点。这次运动会的教训是，无论如何也不可以让奥运会附属于一种大规模的市场集会，在这种结合中，奥运会的价值荡然无存，奥运会的教育意义无从体现。不幸的是，这种刚刚缔结的"婚姻"比我们所想的更加牢固。1904年和1908年，出于经费原因，我们不得不两次与博览会再携手。只是在1912年，经过瑞典的努力，"离婚"才宣告成功。在这场"不幸婚姻"的延续过程中，奥林匹克主义总还是有了越来越独立的地位，不再像这次在巴黎那样沦为屈辱的附庸。

录自顾拜旦：《奥林匹克回忆录》，刘汉全译，北京：北京体育大学出版社，2007年，第48—57页。

[历史背景介绍]

1894年6月，国际体育运动代表大会在巴黎召开，会议决定复兴奥林匹克运动会。顾拜旦建议在1900年世界博览会召开的同时在巴黎举行第一届现代奥林匹克运动会，希望以此扩大奥运会的影响。会议并未采纳他的提议，决定于1900年在巴黎举办第二届奥运会。然而法国政府对奥运会并不热心，将奥运会的筹备工作交给了世界博览会筹备委员会。后者将奥运比赛视为一种休闲娱乐活动，对场地的修建、比赛项目、日程等缺乏精心安排与准备。1900年5月14日至10月28日，作为巴黎世界博览会的一部分，第二届奥运会在巴黎举办。奥运会无开、闭幕式，无主场地，甚至没有准备好奖牌，巴黎的舆论对此也反应冷淡。但这届奥运会吸引了22个国家和地区的

1330名运动员参赛,尤其是首次有女子运动员参赛,英国选手库珀获得网球单打决赛冠军,成为首位奥运会女子冠军运动员。

[**思考题**]

1. 女性运动员此前为什么不被允许参加奥林匹克运动会?

2. 第二届奥林匹克运动会为什么会在法国受到冷遇?

（肖琦　编）

003

清政府《对万国宣战诏书》
（1900年6月21日）

　　光绪二十六年五月二十五日内阁奉上谕：我朝二百数年，深仁厚泽，凡远人来中国者，列祖列宗罔不待以怀柔。迨道光、咸丰年间，俯准彼等互市，并乞在我国传教；朝廷以其劝人为善，勉允所请，初亦就我范围，遵我约束。讵三十年来，恃我国仁厚，一意拊循，彼乃益肆枭张，欺临我国家，侵占我土地，蹂躏我人民，勒索我财物。朝廷稍加迁就，彼等负其凶横，日甚一日，无所不至。小则欺压平民，大则侮慢神圣。我国赤子，仇怨郁结，人人欲得而甘心。此义勇焚毁教堂、屠杀教民所由来也。朝廷仍不肯开衅，如前保护者，恐伤吾人民耳。故一再降旨申禁，保卫使馆，加恤教民。故前日有「拳民、教民皆吾赤子」之谕，原为民教，解释夙嫌。朝廷柔服远人，至矣尽矣！然彼等不知感激，反肆要挟。昨日公然有社士兰照会，令我退出大沽口炮台，归彼看管，否则以力袭取。危词恫吓，意在肆其猖獗，震动畿辅。

　　平日交邻之道，我未尝失礼於彼，彼自称教化之国，乃无礼横行，专肆兵监器利，自取决裂如此乎。朕临御将三十年，待百姓如子孙，百姓亦戴朕如天帝。况慈圣中兴宇宙，恩德所被，浃髓沦肌，祖宗凭依，神只感格。人人忠愤，旷代无所。朕今涕泣以告先庙，抗慨以示师徒，与其苟且图存，贻羞万古，孰若大张挞伐，一决雌雄。连日召见大小臣工，询谋佥同。近畿及山东等省义兵，同日不期而集者，不下数十万人。下至五尺童子，亦能执干戈以卫社稷。

　　彼仗诈谋，我恃天理；彼凭悍力，我恃人心。无论我国忠信甲胄，礼义干橹，人人致死，即土地广有二十馀省，人民多至四百馀兆，何难减比凶焰，张我国威。其有同仇敌忾，陷阵冲锋，抑或仗义捐资，助益饟项，朝廷不惜破格懋赏，奖励忠勋。苟其自外生成，临阵退缩，甘心从逆，竟作汉奸，朕即刻严诛，绝无宽贷。尔普天臣庶，其各怀忠义之心，共泄神人之愤，朕实有厚望焉！钦此。

录自故宫博物院明清档案部编：《义和团档案史料》（上册），北京：中华书局，1959年，第162—163页。

[历史背景介绍]

1900年6月21日（光绪二十六年五月二十五日），因荣禄向慈禧禀报称各国公使已经联合决定，"勒令皇太后归政"，为了保住权力，慈禧以光绪皇帝名义下诏向列强宣战，该份诏书被称作"对万国宣战诏书"。尽管该文件命名为《对万国宣战诏书》，但在广东湛江师范学院历史系教授郭天祥看来，很难说它是一份对外宣战的诏书。因为：首先，上谕中从头至尾都没有说明清政府是向哪一国或哪几国宣战，甚至连任何国家的名字都没有提到。其次，从上谕行文的人称和措辞看，它并不是说给外国列强听的，也不是送给外国列强看的，而是说给清王朝的臣民将士听的。

[思考题]

清政府颁布《对万国宣战诏书》的真实动机是什么？

（赵继珂　编）

004

海约翰门户开放政策
（1900年7月3日）

1900年7月3日致在华合作大国的通函，明确美国的宗旨和政策。

国务院

华盛顿，1900年7月3日

（向美国驻柏林、巴黎、伦敦、罗马和圣彼得堡大使馆以及美国驻维也纳、布鲁塞尔、马德里、东京、海牙和里斯本使团发出的通函电报。）

在这一中国事务的危机态势中，在现有情况的准许下，我们认为明确美国的态度是适当的。我们坚持1857年制定的对华和平政策。这项政策坚持和中华民族友好相处，并在制外法权条约所规定的权利和国家法律之下，促进合法商业贸易，以所有手段保护我们的公民的生命财产。如果对我们的公民发生有违于此的事，有关罪责，我们将唯肇事者是问。我们认为北京的情况是一种事实上的无政府状态，由此引起的结果是，权利与责任事实上移交给地方各省份当局。只要他们没有明显与叛匪相勾结并运用他们的权利保护外国人的生命财产，我们就视他们为中国人民的代表，并与他们保持和平友好关系。迄至今日，美国总统的目的是，与其他国家协同行动：首先，与北京对话并营救美国官员、传教士和危难中的其他美国人；其次，努力尽一切可能保护中国各地的美国人的生命财产；第三，保卫所有美国正当的利益；第四，帮助防止动乱扩展到这个帝国的其他省份，出现同样的灾难。当然，现在预计以什么手段达到这样的目的仍为时尚早；但是美国政府的政策是寻求一种解决方案，这个解决方案的目的是能够给中国带来永久安全与和平；

维护中国领土与行政完整；保护一切友好国家在条约和国际法保证下的一切权利；维护世界各国与中华帝国各地的平等、公正贸易的原则。

请把这条指示的主要内容告知各驻在国外长。

海

译自 United States Department of State, *Foreign Relations of the United States*, 1901, Appendix, Affairs in China，Washington: United States Government Printing Office, 1902, p.12.

[历史背景介绍]

门户开放实际是美国侵略中国的一种政策。19世纪末西方列强在中国竞相租借土地，划分势力范围。早在1899年9月，美国国务卿海约翰照会英、法、德、日、意、俄，承认它们在华的势力范围，同时要求美国可以在上述势力范围内享有通商自由、平等税率和一切特权。1900年7月3日，海约翰再次照会六国政府，提出在保持中国领土完整和行政统一的同时，要保护列强在华权益和保证与中国一切地方公平贸易之原则。这就是所谓"门户开放"政策。该政策在提出初期并未得到列强公开认可，直到1922年华盛顿会议上才得到列强正式承认，作为列强对华侵略的政策原则被载入《九国公约》。这一政策披着"平等""开放""保全中国"的华丽外衣，至今仍不时被美国所标榜，实质上却是其扩大侵华的工具。此外，学界对门户开放的开端和起源有不太统一的观点，例如有的学者认为门户开放的开端和起源在英国，同时还有学者提出了开端的"中国说"，或是认为应从近代列强对华关系的角度来审视和界定该政策是鸦片战争后列强共同的对华政策。

[思考题]

结合相关史实，谈谈列强为什么会提出门户开放政策？

（赵继珂　编）

005

英国和日本第一次同盟条约
——关于中国和朝鲜的协定
（1902年1月30日）

英国政府和日本政府出于保持远东的现状和普遍和平的唯一愿望，而且特别关心保持中华帝国和朝鲜帝国的独立和领土完整，和保证各国在这些国家的贸易和工业的机会均等，为此，同意以下条款：

第 一 条

鉴于缔约双方都已承认中国和朝鲜的独立，它们声明它们完全不受对上述任一国的任何侵略倾向的影响。但是，考虑到它们的特殊利益，英国主要在中国的特殊利益，而日本除了在中国拥有的利益外，在政治、商业和工业上对朝鲜具有特别深切的利益，缔约双方承认，如果这些利益受到任何其他国家的侵略行动或在中国或朝鲜发生的骚乱的威胁，而有必要由缔约双方的任一国进行干涉，以保护它的臣民的生命和财产的话，将允许它们中的任一方采取必要的措施来保护这些利益。

第 二 条

如果，不论英国或日本，如以上所述，在保护它们的特殊利益时，与另一国发生战争，缔约另一方应保持严格的中立，并努力防止其他国家参与反对其盟国的敌对行动。

第 三 条

如果，在上述事件中，任何其他一个或几个国家参与反对其盟国的敌对行动，缔约另一方将提供援助，并将共同作战以及和其盟国相互协议缔结和平。

第 四 条

缔约双方同意它们中的任一方如未与另一方进行协商，不得与另一国缔结有损上述利益的单独协议。

第 五 条

不论英国或日本，如认为上述利益遭到危害时，两国政府将充分和坦率地相互通知。

第 六 条

本协定自签署之日起立即生效，从该日起有效期为五年。

如果缔约任一方在五年期满前十二个月未将终止本协定的意愿通知对方，则本协定仍然有效，直至缔约任一方宣布废除本协定之日起一年期满时为止。但是，如在规定的期限届满时，任一盟国实际上在进行战争，则两国的同盟关系应根据这一事实继续保持下去直至缔结和平。

下列签署人经各自政府正式授权在本协定上签字盖章，以昭信守。

1902 年 1 月 30 日订于伦敦，一式两份。

英国国王陛下外交大臣

兰斯多恩

日本皇帝陛下驻圣詹姆斯宫特命全权公使

林董

录自世界知识出版社编：《国际条约集（1872—1916）》，北京：世界知识出版社，1986年，第215—217页。

[历史背景介绍]

英日同盟是英俄、日俄矛盾冲突并日趋激化的必然结果，正是出于共同抗俄的需要，使英日逐渐从对抗走向结盟。该同盟的成立标志着瓜分东亚的帝国主义军事集团的形成，它改变了远东国际格局和列强在东亚的力量对比，对东亚国际格局的演变产生了巨大影响。

[思考题]

1. 第一次英日同盟对近东东亚国际关系产生了怎样的影响？
2. 第一次英日同盟是如何达成的？

（赵继珂　编）

海—埃兰条约（节录）

（1903年1月22日）

美利坚合众国和哥伦比亚共和国渴望确保建造一条连通大西洋和太平洋的运河……因而决定为此目的缔结一项条约，并据此任命全权代表。

美利坚合众国总统全权代表国务卿海约翰和哥伦比亚共和国总统全权代表代办托马斯·埃兰经上述政府特别授权，在相互通报了各自的全权后，以良好和适当的形式商定并缔结了以下条款。

第一条　哥伦比亚政府授权新巴拿马运河公司向美国出售和转让其权利、特权、财产和特许权，以及巴拿马铁路公司及其所有或部分股份；位于下文规定区域之外、目前与上述两个企业特许权相对应的公共土地应归哥伦比亚共和国所有。但上述企业目前在巴拿马和科隆两地港口和码头内拥有或占有的任何财产除外。

……

第二条　美国应拥有为期一百年的专属权利，只要美国愿意，可根据其唯一和绝对的选择再延长一百年，以挖掘、建造、维护、经营、控制和保护从大西洋到太平洋、穿过哥伦比亚领土的海上运河，无论有无船闸。……

第三条　为了使美国能够行使本条约所授予的权利和特权，哥伦比亚共和国授予上述政府使用和管理即将开通运河沿线的土地，期限为一百年，只要美国愿意，可根据其唯一和绝对的选择再延长一百年。……

第四条　本条约条款授予美国的权利和特权不能影响哥伦比亚共和国针对行使这些权利和特权的领土的主权。美国政府完全承认这一主权，拒绝以任何方式损害这一主权，并放弃以牺牲哥伦比亚或中南美洲任何姐妹共和国利益来扩张它领土的一切企图；相反，美国政府恰恰希望加强该大陆上各个共和国的力量，并促进、发展和维护它们的繁荣和独立。

第五条　哥伦比亚共和国授权美国在计划中运河的每个河口和终点处建造并维护一个港口，供运河的船只使用，并配备适当的灯塔和其他的航行辅助设施。……

第六条　哥伦比亚共和国承诺不向任何外国政府割让或租赁巴拿马湾内或邻近地区，以及位于阿特拉托河与巴拿马省西部边界之间的哥伦比亚大西洋海岸任何岛屿或港口，以建立防御工事、海军或燃料补给站、军事哨所、码头或其他可能妨碍运河及其辅助工程建设、维护、运作、保护、安全和自由使用的工程。为了使哥伦比亚能够遵守这一规定，美国政府将在必要时提供物质支持，以防止上述岛屿和港口被占领，从而保障哥伦比亚的主权、独立和完整。

……

第八条　哥伦比亚政府宣布，包括巴拿马和科隆两地在内的运河任何港口及其水域在任何时候都是免费的。哥伦比亚政府不得对使用或通过运河的船只，对属于美国政府并由其直接或间接雇用的、涉及主要或辅助工程的建设、维护和运营的船只，对这些船只的货物、官员、船员或乘客征收任何关税、吨位费、锚地费、灯塔费、码头费、引水费、检疫费或任何其他税款或关税。

……

第九条　不得对运河、使用运河的船只、为运河服务的拖船和其他船只、铁路和辅助工程，以及与运河或铁路相关的货仓、工作车间、办公室、工人宿舍、各种工厂、仓库、码头、机械和其他工程、财产和物品，或运河或铁路及其附属设施服务所必需的物品征收任何国家、市政、部门或任何其他类别的税，无论其位于巴拿马和科隆，还是位于本条约规定所批准的任何其他地点。

不得对为运河及其附属机构服务的雇员、官员、工人和其他个人征收任何种类个人性质的摊派或费用。

......

第十一条　哥伦比亚政府应允许在运河及其附属设施工作、寻求就业，或以任何方式与运河及其附属设施相关的雇员、劳工和他们亲属移民或自由进入运河及其附属设施。所有这些人在哥伦比亚共和国应免于服军役。

第十二条　美国可在任何时候向上述地区进口船只、挖泥机、发动机、汽车、机械、工具、炸药、建筑材料和日用物资，以及建造、维护和运营运河和其他辅助设施必备和实用的其他物品，以及为美国服务的军官、雇员、工匠、劳工和他们亲属必备和实用的所有食品、药品、衣服、日用物资和其他物品，无须缴纳关税、摊派、税款或其他费用，且不受任何限制。如果上述任何物品打算在巴拿马和科隆之外的共和国境内消费，则须根据哥伦比亚法律或巴拿马省条例征收与对类似物品相同的进口税或其他关税。

第十三条　美国应有权保护和保障运河、铁路，以及其他辅助工程和附属设施的安全，维护该地区劳工和其他人员的秩序和纪律，制定和执行其认为必要的警察和卫生条例，以维护那里的秩序和公共卫生，并保护运河、铁路，以及其他工程和附属设施的航行和商业不受干扰或损害。

......

第十四条　运河、铁路及其附属设施建设被宣布为公共事业，因此，建造、维护和运营运河及其他特定工程所需的所有土地和水域可根据哥伦比亚法律予以征用；但赔偿应由哥伦比亚和美国政府任命的联合委员会最终确定，不得上诉。委员会为这种征用确定的赔偿金须由美国支付，但对征用土地和损害赔偿的评估应以运河工程开始前的价值为基础。

......

第二十四条　美国政府承诺尽快完成开通运河及其辅助设施所需的前期工作；并在本条约批准书交换后的两年内启动运河主体工程，在上述两年后的十二年内，运河将对两大洋之间的贸易开放。然而，如果在建造运河的过程中出现了现在无法预见的困难和障碍，考虑到美国政府的诚意、已在工程中支出的金额，以及遇到的困难的性质，哥伦比亚政府须将本条规定的期限再延长十二年，以完成运河的建造。

如果美国在任何时候决定在海平面上建造运河，在这种情况下，期限应再延长十年。

第二十五条　为了补偿哥伦比亚为建造运河而在本条约中授予美国这一地区使用权、巴拿马铁路公司的所有权（哥伦比亚不再从上述公司获得25万美元年金），以及授予美国的其他权利、特权和豁免，并考虑到由于建造运河的工作而使巴拿马省的公共行政开支增加，美国政府承诺在交换本条约的批准书时向哥伦比亚政府支付1 000万美元的美国金币，并在之后每年支付25万美元金币，在本条约有效期内，从上述日期起的九年后起算。

本条规定是对本条约保证给哥伦比亚的其他利益的补充。

但本条规定任何延期或分歧不应影响或中断本条约在其他方面的全面实施和效果。

……

第二十八条　本条约经缔约各方签署后，应根据各自国家的法律予以批准，并在本日起八个月内在华盛顿交换，如有可能则提前交换。各自全权代表在本条约上签字并盖章。

公元1903年1月22日

订于华盛顿市

海约翰

托马斯·埃兰

译自 United States Department of State, *Diplomatic History of the Panama Canal*, Washington: U.S. Government Printing Office, 1914, pp.277-308.

［历史背景介绍］

20世纪初，美国总统西奥多·罗斯福决定参与巴拿马运河的建设。1902年，美国国会参议院投票通过了购买运河项目的提案。次年1月22日，美国国务卿海约翰与哥伦比亚代办埃兰签订《海—埃兰条约》。美国参议院批准了这一条约，但哥伦比亚参议院不批准此条约。美国选择接触争取脱离哥伦比亚独立的巴拿马反政府武装，答应帮助他们取得独立。11月2日，美国军舰封锁了哥伦比亚军队可能前往镇压巴拿马暴动的航线。次日，巴拿马宣布独立并很快获美国承认。6日，《美巴条约》签署，美国借此获得建设巴拿马运河和无限期管辖巴拿马运河区和其防御设施的权利。

[**思考题**]

《海—埃兰条约》是平等条约吗？为什么？

（王志华　编）

007

俄国社会民主工党党纲（节录）

（1903年）

交换的发展在文明世界的各民族间确立了这样密切的联系，使无产阶级的伟大解放运动应当成为而且也早已成为国际性的运动。

俄国社会民主党认为自己是无产阶级世界大军中的一支队伍，它所追求的最终目的，和其他一切国家中的社会民主党所力图达到的最终目的完全相同。

这一最终目的，为现代资产阶级社会的性质及其发展进程所决定。……

无产阶级的社会革命以生产资料与流通手段的公有制代替；私有制以后便来有计划地组织社会生产过程，以保证社会全体成员的福利与全面发展，于是就将消灭社会划分为各个阶级的现象，从而解放一切被压迫的人们。因为无产阶级的社会革命将消灭社会上一部分人被另一部分人剥削的一切形式。

这个社会革命的必要条件就是无产阶级专政，即由无产阶级掌握足以镇压剥削者任何反抗的政权。国际社会民主党既以使无产阶级能够完成其伟大历史任命为己任，就应组织无产阶级，使它成为一个与一切资产阶级党对立的独立政党，领导无产阶级的各种形式的阶级斗争……工人阶级的政党——即社会民主党——号召一切劳动者和被剥削阶层加入它的队伍，因为他们正转变到无产阶级的观点上来。

在俄国，资本主义虽然已经成为占统治地位的生产方式，但还保存有相当多的前资本主义旧制度的残余，这种旧制度是以地主、国家或国家首脑奴役劳动群众为基础的。这些残余一方面极其严重地阻碍着经济的进步，同时也使无产阶级的阶级斗争不能全面发展，促使国家与有产阶级剥削千百万农民的各种最野蛮的形式保存下来，加强起来，并使全体人民处于愚昧无知和毫无权利的境地。

所有这些残余中最大的一个，整个这种野蛮制度最强的支柱，就是沙皇专制制度。沙皇专制制度的本性是与任何社会运动相敌对的，它不能不是反对无产阶级的一切解放要求的最凶恶的敌人。

因此，俄国社会民主工党的最近的政治任务就是要推翻沙皇专制制度，代之以民主共和国。共和国的宪法得保证：

1. 人民的专政，即全部最高国家政权集中于人民代表组成的，一院制的立法会议手中。

2. 无论在选举立法会议时，或是在选举一切地方的自治机关时，凡年满二十岁的男女公民，皆有普遍、平等和直接的选举权，在各种选举中实行秘密投票；每一个选民都有被选入一切代表机构的权利，议会以两年为期；人民代表支取薪金。

3. 实行广泛的地方自治；生活条件特殊与居民成分特殊的地区实行区域自治。

4. 人身与住处不可侵犯。

5. 信仰、言论、出版、集会、罢工与结社自由不受任何限制。

6. 迁徙与职业自由。

7. 消灭等级差别，一切公民不分性别、宗教、种族与民族完全平等。

9. 国内各民族有自决权。*

10. 每个公民皆有权按一般手续向陪审法庭控告任何官吏。

11. 法官由人民选举。

12. 以全民武装代替常备军。

13. 教堂与国家分离，学校与教堂分离。

14. 十六岁以下的男女儿童免费受普及的和职业的义务教育；穷苦儿童

---

* 原文9—14序号如此。——编者注

由国家拨款供给衣食和教材。

俄国社会民主工党要求废除一切间接税并规定累进的所得税与遗产税，认为这是国家经济民主化的基本条件。

为了保护工人阶级不致在身体上和精神上恶化，同时也为了增强他们进行解放斗争的能力，党要求：

1）限制工作日，一切雇佣工人一天工作八小时。……

4）*在国民经济各部门中禁止夜班（从晚九时至晨六时），经工人组织批准，认为在技术上夜班有绝对必要的部门除外。

5）禁止企业主使用学龄（十六岁以下）儿童的劳动，限定少年（十六岁至十八岁）的工作日为六小时。

6）在对妇女健康有害的部门中禁止使用妇女劳动；妇女产前免除工作四周，产后免除工作六周，在此期间工资照发。

8）工人年老与部分或完全丧失劳动能力时享受国家保险，其费用由向资本家征收特别税而来的专用基金中支付。

9）禁止以商品代付工资；规定每周一次按所有一切工人受雇合同以现金结账，发放工资应在工作时间之内。

10）严禁企业主克扣工资，不论克扣工资的借口和目的为何（如罚款、报废等等）。

11）在国民经济的一切部门中任命足够数量的工厂检查员，并把工厂检查处的监督推广到一切使用雇佣劳动的企业中去，官办企业亦不例外（家仆的劳动也在这种监督的范围内）；在使用妇女劳动的部门任命女性检查员；为工人选出并由国家支付薪金的代表参加监督，监督工厂法的执行，同时也监督工资定额之估定、材料与工作结果之验收与报废。……

为了消灭沉重地压迫着农民的农奴制残余，为了使农村中的阶级斗争自由发展，党要求首先要：

1）废除赎金与代役金以及现时由那作为一个纳税等级的农民所负担的

---

* 原文4）—11）序号如此。——编者注

任何贡赋。

2）废除约束农民处理其土地的一切法令。

3）把以赎金与代役金形式取自农民的款项归还农民；为此必须没收寺院财产与教堂财产，也没收皇室的、部院的以及皇族的庄园，同样也对曾享有赎金贷款的贵族地主的土地课以特别税；把用这些方法得来的款项拿来建立特设的国民基金，以供乡社的文化事业与慈善事业的需要。

……

俄国社会民主工党在努力达到自己的最近目的时，将支持任何反对俄国现存社会制度与政治制度的反政府的运动和革命的运动，同时并坚决摈弃一切改良主义的方案，不论它们是以何种方式跟扩大与巩固警察官僚对劳动阶级的监护相联系着。

俄国社会民主工党坚定地相信，只有通过推翻专制制度并召集全民自由选出的立宪会议，才能完全、彻底而牢靠地实现上述各项政治上与社会上的改造。

录自周一良、吴于廑主编：《世界通史资料选辑：近代部分》（下册），北京：商务印书馆，1964年，第148—151页。

[历史背景介绍]

俄国社会民主工党第二次代表大会于1903年7月13日至8月23日举行。会议最初在比利时布鲁塞尔召开，后来因为受到俄国驻比利时大使的外交压力，比利时警察于8月6日将与会代表驱逐出境，代表随即移至英国伦敦结束剩余会议。会议通过了党纲，在国际共运史上第一次将争取建立无产阶级专政列为党的任务。

[思考题]

根据党纲，俄国社会民主工党致力于建立一个怎样的国家？

（王志华　编）

008

法国和英国关于埃及和摩洛哥的声明
（1904年4月8日）

第 一 条

英国国王陛下政府声明，它无意改变埃及的政治地位。

法兰西共和国政府方面声明，它将不以要求确定英国对埃及的占领期限或其他方式妨碍英国在该国的行动，并且它同意附于本协议的土耳其驻埃及总督关于对埃及债券持有人的利益给予必要保证的法令草案，但条件是此项法令公布后，非经1885年伦敦公约签字国的同意，不得作任何修改。

经同意，埃及古代文物的总监护人的职位仍和过去一样继续授予法国学者。

埃及的法国学校应继续享有和过去一样的自由。

第 二 条

法兰西共和国政府声明，它无意改变摩洛哥的政治地位。

英国国王陛下政府方面承认，应由法国特别作为一个其属地的疆界的大部分和摩洛哥的疆界相连的国家，维持该国的秩序，并提供为进行行政、经济、财政和军事的改革而可能需要的援助。

它声明，它将不阻挠法国为此目的而采取的行动，只要这种行动不损害英国根据条约、协定和惯例在摩洛哥享有的权利，包括从1901年以来英国船只所享有的在摩洛哥口岸之间的沿海贸易的权利。

第 三 条

英国国王陛下政府方面将尊重法国根据条约、协定和惯例在埃及享有的权利，包括法国船只享有的在埃及口岸之间的沿海贸易的权利。

第 四 条

两国政府由于同样重视在埃及和摩洛哥的贸易自由的原则，声明它们在这些国家内，不论在征收关税和其他税捐，或在收取铁路运输费用方面，都不支持任何不平等的做法。

两国对摩洛哥和对埃及的贸易在经过法国和英国的非洲属地时应享有同等的待遇。两国间应订立一项协定确定上述的运输条件和各个入境地点。

上述双方的协定的有效期应为三十年。除非任一方至少在一年前明确表示废除上述规定，该有效期限每次将延长五年。

但是，法兰西共和国政府为自己保留对摩洛哥的公路、铁路和港口等的特许权只能在无损该国对这些大的公共事业的管辖的情况下才能给予的权利。英国国王陛下政府在埃及也为自己保留同样的权利。

第 五 条

英国国王陛下政府声明，它将使用它的影响使现在为埃及服务的法国官员所享有的条件不低于进行同样服务的英国官员的条件。

法兰西共和国政府方面不反对对现为摩洛哥人服务的英国官员实施类似规定。

第 六 条

为了确保苏伊士运河的自由通行，英国国王陛下政府声明，它坚持1888

年10月29日条约的规定，并且同意使该条约生效。这样，运河的自由通行将得到保证，但该条约第八条的第一、二款条文的最后一句将暂不履行。

第 七 条

为了确保直布罗陀海峡的自由通行，两国政府同意不允许在梅利利亚和俯临塞布河右岸的高地之间的摩洛哥海岸地区建筑要塞和战略工事，但不包括梅利利亚和上述高地。

但是，上述条件不适用于目前西班牙占领的地中海的摩尔沿海地带。

第 八 条

两国政府出于对西班牙的真诚的友好感情，特别考虑到该国从其地理位置和从其占领地中海的摩尔沿海地带所得到的利益，法国政府将同西班牙政府就这些利益达成一项谅解。

法国和西班牙之间就有关这一问题可能达成的协定应通知英国国王陛下政府。

第 九 条

两国政府同意彼此给予外交支持，使关于埃及和摩洛哥的本声明的条款得到履行。

法兰西共和国驻大不列颠和爱尔兰联合王国及英国海外自治领的国王、印度皇帝陛下的宫廷的大使阁下和国王陛下的外交大臣，为此目的受权在本声明上签字盖章，以资证明。

1904年4月8日订于伦敦，一式两份。

兰斯多恩

保罗·康邦

秘 密 条 款

第 一 条

如果任一方的政府迫于形势不得不修改它对埃及和摩洛哥的政策，它们相互间于今日签订的本声明的第四条、第六条和第七条的规定仍保持不变。

第 二 条

英国国王陛下政府目前无意向各国建议对在埃及的领事裁判权制度或司法组织作任何改变。

如果它认为在埃及实行旨在使埃及的立法制度适合于其他文明国家现行制度的改革是可取的，法兰西共和国政府将不拒绝接受上述任何建议，但应根据如下谅解，即英国国王陛下政府将同意接受法兰西共和国政府可能向英国政府提出的在摩洛哥实行同样改革的建议。

第 三 条

两国政府同意，当苏丹停止对邻接梅利利亚·休达和其他驻防地的某些摩尔领土行使权力时，这些地方应成为西班牙的势力范围，并且从梅利利亚到塞布河沿岸高地（但不包括该高地）的沿岸的行政管理权应交给西班牙。

但是，西班牙应事先正式同意于今日签订的本声明的第四条和第七条的规定，并保证履行这些规定。

它还应保证不转让在其管理下或其势力范围内的全部或一部分领土。

第 四 条

如果西班牙在被要求同意上述条款的规定时，认为有理由加以拒绝，法国和英国之间在今日签订的声明中所规定的协议，仍应立即实施。

第 五 条

如果其他国家不同意本日签订的声明的第一条所述的法令草案，法兰西共和国政府将不反对在1910年7月15日后偿还所保证的、特许的和统一的与票面价值相等的债款。

1904年4月8日订于伦敦，一式两份。

兰斯多恩

保罗·康邦

录自世界知识出版社编：《国际条约集（1872—1916）》，北京：世界知识出版社，1986年，第237—241页。

[历史背景介绍]

法国为进行海外殖民扩张，英国为遏制俄国势力的扩张，于1904年4月8日在伦敦签订《关于埃及和摩洛哥问题的声明》，即《英法协约》。该文件是英、法两国为解决殖民争端达成的协议，对两国关系的发展产生了重大的影响。在《英法协约》的影响下，英、法两国离军事同盟关系的距离越来越近。同时，《英法协约》逐渐成为英国外交政策的核心，成为英国处理同欧洲大陆国家关系的重要手段，对变幻莫测的欧洲局势和错综复杂的英、法、德、俄关系产生了深远的影响。

对于1904年《英法协约》达成的原因，王绳祖、刘德斌等学者认为，英、法两国是在遭受德国威胁的情况下才签订《英法协约》的。首都师范大学历史系硕士生陈龙则认为，法国为了殖民扩张的需要，首先寻求德国的支持，在失败后才把目光转向英国；而英国为了消除俄国的威胁，逐渐考虑应该与俄国和解，并决定先与法国达成"殖民谅解"，进而再把英法关系的改善作为英俄关系改善的基石。英、法两国外交政策的演变，为《英法协约》的签订提供了契机。

[思考题]

《英法协约》的形成对欧洲大国关系产生了怎样的影响？

（陈洪运　编）

009

提奥多尔·罗斯福总统的年度咨文
（1904年12月6日、1905年12月5日）

1904年12月6日

说美国贪求领土，或在为西半球其他国家谋福利之外还对它们有所图谋，这是不真实的。我国所切望者无非是看到各邻国稳定有序、繁荣昌盛。任何国家如其人民善于自处，必可指望我国的衷心友好。一个国家如果表现它知道如何在社会和政治问题上，以合理的效率和适当的分寸行事，如果它能保持秩序和履行义务，它就无需畏惧来自美国的干涉。时常发生的越轨行为，或因虚弱无能而造成文明社会的纽带普遍松弛，在美洲，也正如在其他地方一样，终将需要某一文明国家的干涉；而在西半球，美国之奉行门罗主义，迫使美国，虽非出于心愿，将不得不在这种越轨行为或虚弱无能的重大案件中行使一种国际警察的权力。……我国的利益同我国南面各邻国的利益在实际上是一致的。它们有丰富的天然资源，如果在它们的疆界内能树立法律和正义的统治，它们必将获得繁荣昌盛。只要它们如此遵守文明社会的基本法则，它们大可安心：我国必将以友好的和有益的同情精神对待它们。只有作为最后的手段，只有当它们显然在国内与国外无力或不愿保持公道，因而触犯美国权利，或招致有损美洲各国整体的外来侵略时，我们才会干涉它们。这是不讲自明的真理：每一个国家，无论在美洲或在任何其他地方，凡愿保持其自由与独立者，终究必须认清，如此独立的权利是同善于运用这种权利的责任不可分的。

我们在维护门罗主义时，在采取像我们对古巴、委内瑞拉和巴拿马所采取过的步骤时，在努力缩小远东战场时，以及在中国觅求门户开放时，我们是为了本国的利益，也是为了人类普遍的利益而采取行动的。

1905年12月5日

……此外，我们必须讲清楚：我们不愿允许本大陆任何国家利用门罗主义作盾牌来对抗外国，保护它不因它自己的恶行而自食其果。假如我们南边的一个共和国对一个外国干出非法行为，例如对该外国的一个公民施加暴行，那时门罗主义并不强迫我国出面干涉使此项非法行为不遭惩罚，我们只能设法使这项惩罚不至采取任何类型的领土占领的方式。当涉及契约义务时，情况就较为困难了。我们本国政府一贯拒绝用诉诸武力来代表我国公民强制执行契约义务。我们盼望一切外国政府都抱同样看法。但是它们并不如此；结果我们很容易随时面临不愉快的抉择。一方面，我们当然不肯为防止一个外国政府索取合法债务而进入战争；另一方面，如果允许任何外国为了强制偿付债务，而得占有一个美洲共和国的海关（即使是暂时的），这也是非常不得当的；因为这种暂时占有很可能转变为永久占领。唯一避免此种抉择的出路随时都可以是：我们必须亲自出面做出某种安排，以便使合法债务得到尽可能多的偿付。如果我国能做好这样的安排，那就比让任何外国出面来做要好得多。……

录自周一良、吴于廑主编：《世界通史资料选辑·近代部分》（下册），北京：商务印书馆，1983年，第119—121页。

[历史背景介绍]

提奥多尔·罗斯福在1904年12月6日、1905年12月5日的两份年度咨文中提出了干涉拉丁美洲各国内政的"大棒政策"。他以"门罗主义"为根据，对之加以解释，以适用于帝国主义时期。这两份咨文中所宣称的观点就是美国历史上著名的"罗斯福推论"，又称"罗斯福引申"。从宏观上来看，19世纪末20世纪初美国过渡到帝国主义阶段后，在对外政策上表现出更强的侵略性，美国必然对被视为自己"后院"的拉丁美洲采取更为霸道的干涉政策。具体来说，"罗斯福推论"的提出基于以下背景。

首先，19世纪末，美国的经济实力急剧膨胀，奠定了世界经济大国的地位。经济上相对强大与政治上相对于欧洲的弱小，促使美国政府急需一种更为强势的外交策略以确立美国的大国地位。其次，弗里德里克·杰克逊·特纳的"边疆假说"为美国统治阶级将视线由对西部和邻近地区的大陆扩张转向海外殖民扩张提供了理论上的依据和借口。再次，"天定命运"论为"罗斯福推论"的出台提供了传统文化背景。最后，从国际背景来看，19世纪末，英、法、德、俄、意等欧洲列强掀起了瓜分殖民地和势力范围的狂潮，倚仗雄厚的军事实力，完成了对亚非国家的瓜分。

作为后起之秀的美国，由于实力不足，在瓜分世界的斗争中没有取得太多实际利益。美西战争的胜利拉开了美国大规模海外扩张的序幕，美国开始酝酿加强对传统势力范围——拉美地区的控制与影响。提奥多尔·罗斯福之后的几任总统，接受了"罗斯福推论"的精髓，利用强大的海军实力，采用武装侵略的手段，维护加勒比海地区的"秩序"，在拉美建立和扶植亲美政权。至20世纪20年代末，由于拉美民族解放运动特别是反美运动高涨，美国在拉美地区越来越陷入孤立，基于"罗斯福推论"的外交政策再也难以为继。1936年，指导美国拉美政策达30年的"罗斯福推论"终于退出历史舞台。从本质上看，"罗斯福推论"是一种对20世纪以来国际政治生活产生了深远影响的现代干预主义宣言书。通过对"门罗主义"进行"再定义"和"再创造"，"罗斯福推论"不仅颠覆了美国在国际事务中不干涉他国内政的外交传统，其对剥夺和限制他国主权权利的辩护还构成了当今"主权相对论""主权责任论"的早期版本。

[思考题]

1."罗斯福推论"对美国现代外交传统产生了怎样的影响？

2."罗斯福推论"的实质是什么？

（陈洪运　编）

010

彼得堡工人和居民1月9日
上尼古拉二世的请愿书

（1905年1月9日）

皇上！

我们，圣彼得堡城各等级的工人和居民，偕同我们的妻室儿女，无依无靠的老人——我们的双亲，到您——皇上——这里来乞求公道和保护。我们贫困，备受压迫，我们承受着难以忍受的劳动负担，我们被人辱骂，不把我们当人，对待我们有如奴隶，我们这些奴隶还应当承受自己的悲运而默不作声。我们都忍受了，但是别人把我们更推到赤贫、无权和愚昧无知的深渊，专制和暴政压抑着我们，我们喘不过气来。皇上！我们实在没有力量了。我们的忍耐达到极限了。一个可怕的时候来到了，对于我们说来与其继续忍受这种难堪的痛苦，不如死了倒好。

就这样，我们扔下了工作，给我们的主人声明了：不实行我们的要求，便不开始工作。我们的要求并不多，我们要的仅仅是能维持生活的东西，我们不要苦役和永远的灾难。我们的第一个要求曾是：要我们的主人和我们一道讨论我们的需要。但是他们拒绝了我们，他们拒绝我们诉说我们的贫困的权利，其根据是：法律不承认我们有此项权利。……

……俄国太大了，它的需要是各式各样的和不可胜数的，光靠一批官吏来治理是不行的。必须有一个人民的代表机构，必须使人民自己扶助自己，治理自己。只有人民才了解到自己的真正需要。请勿拒绝人民的协助，接受这个协助，立刻下命令，现在就召集俄国土地上一切阶级、一切等级的代表，并包括工人的代表。让这里有资本家、有工人、有官吏、有教士、有医生、有教师——让所有的人，不管他们是干什么的都选自己的代表吧。让一切人在选举中是平等的、自由的。为了这个目的，下命令必须在普遍的、平等的、秘密投票的条件下选举立宪会议。

这就是我们最主要的要求，一切都包括在它里面，一切都根据它，这就是医治我们创伤的主要的和唯一的药膏，……

但是，只想用一个措施把我们的创伤医好是不可能的。还必须采取另外的措施，我们向您公开地、坦白地说，正如对父亲一般，皇上，以俄国全体劳动阶级的名义提出这些措施，必须：

一、消灭俄国人民愚昧和无权的措施：

1）立即释放和遣回一切由于政治和宗教信仰，由于罢工和农民骚动而受折磨的人们；

2）立即宣布自由和人身不可侵犯；宣布言论、出版、结社、宗教和信仰自由；

3）普及国民的义务教育，费用由国家负担；

4）部长们对人民负责并保证法治；

5）一切人毫无例外地在法律面前平等；

6）政教分立。

二、消除人民贫困的措施：

1）废除间接税，代以累进的直接的所得税；

2）废除赎买土地制，低息贷款和将土地逐步转交人民；

3）陆海军机构应在俄国订货，不应向外国订货；

4）根据人民的意志停止战争。

三、消灭资方对劳动者的压迫的措施：

1）废除工厂检察员；

2）在工厂中设立由工人选出的常设委员会，和工厂行政一同研究个别工人的要求。没有这个委员会的决议，不得解雇工人；

3）组织生产消费联合会和工人联合会的自由——刻不容缓；

4）八小时工作日，额外加工的规定；

5）劳方有和资方进行斗争的自由——立即有；

6）立即订出工资的标准；

7）必须有工人阶级代表参加制定工人的国家保险法草案——急。

皇上，这就是我们到您这里来请求的我们的主要要求；只有满足了这些要求，才有可能把我们的祖国从奴役和贫困中解放出来，才有可能使它繁荣昌盛，才有可能使工人组织起来维护自己的利益不受资本家及既掠夺又压迫人民的官吏政府的可耻剥削。下命令吧！请您千万执行这些吧，这样，您就能把俄国变成为幸福和光荣的。您的名字将永远铭记在我们和我们后人的心上；如果不下命令，不答复我们的乞求，那么我们只有死在这里，死在这个广场上，死在您的皇宫面前。……

录自周一良、吴于廑主编：《世界通史资料选辑·近代部分》（下册），北京：商务印书馆，1983年，第155—158页。

[**历史背景介绍**]

20世纪初期，俄国工人阶级和城市居民的处境十分悲惨。工人被剥夺一切政治权利，垄断资本家倚仗沙皇的专制统治对工人实行残酷剥削。工人和居民生活困苦。1904年2月爆发的日俄战争，进一步加深了工人和居民的困苦，加深了他们对沙皇政府的憎恨。1905年1月3日，彼得堡最大的普梯洛夫工厂开始举行罢工；5日，布尔什维克彼得堡委员会号召工人起来支援普梯洛夫工厂的罢工；到1月8日，罢工发展为全城总罢工；沙皇政府妄图用武力镇压、屠杀工人；加邦牧师按照警察机关的指示，在工人会议上进行煽动，要工人在1月9日列队前往冬宫，向沙皇呈递陈述工人疾苦的请愿书。他欺骗工人说，沙皇一定会出来接见人民，倾听人民的呼声，满足人民的要求。虽然布尔什维克散发传单揭露了加邦牧师的阴谋，但仍有很大一部分工人相信沙皇会帮助他们，纷纷在草拟的请愿书上签名。1月9日，彼得堡工人和居民列队前往冬宫向沙皇请愿。最终，沙皇并未接见请愿的工人和居民，而是下令枪杀他们。

[思考题]

1. "请愿书"反映了圣彼得堡民众的哪些政治诉求？

2. 为什么圣彼得堡的工人和居民不能通过向沙皇请愿实现自己的愿望？

（陈洪运　编）

011

日本和俄国和平条约
（1905年9月5日）

日本天皇陛下为一方，全俄罗斯皇帝陛下为另一方，出于使他们的国家和人民重新获得和平的愿望，决定缔结一项和平条约，为此目的，任命他们的全权代表如下：

日本天皇陛下：

外务相小村寿太郎阁下和驻美利坚合众国特命全权公使高平小五郎；

全俄罗斯皇帝陛下：

陛下的国务大臣兼俄罗斯帝国首席大臣塞奇·威特阁下，和俄罗斯帝国宫廷总管兼驻美利坚合众国特命全权大使罗曼·罗森男爵阁下，

在互相校阅他们的全权证书认为妥善后，议定条款如下：

第 一 条

日本天皇陛下和全俄罗斯皇帝陛下，他们各自的国家和臣民之间今后应保持和平和亲睦。

第 二 条

俄罗斯帝国政府承认日本在朝鲜拥有最高的政治、军事和经济利益，并保证既不阻挠也不干涉日本帝国政府可能认为在朝鲜必须采取的指导、保护和管制措施。

双方谅解，对在朝鲜的俄国臣民应给予对其他外国臣民的完全相同的待遇，即他们处于和最惠国的臣民和公民的同样的地位。

双方还同意，为了避免引起误解的一切因素，缔约双方将在俄国—朝鲜边界上避免采取任何可能危及俄国或朝鲜领土安全的军事措施。

第 三 条

日本和俄国相互约定：

一、依照本条约的附加条款第一条的规定，全部和同时从满洲撤出，但被租借的辽东半岛的领土除外；

二、目前在日本和俄国占领和控制下的全部满洲地区，应完全和全部归还给中国，实行专有的行政管理，但上述领土除外。

俄罗斯帝国政府声明它们在满洲没有任何损害中国主权或违反机会均等原则的领土利益或优惠或排他性的特许要求。

第 四 条

日本和俄国相互约定不阻挠中国可能为了发展满洲的贸易和工业而对所有国家采取的一般措施。

第 五 条

俄罗斯帝国政府在中国政府的同意下，将旅顺口、大连和其邻近的领土和领水的租借权和有关或成为租借权一部分的一切权利、特权和特许转移和转让给日本帝国政府，并还将上述租借的领土上的一切公共工程和财产转移和转让给日本帝国政府。

缔约双方相互约定取得前条所述的中国政府的同意。

日本帝国政府方面承允完全尊重在上述领土内的俄国臣民的所有权。

第 六 条

俄罗斯帝国政府约定在不需要补偿和在中国政府的同意下，将长春（宽城子）和旅顺口之间的铁路和其一切支线，及在该地区的属于铁路的一切权利、特权和财产，以及在上述地区的一切属于或为铁路利益经营的煤矿，转移和转让给日本帝国政府。

缔约双方相互约定取得前条所述的中国政府的同意。

第 七 条

日本和俄国约定经营它们各自在满洲的铁路，纯粹是为了贸易和工业目的，而不具有战略目的。

双方谅解，此项限制不适用于已被租借的辽东半岛的领土内的铁路。

第 八 条

日本帝国政府和俄罗斯帝国政府，为了促进和便利交往和运输，将尽快地缔结一项单独协定以规定连结它们在满洲的铁路服务事项。

第 九 条

俄罗斯帝国政府将萨哈林岛南部和邻近该岛的所有岛屿，以及在该地区的所有公共工程和财产永久和全部割让给日本帝国政府。以北纬50度为这块被割让领土的北部边界。该领土的确切的定界将按照本条约附加条款第二条的规定予以确定。

日本和俄国互相同意不在它们各自在萨哈林岛或邻近岛屿的占有部分建筑任何要塞和其他类似的军事工程。它们还各自约定不采取任何可能妨碍拉彼鲁兹海峡（宗谷海峡）和鞑靼海峡的自由航行的军事措施。

第 十 条

在割让给日本的领土内的俄国臣民和居民保有出售他们的不动产和回到他们的国家的权利；但是，如果他们宁愿留在被割让的领土内，他们将在遵守日本的法律和管辖的条件下，在充分行使他们的工业和财产权利方面，仍可继续进行并得到保护。日本应有充分的自由对任何丧失政治和行政能力的居民撤销其在上述领土的居住权利或驱逐出上述领土。但是，它约定完全尊重上述居民的所有权。

第 十 一 条

俄国约定与日本进行安排，为日本臣民在日本海、鄂霍茨克海、白令海的俄国领地的沿海取得捕鱼的权利。

双方同意，上述约定不影响俄国或外国臣民在上述地区已有的权利。

第 十 二 条

日本和俄国之间的通商和航海条约因战争而被取消，日本帝国政府和俄罗斯帝国政府约定在缔结一项新的通商和航海条约之前，根据战前实施的条约，采取基于最惠国的互惠制度作为它们的贸易关系的管础，其中包括进出口税、海关手续、过境和船舶吨位税以及一国的代理商、臣民和船员在另一国领土内的许可和待遇。

第 十 三 条

本条约生效之后，所有战俘应尽快地互相遣返。日本帝国政府和俄罗斯帝国政府应各派一名特别专员负责战俘的工作。一国政府掌握的所有战俘应交给另一国政府的专员或由他正式授权的代表，并由该专员或其代表所接受。这些战俘应按送交国事先通知接受国的专员的适当人数和适当的港口予以送交和接受。

日本政府和俄国政府在移交战俘的工作完成之后，应尽快地彼此提交一份从战俘被抓获或其投降之日起至其死亡或移交之日止因照管和供养战俘而由它们各自支出的直接费用的报表。俄国约定在互换上述报表之后，立即向日本付还日本实际支付的数目和俄国实际支付的数目之间的差额。

第 十 四 条

本条约应由日本天皇陛下和全俄罗斯皇帝陛下批准。批准书应尽快地从本条约签订之日起，至迟不超过五十天通过法国驻东京的公使和美国驻圣彼得堡的大使向日本帝国政府和俄罗斯帝国政府宣布，并从上述的后一宣布之日起，本条约将全面生效。

批准书应尽速在华盛顿正式互换。

第 十 五 条

本条约用英文和法文写成，一式两份。两种文本完全一致，如果发生解释方面的分歧，以法文本为准。

明治38年9月5日，即1905年8月23日（9月5日）订于朴茨茅斯（新汉普群）。

（代表签字从略。——编者）

附 加 条 款

遵照本日签订的日本和俄国之间的和平条约第三条和第九条的规定，下列签署的全权代表签订如下附加条款：

一、关于第三条

日本帝国政府和俄罗斯帝国政府相互约定在本和平条约生效后，同时和立即开始从满洲的领土上撤走它们的军队，并且从该日起的十八个月内，两国的军队应完全撤出满洲，但被租借的辽东半岛的领土除外。

两国军队应首先从所占领的前沿阵地撤退。

缔约双方保留维持警卫队以保护它们各自在满洲的铁路线的权利。该警卫队的人数每公里不超过十五人，在此最大限度的数额内，日本和俄国军队的司令经一致同意后，应按实际需要尽可能少地确定所使用的警卫队人数。

在满洲的日本和俄国军队的司令应按照上述原则就撤退的细节达成协议，并经双方同意采取必要的措施，以便尽快地，至迟不超过十八个月的时间内完成此项撤退。

二、关于第九条

本条约一经生效，由缔约双方各自任命的人数相等的成员所组成的划界委员会应立即就地对日本和俄国在萨哈林岛的领地之间的确切的边界线进行永久性的标界。委员会在地形许可的情况下，应以北纬50度线作为边界线。如果在该线的任何地点必需有任何偏离，则应在其他地点作出相应的偏离作为补偿。上述委员会还有义务置办一份包括所割让的邻近岛屿的表格和说明。最后，委员会应绘制表明被割让的领土的边界的地图，并在其上签字，委员会的工作应得到缔约双方的认可。

上述附加条款应被认为与其所依附的和平条约的批准一起予以批准。

明治三十八年9月5日，即1905年8月23日（9月5日）订于朴茨茅斯。

（代表签字从略。——编者）

录自世界知识出版社：《国际条约集（1872—1916）》，北京：新华书店北京发行所，1986年，第254—259页。

[历史背景介绍]

1894年的甲午战争改变了东亚格局。日本战胜清王朝，通过《马关条约》攫取大量利益，同时也加剧了列强对中国的侵略瓜分。《马关条约》里中国割让台湾与辽东半岛给日本的条款，便直接触犯了俄、法、德三国的在华利益。因此，条约签订后，三国迅速向日本提出："辽东半岛为日本所有，不仅有直接危及清国首府之虞，且将使朝鲜之独立有名无实，成将来远东永久和平之障碍"，迫使日本退出辽东半岛，由中国以白银3 000万两赎回，史称"三国干涉还辽"。此次事件暴露了帝国主义列强瓜分中国的矛盾，也显示了欧洲列强仍将日本视为落后国家，不容其影响自身在华殖民利益的拓展。日本将此事件视为"千古未有之大辱"，继续扩军备战，并在国际上寻求盟友。三国干涉割辽后，俄国开始推行"南下政策"，旨在通过修筑西伯利亚大铁路，并联通支线铁路形成"大经济圈"，在朝鲜及中国东北迅速扩张势力，这引发了日俄之间的直接对抗。1895年7月俄国支持朝鲜闵妃集团排斥亲日派，日军遂于10月攻入朝鲜王宫杀死闵妃，迫使朝鲜政权倒向日本。1896年6月，俄国迫使清王朝签订《中俄密约》，规定俄军可于中国境内筑路运兵，在中国港口航行军舰；9月，俄国获得吉林、黑龙江两省筑路权，可直达海参崴。1898年，俄国强租旅顺、大连两处不冻良港，并迫使中国签约允许修筑哈尔滨至大连的中东路支线。1900年八国联军镇压义和团起义，俄国借口保护侨民及铁路顺势出兵占领东三省，且事后拒不撤兵，由此实际掌控东北全境。日俄两国遂因对朝鲜和中国东北的争夺而矛盾激化。1902年1月，日英两国缔结《日英同盟条约》，共同抵制俄国在中国的势力扩张。获得世界强权英国的支持后，日本免除了国际层面的后顾之忧，于1904年2月8日在朝鲜和中国的领土上对俄不宣而战，偷袭俄国舰队并在仁川展开登陆。陆上，日军于1904年9月4日攻占辽阳（今沈阳），1905年1月1日日军攻占旅顺，3月在奉天决战中击败俄军；海上，1904年8月10日日本联合舰队大败旅顺的俄国第一太平洋舰队，1905年5月27日，俄国从欧洲远调而来的波罗的海舰队在对马海峡被日本海军伏击，次日几乎全军覆灭。

俄国虽败局已定，但日本本身也难以为继：其13个师团全部投入战场，征召兵力近110万，征兵年龄上限从32岁提高到37岁，动员能力已达极限；军费消耗逾17亿日元，超过1903年国家收入的6.5倍，外债总额达8.56亿日元，国家财政几近破产，不得不主动议和。1905年9月5日，经美国罗斯福政府调停，日俄签订《朴茨茅斯和约》以结束战争，俄国承认朝鲜为日本独占势力范围，将包括中国旅顺、大连在内的辽东半岛租借权、南满铁路相关特权转交给日本，并以北纬50度为界，将萨哈林岛南部和邻近岛屿割让给日本。

日本在日俄战争中的胜出，标志着其真正被列强所承认，不再被视为落后国家，得以跻身强国之列，成为国际舞台上一支重要力量。俄国的远东殖民扩张计划被打破，加剧了国内危机，促成了1905年革命，而1905年革命又为之后震撼世界的十月革命进行了预演。亚洲国家的日本得以战胜俄国这样的欧洲大国，鼓舞了亚洲的民族主义发展与民族独立运动。孙中山先生便写道："从日本战胜俄国之日起，亚洲全部民族便想打破欧洲，便发生独立的运动。"然而，战胜的日本虽获取了俄国的在华利益，但对俄国本身的战争索赔失败，只获得了半个萨哈林岛，沙俄特使甚至公然表示："我是奉命来签署谈判条约的，你若想要谋取帝国一分赔款一寸土地，就打到圣彼得堡找沙皇陛下去要。"条约内容曝光后，9月1日东京日比谷公园发生了民众的"大烧打"，外相官邸、警察局等设施被焚毁。抗议者称条约"丧权辱国"，要求追究内阁及元老责任，废除卖国条约，"撕毁条约，继续再战"。抗议虽遭镇压，但也蔓延开来，最终导致桂太郎内阁倒台。条约的签订使得日本民众开始对明治维新建立起的文官政府与政党政治失去信心，认为是政客浪费了军队在日俄战争中的"十万鲜血和二十亿国帑"，日本国内对近代民主政治的不信任危机埋下了种子。而日本统治阶级为弥补穷兵黩武造成的巨大损失，取代俄国加紧了对中国东北和朝鲜的侵略，走上了军国主义道路。

［思考题］

1. 日俄战争的爆发对中国、朝鲜造成了怎样的影响？

2. 有人认为日俄战争是第一次世界大战的预演，对此观点你作何理解？

（徐之凯　编）

012

整顿国家秩序宣言

（1905年10月30日）

朕，尼古拉二世，在上帝的恩典下，全俄罗斯的皇帝和专制者、波兰国王、芬兰大公等，向朕所有忠诚的臣民宣布：

在朕首都（即圣彼得堡和旧都莫斯科）和帝国的许多地方发生的暴动和骚乱使朕心深感巨大且沉重的悲痛。俄罗斯君主的福祉与国家福祉密不可分，国家的悲伤就是他的悲伤。所发生的动乱可能会造成国家的严重紧张，可能会威胁到我们国家的完整和统一。

根据作为沙皇发布的伟大誓言，朕有义务利用一切知识资源和我们的权力，迅速结束对我们国家有危险的动乱。我们已经命令负责任的当局采取措施，终止混乱、非法和暴力的直接表现，并保护那些安静地寻求履行职责的和平人民。为了成功执行我们所设想的恢复国家生活和平的一般措施，朕认为必须协调政府最高层的活动。

朕要求政府尽职尽责地执行我们不可动摇的意愿。

（1）给予民众公民自由的基本基础，即以人身真正不可侵犯、良心、言论、集会和结社自由原则为基础。

（2）在不推迟预定的国家杜马选举的情况下，允许现在完全被剥夺了投票权的所有阶级参加杜马（尽可能在杜马预定召开之前的短时间内）；并由未来的立法机构进一步制定有关选举的一般法规。

（3）把未经国家杜马确认的任何法律都不得生效视为一项牢不可破的规则，并保证当选的人民代表有机会参与监督我们任命的官员行为是否合法。

朕召唤所有忠诚的俄罗斯子民牢记他们对国家的责任，协助终止目前普遍存在的空前动乱，并与朕一道尽一切努力恢复我们祖国的和平与安宁。

颁布于彼得霍夫官，主历1905年10月17日，朕在位的第11年。

录自 http://academic.shu.edu/russianhistory/index.php/Manifesto_of_October_17th,_1905，2022-12-12.

[历史背景介绍]

日俄战争的失败激化了社会矛盾，1905年1月初，彼得堡工人发起罢工；22日，和平请愿的工人遭到军警野蛮镇压，史称"流血的星期日"。4月，布尔什维克党决定由无产阶级领导当前的资产阶级民主革命。10月，革命形势进一步发展，形成了100多万人参加的全俄政治总罢工；30日（俄历17日），沙皇尼古拉二世被迫签署《整顿国家秩序宣言》，同意召集国家杜马，给人民言论、出版、集会等自由。资产阶级接受这个宣言，认为它"开始了民主宪制"，并组建了立宪民主党。社会民主工党主张大力开展工农斗争，争取通过武装起义建立工农革命民主专政。

[思考题]

社会民主工党为何不满足于沙皇的宣言？

（王志华　编）

013

施利芬论对法战争

（1905年12月）

柏林，1905年12月

在一场对德战争中，法国很有可能会首先考虑防御，尤其是当它不能指望得到俄国的有效支援时。

为此，长时间以来，法国一直在进行大规模的阵地扩建准备，其中包括贝尔福、埃皮纳尔、图尔、凡尔登等大型要塞，它们构成了防御阵地的主要支撑点。这一阵地可由数量众多的法军以各种方式驻守，给进攻带来很大困难。

进攻不要指向这些大型要塞，攻克这些要塞需要大量的攻城装备、时间和精力，以致有可能无法达成包围，况且攻城只能从一面进行。因此，进攻者倒不如从其间隙中推进。有两个间隙（贝尔福—埃皮纳尔、图尔—凡尔登）建有各种坚固堡垒。其他间隙相互毗连，借助于其一侧的大型要塞，已构成天然的坚固阵地，它们既可阻止进攻者的包围，还可对进攻者构成反包围的威胁。

对进攻者来说，成功的最大希望在摩泽尔河诸要塞的右翼。然而，克服这里的地形困难准备尚不充分。即使准备充分，要想对塞尔冯斯要塞展开一场围攻战也是不大可能的。但是，在战争后期攻克这个要塞则大有必要。

此外，进攻南希也有望取得成功。它主要由野战防御工事防御。易于实施包围和炮击。但是，如果能夺取该城及城后高地，则可直逼图尔各防御工事。进攻南希的好处仅仅是，法国人为了保住洛林首府，可能决定撤出其防御工事而进行野战。这样他们就会缩短战线，即使失败也不致损失惨重，而对于胜利者来说，亦不会取得重大战果。这就是一个要塞所产生的双重效果。它给包围者和防御者带来的几乎是同样的损失，然而双方的态势是不可改变的。

因此，在贝尔福—凡尔登进行正面进攻，其成功的希望是很小的。若要从南面实施包围，必须首先进行一场富有成效的针对瑞士的战役并攻克汝拉各要塞，这些行动要花费大量时间。同时还必须考虑到，法国人也并非等闲之辈。

针对德国从北面的包围，法国人企图占领凡尔登和梅齐埃尔之间的马斯河。然而，他们并不想在此进行真正的抵抗，而是在埃纳河后面的圣·梅内胡和雷代尔之间进行。位于艾尔河后的中间阵地似乎亦在考虑之中。如果德国的包围圈更大一些，则可直逼坚固的高地阵地，其支撑点由兰斯、拉昂和拉费尔要塞组成。

由此，德国人所面对的是：

1. 贝尔福、埃皮纳尔、图尔、凡尔登阵地，沿马斯河方向到达梅齐埃尔。部队应推进到孚日山、默尔特河、南希和图尔与凡尔登之间的洛林一线。

2. 艾尔河畔的中间阵地。

3. 埃纳河畔的阵地。

4. 兰斯——拉费尔阵地。

向这些坚固阵地发起进攻是不大可能的。从西北部向梅齐埃尔、雷代尔、拉费尔的翼侧发起进攻，并渡过瓦兹河向该阵地的后方发起进攻，似乎比通过实施左翼包围而在正面实施进攻更有望取胜。

为达此目的，首先必须突破马斯河左岸的比利时—法国边境，摧毁岸上的坚固要塞，即梅齐埃尔、伊尔松、莫伯日三个小型阻拦堡，以及里尔和敦刻尔克，然后破坏卢森堡、比利时和荷兰的中立。

破坏卢森堡的中立除会遭到抗议外，不会产生其他实质性后果。由于英、法结盟，荷兰把英国也视为同德国一样的敌人。因此，可以尝试同荷兰达成协议。

比利时很可能抵抗。它的军队在德国军队前进时将会在马斯河北面有计划地向安特卫普撤退，必须在那里将其包围。如有可能，也可通过从北面封锁斯海尔德河来切断其海上通路，以及与英国的联系。对于列日和那慕尔，只须考虑简单的占领，对其实施监视就足矣。可占领于伊城堡或使其不对我构成威胁。

如果德国人能顺利地向安特卫普、列日和那慕尔推进，他们就会发现在其面前是一条像德国当面那样的坚固边界，但构筑得既不太长，也不太坚固。如果法国人对其进行防守，他们就必须将其军队从原先的正面调到受威胁的正面，并将所保留的预备队，如驻守在阿尔卑斯山边境的军队调到那里。但是，可以预料，他们没有足够的方式和手段取得成功。因此，他们可能会放弃占领过长战线的企图，而将其可能集中的全部兵力，对即将来临的进攻采取先发制人的攻势。无论他们进攻还是防守，都有可能在梅齐埃尔—敦刻尔克边境附近发生冲突和战斗，而德国人的任务就是使此处的战斗尽可能的激烈。即使此战斗毫无结果，法国人仍据守在埃纳河彼岸。对于德国而言，构成一个强大的右翼对于未来作战将具有重大价值。

如果要对梅齐埃尔、雷代尔和拉费尔的法国阵地左侧以及同时从敌人背后发起进攻，以下行动似乎更符合目的，即只需在马斯河左岸通过比利时向前推进，面在那慕尔另一边则向左转，然后从行进中发起进攻。然而，在如此狭窄的正面行军却缺少道路，尤其是缺少可使德军在主要方向梅斯—韦瑟尔一线进行一次集结、并将部队输送到这一正面的铁路。这里应集中23个军、12.5个预备队军和8个骑兵师，以便左转，向凡尔登—敦刻尔克一线推进。与此同时，北翼的预备队军应通过进攻安特卫普对右翼进行掩护；而南翼的预备队军则应在摩泽尔河左岸从图尔—凡尔登一线对左翼进行掩护。（这样，进攻不仅只针对翼侧，而且也针对正面的左侧。）

在摩泽尔河右岸置3.5个军、1.5个预备队军和3个骑兵师。其任务是，首先通过向南希的进攻，将尽量多的敌人吸引过来，使其北线得不到加强，而后参加掩护左翼或加强右翼的作战。

梅斯应成为掩护左翼的支撑点，这个梅斯既不是今天的这个梅斯，也不是根据最近的方案应扩建的那个梅斯，而是一个经加固后符合野战要求的梅斯，其范围大体应包括摩泽尔河、萨尔河和尼德河三河交汇区，这样的梅斯拥有强大的守备部队和后备部队，配备有大量重炮兵，随时准备将敌人的主力吸引过来。

德军的胜利尽量争取通过右翼的包围来取得。因此，右翼要尽量强大。为此，应以8个军和5个骑兵师利用5条道路，在列日南面渡过那斯河，向布鲁塞尔—那慕尔方向前进；第9个军（第18军）应在列日北部渡过那斯河，与上述部队建立联系。此外，对于伊城堡，由于不得不在其城区渡过那斯河，因此必须使其对我不构成任何威胁。

在这9个军之后还有7个预备军，要果断地将其大部用于对安特卫普的合围，而将其剩余部分首先用于对右翼的后续掩护。

此外，在摩泽尔河右岸还有2个军以备加强之用。只要线路可以运营，这2个军便可通过（德国的和比利时的）铁路输送过来。这2个军可起决定性作用。

6个军和1个骑兵师，以及随后的1个预备队师，向梅齐埃尔—那慕尔之间的马斯河地段开进。这些部队一旦渡河成功，就意味着在马斯河左岸集中了15～17个军。

8个军和2个骑兵师向梅齐埃尔—凡尔登的马斯河防线挺进。5个预备队军（依托梅斯对左翼）实施掩护。

紧随其后的是马斯河北岸的10个后备旅和马斯河南岸的6个后备旅。其中6个为梅斯的战时守备队，3.5个驻守在上莱茵河，1个驻守在下阿尔萨斯。

预计，德军的开进将不会受到袭扰，至多不过将左翼边沿的预备队军的凸出部后撤而已。此时该凸出部本应开进到萨尔布吕肯的萨尔河畔和河右面。摩泽尔河左岸全部德军的开进也将能按计划进行。但是，（马斯河左岸或右岸，或两岸的）法国军队是否迎击我们，或者是否以及在何处坐等防御，均不得而知。但是，在与敌遭遇之前，在马斯河以北通过布鲁塞尔与那慕尔之间的狭窄地域，无论如何都具有十分重要的意义。这样，另一面的9个军便可顺利取得进展。因此，关键是德国右翼要尽可能加速开进。由于整个正面必须向左旋转，因此其余部分军队向左转时，要逐渐放慢其开进速度。

在马斯河右岸开进的德国军队必须时刻做好与敌人在河左岸碰面的准备。必须随时拓展正面，使其足够宽大，至少能将优势之敌击退。由于以下诸多因素，要做到这一点又非常困难。一是由于隆维和蒙梅迪这两个要塞。对这两个要塞要力争占领。解除其对我之威胁，以确保我军安全。二是由于丛林密布的崇山峻岭将塞纳河以南的陆地一分为二。三是由于该河以北有大片森林区。对于军队指挥官来说，时刻保持高度的警惕并适当分配行进路线是需要的。由于昼间只需很短的距离，因而更易做到这一点。如果这支部队经过专门训练，适应在丛林地和山地运动与作战，那么它就肯定能完成任务。

当德国人突破马斯河左岸的法国要塞地带后，无论是接着在比利时地区进行一场有利会战，还是接着对坚固阵地发起一次成功的进攻，还是最终未遇任何有力的抵抗，德国人都要根据其意图转向对梅齐埃尔、雷代尔和拉费尔处法国阵地的左翼发起进攻。（对于梅齐埃尔—凡尔登之间的马斯河畔的前沿阵地，要立即放弃。事实上，在埃纳河畔以及兰斯与拉费尔之间的各阵地中），法国人也不会坐等德国人攻击其左翼。相反，他们要么寻找新的阵地，要么发起反攻。后者正中我们下怀。假如将敌2个军从摩泽尔河右岸吸引过来，那么在目前情况下，德国人就可集中其兵力。他们应隐蔽开进。对其左翼要尽量给以掩护，其右翼要强大。法国人（刚把其各军集结在一起）不可能将其整个军队部署得如此周密。使法国人处于这种态势是由于德军穿过比利时的迂回造成的，它将促使法国仓促应付，或难以合理配置其兵力。在攻克北部边境的比利时和法国各要塞前征服阿登不利地区之后，德国人的态势必将变得更加有利。如果法国人在阵地中或者在江河彼岸坐等其对手的进攻，那么德国人境况就不会十分有利。

在比利时南部或法国北部被击溃而退到索姆河（该河通过一条运河与靠近拉费尔的瓦兹河相连接）之后的敌军，是不会停止其抵抗的。这将导致德军的右翼向亚眠（或者甚至向）阿布维尔开进。

然而，实际情况可能并非如此。由于德国人向马斯河地段的凡尔登—梅齐埃尔挺进并（继续向西）越过伊尔松，因此固守在阵地中的法国人将被托滞在埃纳河之后和兰斯与拉费尔之间。然而，这些阵地是守不住的。如果德国人从里尔—莫伯日方向径直向其左翼和背后推进的话。法国人必将掩护这个翼侧，或者撤到马恩河或塞纳河之后。后者他们肯定是不情愿的。他们很难决定是否不战便放弃法国北部。因此，如果他们不通过反攻而挽回其声誉，他们就更宁愿在瓦兹河后于拉费尔与巴黎之间构筑一个防御翼侧，而不放弃大片富裕的国土、苦心经营的要塞，以及巴黎北部正面。很难说在瓦兹河后面占领一个阵地是不可能的。由于主要阵地贝尔福—凡尔登只需少量兵力驻守即可，因此现有的实际兵力就足够用于埃纳河和瓦兹河的防御。据说，瓦兹河之后的阵地，其正面的抵抗能力较弱，但是其左面却倚靠着一个如同巴黎一样的巨大要塞。即使从正面攻克该阵地，防守者也可撤退到马恩河或塞纳河之后。因此，胜利者必须决定，首先从北部正面，然后从其他几个正面将巴黎合围，并不得不以大大削弱了的兵力继续对数量占优势的敌人发起进攻。为将此敌从其新的阵地中诱出，胜利者必须迂回左翼——以巴黎依托的那一侧，并借此投入强大兵力，将此巨大要塞的西部正面和南部正面合围。

毫无疑问，如果法国人不愿为我们帮忙，即向我们发起进攻，而我们不得不向埃纳河、兰斯—拉费尔和瓦兹河挺进，那我们就只得以一部兵力牵制他们，而以另一部从南面迂回巴黎并合围之。这时，无论敌人是固守埃纳河—瓦兹河一带阵地，还是撤退到马尔纳河或塞纳河一带之后，都无关紧要。所以，妥善的做法是，及早准备在奥斯河入口处的下游渡过塞纳河，并准备首先从西部正面和南部正面合围巴黎。此类准备可以按要求进行，否则我们就会因力量太弱而不能在此方向继续作战。我们发现，以往所有征服者的这一经验是千真万确的：进攻作战需要并消耗大量兵力，进攻者兵力减少多少，就等于防御者兵力增加多少，在一个充满要塞的国家里作战，情况尤其如此。

现役军必须用于会战，不得动为他用，不得用于执行后方勤务，不得用于攻城和合围要塞。

当德国人到达瓦兹河时，其后勤补给地域可在右面到达海岸和巴黎以下的塞纳河。在正面，该补给地域可延伸至瓦兹河和埃纳河以及凡尔登以下的马斯河。补给地域的边界从那里到莱茵河的发展情况取决于法国人在摩泽尔河右岸所取得的进展。该补给地域包括卢森堡、比利时、荷兰一部以及法国北部。在此广大的地域里，必须对数量众多的要塞进行围攻、合围或监视。为此，摩泽尔河左面可供使用的7.5个预备队军和16个后备旅将消耗到（最多）只剩下25个预备队军和2个后备旅。这些剩下的兵力（对于加强正面）对于掩护筑路部队的翼侧和背后是非常必要的。（敌人将一支掩护英国人登陆的部队留在敦刻尔克、加来、布洛涅一带，是绝不可能的。如果英国人登陆并向前推进，德国人就要停下来，必要时进行自卫，并抽调足够数量的军击败英国人，然后再重新对法国人作战。）

用于合围安特卫普的有5个预备队军（可能不够）。

用于监视的有：

列日	2个后备旅	梅齐埃尔	
那慕尔	2个后备旅	吉沃	1个后备旅
莫伯日	2个后备旅	伊尔松	
里尔	3个后备旅	隆维	
敦刻尔克	3个后备旅	蒙梅迪	1个后备旅

同时，还必须确保铁路的安全——因为铁路对于军队的补给非常必要；还必须占领大城市和比利时人口与工厂密集的省份，以及法国的西北部。这整个地区必须为军队提供安全的后方保障。为此，必须投入国民军。如果法律有碍于这一措施的实施，应立即在即将开始的动员中加以修订。

还必须新组建一些部队。我们拥有和步兵团一样多的补充营。像1866年那样，我们必须由这些补充营和尚可供支配的预备役兵员、必要时也可由后备军兵员组建第4批营，并由这些营及补充炮兵连组建若干个师和军。我们将以这种方式组建8个军。对于这些新的编成，不应在进攻中才投入使用，也不应在作战行动受挫而迫不得已时才使用，而应在其他部队行动之后立即投入。

我们还必须动用国民军，以便将从贝尔福到马斯特里赫特一带的整个补给地区全部占领；（我们必须将各要塞中的后备军纳入我们的作战序列）我们还必须至少组建8个军。此乃最佳捷径。我们必须如此，别无他法。我们创造了普遍义务兵役和全民皆兵，并向其他民族证明实行这种制度的必要性。但是，当我们的不共戴天之敌无限制地增加其军队时，我们自己的努力却减退了。我们始终坚信我们众多的人口数量，坚信听候我们支配的人民大众，但他们并非都是经过训练和武装的有用之士。（实际情况是，拥有3900万人口的法国向其军队提供了995个营的兵力，而拥有5600万人口的德国却只提供了971个营的兵力。事实胜于雄辩。）

在我军右翼或我军右翼背后部署8个军是必要的。但究竟输送多少兵力，取决于铁路的工作效率。对于那些不能经过比利时和法国北部而直接输送到马斯河和桑布尔河左岸的部队，必须将其从列日—那慕尔南部运送到凡尔登与梅齐埃尔之间的马斯河地段。即使不可能完全做到这点，也要根据需要设法将剩下的部队投入到梅斯和摩泽尔河右岸，以发挥作用。

进攻埃纳河—瓦兹河—巴黎一带的阵地，必须投入以下兵力：

军……………………25个

预备队军…………2.5个

新组建的军………6个

共计33.5个军

其中1/3以上的兵力必须用于对巴黎的迂回，7个军要直接用于迂回，6个新军部署在（西部正面和）南部正面对巴黎实施合围。向该阵地进军与进攻之想定，详见地图3。

（如果敌人固守，就应）在全线尤其对两面包围的拉费尔发起进攻，得胜后继续对拉昂和西侧暴露的兰斯进攻。（在全线，各军）要像实施攻城战一样，一个阵地一个阵地地接近敌人，不分昼夜地前进，掘壕；（再前进，再掘壕，周而复始）同时要使用一切适宜的现代技术手段，杀伤遮蔽物后的敌人。绝不能像在东亚战争中那样，中途停止进攻。

必须把法国当作一个大要塞。在其外围要塞带中，贝尔福—凡尔登部分几乎是无法攻破的，梅齐埃尔—莫伯如—里尔—敦刻尔克地段也很坚固，但有缺陷和漏洞，由于兵力不够，几乎无人驻守。我们必须从这里攻入该要塞。如果成功，第二层要塞地带——位于埃纳河——兰斯与拉费尔后的凡尔登后面的阵地——至少是其中一段就会暴露。但是，此段要塞带可从北面迂回。要塞的建造者确实考虑到了德国人从马斯河——桑布尔河南面实施的进攻，但却没有考虑到由此防线北面实施的进攻。而法国人想通过采取经佩罗讷沿索姆河方向延长兰斯—拉费尔防线的措施，来消除这一缺陷，将为时已晚。为对付这种迫在眉睫的迂回，防守者可能在拉费尔阵地左翼周围地域发动一次反攻。与之配合，在凡尔登—拉费尔整个正面可能也会发动一次进攻，但愿此次反攻失败。遭打击的防守者可能还会试图守住拉费尔和巴黎之间的瓦兹河。此河段的防御能力值得怀疑。如果这种怀疑是有根据的，或者如果法国人放弃对瓦兹河的防守，使德国人以充裕的兵力渡过河，那么第二层要塞带凡尔登—拉费尔就再也守不住了。德军必须占领拉费尔、拉昂和西部暴露的兰斯，以及整个高地阵地——可考虑由此阵地从东北方向发起一次进攻，必须撤离埃纳河阵地。为此，要放弃凡尔登和图尔之间的马斯河各要塞，这些要塞只能以微不足道的抵抗对抗从西面而来的进攻。凡尔登和图尔将变成两座孤立的要塞。整个针对德国的法国防御工事体系面临着崩溃的危险。所以，法国人尽管十分缺少阵地，但他们是否会放弃瓦兹河，是否不会进行有效的抵抗，都还很成问题。在这种情况下，必须从南面对巴黎实施迂回。如果法国人撤出瓦兹河和埃纳河到达马恩河、塞纳河一带，德军从南面迂回巴黎也是必要的。如果听任他们继续向该方向后撤，将会导致一场无休止的战争。因此，必须通过对其左翼发起一系列进攻将法国人向东面的摩泽尔河要塞方向、汝拉和瑞士方向挤压，必须将法军歼灭。

（对整个作战行动进程而言）最重要的是，形成一个强大的右翼。依靠它赢得各次会战的胜利，并在连续追击中依靠这一强大的右翼迫使敌人不断后退。

如果使右翼非常强大，那就只能牺牲左翼的利益。这样，左翼就要承担与优势之敌作战的任务。

右翼若要取得成功，肯定十分不易。但从总体上看，所要使用的道路状况良好。如果不是右翼各军不得不如此集中地开进，以致使最稠密的居民区（所提供的宿营地）也不够用的话，那么众多村落所提供的宿营地也是令人满意的。

相比之下，粮食可能刚好够用。富饶的比利时和法国北部可提供大量粮食，在一定困难和压力下，它们也可从国外进口急需短缺的物资。

如果比利时不采取敌对行动，随着军队需求的增加，它也许会交出所有要塞并依此为其国家换得全部利益。因为在一场两敌相争的战斗中，作为中立的第三者可坐收渔利。

战争开始时，位于摩泽尔河右岸的3个军、1个预备队军和3个骑兵师应向南希发起攻击。此进攻是否成功，主要取决于在这里法国人是只限于防御，还是根据其作战原则而发动反攻。如果他们反攻，那么向南希发起进攻的最主要目的——将敌尽可能多的兵力牵制在法国东部正面——就可实现。法国人用于反攻的部队越多，对德国人就越有利。德国人千万不要鲁莽作战，而是要因势利导，将尽量多的敌人吸引过来，并借助梅斯这一加固的要塞将敌牢牢地牵制住。对于摩泽尔河右岸的另一支部队来说，几乎不会产生危险。反之，如果摩泽尔河右岸的部队拥有数量上的优势，则会给（德国的）主力部队造成损失。必须努力做到，以尽可能少的德国兵力牵制尽可能多的法国兵力。

如果法国人不进行反攻，那么必须尽快将2个军运送到比利时德军最强的一翼上去。所有的一切均取决于该翼的强大。只有当摩泽尔河左岸的25个军可用来进行会战时——用于会战可能还不够强大——我们才能坦然地期待最后胜利的到来。

留在摩泽尔河右岸的少数部队为：

1个军

1个预备队军

第30军备队师（施特拉斯堡）

可能还有2个新军

如果梅斯未遭进攻的话，还有位于上莱茵河以及来自梅斯的各后备旅

第59后备旅（下阿尔萨斯）位于孚日的6个猎兵营。

必须使这些部队尽可能地得到加强。各要塞守备部队还要向各新编部队提供物资。德国南部的国民军也可用于掩护莱茵河左岸的国土，以及封锁贝尔福一带地域。必须组建一支新的部队，其任务是，在左翼的5个预备队军和2个后备旅封锁凡尔登和进攻洛林地区的同时，向贝尔福和南希之间的摩泽尔河挺进。

如果法国人在开进过程中获悉，德国人在莱茵河下游、荷兰和比利时边境集结，那么，他们将根据这一情况改向朝巴黎行进，并死守巴黎。或者他们以斯特拉斯堡与梅斯之间的全部或最主要兵力挺进，要么全部渡过莱茵河上游，进入德国境内。这将意味着，此时要塞已空，攻城即可开始。尽管如此，如果他们采取第一种行动或另一种行动时，德国人只能表示欢迎。这样一来，德国人的任务就会减轻。对德国人来说，只有当法国人愿意取道瑞士侵入德国南部时，才是最有利的。这是我们争取同盟国的一种手段，我们非常需要同盟国，而同盟国为了自己也可利用一部分敌人的兵力。

对德国人来说，最好是（在所有这些情况下）尽量少去改变其作战计划。在此期间，必须确保特里尔与科布伦茨之间的摩泽尔河下游河段的安全，必须在迪登霍夫高地封锁摩泽尔河与马斯河之间的地段。德军要设法用右翼的预备队去占领科布伦茨—拉费尔的整个战线，并从背后占领科布伦茨以上的莱茵河右岸。要用右翼实施进攻。

（如果法国人渡过莱茵河上游，他们就会在黑森林遇到抵抗。后续部队将在美因河畔和伊勒河畔集结。）

如果德国人坚持其作战行动，法国人便会极速调转方向，但不是转向梅斯以北，而是梅斯以南，而这个方向所冒的危险最大。因此，必须强调指

出，右翼的德军要尽可能的强大，因为此处将是决定性会战之所在。

施利芬伯爵

译自 Gerhard Ritter, *Der Schlieffen-Plan: Kritik Eines Mythos*, Munich: Verlag R. Oldenbourg, 1956, SS. 11–15.

[历史背景介绍]

从德意志统一之时起，以老毛奇为代表的德国总参谋部便已开始筹划应对法俄的两线作战。随着德俄关系不断恶化，德军一直在加紧制订并完善作战计划。1905年12月，时任总参谋长阿尔弗莱德·冯·施里芬完成了最后一份两线作战备忘录，旨在利用德国兵力动员迅速的优势，先行击败法国，而后回头集中力量对抗俄罗斯。施里芬认为，依靠毛奇时代主持修建的密集铁路网与德军高超的指挥效率，德国完全有能力迅速完成军事集结调动。然而，普法战争失败后，法国为抵御德国进攻，从瑞士阿尔卑斯山开始，经贝尔福、埃皮纳尔、图尔和凡尔登构筑了坚固的防御堡垒，仅仅在厄比纳尔和土尔之间留有通道，以联通法德边境，并在其两翼部署了密集的交叉火力，因此"施里芬计划"的中心与重点，便是如何绕过法国漫长而坚固的防御体系直插内地。基于此，"施里芬计划"将德国全部作战兵力分为对俄国的东线和对法国的西线。其中，西线部队为主，计79个师，东线部队则仅设10个师夹杂一些地方部队。西线又分为左右两翼，左翼部队11个师配在凡尔登中央地段，这里是巴黎的西北入口，也是法国对德防御体系的重心所在，作佯攻吸引法军主力据垒防御。右翼68个师则部署在长达240公里的法德边境线上，是德军主力中的主力，也是德国赢得战争胜利的关键。按照计划，右翼主力应自动员下达后第12天前打开比利时列日通道，第19日拿下布鲁塞尔，第22日进入法国，第31日达到提翁维尔—圣康坦一线，第39日攻克巴黎，取得决定性的胜利。由于判断俄国军事力量的充分动员需要6—8周时间，因此，施里芬计划中要求德国军队在这一时间内彻底击败法国，进而利用铁路网快速东进转身应付姗姗来迟的俄国。1913年，80岁的施里芬临终时仍一再叮嘱:"仗是一定要打的,务必确保右翼强大。"

然而到1914年,俄国在日俄战争中所受的创伤早已恢复,其兵力数量和动员速度都已超过施里芬当年的估计。而自普法战争结束后,法军为报仇,从1872年起开始制订对德作战计划,到开战前已有17个之多。最新计划由法军总参谋长霞飞将军提出,即"第17号计划",判断德军将集结在设防巩固的法德边境线上寻求突破,因此法军要在这里展开积极攻势,一举收复在普法战争中失去的阿尔萨斯和洛林两省。为应对动线俄军意料之外的快速动员,防范法国规模巨大的陆军主动出击,继任总参谋长小毛奇未能进一步加强右翼,反而减少右翼三分之一的兵力,从右翼抽调部队去东线,并在左翼增加了8个师。由于兵力不足与前线调度不力,德军未能取得马恩河会战的胜利,包抄消灭法军,迅速攻入巴黎的施里芬计划化为泡影,第一次世界大战西线战场由此陷入僵持局面。

[思考题]

1.为何筹划周密的"施里芬计划"执行时却陷入失败局面?

2."施里芬计划"的破产对于第一次世界大战的进程有何影响?

(徐之凯　编)

014

政教分离法（节录）
（1905年12月9日）

第一编　原则

第一条　共和国保证信仰自由。共和国保障宗教仪式的自由进行，但为维护公共秩序起见，这种活动要受下列限制。

第二条　共和国对任何宗教仪式既不承认，也不给予工资或津贴。因此，本法公布后，从1906年1月1日起，凡属举行宗教仪式的开支，均将从国家预算、省政府预算及市镇预算中剔除。但属施舍的开支以及用来保证在公共机关如公立中学、私立中学、其他学校、收容所、避难所和监狱中进行宗教仪式的开支，仍可按列在上述预算中。

除第三条规定外，所有举行宗教仪式的机关均予取消。

第二编　财产的归属，抚恤金

第三条　被本法第二条取缔之机关，可暂时根据目前的管理规定，继续活动，直至其财产由本法第四编规定的协会接管，最迟至如下期限届满时为止。

自本法公布之日起，公产部门的官员将列出上述机关的财产清册和估价清册，内容包括：

1. 上述机关的动产和不动产。

2. 上述机关所享有的国家、省和市镇的财产。

上指两项清册将由公产官员和教会机构的合法代表或政府以正式通知单邀请的代表一起以对审方式制订。

负责制订清单的公产官员有权调阅对其工作有用的一切证券和文件。

第四条 自本法公布之后一年内，修道院、教会的制造厂、教士理事会、主教会议以及其他宗教仪式公开机关的动产和不动产，连同其承担的职责、义务以及特派职务一道，由这些机关的合法代表移交给根据本法19条规定合法组成的协会；这些协会要符合行使宗教仪式的一般组织规则，而在上述机关的原来教区内从事宗教仪式活动。

第三编 宗教建筑物

第十二条 凡是曾经归国家所有的、但是根据法兰西共和历十年芽月十八日法令之规定、被用来作为进行宗教仪式公共活动场所或教士住宅的建筑物（如大教堂、教堂、小教堂、庙宇、犹太教堂、总主教府、主教府、神甫住所、修道院等）和附属建筑物，以及交付教会使用时所配备的上述建筑物的全部家具，仍然是国家、省、市镇的财产。

第十三条 用于宗教仪式公共活动的建筑物以及配备这些建筑物的家具、将免费交给进行宗教仪式的公开机关支配，随后交给受命取代这些机关的协会支配。这些机关的财产格通过执行本法第二编的规定，归属于上述协会……

第四编 行使宗教仪式的协会

第十八条 为宗教仪式提供经费、给养、并保证其公开活动的协会，应当按照1901年7月1日法令第一编第五条及以下各条之规定组成。此外，这些协会也应服从本法令之规定。

第十九条 这些协会将以从事一种宗教仪式活动为唯一宗旨。

……

录自《世界史资料丛刊（近代史部分）一八七一——一九一八年的法国》，楼均信、郑德弟、张忠其选译，北京：商务印书馆，1989年，第93—95页。

[历史背景介绍]

法兰西第三共和国时期，政治的世俗化进程进一步加速。早在1881年，激进共和派就提出过政教分离的提案，但未获通过。进入20世纪，激进党政府仍然援引拿破仑时期与教廷签订的《政教协议》，坚持争夺本国的主教续任权与停发神职人员薪酬的权利。1903年7月20日，教宗利奥十三世去世，接任的庇护十世态度更为强硬，教廷威胁解除两位亲共和派主教的圣职，法国政府予以阻止，并最终与梵蒂冈断交。1905年3月，《政教分离法》法案开始由专门委员会起草，社会党人众议员白里安作为法案的报告人向议会做了报告，经过长时间的讨论，法案于12月9日最终投票通过，颁布实施。自此，法国不再为任何形式的宗教提供资助和支持，但同时也保护宗教信仰自由。

[思考题]

1. 1905年政教分离法的主要思想是什么？
2. 该法案的出台对法国乃至国际社会产生了何种影响？

（肖琦　编）

015

印度国大党加尔各答会议发起反对英国殖民统治的民族独立斗争

（1906年12月）

自治：——大会认为大不列颠自治殖民地所得到的政治制度应推行于印度，并极力主张下列各项改革必须立刻实行，以此作为达到这个目标的步骤。

大会对振兴国产运动给与最热诚的支持，号召全国人民以真实和不懈的努力来促进本国工业的发展和鼓励国货的生产，甚至受到某些牺牲也宁用国货而不用进口商品，为振兴国产运动的胜利而奋斗。

鉴于本国人民对国家大政没有或者只有很少发言权以及他们在政府中的代表权没有受到应有的尊重，本会认为在孟加拉所发动作为抗议将该省分裂的抵制运动过去和现在都是合法的。

大会认为这样的时刻已经到来，即全国人民对于有关男女儿童的国民教育问题应认真地负责处理，并且建立一套在全国范围内，受国家管理而适应国家需要的包括文化、科学、技术的教育制度。

录自周一良、吴于廑主编：《世界通史资料选辑·近代部分》（下册），北京：商务印书馆，1972年，第219—223页。

[历史背景介绍]

印度国大党全称为"印度国民大会党"，成立于1885年12月。第一届全国大会在孟买召开，当时的主要诉求是希望英国殖民当局给予印度民众更多参与管理的权利。其内部是由资产阶级商人、自由派地主和资产阶级知识分子三股力量组成，部分在印度的英国商人也参与运作。在国大党成立后的头20年，主要担当"英国陛下政府的合法的反对派"，希望增加各级立法参事会中印度成员名额，要求在英印两国同时举行文官考试，降低军事行政开支，减少税收，反对英国殖民当局在恢复英国纺织品进口税的同时对印度棉织品加征出厂税等。他们主要采取向殖民当局提交备忘录和请愿书等形式，来换取英方让步。殖民当局部分采纳了国大党的诉求，邀请一些领袖加入各级参事会，达·瑙罗吉海在1892年当选为英国下院议员。

不过，国大党内部也有一些激进派，如提拉克就号召抵制英国纺织品，保护本民族的工业生产。1896年，他就在报上写道："我们国家有足够的力量可以满足我国人民的需要。请大家使用印度布匹，而且只使用印度布匹吧。不管是谁，即使只要买一码英国纺织品，就让他被当作祖国的叛徒而遭到唾弃。"

19世纪末20世纪初，英国殖民当局对印度的压迫和控制加强。时任总督的柯曾减少了一半民选议员，强化对舆论控制，委派英国人来监督大学等。他还拉拢东孟加拉最有影响力的穆斯林领导人，挑动印度教徒和穆斯林的纠纷，于1905年颁布《孟加拉分治案》。同年，孟加拉民众掀起了反分割斗争，并宣布抵制英货。这一运动也得到了国大党内激进派（如提拉克）的积极支持。时任国大党主席的戈卡尔如此估计形势："孟加拉分治后民情极度激昂，这将是我们民族运动史上的一个界碑。……民族真正觉醒的浪潮遍及全省。……孟加拉反对粗暴的无节制的官僚主义压迫的英勇态度……这有助于全国各地在同情和振奋之下进一步团结起来。"

1906年国大党召开加尔各答年会。在群众性反英运动的氛围下，激进派的号召得到了多数与会者的响应。这就是上述文本出台的背景。在这份文本里，印度民众要求获得更大自治权、支持国货生产以及加大民族教育的愿望表达得十分清晰。

不过，国大党内部的温和派并不愿意同英国殖民当局闹僵。1906年大会通过的决议，并没有得到真正落实。次年，温和派在苏拉特大会上提出了修改加尔各答大会决议的草案，主张缓慢实现自治目标，删除了"甚至受到某些牺牲"的字样，把"抵制运动"改为"抵制外货"，省略"在全国范围内受国家管理"的表达。

[思考题]

1. 加尔各答大会决议的核心思想是什么？

2. 在当时的历史条件下，你认为这些诉求是否有可能实现？

（孟钟捷　编）

016

俄国和英国之间关于波斯、
阿富汗和中国西藏问题的专约

（1907年8月31日）

为相互协调解决与两国在亚洲大陆利益有关的各种问题的真诚愿望所鼓舞，全俄罗斯皇帝陛下和大不列颠和爱尔兰联合王国、不列颠海外领地国王、印度皇帝陛下决定缔结专约，以防止俄英之间在上述问题上产生误会的任何口实，为此目的，特任命各自的全权代表：

全俄罗斯皇帝陛下任命其外交大臣伊思沃斯基·亚历山德洛夫，

大不列颠和爱尔兰联合王国国王陛下任命其派往全俄罗斯皇帝陛下特命全权大使阿瑟·尼克尔森，

上述全权代表互相校阅全权证书认为妥善后，议定下列各条：

一、关于波斯的协定

俄国政府与英国政府相互承担义务尊重波斯的完整和独立，诚心希望维持该国全境的秩序及其和平发展，同时始终维持其他一切国家在贸易和工业方面的均等利益；

考虑到地理和经济性质的原因，两国政府对于维持既毗连或邻近俄国边界又毗连或邻近阿富汗与俾路支边界的波斯某些省区的和平和秩序各有特殊利益；希望避免引起两国在上述省区内双方利益之间冲突的任何口实，议定各款如下：

（一）英国承允在从卡斯列·西林起，经过伊斯法罕、耶兹德、哈克，到同俄国和阿富汗边界交接的波斯边界为止这条线的地区，不为自己索取也不支持英国国民以及第三国的国民要求任何属于政治或商业性质的租让权，例如铁路、银行、电报、公路、运输、保险等租让权，并且不直接或间接反对在这地区内俄国政府所支持的此类租让权的要求。当然应视为业已商定，上面所列举各地包括在英国所承允不索取上述租让权的地区之内。

（二）俄国承允，在从阿富汗边界起，经过加齐克、比尔姜德、克尔曼，到阿巴斯为止这条线以外的地区，不为自己索取也不支持俄国国民以及第三国的国民要求任何属于政治或商业性质的租借权，例如铁路、银行、电报、公路、运输、保险等租让权，并且不直接或间接地反对在这地区内不列颠政府所支持的租让权的要求。当然应视为业已商定，上面所列举各地包括在俄国承允不索取上述租让权的地区之内。

（三）俄国承允，在事前没有和英国商妥的情况下，不反对在第一条和第二条所标明的两线之间的波斯地区给予英国国民的某些租让权。

对于在波斯的这些地区内可能给予俄国国民的租让权，英国承担同样的义务。

在第一条和第二条所标明的地区内现有的租让权均予以保持。

（四）双方约定，除发里斯坦和波斯湾的关税收入外，所有波斯关税收入应象从前一样用于保证偿付本协定签字前波斯帝国政府通过波斯贴现借贷银行所借各种债款之本息。

双方又约定，发里斯坦和波斯湾的波斯关税收入、里海的波斯海岸的渔业收入和邮政电报收入，应象从前一样用于偿付本协定签字前波斯帝国政府与波斯帝国银行所订立的各种借款。

（五）如果波斯政府对本协定签字前与波斯贴现借贷银行和波斯帝国银行所订各种波斯借款的本息出现不按期偿付的情况，如果俄国在本协定第二条所指地区内对用于保证定期偿还同上述第二个银行所订借款的收入来源产生实行监督的必要，俄、英两国政府承允预先友好地交换意见，以便协调一致地确定监督措施，并避免任何不符合本协定之根本原则的干涉行动。

二、关于阿富汗的专约

缔约双方为保证双方的中亚细亚疆界的绝对安全和维护该地区牢固和持久的和平，缔结下述协议：

第一条

英国政府声明，它没有改变阿富汗政治地位的意图。

英国政府承允，除为和平目的在阿富汗国内施加其影响外，不在阿富汗采取、也不鼓励阿富汗采取威胁俄国的措施。

俄罗斯帝国政府方面声明，它承认阿富汗处于俄国势力范围之外；它承允，在它与阿富汗的一切政治关系中都通过英国政府作中介，并承允不向阿富汗派驻任何代表。

第二条

英王陛下政府已于1905年3月21日在喀布尔签订的条约中声明，它承认与已故君主阿布杜尔—拉赫曼所缔结的协定和承担的义务，并且没有干涉阿富汗境内的内部管理的任何企图，因此英国承允不兼并或占领阿富汗的任何部分，也不干涉该国内政，以免违背该条约，但以阿富汗君主履行其根据上述条约对英国政府所承担的各种义务为条件。

第三条

在边界或边境省区内专门为此而任命的俄国和阿富汗当局可以建立直接的相互联系，以解决非政治性的地方问题。

第四条

俄国政府和英国政府声明，它们承认对阿富汗通商机会均等原则，并且商定，英国及英国—印度商业和商人已经获得或将获得的一切便利，对俄国商业和商人也将同样适用。如果商业的发展提出设立商务代表的必要，两国政府将议定应采取的办法，当然要照顾阿富汗君主的最高权力。

第五条

自英国政府通知俄国政府、阿富汗君主同意上述规定之时起，本专约才开始生效。

三、关于西藏的协定

俄国政府和英国政府承认中国对西藏的宗主权，并且注意到由于地理位置，英国对于充分保持西藏对外关系的现存秩序具有特殊的利益，达成下述协议：

第一条

缔约双方承允尊重西藏的领土完整，并且不对西藏的内政进行任何干涉。

第二条

根据承认中国对西藏的宗主权的原则，俄国和英国承允，只通过中国政府作中介同西藏进行交往，但这项义务不取消 1904 年 9 月 7 日英国和西藏所订专约第五条所规定的，并经 1906 年 4 月 27 日英国和中国缔结的专约所确认的英国商务代表与西藏当局的直接联系；这项义务也不改变上述 1906 年专约第一条中所规定的英国和中国的义务。

当然也应视为业已商定，俄国和英国臣民中的佛教徒可以就纯粹的宗教事务与达赖喇嘛和西藏其他佛教代表直接交往；俄国和英国政府承允，它们将尽力防止这些交往违背本协定的规定。

第三条

俄国政府和英国政府各自承允不向拉萨派遣代表。

第四条

缔约双方承允不在西藏为自己或本国臣民强求或获取铁路、公路、电报和矿产的租让权或其他权利。

第五条

两国政府商定，西藏的任何收入，无论是实物还是现金，皆不得抵押或提供给俄国和英国及它们的国民。

四、俄英关于西藏的协议的附件

英国再一次确认印度总督阁下所签订并附在1904年9月7日专约批准书中的宣言,其中规定在三年内每年交付二万零五百卢比赔款后,英国军队对春比谷的占领即告终止,如果该专约第二款所述的市场确已开放三年,并且在此期间西藏当局在一切方面都恪守上述1904年专约的各项规定。当然应视为业已商定,如果英国军队对春比谷的占领因某种原因在上述宣言规定的期间内并未终止,俄国政府和英国政府将就此问题友好地交换意见。

本专约须经批准,批准书应尽早在圣彼得堡互换。

双方全权代表在本专约上签字盖章,以资证明。

1907年8月31日订于圣彼得堡,共两份。

(代表签字从略。——编者)

五、英国大使致俄国外交大臣的照会

大臣先生:

根据本日签字的关于西藏的协定,我荣幸地向阁下作如下声明:

既然要取决于英国政府,所以英国政府认为,自本通知发出之日起三年内,除了事先同俄国政府达成协议的情况外,不准任何科学考察团进入西藏是有益的,但要以俄罗斯帝国政府方面给予同样保证为条件。

此外,英国政府拟向中国政府呼吁,以促使后者在相应期限内承担同样义务;当然俄国政府也要采取同样的步骤。

上述三年期限届满后,如果双方一致同意英国政府将同俄国政府商讨关于希望派科学考察团进入西藏的问题,在需要时,再商讨采取进一步的措施。

顺致敬意

阿·尼克尔森

1907年8月31日于圣彼得堡

六、俄国外交大臣致英国大使的复照

大使先生：

为了回答阁下今日发来的照会，我也荣幸地声明，既然要取决于俄国政府，所以俄国政府认为，自本通知发出之日起三年内，除了事先同英国政府达成协议的情况外，不准任何科学考察团进入西藏是有益的。

如同英国政府一样，帝国政府拟向中国政府呼吁，以促使后者在相应的期限内承担同样义务。

经商定，在三年期限届满后，如果双方一致同意，两国政府将商讨关于希望派科学考察团进入西藏的问题，在需要时，再商讨采取进一步的措施。

顺致敬意

伊思沃斯基

1907 年 8 月 31 日于圣彼得堡

录自世界知识出版社：《国际条约集（1872—1916）》，北京：新华书店北京发行所，1986 年，第 316—322 页。

[历史背景介绍]

20 世纪初俄国在日俄战争中惨败，其国内也爆发 1905 年革命，与英国的殖民争夺遂告一段落，英俄矛盾趋于缓解。相反，德国借日俄战争之机扩大了在东方的势力范围和影响力，对英俄两国的利益形成威胁。同时，英、俄在镇压波斯（今伊朗）等地人民起义与革命运动方面也有着共同利益。俄国企图通过与英国接近、结盟摆脱国内外困境，英则力图与俄达成协议，以强化英法协约，制衡德国。1906 年 5 月到 1907 年 8 月，英俄就势力范围划分展开谈判，最终达成协议，界定了两国在波斯、阿富汗与中国西藏地区的势力范围。沙俄得到波斯湾北部，而英国则获得南部近波斯湾的地区，共同防止德国势力扩张至该地。这一条约立足殖民主义强权政治，无视他国主权与领土完整，并不被当时的波斯、阿富汗、中国（清）政府所接受。尤其是英、俄在该协定中虚构的所谓"宗主权"，是对中国自古以来的领土——西藏主权与领土完整的粗暴侵犯。就世界范围来看，该协约的签订缓和了英、俄长期以来的矛盾对立，是标志着协约国体系成型的最后文件。此后，欧洲两大军事集团的对抗更为激烈，局势更加动荡，第一次世界大战的爆发已是迫在眉睫。

[思考题]

1. 为何三国协约之中英俄协议最后才达成？

2. 为何说英俄协议是大国强权意志，践踏他国主权与领土完整的体现？

（徐之凯　编）

017

青年土耳其党《1908年纲领》

（1908年9月23日）

一、内阁对议会负责，如果大臣们在下议院中未能取得多数，他们理应辞职。

二、上议员人数将不超过下议员总人数的三分之一。宪法第六十二条有关全体上议员由苏丹指定的规定，将予以修改，上议员的三分之一将由苏丹指定，三分之二将由普选产生。

三、每位二十岁以上的奥斯曼公民将拥有选举权，而不问任何财产资格。

四、宪法里将补充一项条款，承认组织政治团体的权利，但它们的宗旨必须符合宪法精神。

五、将通过必要的法律和命令，以利于实施宪法第一百零八条规定的关于地方分权的制度。

六、各省的边界和行政区划将予以保持，除非议会做出其他的决定。

七、土耳其语将是帝国的官方语言和一切官方讨论与通讯的媒介。

八、将要求议会投票通过宪法的一项补充条款，规定议会有权批准不少于十名下议员提出的只有关个人（或法人）利害的议案。

九、一切奥斯曼臣民，不分种族或宗教信仰，皆享有同样的权利和义务。非穆斯林和穆斯林皆有义务服兵役。

十、承认宗教信仰自由，授予不同省和社会的宗教特权将保持完整。

十一、帝国的陆、海军将依照其政治和地理位置予以部署。将采用较短的兵役期。

十二、为了更进一步保障个人自由，将修改宪法第一百十三条①。

十三、为了避免罢工和劳工纠纷，将制定新的立法来处理雇主和工人之间的关系。

十四、将帮助无地农民变成土地所有者，然而将不牺牲现有的地主。

十五、税收制度将予以改进。

十六、将实行免费教育。

十七、所有学校将归教育部监督。将开办国立学校，对一切人开放，不分宗教信仰和种族。规定土耳其语为所有初级学校的必修课。

十八—十九、提出一系列措施以鼓励农业和商业。

二十、具备必要条件的奥斯曼臣民可以被选为帝国任何部分的下议院议员，而不像过去那样只能被选为他们所居住地区的代表。

录自周南京：《近代亚洲史料选辑》（下册），北京：商务印书馆，1985年，第124—126页。

[历史背景介绍]

1908年7月23日，有鉴于青年土耳其党起义军形成的压力，苏丹哈米德二世被迫同意恢复1876年宪法，并承诺在短期内举行全国大选。9月初，青年土耳其党在君士坦丁堡召开代表大会。23日，会议以宣言的形式通过党纲，史称《1908年纲领》。在12月17日开幕的新议会中，青年土耳其党获得了230个席位中压倒性多数的150席。

[思考题]

根据《1908年纲领》，青年土耳其党致力于构建一个怎样的新国家？

（王志华　编）

---

① 该条赋予苏丹放逐危害国家安全分子的权力——编者。

018

南非法案

（1909年9月20日）

该法案在南非国民会议提出并提交（英国）帝国议会两院获得通过，国王爱德华七世于1909年9月20日同意；1909年12月2日的皇家公告宣布联邦于1910年5月31日成立。

……

鉴于为南部非洲的幸福和未来的进步，在那里的几个英国殖民地应该团结在大不列颠及爱尔兰联合王国王权统治下的法制联盟下的一个政府中；

开普、纳塔尔、德兰士瓦和奥兰治河殖民地根据他们各自议会所同意的条款，确定在联邦政府中行使的行政、立法和司法权力；

……

第一章　前言

1. 本法案为《南非法案》[1909]。

2. 在本法案中，除非另有明示或默示，"The Union"应理解为根据本法案组成的南非联邦（the Union of South Africa），"Houses of Parliament""House of Parliament"或"Parliament"应被理解为联邦的议会。

3. 本法案涉及国王的规定适用于国王陛下的继承人和大不列颠及爱尔兰联合王国的主权继承者。

第二章 联邦

4. ……开普殖民地、纳塔尔殖民地、德兰士瓦殖民地和奥兰治河殖民地（下文称为各殖民地）统一为南非联邦政府的名义下的立法联盟。自正式公告约定之日起，政府和联邦议会在各殖民地范围内享有全部权力，国王可以在正式公告后的任意时间任命联邦总督。

5. 本法案的规定，除另有明示或默示，自公布之时生效。

6. 上述第4条所述各殖民地应根据情况，以开普、纳塔尔、德兰士瓦和奥兰治自治州之名成为联邦的原始省份。原始省份在联邦成立时具有和各殖民地以前相同的疆界。

……

第三章 政府行政部门

8. 本联邦政府行政职权由国王（即英国国王，下同）管辖，并由国王陛下亲自或由总督代其执行。

9. 总督应由国王任命，在联邦内应遵从国王意愿，并行使国王授予权力和职能，但需服从于本法案限制。

12. 联邦政府内应设立执行委员会为总督提供建议，该委员会成员应由总督遴选和召集并宣誓就职，并在总督任期内任职。

……

第四章 议会

19. 本联邦的立法权属于联邦议会（下文称为议会），由国王、参议院和众议院组成。

……

......

26. 参议员议员任职资格如下：

（1）年龄不小于30岁；

（2）有资格在一个省的议会成员选举中获得资格；

（3）在当选或被提名（根据具体情况）时，已在联邦范围内居住满5年；

（4）具有欧洲血统的英国臣民；

（5）如当选为参议员，除特别抵押外，须为联邦内价值不低于500英镑的不动产之登记所有人。

就本条而言，在殖民地未被纳入联邦前的住宅和财产，也应被视为在联邦境内的住宅和财产。

众议院：

32. 众议院由本联邦选民在下文规定的选区内直接选出的议员组成。

33. 原始省份第一次选举出的议员人数如下，直到根据本法案规定改变人数为止，如下所示：

开普：51个；

纳塔尔：17个；

德兰士瓦：36个；

奥兰治自治州：17个。

......

44. 众议院议员的任职资格如下：

（1）有资格在一个省的议会成员选举中获得资格；

（2）在当选时，已在联邦范围内居住满5年；

（3）具有欧洲血统的英国臣民。

就本条而言，在纳入联邦前的殖民地居住，也应被视为在联邦内居住。

......

第五章　各省

行政官员

68.（1）每省应设立一名由总督执行委员会任命的首席官员，称为省行政长官，一切与该省事务有关的行政行动均以他的名义进行。

……

省议会

70.（1）在每个省设立省议会，人数与本省选举产生的众议院议员人数一致，如果众议院议员人数不足25人，省议会需补足25人；

（2）任何有资格投票选举议会议员的人都有资格成为省议会议员。

执行委员会

每个省议会应在其任一次普选后的第一次会议上，从其中或其外成员中选出4人，与省行政长官共同组成该省的执行委员会，由省行政长官担任主席。除省行政长官外，其他执行委员会成员应任职至其继任者通过相同方式选举产生后为止。

……

第六章　南非最高法院

95.应设立南非最高法院，包含南非首席法官、常任上诉法官，以及最高法院在各省分部的法官。

……

第八章　常规

136.在整个联邦范围内实行自由贸易，直到议会另有规定为止，联邦成立时各殖民地现行法律所规定的关税和消费税继续生效。

137.英语和荷兰语均为联邦官方语言，应在平等基础上对待，享有平等的自由、权利和特权；所有档案、期刊和议会记录都应以两种语言保存；所有议案、法令以及联邦政府发布的具有公众重要利益关切的通知均使用两种语言。

……

译自 https://webcache.googleusercontent.com/search？ q=cache：EL7OLEW6UpUJ：https://media.law.wisc.edu/s/c_8/jzhy2/cbsa1.pdf&cd=2&hl=zh-CN&ct=clnk, 2022-11-28.

[历史背景介绍]

1899年10月，英国与德兰士瓦共和国和奥兰治自由邦的战争爆发，史称"布尔战争"。战争旷日持久，虽然双方实力悬殊，但英国遭到了顽强抵抗。1902年5月，双方停战和谈，英国最终取得胜利，吞并了德、奥两个独立布尔共和国并将其建为殖民地，使得英国在南部非洲的殖民地连成一片，成为其海外帝国的重要组成部分。布尔战争是英国自拿破仑战争以来最大的一场战争，其所耗的人力、物力和财力让英国伤筋动骨，加之英国军队在战争过程中所采取的集中营、"焦土政策"等残酷做法，使得政府遭受到国内外舆论的一致指责，直接导致英帝国殖民地政策发生重要转折，也奠定了战后以"自治"为核心重建南非的基础。

1909年6月，南非四个殖民地议会通过《南非法案》并提交英国议会，9月份该法案在议会通过，并由英国国王爱德华七世签署。1910年5月31日，南非联邦（Union of South Africa）正式成立，四个英国殖民地（开普、纳塔尔、德兰士瓦和奥兰治河）成为行省。南非联邦整体确立了"议会至上"原则，实行议会责任内阁制度，其并非国际法概念上的"联邦"，实质上是真正的单一制国家，以白人统治和种族主义政策为基础，几乎所有非洲有色人种都被剥夺了选举权。直至1961年，《南非法案》（1909）一直作为国家宪法发挥作用，共分为10章152条，分别为前言、联邦、政府行政部门、议会、各省、南非最高法院、金融与铁路、常规、新省份及领土、法案修改，对联邦的各项规章制度进行规范。

[思考题]

英国在南非联邦中确立了何种原则？以《南非法案》为例谈谈英帝国殖民政策的转变。

（李晔梦　编）

019

爵士乐演出通告

（1910年）

　　1910年，从新奥尔良迁徙至芝加哥的非洲裔美国人带来了爵士乐这一音乐形式，形成了芝加哥爵士乐，其中爵士乐之父——路易斯·阿姆斯特朗更是将即兴演奏发扬光大。

　　爵士乐作为一种音乐艺术形式，有一系列的音乐特征：节奏摇摆、创造性的自发性、即兴演奏和个性化的乐器音调，而这些都是非洲裔美国人爵士乐的特征。有研究者认为，爵士乐的出现是美国黑人与欧洲音乐的艺术对峙，进而扩大到包括白人与非洲—美国人音乐传统的艺术对抗。1998年，罗伯特·奥米利则称爵士乐"是我们文化中一个巨大的、不可抗拒的、带有政治色彩的部分"，是"美国这个世纪的主旋律：我们时代美国的原始声音"。奥米利进而认为，"美国20世纪的声音是爵士乐"。

　　爵士乐之父阿姆斯特朗的名言"音乐是我的生命，我以演奏为生"。生活中阿姆斯特朗不仅仅是一位深受美国和全世界观众喜爱的音乐家和艺人；而且他的一生与20世纪美国历史上许多最核心的发展紧密地交织在一起，以至于他作为一个关键人物出现，远远超出了他的音乐创新和流行吸引力。20世纪60年代，美国黑人等少数群体争取平等权利运动风起云涌之际，阿姆斯特朗的政治参与为他赢得了萨奇大使的政治地位，但也使他失去了许多非洲裔美国听众的青睐，他们把他诋毁为汤姆叔叔，指责他在60年代为白人观众扮演小丑。

译自 Daniel Stein, *Music is my life: Louis Armstrong, autobiography, and American jazz*, Ann Arbor: University of Michigan Press, 2012, p.1, p.28, pp.227–257. William Howland Kenney, *Chicago Jazz: A Cultural History 1904–1930*, New York: Oxford University Press, 1993, p.xii. Robert G. O'Meally Des, *The Jazz Cadence of American Culture*, New York: Columbia University Press, 1998, p.xi.

[历史背景介绍]

南北战争以后，美国扫除了资本主义发展的障碍，工农业进入迅猛发展的新时期。1894年，美国工业生产跃居世界首位。1900年美国工业产值约占世界工业产值的30%。1859年，美国制造业产值约为18.8亿多美元，到1900年则达130亿美元，居世界第一位。它的煤、钢产量是英国和德国的总和。在此期间，美国的农业也获得大幅度增长。1870年总产值为24.5亿美元，1900年上升为47.17亿美元。农业劳动生产率则增长了4到5倍。美国生产的小麦占世界产量的1/4。进入20世纪以后，美国继续保持着这种发展的强劲势头。以20世纪初到第一次世界大战期间，美国工业又增长了1倍以上。钢产量在1900年突破1 000万吨大关，到1913年则达3 100多万吨，占世界总产量的41%。这一年，美国工业生产占整个世界工业生产的38%，比英（占14%）、德（占16%）、法（占6%）、日（占1%）四国工业生产量的总和还多。

1910年至1920年间，来自路易斯安那州、密西西比州、亚拉巴马州、阿肯色州和得克萨斯州的6.5万多名黑人来到芝加哥，触发了芝加哥的爵士乐时代，因为它扩大了该市以种族为导向的黑人音乐娱乐市场，也加强了芝加哥白人对不断增长的黑人群体的认识。1920年，超过10万名非洲裔美国人居住在芝加哥，在十年内增加了148%。在这个过程中，芝加哥为针对白人观众的黑人娱乐创造了一个更广泛的市场。

[思考题]

1. 20世纪初叶芝加哥成为美国爵士乐中心之一，有哪些主要社会原因？

2. 20世纪20年代和30年代，爵士乐被美国白人、欧洲传统音乐家视为下等的音乐和"黑鬼血统"的产物，欧美社会哪些主要因素造成这样的社会偏见？

3. 20世纪20年代和30年代，美国爵士乐成为世界文化美国化的重要组成部分，哪些因素促成以爵士乐代表的美国文化在世界范围内传播？

4. 20世纪上半叶，爵士乐被欧美社会许多人士视为较为粗俗、黑人族裔为主、社会下层的音乐，而20世纪末，爵士乐被抬高为"美国这个世纪的主旋律：我们时代美国的原始声音"，"美国二十世纪的声音是爵士乐"。哪些重要音乐家、社会原因和时代变革促成了爵士乐经典化的形成？

（顾年茂　编）

020

关于日本帝国吞并朝鲜的条约

（1910年8月22日）

日本皇帝陛下和朝鲜皇帝陛下，鉴于两国间特殊和紧密的关系，希望促进两国的共同幸福，和确保远东持久和平，并深信通过日本帝国吞并朝鲜才能够最好地达到上述目的，为此决定缔结上述吞并条约，并为此目的指派他们的全权代表如下：

日本皇帝陛下特派统监本内正毅子爵；

朝鲜皇帝陛下特派内阁总理大臣李完用，

他们经相互会谈和审议后，议定下列条款：

第 一 条

朝鲜皇帝陛下把整个朝鲜的一切主权权利全部和永久割让给日本皇帝陛下。

第 二 条

日本皇帝陛下接受前条所述的割让，并同意把朝鲜全部并入日本帝国。

第 三 条

日本皇帝陛下将给予朝鲜皇帝和已退位的皇帝陛下以及皇太子殿下和他

们的配偶及继承人以同他们各自身份相当的称号、尊严和荣誉，同时每年给予足够的费用，以供维持上述称号、尊严和荣誉的开支之用。

第 四 条

日本皇帝陛下还将给予前条所述者以外的皇族成员和他们的后裔以适当的荣誉和待遇，同时给予必要的款项以维持上述荣誉和待遇。

第 五 条

日本皇帝陛下将对那些因功勋卓著而被认为应当享有下述特别赏赐的朝鲜人授予爵位和发给赏金。

第 六 条

由于上述吞并，日本政府承担朝鲜的全部政府和行政工作并对遵守现行法律的朝鲜人的人身和财产给予充分保护并促进所有上述朝鲜人的福利。

第 七 条

日本政府在情况允许下，将在朝鲜的日本公用事业中雇用忠实和真诚地接受新政权并对上述服务有充分资格的那些朝鲜人。

第 八 条

本条约经日本皇帝陛下和朝鲜皇帝陛下批准后，在公布之日起生效。

双方全权代表在本条约上签字盖章，以资证明。

（代表签字从略。——编者）

录自世界知识出版社:《国际条约集（1872—1916）》，北京：新华书店北京发行所，1986年，第461—462页。

[历史背景介绍]

日俄战争后，战胜的日本取代俄国，加紧了对中国东北和朝鲜的侵略。《朴茨茅斯和约》签署之后，日本强迫中国签署《中日会议东三省事宜正约》，获取了在中国东北南部的特殊地位和权益，开始建设南满铁路，并成立了南满铁路守备队，亦即"九一八"事变中对华侵略先锋——关东军的前身。在朝鲜，日俄战争开战仅两周时，日本便在1904年2月23日强迫朝鲜签订《日韩议定书》，日本可"相机征用军事上视为必要之地点"；8月22日又迫使朝鲜签订第一次《日韩协约》，规定由日本管理朝鲜的财政、外交"一切要务"。1907年7月，日本逼迫朝鲜签订第二次和第三次《日韩协约》，由日本"统监"直接掌管朝鲜内政、外交、军事、司法等大权；朝鲜军队解散，各部门重要官员均由日本人担任，朝鲜就此沦为日本的保护国。1910年8月22日，在日本威逼胁迫下，朝鲜签署《日韩合并条约》并入日本帝国，由日本设总督统治。自此至二战日本战败，朝鲜沦为殖民地，经历了36年"日据时代"。曾饱受列强侵略之苦的日本，却在击败沙俄后继续其侵略行径，打造殖民帝国，使得全球广大殖民地半殖民地人民认清了其军国主义侵略扩张的本质，开始寻求新的思想指导以进行民族解放斗争。

[思考题]

试以《日韩合并条约》为例，说明为何日本侵略者在二战中所打的"解放亚洲人民""建立大东亚共荣圈"的幌子是站不住脚的？

（徐之凯　编）

021

金元外交
（1912年12月3日）

建议为驻外使馆及代表提供更多经费支持

有关驻外事务处的立法问题，我建议提高薪资标准。我认为，最佳方案是根据每个职位级别和生活费用，在会计制度的规范下，在国务院的总体指导下，制定适度的薪资标准，为各代表的各项支出提供充足的资金支持。

我希望我们的外交事务处可以永久存在。为实现这一目标，我曾多次提议由国会出资为外交部官员购置国有住所和办公室，以保证他们的住所和其他国家水平相当。否则，如果人们持有大量私有财产，那么在某些情况下会产生歧视问题。我于1911年2月17日批准的国会法案为实现这一目标迈出了正确的一步。国务卿已经就该法案提出了少量建议，我希望在本届会议期间，国会能够通过众议院提出的执行这些建议的法案。

在一些拉美国家，政府给予公使馆的拨款较少，在中美洲和加勒比的一些共和国家，租到合适的住所特别困难。因此，当务之急在于为美国代表提供足量的适宜且体面的官方住所。的确，眼下必须用体面的建筑来彰显美国的尊严和力量，以便为世界各地的美国代表提供优良的住所。

外交—贸易往来与维护和平的手段

现任政府的外交，一贯谋求适应贸易往来的现代化方式，这种方式的特征是——以金元代替子弹。它既可以满足理想的人道主义情感，也符合健全的政策和战略的要求，更符合合法的商业目标。这个举措纯粹是为了增加美国的贸易额，它所依据的原则是——美国政府给予每一个合法的、盈利的美国海外企业一切可能的支持。配合关税法的最高和最低规定，这种外交模式所产生的巨大效益，可以从美国出口贸易额惊人的增量中体现出来。由于现代外交是商业性的，所以有些人认为外交除了经济利益，毫无用处。通过研究美国外交政策的成果，我们不难发现，这样的观点是何等的荒谬。

在促进和平方面取得的成就

就实现和平的目标而言，本届政府提出了两项仲裁条约，它们为各国在解决国际争端时以仲裁和理性取代战争的目标树立了最高准则。但令我遗憾的是，这两项条约并未圆满完成。在美国的外交努力下，几场战争得以避免或结束。这些努力包括由阿根廷共和国、巴西和美国三方共同努力调解的秘鲁和厄瓜多尔之间进行的矛盾；将巴拿马和哥斯达黎加之间的边界争端提交和平仲裁；在海地和多米尼加共和国处于战争爆发的边缘时，劝解双方停止备战；终止尼加拉瓜战争和洪都拉斯内战；人们感谢美国政府为恢复阿根廷共和国与玻利维亚之间的友好关系所发挥的影响；美国外交部正在积极寻求缓和我国与哥伦比亚共和国之间仍然存在的敌意；在最近的中国内战中，美国成功地与其他相关大国一道敦促早日停止敌对行动；智利和秘鲁政府达成了一项协议，该协议缓和了使南美洲西海岸国际关系长期恶化的著名塔克纳——阿里卡争端。与此同时，有消息指出，秘鲁和厄瓜多尔之间的边界争端已进入友好协商阶段；针对智利和秘鲁之间的塔克纳——阿里卡争端，美国的立场一直是不干涉，但本届政府在与两国政府就争端问题交换意见时，美国的态度一直是支持友好协商，为终止该争端施加积极影响；我上面提及的三方合理调解，是缓和南美洲西海岸国际紧张局势的最有力和最有益的方式。

——威廉·霍华德·塔夫脱

译自 V. Fuller Joseph and Dennett Tyler (eds.), *Papers Relating to the Foreign Relations of the United States, With the Annual Message of the President Transmitted to Congress December 3, 1912,* Washington: United States Government Printing Office, 1919, pp.10–12.

[历史背景介绍]

1912年美国总统塔夫脱在国情咨文中推出了针对拉丁美洲与远东地区的"金元外交"（Dollar Diplomacy），主张美国资本向外国政府提供贷款是合情合理的。政府不仅以资本家的利益而且以期望中的广泛国家利益来衡量企业对实施贷款的支持。作为"门罗主义""大棒政策"的拓展，"金元外交"以"金元代替枪弹"，经济武力并用，对弱小国家进行资本输出、经济侵略。是美国这一新兴资本主义国家对当时以欧洲为中心，且由英法两大殖民帝国把持的全球殖民体系的挑战，促成了帝国主义列强内部的势力范围重组。美国高举"门户开放"政策，凭借"金元外交"进行全球拓展的同时，不断渗透欧洲列强的势力范围，寻求建立新的世界霸权。

[思考题]

为何说美国的"门户开放""金元外交"是对传统殖民帝国的挑战？为何美国采取这一形式而不是仿效其他帝国主义进行殖民扩张？

（徐之凯　编）

022

伦敦条约——希腊、保加利亚、塞尔维亚、门的内哥罗和奥斯曼帝国的和平条约

（1913年5月17—30日）

第 一 条

自本条约批准书互换之日起，奥斯曼皇帝陛下为一方和君主联盟各国陛下为另一方以及其子孙后嗣、国家和臣民之间将永远保持和平和友谊。

第 二 条

奥斯曼皇帝陛下将其所有自爱琴海的伊诺斯至黑海的米迪亚之间所划出的一线之西的全部欧洲大陆的领土，除阿尔巴尼亚外，割让给君主联盟各陛下。

从伊诺斯至米迪亚的这条边界线的确切位置将由国际委员会予以确定。

第 三 条

奥斯曼皇帝陛下与君主联盟各陛下宣布将有关划定阿尔巴尼亚边界的安排事宜以及有关阿尔巴尼亚的其他问题交给德意志皇帝陛下、奥地利皇帝和匈牙利国王陛下、法兰西共和国总统、大不列颠和爱尔兰国王及印度皇帝陛下、意大利国王陛下和全俄罗斯皇帝陛下处理。

第 四 条

奥斯曼皇帝陛下宣布将克里特岛割让给君主联盟各陛下并将其对该岛的一切主权和其他权利让给各陛下。

第 五 条

奥斯曼皇帝陛下和君主联盟各陛下宣布委托德意志皇帝陛下、奥地利皇帝和匈牙利国王陛下、大不列颠和爱尔兰国王及印度皇帝陛下和全俄罗斯皇帝陛下确定奥斯曼在爱琴海的所有岛屿（克里特岛除外）和阿索斯山半岛的所有权。

第 六 条

奥斯曼皇帝陛下和君主联盟各陛下宣布将由于战争结束及上述土地割让而产生的财政性质的问题交由将在巴黎召开的国际委员会去解决，他们已指派了各自的代表出席该委员会。

第 七 条

关于战俘问题、管辖权问题、国籍问题、商务问题等将由专门协议予以解决。

录自世界知识出版社:《国际条约集（1872—1916）》，北京：新华书店北京发行所，1986年，第496—497页。

[历史背景介绍]

1908年"青年土耳其党"发动起义，土耳其爆发革命。动荡的局势与执政者的单边民族主义政策，引发了土耳其国内的希腊人、亚美尼亚人、阿拉伯人等其他族群的反抗，民族矛盾下帝国疆域内出现了离心趋势，波斯尼亚危机爆发。欧洲列强认定瓜分奥斯曼帝国的机会已经到来，针对原属帝国疆域而民族情况复杂的巴尔干地区展开了争夺。波斯尼亚危机爆发后，希腊、保加利亚、塞尔维亚、门的内哥罗联合组建巴尔干同盟，于1913年10月发起战争击败土耳其。1912年12月6日，伦敦召开巴尔干同盟与土耳其和会，以及英、法、德、俄、奥匈、意大利六国大使会议，形成了协约国支持巴尔干同盟，同盟国支持土耳其的局面。1913年5月和约订立，土耳其丧失了除伊斯坦布尔及海峡北面狭小区域外的全部欧洲领土，巴尔干半岛各民族由此摆脱土耳其统治，但巴尔干地区也就此成了协约国、同盟国之间博弈的舞台。《伦敦条约》的签订，即标志着第一次巴尔干战争结束，土耳其丧失了大多数欧洲领土，仅存首都伊斯坦布尔这一要地，青年土耳其党的政变与德国的支持使得土耳其日渐倒向同盟国阵营，而获胜的巴尔干同盟各国间的利益分配矛盾，以及欧洲列强围绕巴尔干半岛的幕后博弈，使得巴尔干半岛乃至整个欧洲进一步陷入乱局。

[思考题]

奥斯曼土耳其为何会在这个时期衰落至此？其中哪些大国发挥了作用？

（徐之凯　编）

023

布加勒斯特条约——罗马尼亚、希腊、门的内哥罗、塞尔维亚和保加利亚的和平条约

（1913年7月28日—8月10日）

罗马尼亚国王陛下、海伦斯（希腊）国王陛下、门的内哥罗国王陛下以及塞尔维亚国王陛下为一方，保加利亚国王陛下为另一方，出于结束他们国家之间存在的战争状态的意愿，希望在苦难深重的各国人民间建立和平以维护秩序，决定缔结最后的和平条约。为此，上述各国王陛下特派全权代表如下：

罗马尼亚国王陛下特派：部长会议主席、外交部长铁达士·马奥列斯库阁下，财政部长亚历山大·马尔基洛曼阁下，内政部长塔凯·琼乃斯库阁下，公众信仰和公众教育部长康斯坦丁·迪塞斯库阁下，炮兵总监孔达少将，陆军总参谋长助理克里斯台斯库上校；

海伦斯（希腊）国王陛下特派：部长会议主席、陆军部长伊莱夫特里奥士·文尼泽洛士阁下，全权公使季米特里·帕纳斯阁下，巴黎大学国际法教授尼古拉斯·玻利提士，埃克莎达克台洛士上尉，帕利上尉；

门的内哥罗国王陛下特派：部长会议主席、陆军部长塞达尔·杨科·乌柯提契阁下，门的内哥罗驻康斯坦丁堡前临时代办吉恩·马塔诺维契；

塞尔维亚国王陛下特派：部长会议主席、外交部长尼古拉斯·帕恩契阁下，驻布加勒斯特特命全权公使米哈伊洛·里斯蒂契阁下，特命全权公使米洛斯劳·斯帕拉伊柯维契博士阁下，斯米里安尼契上校，卡拉法托维契

中校；

保加利亚国王陛下特派：财政部长季米特里·汤切夫阁下，陆军参谋长伊万·费切夫少将，法律博士莎瓦·伊万卓夫，西盟·拉代夫，总参谋部康斯坦丁·斯坦肖夫中校；

上述代表按照罗马尼亚王室政府的提议，在布加勒斯特举行会议，互相校阅全权证书认为妥善后，愉快地达成协议，订立下列各条：

第 一 条

自本条约批准书互换之日起，罗马尼亚国王陛下、保加利亚国王陛下、海伦斯（希腊）国王陛下、门的内哥罗国王陛下和塞尔维亚国王陛下各方之间，以及其子孙后嗣、国家和臣民之间，永远保持和平和和睦。

第 二 条

保加利亚王国和罗马尼亚王国以前自多瑙河至黑海的边界，根据两国军事代表制定的并附在1913年7月22（8月4日）布加勒斯特会议第五号议定书上的议事录，作如下改正：

新的边界自土耳其卡亚上边的多瑙河起到埃克雷乃以南的黑海止。

在上述起点和终点之间，边界线的走向依照罗马尼亚总参谋部十万分之一和二十万分之一地图并根据本条所附的说明所标示的界线而行。

双方正式谅解，在最多不超过两年的期限内，保加利亚将拆除现有之工事并不在罗斯楚克、舒姆拉、上述两地之间的地区和巴尔茨克周围二十公里地带内修筑其他工事。

由缔约双方派出同等人数的代表组成的混合委员会将于本条约签订后十五天内被赋予依上述规定划定新界的任务。该委员会将监督划分那些可能迄今一直属于各地区、公社或团体所共有而被新界隔开的土地和产业。如果一旦对边界线或划界方法产生分歧，缔约双方同意请求一友好政府委派一名仲裁人，他对争端的裁决将被认为是最后决定。

第 三 条

保加利亚王国和塞尔维亚王国之间的边界，依照两国军事代表所制定并附在1913年7月25日（8月7日）布加勒斯特会议第九号议定书上的议事录，其走向如下：

边界线自旧界的帕塔里卡山顶起沿土（耳其）、保（加利亚）旧界和瓦达尔与斯出麻的分水岭而行，但斯出米查河谷上部是例外，仍在塞尔维亚境内；边界线的终点在别拉西卡山，从这里又折回到希（腊）、保（加利亚）边界上。对此边界的详细记述和表明边界的奥地利总参谋部的二十万分之一地图均附在本条约之后。

由缔约双方派出同等人数的代表组成的混合委员会将于本条约签订后十五天内被赋予依上述规定划定新界的任务。

该委员会将监督划分那些可能迄今一直属于各地区、公社或团体所共有而被新界隔开的土地和产业。如果一旦对边界线或划界方法产生分歧，缔约双方同意请求一友好政府委派一名仲裁人，他对争端的裁决将被认为是最后决定。

第 四 条

关于塞（尔维亚）、保（加利亚）旧界问题将依照本条约所附议定书中载明的缔约双方达成的谅解予以解决。

第 五 条

希腊王国和保加利亚王国之间的边界，依照两国军事代表所制定的并附在1913年7月25日（8月7日）布加勒斯特会议第九号议定书上的议事录，其走向如下：

边界线自塞（尔维亚）、保（加利亚）新界的别拉西卡·普拉尼纳山顶起到爱琴海上的麦斯塔河口止。

在上述起点和终点之间，边界线的走向依照奥地利总参谋部的二十万分之一地图根据本条所附的说明标示的界线而行。

由缔约双方派出同等人数的代表组成的混合委员会将于本条约签订后十五天内被赋予依上述规定划定新界的任务。该委员会将监督划分那些可能迄今一直属于各地区、公社或团体所共有而被新界隔开的土地和产业。如果一旦对边界线或划界方法产生分歧，缔约双方同意请求一友好政府委派一名仲裁人，他对争端的裁决将被认为是最后决定。

双方正式谅解保加利亚从此以后放弃其对克里特岛的一切权利要求。

第 六 条

本条约签订后应立即通知两国陆军司令部。保加利亚政府约定自通告之日开始将其陆军削减至平时的编制。它将命令其部队前往驻地，并于最短期限内将各预备队遣送回家。

如果某部队的驻地处于缔约国一方的陆军所占领的地区，上述部队应奉命调往保加利亚旧边界以内，在上述地区撤退完毕之前不得返回其通常驻地。

第 七 条

从保加利亚境内进行撤出须在保加利亚军队复员之后立即进行，并在不超过十五天的期限内完成。

在此期间，罗马尼亚陆军活动的区域，以下述走向的界线确定：西斯托夫—洛夫细亚—土耳斯基—伊斯沃尔—格洛增尼—兹拉提莎—米尔柯沃—阿拉巴—科纳柯—奥尔查尼亚—麦兹德拉—夫拉查—波尔柯维查—洛姆—多瑙河。

第 八 条

各国陆军在保加利亚境内占领期间，享有征用之权，而以现金作为酬报。

上述陆军得自由使用铁路以运输其部队和各种给养，不必向地方当局交费。

伤病员由各该部队予以保护。

第 九 条

本条约批准书互换之后，应互相尽快交还全部战俘。

缔约各方的政府将各自派出接受战俘的特别委员。

任何一方政府手中的所有战俘将在有关各方确定的地点交还给其所属政府的委员或其正式授权的代表。

缔约各方的政府于全部战俘交还完毕后应尽快互相分别交送关于战俘自被俘获或投降之日起至死亡或遣返之日止所受照顾及维持生活所用的直接开支的报告。保加利亚向缔约各国应交的款额分别与各缔约国应交的款额进行结算，其差额将在上述费用报告交换后尽快地付给债权国政府。

第 十 条

本条约须经批准，批准书于十五天内在布加勒斯特交换，如有可能，应提前交换。

各全权代表在本条约上签字盖章，以资证明。

1913年7月28日（8月10日）订于布加勒斯特。

录自世界知识出版社:《国际条约集（1872—1916）》，北京：新华书店北京发行所，1986年，第498—502页。

[历史背景介绍]

在第一次巴尔干战争中获得对土耳其的胜利的巴尔干同盟各国，在1913年6月又因互相争夺赢得的领土爆发了第二次巴尔干战争。因允诺给予支持的奥匈帝国和德国未完成世界大战准备，孤立无援的保加利亚在战争中被协约国支持的塞尔维亚、希腊击败，于1913年8月10日签订《布加勒斯特和约》，被迫重新分割战利品。至此，巴尔干各国原本针对土耳其的联盟体系瓦解，进一步形成了盘根错节的对峙局面：一边是协约国支持的塞尔维亚、希腊、罗马尼亚；另一边是同盟国支持的土耳其、保加利亚。战胜的塞尔维亚领土人口极大扩展，国家威信上升，使得被奥匈强占的波斯尼亚和黑塞哥维那民众发出了摆脱奥匈统治，并入塞尔维亚的呼声。认为受到其威胁的奥匈帝国为杜绝"大塞尔维亚主义"影响，防止波黑地区分裂出帝国，开始致力于打压塞尔维亚；德国也认定自己处于"被包围"的地缘局势之中，认为战争即将到来，开始加紧战争准备，并且支持盟友奥匈对塞尔维亚采取强硬态度。由此可见，波斯尼亚危机与两次巴尔干战争虽属局部冲突，但背后体现的是同盟国与协约国在整个欧洲的对立关系。而德国支持下奥匈对塞尔维亚发起的打压，势必引发塞尔维亚背后的俄国的报复，并进一步导致协约国与同盟国间的开战。至此，巴尔干已经成了名副其实的"欧洲火药桶"，缺少的只是一根引爆它的导火索。在第二次巴尔干战争结束仅一年后，第一次世界大战便爆发了。

[思考题]

巴尔干同盟各国为何会发生分裂？其间的矛盾关系为何会影响到整个欧洲乃至世界？

（徐之凯　编）

024

奥匈帝国给塞尔维亚的最后通牒

（1914年7月23日）

奥匈政府在德国政府怂恿下，于1914年7月23日向塞尔维亚政府提出挑衅性的、为独立国家决不能接受的最后通牒，限期四十八小时内答复。塞尔维亚接受全部条件，只拒绝第六项；奥匈认为不满足而宣战。

1. 应禁止一切煽动仇恨与蔑视奥匈帝国的以及有破坏其领土完整一般倾向的出版物；

2. 应立即解散叫作"国防会"的团体，没收其一切宣传工具，并应同样处理从事于反对奥匈帝国宣传的其他团体及其在塞尔维亚的分会。王国政府（指塞尔维亚政府）应采取必要措施，使被解散的团体不得在其他名称和其他方式下继续活动；

3. 应立即清除塞尔维亚学校中所有赞助或可能赞助反对奥匈宣传的教员和教育方式；

4. 应肃清军事机关内及一般行政机关内一切犯有反对奥匈帝国宣传之罪的文武官吏，奥匈政府保留向王国政府提出关于这些人姓名和行为之权；

5. 应同意接受奥匈政府代表的协助，在塞尔维亚镇压所有侵犯奥帝国土完整的复仇运动；

6. 对塞尔维亚境内所有6月28日暗杀案的共犯，应即进行侦讯。奥匈政府所委派之代表得参加与此有关的调查工作；

7. 应从速逮捕在萨拉热窝初步调查结果中已有牵连的陆军少校佛雅·唐

科西基和一个塞尔维亚国家雇员米兰·西甘诺维基;

8. 应以有效措施防止塞尔维亚当局参加非法运送武器和爆炸物过境;应开除并严办沙巴兹与罗士尼卡两地之边防人员,因为他们纵容萨拉热窝罪行的凶手们越境,从而犯有协助凶手之罪;

9. 应向奥匈政府解释关于塞尔维亚高官员在塞尔维亚国内和国外所发表的无理声明,这些官员不顾其官职地位,在6月28日罪行以后,仍在公开访问中肆意发出敌视奥匈帝国的言论;最后,

10. 应立刻将上列各点措施的执行办法,通知奥匈政府。

奥匈政府等待王国政府的回复,至迟到星期六,本月25日下午六时为止……

录自周一良、吴于廑主编:《世界通史资料选辑·近代部分》(下册),北京:商务印书馆,1964年,第338—340页。

[历史背景介绍]

1914年,奥匈帝国为了对塞尔维亚炫耀武力、进行威胁,决定在临近塞尔维亚边境的波斯尼亚举行军事演习,把塞尔维亚作为假想敌。弗兰茨·斐迪南决定亲自检阅这次演习,并选择在6月28日到波斯尼亚首府萨拉热窝巡视。上午,在检阅完军事演习后,斐迪南偕同妻子乘敞篷汽车,在总督和市长陪同下前往萨拉热窝市政厅,在行驶过程中费迪南夫妇中弹身亡。这就是萨拉热窝事件。该事件发生之后,经过与德国策划并做了一系列准备后,1914年7月23日晚6时,奥匈帝国通过自己驻贝尔格莱德大使向塞尔维亚政府提出最后通牒。最后通牒的每一条款几乎都伤害了塞尔维亚作为主权国的尊严,明目张胆地干涉塞尔维亚内政。尽管塞尔维亚接受了最后通牒的条件,只是不同意奥国警察在塞尔维亚国土上参加调查与萨拉热窝事件有牵连的人,但决心对塞开战的奥匈仍借口没有得到满意的答复,当即断绝奥塞之间的外交关系,并于7月28日中午对塞尔维亚正式宣战。在奥匈帝国向塞尔维亚宣战以后,整个战争机器便急速转动

起来。以萨拉热窝事件为导火线的帝国主义发动的第一次世界大战全面
开始。

[**思考题**]

　　第一次世界大战爆发的原因是什么？

（赵继珂　编）

025

德国和土耳其同盟条约

（1914年8月2日）

第 一 条

缔约国双方同意，对目前奥地利—匈牙利和塞尔维亚的冲突严守中立。

第 二 条

如果俄国采取积极军事行动进行干预，从而产生了德国在同奥地利—匈牙利的关系上履行盟约的情况，那末，对土耳其而言，也产生了履行盟约的情况。

第 三 条

如果发生战争，德国将把其军事代表团交由土耳其支配。

土耳其方面将保证根据陆军部长阁下和军事代表团团长阁下直接达成的谅解，使上述军事代表团对陆军的一般行动施加有效的影响。

第 四 条

如果奥斯曼领土受到威胁，德国有义务以武力来……（电码漏字）奥斯曼的领土。

第　五　条

鉴于本协定的目的是为了在国际的复杂局势（这种复杂局势可能导致目前冲突）下向德国和土耳其两个帝国提供保护，本协定从上述全权代表签字时起立即开始生效，其有效期和其他类似的共同协定一道，直到1918年12月31日止。

第　六　条

如果缔约国一方在上述期限届满前六个月未予废止，则本条约继续延长其有效期五年。

第　七　条

本文件须经德国皇帝、普鲁士国王陛下和奥斯曼皇帝陛下批准，批准书应自签字之日起一个月内互换。

第　八　条

本条约须保守秘密，只有经缔约国双方达成协议后方可公布。

旺杰海姆男爵

赛义德·哈利姆

关于第三条，由于苏丹陛下是土耳其陆军的统帅，土耳其希望使用这样的措辞。然而，利曼将军曾事先正式通知我，他和陆军部长恩维尔已达成详细的协议，该协议规定由军事代表团掌握陆军的实际指挥权，正如你275号电报中所要求的那样。

旺杰海姆　注

录自世界知识出版社：《国际条约集（1872—1916）》，北京：新华书店北京发行所，1986年，第528—529页。

[**历史背景介绍**]

为了推行威廉二世的"世界政策"，德国计划利用近东地区沟通欧亚非三大洲与地中海、印度洋的地缘优势，构筑陆路铁路网连接德国各殖民地，从而弥补其相对于英国的殖民地与海军劣势，控制中东，迫近印度，与英国展开全球竞争。为此，德国着力建设从博斯普鲁斯海峡到波斯湾的小亚细亚铁路，并修筑延伸到叙利亚和伊拉克的支线，亦即柏林、拜占庭、巴格达"3B"铁路。1898年，威廉二世为加强对土耳其影响和争取铁路修筑权访问土耳其，并声称自己是土耳其苏丹和3亿穆斯林"至死不渝的盟友"，帮助德意志银行于1899年获得了与土耳其政府的铁路租借协议，使得两国间关系潜在接近。第一次世界大战爆发后，土耳其政府为推行改革，整顿海军，借法国贷款300万英镑以向英国订购战列舰阿金库尔号。然而在土方结清贷款后一战爆发，战舰被英国海军强制征收。此举激起土耳其社会对协约国的极大不满。德国与在第一次巴尔干战争中获其支持的青年党人在1914年8月2日订立密约，将德地中海舰队并入土耳其海军，形成了军事合作。土耳其海军遂于10月29日炮轰俄黑海港口，作为同盟国成员正式加入一战，开启了这场世界大战的东方战线。

[**思考题**]

为何一战爆发后协约国一再挑衅中立状态的土耳其？这对土耳其最终选择加入同盟国有何影响？

（徐之凯　编）

026

法国总统普恩加莱致参众议员的信，号召实现"神圣团结"

（1914年8月4日）

参议员先生们：

众议员先生们：

法国刚遭受到野蛮的、有预谋的侵略，这一侵略是对人权的蛮横的挑战。

在向我们提出宣战之前，在德国大使申请护照之前，我们的领土就已经受到了侵犯。

德意志帝国只是在昨晚才迟缓地对它早已制造的事态赋予真正的名称。

四十多年来，衷心热爱和平的法国人把正当的强烈愿望压抑在心灵深处。

他们向全世界树立了一个伟大民族的楷模，她最终从失败中被意志、毅力和工作恢复过来后，只是考虑进步和为了人类的利益才使用了他的新生的年轻的力量。

自从奥地利的最后通牒揭开了一场威胁整个欧洲的危机以来，法国努力奉行和到处推荐一种谨慎、明智和克制的政策。

人们不能把任何一个举动和任何一句不利于和平与不利于和解的话归咎于她。

在初战的时刻，法国有权郑重地给自己以这样的评价：直至最后的时刻，她作了最后的努力以避免这场刚刚爆发的战争，而德意志帝国将在历史面前承担不可推卸的责任。

就在我们和我们的盟友公开地表示要看到在伦敦政府的支持下举行的谈判，继续和平地进行下去的这一愿望的第二天，德国突然对俄宣战，它侵犯卢森堡，大肆凌辱我邻邦和朋友神圣的比利时民族，并企图在举行外交谈判期间背信弃义地对我进行突然袭击。

但是法国保持着警惕。她既谨慎又平静，已经做好准备；我们的敌人在他们的进攻道路上即将同我们守在阵地上英勇的掩护部队交锋。在这些部队的掩护下，全国武装力量的动员将有条不紊地完成。我们精良而勇敢的军队，现在法兰西以母亲之心维护着它，奋起捍卫国旗的荣誉，捍卫祖国的领土。

共和国总统作为全国的代言人，向我陆军和海军表示所有法国人的敬佩和信任。

法兰西民族紧密地团结在同一个感情之中，将继续保持她自危机爆发以来，日常表现出来的沉着镇静，使最慷慨激昂的冲动和最热烈的激情同自制力取得一致，因为这种自制力乃是持久力的标志，胜利的最好保证。

在这场开始进行的战争中，法国是正义的，各民族与各个人一样，否认正义的永恒的精神力量，将都不可能不受惩罚。

法兰西的儿子们将英勇地保卫祖国。大敌当前，任何力量都摧毁不了他们的神圣团结，对侵略者怀着同样愤怒的心情，怀着同样的爱国之心，紧密地团结在一起。

她得到她的盟友俄国的协助，她得到英国的忠诚的友谊的支持。

同情和祝愿已从文明世界的四面八方向着法兰西而来。

因为她今天再一次在全世界面前代表了自由、正义和理性。

让我们鼓足勇气，法兰西万岁！

录自《世界史资料丛刊（近代史部分）一八七一——一九一八年的法国》，楼均信、郑德弟、张忠其选译，北京：商务印书馆，1989年，第119页。

第一次世界大战爆发后，法国社会党执行工人国际的反战政策。1914年7月25日，社会党著名领导人饶勒斯在其生前的最后一次公开演讲中号召各国无产阶级团结起来，反对帝国主义争霸战争；7月31日，饶勒斯被刺身亡；8月4日，就在德国对法国宣战的次日，法国总理维维安尼在议会上宣读了共和国总统普恩加莱的声明，号召法兰西人民实现"神圣团结"（Union Sacrée），为保卫祖国而战。法国社会党也随即发表宣言，号召全体党员支持法国政府，团结一致，保卫祖国。法国左派政党与政府之间实现了战争期间的短暂和平。

[思考题]

1. 工人国际与法国社会党反战的原因是什么？

2. 如何理解法国社会党从反战到支持保卫祖国的这一政策转变？

（肖琦　编）

027

巴拿马运河建成通航

（1914年8月15日）

《海—庞斯福特条约》

美利坚合众国，大不列颠及爱尔兰联合王国及其海外自治领国王、印度皇帝爱德华七世陛下，为了促进建造一条合适路线的运河用以联通大西洋和太平洋，同时消除1850年4月19日签署的协定（通常称为《克莱顿—布尔沃条约》）可能引起的反对意见，在不损害公约第八条所规定的中立状态"一般原则"（General Principle）的前提下，在美国政府的主导下建造运河，为此目的任命他们为全权代表：

美利坚合众国总统、美利坚合众国国务卿海·约翰；

大不列颠及爱尔兰联合王国及其海外自治领国王、印度皇帝爱德华七世陛下，驻美利坚合众国特命全权大使庞斯福特勋爵；

双方通过适当形式相互传达各自全权后，同意下列条款：

第 一 条

各缔约国同意本条约取代上述1850年4月19日签署的条约。

第 二 条

双方同意，运河在美利坚合众国政府的主持下修建……并且根据本条约的规定，上述政府拥有该建造所产生的所有权利，享有控制和管理运河的专有权。

第 三 条

美利坚合众国采用如下规则作为确保该运河中立状态的基础，基本上在 1888 年 12 月 29 日签署的关于苏伊士运河自由航行的《君士坦丁堡公约》中有所体现，即：

1. 运河应在完全平等的基础上对遵守本规则的所有国家的商船和军舰自由开放，在涉及交通条件和费用抑或其他方面对上述国家及其公民或臣民一视同仁。

此类交通条件和费用应当公平公正。

2. 不得封锁运河，不得在运河内行使任何战争权和从事任何敌对行为。但美利坚合众国有权在运河沿岸维持必要之宪兵，用以保护运河免受违法和混乱。

3. 交战国的军舰非绝对必要不得在运河内补给或储存任何物资；此类船只在通过运河时，除非确因服务需要导致的停留，应根据现行规则尽可能减少延误。

战利品与交战国军舰应遵守相同规则。

4. 任何交战方不得在运河内上下军队、军火或军事物资，除非因意外阻碍过境通行，在这种情况下应尽快恢复过境通行。

5. 本条款规定适用于运河两端 3 海里以内的毗邻水域。除非遇险，交战国的军舰任何一次在该水域停留时间不得超过 24 小时，遇险时也应尽快离开；交战国一方的军舰不得在另一方军舰离开后的 24 小时内离开。

6. 就本条约而言，对于运河建设、维护和运营所必需的工厂、设施、建筑物和一切工程都被视为运河的一部分，在战时与平时一样，享有完全豁免权，免受交战国的攻击和伤害，免受一切损害其作为运河一部分的行为。

第 四 条

双方同意，上述运河所经过国家的领土主权或国际关系无论有何改变，均不影响中立状态"一般原则"和缔约各方在本条约下的义务。

第 五 条

本条约应由美国总统批准，并经由参议院的咨询和批准，亦应由英国国王陛下批准；批准书应在本协议签署之日起六个月内尽早在华盛顿或伦敦交换。

各全权代表签署本条约并加盖印章，以昭信守。

本条约于公元1901年11月18日在华盛顿签署，一式两份。

海·约翰（印章）

庞斯福特（印章）

译自 https://www.theodorerooseveltcenter.org/Research/Digital-Library/Record/ImageViewer?libID=o294387&imageNo=1, 2022-11-19.

《美利坚合众国和巴拿马共和国关于建造一条连接大西洋和太平洋的通航运河的专约》

美利坚合众国和巴拿马共和国希望确保建造一条横跨巴拿马地峡，以连接大西洋和太平洋的运河，美利坚合众国国会已于6月28日通过一项法案。1902年，为实现这一目标，授权美国总统在合理时间内获得对哥伦比亚共和国必要领土的控制，并且该领土的主权实际上属于巴拿马共和国。缔约各方为此目的决定缔结一项公约，并相应任命各自的全权代表：

美利坚合众国总统，美利坚合众国国务卿海·约翰；

巴拿马共和国政府、巴拿马共和国特别授权特命全权公使菲力普·布瑙—巴西利亚，双方通过适当形式相互传达各自全权后，同意下列条款：

第 一 条

美利坚合众国保证并维护巴拿马共和国的独立。

第 二 条

巴拿马共和国永久授予美利坚合众国使用、占有和控制用于建设、维护、运营、环境卫生和保护上述运河的土地和水下区域，其宽度为10英里，由拟建运河路线中线向两侧各延伸5英里；上述区域从加勒比海距离平均低水位线3海里处开始，延伸并穿越巴拿马地峡进入太平洋距离平均低水位线3海里处，但巴拿马城和科隆城及其临近港口不包括在上述区域内。巴拿马共和国进一步授予美利坚合众国永久使用、占领和控制上述区域以外的任何其他土地和水域，用于上述运河或辅助运河及其工程建设、维护、运营、环境卫生和保护所需。

巴拿马共和国进一步以类似方式永久授权美利坚合众国在上述区域范围内所有岛屿，此外还有巴拿马海湾的一系列小岛：佩里科、纳奥斯、库来布拉和弗拉门戈。

第 三 条

巴拿马共和国授予美国在本协定第二条提及和描述区域内及其所有辅助性土地和水域内的一切权利、统治和权限。

……

第 五 条

巴拿马共和国授予美利坚合众国永久垄断权，允许骑在加勒比海和太平洋之间通过运河或铁路建造、维护和运营任何通信系统。

第 六 条

本条约所涉及的授予不得以任何方式使上述区域内或根据本条约任何条款授予美利坚合众国的土地或水域内的私人土地所有者或财产所有者的所有权和权利无效，也不得干涉通过上述区域的公共道路或上述任何土地或水域的通行权，除非上述通行权或私人权利与此处授予美利坚合众国的权利发生冲突，在这种情况下，美利坚合众国权利优先。

……

第 十 四 条

作为巴拿马共和国授予美利坚合众国本条约中权利、统治和特权之代价或补偿，美利坚合众国政府同意向巴拿马共和国支付一千万美元金币用以交换本公约的批准，并在本公约有效期内每年支付二十五万美元金币等价物，从上述日期九年后开始。

……

第 二 十 四 条

未经美利坚合众国同意，巴拿马共和国政府或法律和条约的任何变更，均不得影响美利坚合众国根据本条约或两国之间涉及本公约主体事项的现存或将来可能存在的任何条约规定享有的任何权利。

如果巴拿马共和国以后以成员身份加入其他任何政府、联盟或联邦，抑或其主权和独立被这些政府、联盟或联邦兼并，美利坚合众国在本公约下的权利在任何方面不得减少或受损。

……

第二十六条

本条约经缔约双方全权代表签署后，应得到各自政府的批准，批准书应尽早在华盛顿交换。

各全权代表在本条约上签字一式两份，并加盖各自印章，以昭信守。

本条约于公元1903年11月18日在华盛顿签署。

海·约翰（印章）

菲力普·布璐—巴西利亚（印章）

译自 https://avalon.law.yale.edu/20th_century/pan001.asp, 2023-01-08.

[历史背景介绍]

在巴拿马地峡开凿联通大西洋和太平洋水道的设想可以追溯到16世纪初，神圣罗马帝国皇帝查理五世早在1534年就派人勘测相关路线了。1876年，法国地理学会组建了建设跨洋运河的专门机构，派遣军官吕希安·怀斯进行地理考察。怀斯花费两年时间，最终制定了与1855年开通的巴拿马铁路平行的运河计划（即目前的运河路线）。1878年3月，该计划获得哥伦比亚政府支持，法国人将获得跨洋运河99年的专有权。1879年8月17日，法国巴拿马跨洋运河公司成立，由曾主持开凿苏伊士运河的法国外交官费迪南·德·雷塞布担任负责人。

1881年，运河沿岸开始蔓延严重的黄热病、疟疾等传染病，相关医疗配套设施的匮乏导致大量人口死亡，运河修筑极为艰难。更为致命的是，修建苏伊士运河的巨大成功使得雷塞布严重低估了巴拿马运河的开凿难度，认为只要照搬苏伊士运河的经验即可，因此关于巴拿马运河修建的前期勘察以及科学性论证都非常仓促且薄弱。他最初的设想是修建跟苏伊士一样的海平式运河，但并未考虑该地区的地形、海平面落差等问题。伴随着工程开展，海平式运河方案被广泛反对，但雷塞布仍顽固坚持自己的想法，最终耗费了巨额资金，更换多家承建商都无法解决问题，最终于1888年彻底放弃海平式运河设想。资金缺乏导致运河公司于1889破产，运河停工。在对运河公司进行资产清算过程中，暴露出法国各级政府、银行、企业中投机分子的一系列腐败丑闻，尤其是运河公司为募集资金铤而走险，最终酿成19世纪法国最大的贪腐案件，雷塞布等运河公司高官由此获刑，直到1894年才完成公司资产清算。法国方面进行了一系列的补救措施，在与哥伦比亚政府的协议到期后，怀斯再次通过谈判获得延期，1894年10月成立了新的运河公司，但由于巨大的资金缺口，运河工程最终难以为继，法国仅完成了不到十分之一的工程，还付出了超过20 000名工人死亡的代价。

与此同时，美国也早已对该地区的跨洋运河产生兴趣，并跟英国在运河相关问题上的矛盾日渐激化，当时倾向的是在尼加拉瓜地区修建运河的方案。最终英美两国通过谈判，于1850年4月19日达成了《克莱顿—布尔沃条约》（Clayton-Bulwer Treaty），该条约是英美关系史上讨论最多、谈判难度最大的条约之一。条约规定，双方都不可谋求和享有在中美洲地峡建造跨越太平洋和大西洋运河的单独管理权和控制权，都不可单方面在附近通过占领、殖民或修建防御工事等方式扩展势力范围，修建好的运河由双方平等使用，但运河方案最终仅停留在纸面规划阶段。后来，由于英美国力的此消彼长，美国开始进一步谋求在中美洲的运河利益，最终双方于1900年2月5日和1901年11月18日重新签署了两项《海—庞斯福特条约》（Hay-Pauncefote Treaty），明确废除了《克莱顿—布尔沃条约》，运河由美国单独建造并享有一切附属权利，成为美国取得巴拿马运河开凿与控制权的重要步骤和法律准备。

1902年，美国国内对运河方案的选择进行了激烈讨论，最终在总统罗斯福斡旋下，参议院于6月19日投票通过了在巴拿马修建运河的方案，并收购了法国运河公司。美国随即开始与哥伦比亚政府谈判，以获得在巴拿马修建运河的特许权，但最终遭到拒绝。怒不可遏的罗斯福派遣海军，策动巴拿马脱离哥伦比亚独立，于1903年11月3日成立巴拿马共和国。美国和巴拿马共和国于1903年11月18日签署《美国和巴拿马共和国关于建造一条连接大西洋和太平洋的通航运河的专约》（*Convention Between The United States and The Republic of Panama For The Construction of A Ship Canal to Connect The Waters of The Atlantic and Pacific Oceans*），巴拿马授予美国永久使用和控制宽度10英里的运河路线沿岸土地的所有权利，而美国需确保巴拿马共和国的独立，并一次性支付1 000万美元补偿和每年25万美元年金。1904年5月4日，美国再次启动停滞近20年的巴拿马运河工程，并将设计目标确立为船闸式运河。美国人充分吸取了法国的教训，花大力气整顿医疗和卫生情况，在1905年底基本消除了该地区的黄热病并大幅降低了疟疾的发病率。巴拿马运河最终于1914年8月15日建成通航，总成本接近4亿美元，是美国当时历史上最昂贵的建筑项目，动用的非美国本土工人就超过4.5万名，从1904年后有超过5 600人死于疾病和事故，如果加上法国时代，最终为修建运河死亡的人数超过25 000人。

巴拿马运河长度约50英里（80公里），与苏伊士运河一样成为世界上最具战略意义和最繁忙的人工水道之一。在美国东西海岸之间航行的船只可以不用绕过南美洲，航程缩短了约8 000海里（15 000公里），从北美洲到南美洲港口间的航程也可节省高达3 500海里（6 500公里）。美国对巴拿马运河单独控制权一直持续到1979年，当年美国和巴拿马联合成立了巴拿马运河委员会负责管理。1999年12月31日，美国将运河完全控制权交还巴拿马，由巴拿马运河管理局负责运营。

［思考题］

美国为何能够成功修建巴拿马运河？巴拿马运河的修建给美国带来了什么利益？

（李晔梦　编）

028

超乎混战之上（节录）

（1914年9月15日）

啊，全世界英勇的青年们！他们多么悲歌慷慨啊，把热血洒向啼饥号寒的大地！在这晴朗夏日的阳光下，他们的牺牲换得了何等丰硕的果实啊！……你们都是各国的青年志士，共同的目的却使你们互相厮打，成了兄弟仇敌：斯拉夫人去援助你们的本族人，英国人为荣誉和权利而战斗，勇敢的比利时人民敢于抗击日耳曼庞然大物，捍卫西方的塞萨利的队伍，德国人为捍卫康德的思想和故乡，抵御潮涌般的哥萨克骑兵，而特别是你们，我的法兰西青年同胞们，多少年来，你们向我倾诉了你们的幻想，你们在奔赴疆场时向我崇高地告别，你们不愧是革命英雄的后代。各国青年们，你们正在奔向死亡，而我多么热爱你们啊！你们是为了我们而讨伐多年熏陶我们的怀疑主义和享乐颓废，不让它们腐烂的臭气侵害我们的、也是你们的信仰啊，你们使这种信念随着你们在战场上取得胜利啊！有人说这是"报复"战争……确是如此，但绝非狭隘的沙文主义所理解的报复；这是信仰对一切感官和思想上的自私自利的报复，是对永恒思想的完美的献身……

……

你们完成了你们的任务。而其他人，他们完成了吗？

我们敢于对这些年轻人的长者、他们道德的指导者、舆论的指挥者、他们的教会或非教会领袖、教会、思想家、社会主义辩护士说真话。

说什么啊！你们要拥有这些活生生的财富——英雄主义的宝库啊！你们把它花在什么地方了？这些不畏牺牲的青年，你们为他们崇高的献身提出了什么目标呢！是让这些年轻的英雄互相扼杀啊！欧洲战争，这渎圣的混战，展现出像海格立斯那样躺在焚尸的柴堆上用双手撕裂自己的一幅荒唐的欧洲的情景！

因此，西方最伟大的三国人民，文明的上士，正在自寻毁灭，而又呼喊哥萨克人、土耳其人、日本人、锡兰人、苏丹人、塞内加尔人、摩洛哥人、埃及人、锡克人和印度兵、极地的野蛮人和赤道的野蛮人、一切肤色的各种人去救援！有人说四头统治时期的罗马帝国，为了互相吞噬，也曾向全世界的乌合之众求援！——我们的文明难道就那么坚固，致使你们不怕动摇它的支柱？你们难道没有看见，如果有一根柱子倒下来，整个大厦将塌下来压着你们？在你们之间，是否不可能做到，虽不说互敬互爱，至少互相容忍彼此的美德和缺点呢？难道你们不应当专心致志本着和平的精神（你们甚至没有真诚地尝试过）解决你们之间的那些问题——违反自己的意愿而被兼并的人民的问题、在你们之间公平瓜分全世界的劳动成果与财富的问题？难道最强者就应该永远梦想欺凌他人，他人则永远团结起来打倒他？这种纵横捭阖不断变化的无谓的流血游戏，难道就没完没了，直到人类彻底衰竭？

我完全知道各国首脑是这些战争的罪魁祸首，但他们不敢承担战争的责任；每个人都阴险地力图把责任推给对方。追随他们的驯服的人民则听之任之，还说什么一种超人的力量引导着一切。人们又一次听到几个世纪以来的老调："战争是不可避免，不以任何意志为转移的。"——这是那群把他们酷爱的东西当成上帝一样地顶礼膜拜的家伙的老调。人们发明了命运这个东西，目的是把他们有责任进行统治的世界上的混乱归之于它。根本不是必然啊！必然，我们所要做的才是必然。而往往我们所不太想做的也是必然。但愿此时此刻，我们每个人都认错吧！这些优秀知识分子、这些教堂、这些工人党都不要战争……好吧！……他们为了阻止战争又做了些什么呢？为了缓和战争他们正在做什么呢？他们在把火拨旺。每个人都在火上加油。

这段可怕历史的最惊人的特点、史无前例的事实是，每一个交战国内都一致赞成战争。这就像是杀人狂的传染病一样，十年前从东京传入，像一个浪潮，席卷各地。没有一个人抗得住这种流行病。只有自由思想不受此种病害的损伤。各国人民的混战似乎是魔鬼的嘲弄，不管它结局如何，欧洲都要毁损。这不仅是种族情绪盲目地促使千百万人像蚂蚁一样互相厮打，中立国家因此也感到危险并战栗：这是理智、信念、诗歌、科学、一切精神力量的编队，在每个国家里追随着军队。在每个国家的优秀分子中，人人都宣称并坚信人民的事业就是上帝的事业、人类自由和进步的事业。我也是这么宣称的……

　　……

　　但是，两种精神力量就是基督教义和社会主义，而这场传染性的战争最能表明这两种力量的弱点。这些教会的或非教会的国际主义的敌对的传道士们，突然表现为最热情的民族主义者。赫尔费要求为奥斯特利茨的旗帜献出生命。纯理论的纯正理论家们，德国社会党人，在国会中支持战争拨款，对普鲁士内阁唯命是从，普鲁士内阁利用他们的报纸把谎言一直散布到兵营，它又把他们派去当特务，去鼓动意大利人开小差。曾有一时，他们为了他们事业的荣誉，认为他们中间已有两三个人因拒绝用武器杀害他们的弟兄而被枪杀。他们愤怒地抗议：大家挎着武器向前走。不，李卜克内西不是为社会主义事业而死的。法德联盟的主要支持者议员法兰克才是为了军国主义事业而倒在法国的枪弹下的。因为这些没有勇气为他们自己的信念献身的人，具有为别人的信念去死的勇气。

　　至于和平王子的代表们，传教士，牧师，主教，他们数以千计地加入这场混战，手中握着枪，嘴里却念《圣经》："尔绝不要嗜杀""尔等互相敬爱"。德国、奥地利或俄国军队的每份捷报都要感谢上帝元帅，就像威廉二世或阿图尔·迈尔所说的，感谢我们的上帝。因为每个人有他自己的上帝。每一个上帝，无论是老的，还是年轻的，都有他自己的教士保护他并粉碎其他人的上帝。

　　……

　　我们这些欧洲的优秀分子，我们有两座城：一座是我们陆地上的祖国，另一座是上帝城。我们是前一座城的主人；是后一座城的建造者。让我们把忠诚的身心奉献给第一座城。但是在我们可爱的家庭、朋友、祖国中，没有任何一个能支配我们的思想。思想就是光明。我们的责任就在于使思想超越于风暴，避开试图使它昏暗的云层。我们的责任在于把城墙筑得更宽更高，控制各国的不公正和仇恨，让全世界的兄弟般的自由的人们在这里聚集。

录自艾珉主编、张英伦选编：《罗曼·罗兰文集》（第十卷），罗大冈等译，北京：人民出版社，2019年，第16—26页。

[历史背景介绍]

1914年9月15日，在目睹了战争带来的对人类文明的摧残后，法国作家罗曼·罗兰在《日内瓦报》上发表了《超乎混战之上》一文，表明了自己反战、反对一切民族沙文主义和爱国主义的立场。文章的发表引发了欧洲舆论界的震动，包括法国历史学家拉维斯、德国作家托马斯·曼、英国作家乔治·威尔斯在内的知识精英们纷纷予以谴责。甚至在瑞典皇家学院计划将1915年的诺贝尔文学奖授予罗曼·罗兰时，法国政府还予以坚决反对。随着一战的持续，罗曼·罗兰对和平与正义的呼唤愈益为人们所接受。他的和平主义思想对两次世界大战之间的和平主义运动的兴起产生了重要影响。

[思考题]

1. 如何看待罗曼·罗兰在一战期间的反战立场？

2. 罗曼·罗兰的反战主张与工人国际的反战主张之间有何异同？

（肖琦　编）

029

无限制潜艇战

（1915年4月22日）

通告！

提请各位意图由海路在大西洋上航行的旅客注意，德国及其盟国与英国及其盟国间正处于战争状态；作战区域包含不列颠群岛邻近水域在内；故而，遵照德意志帝国政府所发布之正式通告，任何悬挂有英国国旗之舰船，抑或其盟国之舰船，均有可能在以上水域被击毁，且在该作战区域乘坐英国及其盟国船只航行之旅客须自负风险。

德意志帝国大使馆

1915年4月22日于华盛顿

"在即将到来的决战中，海军的任务是采取饥饿战，打败试图打倒德国的英军，然后集结所有力量发动海战，打败英国及其协约国。其中，潜艇将处在战斗最前沿。我认为，在其他作战武器的配合下，在德国精神的支持下，在战争的整个过程中，我们在海军造船厂里运用前沿技术制造的武器可以使海军出色地完成任务，打破其他国家试图打败我们的计划。"

——威廉二世

"在饥饿导致的生死搏斗中，英国非常渴望获得食物。1916年，人们认为英国可以利用全世界的土地与德国竞争。但现在，英国看到自己面临的形势前所未有。因为我们的潜艇可以有效地封锁英国海域，所以英国不能继续控制海洋。我们已经考虑过所有后果。我们敢于这样做，并且决不允许任何人或任何国家从我们手中夺走属于我们的胜利果实。"

——德国内政部长卡尔·赫尔费里希

录自伯顿·杰西·亨德里克、威廉·索登·西姆斯:《德国无限制潜艇战》,吴安红译,北京:华文出版社,2020年,第20—22页。

[历史背景介绍]

1917年俄国革命爆发后,东线压力减轻的德国以为看到了最终胜利的曙光,开始加紧反击。在海上,德国于1917年1月31日恢复了"无限制潜艇战"以抵消协约国的制海权,旨在通过海上封锁迫使英国停战。实际上,德国在1915年2月起便宣布英国周围海域为战区,进行了"无限制潜艇战"。但1915年时载有大量美国旅客的英国卢西塔尼亚号邮轮被德国潜艇击沉,美国政府就此提出抗议并做出参战威胁,迫使德国一度取消了"无限制潜艇战"。"无限制潜艇战"的恢复使得美国威尔逊政府获得了对德宣战的口实,引起了美国社会的参战热潮。

对德宣战后,美国开始以海军护航运送大量部队和物资到欧洲战场,同盟国与协约国间的实力差距进一步扩大。德国潜艇造成的商船损失吨位数也从1917年4月的86万吨迅速下降,到战争结束前的1918年10月仅9万吨,德国的"无限制潜艇战"就此破产。

[思考题]

1. 为何1915年卢西塔尼亚事件后德国放弃"无限制潜艇战"?

2. 为何1917年的德国不惜冒美国参战的风险也要重启"无限制潜艇战"?

(徐之凯　编)

030

法国、俄国、英国和意大利协定（伦敦条约）
（1915年4月26日）

第 一 条

法国、英国、意大利和俄国总参谋部应立即缔结军事协定，确定俄国对奥匈帝国使用的兵力的最低数额，以便在俄国决定以主要力量对付德国时能阻止奥匈帝国集中兵力进攻意大利。

本军事协定应确定属于陆军总司令范围之内的停战问题。

第 二 条

意大利方面承允使用它的全部物力和财力同法国、英国和俄国一道共同对敌作战。

第 三 条

法国和英国的舰队应积极和持久地支援意大利，直到奥匈帝国的舰队被摧毁，或和约签订时为止。

为此，法国、英国和俄国应立即签订海军协定。

第　四　条

根据和平条约规定，意大利应得到特兰提诺、锡萨尔平—蒂罗尔及其地理和自然边境（布伦内罗边境）、的里雅斯特、戈里齐亚和格拉迪什卡县、全部伊斯特里亚直至夸内罗，包括沃罗斯卡和伊斯特里亚的彻苏岛和卢辛岛，以及普拉夫尼克、乌尼耶、卡尼多勒、帕拉佐利、圣皮埃特罗—迪宁比、阿西尼罗、格鲁依卡等岛屿及其邻近小岛。……（关于边界的详细规定）

第　五　条

意大利还将得到达尔马提亚省，其范围按目前的行政分界线，包括北部……（关于边界的详细规定）

注：下述亚得里亚海地区由协约国四国分配给克罗地亚、塞尔维亚和门的内哥罗：

在上亚得里亚，从伊斯特里亚边界的沃罗斯卡海湾，直至达尔马提亚的北部边界，包括现属于匈牙利的海岸和克罗地亚的整个海岸，连同阜姆港口和新港及卡洛帕果两个小港，以及韦格拉、佩维基奥、格雷戈里奥、戈利和阿贝等岛屿。在下亚得里亚（塞尔维亚和门的内哥罗所关心的地区），从普兰卡角直至德里河的整个海岸，连同斯帕拉多、拉古萨、安蒂瓦里、杜尔锡诺和圣杰恩—默杜亚等重要港口，以及大小齐罗那、布瓦、苏尔塔、布拉柴、雅克利恩和卡拉莫塔等岛屿。都拉斯港应划归独立的阿尔巴尼亚穆斯林国。

第　六　条

意大利应接受它对发罗拉、萨扎尼岛及其邻近足以保卫这些地点的领土

范围的主权……（关于边界的详细规定）

第 七 条

如果意大利根据本协定第四条获得特兰提诺和伊斯特里亚以及达尔马提亚和第五条规定范围内的亚得里亚各岛屿及第六条规定的发罗拉海湾，并且如果保留阿尔巴尼亚的中央部分，以建立一个小的中立的自治邦，只要法国、英国和俄国愿意的话，意大利将不反对在门的内哥罗、塞尔维亚和希腊之间划分阿尔巴尼亚的北部和南部。从意大利领土发罗拉（见第六条）的南部边界到斯蒂罗斯角的沿海应予以中立化。

意大利在阿尔巴尼亚对外国的关系中代表该国。

此外，意大利同意在阿尔巴尼亚东面留出足够的领土，以确保希腊和塞尔维亚在奥赫里德湖以西的边界线的存在。

第 八 条

意大利接受对它目前占领的多德卡尼斯群岛的全部主权。

第 九 条

法国、英国和俄国一般地承认，意大利对保持地中海的均势有利害关系，因此，在对亚洲的土耳其予以部分或全部瓜分时，意大利应公平地享有毗邻阿达利亚省的地中海地区。意大利现已在阿达利亚省拥有意英协会所规定的权益。这个最终将分配给意大利的地区，应在适当考虑法国和英国的既得利益的情况下，在适当时候划定边界。

在保持土耳其帝国的领土完整和改变各国在这个地区的利益范围内，对意大利的利益也应予以考虑。

如果法国、英国和俄国在战争期间占领了土耳其的亚洲领土部分，则毗邻阿达利亚省的地中海地区其范围如上所述,应保留给意大利,意大利有权实行占领。

第 十 条

苏丹根据洛桑条约在利比亚享有的一切权利和特权,应转让给意大利。

第 十 一 条

意大利应得一份战争赔款,其数额与意大利在战争中所付出的努力和牺牲相适应。

第 十 二 条

意大利宣布,它赞同法国、英国和俄国制订的关于阿拉伯和在阿拉伯的穆斯林圣地应留给独立的穆斯林国家管辖的宣言。

第 十 三 条

在法国和英国以牺牲德国而扩大它们在非洲的殖民地的情况下,法国和英国则原则上同意意大利可要求一些公正的补偿,特别是在关于意大利殖民地厄立特里亚、索马里兰和利比亚同相邻的法国和英国殖民地的边界问题上,作出有利于意大利的解决。

第 十 四 条

英国承允在公平的条件下促成一项至少五千万英镑的贷款,在伦敦市场发行。

第 十 五 条

对于意大利可能反对任何建议罗马教廷派遣代表参加和平谈判或解决由于目前战争所引起的问题的谈判一事，法国、英国和俄国应予支持。

第 十 六 条

本协议应保守秘密。关于意大利参加1914年9月5日宣言一事可在意大利宣战或对意大利宣战后立即单独发表。

在提出上述备忘录后，由各自政府授权的法国、英国和俄国代表和意大利政府授权的意大利代表签订了如下协定：

法国、英国和俄国完全同意意大利政府递交的备忘录。

关于备忘录中规定四国进行陆军和海军合作的第一、二和三条，意大利政府宣布，意大利将尽快，即从签字之日起一个月内开始参战。……

爱德华·格雷

英佩里亚利

本肯多夫

保尔·坎博

法国、英国、意大利和俄国承允在目前欧洲战争中不单独媾和的宣言

意大利政府决定和法国、英国及俄国政府一起参加目前的战争，并加入1914年9月5日由上述三国政府在伦敦发表的宣言。

下列签署人经各自政府授权，宣言如下：

法国、英国、意大利和俄国政府相互承允，在目前战争期间不单独媾和。

四国政府同意，不论何时商谈媾和条款，协约国中任何一国在未取得协约国其他各成员国同意之前，决不提出任何媾和条件。

宣　言

对于1915年4月26日签署的法国、英国、意大利和俄国承允在目前欧洲战争中不单独媾和的宣言，仍应保守秘密。

四国在意大利提出宣战或对意大利宣战后，将签署一个措词相同的新宣言，届时可予以发表。

录自世界知识出版社编：《国际条约集（1872—1916）》，北京：世界知识出版社，1986年，第534—539页。

[历史背景介绍]

第一次世界大战爆发后，原属同盟国的意大利并未立即出兵与其盟国并肩作战，而是选择了中立，待价而沽。在随后的九个多月时间里，意大利与两大集团讨价还价。自大战爆发到1915年初，协约国特别是英国一直对意大利采取拉拢政策。在英国的主导下，协约国与意大利于1915年4月26日在英国首都伦敦秘密签订了《伦敦条约》，即通常所说的"伦敦密约"。5月24日，意大利正式对奥匈宣战。

河南师范大学历史文化学院讲师王若茜认为，在拉拢意大利参战，推动《伦敦条约》签订的过程中，英国外交展现出极其成熟的一面。首先，在意大利下定决心前，英国保持了足够的谨慎态度，避免被意大利牵着鼻子走，成为意大利向奥匈集团要价的砝码，始终掌握对意大利谈判的主动权；其次，在1915年推动条约达成的关键时期，英国处事灵活，以在君士坦丁堡和海峡问题上的妥协换取俄国的让步，又通过满足意大利的要求来维持地中海地区的力量平衡，可谓是英国均势外交的又一次胜利。

[思考题]

《伦敦条约》的签订对一战局势发展产生了怎样的影响？

（陈洪运　编）

031

威尔逊就卢西塔尼亚号远洋客轮被击沉致德国首份照会（节录）

（1915年5月13日）

国务院

华盛顿，1915年5月13日

致杰拉德大使。

请拜会外相，并在向他宣读本照会后给他留一份副本。

德国当局最近在公海上侵犯美国权利的行为，最终导致1915年5月7日英国蒸汽船卢西塔尼亚号被鱼雷击沉，100多名美国公民因此丧生。有鉴于此，美国政府和德意志帝国政府针对已造成的严重局势达成明确和充分的谅解，显然是明智且可取的。

……

美国政府被告知，德意志帝国政府认为，由于目前战争的特殊情况以及他们的对手为寻求切断德国的所有贸易而采取的措施，他们不得不采取远远超出一般海上战争方法的报复手段，宣布了一个战区，并警告中立船只远离该地区。本政府已经有机会通知德意志帝国政府，它不能承认采取这种措施或发出这种危险警告在任何程度上是对美国船长或作为乘客乘坐交战国商船的美国公民的权利的削弱；它必须要求德意志帝国政府对任何有意或无意侵犯这些权利的行为担负严格责任。

因此，美国政府希望以最大的诚意提请德意志帝国政府注意这样一个事实，即反对他们目前攻击敌人贸易的做法。因为使用潜艇破坏商业必然违背公平、合理、公正和人道原则。而所有现代观点都将这些原则视为不可或缺的。美国政府和人民对德意志帝国政府在这一重要问题上采取公正、迅速和开明的行动抱有更大的信心。这是因为美国与德国间连结不仅为了特殊的友谊纽带，还源于美国和普鲁士王国在1828年缔结条约中的明确规定。

……

译自 https://wwi.lib.byu.edu/index.php/Wilson's_First_Lusitania_Note_to_Germany，2022-12-22.

[**历史背景介绍**]

1915年2月4日，德国宣布英伦三岛周围海域为战区。2月18日起，该地区的协约国船只将在没有警告的情况下被击沉。尽管有着潜艇战的威胁，卢西塔尼亚号仍然行驶在利物浦和纽约之间的常规航线上。5月1日，搭载694名船员和1265名乘客（其中128名美国公民）的卢西塔尼亚号离开纽约的54号码头；7日，在爱尔兰旧金塞尔角附近被德国潜艇击沉，仅761人幸存者，其中123人是美国公民，美国民众的反德情绪被激起；13日，美国总统威尔逊通过美驻德大使詹姆斯·W.杰拉德向德国发布第一份照会，呼吁其放弃潜艇战。尽管如此，威尔逊并未放弃中立政策。直到两年后，美国才对德宣战。

[**思考题**]

在照会中，威尔逊是如何在谴责德国的同时，维系中立立场的？

（王志华　编）

032

赛克斯—皮科协定

（1916年5月16日）

英国外相爱德华·格雷致法国驻伦敦大使保尔·坎博的照会：

我荣幸地收到阁下本月13日的照会，照会声明法国政府接受未来的阿拉伯国家或国家联盟和法国利益占统治地位的叙利亚部分的领土范围，以及某些最近在伦敦和彼得格勒就此问题而进行磋商所产生的附加条件。

对此，我荣幸地通知阁下：尽管接受目前提出的整个方案，意味着英国将放弃相当大的利益，但由于陛下政府认识到在土耳其国内创造一个更加有利的政治局势对协约国整体事业所带来的利益，因此，只要保证取得阿拉伯的合作，以及阿拉伯人将履行条件并取得霍姆斯、哈马、大马士革和阿勒颇，陛下政府将准备接受目前的安排。

为此，法国和英国政府达成如下谅解：

一、法国和英国准备承认和保护（1916年8月把"保护"改为"支持"）在附图标明为（A）和（B）的阿拉伯地区内建立的，由阿拉伯酋长享有宗主权的独立的阿拉伯国家或国家联盟。法国在（A）区、英国在（B）区，在兴办企业和提供地方贷款方面享有优先权，并根据阿拉伯国家或国家联盟的请求，提供顾问和外国籍的公务人员。

二、法国在标明为蓝色地区和英国在红色地区内，应准予建立它们所要求或它们经与阿拉伯国家或国家联盟进行安排而认为适当的直接或间接的行政或管制机关。

三、在标明为棕色的地区内，应建立国际行政机构，其形式待与俄国并在其后与其他协约国以及麦加的行政长官的代表磋商后再决定。

四、英国应获得:(一)海法港和阿卡港,(二)关于从(A)地区的底格里斯河和幼发拉底河向(B)地区供应一定数量河水的保证。陛下政府方面承允在未事先取得法国政府同意之前,英国决不进行关于把塞浦路斯割让给任何第三国的谈判。

五、小亚历山大(现伊斯肯德伦——编者)应成为英帝国进行贸易的自由港,在港口征税和提供便利方面对英国船只和货物不得加以歧视;应允许英国货物自由通过小亚历山大港,并经由铁路自由通过蓝色地区,不论这些货物是发自或发往红色地区,或(A)地区或(B)地区;对经铁路运输的英国货物或在上述区域内的任何港口的英国货物或船只,都不得直接或间接地加以歧视。

海法应成为法国和它的领地及保护地进行贸易的自由港,在港口征税和提供便利方面对法国船只和货物不得加以歧视;应允许法国货物自由通过海法港,并经由英国铁路自由通过棕色地区,不论这些货物是发自或发往蓝色地区,或(A)地区或(B)地区;对经铁路运输的法国货物或在上述区域内的任何港口的法国货物或船只,都不得直接或间接地加以歧视。

六、在巴格达经幼发拉底河流域到阿勒颇的铁路完成之前,在(A)地区,巴格达铁路往南延伸不得超过摩苏尔;在(B)地区,往北延伸不得超过萨马拉;在上述铁路完成之后,则须经两国政府的同意,上述延伸方可超过上述地点。

七、英国有权修建、管理和独家占有连接海法至(B)地区的铁路,并永远有权随时通过上述铁路运送军队。

两国政府理解到,修建本铁路旨在便利使巴格达和海法用铁路连接起来,并且还理解到,如果在棕色地区修建这一连结铁路所造成的技术困难和经费问题使本计划不可能实现,法国政府应准备考虑使这条铁路在到达(B)地区之前,经越巴尼亚斯—凯斯马里卜—萨勒哈德、特尔、奥斯达—迈斯米埃这一多角形地带。

八、二十年内,现行的土耳其关税税率应在整个蓝色和红色地区以及在(A)和(B)地区内有效;除非两国另有协议,不得增加税率或将从价税改变为特定的税率。

在上述地区之间不得设立内地的关税壁垒。对运往内地的货物的关税应在入境的港口征收，然后交给目的地行政当局。

九、双方同意，在未征得陛下政府同意之前，法国政府将不进行关于权利转让的谈判，并不得把在蓝色地区内享有的上述权利转让给除阿拉伯国家或国家联盟之外的任何第三国；陛下政府在红色地区将向法国政府作同样的保证。

十、英国和法国政府作为阿拉伯国的保护者（1916年8月，"阿拉伯国的保护者"一词被删掉）同意，它们将不为自己取得并将不同意第三国取得阿拉伯半岛的领土，或同意第三国在红海东岸或岛屿上修建海军基地。然而，这不应阻止对亚丁的边界由于土耳其的最近侵略而作某些调整。

十一、与阿拉伯人谈判关于阿拉伯国家或国家联盟的边界，应像以前那样由两国通过同一渠道继续进行。

十二、双方同意，关于控制武器流入阿拉伯领土内的措施将由两国政府予以考虑。

我还荣幸地陈述如下，为了使本协定得以完善，陛下政府正向俄国政府建议互换照会，其形式类似去年4月26日阁下政府和俄国政府互换的照会，该照会副本待互换后将送交给阁下。

我冒昧地提醒阁下，从实际考虑出发，缔结本协定将使意大利根据意大利和协约国于1915年4月26日签订的协定第九条的规定提出分享关于土耳其在亚洲的领土的分割或重新安排问题。

陛下政府还考虑到，关于本协定所做出的安排，应通报日本政府。

录自世界知识出版社编：《国际条约集1872—1916》，北京：世界知识出版社，1986年，第549—552页。

[历史背景介绍]

《赛克斯—皮科协定》是协约国为了瓜分奥斯曼帝国而达成的秘密条约。

从1915年11月23日到1916年1月3日，在俄国和意大利的同意下，英、法外交官马克·赛克斯与弗朗索瓦·皮科商讨并草签了一份备忘录。1916年5月9日和16日，法国和英国政府先后批准该协议。上述文本即英国外相爱德华·格雷于5月16日因同意该协定而致法国驻伦敦大使保尔·坎博的照会。根据协议，阿拉伯半岛以外的奥斯曼帝国省份将分别成为英、法势力范围。帝国主义肆意确立的分界线在中东地区酿成了一系列冲突隐患，包括巴勒斯坦问题和库尔德问题。

[思考题]

该条约在哪些方面体现了英、法两国帝国主义和殖民主义的特性？

（王志华　编）

033

兴登堡纲领

（1916年8月）

在作战过程中，武器发挥着越来越关键的作用；相比之下，部队的兵力就显得没那么重要了。人力总是有限的，它也不再起决定性作用，相反，大炮、弹药和机枪这些军备却发挥着决定性作用。我们的敌人可以利用中立国家的工厂和劳动力，而德国和它的盟国却只能靠自己。

虽然德国士兵都异常勇猛，拥有超强的责任心、荣誉感、超高的文化素质，但这并不足以弥补上述差距，何况敌人的数量远在我们之上。

军粮供应的情况也是如此。粮食在战争中同样起着至关重要的作用，而我们的对手也有更充足的军粮储备。

因此，我们只有为军队提供足够的军备，使其在具备同等军备实力的情况下与敌军对抗，同时为我们的士兵提供足够的粮食供应，我们才有赢得战争的把握。我们的敌人拥有更丰富的资源，因此，只有当我们将国内一切自然资源、工业和农业资源都完全用于战争时，我们才有获胜的可能。然而，要实现这种可能，就必须让德国所有民众都行动起来，投入到保卫祖国的战争中去。相比之下，其他的一切问题都没那么重要了——它们在一场关系到国家存亡、人民独立、幸福和未来的战争面前都显得无关紧要了。无论我们现在是否放弃发展经济，战争胜利后，国家的经济都将复苏。相反，如果我们战败的话，我们的国家将会消失，将会沦为别国的附属国，国内经济即便可以恢复，对我们来说也毫无意义了。

……

因此，我认为我们必须通过一项法令——将义务兵役制的范围扩大到

16—60岁的所有男性公民，以适应战时经济的需要。为了保卫我们的国家，我们必须制定清晰的方案和实现目标的直接手段，否则，民众将难以意识到问题的重要性和征兵的意义所在。

无论是在工厂车间、在办公室，还是在其他任何最能为国家服务的岗位上，所有人都应该各尽其能——即将通过的法令必须提及这一点。

制定这样一项法令是必要的。因为只有将这些要求纳入法规，民众才能有更强的意愿去承担责任。同时，帝国议会的参与也能使人民更好地投身于这项伟大的事业中。我坚信议会一定不会拒绝通过这样一项法令，它的批准必将彰显我们强大的力量和不屈的意志力，使我们的敌人闻风丧胆，这也就意味着我们将向和平迈出重要一步。

最后，我必须要强调的是，我们没有犹豫的时间了，通过这样一项法令刻不容缓。只有先确认原则问题，我们才能落实对个人的要求并实施具体的细则。

冯·兴登堡

译自 Erich Ludendorff, ed., *Urkunden der Obersten Herresleitung über ihre Tätigkeit 1916/1918*, Berlin: E. S. Mittler und Sohn, 1920, S. 83.

附德国1912年—1918年的工业产值：

时间	生铁	钢铁	钢铁制品	锌	铅	铜	铝	轧钢厂	合计
1912	92.5	95.1	101.3	96.6	92.9	92.1		90.6	94.2
1913	100.0	100.0	100.0	100.0	100.0	100.0		100.0	100.0
1914	74.5	79.7	79.2	84.6	95.3	93.5		77.3	78.4
1915	60.1	69.8	83.5	66.5	64.2	119.2		74.8	74.5
1916	68.8	62.6	67.0	63.9	57.1	161.5		94.3	79.5
1917	68.0	83.1	93.6	66.9	47.6	149.8		101.1	91.9
1918	61.4	68.6	74.6	66.4	42.5	141.3		85.1	77.1

录自 Walther G. Hoffmann, *Das Wachstum der deutschen Wirtschaft seit der Mitte des 19. Jahrhunderts*, Berlin: Springer Verlag, 1965, S. 354.

[**历史背景介绍**]

到1916年这一年，同盟国和协约国双方进行了三次大型的陆上战役及一次大规模海战，即西线的凡尔登战役、索姆河战役、东线俄军的夏季攻势与日德兰海战，双方都寄希望于通过战略决战突破僵持对峙，彻底扭转第一次世界大战的战局。其中，凡尔登战役成了转变主攻方向，结束西线战争的关键。在近10个月交战中，德、法双方投入200万兵力，损失120个师，伤亡70多万人，惨烈程度史无前例，以致被称为"凡尔登绞肉机"。凡尔登战役是第一次世界大战的转折点，此后战局愈向对同盟国不利的方向发展。由于凡尔登战役的失败，德军总参谋长埃里希·冯·法金汉于8月29日被解职，由保罗·冯·兴登堡接任总参谋长，埃里希·鲁登道夫为总后勤部长，形成了第三任战时最高统帅部。为在败军之际延续战争，第三任战时最高统帅部于1916年8月底提出了《兴登堡纲领》，要求不惜一切代价提高军需用品产量，研发新式武器，将兵役扩大到50岁男性，实行普遍强制劳动，关闭对战争不必要的产业等措施。该纲领实际上是鲁登道夫日后总结提出的"总体战"理念的预演，旨在动员德国全部资源投入战争，发动所有德国公民为战争服务，以谋求最后胜利。在"总体战"之下，德国得以透支国力延长战争，而战争所带来的苦难也因此被转嫁到每一个德国人身上，德国背负的军国主义烙印大大加深。

[**思考题**]

1. 兴登堡与鲁登道夫这样的"东线派"将领取代执行"施里芬计划"、发起凡尔登战役的西线将领掌控总参谋部，说明德国对于战争的计划准备出现了怎样的变化？

2.《兴登堡纲领》的出台对于德国君主与民事政府意味着什么？

（徐之凯　编）

034

齐默尔曼照会
（1917年1月19日）

我国准备于2月1日开始实施无限制潜艇战。尽管如此，我国仍希望能让美国保持中立地位。若无法奏效，则我国将向墨西哥提议结为盟友。缔结同盟的条件如下：双方联手参战，共同谋求和平，从优提供财政援助，并理解墨西哥收复得克萨斯、新墨西哥和亚利桑那等失地的迫切愿望。协议具体细节由阁下负责。

一旦我国与美国爆发战争已成定局，阁下应尽快将上述机密知会（墨西哥）总统，建议其马上主动邀请日本入盟，并在日本和我国之间展开斡旋。

请提醒墨西哥总统关注局势，我国潜艇如今以无限制的方式投入作战，将为战争带来新的前景，不过数月即可迫使英国求和。电报收悉。

齐默尔曼

录自芭芭拉·塔奇曼：《齐默尔曼电报》，刘啸虎译，北京：中国青年出版社，2017年，第214—215页。

［历史背景介绍］

1917年1月19日，德国外交大臣亚瑟·齐默尔曼向德国驻墨西哥大使拍发电报照会，告知无限制潜艇战将在近期得以恢复，但仍要继续致力于确保美国中立。但电报中也异想天开地提出若维持美国中立的举措失败，则大使要向墨西哥提议结盟，从而共同对美国开战。作为补偿，墨西哥将被允许收复其在19世纪美墨战争中失去的部分领土。

齐默尔曼照会遭到英国方面截获破译，并由英国外交大臣亚瑟·詹姆斯·贝尔福交到了美国驻伦敦大使沃尔特·海因斯·佩奇手中。正当美国国会为一项武装商船应对欧洲局势的措施而争论得不可开交之际，这一电文被公布给了美国公众得知。这一照会在美国招致了广泛的愤恨之情，特别是在先前持温和孤立态度的西南部尤甚。1917年2月26日该照会公之于世之时，齐默尔曼本人并不否认此举，反而在帝国议会前寻求为这一行为进行辩护。虽然德国寻求额外盟友以预防同美国开战的行为本身在外交上无可指摘，但这实际上是个极为愚蠢的错误，对美国反德民意的明确形成，及促使国会批准对德开战所起的作用难以估量。

[思考题]

为何齐默尔曼照会这一纸外交文件会引起巨大影响，进而推动美国参战？

（徐之凯　编）

035

墨西哥宪法（节录）

（1917年2月5日）

第二十七条　国家疆界范围内的土地与河流的所有权属于国家，国家有权将由此所产生的权利转让于私人，使之成为私有财产的一部分。

除作公共事业与赔偿支付之用外，私有财产不受剥夺。

国家有权按照公共利益的要求对私有财产施以限制，有权对其所让渡的自然资源使用权进行管理，以保持国有资源并确保公共财富的分配更加公平。

为此，应采取必要措施分割大地产；发展耕作中的小地产；创建掌握必要土地和水源的新农业中心；从总体上扶植农业，防止自然资源的破坏，保护财产免遭破坏并损害社会。目前还没有土地或水源，或土地与水源的数量不足以维持其居民生存所需的人口聚集区，有权得到从邻近地区的财产中抽取的补贴，小地产的权利将始终得到尊重。

……国家所有权不可让与、不容侵犯，由个人或按墨西哥法律规定组织的公司进行的相关资源的开采、使用或占有，必须依法律规定，视其情况，经联邦行政机关特批后方可进行。……

第一百二十三条　在不违反以下基本原则的情况下，联盟代表会议可制订适用以下条款的劳工法：

第一款　工人、临时工、联邦雇员、技工以及一般意义上的所有签约劳动者。

第一项　每日最长工作时间为8小时。

第二项　夜间最长工作时间为7小时。下述情况须加禁止：妇女和16岁以下的未成年人从事有害健康或危险的工作；妇女和16岁以下的未成年人进行工厂里的夜间工作；商业企业中的妇女晚10点以后工作，16岁以下者晚10点以后承担（任何种类）的工作。

第三项　禁止使用14岁以下的童工。14—16岁之间者日工作时间不得超过六小时。

第四项　每周工作6天，工人必须至少有1天休息时间。

第五项　临产前3个月，妇女不得从事重体力劳动。产后妇女享受1个月的休假，领取全额工资，保留工作及劳动合同所规定之权利。哺乳期间，她们每日享有两次特定休息时间，每次半小时，以哺育婴儿。

第六项　工人最低工资应满足一般标准或视工种而定。……一般性最低工资必须足以满足家庭成员正常的物质、社会与文化需求，足以为其子女提供义务教育。职务最低工资的设定还应考虑到不同工业和商业活动的具体情况。

农业工人应得到足以满足其需要的最低工资。

最低工资须由工人、雇主和政府代表组成的地区委员会确定，并经以同样方式组成的国家委员会批准。

第七项　同工同酬，不考虑性别与民族。

第八项　最低工资不得设置任何附加条件、赔偿金或折扣额。

第九项　工人可按下述规定，享有参与企业分红的权利：

……

第十一项　无论何时，只要出于特殊情况需要延长1天的正常工作时间，须按正常工作时间内报酬的1倍支付加班费。每日加班不得超过3小时，不得连续加班3次以上。16岁以下者及所有妇女不得参与这种劳动。

第十二项　在所有农业、工、矿企业或其他各类工作中，雇主必须为工人提供舒适卫生的住处，月租金不得超过房产估价的0.5%。雇主还须设立学校、医院及其他社区所必需的设施。如果企业位居城镇，雇用员工超过100人，就必须履行上述第一项义务。

……

第十四项　雇主应对工人的意外事故与因工作或职务所致或在劳动过程中罹患的职业病负责，由此，雇主须按法律规定，对由此导致的死亡、暂时或永久丧失劳动能力支付相应赔偿金。即使雇主通过中介签订劳动合同，该责任照样生效。

……

第十六项　雇主与工人均有权为维护各自利益，通过成立工会、行业协会等形式组织起来。

第十七项　本法将罢工与停工（lockout）视为工人与雇主之权利。

……

第二十二项　雇主无正当理由，或因工人参加某协会或工会，或因工人参加合法罢工而将其解雇者，须继续履行合同，或赔偿工人3个月的工资。法律将对那些雇主可通过支付赔偿金而免于继续履行契约义务的情况做出特别规定。如工人因雇主一方缺乏诚信，或因他本人、其妻子、父母、子女或兄弟姐妹遭到雇主的虐待而辞职，雇主亦须承担赔偿3个月工资的义务。如此类虐待由其下属或家庭成员在其同意或纵容下实施，雇主不得免责。

录自张建华：《世界现代史资料汇编》（上辑），北京：北京师范大学出版社，2009年，第204—206页。

［历史背景介绍］

《墨西哥宪法》全称《墨西哥合众国的政治宪法》，由1916—1917年在克雷塔罗的制宪大会起草，并于1917年2月5日获得批准。该宪法是墨西哥资产阶级革命的重要成果，由于融合多方势力的诉求，因而同时包含反教权主义、民族主义、反帝国主义、共和主义和社会主义内容。第二十七条废除了封建土地所有制，并限制外国人掠夺墨西哥资源的权利，反映了国有制思想和限制私有制思想。第一百二十三条详尽规定保护劳工权利，是当时资本主义各国中最先进的劳动立法。这些社会主义性质的规定不仅招致国内反动势力的反弹，也引起美帝国主义的无理干涉。

[思考题]

试通过摘录的两个条款论述 1917 年颁布的《墨西哥宪法》的进步性。

（王志华　编）

036

威尔逊总统提请美国国会对德宣战的演说
（1917年4月2日）

……在最近2月3日，我曾正式向你们提出德意志帝国政府的特别通告，通告说，它已立意在2月1日和2月1日以后，把一切法律或人道的约束置之不顾，要用潜水艇击沉所有驶进不列颠及爱尔兰的港口、或欧洲西部海岸、或在地中海范围内被德国敌人所控制的任何港口的船只。……不论何种船舶，不论船舶的国旗、证书、货物、目的地、使命，既不予以警告，也不打算营救或怜恤船上的人员，一概残忍地将其击沉，友好中立国船舶和交战国船舶一样不能幸免。甚至医船，以及向那些丧亲失子、饱受苦难的比利时人民运送救济品的船只，纵使德国政府本身都准其通过禁区，而给予通行证，同时又有明显无误的标志可资区别，也同样粗暴无情或无原则地加以击沉。……

这是一种与全世界各国为敌的战争。美国船只已被击沉，美国人的生命被夺去，其手段令我们大为激怒，而其他中立与友好国家的船舶和人民，也被用同样手段击沉，淹没海底。这里并不曾有任何区别。挑战是向全人类的。每个国家必须各自决定怎样去对付它。我们替自己做出的抉择，必须深思熟虑，稳重适度，符合我们作为一个民族的性格和动机。我们必须摒除激动的情感。我们的动机并不是复仇，也不是把国家的物质力量拿出来耀武扬威，而仅仅是主持正义和维护人类权利，我们只不过是这种正义和权利的诚实的捍卫者。

我深深意识到，我正在采取的步骤具有何等重大和甚至惨痛的特性，我也意识到，它包含着何等严重的责任，但是我毫不犹豫地服从我认为是我宪法上的职责，因此我建议国会：宣布德意志帝国政府最近的行为，事实上无异对美国政府及其人民作战；正式接受如此强加于美国的交战国地位；并且采取紧急措施，不但把全国置于更为严紧的防御状态，而且发挥国家全部力量，运用国家全部资源，以迫使德意志帝国政府就范，从而结束战争……

当我们采取这些措施，这些极重要的措施之时，让我们充分了解，并使举世皆知我们的动机与目的是什么。如今，我们的目的仍和从前一样，要在世界生活中捍卫和平与正义的原则，以与自私的和无人性的权力相对抗，并在世界上真正自由和自治的民族中树立起今后可以保证遵守这些原则的一致决心和一致行动。问题已经牵涉世界的和平和世界各民族的自由，而且这种和平与自由之所以受威胁，又是由于存在着那些独裁政权，专凭不由人民的意志而至由她们的意志所控制的有组织的武力作为后盾。在这种场合，中立便行不通或者是求不到了。我们已经看到在这样的情况下中立的结局如何。我们是处在这个时代的开端，在这个时代，我们将坚决主张，文明国家公民个人之间所遵守的行为标准和犯错误后的责任标准，在各国及其政府之间，也应该同样遵守。

我们跟德国人民没有什么争吵。我们对他们除了同情心与友谊感之外，没有别的情感。他们政府发动这次战争不是出自他们的推动。他们既未预知此事，亦未予赞同。这次战争的决定，正如在古代不幸的岁月中，统治者什么也不与人民商量，往往就决定了许多战争，而发动和进行那些战争又都是为了某些王朝的利益，或是为了惯于把他们的同胞用作爪牙和工具的一小撮的野心家的利益。……

我们现在接受这种敌对目的的挑战，因为我们知道，我们决不能和采用如此方式的一个政府做朋友；只要这种政府的有组织的武力总是为其不可告人的目的伺机而动，那对于全世界的民主政权就不可能有确实的安全。现在，我们正要对这个与自由为敌的真正敌人应战，必要时，我们将竭举国之力，以抑制和摧毁它的野心和实力。现在我们看清那些揭去伪饰的事实，因而我们乐于为世界的最后和平，为世界各民族的解放——包括德国人民在内，为大、小各国的权利，为人们到处有选择他们的生活方式和信仰方式的特权而作战。必须使民主在世界上得到安全。世界和平必须建立在政治自由的可靠基础上。我们没有任何自私的目的可追求。我们不想征服别人，也不想统治别人。我们不为自己索取赔款，我们不为自愿的牺牲寻求物质上的补偿。我们只是人类权利的一个捍卫者。当这些权利已经得到保障，而各国的信义与自由也可以保障这些权利时，我们就于愿足矣。

录自周一良、吴于廑主编：《世界通史资料选编·近代部分》（下册），北京：商务印书馆，1964年，第346—348页。

[历史背景介绍]

1917年4月6日美国对德宣战，中国及美洲多国相继投入战争，协约国的阵营增加到27个国家。美国的参战实际上显示了帝国主义全球秩序在一战过程中的重构。由于战争的削弱，英国全球霸主的地位下降，美英之间的矛盾缓和；而同属新兴帝国主义的美德两国之间的矛盾上升：协约国对美国物资贸易的依赖，以及双方在拉美的竞争关系，使得美国必然选择协约国阵营与德对抗。

1918年3月21日，德军发起第二次马恩河战役，亦称"皇帝攻势"，以求在美国全面投入欧陆作战前尽快击败协约国军队。然而德军在3月到7月发起的四次进攻中损失近70万人，兵力近乎枯竭。然而早在1917年6月，美国远征军便已开赴西线，战役开始的3月已达30万人，到1918年8月底已近百万人。美国源源不断向协约国输出的各类物资给养，更是远超已处于物资严重短缺的同盟各国。双方的实力对比再次发生了决定性转变，同盟国的失败实际已成定局。

[思考题]

1. 美国为什么直到1917年才直接加入第一次世界大战？

2. 为何美国最终选择协约国阵营，其与德国固有的矛盾为何？

（徐之凯　编）

037

告俄国公民书

（1917年10月25日）

临时政府已被推翻。国家政权业已转到彼得格勒工兵代表苏维埃的机关，即领导彼得格勒无产阶级和卫戍部队的军事革命委员会手中。

立即提出民主的和约，废除地主土地所有制，实行工人监督生产，成立苏维埃政府，人民为之奋斗的这一切事业都有了保证。

工人、士兵、农民的革命万岁！

彼得格勒工兵代表苏维埃军事革命委员会

1917年10月25日上午10时

载于1917年10月25日（11月7日）《工人和士兵报》第8号

录自中共中央马克思恩格斯列宁斯大林著作编译局编译：《列宁全集》（第33卷），北京：人民出版社，1985年，第1页。

[历史背景介绍]

一战进行到1917年，长期的惨烈战争使得本就薄弱的俄国经济陷于彻底崩溃，反对战争的士兵、工农运动风起云涌。1917年3月12日（俄历2月27日）"二月革命"爆发，彼得堡的工人士兵推翻沙皇专制统治，但在革命中取得政权的资产阶级临时政府仍投身一战。该政权遂于11月7日（俄历10月25日）被以列宁为代表的布尔什维克党领导的十月革命推翻，实现了由资产阶级民主革命向社会主义革命的转变，俄国建立起了苏维埃政权，成立了世界上第一个社会主义国家。十月革命爆发第二天，苏维埃俄国即宣布退出战争。十月革命与列宁化帝国主义战争为国内战争的主张，使得反战与对抗阶级压迫的思想迅速传入战争末期的参战国社会，强烈打击了当局垂死一战的士气；此后，在十月革命的影响与号召下，各资本主义国家工人运动风起云涌，撼动了资产阶级的统治地位，此起彼伏的苏维埃式工兵暴动时时震撼着世界。

[思考题]

1.苏维埃是什么？对于十月革命的胜利有何影响？

2.十月革命的爆发对于第一次世界大战进程有何影响？

（徐之凯　编）

038

和平法令

（1917年10月26日）

10月24—25日的革命所建立的、依靠工兵农代表苏维埃的工农政府，向一切交战国的人民及其政府建议，立即就公正的民主的和约开始谈判。

本政府认为，一切交战国中被战争弄得筋疲力竭、困顿不堪、痛苦万状的工人和劳动阶级的绝大多数所渴望的公正的或民主的和平，即俄国工农在推翻沙皇君主制以后用最明确最坚决的方式要求的和平，就是立即实现的不割地（即不侵占别国领土，不强迫合并别的民族）不赔款的和平。

俄国政府向一切交战国人民建议立即缔结这种和约，并且决心不等到各国和各民族的最高人民代表会议最后批准这种和约的全部条件，就毫不迟延地立即采取一切坚决步骤。

本政府根据一般民主派的法权意识，特别是劳动阶级的法权意识，认为凡是把一个弱小民族合并入一个强大国家而没有得到这个民族的同意合并、希望合并的明确而自愿的表示，就是兼并或侵占别国领土的行为，不管这种强迫合并是发生在什么时候，不管这个被强迫合并或被强制留在别国版图之内的民族的发展或落后情形如何，最后，不管这个民族是居住在欧洲或是居住在远隔重洋的国家，都是一样。

如果某个民族被强制留在别国版图之内，如果违反这个民族的愿望（不管这种愿望是在报刊上、人民会议上、政党的决议上表示的，或是以反对民族压迫的骚动和起义表示的，都完全一样），不让它有权在合并国军队或任何较强民族的军队完全撤走的条件下，不受丝毫强制地用自由投票的方式决定这个民族的国家形式问题，那末合并这个民族的行为就是兼并，即侵占和暴力行为。

本政府认为，各富强国家为了如何瓜分它们所侵占的弱小民族而继续进行战争，是反人类的滔天罪行，并郑重声明，决心根据上述毫无例外对一切民族都公正的条件，立即签订和约，终止这场战争。

同时本政府声明，它决不认为上述和平条件是最后通牒式的条件，也就是说，它愿意考虑任何其他和平条件，而只坚持任何交战国都要尽快地提出这种条件，条件要提得极端明确，其中没有丝毫的含糊和秘密。

本政府废除秘密外交，决意在全体人民面前完全公开地进行一切谈判，并立刻着手公布地主资本家政府从1917年2月到10月25日所批准和缔结的全部秘密条约。本政府宣布立即无条件地废除这些条约的全部规定，因为这些规定多半是为俄国地主和资本家谋取利益和特权的，是保持和扩大俄罗斯人的兼并的。

本政府在建议各国政府和人民立即就缔结和约问题进行公开谈判的同时，表示愿意通过书面联系、电报，通过各国代表之间的会谈，或通过各国代表的会议来进行这种谈判。为了便于进行这种谈判，本政府特派自己的全权代表前往各中立国。

本政府向一切交战国政府和人民建议，立即缔结停战协定，并认为停战时期最好在三个月以上，以便使所有卷入战争或被迫参战的民族代表所参加的和约谈判完全可能结束，同时使各国最高人民代表会议完全可能召集起来最终批准和约条件。

俄国工农临时政府在向一切交战国政府和人民提出以上的和平建议的同时，特别向人类三个最先进的民族，这次战争中三个最大的参战国，即英法德三国的觉悟工人呼吁。这些国家的工人对于进步和社会主义事业贡献最多，例如英国的宪章运动树立了伟大的榜样，法国无产阶级进行过多次具有世界历史意义的革命，最后，德国工人进行过反对"非常法"的英勇斗争，并为建立德国无产阶级群众组织进行过长期的坚持不懈的有纪律的工作，为全世界工人树立了榜样。所有这一切无产阶级英雄主义和历史性的创造的范例，都使我们坚信上述各国工人定会了解他们现在所担负的使人类摆脱战祸及其恶果的任务，定会以多方面无比坚决果敢的行动，帮助我们把和平事业以及使被剥削劳动群众摆脱一切奴役和一切剥削的事业有成效地进行到底。

录自齐世荣主编：《世界通史资料选辑·现代部分》（第1分册），北京：商务印书馆，1998年，第267—269页。

[历史背景介绍]

十月革命开始后，列宁就把反对帝国主义战争、争取世界和平作为苏联对外政策的根本原则。十月革命胜利后，由列宁起草的苏维埃政权的第一道法令，就是《和平法令》。《法令》向一切交战国政府和人民提议立即就缔结公正的、民主的、不割地不赔款的和约进行谈判，揭露了帝国主义列强为瓜分弱小民族而进行掠夺性战争的罪行，同时提出强大民族和弱小民族一律平等的原则，宣布苏维埃国家将为实现和平而努力。《和平法令》和新生苏维埃俄国的外交实践在欧洲及其全世界产生了深刻的反响，世界各国热爱和平的各阶层人士都纷纷谴责协约国，并强烈要求美英等国对苏维埃的和平倡议做出积极响应。

[思考题]

简要论述《和平法令》提出的时代背景是什么？

（赵继珂　编）

039

人民委员会关于建立全俄肃清反革命和怠工非常委员会的命令

（1917年12月20日）

委员会命名为全俄肃清反革命和怠工非常委员会，隶属于人民委员会之下。

委员会的职责如下：

1. 追究并消灭全俄国一切反革命和怠工行为，而不论其起因如何。

2. 将一切反革命分子和怠工分子置于革命法庭之前，并制定与之斗争的措施。

3. 委员会仅进行那些足以镇压（反革命行为）的初步调查。委员会分为三处：（1）情报处；（2）组织处（负责组织与全俄的反革命作斗争的工作）及其分处；（3）作战处。

委员会将于明日最终建立。全俄委员会作战处将随即开始活动。委员会将注视报纸、怠工者、右派社会革命党人和罢工者。行将采取的措施有没收、监禁、没收（口粮）卡、公布人民的敌人的名字等等。

人民委员会主席弗·乌里扬诺夫（列宁）

录自齐世荣主编：《世界通史资料选辑·现代部分》（第1分册），北京：商务印书馆，1980年，第271页。

［历史背景介绍］

十月革命胜利后，列宁于1917年12月10日下令设立以捷尔任斯基为首的全俄肃反委员会（音译为契卡），以镇压剥削阶级的反抗，并打击反革命势力的复辟活动，从而巩固无产阶级专政的革命政权。

[思考题]

为了捍卫革命成果，人民委员会做出了怎样的努力？

（王志华　编）

040

威尔逊十四点计划（节录）

（1918年1月8日）

……我们的愿望和宗旨是这样的：和平的缔造过程一经开始便要绝对公开进行，嗣后不得容许任何类型的秘密默契。征服和扩张的日子已经过去了；缔结那些仅有利于个别政府，但在某些预想不到的时刻却会颠覆世界和平的秘密条约的日子，也已过去了。现在每个思想不再留恋过去时代的关心公共事务的人，都清楚看到了这一令人快慰的事实，这就使每一个宗旨符合正义和世界和平的国家，有可能于现在或其他时刻公开申明其心目中的目标。

我们参加这次战争，是因为正义受到侵犯，这使我们感到痛心，除非它们获得纠正而且保证不再在世界上出现，否则我国人民的生活便不可能维持下去。因此，我们在这次战争中所要求的，绝不仅是和我们本身有关的东西。我们所要求的，就是要使世界适合人类生存和安居乐业；尤其要使它成为一个这样的世界：所有爱好和平的国家，那些像我们一样希望依照自己的方式生活，决定自己的制度的国家，能够获得正义的保证，并得到世界上其他民族的公平待遇而不致遭受暴力和损人利己的侵略。事实上，全世界各民族都是这一事业的共事者，同时，以我们本身而论，我们看得十分清楚，除非正义施及他人，否则正义也不能独施予我。

因此，世界和平的方案，就是我们的方案；而依我们所见，这方案，这唯一可行的方案，应是这样的：

一、公开的和平条约，以公开的方式缔结，嗣后国际间不得有任何类型的秘密默契，外交必须始终在众目睽睽之下坦诚进行。

二、各国领海以外的海洋上应有绝对的航行自由，在和平时期及战时均然，只有为执行国际公约而采取国际行动时才可以封闭海洋的一部分或全部。

三、应尽最大可能，消除所有同意接受和平及协同维持和平的国家之间的经济障碍，并建立平等的贸易条件。

四、应采取充分保证措施，使各国军备减至符合国内保安所需的最低限度。

五、关于各国对殖民地的权益的要求，应进行自由、开明和绝对公正的协调，并基于对下述原则的严格遵守：在决定关于主权的一切问题时，当地居民的利益，应与管治权待决的政府的正当要求，获得同等的重视。

六、撤退在俄罗斯领土内的所有军队，解决所有关于俄国的问题，该解决方案应取得世界其他国家最良好和最自由的合作，俾使俄国获得不受牵制和干扰的机会，独立地决定她本身的政治发展和国策，并保证她在自己选择的制度下，获得自由国家的社会的诚挚欢迎；除欢迎之外，并给予她可能需要和希望获得的各种协助。俄国的姊妹国家在未来数月期间的态度，将考验出她们是否有善意；是否对于俄国的需要有所了解，并把这种需要与她们本身的利害区别开来；是否有明智而无私的同情心。

七、全世界应同意，在比利时的占领军必须撤退，其领土必须恢复，不得企图限制她应与其他自由国家同样享有的主权。其他任何一种行动均不能起到这样的作用，因为唯有这样做才能使世界各国对于它们为了协调彼此关系而建立和确定的法律，恢复信心。如果没有此项治疗创伤的行动，国际法的整个体系与效力，将永远受损。

八、法国全部领土应获自由，被侵占的法国地区应归还，同时，一八七一年普鲁士在阿尔萨斯—洛林问题上对法国的错误行径，已使世界和平受到近达五十年的干扰，自应予以纠正，俾能为了全体利益而再度确保和平。

九、意大利的疆界，必须依照明晰可辨的民族界线予以重新调整。

十、对于奥匈帝国治下各民族，我们愿见他们的国际地位获得保证和确定，并对其发展自治给予最大程度的自由机会。

十一、罗马尼亚、塞尔维亚以及门的内哥罗的占领军应撤退；被占领的土地应归还；应给予塞尔维亚自由安全的出海通道；而巴尔干若干国家的相互关系，应按照历史上已经确立了的有关政治归属和民族界限的原则，通过友好协商加以决定；同时，对于若干巴尔干国家的政治及经济独立和领土完整，亦应给予国际保障。

十二、对于当前奥斯曼帝国的土耳其本土，应保证其有稳固的主权，但对现在土耳其人统治下的其他民族，则应保证他们有确实安全的生活，和绝对不受干扰的发展自治的机会；同时，达达尼尔海峡应在国际保证之下永远开放，成为世界列国船只和商务的自由通路。

十三、应建立一个独立的波兰国，它的领域包括所有无可置疑的波兰人所居住的领土，并应保证她获得自由安全的出海通道，而她的政治及经济独立和领土完整，则应由国际公约予以保证。

十四、必需根据专门公约成立一个普遍性的国际联合组织，目的在于使大小各国同样获得政治独立和领土完整的相互保证。

就这些从根本上纠正错误和伸张公理的措施而言，我们觉得自己是所有联合一致反对帝国主义者的各国政府及人民的亲密的合作者。我们在利害关系和目标上是分不开也拆不散的，我们应并肩合作到底。

为了这些安排与协定我们愿意战斗到底，直至实现这些目标；但是这只是因为我们希望正义战胜，以及期望一个公正稳固的和平，这一和平只有消弭挑起战争的主要因素才可获得（但这个计划没有消弭这些因素）。我们并不嫉妒德国的伟大，本计划也没有任何内容有损于德国的伟大。我们不嫉妒曾使德国的历史非常光辉可羡的那些在学术或和平事业上的成就或荣誉。我们不愿伤害德国，或以任何方式遏制德国的合法影响或权力。我们不愿意用武力或敌对性的贸易措施来对付德国，如果她愿意在合乎正义和法律以及公平交易的公约中与我们及世界上其他爱好和平的国家联合一致的话。我们希望德国在全世界——我们现在所生存的新世界——的国家中占一平等席位，而不是统治地位。

我们也不会肆意建议德国改变或修改她的制度。但我们必须坦白指出，对我们而言，在与德国进行任何理智的交涉时，必要的先决条件是我们须知道她的代言人在跟我们讲话时是为谁发言，是代表德意志帝国议会的多数发言，还是代表军人集团与拥护帝国专制统治的人们发言。

我们现在所陈述的条款是如此具体，自然不容再有任何怀疑或争论之余地。在我所概述的整个方案里，贯穿着一个鲜明的原则。这就是公正对待所有人民和一切民族，确认他们不论强弱均有权在彼此平等的条件之上，享受自由和安全的生活的公平原则。除非这一原则成为国际正义的基础，否则国际主义的任何部分均不可能站得住脚。合众国人民绝不可能依据其他原则而行动；他们为了维护这个原则，愿意奉献出他们的生命、荣誉和所拥有的一切。这个最高的道德考验，争取人类自由的最后最有决定性的战争已经来临了，他们准备把自己的力量、自己最崇高的目标、自己的坚贞和虔诚，付诸考验。

录自赵一凡编：《美国的历史文献》，北京：生活·读书·新知三联书店，1989年，第265—270页。

[历史背景介绍]

1918年1月8日，在第一次世界大战接近尾声时，威尔逊总统在对国会所发表的著名演说中提出了《十四点计划》作为"建立世界和平的方案"，认为这是促进战后世界和平的"唯一"可行的计划，并被协约国采纳作为第一次世界大战结束后和平谈判的基础。

《十四点计划》出台的根据是专门研究协约国与美国关系政策的委员会调查小组为总统准备的一份报告。这个有关战争目的的声明之所以重要，是由于协约国在确定其战争目的时意见不能一致，也由于俄国在十月革命后已经向德国求和。实际上早在1月5日，英国首相大卫·劳合·乔治向英国下议院致词时便已提出若干与《十四点计划》相似的原则。不过由于美国刚刚参战声望较高，且1918年8月战败前夕的德国已经向美国提出愿在"十四点"基础上和谈,故经协约国英、法、意等国多次协调,最终勉强同意以威尔逊的《十四点计划》作为战后议和的指导纲领,并在11月5日正式通知德国政府。《十四点计划》名义上要求"民族自决",反对"秘密外交",倡导建立"公正而持久的和平",但实质上是威尔逊提出的结束第一次世界大战的纲领及重构战后世界的蓝图,旨在对抗俄国十月革命的影响,为美国战后称霸创造条件。

然而,在1919年的巴黎和会上,英、法操纵会议进程,猛烈反对美国旨在建立其世界霸权的计划纲领。最终议定的和约条款大多不符合"十四点"的初衷。且战后美国孤立主义再次兴起,国会拒绝签署《凡尔赛条约》,拒绝参与国际联盟,《十四点计划》要求创立的国际联盟成为推行英、法两国政策的工具。威尔逊的《十四点计划》最终失败。

[思考题]

为何《十四点计划》能够在战时获得协约国、同盟国双方的响应,却在战后陷于失败境地?

(徐之凯 编)

041

关于西班牙大流感的新闻报道

（1918年2月）

1918年2月，在美国堪萨斯州的一个军营里，一名士兵出现了发烧、头痛等症状，医生开始诊断为普通感冒，但之后该症状从美国扩散到了欧洲随即整个世界——造成近亿人类死亡的1918年西班牙大流感开始了。（新闻报道）

1918—1919年大流感可以区分为三波：第一波是发生于1918年春季的温和波，基本上只是普通的流行性感冒；第二波是发生于1918年秋季的超严重波，是死亡率最高的一波；第三波是发生于1919年春季的严重波，死亡率介于第一波和第二波之间。前后两波中间有一定的间歇期。每一波流感持续时间都不超过几周，流感曲线表明这种传染性流感的潜伏期和持续期，来去匆匆，只是死亡率很高。这一发病模式在全球具有普遍性。但是，澳大利亚由于采取了海上隔离措施而使得流感的全面爆发推迟到1919年，因而不同于全球的普遍模式。

1918年全球流感大流行的源头至今仍争执不下，大流感传播的路线图也很难描绘出，但关于中间的传播环节还是可以大致梳理出来的。由美洲或欧洲传播到世界其他地区应该是一个公允的看法，其中也许还有反方向和交叉传播现象。1918—1919年大流感的传播途径大致如下：

国家	美国	法国	西班牙	英国	世界各地
时间	1918年春季	1918年4月	1918年4月底	1918年6月（并将其称为西班牙流感）	1918年6月以后

录自李秉忠:《关于1918～1919年大流感的几个问题》,《史学月刊》2010年第6期。

[历史背景介绍]

第一次世界大战从1914年8月4日全面爆发到1918年11月11日结束,前后持续了4年零3个多月,参战的有30个国家,约15亿人,占当时世界人又总数的67%。战争中双方动员了约7351万人走上前线,其中协约国方面达4835万,同盟国方面为2516万。主要交战国中被动员入伍者在有劳动能力的男性公民中所占比例高达50%,在某些国家,例如法国,甚至超过半数。在整个战争中,在长达几千公里的战线上,大规模会战不下几十次,每次会战几乎都是一场大屠杀。交战各国不仅动用了全部新型武器,而且动员了所有的政治、经济和宣传舆论力量。1918年春季流感大流行后,第一次世界大战主要参战国家如德国、英国、法国和美国为了避免影响士气,由政府严格管制媒体报导疫情的数量。但那时保持中立而未参与战争的西班牙,并未实施战时审查制度,所以国内媒体可以自由报导,因此大幅报导流行病在当地的影响,例如报导西班牙国王阿方索十三世感染成重症病例,令当时人们错觉西班牙的疫情特别严重,也因为西班牙作为第一个大量报告流感的地区,这也导致该流行病被命名为"西班牙流感"。

[思考题]

1. 1918—1919年大流感为何会如此快速地传播至世界各国?

2. 1918年大流感有哪些原因导致美国成为疫情重灾区之一?

（顾年茂　编）

042

俄罗斯苏维埃联邦社会主义共和国为一方和德国、奥地利—匈牙利、保加利亚及土耳其为另一方之间的和约（节录）

（1918年3月3日）

第 一 条

俄国为一方和德国、奥地利—匈牙利、保加利亚及土耳其为另一方宣布它们之间的战争状态已经终止。它们决定今后彼此和好相处。

……

第 三 条

位在缔约各方所同意的一线之西、过去属于俄国的领土将不再处于俄国的主权之下。……

第 四 条

一俟普遍性和约订立和俄国复员工作完成后，德国将撤出位在第三条第一款所指线之东的领土，但以第六条不作其他规定者为限。

俄国将尽一切能力保证立即撤出东阿纳托利亚诸省，并将它们完整地交还土耳其。

俄国军队将同样地立即撤出阿尔达汉（Erolehan）、卡斯（Kars）和巴统（Batun）各地区。俄国对各该地区内部及国际关系的重新调整不进行干涉，任由各该地区居民同各邻国，特别是土耳其协议予以调整。

第 五 条

俄国将立即对其军队，包括现政府新近组成的各单位在内，进行全面复员。

此外，俄国将使其军舰驶回俄国海港并在普遍性和约订立以前留在港内，或者立即将其解除武装。同四国同盟各国继续处于战争状态的国家所有军舰，如在俄国的权力范围以内，将作为俄国军舰对待。

……

第 六 条

俄国有义务同乌克兰人民共和国立即缔结和约，并承认该国同四国同盟各国间所定和约。俄国军队和俄国赤卫队将立即撤出乌克兰领土。俄国应停止对乌克兰人民共和国的政府或其公共机关进行一切鼓动或宣传。俄国军队和俄国赤卫队并将立即撤出爱斯兰地亚[1]和里夫兰地亚[2]。……爱斯兰地亚和里夫兰地亚在本国主管机关保证安全并建立秩序以前，将由一支德国的警察部队占领。……

俄国军队和俄国赤卫队将立即撤出芬兰和亚兰群岛（Aaland Islands），俄国舰队和俄国海军并将立即撤出芬兰的海港……

建筑在亚兰群岛上的各要塞应尽速予以撤除。……

……

第 九 条

缔约各方相互放弃对战争费用要求赔偿，此项费用是指为进行战争而付出的公家开支以及战争损失的赔偿，即由于战争措施而在战区内对各方及其国民所造成的损失，包括在敌国所实施的一切征用。

第 十 条

和约批准时，缔约各方之间的外交和领事关系将立即恢复。……

注释：

[1]即爱沙尼亚的大部分。——原编者

[2]即爱沙尼亚南部和拉脱维亚北部。——原编者

录自世界知识出版社：《国际条约集（1917—1923）》，北京：新华书店北京发行所，1961年，第4—10页。

[历史背景介绍]

1917年十月革命之后，列宁立即宣布停止敌对行动，并且在布列斯特—立托夫斯克（Brest-Litovsk）与同盟国展开和谈。和议在1918年1月曾因为德国提出的条件太过苛刻而一度破裂。但在确认到德军正准备进军彼得格勒后，列宁最终做出让步，苏维埃俄国接受了所有停战条件："为了让新的共产主义实践得以开展，任何代价的和平都是必要的。"

1918年3月3日，为回应俄国人民的和平呼声，列宁与德国签订了《布列斯特—立托夫斯克条约》，正式退出帝国主义战争。和约按照同盟国的利益完全肢解了俄国的欧洲版图。俄国被要求将其自彼得大帝时起取得的几乎全部领土割让给德国，此外还要支付60亿马克的赔款。一战后，德国人曾抱怨称《凡尔赛条约》是一部"迦太基式的和约"，剥夺了德国近七分之一的欧洲版图和约十分之一的人口。但《布列斯特—立托夫斯克条约》让俄国人付出了50万平方英里国土及6 600万人口的代价，使得新生的苏维埃俄国要丢失相当于德国面积两倍的土地，以及战前人口的1/3、73%的钢铁、89%的煤炭和绝大多数工业区。然而面对着国内外敌对势力的两面攻击，革命政

权的生存取决于外部和平，只有实现和平才能为苏维埃俄国巩固无产阶级专政、排除敌对势力争取时间。再者，条约预示了若德国战胜，则协约国所必将面临的境况，完全暴露了同盟国庞大的帝国主义战争野心，促使协约国放弃了和谈的可能，从而加速帝国主义战争的进程。

[思考题]

为何二月革命后的俄国临时政府未要求停战，而苏维埃俄国建立后立即要求停战，甚至不惜签订严酷的和约？

（徐之凯　编）

043

土耳其停战协定

（1918年10月31日）

（一）开放达达尼尔和博斯普鲁斯海峡并自由进入黑海。协约国占领达达尼尔和博斯普鲁斯的炮台。

（二）标明土耳其领水内一切布雷区、鱼雷发射管及其他障碍的位置，并提供消除它们所可能需要的帮助。

（三）送交关于黑海内水雷的一切可能情报。

（四）所有协约国战俘和亚美尼亚被拘留人员和俘虏应集中于君士坦丁堡，并无条件地送交协约国。

（五）土耳其军队立即复员，监视边界和维持内部秩序所需要的军队除外。现役人员数额及其部署嗣后由协约国与土耳其政府磋商决定。

（六）交出土耳其领水内或土耳其所占领的水域内的一切军舰。这些船舰拘留在指定的土耳其港口内。用于维持土耳其领水治安或其他目的的小船除外。

（七）协约国有权在发生威胁协约国安全的任何情况时占领任何战略地点。

（八）协约国船舶自由使用现由土耳其占领的一切港口和停泊处，敌国不得使用。同样条件适用于为着贸易和军队复员的目的在土耳其领水内的土耳其商船。

（九）使用一切土耳其港口和军事工厂的船舶修缮设备。

（十）协约国占领托罗斯管道系统。

（十一）已经命令土耳其军队从波斯西北部立即撤到战前疆界后面，这项命令应予执行。已经命令土耳其军队退出外高加索一部分，而在协约国研究后，如认为有必要，其余部分也应撤退。

（十二）无线电和电报站由协约国监督，土耳其政府电报除外。

（十三）禁止毁坏任何海陆军或商业物资。

（十四）在满足当地需要后，对从土耳其方面购买煤、柴油和海军材料给予便利，上述任何物资不得出口。

（十五）一切铁道，包括现由土耳其控制下的外高加索铁道的部分，均设置协约国监督官，这些铁道归协约国当局自由和完全处置，但应适当考虑居民的需要。这一款包括盟国对巴统的占领。土耳其将不反对协约国占领巴库。

（十六）汉志、阿西尔、也门、叙利亚和美索不达米亚的一切要塞向最近的协约国司令官投降，并自西里西亚撤出军队。按照第五款决定为维持秩序所需的军队除外。

（十七）的黎波里塔尼亚和昔兰尼加的一切土耳其军官向最近的意大利要塞投降。如果他们不服从投降命令，土耳其保证停止对他们的供应和交通。

（十八）在的黎波里塔尼亚和昔兰尼加被占领的一切港口，包括米苏拉塔，向最近的协约国要塞投降。

（十九）一切德国人和奥地利人，包括海军人员、陆军人员或平民，在一个月内从土耳其领土上撤去。在遥远地区的德国人和奥地利人尽可能迅速撤走。

（二十）遵从为处理设备、武器和军火，包括依据第五款复员的土耳其军队的运输工具而可能送达的命令。

（二十一）派遣协约国代表一名隶属于土耳其供应部，以便保障协约国的利益。应向这一代表提供为此目的所需要的一切。

（二十二）土耳其俘虏归协约国处理。土耳其平民俘虏和超军龄俘虏应考虑予以释放。

（二十三）土耳其方面负责停止与中欧国家的一切关系。

（二十四）如果六个亚美尼亚州发生混乱，协约国保留占领其任何部分的权利。

（二十五）协约国与土耳其之间的战争将自1918年10月31日星期四当地时间正午停止。

录自王铁崖选译：《一九一四——一九一八年的第一次世界大战》，北京：商务印书馆，1982年，第150—152页。

[历史背景介绍]

1914年10月，土耳其加入德国方面同协约国集团作战。战争后期，同盟国集团在协约国集团的军事进攻下节节败退。在保加利亚投降、德国请求停战的情况下，土耳其政府被迫接受协约国的停战倡议，1918年10月30日同英国政府代表在达达尼尔海峡入海口利姆诺斯岛的摩德洛斯港签订了停战协定。停战协定是以英国为首的战胜国施加给土耳其的协定。在停战谈判中，土耳其几乎接受了英国代表的全部提议。从土耳其停战协定签订开始，协约国内部在土耳其问题上的冲突就不断发生。

对于土耳其之所以愿意接受极为苛刻的停战协定的原因，有些学者认为，这是英国代表以智取胜的结果。但在首都师范大学历史系教授赵军秀看来，英国代表以智取胜固然是重要原因，亦应注意到土耳其对英国仍抱有幻想的因素。赵军秀指出，土耳其期望随着停战协定的签订，开启同协约国缔结和平条约的进程，寄希望于同英国及其盟国缔结一个保留自己主权，特别是保留在君士坦丁堡和海峡主权的和约，并期待通过与英国结盟，促使一个强壮和独立的土耳其复活。

[思考题]

英、法两国在《土耳其停战协定》的达成问题上存在哪些分歧和协调？

（陈洪运　编）

044

顾维钧在巴黎和会上的发言
（1919年1月28日）

    顾维钧说，他非常高兴有机会代表中国把中国山东问题提交大会。他刚才很有兴趣地听取代表几百万人民的英联邦自治领的发言人谈话。而代表占人类四分之一人口，也即四亿中国人说话，这一事实使他感到自身的责任格外重大。

    中国代表团要求和会归还胶州租借地、胶济铁路，以及德国在大战前所占有的其他一切权利。为了不占用十人会太多的时间，他愿意只讨论某些大的原则问题。至于技术性的细节问题，他在提交大会的备忘录里将有全面的阐述。

    该租借地是中国完整不可分割的一部分。它们是山东的一部分，该省有3 600万常住居民，其在种族、语言和宗教上都属于中华民族。毫无疑问，大家对德国山东租借地的历史不会陌生。该租借地是德国用武力强行夺取的。之前德国舰队占据了山东沿海，其登陆士兵深入到中国内地。德国以勒索胶州租借地作为其撤兵的条件。那次出兵山东的借口是两位德国传教士在中国内地乡村被意外杀害，这起事件是完全超出中国政府的控制能力之外的。按大会所接受的民族自决和领土主权完整的原则，中国有权要求山东主权的归还。中国代表团将认为此举符合正义的和平要求。反之，如果大会另眼相看，并把山东主权转交给任何其他一个强国，在中国代表团看来，那将是错上加错。

    胶州和胶济铁路所在地的山东省是中华文明的摇篮，孔子和孟子的诞生地，对中国人而言，这是一块圣地。全中国人的目光都聚焦于山东省，该省在中国的发展总是起着重要的作用。

就经济而言，该地区人口密集，在只有3.5万平方英里的土地上居住着三千六百万人口。其人口的密集导致了竞争的激烈，也使得该地极不适合殖民。某个强国的介入只会造成对该地居民的盘剥，而非真正的殖民。

就战略言之，胶州可谓是华北的重要门户之一，它控制着从海边到北京的最短通道之一，也就是通过胶济铁路，并在济南连接通往天津的铁路而直达首都。为了中国的国防利益——中国终要形成自己的国防——中国代表团不能允许任何列强强求如此重要的地方。

中国完全清楚英勇的日本陆海军为把德国势力清除出山东所作出的贡献。中国也深深感激英国在她自己在欧洲面临危险之时对此给予的帮助。中国也没有忘记其他协约国军队在欧洲为她所做的贡献，即牵制了敌军，否则它们就会轻易地向远东增派援军，从而延长那里的战争。中国尤其感激这些贡献，因为她在山东的人民在夺取胶州的军事行动中，也曾遭受苦难和牺牲，尤其是在各种劳动力和物资供给的军事征用方面。

尽管深怀感激，但是中国代表团认为假如他们通过出卖其同胞的天生权利，借以对协约国表示感恩，这将是对中国和世界的失职行为，并因此播下未来混乱的种子。因此中国代表团相信大会在考虑处理德国在山东租借地及其占有的其他权利时，能充分重视中国基本的和天然的权利、政治主权和领土完整的权利，以及中国为世界和平事业服务的强烈渴望。

牧野男爵说他非常用心地听取他的中国代表团同事所关心的胶州直接归还中国的问题。他在前一天提出的声明里解释了日本政府为何要削弱该德国要塞的原因。

当胶州要塞的归还问题被提出后，他（指顾维钧）认为读一下日本给德国的最后通牒的话是有用的，因为该通牒表明了它的意图：

"按目前的局势，采取措施清除那些影响远东和平的所有动乱之源，捍卫英日盟约所构想的总体利益，以确保东亚持久而稳定的和平——确立东亚和平正是英日同盟的目的所在——是非常重要和必要的。因此日本帝国政府真诚地认为给德帝国政府如下两条建议是他们的责任：

（1）立即从日本和中国的水域撤退德国陆军和各种战舰，并当即解除那些不能撤退的德军的武装。

（2）至迟在1914年9月15日，须无条件无补偿地把胶州全部租借地交给日本帝国政府，以便将其最后归还给中国。"

自占领胶州后，日本事实上一直占据着。牧野男爵认为根据中日两国政府既已达成的所有协议，中国完全明白日本占据意味着什么。双方关于该问题已友好地交换了意见，并且日本已经同意一旦日本能自由处置胶州，就尽快将其归还给中国。关于胶济铁路问题，也已达成若干协议。

鉴于中日间已交换照会，他（顾维钧）认为对中日的这些交涉做个声明，这是值得十人会成员考虑的。

威尔逊总统问牧野男爵是否打算把这些照会提交十人会。

牧野男爵说，他认为日本政府不会提出任何反对，但是由于该请求是出乎意料的，他必须征得日本政府的许可。

威尔逊总统问顾维钧中国是否愿意提交。

顾先生说中国政府对此不表反对。

克列孟梭先生要求中日代表团表明他们是否愿意向十人会公布中日间达成的归还条件。

牧野男爵说他愿意这样做，假如他的政府不予反对。他认为日本政府不会反对。如果他有决定权，他愿意尽快出示这些文件。然而，有一点他希望说明，即日本实际占据着所讨论的租借地。日本通过武力从德国手中取得胶州，在把它交给第三方之前，有必要从德国那里获得自由处理胶州的权力。

威尔逊总统指出十人会正在处理德国以前的租借地及转让问题，而且根本没有征询德国的意见。

牧野男爵说现在着手的这项工作就是准备向德国陈述的。因而胶州的转让在执行前必须征得德国的同意。在此之后当如何处理则一直是中日间讨论的问题。

顾先生说在归还胶州问题上，中国与牧野男爵持不同的观点。他在关于中国问题的声明中，并不愿表明日本在从德国获得胶州租借地及其他权利后，不会把它们归还给中国。他又说，因为事实上中国完全信任日本对中国和世界的保证，即日本不会占据山东；而且他特别高兴地听到牧野男爵在大会上确认了这些保证。但是在直接和间接归还问题上存在着选择。中国宁愿采取第一个选择，即直接归还。如果两者的目标相同，一步到位总是较容易的。

至于日本全权代表所指的那些协议，顾先生认为这应当是1915年因二十一条谈判所产生的若干条约和照会。没有必要对当时环境加以详细描述，说到底，中国政府是在日本最后通牒后于惊恐失措中被迫同意它们的。除了这些条约照会当时产生的情境，在中国政府看来，它们充其量只是临时的、暂时性的协约，并将由这次大会的最后讨论来决定，因为它们都是大战所产生的问题。

而且，即使这些条约和照会一直是完全有效的，中国对德宣战的事实根据情势变迁原则也已经改变了原先的形势，今天它们已无须被遵守。中国过去曾被迫同意她将完全认可日本与德国在山东权利、特权和租借地等问题处理上所达成的任何安排。但该规定没有排除中国加入大战，也没有阻止中国作为参战国参加此次和会；它也因而不能妨碍中国要求德国直接归还山东权利。

更何况，中国在对德战争宣言中，已明确声明根据中德战争状态，两国间以往达成的所有条约和协定都视为无效。既然租借协定已被废除，那么作为领土主权完整，胶州租借地以及其他德国在山东享有的类似权利和特权都全部归还给了中国。

即使租借条约不因中国的对德宣战而终止，德国也无权替代中国将山东权利转交给其他强国，因为条约里明确规定不得转交给别的强国。

录自顾维钧著，金光耀、马建标选编：《顾维钧外交演讲集英汉对照》，上海：上海辞书出版社，2006年，第11—14页。

［历史背景介绍］

第一次世界大战爆发后，日本占领了德国在山东的全部租借地。随后围绕"二十一条"问题，中日之间进行了长期的外交谈判。最终北洋政府在日本的最后通牒压力下，于1915年5月25日被迫签订《中日民四条约》。战后，中国政府作为战胜国参加巴黎和会，重要诉求就是山东的归还问题。1919年1月27日、1月28日，巴黎和会十人会就"山东问题"举行专门会议。日本代表团牧野男爵与中国代表团代表顾维钧分别就双方的立场进行了阐述。其中，顾维钧用流利标准的英文进行了半个多小时的即席发言，获得了热烈的反响。

［思考题］

1. "山东问题"是如何形成的？
2. 顾维钧这篇演讲的核心观点是什么？

（肖琦　编）

045

第一条国际航线的诞生

（1919年2月8日）

这是载入史册的一天。法国航空再次向世界展示了其非凡的成就。

我们的飞行员们在战时曾英勇无畏，在和平时期，他们仍然坚持在前进的道路上勇往直前。

昨天14名乘客乘坐飞机从巴黎附近出发，不到4点抵达伦敦。大飞机时代开始了。此外，其他一些以前无法想象的壮举很快都将化为现实。

随着国际航线的开通，空间距离缩短了。各国首都之间的距离也将变得不再遥远。也许明天，费伯上尉的梦想即将实现，人们可以乘坐飞机进行跨大洲的旅行。

截至发布这条新闻时，我们尚不知晓这次飞行的具体过程。稍后我们将获得更多关于起飞准备工作的信息。可以确定的是，飞行成功了。因为就在零点，法曼公司向我们发送了一条它刚刚收到的来自伦敦的简短捷报：

"歌利亚号于3点在伦敦着陆，情况非常好。"

……

译自 "L'Aérobus est allé de Paris à Londre en trois heures", *Le Petit Parisien*, le 9, Févier, 1919.

[历史背景介绍]

20世纪初，科学技术的发展使以飞机作为交通工具的问题不再遥不可及。一战前，欧美一些国家尝试在本国国内实现了飞机观光游览和使用飞机进行人员货物的运输。一战爆发后，商用飞机的开发停滞，军机发展取得了巨大进步。战争结束后，军用飞机很快就转而为民用航空运输服务。1919年2月8日，法国法曼公司使用"歌利亚"号轰炸机改造的飞机，从巴黎起飞，经三小时的飞行抵达伦敦。世界上最早的国际航线终于诞生。虽然这两个城市之间的距离并不是十分遥远，但作为第一条国际航线，这次航行的成功为飞机的商业化运营作出了重要贡献。

[思考题]
国际航线开辟的意义何在？

（肖琦 编）

046

朝鲜独立宣言书

（1919年3月1日）

吾等兹宣言，我朝鲜之为独立国，朝鲜人之为自由民。以此告于世界万邦，阐明人类平等之大义，以此诰于子孙万代，永有民族自存之正权。

仗我半万年历史之权威以宣言焉，合我二千万民众之诚忠以布明焉，为我民族恒久如一之发展而主张焉，基于人类良心之发露而为世界改造之大机运，为顺应并进乎此而提起焉，是天之明命也，时代之大势也，全人类共存同生之权之正当发动也，天下何物能阻止此、抑制此乎？

乃旧时代遗物之侵略主义强权主义之下，为其牺牲，备尝有史以来累千年未有之异族钳制之痛苦者，已十年矣。凡剥夺我生存权者几何？障碍我心灵上发展者几何？损毁我民族的尊容者几何？我以新锐独创得世界文化大潮流之寄与补裨之机而被其遗失者几何？

噫！欲宣畅我旧来之抑郁，摆脱我时下之苦痛，蔓除我将来之胁威，兴奋伸张我民族的良心，国家的廉义之压缩消残者，遂我各个人人格之正当发达，遗与我可怜子弟之苦耻的财产，导迎我子子孙孙永久完全之庆福者，惟确实我民族的独立为最大急务，二千万各个人怀方寸之刃，以人类通性及时代良心之正义军，与人道之干戈，为其护援。今日，吾人进而取之，何强不挫？退而作之，何志不展？

丙子修好条规以来，时时种种食金石之盟约，日本之无信，固可罪也。学者于讲坛，政治家于实际，视我祖宗世业以殖民地，遇我文化民族以土昧人，徒快征服者之贪欲而已，无视我久远之社会基础、卓越之民族心理。日本之无义固可责也，而吾人方急于策励自己，奚暇怨尤他人急于绸缪，现在奚暇惩办宿，昔今日吾人之任，但有自己之建设，而决不在于破坏他人也。以良心上严肃之命令，开拓自家制新运命，而绝非以旧怨兴一时感情，嫉逐他，排斥他也。彼羁縻于旧思想旧势力之日本为政家为功名的牺牲而不自然，又不合理之错误者，使之改善，匡正归还于自然又合理之正经大原也。当初两国并合，非出于民族的要求者，故毕竟并合之结果，以姑息的威压与差别的不平、统计数字上虚饰之下，利害相反之两民族间永远不和，怨沟益深，乃今日之实绩也。诚能以勇明果敢，廓正旧误，基于真正理解之同情，打开友好之新局面，苟非彼此间远祸招福之捷径乎？且对二千万含愤蓄怨之民，专以威力拘束者，非止障碍东洋永久之和平而已，因此而为东阳安危主轴之四万万中华人对于日本而畏惧猜疑，去益浓厚。其结果必致东阳全局共倒同亡之悲运也明矣。今日，吾人之谋独立，使朝鲜人或遂正当之尊荣也，并使日本人救出于邪路，全其支持东亚者之责也，使中华人脱免于梦寐不安之恐怖也，且世界平和人类幸福以东阳平和为重要一部，则朝鲜独立为必要之阶段，岂区区感情上问题已哉？呜呼！新天地展开于眼前矣，威力时代已去，而道义时代斯届矣。过去全世纪至所炼磨长养之人道的精神，方投射新文明之曙光，于人类历史上矣。新春已来，于大界催万物之回苏，闭蛰呼吸于冻水寒雪者，彼一时也。振舒气脉于和风暖阳者，此一时也。吾人际天地之复运，乘世界之变潮，固无所蹰躇忌惮也。护全我固有之自由权，饱享我生旺之乐，发挥我自足之独创力，结纽民族的精华可也。

吾等今兹奋起矣，长心与我同存，真理与我并进。无论男女老幼皆活发奋，起于阴郁之古巢，兴万众群象，得遂欣快之复活。千百世祖灵佑我于冥冥，全世界气运为我外护，着手即成功也，第向前头之光明而惊进哉。

公约

1. 吾人今日此举为正义人道生存尊荣之民族的要求，须要发挥自由之精神，决毋逸走于排他之感情。

2. 以最后一人最后一刻为限，快快发表我民族之正当意思。

3. 一切行动，务要尊重秩序，使吾人主张之态度，一处于光明正当，贯彻始终。

朝鲜建国四千二百五十二年三月一日

朝鲜民族代表：孙秉熙、吉善宙、梁甸伯、李昇薰、梁汉默、金昌俊、李钟一、申锡九、韩龙云、李弼柱、白龙城、金完圭、金秉祚、权东镇、权秉惠、罗龙焕、罗仁协、刘如大、李甲成、李明龙。

录自《新韩青年》，1920年第1卷第1期，第18—20页。

[历史背景介绍]

《独立宣言书》，又称作《三一独立宣言书》，是朝鲜民族独立运动中的重要文献。1910年8月22日，日本吞并朝鲜。此后，日本在朝鲜推行殖民统治，进行经济掠夺，推行同化政策。这些行为引发朝鲜社会上下严重不满。

第一次世界大战末期，美国威尔逊发布《十四点计划》，其中民族独立要求为朝鲜民众所欢迎。1918年底，美、日等国的朝鲜侨民便发起各种运动，争取国家独立。1919年1月初，旅日的朝鲜留学生决定以"朝鲜青年独立团"的名义，起草《独立宣言书》。这份宣言书后来在2月8日正式公布，史称"二八独立宣言"。

国外留学生的上述举动很快传回国内。正在此时，1月22日，朝鲜末代皇帝李熙被日本殖民当局毒杀。这引发了汉城青年学生们的极大愤慨。他们联合了一些宗教界人士，模仿"二八独立宣言"，起草了《独立宣言书》。该宣言在李熙国葬前两日，即3月1日，于汉城塔洞公园群众集会上公之于众。当时参与集会的人多达30万之多。示威群众随后高举韩国国旗，高呼"韩国独立万岁！""日本军队滚出去"等口号，走上街头。同日，平壤等地也发生了大规模示威游行。

日本殖民当局出动军警镇压，并逮捕了数百名示威群众。但这场独立运动的火焰迅速燃遍整个朝鲜半岛，并一直持续到5月末。据统计，当时各类示威游行超过2 000次，参加人数达到150万至200万。史称"三一运动"。最终，这场运动被日本军队扑灭。

"三一运动"是朝鲜人民争取民族解放、国家独立的一场全民性反帝爱国运动。它从青年爱国学生与宗教人士群体发展为全国范围内各界群众广泛参与的政治运动。《独立宣言书》成为这场运动乃至后续朝鲜民族独立运动的起点。

[思考题]

1. 请概括《独立宣言书》中的主要诉求，并加以评述。

2. 与同时代中国发生的"五四运动"相比，"三一运动"具有怎样的特点？

(孟钟捷　编)

047

共产国际宣言（节录）

（1919年3月6日）

告全世界无产者

七十二年以前，共产党就已经向全世界宣布了自己的纲领，即无产阶级革命的最伟大的预言家卡尔·马克思和弗里德里希·恩格斯所写的宣言。刚刚登上斗争舞台的共产主义，还在那时候就已经受到有产阶级的种种攻讦、诬蔑、仇视和迫害，有产阶级正确地预感到共产主义是自己的死敌。共产主义在七十多年的发展中，经历了迂回曲折的道路，除了蓬蓬勃勃的高潮之外，也有过低潮时期；除了成功之外，也有过严酷的失败。但运动基本上是循着《共产党宣言》预示的道路前进的。最后决战的时代的到来，比社会革命的倡导者所期待的时刻迟了一些。但是它终于到来了。我们，聚集在苏维埃莫斯科的共产主义者们，欧洲、美洲和亚洲各国革命无产阶级的代表，感到并意识到自己是七十二年以前就已公布了纲领的那一事业的继承者和实现者。我们的任务是总结工人阶级的革命经验，从运动中清除机会主义和社会爱国主义的腐蚀性的渣滓，团结世界无产阶级的一切真正革命政党的力量，从而促进并加速共产主义革命在全世界的胜利。

现在，当欧洲遍地是硝烟弥漫的废墟和断垣残壁的时候，最大的纵火犯们正忙于追查战争罪犯。他们的仆从，包括教授、议员、记者、社会爱国主义者和其他资产阶级无耻政客们则随声附和。

多年以来，社会主义一直就预言帝国主义战争的必不可免，认为战争的原因在于两个主要营垒内和所有一切资本主义国家内的有产阶级的贪得无厌。大战爆发的前两年，各国社会主义的主要领袖在巴塞尔代表大会上揭露了帝国主义是未来战争的罪犯，并警告资产阶级说，他们要以社会革命作为无产阶级对军国主义罪行的报复，来给资产阶级以迎头痛击。现在已有了五年的经验，当历史不仅揭露了德国的贪婪野心，而且揭露了协约国的同样的罪行以后，各协约国的社会主义者们仍然跟在他们的政府后面继续把战争罪犯说成是已被推翻了的德皇。此外，在1914年8月曾把霍亨索伦王朝的外交《白皮书》称作各国人民最神圣的福音的德国社会爱国主义者，现在也继各协约国社会主义者之后，以逢迎献媚的姿态来谴责他们从前奴颜婢膝地侍奉过的被推翻的德意志帝国，说它是主要的战争罪犯。他们希望借此来使人忘却他们过去所扮演的角色，同时博得胜利者的青睐。但是，就已被揭晓的事件和已被揭发的外交活动来看，除了被推翻的罗曼诺夫、霍亨索伦和哈布斯堡王朝和这些国家的资本家集团之外，法国、英国、意大利和美国的统治阶级也起了极端罪恶的作用。

......

战争结束后，呈现在人类面前的资本主义制度的矛盾就是饥寒交迫、瘟疫流行和道德败坏。这样就一下子解决了社会主义方面有关贫困化和由资本主义逐步过渡到社会主义的理论的经院式的争论。拥护矛盾缓和论的统计学家和老学究们，几十年来，从世界各个角落中搜罗了一些真伪参半的事实，想证明工人阶级的某些阶层和某些集团的福利有所提高。群众贫困化的理论，在资产阶级讲台上的御用文人和社会机会主义头子们的一片轻蔑的喧闹声中，似已被认为埋葬掉了。而现在，这种贫困化，并且已经不只是社会贫困化，还有生理上的和生物上的贫困化，却千真万确地摆在我们的面前。

帝国主义战争的浩劫，把工会斗争和议会斗争的一切成果扫荡净尽。这场战争，同被它埋葬于血污之中的经济契约和议会协议一样，是从资本主义的内部趋势中产生出来的。

使人类陷入战争深渊的财政资本本身，在这次战争中也发生了惨重的变化。纸币对物质生产基础的依存关系，彻底破坏了。纸币日益失去它作为资本主义商品交换的手段和调节者的作用，而变成了征集、掠夺以及实行一切军事经济暴力的工具。

纸币的变质反映着资本主义商品交换的致命的总危机。如果说自由竞争作为生产和分配的调节者远在战前几十年就已经在主要经济部门被托拉斯和垄断制度所排挤掉，那末在战争期间，这种调节和指导的作用，已由经济联合组织的手中直接转归军事的国家政权所有了。原料的分配，巴库和罗马尼亚的石油、顿涅茨的煤炭和乌克兰的粮食的使用，德国机车、车厢和汽车的命运，对饥饿的欧洲的粮食和肉类的供应——世界经济生活中的这一切主要问题，已经不是由自由竞争或本国的和国际的托拉斯和财团的联合组织来调节，而是直接用军事暴力来调节，并为了继续保持这种暴力而加以调节。如果说国家政权完全服从财政资本致使人类遭到帝国主义的大屠杀，那么经过这场大屠杀，财政资本不仅使国家军国主义化了，而且也使自己军国主义化了，因而除了利用铁和血之外，就不能用别的方法执行自己的基本经济职能。

机会主义者在世界大战之前号召工人们为了逐步过渡到社会主义而实行节制，在战争期间要求他们为了国内和平和保卫祖国而采取阶级忍让，而现在则又以克服可怕的战争后果为理由，要求无产阶级作出自我牺牲。如果这种说教竟然被工人群众所接受，那末资本主义就将在几代人的尸骨之上，以新的、更集中和更骇人听闻的形式，伴随着不可避免的新的世界大战而重新发展起来。幸而这对于人类是不可能的。

资本主义自由主义所极力反对的经济生活的国家化，已经是既成的事实。从这个事实向后倒退是不可能的——不但倒退到自由竞争不可能，而且倒退到托拉斯、辛迪加及其他经济垄断组织的统治也不可能。现在的问题只在于将来究竟由谁来充当国有化了的生产的体现者：是帝国主义国家，还是胜利了的无产阶级的国家。

换句话说，或者是整个劳动人类都成为胜利的世界集团的农奴式的纳贡者，这个世界集团将在国际联盟的幌子下用"国际"军队和"国际"舰队来掠夺和摧残一部分人，而豢养另一部分人，并到处给无产阶级带上镣铐——其唯一目的是维持自己原来的统治；或者是欧洲和世界其他地区的先进国家的工人阶级，将已经遭到破坏和解体了的经济掌握在自己手里，以保证按照社会主义原则使它复兴起来？

要缩短现在所经受的危机的时间，只有靠无产阶级专政的办法；无产阶级专政不向后看，既不承认继承的特权，也不承认财产权，而是从拯救饥饿的群众出发，并为此而动员一切人力和物力，实行普遍义务劳动制，规定劳动纪律，以便通过这种办法在数年之内不仅治好战争的创伤，而且还把人类提高到新的前所未有的更高的发展阶段。

＊　　　　＊　　　　＊

过去曾大大地推动资本主义发展的民族国家，现在对于生产力的发展来说，已显得过于狭窄了。那些介于欧洲和其他大洲的列强之间的小国，它们的处境更加困难。这些小国是作为大国分割出来的部分，作为支付各种劳务时所用的辅币，作为战略上的缓冲地带而在不同的时期产生的。他们都有自己的王朝，自己的统治集团，自己的帝国主义野心，自己的外交手腕。在战前它们之所以能保持虚幻的独立，正如当时的欧洲之所以能保持均势一样，是由于存在着两个帝国主义营垒的长期对峙。战争破坏了这个均势。战争在最初使德国占了很大的优势，从而迫使各小国在德意志军国主义的宏恩中寻找自己的生路。德国战败后，各小国的资产阶级和本国的爱国"社会主义者"一道反转过来欢迎胜利的协约国帝国主义，并开始在威尔逊纲领的假仁假义的条文中寻求本身继续独立存在的保证。同时小国的数量也增加了，从奥匈帝国和沙俄的领域中分出了一些新的国家，这些国家刚刚成立就已经因国界问题而彼此纠缠不休。同时协约国的帝国主义者也准备把原有的和新成立的小国连结起来，以便利用它们的互相仇视和共同削弱而把它们束缚起来。

协约国的帝国主义者一方面完全像前些时候中欧各帝国的帝国主义者一样；压迫和蹂躏弱小民族，使它们沦于饥饿和屈辱的境地，另一方面又喋喋不休地侈谈民族自决权，其实民族自决权现在在欧洲和其他各洲，都已经被践踏无遗了。

能够保证弱小民族自由存在的，只有无产阶级革命。无产阶级革命将把各国的生产力从民族国家的束缚中解放出来，把各族人民联合起来根据共同的经济计划进行极其紧密的经济合作，并且使最弱小的和人数最少的民族能够自由和独立地管理本民族的文化事务，而毫不损害联合的和集中的欧洲和世界经济。

最近这场战争在很大程度上是由于争夺殖民地，同时也是在殖民地帮助之下进行的战争。殖民地人民以空前的规模参加了欧洲的战争。印度人、黑人、阿拉伯人、马达加斯加人都到欧洲来作战了——他们为了什么？为了自己今后继续当英法奴隶的权利。资本主义统治在殖民地所干的无耻勾当，从来没有干得像现在这样露骨，殖民地奴役的问题，也从来没有提得像现在这样尖锐。

因此，在所有的殖民地都发生了一系列的公开起义和革命运动。在欧洲内部，爱尔兰在流血的巷战中意识到它仍然是一个被奴役的国家。在马达加斯加、安南和其他地方，资产阶级共和国的军队在战争期间不止一次地镇压了殖民地奴隶的起义。在印度，革命运动一天也没有停止过，并且在最近引起了一次亚洲声势最浩大的罢工；大不列颠政府在孟买出动装甲汽车来对付这次罢工。

由此可见，殖民地问题不仅在巴黎和会的地图上，而且也在殖民地本身提出来了。威尔逊纲领的任务至多是改变一下殖民地奴隶制度的装潢。殖民地的解放只有和宗主国工人阶级的解放结合起来，才可能实现。不仅是安南、阿尔及利亚、孟加拉的工农，而且波斯和亚美尼亚的工农，也只有在英法工人推翻了劳合·乔治和克里孟梭并自己掌握了国家政权的时候，才能获得独立。在比较发达的殖民地里，斗争现在就已经不仅是在民族解放的旗帜下进行，而且一开始就带有鲜明的社会性。如果说资本主义的欧洲强使世界上最落后的部分卷入了资本主义关系的漩涡；那末社会主义的欧洲将用自己的技术、组织和思想来帮助解放了的殖民地，使它们易于过渡到有计划地组织起来的社会主义经济。

非洲和亚洲的殖民地奴隶们！欧洲响起的无产阶级专政的钟声，对于你们就是你们解放的钟声。

*　　　　*　　　　*

整个资产阶级世界都在指责共产主义者，说他们取消了自由和政治民主。这是弥天大谎。无产阶级在执政时，只是发现采用资产阶级民主的方法完全行不通，而创造了实行新的、更高级的、工人民主的条件和方式。资本主义发展的整个过程，特别是在它最后的帝国主义时代，已经破坏了政治民主，这不仅由于它把整个民族分成了两个不可调和的敌对阶级，而且还由于它使人数众多的小资产阶级和半无产者阶层以及处于最低层的最不幸的无产者阶层在经济上朝不保夕，在政治上软弱无力。

某些国家的工人阶级利用了政治民主，组织起来反对资本的统治，因为这些国家的历史发展情况给予了工人阶级以这种可能。在工人革命的条件尚未成熟的国家里，将来也会这样。但是城乡广大的中间阶层却被资本主义远远地拖在后面，落后于历史发展整整几个时代。

最远只看到本村钟楼的巴伐利亚和巴登的农民，因大资本家大造假酒而破产的法国的小规模葡萄酒酿造者，受银行家和议员掠夺和欺骗的美国小农场主，——所有这些被资本主义从发展的大道上抛了出来的社会阶层，在表面上似乎都被政治民主制度吸引来参与国家管理。但事实上，一切决定人民命运的主要问题，财政寡头都是不通过议会民主制而径自决定的。从前的战争问题，目前的和平问题都是如此。只要财政寡头还认为需要利用议会表决来使自己的暴行神圣化，资产阶级国家便能施展一切手段，包括欺骗、煽动、攻讦、诬蔑、收买、恐怖，以达到必要的效果。这些手段是历代阶级奴役制所遗传下来的，并且又增添了资本主义技术所创造的一切奇迹。

要无产阶级在它同资本作最后的殊死斗争中虔诚地遵奉政治民主制，无异于要求一个抗击强盗以进行自卫的人，遵从在法国式角力中由对手规定的，而对手本身又不遵从的约定规则。

在破坏的王国中，不仅生产资料和运输工具，就连政治民主机关都是一堆血迹斑斑的废墟。在这里，无产阶级必须建立自己的机关，首先是为了保持工人阶级内部的联系并保证它能够对人类将来的发展进行革命的干预。这种机关就是工人苏维埃。旧的政党、旧的工会组织的上层领导集团，不仅无法解决，而且也无法理解新时代所提出的任务。无产阶级建立了新型的组织，这种组织非常广泛，它能够不分职业和不同政治发展水平地把工人群众吸收进来；这种组织又非常灵活，它能够不断地更新、扩大，不断地吸收新的阶层，并向靠近无产阶级的城乡劳动阶层敞开大门。这种绝对必要的工人阶级自治的组织、工人阶级斗争的组织，而在将来又是工人阶级夺取国家政权的组织，在各国经过了考验，并成了当代无产阶级的最伟大的成就和最有力的工具。

在劳动群众过着自觉生活的一切国家内，都正在建立和将要建立工人、士兵和农民代表苏维埃。巩固苏维埃，提高苏维埃的威信，把苏维埃和资产阶级的国家机关对立起来——这就是目前世界各国有觉悟的、正直的工人的最重要的任务。通过苏维埃，工人阶级能够免除由于战争、饥饿、有产者的迫害和从前领袖的变节等惨重的痛苦在工人内部造成的分裂。通过苏维埃，工人阶级在苏维埃已经团结了大多数劳动者的国家内，能够最有把握地和最容易地执掌政权。通过苏维埃，已经取得政权的工人阶级将管理国内经济生活和文化生活的一切方面，就像现在俄国所作的那样。

帝国主义国家（从沙皇制度到最"民主"的制度）的崩溃，是随同帝国主义军事体系的崩溃而发生的。帝国主义所动员的数百万军队，只有在无产阶级尚未摆脱资产阶级束缚之时才能保持住。民族团结的瓦解，意味着军队必不可免的瓦解。最初在俄国是这样，随后在德国和奥国也是这样。在其他帝国主义国家中，情况也将会是这样。农民反对地主的起义，工人反对资本家的起义，以及这两个阶级共同反对君主制或"民主"制官僚的起义，都必然会引起士兵反对军官的起义，并进而引起军队中无产阶级分子和资产阶级分子的尖锐决裂。国家与国家对抗的帝国主义战争，已经变为并正在变为阶级与阶级对抗的国内战争。

资产阶级世界反对国内战争和红色恐怖的哀叫，是政治斗争史上最惊人和最伪善的一种骗局。如果将人类推向死亡边缘的剥削集团不抗拒劳动群众的每一前进措施，不组织阴谋和屠杀，不请求国外武装援助以保持或恢复自己的掠夺特权，那末国内战争是不会发生的。

国内战争是工人阶级的死敌强加给工人阶级的。工人阶级不自暴自弃，不放弃自己的未来即全人类的未来，它不得不用打击来回答打击。

共产党从来不人为地挑起国内战争，当战争不可避免地爆发了时，它尽力缩短战争时间，减少牺牲，并首先保证无产阶级赢得胜利。因而必须及时地解除资产阶级武装，武装工人，并建立共产主义军队以保卫无产阶级的政权及其神圣不可侵犯的社会主义建设事业。苏维埃俄国的红军就是这样的军队，这种军队是为了保卫工人阶级的成果以抵御国内外的一切侵犯而诞生和存在的。苏维埃军队同苏维埃国家是不可分开的。

先进的工人意识到自己的任务具有世界性，因而从有组织的社会主义运动的初期起，就力图使这种运动在国际范围内联合起来。1864年，伦敦第一国际就已经是这种国际联合的开端。霍亨索伦王朝的德意志赖以兴起的普法战争，使第一国际一蹶不振，同时却推动了各国工人政党的发展。1889年，这些政党在巴黎代表大会上联合起来，并且建立了组织——第二国际。但是工人运动的重心在这一时期完全放在各国内部，放在民族国家的范围内，放在民族工业的基础上，放在本国议会方面。几十年的组织和改革工作所造就出来的一整代领袖，他们在口头上多半都承认社会革命的纲领，但在实际上却背弃了这种纲领，陷入改良主义，甘愿为资产阶级国家效劳。第二国际各领导政党的机会主义性质，在历史事件的发展要求工人阶级政党采取革命斗争方法的时候，终于彻底暴露无遗，并遭到了世界历史上严重的破产。如果说1870年的战争打击了第一国际，而且也表明了第一国际的社会革命纲领还缺少一股团结起来的群众力量来加以支持；那末1914年的战争则粉碎了第二国际，并且暴露出这些站在强大的工人群众组织之上的政党业已变成了资产阶级国家的附属机构。

*　　　*　　　*

这里所说的，不仅包括那些已经明目张胆地滚入资产阶级阵营，并成为资产阶级宠爱的代理人、亲信和屠杀工人阶级的最可靠的刽子手的社会爱国主义者，而且还包括那些企图恢复第二国际，即恢复第二国际上层领导集团的局限性、机会主义和革命软弱性的态度暧昧、立场动摇的社会主义中派。德国的独立党、目前法国社会党的大多数、俄国的孟什维克派、英国的独立工党以及诸如此类的党派，实际上都企图填补战前第二国际各个旧官方政党所占据的位置，它们照旧地宣传协调和妥协的思想，用尽一切方法来麻痹无产阶级的力量，拖延危机，从而加深欧洲的灾难。对社会主义中派的斗争，是对帝国主义的斗争取得胜利的必要条件。

我们在第三国际中联合起来的共产主义者，彻底清除了衰朽的官方社会党的不彻底性、欺骗性和腐朽性，意识到自己是从巴贝夫起直到卡尔·李卜克内西和罗莎·卢森堡为止的历代革命先辈的英勇奋斗和牺牲精神的直接继承者。

如果说第一国际预见到了未来的发展，并指出了发展的道路，如果说第二国际聚集了并组织了千百万无产者，那末第三国际就是一个公开的群众性行动的国际，是一个实现革命的国际，是一个创建事业的国际。

社会主义的批评已将资产阶级的世界秩序驳斥得体无完肤了。现在国际共产党的任务就在于推翻资产阶级的世界秩序，并代之以社会主义制度的大厦。我们号召全世界的男女工人们在已成为前几次伟大胜利的旗帜的共产主义的旗帜下联合起来。

全世界的无产者，在反对帝国主义兽行、反对帝制、反对特权等级、反对资产阶级国家和资产阶级所有制、反对各种各样的阶级压迫或民族压迫的斗争中联合起来！

全世界的无产者，在工人苏维埃的旗帜下、在夺取政权和实行无产阶级专政的革命斗争的旗帜下、在第三国际的旗帜下联合起来！

……

录自齐世荣主编：《世界通史资料选辑·现代部分》（第1分册），北京：商务印书馆，1998年，第184—194页。

［历史背景介绍］

第一次世界大战爆发后，第二国际彻底破产。1919年3月2日至6日，共产国际成立大会即第一次代表大会在莫斯科举行。来自21个国家的35个政党与团体的代表共52人出席了大会。列宁主持了大会。会议通过了列宁起草的《共产国际宣言》《共产国际行动纲领》以及《关于资产阶级民主和无产阶级专政的提纲和报告》，号召全世界无产阶级团结所有力量，为推翻帝国主义和资本主义的统治，实现无产阶级专政而斗争。共产国际是各国共产党的国际联合组织，各国共产党都作为它的支部直接受其领导。

[思考题]

1. 共产国际与工人国际有何不同？

2. 共产国际的成立有何历史意义？

（肖琦　编）

048

匈牙利共产党和匈牙利社会民主党合并的议定书[①]

（1919年3月21日）

1919年3月21日在匈牙利社会民主党书记处召开了匈牙利社会民主党和匈牙利共产党领导人的联席会议。

出席会议的有：匈牙利社会民主党领导人、匈牙利共产党领导人、工会理事会领导人，以及社会民主党书记处邀请的一些社会民主党党员。

会议议题：两党合并问题，接管政权和建立无产阶级专政的问题。

匈牙利社会民主党领导成员韦尔特奈尔·雅克布同志宣读由两党代表下午达成一致的、并经党的决策机关和工人苏维埃通过的共同行动纲领。

会议决议：

今天举行的匈牙利社会民主党和匈牙利共产党领导人联席会议决定两党完全合并。

合并后的新政党在革命的共产国际尚未对其作出决定以前，暂称为匈牙利社会主义党[②]。

两党共同参加对党和国家政权的领导，是合并的原则[③]。

党以无产阶级的名义立即接管全部政权。工兵农苏维埃实行无产阶级专

---

① 此议定书现存有几种文本，措词有所不同。——原编者注

② 另一文本为："合并后的新政党在革命的共产国际尚未为其最后命名前，暂称为匈牙利社会主义党。"——原编者注

③ 另一文本为："根据两党合并的附件所规定的原则，匈牙利共产党的代表也将参加对党和国家政权的领导。"——原编者注

政①。因此，原国民议会选举计划自行作废②。

立即创建无产阶级的阶级军队，并夺取资产阶级手中的全部武装。为了保证无产阶级的统治和反对协约国帝国主义，将和俄罗斯苏维埃政府结成最全面、最紧密的军事上和思想上的联盟。

匈牙利社会民主党

匈牙利共产党

1919年3月21日，于布达佩斯

与会者一致通过上述共同行动纲领，并达成如下协议：两党领导决定合并，接管国家政权和建立无产阶级专政……（以下是正副人民委员名单——原编者注）

会议决定两党统一开展活动，并宣布，人民委员同志们自即日晨开始履行自己的职责。会议还决定，立即向全国人民，并通过无线电向全世界工人发出相应的宣言和向俄罗斯苏维埃共和国建议建立军事互助同盟。

议定书起草者：文采·山道尔

议定书签字者：

社会民主党方面

高尔鲍伊·山道尔③

匈牙利共产党方面

扬奇克·费伦茨④、库恩·贝拉

录自王斯德主编：《世界现代史参考资料》（上册），北京：高等教育出版社，1988年，第94—96页。

---

① 另一文本为："工农兵苏维埃实行无产阶级专政。"——原编者注
② 另一文本为："因此，原国民议会选举计划自行完全作废。"——原编者注
③ 高尔鲍伊·山道尔（1879—1947），社会民主党领导人，苏维埃政府主席。苏维埃共和国失败后担任社会民主党右派佩德尔的工会政府（只存在了几天）的教育部长。——编者
④ 扬奇克·费伦茨（1882—1938），匈牙利共产党创始人之一。苏维埃共和国时期任首都赤卫队司令。——编者

1919年3月20日，协约国向匈牙利政府提出了要求侵占大片领土的最后通牒。面对民族危机，资产阶级把政权交给社会民主党。社会民主党人无力单独掌权，便同共产党进行联合掌权的谈判。1921年3月21日，两党合并为匈牙利社会党，签订了这一议定书。

[思考题]

简要分析匈牙利共产党和匈牙利社会民主党合并产生了怎样的影响？

（赵继珂　编）

049

匈牙利革命政府苏维埃关于
土地国有化的法令

（1919年4月3日）

1. 匈牙利的土地属于劳动人民的社会所有。不劳动者不得享有土地。

2. 一切大、中地产连同其所有附属物，动产与不动产，以及农产品加工厂在内，一律无偿转归无产阶级国家所有。

3. 小地产和极小地产连同其房屋与附属建筑物仍归原主所有。小地产和中等地产的区分，由农业人民委员会根据各地情况逐个予以确定。

4. 凡已收归国有的土地和资产不得分给个人或团体所有。

5. 收归国有的土地转交给耕种这块土地的农业无产阶级以合作社形式经营。凡年满十六岁的男子和妇女，完成合作社所规定的劳动日，均可成为合作社社员。社员的收入将按其所完成的工作量进行分配。

6. 有关合作社的章程将颁布专门法令。

7. 凡大、小农场的生产一律归农业人民委员会领导，地方各级苏维埃监督。

8. 本法令自公布之日起施行。

布达佩斯，1919年4月3日

革命政府苏维埃

录自阚思静等选译：《一九一九年匈牙利苏维埃共和国》，北京：商务印书馆，1984年，第58—59页。

匈牙利原属奥匈帝国的一部分。1918年10月30日晚，布达佩斯爆发了工人和士兵起义，推翻了哈布斯堡在匈牙利的统治。11月16日，匈牙利共和国成立，激进民主派和社会民主党共同组阁。11月20日，匈牙利共产党成立，从俄罗斯回国的库恩·贝拉当选为领导人。匈共推动革命继续前进的方针，引起了资产阶级政府的恐慌。但内阁镇压工人运动的政策不得民心。与此同时，匈牙利政府还受到协约国割地赔款的压力。在此情况下，1919年3月21日，资产阶级政府辞职，社会民主党和共产党共同组阁，两党合并为社会党，当晚，新政府宣告成立匈牙利苏维埃共和国。苏维埃共和国采取了一系列革命措施，其中之一就是把大土地收归国有，成立国营农场和农业生产合作社。此外，苏维埃共和国还成立了红军和警备队，把交通企业、银行等国有化，推行8小时工作制，施行义务教育等。

根据上述法令，全国约有53%的土地施行了国有化。不过，这些被没收的土地并没有直接分配给农民，而是用来组织生产合作社，因而该法令未能得到农民的广泛拥护。与此同时，国内反革命势力与外国干涉军内外勾结，从4月中旬起对苏维埃共和国进行包围和绞杀。8月初，苏维埃政府辞职，相关法令均被废除。

[思考题]

1. 请与同时代俄国十月革命中颁布的《土地法令》进行比较，说明两者之间的异同点。

2. 谈谈这部法令在当时可能出现的问题。

（孟钟捷　编）

050

协约及参战各国对德和约
（凡尔赛条约）（节录）
（1919年6月28日）

第三十二条　德国承认比国在所争之毛来斯纳领土（称为毛来斯纳中立地）全部有完全主权。

第三十四条　德国又放弃在包括欧本及马尔梅迪两圈域全部之领土上所有各项权利及所有权名义让与比国。……

第四十条　……德国承认卢森堡大公国自1919年1月1日起不复为德意志关税同盟成员之一，放弃其所有铁路经营之权利，赞同取消该大公国之中立制度，并预先承允协约及参战各国将来所订关于该大公国之各项国际协定。

第四十二条　德国在莱茵河之左岸或右岸，于该河以东五十公里所划界线之西不准保存或建筑要塞。

第四十三条　在第四十二条所定之区域内，无论永久或暂时，均不准存留或集合军队，以及举行任何演习与维持动员所需之一切永久工事。

第四十五条　为补偿法国北境煤矿之损毁，并即在德国应负之战争损害赔偿总数内除算，德国将第四十八条所划定之萨尔流域煤矿完全并绝对之所有权，免除一切债务或义务，连同独占之开采权让与法国。

第四十九条　德国放弃上述领土内之治权，付于有受托人资格之国际联盟。自本条约实行日十五年之期间届满时，该领土人民均被召集，俾得表示隶于何国主权下之意愿。

阿尔萨斯—洛林

缔约各国承认道德上之义务应修复1871年被德国所损之法国权利及阿尔萨斯—洛林人民之志愿，因该人民之代表虽曾向波尔多议会正式抗议，而德国不顾，卒使分离祖国之故。

兹彼此议定下列各条：

第五十一条　自1918年11月11日停战之日起，所有因1871年2月26日在凡尔赛签订之初步和约及1871年5月10日法兰克福条约让与德国之领土，复归法国主权之下。

凡1871年以前关于划定疆界各条约之规定，均应回复效力。

……

第八十条　德国应照将来奥国与协约及参战各国所订之条约中规定之疆界，承认并确切尊重奥国之独立；复承认奥国之独立如非经国际联盟行政院之许可，不得变易。

第八十一条　德国承认捷克斯洛伐克国之完全独立，一如协约及参战各国所已为者，该国包括喀尔巴阡山脉以南的罗塞尼亚自治领土。德国兹声明承认将由主要协约及参战各国以及其他有关各国所规定之该国疆界。

第八十二条　1914年8月3日奥匈与德意志帝国间所原有之旧疆界，即为德国与捷克斯洛伐克国之疆界。

第八十三条　德国将以下所定西里西亚领土一部分上一切权利及所有权名义放弃以与捷克斯洛伐克国。……

第八十七条　德国承认波兰之完全独立，一如协约及参战各国所已为者，并将下指领土内之权利及所有权名义放弃以与波兰，其界限系沿波罗的海及本条约第二部（德国之疆界）第二十七条所规定之德国东界，至劳藏道夫之东约二公里之一点为止，又以一线连接上西里西亚北界线所组成之尖角，约在细美诺西北三公里，又依上西里西亚之界线至接合德国与俄国间之旧疆界为止，又依该疆界至穿过涅曼河河流之点为止，又依本条约第二部第二十八条所定之东普鲁士北疆界。

......

第一百零二条　主要协约及参战各国允诺，将但泽城及第一百条所指领土组成为自由城，置于国际联盟保护之下。

第一百零四条　波兰政府与但泽自由城间应缔结专约，于该自由城成立之日同时发生效力。该专约之条件由主要协约及参战各国允诺商议，其目的如下：

（一）置但泽自由城在波兰关税界线之内，并在港口设立免税区域；

（二）确保波兰得自由使用该自由城领土内为波兰输出输入所必需之一切水道、船厂、船坞、码头及他项工程毫无限制；

......

（六）规定波兰政府担任但泽自由城所有之对外关系，以及侨居外国之但泽人民外交上之保护。

第一首十六条　德国承认及允诺尊重1914年8月1日属于旧俄罗斯帝国之一切领土，其独立为永久不移。

......德国确认取消布列斯特——立托夫斯克条约......

主要协约及参战各国正式为俄国保留根据本条约之原则向德国索取一切回复及赔偿之权利。

第一百十九条　德国将其海外属地所有之权利及所有权名义放弃，以与主要协约及参战各国。

第一百六十条

（一）在1920年3月31日以后，德国陆军不应有步兵七师、骑兵三师以上。

自此以后，组成德国之各联邦，其陆军实力之总数不应超过十万人，军官及补充部队在内，并应专为维持领土内之秩序及边界巡查之用。

其军官之实力总数包含各参谋处人员在内，无论如何组织不应超过四千人。

（三）......德国之总参谋部及其他类似之组织均应解散，并不得用任何种形式重行成立。……

第一百七十三条 德国之强迫普及征兵制应予废止。

德国陆军仅能以志愿服役者募集组成之。

第一百八十条 莱茵河之东五十公里一线之西，在德国领土内之要塞工程、堡垒及陆地要塞均应解除武装；并拆卸之。

……

在德国之南及东各疆界要塞工程应照现状予以保存。

第一百八十一条 自本条约实行起两个月届满后，德国之海军军力不得超过下列之数：

"德意志"号或"洛林"号型之战斗舰六艘，

轻型巡洋舰六艘，

驱逐舰十二艘，

鱼雷舰十二艘，

或如第一百九十条所述所制造相等数目之预备更换船只。

其中不应包含任何潜水艇。……

第一百八十三条 自本条约实行起两个月届满后，德国海军所属实力之总数，即关于舰队之军器，海岸之防御，信号之设备，以及行政机关及其他岸上服务者不得超过一万五千人，所有各级及各团之军官及人员均包括在内。

军官及准尉军官之实力总数不应超过一千五百人。

自本条约实行起两个月内，凡超出以上实力总数之人员应遣散之。……

第一百九十一条 在德国建造及获得之任何潜水艇虽为商务之用，亦应禁止。

第一百九十八条 德国兵力不应包含任何陆军或海军航空。……

第二百三十一条 协约及参战各国政府宣告德国及其各盟国使协约及参战各国政府及其国民因德国及其各盟国之侵略，以致酿成战争之后果，所受一切损失与损害，德国承认由德国及其各盟国负担责任。

第二百三十三条 上述应由德国赔偿之损害，其总数由协约国委员会决定之。该委员会称为"赔偿委员会"……

该委员会于上述损害总数之决定，应于1921年5月1日，或于是日以前编制成书，并通告德国政府，以示该国之义务范围。……

第二百三十五条 为使协约及参战各国于其要求尚未完全决定时，可以立即恢复工业上及经济上之生活起见，德国应照赔偿委员会所定之分期交付及办法（用现金、商品、船只及有价值之物或用他物），于1919年、1920年间，及1921年之最初四个月间，偿付与二百亿金马克价值相等之物。……

第二百四十九条 德国政府应自签字于1918年11月11日停战条约之日起，缴付协约及参战各国政府占领德国领土军队之一切经费……

第三百三十一条 以下各河应宣告为国际河流：

易北河（拉贝河）自伏尔塔瓦河（莫尔多河）合流处起，又伏尔塔瓦河自布拉格起。

奥得河（奥特拉）自奥帕河合流处起。

涅曼河（俄罗斯斯特劳莫—梅梅尔—涅曼）自格罗德诺起。

多瑙河自乌尔姆起。……

第三百四十六条 多瑙河欧洲委员会仍应行使战前该委员会所有之权力。但暂时该委员会应仅以英国、法国、意大利、罗马尼亚各代表组成之。

第四百二十八条 为德国履行本条约之保障起见，凡坐落莱茵河以西之德国领土连同各桥头，自本条约实行起十五年期间内均应由协约及参战各国军队占领。

第四百三十一条 但十五年期间届满之前，德国对于本条约发生之一切义务业已履行，则占领军队应立时撤退。

录自齐世荣主编：《世界通史资料选辑·现代部分》（第1分册），北京：商务印书馆，1998年，第19—24页。

[历史背景介绍]

1919年1月18日，战胜的协约国集团在巴黎召开缔结和约的会议。经过五个多月的激烈争吵，于1919年6月28日在巴黎近郊凡尔赛宫签订了《协约及参展各国对德和约》即《凡尔赛条约》。条约共15部分，包含440个条款和一项议定书，第一部分为国际联盟盟约。因为美国参议院拒绝批准《凡尔赛条约》，1921年8月25日美国与德国单独签订了和约。对德条约签订后，协约国集团又先后与战败国奥地利、保加利亚、匈牙利、奥斯曼帝国签订了和约。这些和约构成了对战败国领土及其殖民地再分割的体系。由于《凡尔赛条约》是其中的主要条约，因此由这些条约共同构成的体系被称之为凡尔赛体系。

[思考题]

1. 各主要战胜国在《凡尔赛条约》中的核心诉求是什么？

2. 如何评价《凡尔赛条约》？

（肖琦　编）

051

国际联盟盟约（节录）

（1919年6月28日）

各缔约国为促进国际合作，保证国际的和平与安全，承担不从事战争之义务，维护各国间基于正义与荣誉之公开邦交，严守国际公法之规定，以为今后各国政府行为之规范，在有组织之民族间，确立正义并遵守根据条约所产生之一切义务，

制定国际联盟盟约如下：

第一条 （一）国际联盟之创始会员国，为本盟约附件所列之各签字国，及附件内所列愿意无保留条件加入本盟约之各国，此项加入应在本盟约生效后两个月内备声明书送交秘书厅，并应通知联盟中之其他会员国。

（二）凡一切国家、自治领或殖民地，为附件中所未列入者，如经大会三分之二之同意，得加入为国际联盟会员国，唯须确切保证有遵守国际义务之诚意，并须接受联盟所规定关于陆海空军实力及武装之规则。

（三）凡联盟盟员经两年前预先通知后，得退出联盟，但退出时须将其所有的国际义务及本盟约所负之一切义务履行完竣。

第二条 按照本盟约所规定的联盟的行动，应由大会及行政院执行之，并以一常设秘书厅襄助一切。

第三条 （一）大会由联盟会员国之代表组成之。

（二）大会应按照规定时期，或随时按事情所需，在联盟所在地或其他选定之地点开会。

（三）大会开会时，得处理属于联盟行动范围以内，或关系世界和平之任何事件。

（四）大会开会时，联盟每一会员国，得派代表至多不过三人，但只有一投票权。

第四条 （一）行政院由协约国及参战国之代表与联盟其他四会员国之代表组成。此联盟之四会员国，由大会随时酌量选定。……

（二）行政院经大会多数核准，得指定联盟之其他会员国代表为行政院常任委员。行政院经同样之核准，并得增加大会所欲选举为行政院委员之名额。

（又二）大会经三分之二之同意，应规定行政院非常任委员之选举法，如任期及连任之规程（于1926年7月29日生效）。

（三）行政院应随时按事情所需，并至少每年一次，在联盟所在地或其他选定之地点开会。

（四）行政院开会时，得处理属于联盟行动范围以内，或关系世界和平之任何事件。

（五）凡未列席于行政院之联盟会员国，如遇该院讨论一事件与之有特别关系时，得请其派一代表，以行政院委员名义列席。

（六）行政院开会时，联盟之每一出席于行政院的会员国，只能派代表一人并只有一投票权。

第五条 （一）除本盟约或本条约①另有明文规定者外，凡大会或行政院开会时之决议，应得出席会议之联盟会员国全体之同意。

……

第七条 （一）联盟地址设于日内瓦。……

第八条 （一）联盟会员国承允为维持和平起见，必须将本国军备减至最少之限度，以足以保卫国家之安全及共同实行国际义务为限。

（二）行政院应考虑每一国之地势及其特别状况，以预定此项减缩军备之计划，俾供各国政府参考及决定。

（三）此项计划至少每十年重新检查及修正一次。

---

① 指《凡尔赛条约》。——编者

（四）此项计划经各国政府采用后，所定军备之限制，非得行政院之同意，不得超过。

……

第十条　联盟会员国有尊重并保持所有联盟各会员国领土之完整及现有政治上之独立，以防御外来侵犯之义务，如遇此种侵犯或有任何威胁或危险之虞时，行政院应筹划履行此项义务之方法。

第十一条　（一）兹特声明：凡任何战争或战争之威胁，不论其直接或间接涉及联盟任何会员国，皆为有关联盟全体之事，联盟应采取措施，以保持各国间之和平；如遇联盟任何会员国之请求，秘书长应即召集行政院会议。

（二）又声明：凡涉及国际关系上任何足以扰乱国际和平或危及国际和平所依赖之良好谅解之情势，联盟任何会员国有权以友谊名义提请大会或行政院注意。

第十二条　（一）联盟会员国约定倘联盟会员国间发生争端，势将决裂者，应将此事提交仲裁，或法律裁判，或交行政院审查，并约定无论如何非俟仲裁员之裁决或法律判决，或行政院报告三个月以后不得从事于战争。

……

第十六条　（一）联盟会员国如有不顾本约第十二条、第十三条或第十五条所规定而从事战争者，则据此事实，应视为对于联盟所有其他会员国有战争行为。其他会员国应即与之断绝各种商业上或财政上之关系，禁止其人民与破坏盟约国人民之各种往来，并阻止其他任何不论其为联盟会员国或非会员国之人民与该国人民之财政上、商业上或个人之往来。

（二）如遇此情形，行政院有向各有关政府建议之责任，俾使联盟会员国严格地派遣陆海空军，组织军队以维护联盟盟约。

（三）又联盟会员国约定，如按照本条规定采取财政上及经济上之措施时，应彼此互相援助，使因此所受到之损失与困难减至最低限度。如破坏盟约国对于联盟中之一会员国施行任何特殊措施，亦应互相援助以制止之。其协同维护联盟盟约之任何联盟会员国之军队，经过他国国境时，该国应采取必要措施，予以假道之便利。

（四）联盟任何会员国，如违反联盟盟约中之一项，经出席行政院所有其他联盟会员国之代表投票表决，即可宣告将其开除出盟。

第十七条 （一）若一联盟会员国与一非联盟会员国之间，或两国均非联盟会员国，遇有争端，应邀请非联盟会员国之一国或数国，接受联盟会员国之义务，依照行政院认为正当之条件以解决争端。此项邀请，如经允诺，则第十二条至第十六条之规定，除行政院认为有必要予以变更外，应适用之。

（二）前项邀请发出后，行政院应即调查争端之情况，并建议其所认为最适当有效之办法。

（三）如被邀请之一国拒绝接受联盟会员国之义务，以解决争端，而向联盟一会员国从事战争，则对于采取此种行动之国家，可适用第十六条之规定。

（四）如争端双方于被邀请后均拒绝接受联盟会员国之义务，以解决争端，则行政院应研究一切措施，并提出各种建议，以防止战争，解除冲突。

……

第二十二条 （一）凡殖民地及领地，于此次战争后不复属于从前统治该地之各国，而其居民尚不克于今世特别困难状况下实行自治，则应适用下列原则：即将此等人民之福利及发展视作文明之神圣任务，此项任务之履行，应载入本盟约。

（二）实现此项原则之最妥善途径，莫如将此种人民之管理，委诸资源上、经验上或地理上足以承担此责任且乐于加以接受之各先进国，该国即以受任统治之资格，为联盟施行此项管理。

（三）委任统治之性质，应以该地人民发展之程度，领土之地势，经济之状况，及其他类似情况而区别之。

（四）以前属于土耳其帝国之各民族，其发展已达可以暂被承认为独立国之程度，唯仍须由受任统治国予以行政之指导及帮助，至其能自立之时为止。该受任统治国之选择，应先由各该民族之志愿决定之。

（五）其他民族，尤其是中非洲之民族，依其发展之程度，受任统治国必须负地方行政之责，唯其条件应为：保其信教之自由，而以维持公共安全及善良风俗所能准许之限制为衡，禁止各项弊端，如奴隶之贩卖，军械之贸易，酒类之贩卖，并阻止建筑要塞或设立海陆军根据地，除警察或国防所需外，不得以军事教育施诸土人，并保证联盟之其他会员国在交换上、商业上之机会均等。

（六）此外土地，如非洲西南部及南太平洋数岛，或因居民稀少，或因幅员不广，或因距文明中心辽远，或因地理接近委任统治之领土，或因其他情形最易受治于受任统治国法律之下，作为其领土之一部分；但为土人利益计，受任统治国应遵行以上所载之保障。

……

第二十六条 （一）本盟约之修正，经联盟大会多数代表及行政院全体票之通过即生效力。

（二）凡联盟任何会员国表示不承认盟约之修正案，该修正案即对其无约束力；但从此它即不复为联盟会员国。

录自齐世荣主编：《世界通史资料选辑·现代部分》（第1分册），北京：商务印书馆，1998年，第24—29页。

[**历史背景介绍**]

国际联盟是第一次世界大战后建立的国际组织，它根据巴黎和会通过的《国际联盟盟约》于1920年1月成立。《国际联盟盟约》包括在1919年对德、奥、匈、保各和约内，作为该和约的第一部分。1919年6月28日签订的《凡尔赛条约》于1920年1月10日生效，从而作为该和约一部分的国际联盟盟约也于是日生效。国际联盟表面上标榜"促进国际合作，保证国际的和平与安全"，但实际上是英法等帝国主义国家重新瓜分殖民地、奴役弱小民族的工具。列宁称国际联盟是"一群你抢我夺的强盗的联盟"。国际联盟主要机构包括大会、行政院、秘书处，附设国际法庭、国际劳工局等。总部设在日内瓦。先后加入的国家有63个。美国虽为倡议国之一，但因同英、法争夺领导权失败而未参加。日本和德国于1933年退出，意大利于1937年退出。苏联在1934年加入，1939年被开除。国际联盟标榜"促进国际合作，维持国际和平与安全"，但实际是英法等资本主义大国维护凡尔赛—华盛顿体系，争夺世界霸权的工具。第二次世界大战爆发后，国际联盟名存实亡。第二次世界大战结束后，1946年4月宣告解散，所有财产和档案均移交联合国。

[思考题]

如何客观评价《国际联盟盟约》？

（赵继珂　编）

052

中国拒签《凡尔赛条约》

（1919年6月28日）

六月二十八日下午三时为凡尔赛条约签字之期，中国代表分函声明，保留山东条款，其函曰：

今日在签订对德媾和条约之前，中华民国全权代表，因该约第一五六、一五七及一五八款竟使日本继承在山东省之德国权利，不使中国恢复其领土主权，实不公道，兹特以其政府之名义声明，彼等之签字于条约，并不妨碍将来于适当之时机，提请重议山东问题，因对中国不公道之结果，将妨碍远东永久和平之利益也。

最高会议拒绝收受，将原函退回，中国代表团遂决定不签字，并以此意通告会长，声明保留对德媾和条约最后决定之主权，同时发表宣言，其略曰：

因感觉大会对山东问题解决办法之不公道，中国代表团曾于一九一九年五月四日对最高会议提出正式抗议，并于五月六日声请保留。中国全权既尽调和之全力，卒未得达，中国全权为维持国家体面计，百方勉力，终被拒绝，此对于国家及国民之义务不得不遵循也。与其承认违悖正义公道之第一百五十六、七,八三条款，莫如不签字。中国全权之此举实出于不得已，惟于联合国团结上有所损失，殊觉遗憾。然舍此而外，实无能保持中国体面之途，故责任不在中国，而在于媾和条款之不公也。媾和会议，对于解决山东问题，已不予中国以公道，中国非牺牲其正义公道爱国之义务，不能签字，中国全权愿竭诚布陈，静待世界公论之裁判。

录自王芸生编著:《六十年来中国与日本》(第7卷)，北京:生活·读书·新知三联书店，1981年，第352—353页。

[历史背景介绍]

1919年中国作为战胜国代表出席了在巴黎凡尔赛宫举行的和谈，提出了希望解决包括山东问题在内的提案。经过长期的磋商，5月4日，在最终拟定的对德和约中，协约国集团决定由日本继承德国在山东的权利。中国代表团与北京政府之间就是否在条约上签字以及还可以做哪些外交努力等问题进行了密集的沟通。北京政府可能签约的消息传回国内，引发了群众的强烈愤慨，五四运动爆发。面对国内外的重重压力，北京政府训令签约，但试图推卸责任。中国代表团力陈不可签约之理由，却始终未能得到国内的肯定回复，终于在6月28日签约仪式举行前的最后一刻做出了拒签的决定。签约仪式结束后，北京政府拒签条约的电文才抵达巴黎。

[思考题]

1. 如何看待中国代表团拒签条约的决定?

2. 如何理解巴黎和会对中国问题的最终处理?

（肖琦　编）

053

北一辉《日本改造法案大纲》（节录）

（1919年8月）

1. 国民之天皇

天皇之意义：天皇乃国民之总代表，国家之根柱。

废止华族制：废止华族制，并撤销阻隔天皇与国民之藩镇，以贯彻明治维新之精神。

废止贵族院：设置审议院，以审议众议院之决议案。审议院得否决众议院之决议，但只限一次。

……

2. 私有财产限度

私有财产限度：日本国民一家所有之财产，以一百万元为限，海外之日本国民亦然……

国家改造后，拥有超过私有财产限度之财产者，当将超过额缴纳国家。

……

3. 土地处分三则

私有土地限度：日本国民一家所有之私有土地，以时价十万元为限，严禁以土地赠与血族或以其他任何手段，授与他人等破坏上述限度之行为。

……

4. 国家统一之大资本

私人生产业限度：私人生产业之限度以一千万为限。海外国民之私人生产业亦然。

超过私人生产限度之生产业，收归国有。

......

5. 劳动者之权利

劳动者之任务：应于内阁设立劳动部，以保护依国家生产及个人生产雇佣之一切劳动者权利。……

劳动时间：劳动时间一律以8小时为限，星期日及纪念日休假日等照常发给工资……

6. 国民之生活权利

……男女受同等之教育……废止英语，以世界语为第二国语……

7. 朝鲜及其他现在于将来领土之改造方针

朝鲜之郡县制：朝鲜应属于与日本内地同一行政管理下。朝鲜并非日本只属邦，亦非日本只殖民地，应依据日韩合并至本旨，阐明其为日本帝国一部分行政区之大本。

……全部施行改造组织之新领土：将来新领土内之住民，如其文化程度与日本略同时，得于领取后，即时施行全部之改造组织，但须由日本本国派遣至改造执行机关执行之。占有后移入之其他人种活民族，居住十年后得赋与其国民权，享受与日本国民无差别之权利。朝鲜人与台湾人虽尚未达到与日本人享受同等国民权利之时期，对于移入此新领土者，居住三年后，与右例办法同。……

8. 国家之权利

……国家为保持国际间生存发达之权利，须永久维持现行之征兵制。废止征兵延期一年之志愿制。对于现役兵，国家给与薪俸。……国家在防卫自国外，为保卫其他国家或民族被不义之强力压迫，有开战之权利（当前之现实问题如因印度之独立及中国之安全等而开战，皆系国家之权利）。国家因自身发达之结果，对于占有不法之大领土，漠视人类共存天道之国家，亦有开战之权利（当前之现实问题如为领有澳洲或远东西伯利亚，与其现领有者开战，亦系国家之权利）。……

录自《国闻周报》，1932年第34期，第9—16页。

[历史背景介绍]

日本的法西斯运动分为民间和军部两股力量。上述文献出自民间法西斯运动的思想鼻祖北一辉。北一辉（1883—1937年）出生于日本新潟县佐渡岛的一个小渔町。读中学时，因右眼患病失明而退学。21岁时，他前往东京早稻田大学旁听，受到早期社会主义思想的影响，曾出版《国体论及纯正社会主义》，宣扬君民共治的社会主义。1906年，他加入东京的中国同盟会，与宋教仁等人来往密切。辛亥革命后，他曾在上海、武汉、南京各地。回国后，1915年出版《中国革命外史》。1916年后，他寓居上海。1919年6月，在五四运动后的上海六三运动高潮中，他感到日本必须进行改造，才能担当起革命领袖。8月，他完成了《日本改造案原理大纲》，后改名为《日本改造法案大纲》。此书在8月底出版后，影响极大。

该书由序言和八卷构成，列举改造的政策、主张，并附有详细注释。上文摘录了一部分内容。北一辉主张以天皇为中心，限制私有财产、土地和资本，让日本对外扩张拥有合法性。该书后被称为日本法西斯主义的圣典，影响了一批军队内的下层军官。

以北一辉及其著作为圭臬的日本下层军官后来组成"皇道派"，宣扬维护天皇权威，积极推动日本军队的法西斯化。他们策划1931年"九一八事变"，发动1932年"五一五兵变"，制造1936年"二二六事变"。尽管北一辉等人后来因"二二六事变"被捕枪决，但皇道派所推动的这场运动却促成了军部法西斯分子上台执政。

[思考题]

1. 请比较北一辉的思想与希特勒的《二十五点纲领》，说出其中的异同点。

2. 请结合日本侵华历史，评述北一辉思想。

（孟钟捷　编）

魏玛宪法（节录）

（1919年8月11日）

......

第20条　德国国会[①]由代表德国人民之议员组成。

第21条　议员为全体人民之代表。彼等仅服从其良心，而不受其他请托之约束。

第22条　议员由年满20岁以上之男女，依照比例代表选举制，以普遍、平等、直接、秘密之投票选出之。选举应于星期日或公共休息日举行。

......

第25条　德国总统得解散国会，但出于同一原因，仅得解散一次。

新选举最迟应于国会解散之第60日举行之。

......

第41条　德国总统由全体德国人民选举之。

凡年满35岁以上之德意志人，均有当选权。

......

第43条　德国总统任期为7年，连选得连任。

......

第47条　德国总统掌握德国全部武装部队之最高统帅权。

---

①　Reichstag Reich，很难找到确切的中译名。德意志帝国的德文原名是Das Deutsche Reich。魏玛共和国建立后，帝制虽然取消，但德国的国名仍为Das Deutsche Reich，对Reicli一字，此处译作德国，下同。——原编者注

第48条　如某一邦①不履行其依照德国宪法或德国法律所规定之义务时，德国总统得使用武力强制之。

如德国境内之公共安宁和秩序受到严重扰乱或危害时，德国总统为恢复公共安宁和秩序，得采取必要之措施，需要时并得使用武力。为此目的，德国总统得临时将本法第114、115、117、118、123、124和153各条所规定之基本权利全部或部分停止之。

……

第54条　德国总理和各部部长为行使其职责，应取得德国国会之信任。当国会以明显之决议对其中之一员撤销其信任时，该员应即辞职。

……

第109条　所有德意志人在法律前一律平等。

男女在原则上均有同等之公民权利及义务

公法特权和由出生或等级所造成之不利地位，概行废止。贵族之衔称，仅视为姓氏之一部分，今后不再颁给。

……

第114条　人身之自由不得侵犯。只有根据法律，方得以国家权力妨害或褫夺人身之自由。

凡被褫夺自由之人，最迟应于翌日收到通知，由何官署，以何理由下令将其自由褫夺，并应立予其人以机会，使对被褫夺自由提出抗辩。

第115条　每一德意志人之住宅为其自由居处，不得侵犯。其例外唯依法律为之。

……

第117条　书信秘密以及邮政，电报、电话之秘密，不得侵犯。其例外唯依德国法律始得为之。

第118条　每一德意志人，在一般法律限制内，有用言语、文字、印刷、图画或以其他方法，自由发表其意见之权利。不得因劳动或雇佣关系，剥夺其此种权利。当其人使用此种权利时，任何人均不得妨害之。……

---

① 原文为Land。德意志帝国时，共有二十五邦（Staat）。魏玛共和国成立后，Staat改称Land，Land的权力较Staat为小。Land很难找到合适的中译名，暂仍译为邦。——原编者注

……

第123条　一切德意志人有和平及不携带武器集会之权利，而无端申报并得到特别许可。

露天集会，根据德国法律，有申报之义务。其直接危害公共治安者，得禁止之。

第124条　一切德意志人，其目的如不违背刑法，有组织协会或团体之权利。此项权利不得以预防方法限制之。宗教方面之协会和团体，得适用本条规定。

……

第125条　选举自由和选举秘密应受保障。……

……

第153条　财产受宪法之保障。

录自王斯德主编：《世界现代史参考资料》（上册），北京：高等教育出版社，1988年，第91—94页。

[历史背景介绍]

德意志共和国（魏玛共和国）宪法。因在魏玛城召开的制宪会议上通过而得名。1919年7月31日最后批准，8月11日开始生效。全文共181条，分联邦的组织和职权、公民的基本权利和义务两部分。它宣布德国为联邦共和国；立法机关为联邦国会和联邦参政会两院组成的议会，国家元首为总统，最高行政机构为内阁；公民享有选举权，有言论、出版、集会、结社等自由。宪法还规定总统在认为国家受到扰乱或危害时，有权停止宪法关于公民基本权利条款的效力。使统治阶级能随时镇压劳动人民，并为后来建立法西斯专政开辟了道路。1933年希特勒上台后停止执行。

[思考题]

如何客观评价《魏玛宪法》？

（赵继珂　编）

055

德国工人党二十五点纲领

（1920年）

德国工人党纲领受当时时代之限制。其领袖并无目的意向，一旦所宣称之目标达成，他们又会确立新的目标，其仅仅是为了人为地增进民众的不满情绪，从而确保该党的持久生存。

第一条　我们要求一切德意志人在民族自决权的基础上联合成为一个大德意志国。

第二条　我们要求德意志民族对其他民族享有平等权利，我们要求废除凡尔赛条约和圣日耳曼和约。

第三条　我们要求得到领土和土地（殖民地）来养活我国人民和迁移我国过剩的人口。

第四条　只有本民族同志才能成为公民。不分职业如何，凡是具有德意志血统的人才能成为本民族同志。犹太人不能成为本民族同志。

第五条　非公民只能作为客人居住在德国，应受治于有关外国人的法律。

第六条　只有公民才享有决定国家领导和法律的权利。因此我们要求任何公职，不管何等种类，不管是国家、州或区一级，都应由公民来担任。我们反对无视品格和才能，按党派观点窃踞职位这种腐败的议会做法。

第七条　我们要求国家首先提供就业和生活的可能性。如果不能养活全国居民时，就应把外国人（非公民）驱逐出境。

第八条　阻止非德意志人迁入境内。我们要求迫使1914年8月2日以来迁入德国的非德意志人立即离开德国。

第九条　一切公民享有同等权利、负有同等义务。

第十条　每个公民的首要义务必须是从事脑力劳动或体力劳动。个人活动不得违背全体利益，而需受全体的制约并对所有的人都有利。因此我们要求：

第十一条　取缔不劳而获的收入，打碎利息奴役制。

第十二条　鉴于每次战争给人民带来生命财产的巨大牺牲，必须把个人发战争财当作对人民的罪行，因此我们要求没收一切战争利润。

第十三条　我们要求对所有（到目前为止）已经组合起来的企业（托拉斯）实行国有化。

第十四条　我们要求参加大企业的分红。

第十五条　我们要求大大提高老年人的福利。

第十六条　我们要求建立和维护一个健康的中产阶级。我们要求立即将大百货公司充公，廉价租赁给小工商者，要求在国家和各州区收购货物时特别照顾小工商者。

第十七条　我们要求实现一种适合我国需要的土地改革，要求制定一项为了公益而无代价地没收土地的法令，要求废除地租，要求制止一切土地投机倒把。

第十八条　我们要求对损坏公益的行为作坚决斗争。对卑鄙的民族罪犯、高利贷者、走私犯等应处以死刑，不必考虑其职业和种族。

第十九条　我们要求用德国的教权取代为唯物主义世界秩序服务的罗马教权。

第二十条　为了使每个能干而勤奋的德国人受到高等教育进而走上领导岗位，国家应大力发展全部国民教育事业。一切学校的教学计划必须符合实际生活的要求。通过在学校中教授国民学来树立国家思想。我们要求不分等级和职业，由国家出钱培养具有特殊天赋的穷人孩子。

第二十一条　国家保护母亲和儿童，禁止雇佣童工，用法律规定体育义务，实现体格锻炼，大力支持各种青年体育协会，以此提高国民健康水平。

第二十二条　我们要求取缔雇佣军并建立国民军。

第二十三条　我们要求在法律上抵制报刊敌意地制造和传播政治谣言。为了建立德国自己的报刊，我们要求：

a. 德文报纸的编辑和撰稿人都应是本民族同志。

b. 非德文报纸的出版需要获得国家的特别批准。它们不准用德文印刷。

c. 非德国人不准在财经上参与和影响德国报纸，我们要求惩罚违法者，关闭这类报社，并立即把参与的非德国人驱逐出境。取缔违反公益的报纸。我们要求以法律的形式抵制对我国国民生活产生腐蚀影响的文艺流派，要求取缔一切违反上述要求的文艺演出。

第二十四条　我们要求国内实行一切宗教信仰自由，宗教信仰不得危害国家存在或违反德意志种族的风俗道德。

本党持积极的基督教立场，但并不公开声明自己受某种宗教信仰的约束。本党反对国内外犹太人的唯物主义精神，深信我国人民不断康复应从内部建立在下列基础上：

第二十五条　为贯彻上述一切，我们要求建立强大的中央集权。中央国会及其一切机构拥有绝对权威。

党的领袖们保证，为坚决实现上述各点必要时献出自己的生命。

译自 Christian Zentner und Friedemann Bedürftig, *Das Grose Lexikon Des Dritten Reiches*, München: Südwest Verlag, 1985, SS. 437–438.

［历史背景介绍］

1919年9月19日，阿道夫·希特勒，这位愤愤不平的老兵兼狂热的民族主义者，成了一个鲜为人知的慕尼黑小政治团体、一度很有影响力的泛德意志祖国党的残部——"德国工人党"的第七位成员。这一新组织的首次公开会议于1920年在慕尼黑的一家啤酒馆内举行。在两千人的集会中，尽管希特勒此时还并非该党领袖，但还是发表演讲要求通过这一纲领文件。

《二十五点纲领》本身是一个技工安东·德雷克斯勒的作品，正是他最早萌生了建立一个民族主义思想的工人政党的念头；另一位起草者《民族观察家报》（*Völkischer Beobachter*）记者兼编辑戈特弗里德·埃卡后来成为纳粹党的官方喉舌。《二十五点纲领》作为民族社会主义德国工人党（亦即纳粹党）早期的纲领性文件与行为指导，包含极端民族主义倾向，主张建立大德意志"民族国家"，打破凡尔赛体系的束缚，实行对外扩张，具有鲜明的民族沙文主义、复仇主义、反犹主义、反资本主义倾向。而希特勒作为会议实际上的领导者后来这样写道："当我宣布散会时，不止我一人在想，狼已经出世了。这个狼是注定要冲进拐骗人民的骗子群的。"这项党纲于1920年2月25日正式公布，但1923年"啤酒馆暴动"失败后，希特勒狱中口授《我的奋斗》一书，完全抛弃了《二十五点纲领》中的小资产阶级社会改革要求，将自己的种族主义、民族沙文主义、社会达尔文主义、领袖独裁和反共思想进一步系统化，并在其统治巩固后取代了《二十五点纲领》的党纲地位。自此，纳粹成为反动阶级实际利益的代表者，与垄断资本主义紧密勾结，又借"大萧条"之机骗取大量选票，为法西斯获取权力发起侵略战争铺平了道路。

[思考题]

《二十五点纲领》作为纳粹党早期的纲领，与希特勒在《我的奋斗》中提出的纳粹理念有何区别？

（徐之凯　编）

056

美国宪法第18号修正案——《禁酒法案》
(《伏尔斯泰得法案》)
(1920年1月17日)

美国宪法第十八修正案是美国宪法历史上宣告酒类酿造、运输和销售是违法的一个修正案，1919年1月16日达到足够数量的州认可，并于1920年1月17日生效。另外，美国国会颁布了执行第十八修正案细节的伏尔斯泰得法案。

美国宪法第十八修正案：第一款：本条批准一年后，禁止在合众国及其管辖下的所有领土内酿造、出售和运送作为饮料的致醉酒类；禁止此等酒类输入或输出合众国及其管辖下的所有领土。第二款：国会和各州同样有权以适当立法实施本条。第三款：本条除非在国会将其提交各州之日起七年以内，由州议会按宪法规定批准为宪法修正案，否则不发生效力。1933年第二十一修正案生效后第十八修正案被废除，美国宪法第十八修正案成为美国宪法至今唯一被废除的修正案。

早在19世纪七八十年代，当基督教妇女节制会试图通过关闭酒馆来实现国家文明化时，酒馆在西部蓬勃发展。从内华达州的弗吉尼亚到科罗拉多州的利德维尔，以及亚利桑那州的比斯比，这些矿业城镇充斥着喧嚣的矿工、吵闹的酒馆、法罗游戏和妓女。亚利桑那州的一位（禁酒）先驱回忆说："该地区的整个结构都是建立在酒的基础上。"

一些酒馆老板获得了政治权力。投票区可能就在酒馆里，卖酒的人成了投票区的队长。如果投票是在里屋进行的，那么可以给投票的人提供免费饮料，而投票不一定是秘密的。然后，店主可能会晋升为民选官员。1890年，纽约市的24名市议员中有11人是酒馆老板。新闻杂志逐渐揭露了政治机器所盛行的城市腐败，这些政治机器的权力根植于酒馆中，以至于反酒馆联盟说："如果我们希望净化政治"，"酒馆必须被摧毁"。

译自《其他宪法修正案》，美国大使馆，互联网档案馆的存档，https://web.archive.org/web/20051103094958/；http://www.usembassy-china.org.cn/infousa/living_doc/GB/amend.htm, 2023-1-29; Elliott West, *The Saloon on the Rocky Mountain Mining Frontier*, Lincoln: University of Nebraska Press, 1979, p.2; Michael Lerner, *Dry Manhattan*, Cambridge, MA: Harvard University Press, 2007, p.24; W. J. Rorabaugh, *Prohibition: a concise history*, New York: Oxford University Press, 2018, pp.33-34, pp.37-38.

[历史背景介绍]

美国在第一次世界大战后经过1920年中至1921年末的短期经济萧条后，经济开始复苏，并逐渐趋于繁荣，其时间从1923年直到1929年秋，每年生产率增长达4%。这一时期，美国工业生产增长近一倍。国民总收入从1919年的650.9亿美元增至1929年的828.1亿美元。人均收入从1919年的620美元增加到1929年的681美元。

而20世纪初期开始，世界多个国家出现禁酒运动。美国A.C.阿奇博尔德牧师发现："没有什么社会运动比全世界对朗姆酒统治的反叛更令人吃惊。谁会梦见专制的俄国这么快成为一个支持禁酒的国家？威士忌盛行的英国……法国，甚至是德国，都采取了措施来控制酒类贩运。加拿大已经在其一些省份取缔了酒馆。纽芬兰省在上个月的选举中投了禁酒票。在我们自己的国家，80%的领土是禁酒的，65%的人生活在不再容忍酒馆的地区。"

[思考题]

1. 有哪些因素促成了美国宪法第十八修正案的通过？

2. 19世纪后期20世纪初，禁酒运动为何将矛头对准酒馆？酒馆在地方文化、社区交往和政治运作中起到了什么作用？

3. 1917年12月宪法第十八修正案的提出与第一次世界大战有什么联系？

4. 19世纪末20世纪初，有哪些因素促成世界范围内出现禁酒运动浪潮？

（顾年茂　编）

057

土耳其《国民公约》

（1920年1月28日）

奥斯曼众议院全体议员，确认土耳其国家的独立和民族的前途，只有完全尊重下列各项原则，才能得到保障。这些原则表明为获得正义与永恒和平所必须付出的最大限度的牺牲。而背离这些原则，一个稳定的奥斯曼苏丹帝国和社会的继续存在是不可能的。

一、在1918年10月30日停战协定签字时处于外国占领之下，居民大多数为阿拉伯人的那部分奥斯曼领土，应该通过全体居民的公民投票来决定其归属。所有这些居民多数属奥斯曼穆斯林的领土，由于共同的宗教、种族和愿望而联结在一起，这些地区在感情上相互尊重、息息相关、忠诚相待，并形成一个不可分割的整体。

二、至于三个区（卡尔斯、阿尔达汉和巴统）的居民，当他们首先（从俄国占领下）获得自由时曾通过普遍投票决定加入母国，我们同意进行一次新的公民投票。

三、根据同土耳其签订的和约所规定的西色雷斯的法律地位，也必须根据该地居民的自由投票来决定。

四、伊斯坦布尔城是伊斯兰哈里发、奥斯曼苏丹以及政府的所在地，和马尔马拉海一样，必须加以保卫，免遭种种危险，只要这一原则得到遵守，我国同其他国家共同达成的关于使用黑海海峡和地中海海峡作为贸易和交通通道的任何决议，应受到尊重。

五、根据同盟国同它的敌国以及它们的某些有关国家间签订的条约所认可的少数民族的权利，我国将予以承认和保证，其条件是在邻国境内的穆斯林少数民族应享有同样的权利。

六、为了建立一个更为有效的、秩序井然的政府，以便能够开展我国的政治的、法律的和财政的事务，我国同各国一样，也需要完全的独立和主权作为我国生存和继续存在的基本条件。因此，我们反对有害于我国的政治、法律和财政发展的各种限制。关于支付我国的外债的条件，同样将在不违反这些原则的情况下来做出决定。

录自齐世荣主编：《世界通史资料选辑·现代部分》（第3分册），北京：商务印书馆，2007年，第121—122页。

[历史背景介绍]

1920年1月23日，土耳其奥斯曼议会通过《国民公约》，阐明了民族独立、维护君士坦丁堡安全、开放海峡、尊重少数民族权利、废除帝国主义特权等重要原则。这一文件被视为土耳其革命的独立宣言。

[思考题]

《国民宣言》在哪些方面体现了土耳其革命的资产阶级特性？

（王志华　编）

058

加入共产国际的二十一条

（1920年8月6日）

二十一条

共产国际第一次成立代表大会没有制定各党加入第三国际的确切条件。到召开第一次代表大会时，大多数国家只有一些共产主义的派别和小组。

共产国际第二次世界代表大会召开时的情况就不同了。现在大多数国家不仅已经有了共产主义的流派和派别，而且有了共产主义的政党和组织。

现在申请加入共产国际的党派愈来愈多，这些党派不久以前还属于第二国际，现在都希望加入第三国际了，不过它们还没有真正成为共产主义的党派。第二国际已被彻底粉碎。中间政党和"中派"集团看到第二国际已经毫无希望，就想依靠日益壮大的共产国际，但是，它们还希望保留一种"自治权"，好让它们实行以前的机会主义政策或"中派"政策。共产国际在某种程度上已经成了时髦的东西。

"中派"的某些领导集团希望加入第三国际，这就间接证明，共产国际已经博得了全世界大多数有觉悟的工人的同情，并且一天一天成为一支愈来愈强大的力量。

在一定的情况下，共产国际有被那些还没有摆脱第二国际思想体系的、动摇的、不彻底的集团削弱的危险。

此外，在大多数人站在共产主义立场上的某些大党里（意大利、瑞典、挪威、南斯拉夫等），至今还存在相当大的改良主义的和社会和平主义的派别，它们不过是在等待时机，以便重新抬头，积极展开破坏无产阶级革命的活动，来帮助资产阶级和第二国际。

任何一个共产主义者都不应该忘记匈牙利苏维埃共和国的教训。匈牙利共产党人同所谓"左派"社会民主党人的联合，使匈牙利无产阶级付出了昂贵的代价。

因此，共产国际第二次世界大会认为，必须十分确切地制定接纳新党的条件，并向那些已经加入共产国际的政党指出它们应当承担的义务。

共产国际第二次代表大会决定，加入共产国际的条件如下：

1. 日常的宣传和鼓动必须具有真正的共产主义性质，并符合第三国际的纲领和各项决议。党掌握的各种机关报刊，都必须由确实忠于无产阶级事业的可靠的共产党人来主编。无产阶级专政，不应该只当作背得烂熟的流行公式来谈论，而应该很好地加以宣传，使每一个普通的男工、女工、士兵、农民都能够通过我们报刊上逐日系统登载的活生生的事实，认识到实行无产阶级专政的必要性。

一切定期和不定期的报刊，党的一切出版机构，都必须完全服从党中央的领导，不管整个党目前是合法的或是非法的。出版机关不得滥用自主权，执行与党的政策不完全一致的政策。

在报刊上、在民众集会上、在工会和合作社中，——在第三国际拥护者所能利用的一切场合，不仅要不断无情地斥责资产阶级，还要不断无情地斥责资产阶级的帮凶，即形形色色的改良主义者。

2. 凡是愿意加入共产国际的组织，都必须有计划有步骤地撤销改良主义者和"中派"分子在工人运动中所担任的比较重要的职务（在党组织、编辑部、工会、议会党团、合作社、市政机关等等中的职务），派可靠的共产党人来接替他们，不必担心有时在一开始需要由普通工人来代替"有经验的"活动家。

3. 在欧美各国，阶级斗争几乎都已进入国内战争阶段。在这种情况下，共产党人不能信赖资产阶级法制。他们必须在各个地方建立平行的秘密机构，以便在决定关头能够帮助党执行自己的革命职责。在所有由于实行戒严或者非常法令而使共产党人不能公开进行工作的国家里，绝对必须把公开工作和秘密工作结合起来。

4. 特别需要在军队中进行始终不懈的宣传工作，这也是传播共产主义思想的义务之一。凡是这种鼓动工作遭到非常法令禁止的地方，应当秘密地进行。放弃这项工作，就等于背叛革命职责，这同第三国际的成员的称号是不相容的。

5. 必须有步骤有计划地在农村中进行鼓动工作。工人阶级如果不能得到哪怕是一部分雇农和贫农的支持，如果不能用自己的政策去中立一部分其他农村居民，就不能巩固自己的胜利。在目前这个时期，共产党在农村中的工作具有头等意义。这项工作主要应当通过同农村有联系的革命的城市工人共产党员和农业工人共产党员去进行。放弃这项工作，或者把它交给不可靠的半改良主义者，就等于放弃无产阶级革命。

6. 凡是愿意加入第三国际的党，不仅要揭露公开的社会爱国主义，而且要揭露假仁假义的社会和平主义，要不断地向工人证明：除了用革命手段推翻资本主义之外，任何国际仲裁法庭、任何裁军条约、国际联盟的任何"民主"改组，都不能使人类摆脱新的帝国主义战争。

7. 凡是愿意加入共产国际的党，都要承认必须同改良主义和"中派"的政策完全决裂，并在最广大的党员群众中宣传这一点。否则，就不可能执行彻底的共产主义政策。

共产国际无条件地、坚决地要求在最短期间实行这种决裂。共产国际决不能容许像屠拉梯、考茨基、希法亭、希尔奎特、龙格、麦克唐纳、莫迪利扬尼之流著名机会主义者有权自称为第三国际的成员。因为那样会使第三国际在很大程度上重蹈第二国际的覆辙。

8. 在资产阶级占有殖民地并压迫其他民族的国家里，党在殖民地和被压迫民族的问题上，必须采取特别明确的路线。凡是愿意加入第三国际的党，都必须无情地揭露"本国的"帝国主义者在殖民地所干的勾当，不是在口头上而是在行动上支持殖民地的一切解放运动，要求把本国的帝国主义者从这些殖民地赶出去，教育本国工人真心实意地以兄弟般的态度来对待殖民地和被压迫民族的劳动人民，不断地鼓动本国军队反对对殖民地人民的任何压迫。

9. 凡是愿意加入共产国际的党，都必须在工会、工人苏维埃和工业苏维埃、合作社以及其他群众组织中坚持不懈地进行共产主义的工作。必须在这些组织内部成立共产党支部，这些支部应该进行长期顽强的工作，争取工会等组织为共产主义事业服务。这些支部必须在日常工作中时时刻刻揭露社会爱国主义者的背叛行为和"中派"的动摇表现。这些共产党支部应该完全服从整个党的领导。

10. 凡是加入共产国际的党，必须同阿姆斯特丹黄色工会"国际"进行坚决斗争。它应当在参加工会组织的工人中间反复地宣传同阿姆斯特丹黄色国际实行决裂的必要性。它应该竭力支持正在产生的属于共产国际的红色工会国际联合会。

11. 愿意加入第三国际的党，必须重新审查其议会党团的人员成分，清除不可靠的分子，使议会党团不是在口头上而是在实际上服从党中央委员会，并要求每个共产党议员使自己的全部活动服从于真正革命的宣传鼓动工作的利益。

12. 加入共产国际的党，应该按照民主"集中制"的原则建立起来。在目前激烈的国内战争时代，共产党应该按照高度集中的方式组织起来，在党内应该实行像军事纪律那样铁的纪律，党的中央机关应该拥有广泛的权力，得到党员普遍的信任，成为一个有权威的机构；只有这样，党才能履行自己的义务。

13. 在共产党人可以公开进行工作的国家里，共产党应该定期清洗党组织的成员（举行党员登记），以便不断清除那些难免混入党内的小资产阶级分子。

14. 凡是愿意加入共产国际的党，都必须全力支持每一个苏维埃共和国同反革命势力进行的斗争。共产党应该反复进行宣传，使工人拒绝给苏维埃共和国的敌人运送军用物资，应该在派去扼杀工人共和国的军队中公开地或秘密地进行宣传工作，等等。

15. 凡是到目前为止还保留着旧的社会民主主义纲领的党，必须在尽可能短的期间内审查这些纲领，根据本国的特殊情况制定出新的合乎共产国际决议精神的共产主义纲领。按照规定，每个加入共产国际的党的纲领，应该由共产国际下一次代表大会或共产国际执行委员会批准。如果某党的纲领没有得到共产国际执行委员会的批准，该党有权向共产国际代表大会提出申诉。

16. 共产国际代表大会及执行委员会的一切决议，所有加入共产国际的党都必须执行。共产国际是在非常激烈的国内战争的情况下进行活动的，因此，它应当在组织上比第二国际更加集中。当然，共产国际及其执行委员会在一切工作中，同时必须考虑到各党斗争和活动的种种条件，只是在可能的情况下，才对某些问题作出全体成员都应当执行的决议。

17. 鉴于上述种种，一切愿意加入共产国际的党，都应当更改自己的名称。凡是愿意加入共产国际的党都应该称为：某某国家的共产党（第三共产国际支部）。名称问题不只是一个形式问题，而且是具有重大意义的问题。共产国际已经宣布要同整个资产阶级世界和一切黄色社会民主党进行坚决斗争。必须使每一个普通的劳动者都清楚地知道共产党同那些背叛了工人阶级旗帜的旧的正式的"社会民主"党或"社会"党之间的区别。

18. 各国一切指导性的机关报刊，都必须刊登共产国际执行委员会的一切重要文件。

19. 凡是已经加入共产国际或申请加入共产国际的党，都应当在共产国际第二次代表大会闭幕后的最短期间，至迟不得超过四个月，召集本党的紧急代表大会，来讨论这些义务。同时，中央委员会应当设法使一切地方组织都了解共产国际第二次代表大会的决议。

20. 凡是现在愿意加入第三国际但至今还没有根本改变自己的以往策略的党，在没有加入以前必须设法做到在党的中央委员会和其他一切最重要的中央机构内，至少有三分之二的成员是在共产国际第二次代表大会以前就公开而且明确地主张加入第三国际的同志。只有经第三国际执行委员会批准，才允许有例外。共产国际执行委员会也有权允许第7条中提到的"中派"代表可以作为例外。

21. 党员如果原则上否认共产国际所提出的义务和提纲，应该开除出党。

这一条也适用于党的紧急代表大会的代表。

录自齐世荣主编:《世界通史资料选辑·现代部分》(第1分册),北京:商务印书馆,1998年,第207—212页。

[历史背景介绍]

1920年7—8月,共产国际第二次代表大会在莫斯科举行。列宁在大会上做了《关于国际形势和共产国际基本任务的报告》。会议还通过了《民族和殖民地问题提纲》以及加入共产国际的《二十一条》。其中加入共产国际的《二十一条》体现了列宁的建党原则,旨在保证共产国际的纯洁性。各国左翼政党尤其是社会党针对是否接受以及是否有条件接受《二十一条》问题进行了讨论与表决。该文件的出台客观上促进了各国社会党与共产党的分裂以及各国共产党组织的诞生。

[思考题]

1.《二十一条》的主要内容是什么?

2.如何看待加入共产国际的《二十一条》所产生的历史影响?

(肖琦 编)

059

《色佛尔条约》评介

　　《色佛尔条约》是凡尔赛体系的一部分。其参加国一方是英国、法国、意大利、日本、达什纳克党人的亚美尼亚、比利时、希腊、波兰、葡萄牙、罗马尼亚、南斯拉夫和捷克斯洛伐克，还有阿拉伯半岛的汉志，另一方是苏丹土耳其。这个条约是一个篇幅冗长累赘的文件。它共分十三编，每编又分为章和条（总共四百三十三条）。条约的第一编也像在1919年至1920年间所签订的其他条约一样，是国际联盟规约。第二编叙述了土耳其的疆界。根据这一编的规定，土耳其丧失了它在欧洲的所有领地，只有伊斯坦布尔及其邻近的不大的一块地区除外；而在亚洲它不仅丧失了所有阿拉伯领土，而且还把基里基亚和沿叙利亚边境的广阔地带割给了法国，把摩苏尔让给了英国。

　　但是，在名为"政治条款"的第三编中，包括了更重要的领土决定。在这一编中，战胜国利用各种形式并在各种借口之下，使土耳其丧失了对很多省份和地区的主权。

　　根据这些"政治条款"的规定，协约国将来仍有权从土耳其手中夺取伊斯坦布尔。根据条约规定，这座城市，即奥斯曼帝国的首都，只是有条件地——土耳其人忠诚地遵守条约各项条款所规定的义务——归土耳其所有。并且，土耳其预先同意：一旦协约国修改关于伊斯坦布尔归土耳其所有的决定时，土国将"接受在这方面所通过的任何决定"。

　　其次，海峡区转交特别的国际海峡委员会管理，它有权"完全不依赖地方当局"而对博斯普鲁斯海峡、马尔马拉海和达达尼尔海峡的水域和沿岸实行监督，有权竖立自己的旗帜，有单独的预算和自己的组织机构，其中包括官员、军官、警察等等；土耳其代表只有在"它（土耳其）成为国联会员国时"才能加入委员会，并"从土耳其加入国联之日算起"。

伊兹密尔城及其邻近的广大地区也划为一个特别区；表面上，这个区域仍在土耳其的主权之下，但实际上却转让给希腊了。正如条约所载称："土耳其把自己对士麦拿城和上述地区行使主权的权利交给希腊政府"，而土耳其的主权仍是："奥斯曼的国旗将经常升在城外一个要塞的上空"；在条约生效五年以后，当地议会就可请求国联行政院把伊兹密尔区最后并入希腊王国，而且，由于预见到这种可能性，"土耳其从现在起声明：一旦在这种情况发生时，它将把自己对这个地区的一切权利和法律根据让给希腊"。

条约规定，将来根据国联的决定，在小亚细亚东部可能要建立一个脱离土耳其而独立的库尔德人的国家，由土耳其东南各省组成，并且在这种情况下，土耳其还预先放弃了对这些地区的"一切权利和法律根据"。

最后，《色佛尔条约》拟定把埃尔祖鲁姆、特拉布松、凡湖、比特利斯等省的广大地区，列入"独立的"（独立于土耳其之外，但依赖协约国帝国主义者）达什纳克党人的亚美尼亚；土耳其在这些地区的疆界之确定，交由美国总统仲裁解决，而土耳其则又预先放弃了对让给亚美尼亚的领土的"一切权利和法律根据"。

如果把所有这些同当时英、法、意三国签订的关于在安纳托利亚划出法、意特别"势力范围"的条约对照一下的话，那么就必须承认，协约国事实上只给土耳其人留下了安卡拉与黑海之间的一小块地区，这里没有什么自然资源、工业、交通线，而且也根本没有维持独立生存所必需的生活资源。但就是这块土地也必须变成半殖民地。《色佛尔条约》第三编和其余十编的很多条款，都使土耳其受到了各种各样的限制，并使它完全附属于战胜国之下。土耳其应当被解除军备。它的武装力量只限于总数为七百人的苏丹私人卫队；总共为五万人的宪兵队和所谓"特种部队"（包括司令部、军官、军事学校人员和非战斗人员在内），以及有七个小汽艇和六艘水雷艇的舰队。领事裁判权制度完全被确定下来了，其优惠甚至扩大到了在1914年以前并未享有这些特权的"协约国家"（例如汉志、日本）。外国的财政监督所采取的形式，使土耳其丧失了最后一点点财政上的独立性：除了恢复起前奥斯曼债务管理处的一切特权外，条约还规定成立一个由英、法、意三国代表组成的特别财政委员会；委员会拥有下列的特殊权利：批准土耳其预算，监督预算的执行以及各种财政法案和条例的遵守情况，领导专门建立的"奥斯曼财政检查机关"，而检察机关的人员只有取得委员会的同意后方可任用；正如条约中所载："土耳其的一切资源，除了用来保证偿还奥斯曼公债的收入以外，都要受财政委员会的支配。"

《色佛尔条约》的全部内容，使土耳其人对协约国的、首先是对英国的真正意图不再有丝毫的怀疑了。如果条约实现了的话，那么土耳其这个国家就不复存在了。甚至苏丹也不敢批准《色佛尔条约》。安纳托利亚对它的回答是：暴风雨般的抗议和动员一切力量来保卫国家，使其免于危亡。

录自安·菲·米列尔：《土耳其现代简明史》，朱贵生等译，北京：生活·读书·新知三联书店，1973年，第176—181页。

[历史背景介绍]

一战期间，土耳其加入德国方面对协约国作战。1918年10月，土耳其战败投降并被迫与协约国签订了《蒙德罗斯停战协定》。停战协定的签订标志着奥斯曼帝国的瓦解，同时也为协约国瓜分奥斯曼帝国的遗产打开了方便之门。以停战协定的相关条款为借口，协约国纷纷进军土耳其，控制了与自己利益相关的部分区域。土耳其濒于被瓜分的边缘，岌岌可危。但由于战后初期协约国把主要精力用在对德和约的制定上，对土和约被拖延。此外，土耳其问题的复杂性也使协约国对土和约更加难产。英、法、意、希在瓜分土耳其问题上矛盾重重，彼此掣肘。由于对土耳其民族主义武装力量发展的担忧，英、法在对土和约问题上达成妥协。1920年4月18—26日，相关各方在圣雷莫起草了协约国对土耳其和约。虽然条约内容十分严苛，但1920年8月10日土耳其苏丹政府被迫在巴黎附近的色佛尔正式在条约上签字，即色佛尔条约。土耳其资产阶级革命领袖凯末尔领导的大国民议会坚决拒绝承认该条约，并决心保卫独立。

[思考题]

《色佛尔条约》的基本内容是什么？

（陈洪运　编）

060

莫·卡·甘地论不合作策略

（1921年1月9日）

1920年9月4—9日，印度国大党在加尔各答召开特别会议，通过了甘地的非暴力不合作纲领。1920年12月，国大党在那格浦尔召开年会，确认了加尔各答特别会议的决议。为贯彻非暴力不合作纲领，甘地进一步制订了开展非暴力不合作运动参加者所应遵守的各项具体规定。

关于非暴力不合作决议，已为在加尔各答举行的国大党特别会议，作了某些增补后通过的决议所确认。凡已接受该决议者，必须遵守下列各点：

（1）有官衔者放弃他们的官衔。

（2）父母将他们的孩子们，从政府管理的学校中退学，在他们家里或经由民族学校，为孩子们作出一定安排。

（3）凡年满十六岁的学生，均确信在政府的影响下，学习是一种罪恶，人们已经决定不是改革就是去结束这一状况，学生们应另谋其他出路。

（4）律师们应尽快停止开业，并把他们自己献身于为人民服务。

（5）商人们应放弃外国货物的经营，尽可能地断绝与外国人的联系，并鼓励手工纺纱和手工织布。

（6）那些不顾选民反对而自行争取当选的地方议员，应当辞职；还有那些无视舆论而拒绝辞职的议员，选民们就不应为处理任何政治工作，去接近这些议员。

（7）警察和其他政府雇员，在他们与人民的交往中，应当谦虚、和蔼和诚实；他们应参加政治集会，但切勿在那里发表任何讲话，并且应当为争取自由的运动公开地捐献金钱。

（8）警察不应将其职务看作是比他们的宗教信仰和国家观念更为重大，应当以他们的善良行为，来证明他们只是由于被雇佣而虚与委蛇，而他们对自己所处的集体则毫无感情可言。

（9）每一个男子和女子应尽可能地多作贡献。

（10）所有的人都应懂得，我们的胜利，在于维护和平，这不仅对待政府是如此，在我们自己之间亦应如此。维护和平不仅意味着要避免对人身施加暴力，而且也要避免辱骂。

（11）所有的人都应力求加强印穆团结，同样也应结束国内各界普遍存在的苦难状况。婆罗门与非婆罗门之间的不和应当终止，不可接触制度的罪孽应当消灭。

假如我们能在一年内做到这些，那我们就将在这个时期内取得独立自主，假如我们做得迟缓，那么自由也会延误。

录自齐世荣主编：《世界通史资料选辑·现代部分》（第3分册），北京：商务印书馆，2007年，第78—79页。

[历史背景介绍]

甘地领导的印度人民反英运动。1920年9月，国大党加尔各答会议通过甘地制订的不合作运动纲领。主要内容为抵制立法机关、法庭、学校；鼓励家庭手工纺织，抵制英货；抵制国家职务，拒绝或放弃政府赠给的头衔和名誉职位。主要原则是非暴力。同年12月，国大党那格浦尔年会作出开展不合作运动的决议，宣布争的目标是"司瓦拉吉"（自治）。全印立即掀起第一次反英不合作斗争。1922年2月4日，乔里乔拉事件后，国大党作出巴多利决议，停止了第一次不合作运动。1930年3月12日，甘地发动丹地进军，激起了以反对食盐专卖法为中心的全国性的第二次不合作运动，白沙瓦（今属巴基斯坦）、吉大港（今属孟加拉国）、绍拉普尔等地爆发起义，1931年3月5日《甘地—欧文协定》签订，第二次不合作运动再次中断。

在20世纪80年代，国内史学界对究竟如何评价甘地的非暴力不合作运动出现了一些分歧。最具代表性的两种观点是：甘地领导的非暴力不合作运动，在20世纪二三十年代的印度民族运动史上，推动了反英的民族运动，有着一定的积极意义；或是维护了殖民统治，充当了维护殖民统治的工具。

[思考题]

究竟如何评价非暴力不合作运动才最为合适？

（赵继珂 编）

061

贝尔福宣言
（1917年11月2日）

外交部

1917年11月2日

尊敬的罗斯柴尔德阁下：

我很荣幸地代表英王陛下政府向您传达以下对犹太复国主义者之志向表示同情的宣言，该宣言已提交内阁并被批准。

"英国政府赞成在巴勒斯坦为犹太民族建立一个民族家园，并将尽最大努力促其实现。需要明确的是，不得采取任何可能损害巴勒斯坦现存非犹太群体的公民和宗教权利的行为，亦不应损害在任何其他国家犹太人所享有的权利和政治地位。"

如能向犹太复国主义联盟转达本宣言，我将不胜感激。

亚瑟·詹姆斯·贝尔福

译自 https://avalon.law.yale.edu/20th_century/balfour.asp, 2023–01–19.

国际联盟关于将巴勒斯坦交给英国统治的委任训令（节录）
（1922年7月24日）

第一款

除本委任统治训令的条文所限制的权力之外，委任统治国享有立法和行政的全权。

第二款

委任统治国膺赉使该地所处的政治、行政和经济情况足以保证建立序言所规定的犹太民族之家，发展自治机构，并且不分种族和宗教，保卫巴勒斯坦所有居民的公民权和宗教权。

第三款

如情况许可，委任统治国应鼓励地方自治。

第四款

一个适当的犹太建国协会，应认为是一个社会团体，以便在经济上、社会上和其他有关建立犹太民族之家和巴勒斯坦犹太人民的利益的事项方面，向巴勒斯坦政府提出劝告，并进行合作，这个协会须经常受政府的监督、帮助并参加该地的发展事业。

犹太复国主义建国协会，只要它的组织和章程被委任统治国认为适当，即可被认为这样的机构。这个机构应同英王陛下政府协商，采取各种步骤以保证一切愿意协助建立犹太民族之家的犹太人都来合作。

第五款

委任统治国负责保证，不得使巴勒斯坦的土地割让、租借或以任何方式置于任何外国政府的管辖之下。

第六款

巴勒斯坦政府应以保证其他部分居民的权益和地位不受损害为条件，在适当情形之下给予犹太移民以便利，并同第四款所指的犹太建国协会合作来鼓励犹太人在该地集中定居，包括在国有土地和公共不需要的荒地上定居。

第七款

巴勒斯坦政府应负责制定国籍法。此法应包含一项旨在促使永久居住巴勒斯坦的犹太人取得公民权的条文。

……

录自齐世荣主编：《世界通史资料选辑·现代部分》（第3分册），北京：商务印书馆，2007年，第135页。

［历史背景介绍］

19世纪是民族主义在欧洲勃兴的时代，犹太人的民族主义思潮也不例外，为后来的犹太复国主义运动奠定了思想基础，在早期犹太思想家的影响下，犹太社会中出现要求重现昔日荣光、重返"以色列地"故土、建立属于犹太人民族家园的复国思潮。1896年，西奥多·赫茨尔的《犹太国》一书问世，阐述了自己完整的复国理想和符合逻辑的行动步骤，在犹太世界引起巨大反响。1897年8月，由赫茨尔号召的第一届犹太复国主义代表大会在瑞士巴塞尔召开，发布了《巴塞尔计划》（*Basle Programme*），标志着犹太复国主义运动进入有组织的阶段，开始把"在故土重建犹太民族家园"（即鼓励世界犹太人移居当时处于奥斯曼帝国控制的巴勒斯坦地区）作为主要目标。犹太复国主义者希望通过国际外交和民族斗争达到目的，不断斡旋于美、英、德、奥斯曼土耳其等国之间希望获取支持，但收效甚微。另一方面，其实从1880年后就开始有犹太人移居到巴勒斯坦地区，但大部分是为躲避俄国迫害的人。巴塞尔大会后，犹太复国主义组织持续推进移民事宜。到1914年，巴勒斯坦地区已经有超过70 000名犹太人定居。

早期的犹太复国主义领袖一直努力尝试从奥斯曼政府获得在巴勒斯坦定居的官方许可，但一直未能成功。第一次世界大战爆发后，由于巴勒斯坦犹太社团大多受英美等国犹太社团的资助，因此不被奥斯曼土耳其官方信任，甚至驱逐犹太人离开。尽管世界犹太复国主义组织宣布在战争中保持中立，但仍有很多犹太人参与战争，希望借此能够获得胜利方的支持。以哈依姆·魏兹曼为首的一批犹太人坚定支持英国，着力结交英国上层人士，同时组织了诸如"尼里"（Nili）等情报组织协助英国作战。尤其是作为化学家的魏兹曼在丙酮生产和合成爆炸物研发方面取得突破，获得英国军政界广泛认可。在其积极斡旋下，尤其是1917年战局逐渐明朗后，英国迫切需要在巴勒斯坦渗透影响力。于是，1917年11月2日，英国外交大臣阿瑟·贝尔福以书信形式向英国犹太复国主义领袖第二代罗斯柴尔德男爵发表了声明，史称

《贝尔福宣言》（Balfour Declaration）。

《贝尔福宣言》对犹太民族具有重要意义，犹太复国主义运动首次获得大国的支持，英军随即加强对巴勒斯坦地区的攻势，1个月后就占领了耶路撒冷，1918年控制巴勒斯坦全境，并从1922年正式获得国际联盟的认可，开始在巴勒斯坦地区的委任统治。《贝尔福宣言》不能单纯地理解为英国对犹太民族的同情，其最终出台受到多方面因素的影响：英国军政界上层的个人情感倾向、魏兹曼对英国的贡献、争取世界犹太人的支持、与其他大国争夺巴勒斯坦势力范围的需求等都是其促进因素。以色列方面更将《贝尔福宣言》看作是1948年建国的基石，其境内有多处以"贝尔福"命名的建筑。但仍需注意的是，尽管《贝尔福宣言》宣称不能损害"巴勒斯坦现存非犹太群体"的利益，但事实证明，这对很多巴勒斯坦阿拉伯人来说是悲剧的开始。也难怪在2017年，英国与以色列举办纪念《贝尔福宣言》发表100周年的活动后，遭到了许多抨击，尤其是巴勒斯坦国总统马哈茂德·阿巴斯公开宣称英国不应举办纪念活动，因为"巴勒斯坦人仍在遭受不公和苦难……（英国）需要接受过去、承认错误并采取具体措施修正错误"。

[思考题]

导致《贝尔福宣言》出台的影响因素有哪些？英国委任统治时期，犹太人是如何一步步走向建国的？

（李晔梦 编）

062

土耳其大国民议会宣布土耳其国取代
奥斯曼帝国，成为新的国名
（1921年1月20日）

1921年临时《宪法》（节录）

1. 主权无条件归属于国家。政府制度基于民族自决和人民自治。

2. 大国民议会是国家唯一和真正的代表，行使行政权和立法权。

3. 土耳其国由大国民议会管理，其政府称为"大国民议会的政府"。

4. 大国民议会由地方人民选举产生的议员组成。

5. 大国民议会选举每两年举行一次，任期两年，可连选连任。前议会将在新议会召开之前继续留任。当无法举行新的选举时，立法期限只能延长一年。大国民议会的每名议员不仅代表所在的省份，更代表整个国家。

6. 大国民议会在11月1日自动召开。

7. 适用神圣法条例的基本权利：所有法律的颁布、修改和废除；缔结条约与和平；保卫祖国法令（即宣战）的颁布属于大国民议会。法律法规的制定将以司法和宗教规定为指导，最符合人民的生活方式和时代的需要，最符合既定的风俗习惯。部长会议的职能和责任由特别法规定。

8. 大国民议会的政府通过根据特别法选出的部长行使行政职能。大国民议会指导部长的行政事务，必要时可进行调整。

9. 选举期内的大国民议会负责人由全体会议选举产生的原大国民议会

长担任。在此期间，他有权代表会议签字并批准部长议会的决策。部长议会主席从其成员中产生。大国民会议议长自动当选部长会议主席。

10. 管理。

……

译自 Kemal Gözler, *Turkish Constitutional Law Materials in English*, https://www.anayasa.gen.tr/english.htm，2023-01-11.

《纽约时报》，1924年3月4日

土耳其议会废黜哈里发

安卡拉通过废黜法案——政府倡议压制宗教教导

印度可能会抗议

英国猜测和等待事态发展，预计穆斯林会再次骚动

君士坦丁堡在3月3日经过一场激烈辩论后，大国民议会通过了废黜哈里发的法案。

……通过废黜哈里发阿卜杜勒-马吉德二世和废除奥斯曼哈里发制度的提案。

该提案基于非常复杂的方案而制定，似乎是因为部分保守派反对直接废黜哈里发制度的原始提案。

译自 https://timesmachine.nytimes.com/timesmachine/1924/03/04/119035810.html？pageNumber=3, 2023-02-15.

[历史背景介绍]

1920年4月，穆斯塔法·凯末尔在安卡拉宣布新议会将于4月23日召开，新议会由324人组成，其中232人来自护法会，92人为原代表院成员，

但开幕式当天仅有115名议员参加。新议会于当日发表了第一号决议《关于土耳其大国民议会组织形式的国民代表团决议》，正式命名为"土耳其大国民议会"（Türkiye Büyük Millet Meclisi），凯末尔当选议长。该议会不同于奥斯曼帝国议会，兼有立法和行政的广泛权利，并承担制宪会议职责。4月25日，临时执行委员会成立。4月29日，《反叛国法》获得通过，明确规定议会旨在"将国家从至高的哈里发、皇权机构和外国势力下解放出来"。5月2日通过的《行政代表选举法》确立了基于议行合一原则的议会政府体制。

大国民议会随即开始制定新宪法，于1921年1月20日完成对《基本组织法》草案（即《大国民议会宪法》）的审议并通过。大国民议会还宣布土耳其国取代奥斯曼帝国，成为新的国名，并将《基本组织法》作为土耳其国临时宪法，由24条组成，其中前9条为立国的基本原则。规定国家主权无条件、绝对地属于全体国民，议会集立法与行政权于一体。1923年10月，大国民议会立法废除苏丹制，允许奥斯曼王室以哈里发的名义保留部分宗教权利。1924年3月3日，大国民议会宣布废除哈里发制度，驱逐末代哈里发阿卜杜勒·马吉德二世和苏丹家族成员出境。4月20日，新《宪法》（即1924年《宪法》）获得大国民议会通过，废除了奥斯曼帝国的1876年宪法和青年土耳其党的1909年宪法。1924年《宪法》共105条，再次强调了人民主权和共和制等基本原则，大国民议会作为土耳其共和国的最高权力机构，国家的行政权由总统和部长会议形式，政府的组建方式和共同职责依据议会制原则制定；议会实行一院制，议员由选举产生，任期4年，可连选连任；总统由议会选举产生，任期4年，总统任命内阁总理，议会通过的法律须经总统批准方可生效；内阁对议会负责，政府无权解散议会，但议会可以随时解散政府；每2万人选举议员1名，年满18岁的男性公民具有选举权，年满30岁的男性公民具有被选举权；议员不得兼任政府职务和军队职务；司法独立；所有公民享有同等的法律地位，宗教信仰自由，私有财产受法律保护等等。1924年《宪法》涵盖从法律面前人人平等到个人的不可侵犯，从禁止酷刑、压迫和强迫劳动到个人自由，从宗教信仰自由到思想言论自由的广泛领域，为公民的民事和政治权益和自由提供了法律保障，但未涉及经济和社会权益。

[思考题]

土耳其国如何应对奥斯曼帝国遗产，又如何处理宗教与政治关系的？

（李晔梦　编）

063

关于以实物税代替余粮收集制法令

（1921年3月21日）

1. 为了保证农民在比较自由地支配自己的经济资源的基础上正确和安心地进行经营，为了巩固农民经济和提高其生产率，以及为了确切地规定农民所应担负的国家义务，应当以实物税代替余粮收集制这种国家收购粮食、原料和饲料的方法。

2. 这种税的税额应当比以前用余粮收集制的方法所征收的少。税额的总数应当满足军队、城市工人和非农业人口的最低限度的必需的消费。当运输业和工业的恢复使苏维埃政权有可能通过正常的途径，即以工业品和手工业品作交换的方法取得农产品时，税的总额应当随之不断减少。

3. 征收的税额应当根据农户的收获量、人口和实有牲畜数量，从农户产品中按百分比扣除或按份额扣除。

4. 税额应当具有累进的性质；对于中农、力量单薄的农民和城市工人等，税额应当低一些。

最贫苦的农户可以免于缴纳某些实物税，而在特殊情况下可以免于缴纳全部实物税。

扩大自己的播种面积以及提高整个农户生产率的勤恳的农民，在缴纳实物税方面应当得到优待，或者是降低其税额，或者部分地免税。

5. 在拟定税收法令和确定其公布日期时，应当考虑到使农民在春耕开始以前就尽可能比较确切地知道他所应当缴纳的数额。

6. 向国家缴纳实物税，应当在法令所确切规定的一定期限内完成。

7. 缴纳实物税的税额应当按农村联合组织（村社）计算。在农村联合组织内部，税额是根据第3条所规定的一般标准，由联合组织自己决定如何在各个农户之间分配。

为了监督税收标准的实施和税款的征收，应当按不同的纳税额分别成立当地农民的民选组织。

8. 在纳税后剩余的一切粮食、原料和饲料，农民可以自己全权处理，可以用来改善和巩固自己的经济，也可以用来提高个人的消费，用来交换工业品、手工业品和农产品。

允许在地方经济流通范围内实行交换。

9. 为了供应最贫苦的农民以及为了交换农民在纳税后剩余的、自愿缴售给国家的粮食、饲料和原料，应当建立专门的农具和日用品储备。这种储备应当包括国内的产品以及用一部分国家黄金基金和一部分收购来的原料从国外换来的产品。

代表大会基本上同意中央委员会所提出的以实物税代替余粮收集制的一些条例，并责成党中央委员会迅速使这些条例相互协调，仔细研究实行实物税的形式，并通过全俄中央执行委员会和人民委员会实行相应的法律。

录自齐世荣主编：《世界通史资料选辑·现代部分》（第1分册），北京：商务印书馆，1980年，第308—310页。

[历史背景介绍]

1921年3月8日至16日，俄共（布）第十次代表大会在莫斯科召开。会上通过了关于从余粮收集制过渡到粮食税、从战时共产主义过渡到新经济政策的决议。该决议保证了工人阶级同农民结成建设社会主义的巩固的经济联盟。

[思考题]

如何从该决议认知到革命政权内战后面临新形势、新挑战，以及做出的应对努力？

（王志华　编）

064

美英法意日五国关于限制海军军备条约
（1922年2月6日）

美利坚合众国，大英帝国，法兰西共和国，意大利王国，大日本帝国：

为促进世界和平，为减少军备负担，我们决心，为达到此一目的，签订条约限制各自的海军军备，并任命各自的全权代表：

……

上列各全权代表相互校阅所奉全权证书，认为妥善后，议定条款如下：

第一章　关于限制海军军备的一般规定

第一条

各缔约国同意将本国的海军军备限定在本条约规定的范围内。

第二条

缔约各国可以根据本条约第二章第一部分规定的内容保持各自现有的主力舰。本条约开始生效后，未规定予以保留的缔约各国的主力舰，无论是否建成，均需按本条约第二章第二部分的规定予以废弃。

作为第二章第一部分的补充规定，美国可以建成并保留两艘目前正在建造当中的西弗吉尼亚级战列舰。这两艘军舰完工后，北达科它号和特拉华号战列舰需按本条约第二章第二部分的规定予以废弃。

根据本条约第二章第三部分的规定，大英帝国可以新建两艘排水量不超过35 000吨（35 500公吨）的主力舰。在此二舰建成后，雷神号、乔治五世号、阿贾克斯号、百夫长号战列舰需按本条约第二章第二部分的规定，予以废弃。

第三条

按照第二条的规定，缔约各国需放弃各自的主力舰建造计划，不能建造或获得新的主力舰，第二条中特别规定的，在总吨位水平内替换原有军舰的情况除外。

按照第二章第三部分被替换掉的主力舰，需按第二章第二部分之规定方法予以废弃。

第四条

各缔约国的主力舰吨位不能超过本条所规定的水平：美国525 000吨（533 400公吨）；大英帝国525 000吨（533 400公吨）；法兰西175 000吨（177 800公吨）；意大利175 000吨（177 800公吨）；日本315 000吨（320 040公吨）。

第五条

各缔约国不得建造、获取、或为本条约其他缔约国建造超过35 000吨（35 500公吨）的主力舰。

第六条

各缔约国的主力舰主炮口径不得超过16英寸（406毫米）。

第七条

各缔约国的航空母舰吨位不得超过以下的标准：美国135 000吨（137 160公吨）；英国135 000吨（137 160公吨）；法国60 000吨（60 960公吨）；意大利60 000吨（60 960公吨）；日本81 000吨（82 296公吨）。

第八条

航空母舰改装必须按照第二章第三部分的规定。到1921年11月12日之前建成及正在建造的航空母舰，可以在本条约规定的吨位限制内进行替换，与其舰龄无关。

第九条

各缔约国不得建造、获取，或为本条约其他缔约国建造超过27 000吨（27 432公吨）的航空母舰。

但是，各缔约国可以在不超出条约规定之航空母舰总吨位水平的情况下，建造两艘不超过33 000吨（33 528公吨）标准的航空母舰。根据此原则，缔约各国可以从本国经济角度考虑，将根据本条约第二章第三部分的规定必须废弃的军舰，无论已经建成还是正在建造，改造成航空母舰。数量为两艘。对于吨位超过27 000吨（27 432公吨）的航空母舰，结合本章第十条的要求，其所载舰炮的数量，如果舰炮口径超过6英寸（152毫米），那么所有舰炮的总数［防空火炮和口径不超过5英寸（127毫米）的舰炮除外］，不能超过8门。

第十条

各缔约国的航空母舰不得装备口径超过8英寸（203毫米）的舰炮。在第九条规定的情况以外，如果舰炮口径超过6英寸（152毫米），那么所有舰炮的总数［防空火炮和口径不超过5英寸（127毫米）的舰炮除外］，不能超过10门。或者，如果该航空母舰未搭载口径超过6英寸（152毫米）的舰炮，则其舰炮数量不做限制。在所有的情况下，防空火炮和口径不超过5英寸（127毫米）的舰炮的数量不做限制。

第十一条

各缔约国不得建造、获取、或为本条约其他缔约国建造超过10 000吨（10 160公吨）的作战舰艇，主力舰和航空母舰除外。不以作战为特定用途、在和平时期也不为政府以作战为目的而控制、掌管的舰船，战时临时雇佣或进行军队运送和其他类似非战斗用途的舰船，不受此条约限制。

第十二条

缔约各国在此条约生效之后建造的战斗舰艇，除主力舰外不得装备口径超过8英寸（203毫米）的舰炮。

第十三条

除本章第九条规定的军舰外，本条约指名规定废弃的主力舰，不得改装为其他形式的作战舰船。

第十四条

各缔约国的商船不得预留可将其改装为作战舰船的空间和设计，除了加固甲板或预留装备6英寸（152毫米）以下舰炮的空间。

第十五条

缔约各国为本条约缔约国以外的国家建造的舰船，其规格不得超过本条约对其同级别舰只所做之火力、吨位的限制规定。为非缔约国建造的航空母舰不能超过27 000吨（27 432公吨）。

第十六条

如果非缔约国的作战军舰由本条约缔约国代为建造，则承建国有责任通知本条约其他缔约国有关签订合同、铺放龙骨的时间；并且按照第二章第三部分第一款（b）的（4）和（5）节，告知其他细节。

第十七条

本条约某一缔约国处于战争状态的情况时，该国为其他国家建造、或已建成但未交接的军舰，不得被征用为己方的作战舰船使用。

第十八条

缔约各国保证，不赠送、出卖或以其他形式将本国战舰移交给外国海军，如果该舰被移交之后将有可能被作为作战力量使用的话。

第十九条

美国，英国和日本同意在下文提到的各自领地上之海军军事基地和设防区域里，本条约缔约时的现状：

（1）美国现在和以后可能拥有的太平洋海岛，除了（a）美国本土、阿拉斯加和巴拿马运河区的近海岛屿，不包括阿留申群岛，和（b）夏威夷群岛；

（2）香港以及英国现在和以后可能拥有的，东经110度以东的太平洋海岛，除了（a）加拿大近海岛屿，（b）澳大利亚联邦及其属地，以及（c）新西兰；

（3）日本拥有的太平洋岛屿，即千岛群岛、小笠原群岛、南鸟岛、琉球群岛、台湾岛和佩斯卡多列尔群岛，太平洋日本委任统治领地，以及日本以后可能拥有的太平洋岛屿。

上文所规定的地域，不得建设新的设防工事和海军基地；不得扩建、增强上述地区的军事设施和海军维护修理设施，上述地区的岸防工事不得增加或扩建。本限制不包括以上地区军备武器的正常更换以及和平时期海军和其他军用设施的日常维护修理。

第二十条

第二章第四部分所规定的吨位限制、舰船替换规则，适用于各缔约方所有的军舰。

……

1922 年 2 月 6 日签订于华盛顿

录自世界知识出版社:《国际条约集（1917—1923）》，北京：新华书店，1961 年，第 740—761 页。

[历史背景介绍]

第一次世界大战结束后，巴黎和会构建的凡尔赛体系并不能满足美、意、日这些后发资本主义战胜国的需要。1921 年 11 月 12 日，美、英、日等帝国主义国家为重新瓜分远东和太平洋地区的殖民地和势力范围，由美国建议在华盛顿召开国际会议。华盛顿会议实质上是巴黎会议的继续，其主要目的是要解决《凡尔赛条约》未能解决的彼此间关于海军力量对比及在远东太平洋地区特别是在中国的利益冲突。《五国海军条约》限制了一战后的海军军备竞赛，是现代大国间签订的第一个裁军协议，规定美英法意日五国战列舰排水量限制为美、英各 52.5 万吨，日 31.5 万吨，法、意各 17.5 万吨，且战列舰排水量不得超过 3.5 万吨，主炮口径不得超过 16 英寸。另规定五国航母排水量限制为美、英各 13.5 万吨，日本 8.1 万吨，法、意各 6 万吨，并要求美、英、日三国在太平洋岛屿和领地的要塞保持现状。由于该条约规定的军备裁减，各国海军大量裁军，大量战列舰和航空母舰建造计划被迫取消。以致华盛顿海军条约签订后的 1922 年至 1936 年被称为"海军假日"（Navy Holiday）。但限制海军军备条约虽是为了防止军备竞赛，可实际上缔约各国都在该时期酝酿扩建海军。为规避条约限制，海军的作战理念开始发生剧变。大炮巨舰虽仍是主流，但是潜艇、航母与海军航空兵的运用开始受到重视。

海军军备的限制发展客观上为二战轴心国海军实力的恢复和发展创造了条件。日本海军不但通过条约获得了在太平洋力量与美国海军相当的吨位，还通过打造航母机动部队、建造违约的最上级重巡洋舰乃至大和级超级战列舰等伎俩，迅速将联合舰队发展成世界一流的海军。条约订立之初，日本在海上的扩张野心受到遏制，但在远东太平洋的权益得到列强承认，在国际上第一次与欧美列强平起平坐，且在海军大国中取得了仅次于英美的地位，极大刺激了日本军国主义对外侵略扩张的野心。而德国海军也借"海军假日"之机得以恢复，建立了门类较为齐全的水面舰艇部队，且建造了大量的潜艇，尽可能缩小了与世界海军大国的差距，为二战爆发后在大西洋的破袭作战与潜艇"狼群"战术奠定了基础。

[思考题]

1. 限制海军军备条约中英美日法意五国的总吨位比例反映了当时各大国在全球怎样的实力对比？

2. 为何长期以来追求海上霸权的英国同意了与美国并驾齐驱？

（徐之凯　编）

065

九国关于中国事件应适用各原则
及政策之条约

（1922年2月6日）

美利坚合众国、比利时、英帝国、中国、法兰西、意大利、日本、荷兰及葡萄牙：

兹因志愿采定一种政策，以巩固远东之状况，维护中国之权利与利益，并以机会均等为原则，增进中国与各国之往来，

决议为此目的订立条约并指派全权代表如下：

………

各全权代表将所奉全权证书互相校阅认为妥善后，议定条款如下：

第　一　条

除中国外，缔约各国协定：

（一）尊重中国之主权与独立，及领土与行政之完整；

（二）给予中国完全无碍之机会，以发展并维持一有力巩固之政府；

（三）施用各种之权势，以期切实设立并维持各国在中国全境之商务实业机会均等之原则；

（四）不得因中国状况，乘机营谋特别权利，而减少友邦人民之权利，并不得奖许有害友邦安全之举动。

第 二 条

缔约各国协定，不得彼此间及单独或联合与任何一国或多国，订立条约或协定或协议或谅解，足以侵犯或妨害第一条所称之各项原则者。

第 三 条

为适用在中国之门户开放，或各国商务实业机会均等之原则，更为有效起见，缔约各国，除中国外，协定不得谋取或赞助其本国人民谋取——

（一）任何办法，为自己利益起见，欲在中国任何指定区域内，获取关于商务或经济发展之一般优越权利；

（二）任何专利或优越权，可剥夺他国人民在华从事正当商务实业之权利，或他国人民与中国政府或任何地方官共同从事于任何公共企业之权利，抑或因其范围之扩张，期限之久长，地域之广阔，致有破坏机会均等原则之实行者。

本条上列之规定，并不解释为禁止获取为办理某种工商或财政企业，或为奖励技术上之发明与研究所必要之财产及权利。

中国政府担任对于外国政府及人民关于经济上权利及特权之请求，无论其是否属于缔结本条约各国，悉秉本条上列之原则办理。

第 四 条

缔约各国协定，对于各该国彼此人民间之任何协定，意在中国指定区域内设立势力范围，或相互设有独占之机会者，均不予以赞助。

第 五 条

中国政府约定，中国全国铁路不施行或许可何种不公平之歧视待遇。例如运费及各种便利，概无直接间接之区别，不论搭客隶何国籍，自何国来，向何国去，不论货物出自何国，属诸何人，自何国来，向何国去，不论船舶或他种载运搭客及货物之方法，在未上中国铁路之先，或已在中国铁路之后，隶何国籍，属诸何人。

缔约各国除中国外，对于上述中国铁路，基于任何租让或特别协约，或他项手续，各该国或各该国人民得行其任何管理权者，负有同样之义务。

第 六 条

缔约各国除中国外，协定于发生战争时，中国如不加入战争，应完全尊重中国中立之权利；中国声明，中国于中立时愿遵守各项中立之义务。

第 七 条

缔约各国协定，无论何时，遇有某种情形发生，缔约国中之任何一国，认为牵涉本条约规定之适用问题，而该项适用宜付诸讨论者，有关缔约各国应完全坦白，互相通告。

第 八 条

本条约未签字之各国，如其政府经缔约签字各国承认，且与中国有条约关系者，应请加入本条约。因此，美利坚合众国政府对于未签字各国，应为必要之通告，并将所接答复告知缔约各国。任何国家之加入，自美国政府接到该国通知时起发生效力。

第 九 条

本条约经各缔约国依各该国宪法之手续批准后，从速将批准书交存华盛顿，并自全部交到华盛顿之日起发生效力。该项交存批准书之笔录，由美国政府将正式证明之抄本送交其他缔约各国。

本条约英文、法文一律作准，其正本保存于美利坚合众国政府之档案库，由该国政府将正式证明之抄本送交其他缔约各国。

兹将议定条约，由上列各全权代表签字以昭信守。

1922年2月6日订于华盛顿

录自世界知识出版社：《国际条约集（1917—1923）》，北京：新华书店北京发行所，1961年，第765—769页。

[历史背景介绍]

《九国公约》是1921年11月12日召开的华盛顿会议所签订的最后一项条约，美国、英国、日本、法国、意大利、比利时、荷兰、葡萄牙、中国九国参与签订并建立了协调各国在远东及太平洋利益关系的"太平洋远东问题委员会"。会上，五四运动后的中国寻求解决山东问题，以获得平等地位。而美国旨在推行在华"门户开放"机会均等，通过"四项原则"对其他列强业已取得的在华特权"利益均沾"，英国迫于形势放弃了在中国的势力范围政策，而日本则要求不得涉及其已被赋予的利益特权。最终，中国依据1922年2月4日《解决山东悬案条约》《附约》收回了山东主权、路权，废除了部分《二十一条》次要条款，但日本仍保留部分特殊特权。

公约针对中国问题，打破了日本对中国的独占局面，由列强确认并同意将美国主张的"门户开放""机会均等"作为共同侵略中国的原则，并未取消其强加给中国的不平等条约与在华特权。至此，华盛顿体系正式确立，英国的海上霸权被打破，美国后来居上，在抑制英、日，宰割中国的基础上，确立起了帝国主义在东亚、太平洋地区统治的新秩序。

[思考题]

　《九国公约》中当时的中国政府扮演了怎样的角色？这一公约是否满足了五四运动中人民群众的反帝反封建呼声？

（徐之凯　编）

066

印度国民大会党工作委员会通过决议，不定期地停止"不合作运动"

（1922年2月10日）

1920年7月4日，甘地宣布基拉法特派（Khilafatists）将于8月1日开始不合作。他首先呼吁印度士兵拒绝在美索不达米亚服役，因为他们是占领军的一部分，遭到了该地区阿拉伯人的不满。他要求那些打算参军的人放弃他们的计划。然后他提出了一个五点方案。

1. 头衔和荣誉职位将被放弃。

2. 立法机构将被抵制。

3. 父母将从政府学校接回他们的孩子。

4. 律师们将放弃执业，帮助人们解决他们之间的民事纠纷。

5. 礼貌地拒绝参加政府活动和聚会等的邀请，并将不合作作为唯一的理由。

1920—1922年间，不合作运动与各种地区和地方运动交织在一起，对一系列社会统治集团提出了挑战，从帝国统治者到欧洲商业利益，再到与帝国国家结盟的各种印度精英。这些抗议活动总体上是非暴力的。在这一点上，我们可以看出八个主要的抵抗领域，其中每个领域都涉及独特的从属关系，分别是：

1. 反房东运动，涉及拒付租金和其他强加行为。

2. 工人阶级对英国和印度资本家的工业怨愤。

3. 为从英国人手中夺取地方政府的控制权而进行的斗争。

4. 拒绝支付英国人征收的土地税和地方政府征收的税款。

5. 农民抗议他们的土地被国家侵占用于资本主义发展项目。

6. 对英国木蓝属植物和茶叶种植者的抗议。

7. 林产品的使用者对帝国的森林官员进行抗议。

8. 为争取民众对宗教机构的控制而进行的斗争，反对帝国国家强加的祭司。

译自 David Hardiman, *Noncooperation in India: nonviolent strategy and protest 1920–22*, New York: Oxford University Press，2021，pp.22–23; David Hardiman, *Noncooperation in India: nonviolent strategy and protest 1920–22*, New York: Oxford University Press, 2021, pp.159–160.

[**历史背景介绍**]

在南亚，两次世界大战之间这两种政治文化的分野已见端倪。以甘地的印度教宗教道德型为代表的现代民族主义，成为该区民族主义思潮的主流。列宁在《列·尼·托尔斯泰和他的时代》一文中说过，1905年是主张"爱的原则"和"勿以暴力抗恶"的"托尔斯泰主义的历史终点"；然而正是在托尔斯泰主义的整个时代的终点上，产生了理论上更完整、实践上更广泛和影响上更深远的、类似托尔斯泰主义的甘地主义。它把宗教和政治融合在一起，用非暴力抵抗的方式，把印度民族民主运动提高到新水平，把托尔斯泰主义时代的终点，变为新时代的起点。

与甘地几乎同时出现于南亚的是穆斯林联盟主席穆罕默德·阿里·真纳（1876—1948）。1928年，他与国大党分裂后，便一直把实现穆斯林聚居区的自治和建立分离的穆斯林国家作为政治目标，他发展了阿赫默德汗于1883年提出的印度教徒和伊斯兰教徒是"两个民族"的理论。伊克巴尔（1877—1938）在1930年阿拉哈巴穆斯林联盟年会上明确提出了在印度建立一个"统一的穆斯林国家"的要求。1940年，真纳在英国《时代与浪潮》上发表专文，系统阐述"两个民族"理论，要求英国制定一部承认印度有两个民族的宪法，以便共同分享国家管理权。这种民族主义终于导致了后来巴基斯坦的分治。

[思考题]

1. 1920—1922年不合作运动的兴起与第一次世界大战有何联系？

2. 19世纪末和20世纪初，印度商人群体的崛起对不合作运动有什么样的影响？

3. 争取民族独立的不合作运动与印度什么社会矛盾与地方运动交织在一起？这些编织在一起的运动和抗议活动对形成有凝聚力的国家整体产生了怎样的影响？

4. 如何看待大英帝国时期的种族文明优越论，印度不合作运动的领导人大多数有英国教育背景和生活经历，英国殖民统治和欧洲文明对他们有什么样的影响？

（顾年茂　编）

067

德国和俄罗斯苏维埃联邦社会主义共和国间的协定（拉巴洛条约）

（1922年4月16日）

德国政府以国务部长华尔特·拉得诺博士为代表和俄罗斯苏维埃联邦社会主义共和国以外交人民委员契切林先生为代表，同意下列条款：

第一条

两国政府同意，德国和俄罗斯苏维埃联邦社会主义共和国之间关于德国和俄国之间在战争期间的问题上所达成的协议，应该按照下列基础明确地予以解决：

（甲）德国和俄罗斯苏维埃联邦社会主义共和国彼此同意放弃它们对于因为战争而担负的费用以及因为战争损失而要求赔偿的权利，此种损失系指两国或其国民在战争地带由于军事措施，包括在敌国的一切征用在内而可能遭受的任何损失。双方并同意放弃由一方国民因为另一方所执行的所谓非常战事措施或紧急措施而可能遭受的任何平民损失的赔偿。

（乙）由于战争状态所引起的公私事件的法律关系，包括落入任何一方手中的商船的处理问题，应该在相互的基础上予以解决。

（丙）德国和苏维埃俄国彼此同意放弃它们对于任何一方战俘所担负的费用要求赔偿的权利。此外，德国政府同意放弃关于在德国拘禁红军人员所担负的费用的赔偿。俄国政府同意放弃由上述被拘禁的红军人员运入德国的军需物资在德国变卖所得货款的返还。

第二条

德国放弃其对俄国主张至目前为止由于对德国国民或其私权以及德国及各邦的权利适用俄罗斯苏维埃联邦社会主义共和国的法律和措施而可能产生的要求，以及可能由于俄罗斯苏维埃联邦社会主义共和国或它们的代表人对德国国民或其私权所采取的其他措施而产生的要求，但以俄罗斯苏维埃联邦社会主义共和国政府不满足第三方所主张的同类性质的赔偿要求为条件。

第三条

德国和俄罗斯苏维埃联邦社会主义共和国之间的外交和领事关系应予立即恢复。双方对于接纳领事的条件应以专门协定予以规定。

第四条

双方政府并同意，一方居住在另一方领土内的国民的法律地位和相互贸易和经济关系一般规则的建立，应按最惠国原则予以实现。但这一原则不适用于俄罗斯苏维埃联邦社会主义共和国可能给予一个苏维埃共和国或任何在过去构成前俄罗斯帝国一部份的国家的优惠和便利。

第五条

两国政府在应付两国经济需要方面，应以彼此亲善的精神进行合作。当上述问题在国际基础上基本解决时，双方政府间应预先交换意见。对于最近期间已通知德国政府的关于私营企业的协定草案，德国政府声明准备对此项安排给予一切可能的支持以利其付诸实现。

第六条

本协定第一条乙款和第四条应于批准之日起生效，其余各条款应立即生效。

1922年4月16日订于拉巴洛，原本一式二份。

拉得诺　　契切林

录自世界知识出版社编：《国际条约集（1917—1923）》，北京：世界知识出版社，1961年，第789—790页。

[历史背景介绍]

20世纪20年代初期，十月革命后建立的红色政权苏维埃俄国处在艰难困苦之中。由于国内战争，国民经济遭到严重破坏；战后，国际帝国主义的经济封锁，特别是武装干涉，更是对苏俄工农业生产的一场浩劫。苏俄迫切需要一个和平的国际环境，以便休养生息，着手国民经济的恢复和建设工作。而从德国方面来说，它是第一次世界大战的战败国。战后，德国遭受掠夺式惩罚，被迫向战胜国支付巨额战争赔款，在国际政治上备受孤立和遗弃。由此，德国逐渐转变对苏俄政权的敌视态度。实际上，早在1921年苏俄同德国就开始了缔结条约的谈判。1922年4月4日，在苏俄代表团赴热那亚途径柏林期间，又同德国方面进行讨论，并研究了缔约的具体内容。只是由于德国当时另有打算，才没有做出最后决定。在1922年热那亚会议期间，德国在英、法事先达成协议的情况下，修改条约无望，处境孤立。又闻听协约国可能与苏俄达成协议，深恐这会使德国陷于更加孤立的境地。在这种情况下，德国外交终于迈出了重大一步，同苏俄签署了早已基本谈妥但拖延签字的协议，这就是《拉巴洛条约》。

就《拉巴洛条约》的意义而言，华中师范大学历史文化学院黄正柏教授认为，《拉巴洛条约》是备受压抑的德国与一个大国签订的第一项平等条约，提高了德国的政治地位，改善了德国的经济处境，结束了德国在国际上的孤立地位。而人民出版社孙祥秀副编审指出，《拉巴洛条约》同《凡尔赛条约》相反，创立了以和平共处原则为基石的新型的国际关系，为苏德两国的经济合作提供了保证。同时，该条约还是苏俄和平共处政策的巨大胜利，是摆脱困难、混乱和战争危险的唯一正确的出路，巩固了苏俄的国际地位，意味着资本主义经济封锁圈的被击破，帝国主义反苏统一战线阴谋的失败。

[思考题]

《拉巴洛条约》的签订对当时的欧洲国际关系产生了怎样的影响？

（陈洪运　编）

068

意大利法西斯党发布的"向罗马进军"宣言
（1922年10月）

　　法西斯蒂！全意大利！我们决战的时刻到了！四年前的这个时候，我们国家的军队赢得了欧战的最后胜利。今日黑杉党要进军罗马，将这一战绩再献给这座历史名城。从今日起，法西斯宣布临时戒严，所有的军事、政治、行政职务，都由四军团领导人以独立的形式进行指挥。

　　在法西斯向罗马进军中，国家军队要严守中立，不得干涉。法西斯对于军队特别尊敬。法西斯不反对警察，只反对懦弱无能的政客，他们在四年中甚至都不能成立一个好政府。国内的资产阶级要明白，法西斯并不要他们承担什么，不过，希望他们严守纪律，法西斯将会帮助他们得到一种使意大利更兴盛的力量。工作在工厂、农场、铁路上的人们，不用害怕法西斯政府，我们将要维护他们的正当权益。我们对没有武装的仇人也要采取宽容态度。

　　录自端木佳睿编著：《二战风云人物·法西斯狂徒墨索里尼》，北京：中国书籍出版社，2016年，第63—64页。

［历史背景介绍］

　　国家法西斯党的前身是1919年3月23日成立的"战斗的意大利法西斯"，领导人是墨索里尼。该组织以"社会主义"为名，实则用军国主义和极端民族主义思想吸引青年人。1921年11月，在第三次全国代表大会上，该组织更名为"国家法西斯党"，以古罗马的"束棒"为党徽，选举墨索里尼为"领袖"，通过一个充满扩张主义内容的政治纲领。到1921年底，它共有 1 333 个基层支部,党员人数超过 21 万。在此背景下,墨索里尼一再表示"马上就要夺取政权",彻底"抛弃议会民主制,实行独裁统治"。

1922 年 5 月起,法西斯分子在意大利多地制造大规模暴力恐怖事件,武力夺取当地治理权。到 10 月,意大利政府召开紧急会议,商讨对策。对此,墨索里尼马上公开宣布,法西斯要夺取国家大权,很快"向罗马进军!"

1922 年 10 月 16 日,墨索里尼在米兰召开领导人会议。在会上,墨索里尼分析了议会和军队的内部矛盾及各项准备工作。20 日,他以四军团总指挥的名义,在法西斯机关报《意大利人民报》上发表了《革命宣言》,即上文内容。10 月 24 日,3 万名法西斯分子在那不勒斯举行了夺权誓师大会。墨索里尼发表了演说,称"我们现在已处于箭在弦上,是弦紧将崩之势"。这次进军十分顺利,沿途中的所有政府军队和警察都严守中立立场,许多地方行政长官还主动把权力交给法西斯战斗队。10 月 28 日上午,意大利国王拒绝在内阁的戒严令上签字。内阁辞职。次日,国王授权墨索里尼组成新政府。此时,法西斯向罗马进军的队伍尚未接近首都,最近一路还相距 30 公里。

[思考题]

为什么法西斯的进军行动最后能够兵不血刃地取得成功?

(孟钟捷 编)

069

英国政府关于停止对埃及保护的宣言

（1922年2月28日）

鉴于陛下政府根据其业已声明的意图，愿意立即承认埃及为一个独立的主权国家；并鉴于陛下政府和埃及之间的关系对不列颠帝国具有切身的利益；

因此声明下列原则：

（一）不列颠对埃及的保护关系已结束，现声明埃及为一个独立的主权国家。

（二）一俟殿下政府通过一项赔偿法案并适用于所有的埃及居民，则1914年11月2日所宣布的戒严令应予撤销。

（三）下列事项绝对取决于陛下政府，直到陛下政府和埃及政府双方可以通过自由讨论和友好安排缔结与此等事项有关协定的时候为止：

（1）不列颠帝国在埃及境内的交通安全问题；

（2）埃及对一切直接或间接的外国侵略获干涉的防御问题；

（3）保护在埃及境内的外国利益问题和保护少数民族问题；

（4）苏丹问题。

在上述协定缔结以前，所有上述事项应维持原状。

录自齐世荣主编：《世界通史资料选辑·现代部分》（第3分册），北京：商务印书馆，2007年，第140—141页。

[历史背景介绍]

一战爆发前，埃及在名义上仍属于奥斯曼帝国的一部分。1914年英国对奥斯曼帝国宣战时，对埃及宣布实施了保护国制度，进行军事管制，罢黜了当时的赫迪夫阿拔斯二世，并把苏丹的头衔授予他的叔叔。起初，英国人声称自己的占领仅适用于战争时期，并许诺战后会重新考虑埃及的地位问题。到战争末期，尤其当美国总统威尔逊发布《十四点和平原则》后，埃及国民开始期待战后国家和民族的独立。战争结束后，以萨阿德·扎格卢勒等人为代表的民族解放运动团体组成代表团（阿拉伯语为Wafd，即华夫脱），向英国要求参加巴黎和会以谋求埃及完全独立，但遭到英国政府拒绝。埃及随即出现了声势浩大的示威活动，招致了英国当局的强硬镇压，继而发展为暴乱和骚动。

1919年，扎格卢勒被逮捕并流放，英埃双方矛盾进一步激化，在全国范围内掀起对抗英国人的潮流，上千名埃及人和近百名英国人在冲突中伤亡。最终双方开始谈判，扎格卢勒也被获准前往巴黎参加和会，但其未达到目的。英国和埃及始终无法达成一致，为打破僵局，在英国高级专员、艾伦比勋爵的斡旋下，英国做出让步，决定结束军事管制，单方面宣布埃及独立。但这一"独立"附加了许多限制条款，即英国具有在埃及通行的交通安全权力（主要指苏伊士运河）；英国可以协助埃及防御国土，免受外国攻击；埃及的外国人利益和少数群体的权益要得到保护；英国人可以决定苏丹问题。该协议标志着埃及在摆脱奥斯曼帝国的影响后，又处于英国的殖民统治之下。英国并非真正想要给予埃及独立，只是给予了埃及人有限度的自治，埃及的政治、经济、军事等方面仍然长期处于英国的控制之下。

[思考题]

埃及如何摆脱了奥斯曼帝国的控制？英国为何决定单方面宣布埃及独立？

（李晔梦　编）

070

历史学家冯·米勒关于希特勒
"啤酒店暴动"的叙述

（1923年11月8日）

　　会场挤满了人，而且使人有这样的感觉，大会组织者似乎控制不了整个活动。显然，来参加大会的人比预计的还要多。我在讲台对面找到了一个座位，这里是靠近会场的主要过道，因此，我可以十分清楚地看到会场的一些主要活动……

　　冯·卡尔已经向听众讲了半小时话。这时，在会场门口似乎还有人要挤进来。大会组织者尽管再三提出警告，但会场秩序仍然很乱，冯·卡尔不得不中断了讲话。钢盔团终于在我眼前出现了。从此刻起，我已经看不清楚会场的情况。由于许多人站在椅子上，以致希特勒几乎走到会场主要过道时，我才看到他；就在他转向讲台之前，我看见他出现在两个武装的钢盔团员之间，这两个钢盔团员手枪高举齐头，枪口朝着天花板。他们走向讲台，希特勒坐在对着我的左边椅子上。这时，会场仍然乱轰轰，希特勒向他右边的钢盔团团员打了一个手势，那个人便朝天花板开了一枪，这时希特勒随即大声嚷道（我已记不起他原话的确切顺序了）："全国革命已经开始，会场被包围了。"他可能还提到一些具体人，这一点我不能加以肯定。他要求卡尔、洛索和赛塞尔三位先生离开会场，保证他们的人身自由。这三位先生没有理睬他。巴伐利亚邦长（卡尔）后退了几步，站在希特勒对面，镇静自若地望着他。希特勒于是向讲台走去。我没能看清楚发生了什么，只听到他同这些先生谈话。希特勒告诉他们：如果先生们愿意同他一起出去，那么，在十分钟内一切事情将会过去。使我感到惊奇的是，这三位先生竟然当即同他一起走了出去……

录自张炳杰、黄宜选译:《一九一九——一九三九年的德国》,北京:商务印书馆,1997年,第18—19页。

[**历史背景介绍**]

1923年1月,法、比军队以德国蓄意违反履行赔偿义务为由,出兵占领鲁尔地区,制造了鲁尔危机。危机期间,德国发生了如脱缰之马的恶性通货膨胀,各种右派势力蠢蠢欲动。民族社会主义德意志工人党(即"纳粹党")党魁希特勒乘法、比军队占领鲁尔和德国政府内外危机之际,试图推翻共和国。1923年11月8日,一些企业团体在慕尼黑东南郊的布格布劳凯勒啤酒馆举行群众大会,邀请巴伐利亚邦长冯·卡尔到会讲话。希特勒带领600名冲锋队员闯进会场,试图控制巴伐利亚,并向柏林进军,夺取全国政权。但由于纳粹党的力量依然薄弱,大资产阶级和保守派势力也没有看中他们,这次暴动很快被平定下去。希特勒因此被捕,判刑五年。

武汉大学历史系吴友法教授认为,啤酒馆暴动之所以被迅速镇压下去,是因为:首先,希特勒的纳粹党虽然从本质上讲代表着德国垄断资产阶级的利益,但当时,垄断资产阶级对希特勒还没有真正地了解;其次,当时纳粹党在德国的影响不是很大,其影响只局限在巴伐利亚邦境内,没有引起垄断资产阶级的重视和注意,不具备被垄断资产阶级扶上台的政治资本;再次,由于希特勒在暴动时对巴伐利亚邦长官卡尔、洛索夫和赛塞尔采取了极端无礼的侮辱手段,激怒了"三巨头",促使他们反戈一击。

[**思考题**]

1.啤酒馆暴动为何会失败?

2.啤酒馆暴动的失败对希特勒的个人声望和纳粹党的发展产生了怎样的影响?

(陈洪运　编)

071

协约及参战各国对土耳其和约（洛桑条约）

（1923年7月24日）

......

第一条

自本条约生效之日起，在英国、法国、意大利、日本、希腊、罗马尼亚、塞尔维亚—克罗地亚—斯洛文尼亚国为一方和土耳其为另一方之间以及各自国民之间正式恢复和平。

在双方之间将建立官方关系并且外交和领事代表在各有关领土内应受到国际法一般原则所确认的待遇，但不妨碍随后为此而缔结的特殊协定。

第二条

从黑海到爱琴海，土耳其的边界确定如下：

（1）和保加利亚

从雷斯瓦雅河（Rezvaya）口起直至土耳其、保加利亚和希腊三国边界集结点——马里萨河（Maritza）止：

保加利亚南部边界仍照目前划定；

（2）和希腊

从上述之点直至阿尔达河（Arda）和马里萨河的汇合处：

马里萨河；

从此处沿阿尔达河上游直至赵立克—侃伊村（Tchörek-Keuy）附近地方该河须待确定的地点：

阿尔达河流；

从此处往东南方向直至包斯纳—侃伊（Bosna-Keuy）下首马里萨河上的

一点：

一条粗直线把包斯纳—侃伊村划归土耳其。赵立克—侃伊村应否划归希腊或土耳其，将由第五条所规定的委员会确认该村多数居民是否为希腊人或土耳其人而定，但在1922年10月11日以后移入该村的居民不计算在内。

从此处直至爱琴海为止：

马里萨河。

第三条

从地中海到波斯边界，土耳其的边界确定如下：

（1）和叙利亚

根据1921年10月20日法土协定第八条所确定的边界；

（2）和伊拉克

土耳其和伊拉克之间的边界将由土耳其和英国在九个月期内以友好方式予以确定。

如在规定期内两国政府未能达成协议，争端应提交国际联盟行政院。

土耳其政府和英国政府相互保证，在边界问题未曾采取决定以前，决不进行在性质上足使领土现状发生任何变更的任何军事或其他行动，至于此项领土的最后确定将取决于上述决定。

第四条

本条约所叙明的边界在一百万分之一比例尺的地图上描绘出来，附在本条约后。如条文和地图之间发生分歧，则以条文为准。

第五条

一个划界委员会将担任在现场划定第二条（2）款规定的边界。该委员会将由希腊和土耳其的代表组成，两国各派一人并由两国代表在第三国国民中选择一人为主席。

该委员会应在一切情况下努力遵循本条约的规定，同时在可能范围内照顾到行政分界线和当地的经济利益。

委员会的决定以多数票作出并对有关各方有拘束力。

委员会的经费由有关各方平均分摊。

第六条

关于由河流而不以河岸确定的边界，本条约说明所使用的"河流"或"河床"等名词系指：一方面对于不通航的河流而言，为水道或其主流的中心线，而另一方面，对于通航的河流而言，系指主要航道的中心线。但边界线应否依照上述规定的河流或河床而随其可能的移动，抑或根据本条约生效时河流或河床所处的位置而予以固定下来，应由划界委员会予以确定。

除非本条约有相反的规定，距离海岸三里以内的岛屿应归于沿岸国家的边界之内。

第七条

有关国家承允向划界委员会提供对其任务所必需的一切文件，特别是目前或旧边界划界记录的真实副本，现有的一切大比例尺的地图，测量的资料，已经完成但未公布的调查，以及边界河流发生变动的情报。土耳其当局所持有的地图、测量资料和即使是未公布的调查应自本条约生效之日起在最短日期内在君士坦丁堡交给委员会的主席。

此外，有关国家承允命令地方当局向委员会提供一切文件，特别是图表、地册，并且根据委员会的要求，向其提供关于土地所有权、经济情况的详情和其他必要的情报。

第八条

有关各国承允在运输、居住、劳动力以及为完成划界委员会任务所必需的物资（界石、界柱）等一切方面直接地或间接地通过地方当局，协助该委员会。

特别是，土耳其政府承允在必要时以适当的技术人员提供划界委员会以协助该委员会完成其任务。

第九条

有关各国保证尊重委员会所安置的三角点、信号、界石或界柱。

第十条

界柱应在彼此视线所及的距离内树立，注有号码；其位置和号码应载明于地图。

第十一条

划界议定书、所附地图和文件应作成正本三份，其中两份送交毗邻国的政府，第三份送交法兰西共和国政府，而由该国政府以认证的副本送交本条约各签字国。

第十二条

1914年2月13日伦敦会议为实施1913年5月17—30日伦敦条约第五条和1913年11月1—14日雅典条约第十五条而通过的并于1914年2月13日通知希腊政府的关于东地中海的岛屿，除伊姆罗兹岛（Imbros）、泰内多斯岛（Tenedos）、兔岛（Rabbit）以外，特别是利姆诺斯岛（Lemnos）、萨莫色雷斯岛（Samothrace）、米提利尼岛（Mytilène）、希沃岛（Chio）、塞莫斯岛（Samos）和尼卡里亚岛（Nikaria）外，均归希腊主权的决定业经予以确认，但本条约关于置在意大利主权下并受第十五条列举岛屿的规定除外。除非本条约有相反的规定，在亚细亚洲海岸三里以内的岛屿仍归土耳其主权管辖。

第十三条

为了保证和平的维持，希腊政府担承在米提利尼、希沃斯、塞莫斯和尼卡里亚各岛遵守下列各项措施：

（1）在上述各岛上决不建立任何海军基地或要塞。

（2）禁止希腊空军在亚纳托利亚沿岸领土上空飞行。

同样，土耳其政府应禁止其空军在上述各岛上空飞行。

（3）希腊驻在上述岛屿上的军事实力应以应召服兵役的正常分遣队可在当地受训为限，应置有与希腊领土全部现有宪警数成比例的宪警。

第十四条

仍在土耳其主权管辖下的伊姆罗兹和泰内多斯各岛应享有由地方人士组成并对当地非穆斯林居民人身和财产的保护给予一切保障的特别行政组织。上述岛上秩序的维持应由上述地方行政机关在当地居民中征集并受其命令节制的警察予以担任。

希腊和土耳其之间已经或将要缔结的关于交换希腊和土耳其居民的条款将不适用于伊姆罗兹和泰内多斯各岛上的居民。

第十五条

对于下列各岛：斯坦帕里亚（亚斯提帕拉亚）（Stampalia［Astropalia］）、罗德萨（罗都杜萨）（Rhodes［Rhodos］）、卡尔基（卡老基）（Calki［Kharki］）、斯卡朋突（Scarpanto）、加索斯（加索）（Casos［Casso］）、皮斯可皮斯（蒂洛斯）（Piscopis［Tilos］）、密西罗斯（尼西洛斯）（Misiros［Nisyros］）、加林诺斯（嘉陵诺斯）（Calimnos［Kalymnos］）、礼诺斯（Leros）、伯特莫斯（Patmos）、立卜索斯（立卜索）（Lipsos［Lipso］）、西美（什美）（Simi［Symi］）、和客斯（恰斯）（Cos［Kos］）等业已由意大利占领的各岛和在上述各岛系统内的小岛以及卡斯第洛里佐岛（Castellorizzo），土耳其放弃其一切权利和所有权名义以与意大利。

第十六条

对于位置在本条约规定疆界以外的领土以及本条约承认土耳其有主权的岛屿以外的岛屿，由于此项领土和岛屿的命运已经或将要经有关国家予以决定，土耳其声明放弃一切权利和所有权名义，不论其性质如何。

本条约的规定不妨碍土耳其和邻近国家因毗邻关系而成立或将要成立的特殊协议。

第十七条

土耳其对埃及和苏丹一切权利和所有权名义的放弃应自1914年11月5日起生效。

第十八条

土耳其对于以埃及贡款为担保的奥斯曼公债，即1855年、1891年和1894年公债，不再受任何义务和债务的拘束。埃及对于上述三项公债每年的付款已经构成埃及公债业务的一部分，对于奥斯曼公债的其他一切债务，埃及不受任何拘束。

第十九条

因承认埃及国家而发生的各问题应由有关国家在随后确定的条件下达成协议予以解决。本条约关于土耳其根据本条约所割让的领土的规定不适用于埃及。

第二十条

土耳其兹承认1914年11月5日英国政府宣布兼并塞浦路斯。

第二十一条

1914年11月5日定居在塞浦路斯岛的土耳其国民应在当地法律条件下，取得英国国籍并因此丧失土耳其国籍。但他们在本条约生效之日起二年期间有权选择土耳其国籍。在此情况下，他们应于行使选择权后十二个月内离开塞浦路斯岛。

本条约生效之日定居在塞浦路斯岛的土耳其国民，如在此日已经或正要通过当地法律条件下的申请而取得英国国籍，则因此同样丧失土耳其国籍。

经谅解，塞浦路斯政府对于未经土耳其政府的同意而径取得土耳其以外国籍的人，有权拒绝给予英国国籍。

第二十二条

在不妨碍第二十七条的一般规定下，土耳其承认取消它根据1912年10月18日洛桑条约及其有关文件在利比亚所享受的一切权利和特权，不论其性质为何。

……

录自世界知识出版社编：《国际条约集（1917—1923）》，北京：世界知识出版社，1961年，第848—855页。

[**历史背景介绍**]

1920年8月10日，英、法、意、日等主要协约国与几近崩溃的君士坦丁堡政府在色佛尔签订了和约。《色佛尔条约》对土耳其规定了异常苛刻的条件，例如领土丧失五分之四，陆军仅宪兵联队和辅助此项联队的特种部队，总额不超过五万人等。土耳其资产阶级革命领袖凯末尔领导下的土耳其大国民议会政府坚决不承认《色佛尔条约》（该条约因此未能生效）。由于苏俄对土耳其民族解放运动的积极支持，在英国策动下希腊对土耳其的武装干涉又告失败，1923年3月16日苏土友好条约使帝国主义更害怕苏维埃政权对东方的巨大影响，法国富兰克林·蒲伊熊首先于1921年10月20日与凯末尔缔结了法土关于实现和平的决定。英国深恐法国的势力插入土耳其，就转而联合法国，决定修订《色佛尔条约》，借以拉拢土耳其反苏。为此，1922年11月20日协约国与土耳其在瑞士的洛桑召开会议，商讨重新签订对土和约的问题。经过8个月的激烈争吵和休会，双方最终于1923年7月24日签订《洛桑条约》。

兰州大学历史文化学院硕士生赵利娟认为，《洛桑条约》是土耳其和英国双方妥协的产物，它使土耳其和英国在很大程度上得到了满足，两国都达到了它们的基本目标。因此，《洛桑条约》对土耳其民族主义和英国的外交来说都可以被标榜为成功。

[思考题]

1.《洛桑条约》的主要内容是什么?

2.《洛桑条约》对土耳其的国家走向产生了怎样的影响?

（陈洪运　编）

072

超现实主义宣言（节录）
（1924年）

……

纪尧姆·阿波利奈尔刚刚去世，在我们看来，他曾多次接受这类写作训练，尽管如此，他并未去迎合这种平庸的文学方式，为了纪念他，我和苏波用"超现实主义"这个名字来确指新的纯正的表达形式。这是由我们自己所支配的表达形式，我们急于让朋友们去分享它。我认为今天我们不再重新考虑这个词，但从总体上讲，我们所认可的这个词已超越阿波利奈尔所赋予这个词的含义。此外还有另外一个理由，我们本来可以来用"超自然主义"这个词，钱拉·德·奈瓦尔在《火的女儿》（Filles de Feu）的题词中曾用过这个词。实际上，奈瓦尔似乎完美地支配着精神，而这正是我们自己所需要的精神。相反，阿波利奈尔只是支配着"超现实主义"这个词，虽然这个词还很不完美，况且他未能拿出引起我们注意的理论概述。下面我引用奈瓦尔的两段话，在我看来，就这个话题而言，这两段话倒是颇为意味深长：

亲爱的大仲马，我将向您解释在前文里您所提到过的现象。正如您所知道的那样，要是不去认同自己想象中的人物，有些叙事者就讲不出故事来。您知道，咱们的老朋友诺狄耶曾信誓旦旦地说，在大革命时期，他不幸被砍掉了脑袋，人们对此事信以为真，不禁琢磨他是怎么把自己的脑袋重新安上去的。

……既然您冒失地引用了一首在这种超自然梦境中吟咏的十四行诗，"超自然"这个词大概是德国人的说法吧。那么您就应该把所有的诗都听一遍。在诗集的结尾处，您会看到那些诗。与黑格尔的形而上学论或斯维登堡的神秘学说相比，这些诗并不那么晦涩难懂，也许这些诗并没有什么韵味值得人们作出更多的解释，假如有可能的话，请您至少允许我这样表达……

有人居心叵测，拒绝承认我们有使用"超现实主义"这个词的权利，而且我们要按自己所理解的意思去使用这个词。因为在我们之前，这个词并未博得大家的好评。这一点是显而易见的。因此，我再次为这个词作出定义：

超现实主义，阳性名词。纯粹的精神无意识活动。通过这种活动，人们以口头或书面形式，或以其他方式来表达思想的真正作用，在排除所有美学或道德偏见之后，人们在不受理智控制时，则受思想的支配。

百科词典［哲学］。超现实主义建立在相信现实，相信梦幻全能，相信思想客观活动的基础之上，虽然它忽略了现实中的某些联想形式。超现实主义的目标就是最终摧毁其他一切超心理的机制，并取而代之，去解决生活中的主要问题。阿拉贡、巴龙、布瓦法尔、布勒东、卡里夫、克勒韦尔、德尔泰伊、戴斯诺斯、艾吕雅、热拉尔、兰布尔、马尔金、莫里斯、纳维勒、诺勒、佩雷、皮康、苏波以及维特拉克等人对完美的超现实主义表现出极大的兴趣。

到目前为止，似乎只有这些人是超现实主义者，要不是伊齐多尔·迪卡斯这个极有趣的奇特人物，恐怕也不会有什么东西能搞错的，可我却找不到有关迪卡斯的资料。诚然，倘若只是浮浅地考虑结果的话，那么许多诗人都会被人看成是超现实主义者，首先，但丁就是超现实主义者，在幸福的日子里，莎士比亚也是超现实主义者。我曾多次尝试着去还原那个被人称为天赋的东西，尽管这种称呼有背信弃义之嫌，在此过程当中，我并未发现有什么东西最终能划归于另一种过程。

爱德华·扬的《夜思》(*Les Nuits*)从头至尾都是超现实主义的，不幸的是，那是一个神甫在讲话，那大概是个拙劣的神甫，可他毕竟是神甫。

斯威夫特在作恶方面是超现实主义者

萨德在施虐淫癖方面是超现实主义者

夏多布里昂在抒发异国情谓方面是超现实主义者

康斯坦在政治方面是超现实主义者

雨果在脑子清醒时是超现实主义者

德博尔德-瓦尔莫在爱情方面是超现实主义者

贝特朗在过去的时代是超现实主义者

拉博在死亡之中是超现实主义者

坡在冒险中是超现实主义者

波德莱尔在道德方面是超现实主义者

兰波在生活实践中及其他方面是超现实主义者

马拉美在吐露隐情时是超现实主义者

雅里在喝苦艾酒时是超现实主义者

努沃在行亲吻礼时是超现实主义者

圣-波尔-鲁在象征方面是超现实主义者

法尔格在环境方面是超现实主义者

瓦谢在我心里是超现实主义者

勒韦尔迪在他家里是超现实主义者

圣琼·佩斯从远距离看是超现实主义者

鲁塞尔在逸闻趣事方面是超现实主义者

......

你们不妨问问我，我忍不住要在这篇序言里写一些稀奇古怪、让人神魂颠倒的文字。

你们还可以问问罗伯特·戴斯诺斯，他也许是我们当中最接近超现实主义本质的人，在其尚未出版的作品当中，在其参与整个实验的过程当中、为我对超现实主义所寄托的希望作出完美的解释，甚至敦促我要对超现实主义抱着更大的期望。今天，戴斯诺斯随心所欲地谈论超现实主义。他将自己的思想快速地用口语表达出来，这种敏捷的做法让人感到不可思议，在我们看来，那就像华丽的演讲，却未被充分地利用起来。因为戴斯诺斯更善于口头表达，而不善于将其书写下来。他在自己的内心里读着一本打开的书，所有书页都被他的生活之风刮走了，但他不会设法去留住那些书页。

录自安德烈·布勒东：《超现实主义宣言》，袁俊生译，重庆：重庆大学出版社，2010年，第30—36页。

[历史背景介绍]

超现实主义运动是第一次世界大战后在法国产生的一场对传统文化思想的反叛运动，内容涉及文学、绘画等多诸领域。1917年，法国诗人、文学评论家阿波利奈尔首次提出"超现实"一词。1924年，安德烈·布勒东在《文学》杂志上发表了由他起草，并由诗人保罗·艾吕雅和本杰明·佩雷等人签名的《超现实主义宣言》，成立超现实主义小组，发行刊物《超现实主义革命》，与达达主义者分道扬镳，从此，超现实主义运动进入高潮。超现实主义深受弗洛伊德潜意识理论的影响，其目标是将无意识与意识融合，以创造一个新的"超现实"。1929年，布勒东发表了第二份《超现实主义宣言》。超现实主义运动对现代文学与现代艺术的发展产生了深远的影响。

[思考题]

1. 什么是超现实主义？

2. 试举一例你所知道的超现实主义文学或艺术作品？

（肖琦　编）

073

道威斯计划（赔偿委员会专家委员会的报告）（节录）

（1924年4月9日）

第一部分　摘要

Ⅱ.德国的经济统一

德国为了成功地稳定通货和平衡预算，需要凡尔赛条约所规定的德国领土上的资源，还需要在这些领土上有经济活动的自由。

Ⅵ.通货和发行银行

（c）应开办新银行，或改组帝国银行。

（d）这种银行的主要特征应是：

（1）拥有发行纸币的专门权利，这种纸币是在黄金方面有坚定基础的；

（2）成为银行家的银行，并规定官方贴现率；

（3）担负政府银行的作用，但不受政府的监督；

（4）对政府的预付予以严格限制；

（5）将赔款偿付储存起来；

（6）银行的资金为四亿金马克，

……

Ⅷ.德国每年付款的基本原则

（a）条约所规定的债务和预算平衡的持续保持。

（1）为了平衡预算，不仅需要筹划出国内的行政开支；

（2）德国还必须尽最大的能力来偿还条约所规定的外债；

Ⅸ.偿债的正常财源

德国将凭借三种财源，偿付条约所规定的债务，即：A.税收；B.铁路；C.工业债券。

......

Ⅹ.为履行条约所要求的支付而作的规定撮要

（a）（1）预算的延期偿付期

第一年——外债收入和铁路债券的部分利息，共计十亿金马克。

第二年——铁路债券和工业债券的部分利息，出售五亿金马克铁路债券的预算收入，共计十二亿金马克。

（2）过渡期

第三年——铁路债券和工业债券利息，运输税收和预算收入，共计十二亿金马克（有伸缩性的两亿五千万金马克不计在内）。

第四年——铁路债券和工业债券利息，运输税收和预算收入，共计十七亿五千万金马克（有伸缩性的两亿五千万金马克不计在内）。

（3）标准年

第五年——铁路债券和工业债券利息，运输税收和预算收入，共计二十五亿金马克。

以后每年为二十五亿金马克，外加按繁荣指数计算出的附加款项。

......

Ⅻ.德国每年支付的方式

（a）所筹集的赔款应当是金马克，并存于新银行。

（b）这些支付是德国每年应偿债务的项目。

ⅩⅤ.外债——它的条件和目的

八亿金马克的外债为了满足双重目的：

（a）保证新银行的黄金储备。

（b）为在1924—1925年实现条约所规定的一些重要目的而支出的国内付款。

XVII.计划的性质

（b）计划的目的是：

（1）成立一个能够从德国收取最大数额年金的机构；

……

录自齐世荣主编：《世界通史资料选辑·现代部分》（第1分册），北京：商务印书馆，1998年，第57—59页。

[历史背景介绍]

德国赔款问题是《凡尔赛条约》中悬而未决的最为复杂的国际问题之一。巴黎和会后，战胜国以争夺欧洲霸权为目的，继续围绕这一问题进行着激烈的争斗。德国政府虽然被迫接受了战胜国的赔款要求，但采取了"履行它，就是要证明它无法履行"的策略，利用战胜国之间的矛盾，消极对待赔款。1922年7月和11月，德国以财政危机为由，要求延期支付赔款。英国政府支持德国的要求，提出减少赔款总额和延期付款的方案，但遭到法国的坚决反对。法国于1923年1月11日不顾英、美的反对，联合比利时，以德国不履行赔款义务为借口，强占德国鲁尔工业区，酿成了当时欧洲最严重的国际危机事件。鲁尔危机发生后，造成了严重的经济形势和政治危机。在此情况下，英、美两国向法、德双方施压，要求召开国际专家委员会解决赔款问题，以尽快结束危机。1923年11月30日，赔款委员会决定设立由美、英、法、意、比五国代表参加的两个专家委员会。其中，第一委员会最为重要，由美国银行家道威斯担任主席，负责研究稳定德国金融和平衡德国预算问题。1924年4月9日，道威斯委员会提出了关于解决德国赔款问题的报告，即"道威斯计划"。1924年7月16日至8月16日，协约国在伦敦举行会议，通过了道威斯计划。

关于制定"道威斯计划"的原因，有些学者认为是英、美等国有意扶植德国经济使其成为帝国主义利用的一支反苏力量；另有一些学者认为，原因是英、美等帝国主义国家有意扶植德国在欧洲大陆与法国抗衡，以有利于英、美把持欧洲事务。不过，在云南师范大学历史与行政学院吴惠敏教授看来，"道威斯计划"是英、美等帝国主义国家为维护凡尔赛体系的稳定，使凡尔赛体系得以延续下去而制定的。

[思考题]

"道威斯计划"的实施对德国经济产生了怎样的影响？

（陈洪运　编）

074

关于废止阿沙尔并制定代替它的
新土地税的法令

（1925年2月17日）

第一条　废止阿沙尔制度。自1341年（公历1925年）预算年度起，土地和农产品应根据本法规纳税。

第二条　迄今为阿沙尔税所规定的农产品以及面粉等，应按这些经达港口或车站发往外地的产品在港口或车站的价值10%纳税。到达据发货地点60公里以上的港口或车站的产品，应在原产地纳税。新鲜蔬菜和水果税，按这些产品在其产地的价格计算，不问该地与到达的港口或车站的距离为何。无论用什么方法从伊斯坦布尔、彼拉和斯库塔尔各省的农村运到这些省的新鲜蔬菜和水果，不应纳税。

第三条　下列农产品应按其价值的8%纳税：葡萄干、无花果、胡桃、鸦片、丝绸、烟草、棉花、柞实的壳斗、橄榄油、稻米、高粱、芝麻。

录自齐世荣主编：《世界通史资料选辑·现代部分》（第3分册），北京：商务印书馆，2007年，第129页。

［历史背景介绍］

阿沙尔是封建性的农产品实物税，曾长期存在。凯末尔革命后，土耳其推行世俗化改革，废止阿沙尔并制定代替它的新土地税，旨在减轻农民负担，推动商品货币关系的发展。在此之后，农业生产成倍增长。据统计，

1924—1930年间，农业产值平均年增长率为11.4%，高于同期的工业生产年均增长率。1927—1940年，小麦产量增长205%，大麦产量增长260%，玉米产量增长482%。土耳其自30年代初起停止从国外进口粮食，后期甚至开始成为粮食出口国。

[思考题]

请阅读相关材料，说一说土耳其的这一改革对农业发展产生了怎样的影响？

（孟钟捷 编）

075

德国、比利时、法国、英国和意大利相互保证条约（节录）

（1925年10月16日）

第一条

缔约各方应个别地或集体地保证按照以下条款的规定，德国和比利时间、德国和法国间的边界领土维持现状，按照1919年6月28日《凡尔赛条约》所规定的上述边界不受侵犯，以及上述条约第四十二条、第四十三条关于非武装地区的规定得到遵守。

第二条

德国和比利时，同样德国和法国相互约定双方彼此不得攻击和侵犯并且在任何情况下彼此不得诉诸战争。

但在下列情况下，本规定不适用：

（1）正当自卫权的行使，即对破坏前款的承诺，或对凡尔赛条约第四十二条、第四十三条的明显违犯，如此种违犯构成一种未经挑衅的侵略行为，并由于在非武装地区聚集武装有必要采取立即行动予以抵抗；

（2）按照国际联盟盟约第十六条所采取的行动；

（3）根据国际联盟大会或行政院的决议或按照《国际联盟盟约》第十五条七款而采取的行动，但在后一情况下，此项行动应针对首先从事进攻的国家。

第三条

考虑各自根据本条约第二条所承担的义务，德国和比利时、德国和法国相互约定对使它们发生分歧的一切问题，不论其性质如何，如不能通过正常外交途径予以解决时，应通过和平方法并按照下列方式予以解决。

双方有关各自的权利发生争执的任何问题应提交司法解决，双方并约定遵守该项决定。

所有其他问题应提交和解委员会。如该委员会所建议的办法未被双方接受，该问题应提交国际联盟行政院，该院将按照《国际联盟盟约》第十五条加以处理。

……

第四条

（1）如缔约一方认为对本条约第二条的破坏行为或对《凡尔赛条约》第四十二条或第四十三条的违犯行为已经或正在构成时，应将该问题立即提交国际联盟行政院。

（2）一俟国际联盟行政院证明该项破坏行为或违犯行为确实构成，该院应立即通知本条约各签字国，并且各签字国约定在此种情况下对于指控的行为所针对的国家应立即给予援助。

（3）如缔约一方彰明昭著地破坏本条约第二条或彰明昭著地违犯《凡尔赛条约》第四十二条或第四十三条时，其他缔约国兹约定一俟该国已经证实该项破坏行为或违犯行为构成一种未经挑衅的侵略，并且由于越过边界或战争爆发或已在非武装地带集中军队，有必要采取立即行动时，应立即援助遭受此种破坏行为或违犯行为的国家。

第五条

本条约第三条的条款，按照下列规定置予各缔约国的保证之下：

如第三条所指国家之一拒绝遵照和平解决的方法或拒绝履行仲裁或司法决定并构成破坏本条约第二条的行为或违犯《凡尔赛条约》第四十二条或第四十三条的行为时，则本条约第四条的规定应予适用。

如第三条所提及的国家之一，并未破坏本条约第二条或违犯《凡尔赛条约》第四十二条或第四十三条，但拒绝遵照和平解决的方法或拒绝履行仲裁或司法决定，另一方应将该案件提交国际联盟行政院，由该院建议应采取的步骤；缔约各方应遵照此项建议。

录自世界知识出版社：《国际条约集（1924—1933）》，北京：新华书店北京发行所，1961年，第207—211页。

[历史背景介绍]

1925年，德国外交部长古斯塔夫·施特雷泽曼向法国提出了一项旨在相互保证互不侵犯的公约。经过在马焦雷湖畔瑞士田园小镇洛迦诺的磋商之后，于1925年10月16日最终签署了德国与法国、比利时、波兰及捷克斯洛伐克间的一份相互保证条约，四份仲裁条约，以及两份法国与波兰、捷克斯洛伐克间的相互保证条约。《洛迦诺公约》体系建立的意图是给予法国等欧陆国家更多安全感，使其免于担心德国进攻。一战中的欧洲协约国与中东欧新兴国家借此彼此确认欧洲战后的领土界线，并开始与战败的德国恢复正常关系。

这一公约体系的建立，一定程度上消除了《凡尔赛条约》给欧陆各国带来的"二十年的休战"（福煦语）的沉重心理影响，似乎让欧洲自第一次世界大战结束以来首度看到了长期和平的希望。施特雷泽曼充满欧洲理念的话语仿佛崭新德国的招牌一般受到了欧陆民众的广泛欢迎："我们是各自国家的公民……但我们也是欧洲的公民，并被一种伟大的文明观念联结在了一起。我们有权讲出全欧洲的想法。"一时间欧洲各国间的仇恨和敌意仿佛要被互相理解与和平所取代，被誉为"洛迦诺精神"。《洛迦诺公约》的直接效果，便是德国被准许加入了国际联盟。

然而，1930年世界性"大萧条"的影响与纳粹为代表的德国极端民族主义势力抬头，依靠条约体系维护欧陆和平安定的"洛迦诺精神"幻灭。纳粹党上台后，于1936年3月7日进驻莱茵非军事区，公然违反《凡尔赛条约》，并宣布不再受《洛迦诺公约》的约束，1939年4月28日《洛迦诺公约》被正式废除。

[思考题]

1. 为何魏玛德国会在20世纪20年代中期主动促成《洛迦诺公约》？

2. 纳粹上台后为何要破坏业已建立的《洛迦诺公约》体系？

（徐之凯　编）

076

墨西哥石油法（节录）
（1925年12月）

为贯彻宪法第二十七条而就石油所颁布的法令

第一条　凡我国地下之天然碳氢化合物，不论其自然状态如何，全部由国家直接占有。本法令中"石油"一词，系指石油所含，与石油一道发现或由石油制造之全部天然碳氢化合物。

第二条　前条所谈占有权乃系一种不可让与之权利。凡为发展石油工业所必需之工程，须经联邦行政当局根据本法及其实施办法之指令予以认允，方得进行到底。

第三条　石油工业有益于社会，故于必要时得授予该类企业以优先使用地面之权利，并得根据法律有偿地为其征用土地。

石油工业包括：勘探、采掘、导管蒸馏及石油净化。

第四条　墨西哥人，以及依据墨西哥法律而设立之公民团体与商业团体，如愿遵守本法令之规定，将可取得租让的石油企业。至于外国人，则除承担此项责任外，尚须事先履行现行宪法第二十七条之规定。

第五条　根据本法因承租而取得之权利，不得全部或部分地让与外国政府或外国主权主体，它们不得担任股东，并不得对租让企业享有任何权利。

录自齐世荣编：《世界通史资料选辑·现代部分》（第2分册），北京：商务印书馆，1982年，第347—348页。

[历史背景介绍]

1923年，墨西哥与美国签署了《布卡雷利条约》，旨在通过补偿美国在墨西哥革命期间遭遇的损失获得美国政府的外交承认。普鲁塔科·埃利亚斯·卡列斯于1924年当选墨西哥总统后，不但拒绝履行《布卡雷利条约》，还起草了一部新的石油法，以严格执行墨西哥宪法第二十七条。该法于1926年通过。在美国的战争威胁和外交干预下，墨西哥国会于次年通过决议，称宪法第二十七条不适用于以前的外国利益。因此，《墨西哥石油法》没能撼动帝国主义对于墨西哥经济的控制。

[思考题]

在哪些方面，该法体现了卡列斯追求经济自主的努力和决心？

（王志华　编）

077

国际联盟主持制定《禁奴公约》（节录）

（1926年9月25日）

......

第一条　兹为本公约议定下列定义：

（一）奴隶制乃一人所处之地位或情况，他人对其行使属于所有权之任何权力或全部权力者。

（二）奴隶贩卖包括一切涉及俘获、置有或处理一人，使其贬为奴隶之行为；一切涉及以出售或交换为目的而置有奴隶之行为；一切以出售或交换处理为出售或交换之目的而置有之奴隶的行为；总之，包括贩卖或运输奴隶之每一种行为。

第二条　各缔约国谨就处于其主权、管辖、保护、宗主权或监护下之领土上承担（如尚未采取必要措施时）：

（甲）防止并制止奴隶贩卖；

（乙）逐步并尽速完全废除一切形式之奴隶制。

第三条　各缔约国承担采取一切适当办法，用以防止并制止在其领水以内及在悬挂该国旗帜之船舶上装载、卸下及运输奴隶。

......

第四条　各缔约国应互相予以各种援助，以期达到废除奴隶制及奴隶贩卖之目的。

第五条　各缔约国承认使用强制或强迫劳动可能有严重后果……

录自王铁崖、田如萱编：《国际法资料选编》，北京：法律出版社，1982

年，第191—192页。

[历史背景介绍]

奴隶制在人类社会存在了将近4 000年，且在不同的社会和政治体制中普遍存在。在近代，跨大西洋的奴隶贸易及相应奴隶制最为人所知。1807年，英国议会通过了《废除贩奴贸易法》。1833年，英国议会宣布奴隶制为非法，解放大英帝国境内的黑人奴隶。在英国的倡议下，1841年，英、奥、法、普、俄在伦敦签订了《取缔非洲奴隶贸易条约》。1890年，近20个国家在布鲁塞尔签订《关于贩卖非洲奴隶问题的总议定书》。第一次世界大战后，在英国的推动下，第一个据称具有普遍性的禁止奴隶制和奴隶贸易的国际公约，即本公约。

本公约全名《废除奴隶制及奴隶贩卖之国际公约》，于1926年9月25日在国际联盟主持下，在日内瓦签订。1927年3月9日生效。该公约被视作有关现代奴隶制的国际法最重要的起点之一，是"第一个真正的国际人权公约"。它明确给出了奴隶制的定义，并要求缔约国废止奴隶制。在193个国家中，缔约国的比例占62%。1956年，联合国又对该公约进行了补充规定，即《废止奴隶制、奴隶贸易及类似奴隶制的制度于习俗补充公约》。它延续了1926年公约的奴隶制定义，并延伸到强迫婚姻、儿童奴役等现象。缔约国比例占64%。

[思考题]

1. 为什么到20世纪20年代才出现国际性的禁奴公约？

2. 结合20世纪历史的发展，通过查询史料，谈谈这一公约的实际效果。

（孟钟捷　编）

078

英国《劳资争议与工会法》（节录）

（1927年）

1.——（1）兹宣布——

（a）任何罢工为非法，如：

（i）其用意不在于或超出了助长罢工者所属的行业或企业内部的劳资争议；并

（ii）系有意或蓄意直接胁迫政府或以危害社会的办法胁迫政府者；并宣布

（b）任何歇业为非法，如：

（i）其用意不在于或超出了主张歇业雇主所属的行业或企业内部的劳资争议；并

（ii）系有意或蓄意直接胁迫政府或以危害社会的办法胁迫政府者。

并宣布：开始或继续或以任何款项助长或支持任何这类非法的罢工或歇业为非法……

（2）如有人宣布、唆使、煽动他人参加本法认为非法的罢工或歇业，或以其他行动加以助长时，应通过即席判决，处以十镑以内的罚款或三个月以下的监禁，或通过起诉判决，除以二年以下的监禁……

2.——（1）拒绝参加或拒绝继续参加本法宣布为非法的罢工或歇业的任何人，不得因其作出这种拒绝或因其根据本条规定所采取的任何行动而被任何工会或团体开除，不得处以任何罚款或刑罚，不得剥夺其本人或其法定代理人在另外情况下应当享有的任何权益，也不得在任何方面直接或间接使彼较之工会或团体的其他成员处于任何无权或任何不利的地位，而无论在工会或团体的规章中有任何相反的规定。

3. ——（1）兹宣布，某个人或某些人（无论其行为是为了自己或为了工会、个别雇主或公司，也无论其行为是为了策划或助长劳资争议）为了获得或传递消息，或为了劝说或引诱任何人参加工作或停止工作而到达或接近某人所居住、工作、处理业务或偶然前去的房屋或地点，如果参加行动的人数或出现的方式足以威胁位于该房屋或地点里的任何人或妨碍出入或导致破坏安宁时，都是非法的；凡以本款所宣布为非法的人数和方式到达或接近任何房屋或地点，应视为1875年关于阴谋和保护财产法第7条所指的对该房屋或地点的监视和包围。

（2）本条所说的"威胁"指使人在精神上产生合理的畏惧，惧怕自己或任何家属或任何被赡养人受到伤害，或惧怕任何人受到强暴或财产受到损失；本条所说的"损害"包括对一个人的事业、职业、工作或其他收入来源的损害，并包括任何可以提起控诉的损害。

　　……

（4）无论其他任何法案如何规定，凡为了引诱任何人参加工作或中止工作而监视或包围某人所居留的房屋或地点或通向该房屋或地点的通道者，都是非法的；任何违反此条规定者均应通过即席判决，处以二十镑以内的罚金或三个月以下的监禁。

4. ——（1）工会要求任何会员向工会的政治基金提供任何款项都是非法的，但如某一会员在本法生效已有和在一九二七年十二月三十一日以后，当她第一次被要求提供这种款项以前的某个期间，业已向工会总部或某一分支机构递出按本法附件一所规定的形式的书面通知，表示愿向那一基金提供款项，而且未按下文所规定的方式撤回通知时，则属例外；任何未递上述通知或虽已递出但又按下文所规定的方式撤回通知的一切工会会员，应据1913年工会法视为免除向工会政治基金提供款项义务的会员，该法案中有关免交这种款项的工会会员应与本条作同一解释……

5. ——（1）在国王陛下的文职人员服务条件的条例中，应有条例禁止国家文职人员成为任何以左右或影响其成员报仇和受雇条件为主要目的之组织的成员，或充任其使者，或担任其代表，除非那一组织的成员系国王所雇佣或为国王效力的人员为限……

6.——（1）任何地方当局或其他公务当局无权把任何人之是否为工会会员作为受雇或继续受雇的条件，亦不得强设任何条件使所雇人员因为其是否工会会员而在任何方面较之其他雇员直接或间接地处于任何无权或不利的地位。

……

（4）1875年阴谋和财产保护法第5条应增加下列规定，即：

"地方当局或其他公务当局的雇用人员虽明知或有理由相信他独自或与他人一同破坏合同的行为可能导致使社会蒙受伤害、危险或严重不便的后果而又蓄意破坏与当局订立的合同时，应通过即席判决，处以十镑以内的罚金或三个月以下的监禁。"

录自齐世荣主编：《世界通史资料选辑·现代部分》（第1分册），北京：商务印书馆，1998年，第425—428页。

[历史背景介绍]

1926年5月，英国工人举行了该国历史上的第一次总罢工，短短几天就有600万人响应。这次罢工的起因是煤炭业的工资标准问题。1925年6月，煤矿主宣布要降低工资10%，废除最低工资标准，并以同盟歇业相威胁。矿工联合会联合运输工人、铁路工人和机械工人工会对政府施压。7月31日，保守党政府被迫宣布向煤炭业拨发补助金，以便使矿主能够按原定额度发给工人工资。但是，工人的胜利是暂时的。等政府和资本家做好准备后，1926年4月中旬，矿主重新宣布降低工资10%，延长工作日，并拒绝签订全国范围内的集体合同。这才引发了全国总罢工。

在这次罢工中，工人们组织了"罢工委员会"和"行动委员会"，掌管发放车船通行证，调配粮食。英国共产党在总罢工的第二天发表宣言，提出了"矿井无偿收归国有，确立工人对矿井的监督！""建立工人政府！"等口号。不过，把持总罢工领导权的工会总理事会仍然坚持把罢工斗争局限在经济领域内，并偷偷地与政府谈判。

5月11日，政府将宣布总罢工为非法、禁止用工会经费支持罢工的法律草案提交议会。次日，工会总理事会宣布停止罢工。7月底，英国议会通过了上文法令。该法令被工人称作"工贼宪章"，因为它宣布总罢工为非法，任何组织"非法罢工或参加罢工者"都会受到罚款或监禁的处罚。随后，矿工的法定工作日从7小时延长到8小时，工人阶级的劳动强度进一步加强。

[思考题]

1. 请概括法令给工人阶级的斗争带来了哪些负面影响？

2. 请结合同时代其他国家的劳动法令，说一说英国劳动法规的特点和问题。

（孟钟捷　编）

079

田中奏折（节录）

（1927年7月25日）

函件

田中首相致宫内大臣一木喜德请代奏明对满、蒙积极政策函

欧战而后，我大日本帝国之政治及经济，皆受莫大不安。推其原因，无不因我对满、蒙之特权，及确得之实利，不能发挥所致。因此颇烦陛下圣虑，罪大莫逃。然臣拜受大命之时，特赐对支那及满、蒙之行动须坚保我国权利，以谋进展之机会云云，圣旨所在，臣等无不感泣之至。然臣自在野时主张对满、蒙积极政策，极力欲使其实现，故为东方打开新局面，造就我国新大陆，而期颁布昭和新政。计自六月二十七日至七月七日共十一日间，招集满、蒙关系之文武百官开东方会议，对于满、蒙积极政策已经议定，烦祈执奏。（下略）

奏章

内阁总理大臣田中义一，引率群臣，诚惶诚恐，谨伏奏我帝国对满、蒙之积极根本政策之件

对满蒙之积极政策

所谓满、蒙者，乃奉天、吉林、黑龙江及内外蒙古是也。广袤七万四千方里，人口二千八百万人，较我日本帝国国土（朝鲜及台湾除外）大逾三倍，其人口只有我国三分之一。不惟地方人稀，令人羡慕，农矿森林等物之丰，当世无其匹敌。我国因欲开拓其富源，以培养帝国恒久之荣华，特设南满洲铁道会社，借日、支共存共荣之美名，而投资于其地之铁道、海运、矿山、森林、钢铁、农业、畜产等业，达四亿四千余万元。此诚我国企业中最

雄大之组织也。且名虽为半官半民，其实权无不操诸政府。若夫付满铁公司以外交、警察及一般之政权，使其发挥帝国主义，形成特殊会社，无异朝鲜统监之第二。即可知我对满、蒙之权利及特益巨且大矣。故历代内阁之施政于满、蒙者，无不依明治大帝之遗训，扩展其规模，完成新大陆政策，以保皇祚无穷，国家昌盛。无如欧战以后，外交内治多有变化，东三省当局亦日就觉醒，起而步我后尘，谋建设其产业之隆盛，有得寸进尺之势。进展之迅速，实令人惊异。因而我国势力之侵入，遽受莫大影响，惹出数多不利，以致历代内阁对满、蒙之交涉皆不能成功。益以华盛顿会议成立九国公约，我之满、蒙特权及利益，概被限制，不能自由行动；我国之存立，随亦感受动摇。此种难关，如不极力打开，则我国之存立即不能坚固，国力自无由发展矣。矧满、蒙之利源，悉集于北满地方，我国如无自由进出机会，则满、蒙富源，无由取为我有，自无待论；即日、俄战争所得之南满利源，亦因九国条约而大受限制。因而我国人民不能源源而进，支那人民反如洪水流入，每年移往东三省者，势如万马奔腾，数约百万人左右。甚至威迫我满、蒙之既得权，使我国每年剩余之八十万民，无处安身。此为我人口及食料之调节政策计，诚不胜遗憾者也。若再任支那人民流入满、蒙，不急设法以制之，迄五年后，支那人民必将加增六百万人以上。斯时也，我对满、蒙反增许多困难矣。回忆华盛顿会议九国条约成立以后，我对满、蒙之进出悉被限制，举国上下舆论哗然。大正先帝陛下密召山县有朋，及其他重要陆、海军等，妥议对于九国条约之打开策。当时命臣前往欧、美密探欧、美重要政治家之意见，金谓成立九国条约，原系美国主动，其附和各国之内意则多赞成我国之势力增大于满、蒙，以便保护国际之贸易及投资之利益。此乃臣义一亲自与英、法、意等国首领面商，颇可信彼等对我之诚意也。独惜我国乘彼等各国之内诺，正欲发展其计划而欲破除华盛顿九国条约之时，政友会内阁突然倒坏，致有心无力，不克实现我国之计划。言念及此，颇为痛叹。至臣义一向欧、美各国密商发展满、蒙之事，归经上海，在上海船埠，被支那人用炸弹暗杀未遂，误伤美国妇人。此乃我皇祖皇宗之神佑，义一方得身不受伤。不审上天示意于义一，必须献身皇国为极东而开新局面，以兴新皇国而造新大陆。且东三省为东亚政治不完全之地，我日人为欲自保而保他人，必须以铁与血，方能拔除东亚之难局。然欲以铁血主义而保东三省，则第三国之亚美利加，必受支那以夷制夷煽动而制我。斯时也，我之对美角逐，势不容辞。更进而言之，以臣义一在上海船埠受支那人爆炸之时，转伤美人性命，而支那便安然无事，则东亚之将来如非以如此作去，我国运必无发展之希望。向之日、俄战争，实际即日、支之战。将来欲制支那，必以打倒美国势力为先决问题，与日、俄战争之意，大同小异。惟欲征服支那，必先征服满、蒙，如欲征服世界，必先征服支那。倘支那完全可被我国征服，其他如小中亚细亚及印度、南洋等异服之民族，必畏我敬我而降于我。使世界知东亚为我国之东亚，永不敢向我侵犯，此乃明治大帝之遗策，是亦我日本帝国之存立上必要之事也。若夫华盛顿九国条约，纯为贸易商战之精神。乃英、美富国欲以其富力，征服我日本在支那之势力。即军备缩小案亦不外英、美等国欲限制我国军力之盛大，使无征服广大支那领土之军备能力，而置支那富源于英、美富力吸收之下，无一非英、美打倒我日本之策略也。顾以民政党等徒以华盛顿九国条约为前提，盛唱对华贸易主义，而排斥对华权利主义，皆属矫角杀牛之陋策，是亦我日本自杀之政策。盖以贸易主义者，如英国因有强大之印度及澳洲为之供给食物及原料；亚美利加因有南美、加拿大等可为伊供给养料及原料之便，则其余存之力，可一意扩张对支那贸易，以增其国富。无如我国之人口日增，从而食料及原料日减，如徒望贸易之发达，终必被雄大资力之英、美所打倒，我必终无所得。最可恐怕者，则支那人民日就醒觉，虽内乱正大之时，其支那民众尚能精勤不息，模仿日货以自代。因此，颇阻我国贸易之进展。加之，我国商品专望支那人为顾客，将来支那统一，工业必随之而发达，欧、美商品必然竞卖于支那市场，于是我国对支那贸易必大受打击。民政党所主张之顺应九国条约，以贸易主义向满、蒙直进云云者，不啻自杀政策也。考我国之现势及将来，如欲造成昭和新政，必须以积极的对满、蒙强取权利为主义，以权利而培养贸易，此不但可制支那工业之发达，亦可避欧势东渐之危险。策之优，计之善，莫过于此。我对满、蒙之权利如可真实的到手，则以满、蒙为根据，以贸易之假面具而风靡支那四百余州;再以满、蒙之权利为司令塔,而攫取全支那之利源。以支那之富源而作征服印度及南洋各岛以及中、小亚细亚及欧罗巴之用。我大和民族之欲步武亚细亚大陆者,握执满、蒙利权,乃其第一大关键也。况最后之胜利者赖粮食,工业之隆盛者赖原料也,国力之充实者赖广大之国土也。我对满、蒙之利权,如以积极政策而扩张之,可以解决种种大国之要素者则勿论矣。而我年年余剩之七十万人口,亦可以同时解决矣。欲实现昭和新政,欲致我帝国永久之隆盛者,唯有积极的对满、蒙利权主义之一点而已耳。

满、蒙非支那领土

此所谓满、蒙者,依历史非支那之领土,亦非支那特殊区域。我矢野博士尽力研究支那历史,无不以满、蒙非支那之领土,此事已由帝国大学发表于世界矣。因我矢野博士之研究发表正当,故支那学者无反对我帝国大学之立说也。最不幸者,日、俄战争之时,我国宣战布告明认满、蒙为支那领土。又华盛顿会议时,九国条约亦认满、蒙为支那领土,因之外交上不得不认为支那主权。因此二种之失算,致祸我帝国对满、蒙之权益。如以支那之过去而论,民国成立虽倡五族共和,对于西藏、新疆、蒙古、满洲等,无不为特殊区域,又特准王公旧制存在,则其满、蒙领土权,确在王公之手。我国此后有机会时,必须阐明其满、蒙领土之真相于世界当道,待有机会时,以得寸进尺方法而进入内外蒙古,以成新大陆。且内外蒙既沿王公旧制,其权明明在王公手中,我如欲进出内外蒙,可以与蒙古王公为对手,则缔结权利,便可有裕绰机会,而可增我国力于内外蒙古也。至对于南、北满之权利,则以二十一条为基础,勇往迈进,另添如下之附带权利,以便保持我永久实享之权利。

一、三十年商租权期限满了后,更可自由更新其期限,并确认商、工、农等业之土地商租权。

二、日本人欲入东部内外蒙古居住、往来及各种商、工业等,皆可自由行动,及出入南、北满时,支那法律须许可自由,不得不法科税或检查。

三、在奉天、吉林等十九个铁矿及石炭矿权,以及森林采取权获得之件。

四、南满及东部蒙古之铁道布设并铁道借款优先权。

五、政治、财政、军事顾问及教官增聘以及佣聘优先权。

六、朝鲜民取缔之警察驻在权。

七、吉长铁道之管理经营延长九十九年。

八、特产物专卖权及输送欧、美贸易之优先权。

九、黑龙江矿产全权。

十、吉会、长大铁路敷设权。

十一、东清铁路欲向俄国收回时之借款提供特权。

十二、安东、营口之港权及运输联络权。

十三、东三省中央银行设立合办权。

十四、畜牧权。

对内外蒙古之积极政策

满、蒙既为旧王公所有，我国将来之进出必须以旧王公为对手，方可以扶持其势力。依故福岛关东长官之长女，因献身于皇国起见，以金枝玉叶之质，而为未开化民族之图什叶图王府之顾问。加之图什叶图王之妃，乃肃亲王之侄女，因此关系，图什叶图王府与我国颇为接近。我特以意外之利益及保护而罗致之，在内外蒙古各王府等，无不以诚意对我敬我。现在图什叶图王府内之我国退伍军人，共有十九人在矣。而向王府收买土地及羊毛特买权或矿权，均被我先取定其特权矣。此外接派多数退伍军人密入其地，命其常服支那衣服，以避奉天政府嫌疑，散在王府管区之内，实行垦殖、畜牧、羊毛买收等权。按其他各王府，仍依对图什叶图王府方法而进入，到处安置我国退伍军人，以便操纵其旧王公。待我国民移往多数于内外满、蒙之时，我土地所有权先用十把一束之贱价而买定之。然后将其可垦为水田者种植食米，以供我食料不足之用；不能垦为水田者则盛设牧场，养殖军马及牛畜，以充我军用及食用；余剩之额，制造罐头运贩欧、美，其皮毛亦可供我不足之用。待时期一到，则内外蒙古均为我有。因乘其领土权未甚显明之时，且支那政府及赤俄尚未注意及此之候，我国预先密伏势力于其地。如其内外蒙古之土地，多数被我买有之时，斯时也，是蒙古人之蒙古欤？抑或日本人之蒙古软？使世人无可分辨。我则借国力以扶持我主权，而实行我积极政策。我国对于蒙古之施为，因欲实行如上之政策，由本年起由陆军秘密费项下，抽出一百万元以内，急派官佐四百名，化装为教师或支那人潜入内外蒙古，与各旧王公实行握手，收束其地之牧畜、矿山等权，为国家而造成百年大计。

录自复旦大学历史系中国近代史教研组编：《中国近代对外关系史资料选辑（1840—1949）》（下卷）（第1分册），上海：上海人民出版社，1977年，第141—147页。

[历史背景介绍]

1927年春，日本爆发了金融危机。日本在野党和军部乘机攻击若槻内阁的内外政策，迫使该内阁辞职，由大军阀、政友会总裁田中义一登台组阁。田中上台后，对内采用通货膨胀、政府给银行拨款等办法，帮助垄断资产阶级渡过金融危机。对外，批判币原外交软弱无力，加紧对华武装干涉和侵略扩张。为阻止中国国民革命军北伐和国家统一，日本三次出兵山东、制造"皇姑屯事件"。1927年6月27日至7月7日召开的"东方会议"最为鲜明露骨地展现了田中内阁的侵华政策。在这次会议上，通过了《对华政策纲领》这一指明对华侵略方针政策的文件。其中，第六至八项为有关满、蒙之主张。会后，日本帝国主义便着手实施武力吞并东北的阴谋计划。首相田中义一根据东方会议决议，起草了一份给天皇的奏折，原件称《帝国对满蒙之积极根本政策》，即臭名昭著的《田中奏折》。《田中奏折》中有关满蒙的征服构想，正是日本帝国主义推动总体备战不可或缺的重要一环。

有关《田中奏折》的真伪，学界存在颇多争论。日本一些学者认为这个文件是中国人伪造的。比如，稻生典太郎的"奉天辽宁国民外交会"日本通"伪造"说、高仓彻一的中共"伪造说"、秦郁彦的王家桢和蔡智堪"伪造"说。从总体上，日本学术界基本上否定《田中奏折》的存在。中国史学界对此有三种观点：一是肯定说，认为奏折"涉及内容之广泛、设想之详尽、计划之周密",且历史事实证明从东方会议召开到1945年日本对外侵略失败为止,"日本完全是按照田中奏折的要求和规定进行的";二是缺乏证据说,将日本所存资料和美国国会图书馆复制的《日本外务省档案》进行对比分析,指出东方会议确定了侵华政策,但《田中奏折》的存在缺乏依据,而由东方会议的内容得出结论还为时尚早;三是体现说,指出不论《田中奏折》真伪,1927年以后日本采取的对外侵略行动,体现了日本侵略者的扩张意志和侵略野心,历史事实与《田中奏折》的总体规划如出一辙。

[思考题]

1.《田中奏折》的核心内容是什么?

2.《田中奏折》在日本侵华方针的确立过程中起到了怎样的作用?

（陈洪运　编）

080

意大利—埃塞俄比亚和平友好条约

（1928年8月2日）

第一条　埃塞俄比亚帝国和意大利王国间的持久和平与永恒友谊将共同存在。

第二条　两国政府相互承认，一方不以任何借口采取可能损害另一方独立的行动，并保护属于各自国家的利益。

第三条　两国政府有义务使两国间现有贸易得到发展并日臻繁荣。

第四条　[各方在另一国领土上的公民]……有义务遵守并尊重其居住国的法律。有待商定的对于意大利公民、埃塞俄比亚臣民和辩护人的条款，将继续适用埃塞俄比亚帝国和法兰西共和国1908年1月10日签订的条约第七条规定。因为该条约将继续有效。

录自齐世荣主编：《世界通史资料选辑·现代部分》（第3分册），北京：商务印书馆，2007年，第148页。

[历史背景介绍]

1926年，意大利和英国试图联合向埃塞俄比亚进行商业渗透。意大利人计划经营一条铁路，而英国人则希望建造水厂来灌溉英属苏丹。水厂项目因英国公众反对而流产。但意大利人没有放弃，他们赠送当时皇储、后来的皇帝海尔·塞拉西包括豪车在内的大量礼品，从而打消了埃塞俄比亚方面的疑虑。《意大利—埃塞俄比亚和平友好条约》赋予意大利很多特权，为其接下来的经济渗透和军事侵略打下基础。有关意大利尊重埃塞俄比亚主权的条款带有纯粹宣言式的性质。

[思考题]

《意大利—埃塞俄比亚和平友好条约》是平等条约吗？为什么？

（王志华　编）

081

非战公约

（1928年8月27日）

德国总统，美利坚合众国总统，比利时国王陛下，法兰西共和国总统，大不列颠、爱尔兰以及海外各领地国王兼印度皇帝陛下，意大利国王陛下，日本皇帝陛下，波兰共和国总统，捷克斯洛伐克共和国总统深切地感觉到促进人类幸福是他们严正的职责；

相信坦白地废弃战争作为实行国家政策工具的时机已经到来，借使现在各国人民间的和平友好关系可以永垂久远；

深信各国彼此间关系的一切改变只能通过和平方法并且作为和平及有秩序调整的结果实现，此后任何签字国如用战争作为手段来谋求增进其国家的利益，不得享受本条约给予的惠益；

希望世界一切其他各国从它们的榜样得到鼓励，共同参加此种基于人道的努力，于本条约生效时立即加入，将各国人民纳入本条约的仁慈条款以内，由是联合世界文明各国共同废弃战争作为实行国家政策的工具。

兹决定缔结一项条约，并各派全权代表如下：

（签字代表人名略）

经相互校阅全权证书，认为妥善后，议定下列各条：

第 一 条

缔约各方以它们各国人民的名义郑正声明它们斥责用战争来解决国际纠纷，并在它们的相互关系上，废弃战争作为实行国家政策的工具。

第 二 条

缔约各方同意它们之间可能发生的一切争端或冲突，不论其性质或起因如何，只能用和平方法加以处理或解决。

第 三 条

本条约由序言内所列缔约各方按照它们各自的宪法程序加以批准，并于所有它们的批准书均交存华盛顿时，在它们之间立即生效。

本条约依前款规定生效后应开放一个必要期间，使世界所有其他国可以加入。加入书应交存华盛顿，在这样交存以后，本条约在该加入国和已参加的其他各国之间即行生效。

合众国政府有责任将本条约及每一批准书或加入书经证明无误的副本送交序言内所列各国政府及后来加入本条约各国政府。合众国政府并有责任在此项批准书或加入书交存时立即电告该国政府。

本条约用英文和法文写成，两种文本具有同等效力，由各全权代表在本约上签字盖章，以昭信守。

1928年8月27日订于巴黎。

（签字代表人名略）

附一：爱沙尼亚、立陶宛、波兰、罗马尼亚和

苏维埃社会主义共和国联盟关于实施1928年8月27日非战公约的议定书

1929年2月9日订于莫斯科，同年3月30日生效

爱沙尼亚共和国政府、立陶宛共和国总统、波兰共和国总统、罗马尼亚国王陛下和苏维埃社会主义共和国联盟中央执行委员会热望对各自国家之间现存和平的维持作出贡献并且为此目的使1928年8月27日在巴黎签订的关于废弃战争作为国家政策工具的条约，在各自国家的人民之间立即生效，决定通过本议定书借以实现此项意愿并指派全权代表如下：

（代表名单略）

上述全权代表相互校阅各自全权证书，认为妥善后，议定如下：

第 一 条

1928年8月27日在巴黎签订的关于废弃战争作为国家政策工具的条约，其抄本附于本议定书后作为本议定书的组成部分，一俟各有关缔约国主管立

法机关批准1928年巴黎条约后，立即在各缔约国之间生效。

第 二 条

通过本议定书，1928年巴黎条约的生效在本议定书各方相互关系中应属有效，而不受1928年巴黎条约按照该条约第三条所规定的生效日期的影响。

第 三 条

一、本议定书应由各缔约国立法机关按照各自宪法的规定予以批准。

二、批准书应由各缔约国自批准本议定书之日起一星期内将批准书交存于苏维埃社会主义共和国联盟政府。

三、自两个缔约国交存批准书之日起，本议定书即在该两个缔约国之间生效。在其他缔约国和本议定书业已对它生效的缔约国间相互关系上，本议定书应随前者批准书的交存陆续生效。

四、苏维埃社会主义共和国联盟政府应将每次交存事由通知本议定书各签字国。

第 四 条

为使本议定书第一条发生效力，每一缔约国于其本国立法机关批准1928年巴黎条约后，应立即通过外交途径通知苏维埃社会主义共和国联盟政府和本议定书所有其他各方。

第 五 条

本议定书应予开放，任凭一切国家的政府加入。确定的加入通知应用苏维埃社会主义共和国联盟政府的名义作成，由该国政府将加入事由通知本议定书的其他各方。一俟收到此项关于加入的通知，本议定书应在加入国和本议定书所有其他各方的相互关系之间生效。

第 六 条

在加入国和本议定书所有其他各方的相互关系之间，通过本议定书以使1928年巴黎条约生效一事应按照本议定书第四条所规定的途径予以实现。

第 七 条

本议定书仅作成一份，苏维埃社会主义共和国联盟政府应将认证履实的副本送交各签字国或加入国。

上列全权代表在本议定书上签字盖章，以昭信守。

1929年2月9日订于莫斯科

（签字代表姓名略，苏联代表为马克西姆·李维诺夫；又本议定书附件即上列的非战公约，从略。——编者）

附二：苏联对参加非战公约建议的答复（节录）

1928年8月31日

（一）苏联政府从其存在的最初时起，便以维护和保障普遍和平作为自己的对外政策的基础，它随时随地都表现为和平的一贯的拥护者，并欢迎这方面的每一个步骤。同时，苏联政府在过去和现在一直认为，执行普遍的和全盘的裁军的计划是防止武装冲突的唯一有效的手段，因为在普遍的狂热的整军的气氛下，列强的任何竞争不可避免地要导致战争，而军备制度愈加完善，战争就更加具有毁灭性。苏联代表团曾向国际联盟裁军会议筹备委员会提出详细制定的全盘裁军的方案，但遗憾的是它没有得到上述委员会的大多数委员的支持，在这些委员当中也有那些就是在巴黎签订的公约的最初参加国的代表。方案被否决了，尽管采纳和执行这个方案将意味和平能得到实在的保障。

（二）苏联政府不愿放过任何一个机会来设法减轻人民群众身上沉重的军备负担，因此在它的关于全裁军的提案被否决以后，它不仅没有拒绝讨论局部裁军问题，而且通过本国出席筹备委员会的代表团自己提出了详细制定的局部的、但极其重要的裁军的方案。但苏联政府不得不遗憾地认定，这个方案也没有得到筹备委员会的同情，这样，筹备委员会就再一次地表明国联在裁军事业中（裁军是和平的最可靠的保障，是消灭战争的最有力的手段）是完全软弱无力的，因为几乎所有首先在禁止战争的公约上签字的国家都公开抵抗苏联的提案。

（三）苏联政府除了经常维护裁军事业外，为了执行自己的和平政策，早在目前签订的巴黎公约的思想产生以前很久，就曾向其他国家建议通过签订双边条约的办法不仅放弃巴黎公约所指的战争，而且放弃相互间的任何进攻和任何武装冲突。某些国家，如德国、土耳其、阿富汗、波斯和立陶宛，接受了上述建议，并与苏联政府签订了有关的条约；其他一些国家闭口不谈这个建议，并且避不作答，而另外有一些国家则拒绝这个建议，它们提出一个荒诞的理由，似乎无条件放弃进攻同它们对国联的义务是不相容的。但是，这并没有妨碍这些国家在巴黎公约上签字，虽然在公约本文中根本没有提到上述义务是不可违犯的。

（四）上面所列举的事实不可反驳地证明，在国际政治中排除战争和武装冲突的思想，是苏联对外政策基本的指导思想。虽然如此，巴黎公约的倡议者却认为不需要邀请苏联政府参加在签订该协定以前举行的谈判和制定公约本文工作的本身。那些由于或者曾经是进攻的对象（土耳其、阿富汗），或者现在是进攻的对象（伟大的中国人民的共和国）而真正关心保障和平的国家，也没有接到这一邀请。由法国政府转交的参加公约的邀请，也没有包含能使苏联政府有可能影响在巴黎签订的文件的条文本身的条件。但是，苏联政府是从这样一个公理的前提出发的，即无论怎样，它不能被剥夺在公约上签字的那些国家的政府所已经行使的或可能行使的权利，而根据这一权利，它应当预先提出关于自己对公约本身的态度的一些意见。

（五）苏联政府首先不能不对在巴黎公约中没有包含有关裁军的义务一点表示极大的遗憾。苏联代表团在筹备委员会中就曾经说过，只有把禁止战争的公约与实行全盘的、普遍的裁军结合起来，才能产生保障普遍和平的真正效果，相反地，"禁止战争"的国际条约如果不附有哪怕像限制不断增加的军备这样起码的保障，就会成为没有任何实在内容的死的条文。不久以前巴黎公约的某些参加国所公开发表的关于就是在签订该公约以后继续整军也是不可避免的声明，就证实了这一点。也就是在这个时期出现的几个新的国际政治集团（这些集团的出现特别与海军军备问题有关），更加清楚地说明了这一点。因此，已经形成的局势在目前就比过去任何时候更加需要采取坚决的裁军措施。

（六）苏联政府研究了公约的条文，认为必须指出在第一条中关于禁止战争的措词本身是不够明确的，它可以产生各种各样的和任意的解释。苏联政府认为，必须禁止一切国际战争，这里既包括作为执行所谓"国家政策"的工具的战争，也包括服务于其他目的（例如，服务于镇压人民解放运动的目的等等）的战争。苏联政府认为，应予以禁止的不仅有其有正式法律上的意义的战争（即预先必须"宣战"等等），有且有这样一些军事行动，如：武装干涉、封锁、武装占领他国领土和他国港口等等。近年来的历史记载了好几次这种给许多国家的人民带来巨大灾难的军事行动。有几个苏维埃共和国本身就曾经是这种进攻的对象。而目前4亿中国人民正遭受这种进攻。不但如此，这种军事行动往往发展为根本无法阻正的大规模的战争。可是，从维护和平的观点看来是极为重要的这些问题，在公约中却闭口不提。其次，在上述的第一条中谈到了只可用和平手段来解决一切国际争执和冲突的必要性。苏联政府关于这一点认为，下述手段也应列为公约所禁止的非和平手段，如：拒绝恢复正常的和平关系或破坏各国人民之间的这种关系，因为这种行动意味着排除解决争端的和平手段，使关系紧张，并且有助于制造有利于战争发生的气氛。

（七）在公约的最初参加国之间的外交通信中提出的保留中，英国政府在它的今年五月十九日的照会的第十款中提出的保留使苏联政府特别注意。根据这个保留，英国政府对一些地区保有行动的自由，而英国政府甚至并没有特地列举出这些地区。如果这里指的是不列颠帝国或它的自治领的版图内的地区，那末所有这些地区都已包括在公约之内，而进攻这些地区的情况在公约中已有规定，因而，英国政府有关这些地区的保留看来似乎至少是多余的。而如果这里指的是其他地区，那末公约的参加国有权确切知道：英国政府的行动自由在哪里开始和在哪里结束。但英国政府不仅在这些地区遭到军事攻击的情况下保有行动自由，而且甚至在遇到任何"不友好的"行动或所谓"干涉"时也保有行动自由，而且它显然保有任意确定甚么算是"不友好的"行动或"干涉"从而为英国政府的开战行动辩护的那种权利。

承认英国政府拥有此种权利，就会意味着证明战争是正当的，而这对公约的其他参加国说来也会是一个诱人的榜样，这些国家由于权利平等，就会攫得对其他地区的同样权利，这样一来，地球上也许不会剩下公约可以适用的地方。的确，英国政府的保留包含着对公约的另一个参加国的邀请，即要该国把另外一些地区也剔除出公约的效力之外。苏联政府不能把这个保留看作是利用公约本身作为帝国主义政策的工具的一种企图。但是，没有人把上述的英国政府的照会作为公约的一个组成部分或公约的附件通知苏联政府，因此，不能认为这个照会对苏联政府有约束力，正如公约的最初参加国之间关于公约的外交通信中所包含的其他保留对苏联政府没有约束力一样。苏联政府同样地也不能同意可能为战争辩护的任何其他的保留、特别是在上述通信中提出的、旨在把根据国联盟约和洛迦诺协定而作出的决议剔除出公约的效力之外的保留。

（八）概括上面所谈到的，应当认定：在公约中没有包含作为保障和平的最重大的因素的裁军的义务，关于禁止战争的措词本身是不详尽和不明确的，有一些保留条件的目的是要预先取消甚至类似对和平事业的义务的东西。虽然如此，由于巴黎公约在客观上使各国对舆论承担某些义务，并使苏联政府重新有机会向公约的全体参加国提出对和平事业最重要的问题——裁军问题，而解决这个问题是防止战争的唯一保障，因此苏联政府表示同意在巴黎公约上签字……

附三：英国对参加非战公约的保留条件（节录）

英国的保留条件载于5月19日奥斯汀·张伯伦爵士的备忘录的第十节中，内容如下，7月18日英国的备忘录并予确认。

第一条条文即关于废弃战争可作为国策之工具，使我想要提醒阁下注意，世界上有些地区的繁荣和完整，对我们的和平和安全具有特殊而重大的利害关系。英国政府在过去曾极力说明干涉这些地区是不能容许的。保护这些地区免遭攻击对大英帝国来说，是一项自卫措施。必须清楚地了解到：英国政府是在明确理解到条约不会损害他们在这方面的自由行动才接受新条约的。美国政府也具有同样的利益，凡外国对此利益任何漠视，他们已宣告将要视之为不友谊的行动。因此，英国政府相信，在明确他们的立场时，他们也表达了美国政府的意图和目的。

爱尔兰自由邦的众议院和加拿大的众议院分别于5月31日和6月7日发表声明：这项保留条件仅适用于大不列颠政府而不能约束各自治领的政府。

附四：法国对参加非战公约的保留条件（节录）

法国政府于谈判过程中对于美国提议的多边条约提出下列四项保留条件：

（一）所有国家都应加入该条约，除非缔结有某种弃权的特殊协定，只有待普遍加入后，条约始生效。

（二）每个国家都应保留有合法的防御权。

（三）如果一国破坏了它的不进行战争的保证，则所有其他国家即自动解除义务。

（四）条约无论在任何方面都不能抵触法国以前在国际联盟、洛迦诺协定或各项中立条约中所承担的义务。

凯洛格先生于1928年4月29日在华盛顿美国国际法协会上之演说中对这些保留条件答复如下：

一、自卫

在美国的非战公约草案中并没有任何限制或损害自卫权的规定。自卫权是每个主权国家所固有，而为每项条约所默认。每个国家可以在任何时候和不拘于条约之规定自由防守其领土使之免受攻击和侵略，只有它自己才有权决定：情况是否需要诉诸战争以实行自卫。如果它有充足的理由，全世界都会赞成而不会谴责它的行动。然而条约上承认此种神圣不可侵犯的权利，会使得确定侵略定义之任何努力遇到同样困难。这是同一问题的另一方面。就这方面而论，或（自卫的自然权利是不受条约的条款限制）任何条约的条款都不能附加于天然的自卫权利之上。条约上规定自卫的法律概念，对于和平并没有益处，因为要随意地使事件不超出大家所同意的界限是十分不容易的。

二、国联盟约

国联盟约没有肯定进行战争是一项基本的义务。如果有其他义务的话，那都是次要的、只有在一国经过考虑接受了这义务时才附加的。例如：国联盟约第十条在国联第四次大会一议案中（该议案由于有一票反对而没有正式获得通过成为决议）曾这样加以解释："关于维护各会员国之独立与领土完整的义务，以及在如何程度下会员国得使用武力以保证此项义务之执行。应由每一会员国的宪法权力机关决定之。"按照我的见解，国联盟约与无条件的废弃战争的概念之间，并没有必然的矛盾。的确，国联盟约可解释为在某种情况下是认可战争的，但这只是认可而并非积极的要求。

三、洛迦诺条约

如果洛迦诺条约的缔约国有进行战争的必要义务，此项义务无须等到缔约国之一已违反自己的庄严保证而进行战争时才执行。因此很明显的，如果洛迦诺条约的缔约国都成为美国建议的多边非战公约的成员国，那么洛迦诺条约将会得到双重的保障，而不至于被诉诸武力所破坏。在这种情况下其结果是：任何国家破坏洛迦诺条约诉诸战争也就是破坏了多边非战公约，其他非战公约的成员国在法律上当然即可自动解除它们在条约中所承担的义务，并自由行使洛迦诺条约义务。美国深愿洛迦诺条约的所有成员国都成为它所建议的非战公约的成员国，或用最先的签字方式加入条约或依美国草案第三条所规定的方式一侯其生效后然后加入条约均可，一旦此种建议被提出，美国不表示反对。

四、中立条约

美国并不知道法国心目中的确切条约，因而不能讨论它们的条款。然而作如下这样设想并不是不合理的，即认为法国与它所保证中立之国家间的关系，其接近和亲密的程度足以能由法国说服这些国家于适当时机加入美国建议的非战公约。如果已做到这样，则非战公约的成员国攻击中立国家，就是破坏条约，因而法国和其他国家即可自动对破坏条约的国家解除其非战公约的义务。如果中立的国家被一个不是非战公约成员国的国家所攻击，非战条约当然对此毫无关系，而法国可在保证中立的条约下自由行动，正如同它不是非战公约成员国一样。因此，如何把保证中立的条约认作必然会妨碍法国或任何其他国家去缔结废弃战争的多边条约这是难以理解的。

五、与破坏条约的国家的关系

我已指出过，一个当事国诉诸战争破坏了多边非战公约因而其他缔约国对破坏条约的国家即自动解除条约义务，这在法律上是没有问题的。任何对这个法律原则的明文认可是完全没有必要的。

六、普遍性

从一开始美国就希望它建议的多边非战公约，其适用范围应该是世界规模的，因之适当的条款已列在4月13日给其他政府的草案中。然而，从实际的观点出发这是很清楚的，无须推迟到世界上所有的国家都同意这样的条约条文并予以批准后，才使非战公约生效。由于某种原因，一个处境还不足危害世界和平的国家竟可以妨碍协定或拖延批准，以致使所有其他国家的努力归于无效。况且一种条约既被英、法、德、意、日政府以及美国政府所接受，而不能同样地被世界上即使不是全部也是最大多数的国家所接受，这是几乎不会有的事情。即使情况不是这样，一次有效的非战公约如在上述之国中已生效，并获得遵守，这将是防止第二次世界大战的一个实际的保证。这件事本身就是对人类的一个巨大的功绩，美国不愿意把条约的生效以条约获得普遍或近乎普遍的接受为条件，而使它提的建议的实际成就遭受危险。

录自王绳祖、何春超、吴世明编选：《国际关系史资料选编（17世纪中叶—1945）》，北京：法律出版社，1988年，第629—641页。

[**历史背景介绍**]

第一次世界大战后，和平主义运动在西方国家兴起。美国非战运动的代表性人物巴特勒与肖特维尔向法国外长白里安提出宣布战争为非法，废除以战争作为国家政策工具的建议。1927年6月20日，白里安从法国国家安全与改善法美关系出发，向美国国务卿凯洛格提出缔结非战公约的建议。美国为避免卷入欧洲战争，建议将此条约修改为一项多边条约。1928年8月27日，法国、美国、英国、比利时、德国、波兰、意大利、捷克斯洛伐克、日本等国在巴黎签订《关于废弃战争作为国家政策工具的一般条约》，又称《白里安—凯洛格公约》或《巴黎公约》。但在订约的同时，美国、英国、法国等国都先后发表备忘录、声明和保留条件，声称各国有权根据情况决定是否"诉诸战争"。1928年8月5日，苏联指出该公约具有反苏性质，迫使美、法随后对苏联发出缔约邀请，8月31日，苏联给予答复，并于9月27日加入非战公约，但声明不承认各国对该公约提出的任何保留条件。

[思考题]

1.《非战公约》的基本内容是什么？

2.如何看待各国在签订条约的同时提出的保留条件？

（肖琦　编）

082

福斯特论柯立芝"繁荣时期"

柯立芝的"好时光",包括胡佛时期的几个月在内,由1923年年中直到1929年10月危机爆发,其间仅有短暂的间断。对于工会教育联盟来说,这是艰苦斗争和相对脱离群众的时期。这是美国劳工运动史上工人阶级斗争意志最消沉、斗争次数最少的时期。工会领导人空前地最腐败、最专横的时期。工会教育联盟自然是在与群众失去联系和群众运动遭受失败上面,深深地感觉到繁荣幻想、开除异己、恐怖活动的影响。

工人斗争遭受这次大挫折,基本原因在于这个时期美国帝国主义大大向上发展了。美国资本主义在经济上,在国际影响上都有了巨大的进展,成了世界上最强大的帝国主义国家。种种因素结合起来,造成了美国的巨大工业发展,从而提高了它的政治力量。这些因素包括:战时和战后二十亿美元贷款的资本输出,这大大刺激了美国的生产和输出;从遭受战争摧毁的欧洲列强手上夺得了世界市场;大规模实行加快制度或工业的"合理化";大量的分期付款购买制度的发展;汽车及各种奢侈品工业的扩充;美国南部工业化等等。这些因素汇合起来,形成了美国雇主牟取巨利的乐园。美国雇主们成了全世界资产阶级妒羡的对象。

在这时期,政府是极为反动的政府。从以下事例不难看出这个政府的总精神,这些事例就是:军备和军事宣传大大增长,几次武装侵略加勒比海和中美洲各国,利用道威斯和扬格计划有系统地奴役德国,极端仇视苏联,处死萨柯和范齐蒂,继续监禁蒙尼和比林,南部地区肆行私刑,提朴多姆地方的大舞弊案,斯科普斯的进化论审判等等。

工业合理化

这一疯狂牟取利润和反动的时期，在美国资本家的回忆中是一个黄金时代。在这时期，雇主们的中心目标无非是极紧张地加快工人的工作，让他们能吞食更多的利润。他们大事改善工业技术；为了勾引工人上他们的加快制度的圈套起见，他们发明了一整套巧妙的制度，如新式的奖金和计件工资计划、苦心筹划的"福利"制度、虚伪的养老金、雇工购股等等。

所有这些都是凭借浩瀚的甜言蜜语的宣传去完成的，他们利用资本主义的每一种宣传工具去说服工人，要工人们相信工人的利益在于与雇主合作，增加生产，尽量减低成本。这种放毒的宣传，装扮成种种新奇之点。他们妄自断言，"大批生产而提高工资"这一魔术似的公式，不仅可以在眼前改善工人的生活标准，而且可以使工人脱离资本主义而得到最后解放。有整个学派的资产阶级经济学者竟把赶快制度的宣传发展成为体系，我在当时称之为"资本家的效率社会主义"。例如，卡佛尔主张工人有了高的工资就可以逐渐收买和控制工业，季勒特滔滔不绝地声言这是走向合作的社会，柴斯刻竟描绘合理化资本家企业所将实现的社会奇迹，佛斯特尔和克清思则发表"增强购买人财力"的谬论，诸如此类不一而足。一切都可爱，享福的日子已经在望了。一句话，无产阶级革命是用不着的了。美国资本主义已经治好了内部的矛盾。不会再有工业危机，也不会有大批的失业了。福特代替了马克思。全世界的资本家都对这种奇迹惊叹不止，颂扬美国的"新"资本主义，打算在自己国内也来仿效实行。

然而，这些年来工业合理化所创造的大量新财富，其实却是落在资本家的不知餍足的腰包里了。工人所得到的，微乎其微。从1923年到1929年的工业产量，平均每个工人增加了不下百分之二十九，利润也增加了一倍或两倍，但据可靠的材料，平均实际工资增加不到百分之四点五。而且工资的这种增加大都增加给有组织的技术工人，尤其是靠加班、经常有工作等等原因增加的。这些工人的生活标准是有相当的提高的。在这个时期，马克思所称为工人贵族"资产阶级化"的现象是普遍的。至于非技术工人群众，虽然物质上不见得比过去好些，由于当时流行的强烈的合理化宣传的毒害，思想上也是相当资产阶级化。这个时期，是劳动群众中间资本主义繁荣的幻想最为广泛的时期。……

录自齐世荣主编:《世界通史资料选辑·现代部分》(第2分册)，北京:商务印书馆，1982年，第295—297页。

[历史背景介绍]

第一次世界大战后，经过1920年年中至1921年年末的短暂经济萧条，美国经济开始复苏，并逐渐趋于繁荣，其时间从1923年直到1929年秋，大致与美国总统柯立芝在位期间重合，故称"柯立芝繁荣"。柯立芝采取的是自由放任和"无为而治"的政策。他强调美国政府要保护大资本家的利益，把政府的任务理解为，在最少的监督下为企业发展创造最多最好的条件。他的价值理念使他坚信，政府应该谨防多数人的意见，不应该向高尚的富人征税以援助卑贱的穷人。柯立芝对充斥社会的投机活动，不仅听之任之，而且加以鼓励。当时整个美国社会的投机活动发展到令人难以相信的极端。正因此，虽然柯立芝时代在经济上高歌猛进，呈现出一片繁荣的景象，但也潜伏着深刻的矛盾和失调，整个美国社会的生活和价值观都发生了剧变。美国共产党的创立者和卓越领导人威廉·福斯特正是深感柯立芝时代经济繁荣背后的暗流涌动，写下了上述文字。

对于"柯立芝繁荣"出现的原因，辽宁大学历史系教授韩安俊认为得益于以下因素:一战后各种机器设备生产和住宅建设的发展、美国资产阶级推行的"资本主义合理化"运动、工业部门开展研究活动和改进设计工作、商业界大力采用分期付款的赊销方法和广告来推销商品、美国积极夺取新的海外市场。而许昌学院文史与传媒学院许国林教授指出，美国在第一次世界大战期间扩张起来的经济实力为"柯立芝繁荣"奠定了坚实的物质基础;技术革命是"柯立芝繁荣"最基本、最重要的原因;一战后美国国内外市场的扩大对"柯立芝繁荣"产生了深刻的影响;20世纪20年代的三大工业(建筑、汽车、电气)是"柯立芝繁荣"的基本刺激因素;赊销制和广告宣传也具有同样的作用；而柯立芝政府所采取的经济政策推动和加速了"柯立芝繁荣"的到来。

[思考题]

为什么说"柯立芝繁荣"不是真正的繁荣?

（陈洪运　编）

083

库恩·贝拉：匈牙利无产阶级
革命的教训（节录）
（1929年）

一

1918年和1919年间，在中欧工人阶级面前提出了一个用一般的语言确定下来的问题："你们愿意取得胜利吗？"

在社会民主党领导下的工人阶级中的大多数人，经过某种动摇之后，对这个问题作了否定的回答。匈牙利无产阶级同贫苦农民一起则作了肯定的回答，并且敢于夺取胜利。

在匈牙利，没有一个能够担负起领导资产阶级民主革命的政党。在军事上遭到溃败以后，爆发了推翻哈布斯堡统治的革命，匈牙利社会民主党也同奥地利和德国的社会民主党一样，认为自己的唯一任务就是不让资产阶级民主革命转变为社会主义革命。到战争结束的时候，在匈牙利只有工人阶级是有组织的，也正是这个工人阶级同没有组织的农民一起推翻了哈布斯堡君主政体。革命的火车头在向前飞驰，它被这样一种矛盾所推动，这个矛盾不仅对于俄国、而且对于匈牙利的资产阶级民主革命来说也是典型的，这个矛盾就是：匈牙利最有组织的、最有明确目标的阶级——工人阶级——在革命初期推翻了君主政体，但是，因为它的阶级意识没有足够的发展，而它的组织程度也还没有达到足以把夺取来的政权坚持下来，却放弃了夺取政权。

在资产阶级革命爆发之后不久，大约在无产阶级革命取得胜利之前四个月，匈牙利共产党建立起来了，这时，上面所讲的矛盾得到了局部的解决。年轻的共产党以不可抗拒的力量向激动的群众发出了社会主义革命的口号：解除资产阶级的武装，武装无产阶级，建立苏维埃政权。无产阶级在共产主义先锋队中找到了虽然还是软弱无力的、但毕竟是有组织的领导。

但是，在无产阶级革命取得胜利之前，共产党的鼓动工作还不能够深入农村，还不能够在农民群众中生根。共产党还无力克服在土地问题上的社会民主主义传统，而为了捉摸到农民的情绪并根据农民的要求来施行布尔什维克的土地政策，它的干部也还太少。

革命的火车头不仅在内部矛盾中而且也在国际形势中获得自己的动力。协约国从西方向匈牙利施加压力，在东方出现了俄国革命的范例。协约国的帝国主义者立刻感觉到，中欧方面布尔什维主义的危险以在匈牙利为特别巨大。因此他们竭尽自己的力量攻击匈牙利，力图用建立一系列新国家的办法来建立一个反对布尔什维主义的堡垒，匈牙利的人民大部分处在其他国家的统治之下。匈牙利的统治阶级和社会民主党投入了协约国的怀抱。社会民主党的陆军部长还在协约国没收军用物资之前就把它们送给了同苏联作战的波兰军队。但是，所有这一切并没有使协约国的政治家们大发慈悲，在1919年3月已经作好决定，按照这个决定，旧匈牙利只剩下小小一部分了。协约国这一政策的顶点乃是1919年3月20日法国上校威克斯的通牒。在这个通牒中协约国要求立即把一些纯粹是匈牙利的省区转归罗马尼亚。政府的外交政策这种显著的破产，使得小资产阶级和工人贵族既离开了资产阶级政党，也离开了社会民主党。

但是，所有这一切不过是由于当时国际形势所积累起来的易燃物的一部分。胜利的十月革命把关于社会主义的问题作为一个直接的迫切任务在广大无产阶级群众面前提了出来。由于共产党进行鼓动的结果，开始占据工厂，即所谓"野蛮的社会化"。社会民主党徒劳地营运实现"合法的社会化"。首先是以社会民主党为代表的政权，在工人阶级（它只有一部分被共产党组织起来）自发的强大的进攻之下垮台了。

农民运动在农村中开展起来，它在很大程度上失去了共产党的领导，一部分是由从俄国回来的俘虏们领导的。这个运动不仅反对国家的行政机关，并且也反对大地产。还在专政建立以前，共产党就犯了一个错误，因为它让农民在立即分配地主土地和直接把大地产变为社会主义地产这两者之间去加以选择。这一错误在很大程度上由于下述情况而得到证实：在农村中，随着农民的剧烈分化，在分配地主土地问题上爆发了农村工人（雇农、零工）和农民土地所有间的尖锐的阶级斗争。小的农民土地占有者赞成分配地主的地产，而领导他们的富农则主张给地主以赔偿。在匈牙利农村人口中占大多数的农业无产阶级反对把地主的土地转归占有土地的农民，坚持在无地的农民当中无偿地分配地主的土地。

二

政府方面已没有任何武装力量了。尽管共产党人的领袖大部分还在监狱中，由于整个国家机关的土崩瓦解，它们仍然很好地从监狱里领导了无产阶级向资产阶级民主革命的进攻。卡罗伊政府想使共产党人中立，或者甚而吸收共产党人参加政府以建立统一民族阵线，这一切企图遭到了共产党人的一致反击。虽然一部分社会民主党的领袖并不反对小法诺斯克的榜样（他们企图在2月20日对共产党人施行血腥的屠杀），但是由于下述两个原因他们没有这样做：第一，群众——不仅是工人，还有一小部分小资产阶级——既对协约国感到失望，便转到"东方方针"方面来，而他们认为共产党是这一方针的代表者；第二，在社会民主党的领导阶层中有一些人虽然没有积极地转向共产党人方面来，但是他们毕竟没有让自己党内的同志效法诺斯克的榜样，把共产主义运动淹没在血泊之中。

在这些条件之下，社会民主党不得不跟着群众走，并和共产党人订立协定。由于这个协定，社会民主党采取了共产党人的纲领，这两个政党合并起来以便夺取国家政权，建立匈牙利社会主义苏维埃共和国。

共产党人既和社会民主党人合并，这就犯下了致命的错误。造成这种严重错误的原因之一是共产党还很年轻，在估计党的作用方面，还受到工团主义传统的影响。第二个原因在于：共产党不是根据事实、而是根据各种也可能不会实现的假设来制定自己的策略。共产党人同社会民主党人结成联盟，同时指望还需要建立的匈牙利红军同当时处在距匈牙利边境数百公里的俄罗斯苏维埃共和国的红军联合起来，指望共产党人后来能从政府中把那些不同意执行革命政策的社会民主党人清除出去。这种期望没有实现，而同社会民主党人合并这一致命的错误却成了苏维埃共和国覆灭的基本原因之一。后来想纠正这种错误的企图——就是想摈弃社会民主党、恢复共产党独立的企图——也由于血浴过军队的压力和罗马尼亚军队的进攻而遭到破坏。这一严重的错误给匈牙利苏维埃政府的政策中增添了动摇不定的因素。无论是领导机关或是执行机关都不能依靠一个团结一致的、有组织的共产主义先锋队，而最初的致命的妥协也引起了接连不断的妥协，这些妥协是由于组成苏维埃匈牙利政府的成分极其复杂而不得不作的。

另一方面，因为匈牙利共产党一般说来曾经把政权夺取在自己手中就对匈牙利共产党加以非难，无疑是极不正确的。

共产党在四个月的时间中极其尖锐地提出了苏维埃政权的问题。在这样的时候，即在资产阶级同社会民主党结成联盟也不能把政权保持在自己手中的时候，却拒不夺取政权，这是比同社会民主党人合并还要更加致命的错误。在广大工人群众迫使社会民主党领袖采取共产党人的纲领并"恢复工人阶级的统一"的时候放弃政权，就意味着使共产党的威信扫地。当然，这并不是一种口实，但是这多少使下述事实成为可以理解的：正当共产党有可能去夺取政权，而它的独立存在又是把政权保持在自己手中的基本条件的时候，它放弃了自己的独立性。历史证明：革命只能有一次达到顶点，而假定革命政党不利用此时造成的革命形势，革命就必然要灭亡。

关于"转交政权"的神话，也如认为共产党似乎"过早地"夺取了政权那种责难一样虚伪。当时盛行的见解是：资产阶级政府（其中也有社会民主党人）为了共产党人的利益而放弃了政权，共和国的总统米海伊·卡罗伊伯爵则把政权转交给了无产阶级和苏维埃政府。事实上，政府中的资产阶级成员也和共和国总统一样，只是在匈牙利宣告成立苏维埃政府以后才得知这个消息的。匈牙利共和国总统卡罗伊伯爵后来写道,共产党人和社会民主党人在3月21日下午五点钟签署了宣告苏维埃共和国成立的文告,而社会民主党的部长无论对他还是对资产阶级的部长都丝毫没有提起此事。卡罗伊写道:"在这一切发生以后,我必须辞去职务,而为了避免无谓的流血——因为当时除了社会党以外没有任何有组织的力量,全部警察和军队都处在社会党和共产党的领导之下——我签署了关于我辞去职务和把政权转交给无产阶级的宣言,事实上无产阶级早已夺去并公开宣布取得了政权……""我不是把政权转交给无产阶级,因为它早就由于有计划地建立了社会主义的军队而取得了政权。"

下面的事实也证明卡罗伊所作的关于他不是转交政权的声明是公正的:他是在3月21日深夜,即在他的声明公布以前就取消了在辞职声明上的签名。不是由于他,而是由于这些历史事件的其他参加者,这个声明才在卡罗伊取消自己的签名以后发表出来。这样做是为了使无产阶级革命的敌人陷入混乱,为了瓦解和扰乱那些还跟着卡罗伊走的阶层。

录自齐世荣主编:《世界通史资料选辑·现代部分》(第2分册),北京:商务印书馆,1982年,第254—259页。

[历史背景介绍]

库恩·贝拉是匈牙利革命的亲身经历者。他曾是新闻记者,因发表揭露当局镇压工人运动的文章而入狱。一战爆发后,他被强征入伍。1916年,他在前线被俘,后同俄国革命者取得了联系。1917年夏,他加入俄国布尔什维克党。二月革命后,他曾见过列宁。1918年3月,俄共(布)匈牙利共产主义组织成立,库恩是领导人之一。11月6日,他秘密回到祖国。20日,匈牙利共产党成立,库恩当选为党中央书记。在社会民主党和共产党合并后,匈牙利苏维埃共和国成立,库恩出任外交部长,"事实上是匈牙利苏维埃政府的领导者"(列宁语)。革命失败后,库恩流亡奥地利,并在那里被捕,后被苏俄政府营救,回到俄国。他担任过南方战线革命军事委员会委员和克里米亚革命委员会主席。1921年，当选为共产国际执行委员，并继续担任匈牙利地下共产党的主要负责人。他先后撰写了大量关于匈牙利革命及其经验教训的文章。上文就是其中之一。

[思考题]

1. 请结合匈牙利革命的具体过程，概括总结库恩·贝拉所谈到的教训包括哪些？

2. 请结合其他相关材料，谈谈你对这些教训的认识。

（孟钟捷　编）

084

墨西哥国民革命党成立
（1929年3月4日）

国民革命党组织委员会第一次宣言（节录）
1928年12月1日

……

事实上，时任共和国总统在9月1日发布的信息中，已经提到要号召建立一个方向明确、生命力持久的政党，以实现我们制度上真正的民主。

通过深思熟虑，我们可知，目前存在多股分裂国家的势力和思潮，必须要采取两种强有力的方式来引导它们：一为创新、改革或革命，二为保守或守旧。

为了开启墨西哥的这种变革，引导和汇集第一种方式的所有力量，即革命的力量，根据上述大会中提到的建议，为了能够充分行使法律赋予我们的作为公民的权利，我们聚集了该文件的签署者，组成了国民革命党组织委员会。

委员会遵循以下宗旨：

第一：号召共和国所有具有革命信仰和倾向的政党、团体和政治组织团结起来，组建国民革命党。

第二：及时召集希望加入国民革命党的所有现有组织的代表参加会议，讨论以下内容：

a. 党的章程

b. 建党方案的原则

c. 指定共和国总统候选人

d. 在批准的章程规定的期限内，指定应组成上述机构的指导委员会或全国委员会的人员。

为促进国民革命党的组织和大会本身的运作，委员会将履行以下职能：

一、适时召开大会，为有意参与组建国民革命党的团体制定必须遵守的准则。

二、起草公约的内部条例，以便讨论能够有条不紊进行。

三、拟定党的纲领草案，适时告知所有参与的团体组织，以便学习与讨论。

四、准备党的章程，利用一切机会向下属组织进行宣传，以便对章程进行学习与讨论。

五、提交委员会的公约

必须声明，为了了解国家的革命舆论，委员会的作用仅限于号召分散的革命力量，统一战线，共同达成具有主权的公约，并最终确定国民革命党的纲领、章程和总统候选人，因此该委员会不能也不应该偏袒任何特定的总统候选人。

因此，我们邀请共和国的所有革命者和具有此类倾向的政治团体和组织，利用我们作为公民的权利，围绕革命纲领团结起来。这份革命纲领将在以后的岁月里，在政府的行动中，具体化为我们的革命原则。

我们坚信，现在就是有原则的政党出现和形成的历史性时刻，我们热情地向本国的革命者发表讲话，我们要团结在我们的旗帜周围，因为我们相信，如果今天我们设法组建稳定的政党，代表国家不同的思潮，我们将把共和国从纯粹的个人野心（可能导致的无政府状态）中拯救出来。我们将建立真正的民主。

墨西哥，1928 年 12 月 1 日

Gral. Plutarco Elías Calles—Lic. Aaron Sáenz

—Ing. Luis L. León—Gral. Manuel Trevino

—Basilio Vadillo 教授－Bartolomé García 教授

Manlio Fabio Altamirano—Lic. David Orozco

国民革命党组织委员会第二次宣言（节录）

1928年12月8日

......

共和国革命者

革命的命运以及墨西哥的和平掌握在诸位的手中。历史的时刻赋予我们
艰巨的任务，需要我们紧密相连、团结一致，贯彻墨西哥社会改革的方针，
保护人们免于战争，这就是我们的宗旨。我们对未来充满信心，因为我们的
行动是在一个革命政府的指导下进行的，它会维护无产阶级的权益，因为我
们为的是我们的民主事业而奋斗。团结与纪律将引导我们走向成功，在伟大
的人民领袖奥夫雷贡和卡列斯的示范下我们勇往直前。国民革命党的胜利将
会在我们的历史上留下浓墨重彩的一笔。因这革命大家庭的团结，伟大的斗
争终将走向最后的胜利。

墨西哥城，1928年12月8日

Gral. Manuel Pérez Treviño—Ing. Luis L. León

—Basilio Vadillo—Bartolomé García

Correa—David Orozco—Manlio Fabio Altamirano

国民革命党成立的会议纪要（节录）

1929年3月4日

......

国家政治和社会组织，以"国民革命党"的名义，其合法地址为联邦区
墨西哥城。作为政党，国民革命党支持今日批准的准则、法规宣言和纲领。
如上所述，为了满足《联邦权利选举法》中第166条的规定，将以"革命"
为名出版一份党的机关报。在国内，国民革命党将通过自己的组织进行政治
和社会活动。这些组织主要是在制宪会议中被正式认可的地区政党，以及制

定政党章程的委员会。本证明将通过公证人进行公证。

公民主席、参议员菲利韦托·戈麦斯（Filiberto Gómez）起立，全体议员起立。参议员宣布：今天，1929年3月4日，我宣布国民革命党正式合法成立。

该证明一式三份，由出席大会的共和国各政治团体的代表签章。

译自西班牙文，可参见Documento tomado del libro, *Historia Documental del Partido de la Revolución*. Tomo I. PNR, 1929–1932, México, PRI, ICAP, 1986. pp.37–41.

[历史背景介绍]

20世纪初的墨西哥陷入全面暴力战争年代，波菲里奥·迪亚斯的长期独裁统治引发了旷日持久的墨西哥革命，后来演变为影响深远的政治变革和社会动荡，直接影响和决定了20世纪整个墨西哥的历史走向。弗朗西斯科·马德罗在1910年10月发起了反对波菲里奥政权和连任总统的起义，并最终在1911年5月成功逼迫波菲里奥辞职和流亡。马德罗在随后的选举中当选总统。当时国家政治非常混乱，不同党派团体间矛盾重重，也进而导致了各州的动乱。1913年2月，短暂执政的马德罗身亡，维多利亚诺·维尔塔上台，墨西哥再次陷入各路反叛军群雄逐鹿的境地。最终，立宪派的贝努斯蒂亚诺·卡兰萨于1915年占领墨西哥城并获得美国承认，但国内仍然盘踞数股实力强大的叛军。卡兰萨上台后开始推动国家从具有破坏性的革命状态向建设型转变，完善革命时期的意识形态、构建规范性的基础法律框架。1917年2月，《墨西哥合众国政治宪法》（Constitución Política de los Estados Unidos Mexicanos）正式颁布并沿用至今。

1920年5月，卡萨兰被暗杀，墨西哥再度陷入内乱之中，进入后革命时代，阿尔瓦多·奥夫雷贡、普卢塔科·卡列斯在1920—1928年陆续担任总统。尤其是卡列斯竭力维持国内的政治稳定，致力于推进制度主义和民主进程，也由此引发政府与墨西哥天主教会在文化、教育、社会等领域相互争夺主导权。双方的对抗导致国家的政治稳定性再次被打破，教会明确表示反对1917年宪法，而政府在1923年驱逐了罗马教廷派遣的使节，全面发动反教权主义潮流。1926年底，双方矛盾激化并最终引发历时三年的"基督战争"（Guerra Cristera）。战争以双方相互妥协的和谈收场，最终1928年再次举行大选，奥夫雷贡当选总统，但实际权力仍然掌握在卡列斯手中。奥夫雷贡很快被宗教激进分子暗杀，事实上，墨西哥10年内已有多名总统（包括候选人）被杀，因此各政党之间开始寻求建立明确规则来凝聚和规范革命者，即建立能够获得广泛认可的选举机制，结束军事首领时代，和平解决总统继任问题。

卡列斯在1928年9月的最后一份政府报告中，表示希望建立一个强大的政党，一劳永逸地结束国家独裁的历史，将墨西哥转变为制度和法律的国家，通过"投票箱"来解决问题。卡列斯深知，要想保持政治阶级的持久，势必要将所有革命团体和政党统一团结起来，同时组织团队研究欧美先进政党的机构与运作。12月1日，卡列斯组建了国民革命党（Partido Nacional Revolucionario）组织委员会。该委员会随即发表两份宣言，一方面宣布卡列斯将彻底退休，同时发起成立国民革命党的呼吁，并就新党派的宗旨、性质等进行了解释。1929年3月1日，国民革命党代表大会开幕，3月4日，国民革命党正式成立。该党是一个由政治领袖、军事强人、地区正当以及工人组织、农民组织等多个群体组成的松散联盟，即地方政治军事领导人与工农领袖的结盟，杂糅了立宪主义、民族主义、土地主义等多种意识形态，因此获得了国内各个阶层的广泛拥护与支持。自此国民革命党作为执政党一直持续到2000年，连续主导墨西哥的政治制度长达71年，成为墨西哥乃至整个拉丁美洲第一大政党，使墨西哥长期保持政局稳定和经济发展。国民革命党的建立也被认为是推进墨西哥政治体系制度化和提升稳定性的关键一步，宣告墨西哥进入新的历史时期。1938年，国民革命党更名为墨西哥革命党（Partido de la Revolución Mexicana），1946年再次更名为革命制度党（Partido Revolucionario Institucional）并沿用至今。2000年革命制度党首次失去执政权，2012年又再次执政。

[思考题]

分析墨西哥国民革命党成立的背景及其在墨西哥历史上的贡献。

（李晔梦　编）

085

穆·阿·真纳的"十四点纲领"

（1929年3月28日）

……经过非常认真的慎重考虑之后，本联盟决定：直到或除非下列基本原则付诸实施，并制定具体条款，以维护他们的权益时，印度穆斯林才能接受印度政府关于未来宪法的任何计划：

（1）未来宪法的形式应采取联邦制，将其余权力归于各省。

（2）赋予各省的自治权应有统一的标准。

（3）国内一切立法机构以及其他选举单位，应按下列原则组建：各省少数派均有足够的有效的代表，但不使各省多数派下降为少数派，或与少数派同等。

（4）在中央立法机构内，穆斯林的代表不应少于三分之一。

（5）教派团体的代表，应继续采用目前的形式，由单独选举团选举的办法。但条件是，应允许任何教派随时都可放弃单独选举团制，转而采取联合选举团制。

（6）在任何可能的时候，而且必须进行的某种领域划分，都绝不能影响旁遮普、孟加拉和西北边境省内的穆斯林多数派。

（7）应保证一切教派均有充分的宗教自由，即在信仰、礼拜、仪式方面的自由以及宣传、结社和教育的自由。

（8）在各个教派内，若该组织有四分之三成员因某一法案、决议或其中的某一部分，有损于该教派利益而加以反对时，任何立法机构或其他选举团体均不应通过该法案、决议或其中的某一部分；若能找到应付这种情况的某种切实可行的其他方法时，则应设法采用此类方法。

（9）信德应从孟买的管辖中分离出来。

（10）西北边境省和俾路支斯坦实行的改革，应建立在与其他各省同等基础之上。

（11）宪法中应制定相应条款，给予穆斯林同其他印度教徒对称的职务，以及土邦和地方自治机构所有职务的适当位置，与此同时，工作效率也应适当的注重。

（12）宪法应含有对下列各项给予充分维护的条款：保护穆斯林文化，保护和促进穆斯林的教育、语言、宗教、人身法和穆斯林的慈善团体、土邦和地方自治机构，发给他们的补助金应保持一定份额。

（13）穆斯林阁员如未达到最低的三分之一比例，无论在中央或在各省都不得组阁。

（14）中央立法机构不得修改宪法，但在组成印度联邦的各邦同意修改时，则不受此限。

录自齐世荣主编：《世界通史资料选辑·现代部分》（第3分册），北京：商务印书馆，2007年，第88—89页。

[历史背景介绍]

1928年12月22日，印度各政党的代表在加尔各答召开会议，会上否决了穆斯林联盟的意见，通过了尼赫鲁九人委员会报告（又称尼赫鲁报告书），印度教徒与穆斯林间的分歧扩大。真纳认为彼此正在分道扬镳，随即发表了这个纲领，扼要而全面地阐明了穆斯林联盟的主张，通称"十四点纲领"。

[思考题]

简要论述"十四点纲领"在印度国大党和穆斯林联盟关系发展中发挥了怎样的影响？

（赵继珂　编）

086

关于第一届奥斯卡金像奖开幕的新闻报道
（1929年5月16日）

　　20世纪20年代末，好莱坞的大亨们正处于向有声电影过渡的边缘；他们在国际市场上遇到了越来越多的阻力；他们正在吸引华尔街的新投资者。大亨们希望哈佛大学的商学院和艺术史系能够将电影艺术和商业结合起来，形成一个整齐的、可管理的包装，在所有三个新兴领域都能发挥作用。哈佛大学的教授们则希望通过电影的加入来重新定义他们的领域和他们的机构。正如在哥伦比亚大学一样，电影的加入承诺重新定义大学的阶级和种族构成，尽管在哈佛大学，教授的背景而不是学生的背景受到了威胁。最后，我们将看到，制片人决定将他们在哈佛的实验经验带回加利福尼亚。他们创办了自己的电影艺术机构——美国电影艺术与科学学院（the Academy of Motion Picture Arts and Sciences），并与临近的南加州大学合作。哈佛大学的课程是自哥伦比亚大学的项目以来，美国第一个由好莱坞支持的大学项目，这两个项目都有来自电影业的几个相同的代表，包括拉斯基、祖克和德米利。好莱坞的领导人再次想象，大学的电影项目可以用来控制公众对电影的看法，并巩固好莱坞劳动关系的等级制度。也就是说，大学再次成为使电影业专业化的努力的一部分。

　　表面上看，美国电影艺术与科学学院的成立是为了"采取积极的行动来应对外界的不公正待遇"，"促进会员之间的和谐与团结"，以及其他一系列模糊的、崇高的目标，学院的成立有效地推迟了好莱坞演员、作家和导演即将到来的工会化。舞台工人、电工和其他工作人员在几个月前就已经在《制片厂基本协议》中成立了工会。学院的成员对劳动合同进行仲裁，但这只是他们管理作用的最直接表现。为了推进好莱坞劳动力的工会化，学院采取了一些措施，将电影业的工作定义为技术性的艺术，而不是劳动。

学院的最终目标是监督好莱坞劳动力从培训到退休的整个过程，而这一过程最公开和最令人不安的标志是1929年设立的奥斯卡奖。可以肯定的是，奥斯卡奖有许多目的，包括一般行业的合法化和为被提名的电影做广告。但是，颁奖典礼与一个专业组织的公开年会没有什么区别，在它成为一种不加掩饰的表演之前的几年里，它还配有鸡肉或鱼肉的晚餐。

译自 Peter Decherney, *Hollywood and the culture elite: how the movies became American*, New York: Columbia University Press, 2005, pp.63−64, p.66. John dewey, *The Public and Its Problems: An Essay in Political Inquiry*, Ohio: Ohio University Press, 2016, p.224.

[历史背景介绍]

20世纪20年代，美国的经济繁荣主要表现在工业生产的膨胀，特别是汽车工业、电气工业、建筑业和钢铁工业生产的高涨。拿汽车来说，其实际生产量从1919年到1929年增长了255%，汽车数量从1921年的1 050万辆增至1929年的2 600多万辆。汽车工业直接间接地为500万人提供了就业机会，并促进了石油、轮胎制造、公路修建及钢铁业的巨大增长。次于汽车的最重要的工业进展是电气机器和用具的制造。工业转向使用电力，家庭主妇开始购买电熨斗、洗衣机、吸尘器及电冰箱等。1929年以后，收音机已普及于寻常百姓家。有声电影也于此时问世。此外，建筑业迅速兴起。据统计，用于120个城市的房屋建筑的费用，1919年为12亿美元，1926年上升到128亿美元，其中大部分为非住宅建筑。这样，汽车工业、电气工业和建筑业成为20年代美国经济繁荣的主要支柱。

20世纪20年代末到40年代初，好莱坞迎来了发展的黄金时期。在这几十年里，电影院也通过拥抱技术革新，即有声电影，电影声誉鹊起又弹射臧否，从而增加了其观众人数。1935年，现代艺术博物馆开设了电影图书馆，致力于研究"你每次去电影院看到的"电影的"艺术",即"主要是商业产品"的艺术。然而,有声电影也引起了一些贬低,说电影已经把自己庸俗化,无法挽回;甚至像英国电影制片人和评论家保罗·罗塔这样的电影爱好者也在1930年宣称,有声电影是"有害的,对公众的文化有害"。

[思考题]

1. 奥斯卡奖与美国电影专业化有何联系?

2. 美国好莱坞电影业大亨创建美国电影艺术与科学学院与奥斯卡奖有哪些主要的考量?

3. 如何看待电影的艺术内容、商业运作和国家意识形态输出?

（顾年茂　编）

087

杨格计划（专家委员会报告）（节录）
（1929年6月7日）

我们提出的赔偿年金制度，比道威斯计划规定的数额少得多，而使之适应新的和灵活的条件，以代替现行的汇兑保护制度，这种汇兑保护制度含有半政治性的控制、对德国主动权的限制和对［它的］信用可能产生的［不利］影响……这种［赔偿年金］制度能满足德国摆脱外国干涉和控制的愿望……

新计划于1929年9月1日生效，至1966年3月31日止，在此三十七年内，每年平均偿付十九亿八千八百八十万德国马克……

此后，德国只须按下表所列付款，因为对这些年头将不再采取特别的规定。

1966/67年度……1 607.7百万马克

1967/68年度……1 606.9百万马克

1968/69年度……1 616.7百万马克

1969/70年度……1 630.0百万马克

1970/71年度……1 643.7百万马克

1971/72年度……1 653.9百万马克

1972/73年度……1 662.3百万马克

1973/74年度……1 665.7百万马克

1974/75年度……1 668.4百万马克

1975/76年度……1 675.0百万马克

1976/77年度……1 678.7百万马克

1977/78 年度……1 685.4 百万马克

1978/79 年度……1 695.5 百万马克

1979/80 年度……1 700.4 百万马克

1980/81 年度……1 711.3 百万马克

1981/82 年度……1 687.6 百万马克

1982/83 年度……1 691.8 百万马克

1983/84 年度……1 703.3 百万马克

1984/85 年度……1 683.5 百万马克

1985/86 年度……925.1 百万马克

1986/87 年度……931.4 百万马克

1987/88 年度……897.8 百万马克

……

1. 年偿额的两项来源：1）德国铁路公司 2）德国国家预算……

录自齐世荣主编：《世界通史资料选辑·现代部分》（第 1 分册），北京：商务印书馆，1980 年，第 73—74 页。

［历史背景介绍］

1924 年 8 月"道威斯计划"生效后，来自战胜国的资本为濒临绝境的德国经济输入了新鲜血液，德国经济开始恢复并发展起来。1925 年，德国经济呈现高涨局面。1928 年，达到高峰。随着经济的发展和实力的增强，德国垄断资本不再甘于在《凡尔赛条约》和"道威斯计划"的束缚下忍辱偷生，千方百计要摘掉头上这两个紧箍咒，重新恢复大国地位，特别是对每年要缴付的巨额赔款更是不能忍受，而且"道威斯计划"只是一个付款计划，并未规定何时停止赔款以及赔款总额。到 1928 年底，德国经济发展的顶峰已过，衰退的迹象显露。德国借口经济困难，要求修改"道威斯计划"。战胜国尽管对德国赔款问题有所分歧，但对德国能否继续执行"道威斯计划"甚为担忧，尤其是这个计划在德国引起的不满情绪使他们不能不有所考虑。在美国支持下，1929年2月11日由美、法、德、比、意、日等国专家组成的、以美国财政专家杨格为主席的"审议道威斯计划"委员会在巴黎召开会议。6月7日，该委员会提出了打算"完全彻底解决赔款问题"的报告，即"杨格计划"。8月6日，英、法、德、意、比、日等国在海牙召开会议讨论"杨格计划"。在这次会议上，德国坚持以协约国占领军撤出莱茵区作为接受该计划的条件。经过讨价还价，协约国最终同意至迟于1930年6月30日前从莱茵兰撤军完毕。1929年8月31日，"杨格计划"被原则通过。1930年1月20日，有关各国再开海牙会议，正式通过"杨格计划"。但是，1929年10月爆发的经济大危机打乱了"杨格计划"的实施。

[思考题]

1."杨格计划"的主要内容是什么？

2.如何评价"杨格计划"？

（陈洪运　编）

088

国大党独立决议
（1929年12月31日）

　　1929年12月19日，印度国民大会在其拉合尔会议上通过了历史性的"完全独立"（Purna Swaraj）决议。1930年1月26日发表了一项公开声明——国大党敦促印度人将这一天作为"独立日"来庆祝。该宣言的通过是由于自由运动的领导人与英国就印度的统治地位问题的谈判破裂。全文为：

　　我们相信，印度人民和其他任何民族一样，都有不可剥夺的权利，即拥有自由，享受他们的劳动成果，拥有生活必需品，以便他们有充分的机会发展。我们还认为，如果任何政府剥夺了一个民族的这些权利并压迫他们，人民就有进一步的权利来改变它或废除它。英国在印度的政府不仅剥夺了印度人民的自由，而且把自己建立在剥削群众的基础上，在经济上、政治上、文化上和精神上都毁了印度。因此，我们认为，印度必须切断与英国的联系，实现完全自治或完全独立。

　　印度在经济上已经被毁了。从我们的人民那里得到的收入与我们的收入完全不成比例。我们的平均收入是每天7便士（不到2便士），在我们缴纳的重税中，有20%是来自农民的土地收入，3%来自盐税，这对穷人的影响最大。

　　乡村工业，如手工纺纱，已被摧毁，使农民在一年中至少有四个月无所事事，并因缺乏手工业而使他们的智力变得迟钝，而且没有像其他国家那样，用任何东西来替代被摧毁的手工业。

　　海关和货币被如此操纵，使农民的负担更加沉重。英国的制成品占我国进口商品的大部分。关税明显偏袒英国制造品，关税收入不是用来减轻大众的负担，而是用来维持一个高度铺张的行政机构。更为武断的是对汇率的操纵，导致数以百万计的资金从国内流失。

在政治上，印度的地位从未像在英国政权下那样被削弱。没有任何改革能让人民获得真正的政治权力。我们中至高的人也不得不在外国当局面前屈服。我们被剥夺了自由表达意见和自由结社的权利，我们的许多同胞被迫流亡海外，无法返回家园。所有的行政人才都被扼杀了，群众不得不满足于小规模的村级办公室和文员职位。

在文化上，教育系统已经把我们从停泊的地方扯了出来，我们的训练使我们缚紧着束缚我们的锁链。

在精神上，强制裁军使我们变得没有男子气概，外来的占领军的存在，以致命的效果粉碎了我们的抵抗精神，使我们认为我们不能照顾自己，不能抵御外国侵略，甚至不能保护我们的家园和家庭免受小偷、强盗和歹徒的攻击。

我们认为，如果再屈从于一个给我们国家带来四重灾难的统治，那就是对人和上帝的犯罪。然而，我们认识到，获得自由的最有效方式不是通过暴力。因此，我们将做好准备，尽可能地退出与英国政府的一切自愿联系，并准备进行公民抗命，包括不交税。我们相信，如果我们能够在不使用暴力的情况下，甚至在受到挑衅的情况下，撤回我们的自愿帮助并停止缴税，这种非人道的统治就一定会结束。因此，我们在此庄严地决定执行国会为建立完全独立而不时发出的指示。

译自1930年印度国大党完全独立宣言，www.constitutionofindia.net（印度宪法）原始存档，https://www.constitutionofindia.net/historical_constitutions/declaration_of_purna_swaraj__indian_national_congress__1930__26th%20January%201930, 2023–2–5.

[**历史背景介绍**]

第一次世界大战给印度社会带来巨大影响。英国为了自身利益，把150

万印度人征入军队，从印度运走50多万吨物资。农业歉收导致了1918—1919年的粮荒，加上"1918年西班牙大流感"，夺去了1200万农民和手工业者的生命。以大战开始的1914年的工资为起点，到1919年印度工业主要部门的纺织职工工资，增加了129%。这个数字是各行业中最高的。但粮食的批发价在同期却上涨了200%。战争带来的生活贫困，激化了印度广大人民群众同英国殖民统治者之间的矛盾。

第一次世界大战期间，印度民族资本主义有所发展。战争期间，大多数民族主义者都幻想同英国合作以换取战后的印度自治。提拉克放弃了1905—1908年的反英立场，转而支持英印政权。甘地则积极为英国募兵。但战后的《罗特法案》授予英印总督以宣布戒严令、设立特别法庭和随意逮捕判决人民的特权，这使民族主义者大失所望。

[思考题]

1. 19世纪晚期以后，印度殖民地在大英帝国的世界权力版图中为何如此重要？

2. 1929年12月31日，印度国大党独立宣言从哪些方面论证必须取得完全独立？

（顾年茂　编）

089

甘地在丹地海边自制食盐仪式上的声明
（1930年4月6日）

现在，既然已在程规和礼仪方面违反了盐法，那么，对于任何一个企图冒着被指控违反盐法的危险，而去制盐的人来说，违法制盐已是公开的事了。他可以到他想去的任何地方，到任何制盐方便的地方去制盐。我的意见是：工人们应该到处制盐，凡是他们知道如何净化盐的地方，他们都可以就地使用盐，指导村民制盐，同时告诉村民，要冒着被检举的危险。换言之，应向村民们充分说明盐税落在谁的身上，违反有关盐税的法律和规定的方式，为的是争取取消盐税。

应使村民们清楚地知道，违反盐法是公开的，毫无隐晦。了解这一情况，村民们就可以制盐，或有助于他们在沿海海湾和陆地利用自然条件去制盐。村民不仅自己有食用盐，牲口也可食用，而且还可以卖给那些要买盐的人。这一切却被看作，所有的那些人都在违反盐法，在冒被检举的危险，或者，即使没有被检举，他们也会遇到"盐官"的麻烦。

这场反盐税的斗争，应该在全国坚持一周，持续到4月13日。那些没有从事过此项神圣事业的人，应该积极宣传抵制洋布，使用土布，他们应努力去生产尽可能的土布。关于这一点以及有关禁酒问题，我正准备向我国的妇女界发表一项文告。我越来越相信，在争取独立方面，她们能比男子作出更大的贡献。我认为，她们将比男子更配得上称为非暴力的解说者。这并非因为男子自傲地将女子视为弱者，而是因为她们具有一种真正典型的更伟大的勇气，以及不可估量的、更加伟大的自我牺牲精神。

录自齐世荣主编:《世界通史资料选辑·现代部分》(第3分册),北京:商务印书馆,2007年,第92—93页。

[**历史背景介绍**]

盐是生活必需品。英国殖民当局一直对食盐征收很高税收。在20世纪以前,盐税仅次于土地税。到20世纪20年代,盐税下降到第三位,税率略有降低。但食盐又是由政府专卖,定价很高。据甘地计算,若由人民自制自卖,每月仅需2安那(1卢比等于16安那)的食盐开支,但在专卖体制下,食盐花费却高达3卢比。正因如此,反抗盐法是印度民族独立运动的一项主要内容。

除此之外,甘地之所以挑选盐法作为斗争对象,还在于食盐消费具有全民性,食盐问题涉及全民族问题,容易为广大群众所理解和接受。

1930年3月12日,61岁的甘地率领79名信徒,从阿默达巴德出发,开始了"食盐进军"。这次进军的目的地是丹地。甘地及其信徒走了20多天,路上不断向民众进行宣传,参加"食盐进军"的人也越来越多。4月6日,甘地在海边举行制盐仪式。正是在这一仪式上,甘地作了上述发言。在发言中,甘地告诫支持者,必须保住制盐工具和盐,但不能进行武力反抗。这次制盐仪式一共进行了3个星期。国大党把相关制盐的方法做成小册子,在全国分发。

"食盐进军"是第二次不合作运动的源头。后续全国各地出现了各种反抗举动,如放弃英国当局授予的各种荣誉称号、拒绝纳税,举行示威游行和罢工等。英国殖民当局采取了镇压措施,逮捕了甘地等领导人。部分地区随后出现了武装起义和流血冲突。直到1934年4月,甘地下令停止不合作运动。尽管这次运动没有实现目的,但英国殖民当局不得不允许沿海居民可以自制食盐。

[**思考题**]

1.请概括说明甘地发言中的主要观点。

2.请结合印度民族独立运动的历史,评述甘地上述发言。

(孟钟捷 编)

090

甘地—欧文协定（德里协定）（节录）
（1931年3月5日）

......

1. 因欧文贵族与甘地谈话结果，商定和平反抗运动中止，......

......

3. 按照英首相1931年1月19日（宣言），将设法邀请全印国民会议代表，参加讨论修改宪法之计划。

4. 此次解决事件，关系与和平反抗运动有直接关联之活动。

5. 和平反抗运动将有效的中止，政府方面亦将采行相互的举动。和平反抗运动有效的中止之意义，为有效的中止用无论何种方法推进该运动一切之活动。尤以下列为甚。（甲）有组织的藐视任何法律之规定。（乙）不偿付土地税与其他法定捐税之运动。（丙）刊行赞助和平反抗运动之新闻纸。（丁）企图煽动军民两方公仆或村镇公务人员反抗政府，或劝诱其辞职。

6. 关于外货之抵制，包含两项问题。第一，为抵制之性质。第二，抵制所用方法，政府对此所抱态度如下：

政府赞成鼓励印度工业，视作推进印度物质状况之经济与工业运动之一部。倘令宣传，劝导或公布之方法不侵及个人举动之自由，或不碍及法律与秩序之维持的，政府对之并无意抑制。

惟在举行和平反抗运动期间，非印货之抵制（除关于布疋一项。一切外国布疋均被抵制外。）其目的大抵均注重英货，关于此等举动，显系为政治原因，施行压迫。

......

9. 和平反抗运动中止后，政府履行之事件如下：

10. 取消关于和平反抗运动颁布之命令，惟1931年关于恐怖运动之第一号命令不在规定之列。

11. 取消在1908年刑律修正法下宣布某某机关违法之通告。惟关于和平反抗运动亦须发出通知。近顷缅甸政府在刑律修正法下，颁布之通告，不在规定之列。

12. 甲、关于和平反抗运动之控案，以及关于不包含暴力（除技术上的暴力外）或煽动暴力过犯之控案，均予撤销。……

13. 甲、为和平反抗运动被扣监犯，并无暴力过犯。（技术上之暴力）除外。或煽动暴力过犯者，予以开释。……

……

20. 政府对于破坏现行盐税律，不能宽宥。按照现时财政状况，对盐律亦不能作重大的修改。惟为救济贫苦阶级，计准政扩充在某处。现行办法，允许在可以制盐区域附近当地居民，备制盐供家用，或在该村售卖，惟不得卖与居住该村镇以外之个人。

21. 倘令国民会议派不能充分履行上项协定之义务时，政府得采用必要的举动，以保护公众，并维持法律与秩序。

录自王斯德主编：《世界现代史参考资料》（上册），北京：高等教育出版社，1988年，第138—140页。

[历史背景介绍]

《甘地—欧文协定》又称《德里协定》。在第二次不合作运动中，爆发了吉大港起义、白沙瓦起义和绍拉普尔起义，震撼了英国殖民统治者，也使印度资产阶级深感不安。1931年3月5日，印度总督欧文勋爵和甘地在德里签署该协定。甘地同意完全停止不合作运动，参加第二次伦敦英印圆桌会议。欧文则允许恢复国大党的合法地位；保证释放除犯"暴力罪"之外的全部政治犯；停止镇压，废除戒严法令，但有关"共产主义威胁"和恐怖活动的法令除外；政府对食盐生产的垄断仍然有效；对少数几种商品实行保护关税等。协定受到部分国大党领袖和其他爱国人士的反对。但在1931年12月在卡拉奇举行的国大党年会上，它仍被通过，该协定使正趋高涨的群众性反英运动转入低潮。

[思考题]

简要论述《甘地—欧文协定》签署的背景。

（赵继珂　编）

091

胡佛延债宣言（节录）

（1931年6月20日）

美国政府建议，在一年期内延付一切各政府间债务、赔款和救济借款的本利，但是私人方面对各政府的债务当然除外。在能得到国会通过的条件之下，美政府从7月份财政年度起，将展缓外国政府对美一切债务的偿付一年。不过各主要国家间，对债务也须作同样的展缓一年。

上项举动的目的，在于给来年以世界经济恢复的机会，并有助于使美国已经运转起来的恢复力量免受国外阻碍的影响。欧洲各国受世界萧条的影响，比较美国严重，其中有几国感觉萧条影响他们的国家财政，已达到一个严重阶段。他们对国际债务，在寻常时候可以担负的，在这个萧条时期，觉得这担负很为严重。

因为萧条发生的各种原因：像国外货物价格的跌落，和对于国外经济和政治的稳定缺乏信任，所以黄金反常地流入美国，这就使许多外国信贷的稳定性低减。因为外国有上述和其他的困难，所以对于美国输出品的购买力低减，这便是美国继续有失业问题和农产品价格继续低落的一部分原因。

现在应该用聪明和及时的行动，去减轻外国这些有害力量的压力，并帮助恢复信任，以促进世界政治的和平和经济的稳定。

……我现在正向美国人民建议，为了他们自己的利益，应该做聪明的债权人，而且应该做良好的邻人。

现在并且愿乘这个机会，坦率宣布我个人对于德国赔款和欧洲协约政府欠美国的债务中间的关系。对于决定赔款的债务，美国政府并不是关系方面，而且对于这事也没有参加任何意见。在谈判一般的赔款，或者分派殖民地或财产的时候，美国有意地没有参加。协约国偿还战债，同善后借款的办法，并没有按照德国赔款的根据去解决，所以赔款完全是一个欧洲问题，和美国没有关系。

关于取消对美的债务，我没有丝毫赞同的意思。这种举动，无从增加世界的信任心，而且美国的债务国，也没有一个提到这问题。不过上述债务的解决，是根据在寻常情形下的偿付能力，倘若我们顾虑到现在世界的反常情势，我们就应该遵照我们的政策同原则。我确实知道，美国的人民没有意思想在债务人偿付能力以外，榨取任何金钱。我们的意见，以为如果从大处着想，美国政府应该承认现在的情势。

上述的举动，完全和美国一向遵行的政策相符。美国对于讨论严格的欧洲问题，不愿意牵涉在内，像德国赔款问题，就是其中的一个。我们的举动可以表示我们对于世界繁荣的及早恢复，愿意作出贡献。美国人民对于世界繁荣，有深切的注意。

……

录自齐世荣主编：《世界通史资料选辑·现代部分》（第1分册），北京：商务印书馆，1980年，第75—77页。

[历史背景介绍]

1929年起，始于美国的经济危机迅速越出一国范围，连锁反应式地向西欧各国蔓延。与美国经济联系最为紧密的德国首当其冲，经济再次濒临破产。在此情况下，德国政府无力支付赔偿，准备提出修改赔款计划的建议。与此同时，英、法也提出要求美国削减和延期偿还战债的建议。1931年6月20日，德国总统兴登堡致电美国总统胡佛，陈述德国财政困境，声称无力还债。美国意识到，德国经济的衰退关系到欧洲政治经济的稳定和美国的投资安全，因此对实际上与战债密切相关的赔款问题必须给以重新考虑。于是，同日胡佛根据兴登堡的请求向各有关国家政府提出延期偿付国际债务一年的建议，即"延债宣言"。这个建议的目的在于避免德国因支付不起赔款而爆发革命，以保证美国投资的安全，并稳定欧洲资本主义经济，使美国的商品和投资获得出路。

华东师范大学博士、哈尔滨师范大学马克思主义学院教授苑爽认为，胡佛发表的"延债宣言"既未能缓解德国的经济困境，也未能阻止欧洲经济状况的持续恶化。

[思考题]

胡佛发表"延债宣言"的真实目的是什么？

（陈洪运 编）

092

解决满洲问题方策大纲

（1931年7月）

1. 为了使满洲张学良政权的排日方针缓和下来，要和外务当局紧密配合，努力实现之。至于要关东军慎重行事的问题，陆军中央部门要充分加强领导。

2. 虽然作了以上的努力，如果排日行动再发展下去，也许终于不得不采取军事行动。

3. 要解决满洲问题，完全有必要取得国内外的谅解。因此，陆军大臣应该努力通过内阁会议使各大臣都能知悉当地的情况。

4. 让全国国民，特别是新闻界了解满洲的实际情况，这项工作主要由陆军省军务局负责和参谋本部情报局予以协助。

5. 陆军省军务局和参谋本部情报部要密切和外务省有关局、课联系，使有关各国都能知道满洲的排日活动的实际情况；万一出现我军有必要采取军事行动的事态，要使各国都能谅解日本的决心，不至于对我们采取无理反对或压迫的行动。为此，需要预先制定一个周密的工作方案，并取得上级批准，以便顺利执行。

6. 采取军事行动时需要哪些兵力，与关东军协商后由参谋本部作战部提出计划，请上级长官批准。

7. 为争取国内外的谅解，采取措施，约以一年为期，即到明春为止，要求切实实施。

8. 尽力使关东军首脑熟悉中央的方针和意图，要他们在今后一年里隐忍持重，避免卷入因排日活动而产生的纠纷，万一发生纠纷时，只限于在局部范围内处理，不扩大其范围。

录自王绳祖等编选：《国际关系史资料选编（17世纪中叶—1945）》（修订本），北京：法律出版社，1988年，第652—653页。

[历史背景介绍]

1931年6月中旬，日本参谋本部作战部长建川美次主持召开一次由陆军省军事课长、人事课长、参谋本部编制课长、欧美课长和中国课长参加的五课长会议，筹划侵占中国东北。6月19日，拟定《对满蒙方案》，后在此基础上制定了上述文件。7月，陆军省把这份文件作为指令传达给关东军司令本庄繁。这是日本帝国主义侵略中国东北的行动纲领。

[思考题]

1.请概括上述文件中的主要内容。

2.请结合后续史实，来加以评述。

（孟钟捷 编）

093

威斯敏斯特法（节录）

（1931年12月11日）

一、在本法令中，"自治领"一语是指下述自治领中的任何一个而言的，即加拿大自治领、澳大利亚联邦、新西兰自治领、南非联邦、爱尔兰自由邦和纽芬兰。

二、（甲）1865年的关于殖民地法律效力的法令不适用于在制定本法令后任何一个自治领政府所颁布的法律。

（乙）在本法令生效后由某一个自治领议会所通过的任何法律和任何法律规定，均不得因它们与英国法或联合王国议会的任何现行的或以后的法令规定，或与根据这些法令规定中的任何一项所颁布的指示、规章或规定相抵触而无效或不能适用，而自治领议会法将包括废除或修改所有这些法令、指示、规章或规定的法，因为这些法令、指示、规章或规定构成自治领法的一部分。

三、兹宣布并确定：每一个自治领的议会均有充分权利颁布具有域外效力的法律。

……

七、（甲）本法令的任何规定均不得视为适用于1866—1930年关于英领北美洲的法令或根据这些法令而颁布的命令、规章或规定的体系、修订或修改。

（乙）本法令第二项的规定将扩延到加拿大任何省所颁布的法律和这些省的立法机关的权限。

（丙）本法令授予加拿大议会的权限将以制定属于加拿大议会或加拿大各省立法机关职权范围内的事项的法律为限。

八、本法令的任何规定均不得视为授予取消或修改澳大利亚联邦宪法或宪法法令或新西兰自治领的宪法法令的任何权限，但依据本法令生效前所存在的法律则作别论。

九、（甲）本法令的任何规定均不得视为含有准许澳大利亚联邦议会在属于澳大利亚各邦管辖范围内而不属于澳大利亚联邦议会或澳大利亚联邦政府管辖范围内的事项方面颁布法律的内容。

......

十一、不管1889年解释法中所包括的内容如何，在本法令生效后联合王国议会所通过的法令中"殖民地"一语将不包括自治领或任何一个自治领版图内的省或邦。

十二、本法令可称为1931年的威斯敏斯特法。

录自齐世荣主编：《世界通史资料选辑·现代部分》（第1分册），北京：商务印书馆，1980年，第420—422页。

[历史背景介绍]

在20世纪强调民族自决和民族自主的大背景下，英国经济实力下降和海上优势丧失殆尽、英国国内"帝国负担"思潮的流行以及第一次世界大战后英帝国内部民族独立运动蓬勃兴起等因素，加速了英帝国的解体。为加强宗主国和自治领统治集团的阵地，防止英帝国的进一步解体，1931年英国议会通过了《威斯敏斯特法》，赋予各自治领独立解决对内对外政策的权力。

在苏州科技大学世界史专业硕士生任莹雪看来，《威斯敏斯特法》的颁布标志着英联邦的成立，给予了自治领平等的政治地位，摇摇欲坠的英帝国得到了暂时的稳固，其颁布具有一定的时代进步性，符合历史发展规律。

[思考题]

如何认识和评价《威斯敏斯特法案》在英联邦历史上的地位？

（陈洪运　编）

094

阿梅莉亚·埃尔哈特成为首位飞越大西洋的女性飞行员（新闻报道）

（1932年5月）

20世纪30年代标志着整个航空业，特别是女性航空业的积极变化。阿梅莉亚·埃尔哈特（1897—1937）是航空史上最著名的女飞行员，她为这十年定义了女性试图通过飞行来证明的东西；这是一个双重信息——飞行是安全的，而且女性是好飞行员。这两个理念是相辅相成的。

20世纪30年代，妇女也进入了航空比赛和商业航空旅行的高度竞争领域。起初，妇女们在自己的比赛中相互竞争，但到了20世纪30年代中期，她们在诸如横跨大陆的本迪克斯奖杯赛等著名活动中与男性竞争者飞行。1936年，路易丝·萨登和她的副驾驶布兰奇·诺伊斯赢得了本迪克斯比赛，劳拉·英格尔斯获得第二名。1938年杰奎琳·科克伦在班迪克斯比赛中再次获得了女性第一名的成绩。

到1930年，美国大约有200名有执照的女飞行员。到1935年底，这个数字已经增长到700—800人。1935年年中，《国家航空》杂志调查了美国142名持证女飞行员的职业，结果很有意思。有21人在航空业中担任行政人员、教员、渡轮飞行员、女销售员、飞行学校经营者、空中作物测量员和运输飞行员；有35人的职业是管家、妻子或母亲；有33人有独立收入，其中一人的职业是"私人娱乐"；其他职业包括教师、记者、护士、医生、艺术家、社会工作者和大学生，以及一名私人调查员等。

大众印象中的阿梅莉亚·埃尔哈特——"天空中的第一夫人"和"美国

的宠儿"——与私人的阿梅莉亚·埃尔哈特完全不同。事实上，公众的爱尔哈特是营销和媒体的产物，所有这些都是由她的丈夫，出版和宣传巨头乔治·帕尔默·普特纳出色地设计、塑造和巧妙地引导的。

事实是，在当时，埃尔哈特只是20世纪初获得关注的众多女飞行员之一。虽然她经常被誉为世界上最伟大的飞行员之一，但这远非事实。埃尔哈特拥有一系列与飞行有关的技能和成就，而且肯定是无所畏惧的，但并不一定比当时的其他一些女飞行员更有能力。她不比其他人好，也不比其他人差，但由于她的无畏精神和打破某些社会障碍的愿望以及巧妙的宣传和营销活动，她比同时代的人有了更好的突破。毫无疑问，她是最有名的。

译自 Claudia M. Oakes, *United States Women in Aviation 1930–1939*, Washington, DC: Smithsonian Institution Press, 1985, pp.1–4. W.C. Jameson, *Amelia Earhart: Beyond the Grave*, Lanham: Taylor Trade Publishing, 2016, pp.1–3.

[历史背景介绍]

20世纪20年代美国妇女地位发生较大变化。继1920年妇女根据宪法第19条修正案取得选举权后，更多的妇女参加工作，已婚妇女参加工作成为一种时尚。1920年至1930年，已婚妇女参加工作的人数由190万人增至310万人。妇女就业机会扩大的结果，是男子优势的某种衰退。妇女晚婚，生孩子减少，并且比较愿意摆脱婚姻的束缚。但同时，妇女开始吸烟、饮酒、穿短裙、剪短发、公开谈论性问题、经常参加男友社交约会，有些人甚至生活放纵。这反映了20年代随着消费社会的发展妇女社会价值观的变化。

[思考题]

1. 20世纪30年代，美国有哪些社会因素影响女性成为飞行员？

2. 1920年生效的美国国会通过美国宪法第十九修正案对美国女性产生了怎样的影响？

3. 美国社会的商业宣传、国际媒体和全球营销在构建阿梅莉亚·埃尔哈特女性"飞行英雄"形象中发挥了怎样的作用？

4. 东西方文化传统中，会飞的女性往往承载着特殊的文化意涵，现代女性飞行员在世界文化发展脉络中具有什么意义？

（顾年茂　编）

095

美国总统罗斯福的首次就职演说
（1933年3月4日）

值此我就职之际，同胞们肯定期望我以我国当前情势所要求的坦率和果断来发表演说。现在确实尤其有必要坦白而果敢地谈一谈真情实况，全部的真情实况。我们没有必要去躲闪，不去老老实实地面对我国今天的情况。我们的国家过去经得起考验，今后还会经得起考验，复兴起来，繁荣下去。因此，首先，允许我申明我的坚定信念：我们唯一值得恐惧的就是恐惧本身——会使我们由后退转而前进所需的努力陷于瘫痪的那种无名的、没有道理的、毫无根据的害怕。在我们国家生活中每一个黑暗的时刻，直言不讳、坚强有力的领导都曾经得到人民的谅解和支持，从而保证了胜利。我坚信，在当前的危机时期，你们也会再一次对领导表示支持。

我和你们都要以这样一种精神来面对共同的困难。感谢上帝，这些困难都只是物质方面的。价值贬缩到难以想象的程度；赋税增加了；我们纳税的能力则已降低；各级政府都遇到严重的收入减少；叹交换手段难逃贸易长流冰封，看工业企业尽成枯枝残叶；农场主的产品找不到市场；千万个家庭的多年积蓄毁于一旦。

更重要的是，大批的失业公民面临严峻的生存问题，而艰苦劳动却所得甚微的也不在少数。只有愚蠢的乐天派才能否认眼前的暗淡现实。

但是，我们的困难并不是由于实质上的失败。我们没有遭到什么蝗虫之害。我们的祖先笃信上帝，无所畏惧，因而所向披靡，比起他们的艰险，我们还该说是万幸。大自然的施惠不减，而人的努力更是使其倍增。我们手头并不匮乏，然而丰足却激发不起来慷慨的用度。这首先是因为掌握人类物品交换的统治者们的顽固和无能，他们承认失败而自动退位。贪得无厌的钱商们在舆论的法庭上被宣告有罪，是为人类思想感情上所厌弃的。

他们也的确作了努力，但是他们的努力脱不开过时传统的巢臼。面对着信用的失败，他们的建议却仅是借贷更多的钱。他们失去了利润的吸引力，无法再使人民遵从他们的虚伪领导，于是他们就不惜进行敲诈，痛哭流涕地要求恢复对他们的信任。他们没有预见，而缺乏预见就要使人民遭殃。

钱商们从我们文化庙堂的高位逃走了。我们现在可以使那庙堂恢复传统的信念。能够恢复到什么程度，则看我们对于比金钱利润更高贵的价值观念予以运用的情况。

幸福并不建筑在仅仅拥有金钱上；它建筑在有所成就引起的欢乐，创造性工作所激发出的快感。一定不要在疯狂地追求瞬启、即逝的利润中再去忘记劳动给我们带来的欢乐和精神上的鼓舞。我们在这些暗淡的日子里所付的代价将是完全值得的，如果我们从中汲取教训，认识到我们不应该听天由命，而应该让命运为我们自己和我们的同胞服务。

认识到把物质财富当作成功的标准是错误的，也就不会再相信担任公职和很高的政治地位之所以可贵仅仅在于官高禄厚；同时也必须终止金融业和商业中的一种作法，它常常使得神圣的委托浑似无情和自私的恶行。难怪信心在减退，因为只有诚实、荣誉感、神圣的责任心、忠贞的维护和无私的作为才能鼓舞信心；没有这一切，信心也就不能存在。

然而复兴并不仅仅要求改变道德观念。祖国要求行动起来，现在就行动起来。

我们的首要任务是给人民工作。我们只要明智而勇敢地承担起来，这项任务并不是不能解决的。部分地可以由政府直接招雇，像战时紧急状况那样，同时通过雇用这些人员来完成急需的工程，从而促进和改组我们自然资源的利用。

与此同时，我们还必须认识到工业中心已经人口过剩，因此应尽力把土地提供给最善于耕种的人，一方面使土地得到更好的利用，一方面在全国范围重新分配人口。为了促成此项工作，要采取具体措施提高农产品价值，从而提高对我们城市产品的购买力。要从实际出发制止对小房产和农场取消偿还抵押所造成的悲剧和日益严重的损失。要坚持由联邦和各州以及各地方政府立即采取行动支持大量削减抵押的要求。要把救济工作统一掌管起来以避免目前的分散、浪费和不均的现象。要把一切形式的交通运输和其他明确属于公用事业的设施置于国家计划和监督之下。总之，可以促成此项工作的方法是很多的，唯有空谈无用。我们必须行动起来。迅速行动起来。

最后，在恢复阶段中，我们需要避免旧秩序弊端重新出现的两项保证：必须严格监督一切银行储蓄、信贷和投资，以制止利用他人存款进行投机的活动；必须提供充分而有偿付能力的货币。

这就是我们的行动路线。我即将向新的国会的特别会议提出实施这些路线的具体措施，我还将要求各州立即提供支援。

通过此项行动纲领，我们将致力于整顿财政，平衡收支。我们的国际贸易关系虽然十分重要，但在时间性和必要性上必须从属于健全国民经济的任务。我主张采取切合实际的政策，分清轻重缓急。我一定竭尽一切努力通过国际经济调整来恢复同世界各地的贸易，但是国内的紧急状况是等待不得贸易上的成就的。

国家复兴的这些具体方法，其基本指导思想并不是狭隘的民族主义。我们首先考虑的是：坚持合众国国内的各种因素和合众国各个部分之间的互相依靠——承认美国拓荒精神的传统的和永远重要的体现。这是复兴的道路。这是直接的道路。这是复兴得以持久的最有力的保证。

在对外政策方面，我认为我国应该奉行睦邻政策——决心尊重自己，从而也尊重邻国的权利——珍视自己的义务，也珍视与所有邻国和全世界各国协议中所规定的神圣义务。

如果我对我国人民的情绪体会的正确，尽管我们过去在不能互相依靠时并不理解、我们现在则已经理解到：我们不能只要有所得，也要有所贡献；我们要前进，我们就必须像一支有训练而忠诚的军队那样，为了共同的纪律而乐意有所牺牲，因为没有这样的纪律就不可能前进，就不可能实现有效的领导。我相信我们愿意并且准备为这样的纪律献出我们的生命和财产，因为，只有实现这样的纪律，才能实现为了更高利益而奋斗的领导。我愿意提供这样的领导，保证使这些更高的目标将作为一种神圣义务对我们大家都有所约束，从而产生只有战时才出现过的共同责任感。

作了这项保证之后，我将无所顾忌地领导起我国人民组成的大军，纪律井然地逐一解决我们的共同问题。

我们有从先辈那里继承下来的政府形式，纪律井然地解决共同问题的行动是完全可能的。我们的宪法是简明扼要的，总是可以根据特殊的需要而在重点和安排上有所改变，而无需动摇其基本形式。正是因为如此，我们的宪政才不愧为现代世界所产生的最稳定持久的政治结构。它经受了领土的极度扩张、辛酸的内战、对外战争和国际关系的考验。

但愿正常的行政和立法分权完全足以应付我们所面对的史无前例的重任。然而，史无前例的要求和迅即行动的需要也可能使我们有必要暂时背离正常分权的公开程序。

我准备根据宪法赋予我的职责提出灾难深重的我国在当前灾难深重的世界中所需要采取的措施。这些措施，以及国会根据其本身经验和明智所决定的措施，我都将竭尽宪法所赋了我的权力迅即予以采纳。

然而，万一国会竟不能接受两类中之任一方式，万一全国紧急状况仍然严重，我也将决不回避职责明确向我提出的抉择。我会要求国会准许我使用应付危机的唯一剩余的手段——向非常状况开战的广泛行政权力，就像在实际遭受外部敌人入侵时所应授予我的大权。

对于给予我的信任，我愿意拿出时代所要求于我的勇气和坚贞。我决不会有负众望。

我们瞻望前途的艰苦时日，深感国家统一所给予我们的温暖和勇气，明确必须遵循传统的宝贵道德观念，坚信不分老幼克尽其责必能取得圆满成功。我们务使国民生计获得全面和长久的保证。

我们对基本民主的未来并未失去信念。合众国的人民并未气馁。在困难中，他们作为选民提出的要求是直接而有力的行动。他们要求的是有领导的纪律和方向。他们已经选择我来作为实现他们愿望的工具。我也是以这样的精神来担当的。

值此全国奉献之际，我们恳请上帝赐福。祝愿上帝保佑我们全体和每一个人。祝愿上帝指引我前进。

录自王斯德主编：《世界现代史参考资料》（上册），北京：高等教育出版社，1988年，第293—297页。

[历史背景介绍]

富兰克林·罗斯福就任美国总统之时，美国正在遭受经济危机的沉重打击。他在就职演说中呼吁美国人摆脱恐惧心理，迅速行动起来应付危机，并要求国会授予他广泛的行政权力。20世纪80年代，中国史学界曾围绕罗斯福新政的分期与实施年限、新政的作用和性质、新政的理论基础等问题展开过激烈的争论，并尤以刘绪贻和黄绍湘两位先生在《世界历史》杂志上所作的不同分析为代表。

[思考题]

如何客观评价罗斯福新政？

（赵继珂　编）

096

全国工业复兴法

（1933年）

一项法案

为了鼓励国家工业复苏，促进公平竞争，并规定建造某些有用的公共工程，以及其他目的。

由美利坚合众国国会参众两院制定。

标题——工业复兴

政策声明：

第1款　兹宣布存在一种全国性的紧急情况，即广泛的失业和工业混乱，给州际和外国商业带来负担，影响公共福利，并破坏美国人民的生活标准。特此声明，国会的政策是消除对州际和外国商业自由流动的障碍，这些障碍往往会减少其数量。并通过促进工业组织以实现贸易团体之间的合作行动来提供一般福利，在适当的政府制裁和监督下诱导和维持劳工和管理部门的联合行动，消除不公平的竞争行为，促进尽可能充分地利用工业的现有生产能力，避免对生产的不适当限制（可能暂时需要的除外），通过提高购买力来增加工业和农业产品的消费，减少和缓解失业，提高劳动标准，并以其他方式恢复工业和保护自然资源。

行政机构

第2款　（a）为落实本标题的政策，特此授权总统设立此类机构，接受并利用此类自愿和无偿服务，在不考虑公务员法规定的情况下，任命此类官员和雇员，并在他认为必要的情况下，利用此类联邦官员和雇员，以及此类州和地方官员和雇员。

官员和雇员，利用联邦官员和雇员，并在国家同意的情况下，利用国家和地方官员和雇员，如果他认为有必要，可以规定他们的权力、职责、责任和任期，并在不考虑经修订的1923年分类法的情况下，确定如此任命的任何官员和雇员的报酬。

（b）总统可将其在本标题下的任何职能和权力委托给他可能指定或任命的官员、代理人和雇员，并可建立一个工业规划和研究机构，以协助履行其在本标题下的职能。

（c）本标题应停止生效，根据本标题设立的任何机构应在本法颁布之日起两年期满时停止存在，或者在总统通过公告或国会通过联合决议宣布第1条所承认的紧急状态已经结束时提前停止存在。

公平竞争守则

第三款　（a）经一个或多个贸易或工业协会或团体向总统申请，总统可批准申请人所代表的贸易或工业或其分支的公平竞争守则。如果总统认为：(1)这些协会或团体对其成员资格没有施加不公平的限制，并且真正代表了这些行业或产业或其分支;(2)这种守则不是为了促进垄断或消除或压迫小企业，不会对它们进行歧视，并且将有助于实现本标题的政策。前提是，这种法规不应允许垄断或垄断行为。此外，如果这种守则影响到从事经济过程中其他步骤的人的服务和福利，本节的任何内容都不得剥夺这些人在总统批准这种守则之前发表意见的权利。作为批准任何此类守则的条件，总统可规定保护消费者、竞争者、雇员和其他人以及促进公共利益的条件（包括提交报告和保存账目的要求），并可规定总统酌情认为对此类守则的规定有必要的例外和豁免，以实现此处宣布的政策。

（b）在总统批准任何此类守则后，此类守则的规定应成为该行业或产业或其分支部门的公平竞争标准。在州际或外国商业的任何交易中或影响州际或外国商业的任何违反这种标准的行为，应被视为经修订的《联邦贸易委员会法》意义上的商业竞争的不公平方法；但本标题中的任何内容均不得解释为损害联邦贸易委员会在经修订的该法下的权力。

（c）美国的几个地区法院在此被赋予管辖权，以防止和限制违反根据本标题批准的任何公平竞争守则的行为；美国的几个地区检察官有责任在司法部长的指导下，在各自的地区提起公平诉讼，以防止和限制这种违反行为。

（d）根据他自己的动议，或者如果有人向总统投诉说，在任何贸易或工业或其分支中普遍存在着损害公共利益和违背本文所宣布的政策的滥用行为，并且如果总统在此之前没有批准任何公平竞争守则。总统在他指定的公开通知和听证会后，可以为该行业或产业或其分支规定并批准公平竞争守则，该守则应与总统根据本节（a）款批准的公平竞争守则具有同等效力。

（e）如果任何劳工组织，或任何遵守本标题规定的贸易或工业组织、协会或团体，主动向总统提出申诉，称任何物品正在大量进口到美国，或与国内生产的任何竞争性物品的比例不断增加，并在这样的条件下，使本标题下的任何守则或协议失去效力或严重危及维持，总统可促使美国关税委员会立即进行调查，该委员会应优先考虑根据本款进行调查。如果经过调查和他指定的公开通知和听证会，总统发现存在这样的事实，为了落实本标题的政策，他应指示有关物品只允许在他认为有必要规定的条款和条件下进入美国，并支付费用和限制可进口的总数量（在任何特定时期内），以使其进入不会使根据本标题制定的任何守则或协议失效或趋于失效。为了执行本款规定的对任何物品在任何特定时期的进口总量的限制，总统可以禁止进口这种物品，除非进口商首先根据总统规定的条例从财政部长那里获得许可证。在获悉总统根据本款采取的任何行动后，财政部长应通过适当的官员，允许指定的物品进入，但必须按照总统指示的条款和条件，缴纳费用，限制可进口的数量，并遵守许可证要求。总统对事实的决定应是决定性的。本款规定的任何入境条件或限制应继续有效，直到总统发现并通知财政部长，导致实施该入境条件或限制的条件不再存在。……

第二章　公共工程和建筑项目

联邦公共工程紧急管理

第201节（a）为了实现本标题的目的，特此授权总统设立联邦公共工程紧急管理局，其所有权力应由联邦公共工程紧急管理署（以下简称"署长"）行使，并设立此类机构，接受和利用此类自愿和无偿服务，在不考虑公务员法的情况下任命此类官员和雇员，并利用此类联邦官员和雇员。并在国家同意的情况下，任命他认为必要的国家和地方官员和雇员，规定他们的权力、职责、责任和任期，并在不考虑经修订的1923年分类法的情况下，确定如此任命的任何官员和雇员的报酬。总统可以将他在本标题下的任何职能和权力委托给他所指定或任命的官员、代理人和雇员。

（b）署长可在不考虑公务员法或经修订的1923年分类法的情况下，任命和确定执行本标题规定所需的专家和其他官员及雇员的报酬；并可进行执行本标题规定所需的开支（包括个人服务和政府所在地及其他地方的租金、法律书籍和参考书以及纸张、印刷和装订的开支）。

（c）所有这些补偿、费用和津贴应从本法提供的资金中支付。

（d）在本法颁布之日起两年期满后，或在总统通过公告或国会通过联合决议宣布第1条所承认的紧急状态结束后更早，总统不得再根据本标题提供任何贷款或赠款或进行任何新的建设，根据本标题设立的任何机构应停止存在，其任何剩余职能应转给总统指定的政府部门。前提是，他可以根据在本节规定的总统贷款权力终止日期之前与该借款人达成的任何协议条款，或任何投标或购买债券的承诺，在1939年1月23日之前根据本标题向该借款人发放资金。

译自 https://www.archives.gov/milestone-documents/national-industrial-recovery-act, 2023-2-8.

［历史背景介绍］

1929年10月下旬，一场资本主义经济危机的风暴首先猛烈袭击美国，不久扩大到加拿大、德国、日本、英国、法国等国，并波及许多殖民地、半殖民地和不发达国家，迅速席卷了整个资本主义世界。这次危机持续到1933年，使资本主义世界工业生产率下降超过40%。危机遍及工、农、商、金融等各行各业。资本主义各国的失业率分别在30%—50%，失业工人达3 000多万，几百万小农破产，无业人口颠沛流离。这次危机生产下降幅度之大，危机范围之广，失业率之高，持续时间之长，使它成为资本主义发展史上最严重的一次世界性经济危机，也是这次危机的基本特点。

罗斯福新政时期，雷克斯福德·图格威是罗斯福的"智囊团"顾问中的一位经济学家，也是《工业复兴法》的关键设计师，他也接受了高工资逻辑。他认为"以工资形式分配的收入，会成为重要的购买力。……一个由高薪工人组成的国家，消费其生产的大部分商品，将是我们人类有可能得到的最接近乌托邦的地方"。图格威认为，大萧条的根本原因是，尽管在20世纪20年代，由于技术的进步，工人的生产力有了极大的提高，但工资却没有跟上。因此，工人没有足够的购买力来购买增加的产出。提高工资率是规定的补救措施，罗斯福在签署《国家收入与发展法》成为法律时的声明中强调，"公众购买力的提高可望大大增加销售额。……整个努力的目的是通过提高其巨大的消费能力来恢复我们丰富的国内市场"。

[思考题]

1.1929年开始经济大萧条对美国工业造成了怎样影响？

2.《全国工业复兴法》赋予美国总统若干权利干预社会工业生产，这对美国宪法和政治运转中的三权鼎立产生了怎样的影响？

3.《全国工业复兴法》中的最低工资规定及其相关劳资关系规定有着怎样的影响？如何看待美国资本主义社会的劳资关系调整？

（顾年茂　编）

097

罗斯福发表第一次"炉边谈话"
（1933年3月12日）

1933年3月12日晚上10点，罗斯福总统在白宫通过广播发表讲话：

我的朋友们。

我想和美国人民谈几分钟关于银行的问题。我想和美国人民谈一谈银行业务——和相对较少地了解银行业务机制的人谈一谈，但更重要的是和你们中绝大多数使用银行存款和提取支票的人谈一谈。我想告诉你们过去几天所做的事情，以及为什么要这样做，还有接下来的步骤是什么。

......

毕竟，在我们金融体系的重新调整中，有一个因素比货币更重要，比黄金更重要，那就是人民自己的信心。信心和勇气是成功实施我们计划的基本要素。你们这些人必须有信心；你们不能被谣言或猜测所吓倒。让我们团结起来，消除恐惧。我们已经提供了恢复我们的金融系统的机器，现在要靠你们来支持并使其运作。

朋友们，这是你的问题，你的问题不亚于我的问题。

团结起来、我们永不言败。

译自 https://www.fdrlibrary.org/banking-curriculum-hub, 2023-2-8.

[历史背景介绍]

1929年经济危机爆发后，美国遭受危机的打击最重，工业生产持续下降有三年之久。1932年全国工业生产比危机前的1929年下降了46.3%。经济被抛回到1913年的水平。危机遍及各工业部门。重工业部门生产下降的幅度尤为惊人。钢铁工业下降了近80%，汽车工业下降了95%。危机期间，13万家以上企业倒闭，成千上万的工人被赶出工厂，流浪街头。失业人数在1933年将近1 000万，大约为劳动人口的1/4。持续几年的危机使失业工人受尽饥寒之苦。就在这种形势下，纽约州长富兰克林·罗斯福于1932年7月在民主党全国的代表大会上接受了总统候选人提名。他在接受提名的演讲中说："我向你们保证，我对自己立下誓言，要为美国人民实行新政。"

罗斯福的炉边谈话是美国历史上第一个媒体事件——现场的、预先计划的、非凡的广播，吸引了全国人民的注意力。它们也是变革性的事件。正如萨姆·罗森曼所写的那样，这些谈话给一个深陷经济萧条的"焦虑的国家"带来了"崭新的个性、新鲜的想法和焕然一新的希望"。

[思考题]

1. 罗斯福总统的"炉边谈话"产生巨大的影响，这与广播电台大众化、收音机的广泛普及有何联系？

2. 罗斯福"炉边谈话"的词句修辞学上有何特色？

3. 美国广播电台、新闻报刊等媒体公司与美国政治有何联系？

4. 罗斯福的炉边谈话对美国政治文化产生了怎样的影响？

（顾年茂　编）

098

消除人民与国家痛苦法（节录）
（1933年3月23日）

第一条 国家法律亦得由德国政府按照德国宪法规定的程序制定。……

第二条 德国政府所制定的国家法律如不以国会和参议院的组织本身为对象，得与德国宪法相异。德国总统的权利不变。

第三条 德国政府所制定的国家法律由内阁总理发布并在国家法律公报中发表。如无其他规定，法律于发表之次日起生效。

……

第四条 德国与外国所订涉及国家立法事务的条约，无需获得参与立法工作的团体的同意。德国政府发布履行此项条约的必要的规定。

第五条 本法自公布之日起生效。本法于1937年4月1日失效；如现任德国政府被另一政府代替时，本法亦即失效。

录自齐世荣主编:《世界通史资料选辑·现代部分》（第2分册），北京：商务印书馆，1982年，第202—203页。

[历史背景介绍]

1933年1月30日，希特勒被任命为德国总理并组织内阁。为实现在政治体制方面建立"领袖国家"、实施个人独裁的目标，希特勒决定通过《消除人民与国家痛苦法》（即"授权法案"）把国家立法权从国会转入内阁。为此，希特勒首先在内阁提出并通过《授权法案》草案，继而采取一系列措施，迫使国会于1933年3月23日通过该法案。翌日，兴登堡总统签字，《授权法案》正式生效。

武汉大学历史学院教授吴友法指出,《授权法案》将国会权力全部交给了希特勒,实际上取代了魏玛宪法,成为第三帝国的宪法,国会名存实亡。希特勒依靠《授权法案》颁布各种法令,在所谓合法的外衣下,建立法西斯的独裁统治。

[思考题]

《消除人民与国家痛苦法》在纳粹德国法治体系中占据怎样的地位?

（陈洪运　编）

099

墨西哥《六年计划》

（1933年12月）

《六年计划》鲜明地反映了我国的经济国有化。作为一项自卫政策，它必须为我们争取到在牢固的思想、道德、人道主义基础上保持经济独立的那种强有力的国际地位。

应当特别提出本计划中那些旨在确立社会正义和农业方面新的经济建设、保护新的土地所有者的各项权利、建立新的有组织的农业制度的一些方面。这些决策有一个明确的目的，就是开始把人们由城市迁往农村。

为了保护我们的后代，防止神甫及其代言人为小学儿童带来的那种思想意识上的混乱，六年计划彻底确定了初等教育体制中必须遵循的方针，以及实现这项任务的综合措施。

同样重要的是，计划规定了六年过程中政府在劳动方面所起的作用。

这些规定将坚定不移地保护并发展雇佣工人的工会组织……

农业及其发展 农业问题

国民革命党庄严而有力地重申它建立时所宣布的原则宣言，认为我国最重要的社会问题，从民族利益的观点来说，无疑是土地分配及更好地利用土地问题。这种民族利益是和大部分直接从事土地耕作的农民的经济和社会地位的解放密切相关的……

与此同时，土地和水源的分配与返还将持续进行，一直到完全满足墨西哥共和国的村民们的要求为止……

为了加速实行上述要求的进程，土地法应当是最值得注意的重新审查对象，因为社会利益要求我们迅速地审理大多数从事农业的人关于土地和水源的申请以及土地资源的分配问题……

分配和返还土地,已经不是解决土地公平分配问题的万全办法,因为并非所有的农民都能通过公社获得土地,还因为属于某些居民点的土地有时不够满足当地居民的需要。

另外,注意到上述情况并考虑到"埃依多"对满足我国农民群众关于土地和水源的要求只不过是一种不完备的和有限的方式,因而必须采取另外一些更加妥善的分配土地的办法,这些办法应成为联邦政府和各州政府方面密切注意的目标,兹列举如下:

Ⅰ.为了贯彻执行共和国宪法第二十七条规定的有关事项,大地产的分配,或者由该不动产所有人自愿地来实行,或者用宪法条文所规定的强制没收办法来实行。

为了达到这一目的,自本政府计划通过之日起,一年之内,要向共和国各州分别颁发相应的法律实施细则,发行国家特别公债,并应立即着手在农民中间实行实际而有效的大地产分配……

Ⅱ.通过开辟新农业区,以重新分配农业人口。在新农业区,可以容纳由于某种原因在原住地得不到满足其需要的土地和水源的过剩人口。

Ⅲ.墨西哥人实行的国内移民,符合于现行法令对于本问题的原则精神……

国民革命党认为,国家农业迫切需要使这个共和国内的可耕地不留一点点的废耕面积。

因此,国民革命党将恪守联邦法实施细则关于1920年6月23日起在本实施细则尚未颁布的各州中未被利用的土地的规定,并将严格执行该项法律,以便直接从事土地耕作的农民,通过最简单的手续,由国家政权机构取得占有人未曾耕种过的土地,来为自己而耕种。

新农业组织和农业的发展

实行土地分配后,应通过农民村社和农民的适当组织,探求增加农业产品的最好方法;采用最完善的土地耕作方法、轮作制度和新的农业技术;使用育种方法;通过尽量广泛地使用机器使田间工作机械化,以便提高劳动生产率和加速工作进度；施肥；在商业和工业方面充分利用土地的一切成果，如此等等……

此外还应特别注意，发放农业贷款是安排农业的一个最重要的问题……

为了适应这些情况，国民革命党的职责是，在本政府计划所规定的六年内，制定必要的农业贷款办法，其投资总额为五千万比索，其中在1934年进行的第一批投资必须是两千万比索……

国民经济

国民革命党宣布，政府在本计划实行的六年期间，将以下列方式对自然资源的利用和我国富有的那些产品的出售加以调整：

Ⅰ.实行矿产国有化。

Ⅱ.规定有用矿物蕴藏的勘探地带；这项新办法将保证我国将来的需要。

Ⅲ.国家将组织矿藏勘探，以确定有用矿物的产地，发现新的矿山开采地点，并调查那些为了保障安全的技术原因不应由私人进行这项工作的区域。

Ⅳ.不准收购土地，将扩大国家石油产地，以便永远保有一定数量的石油产地储备。这些地段可以保证我国将来的需要。

此外，前面谈到的那些消耗国家自然资源的商业和工业活动，必须由国家加以整顿，使我国在本身的发展过程中，从经营这个国家的财富中得到更多的收入，因为在许多情况下，为了工业目的而使用我国矿藏的情况是这样：墨西哥人只不过是以低工资的工人身分参加这项工作，而国家除了些微的税收以外，得不到任何利润。因此：

1.要禁止外国企业继续购买有用矿物产地。

2.要减少墨西哥矿山企业主的活动，给予手工采掘工人和矿工合作社以适当的援助。

3.今后要用厘定关税手段和鼓励冶金工业发展的办法，来限制贵重矿石的出口。

4.要鼓励建立集中的矿场和钢铁厂。分散生产时由国家用税率加以限制。

5. 国家要进行干预，以保证石油工业经济力量的平衡，来刺激国民企业的发展，并建立半官方的促进和调整机构。

6. 要采取措施，使我国的石油生产达到适合于现有的大致储藏量的规模。

7. 现存的租让制度将来的变化方向，是要缩小租让行为所扩大的面积。违背国民利益的租让行为是不容许的。

8. 那些在国外进行粗加工后返销的产品，纵使国家有用，也要禁止进口。

此外，我国独立自主的经济发展，要求对于扩大国民生产规模或提高生产质量的那种工商业活动，寄予注意。这种活动将向两个主要方向发展：进口基本的生产资料和生产能源……

录自齐世荣主编：《世界通史资料选辑·现代部分》（第2分册），北京：商务印书馆，1982年，第349—353页。

[历史背景介绍]

墨西哥的《六年计划》于1933年12月在国民革命党克雷塔罗代表大会上通过，它是拉·卡德纳斯的竞选纲领。本计划拟定要采取加速实行土地改革、提高农业水平、发展民族工业和限制外国资本活动等进步措施。1934年7月，卡德纳斯以绝大多数选票当选为总统。

[思考题]

在哪些方面，《六年计划》延续了墨西哥资产阶级革命的精神？

（王志华　编）

100

蒙特维多国家权利义务公约

（1933年12月26日）

参加第七届美洲国家会议的政府，亟愿缔结一项关于国家权利和义务的公约，特指派下列全权代表：

洪都拉斯（会议代表人名从略，以下各国亦同。——编者）、美利坚合众国、萨尔瓦多、多米尼加共和国、海地、阿根廷、委内瑞拉、乌拉圭、巴拉圭、墨西哥、巴拿马、玻利维亚、危地马拉、巴西、厄瓜多尔、尼加拉瓜、哥伦比亚、智利、秘鲁、古巴。

上述各全权代表相互校阅全权证书认为妥善后，协议如下：

第一条　国家作为国际法人，应具备下列条件：

甲、固定的居民；

乙、一定的领土；

丙、政府；

丁、与他国交往的能力。

……

第三条　国家在政治上的存在并不依靠于他国的承认。甚至尚未得到承认的国家也有权捍卫本国的领土完整与独立，为本国的保存与繁荣做出安排，因而也有权按照它所认为合适的方式组织起来，有权制定维护本国利益的立法，管理本国的服务部门并确定本国法院的管辖范围与权限。

除其他国家根据国际法行使权利外，上述权利不受任何限制。

第四条　国家在法律上都是平等的。它们享有同等的权利并具有同等的行为能力。每一国家的权利不依靠于国家为保障此项权利的实现而拥有的权力，而只是依靠于该国作为国际法主体而生存这一事实。

第五条　国家的基本权利不得以任何方式加以侵犯。

第六条　对国家的承认，仅仅意味着承认对方的国际人格，并承认其具有国际法所确定的一切权利和义务。

承认是无条件的，并不得撤回。

第七条　对国家的承认可以有明示的或默认的。后者是由任何一种含有承认新国家的意图的行为所产生的。

第八条　任何国家都无权干涉他国的内政或外交。

第九条　国家在本国领土范围内的管辖权适用于一切居民。本国国民受到法律和本国当局的同样保护，外国人不得要求不同于或更多于本国国民所享有的权利。

第十条　各国的首要利益在于保卫和平。在它们之间所产生任何性质的分歧，均应通过公认的和平方法加以解决。

第十一条　缔约国作为他们的行为准则，明白地承担确定的义务，对于用武力而取得的领土扩张或特权不予承认，不论此项武力是使用军队、施加外交压力或使用任何其他实际的强制措施。

国家领土不可侵犯，而且国家领土不论直接或间接，不论出自何种动机，即使是暂时的，均不得成为其他国家所进行的军事占领或其他暴力措施的对象。

……

第十六条　本公约将对非签字国的国家开放，听凭加入，相应文件应交存泛美联盟的档案库，由该联盟以此送达于其他缔约各方。

……

录自齐世荣主编：《世界通史资料选辑·现代部分》（第2分册），北京：商务印书馆，1982年，第392—394页。

[历史背景介绍]

　　1933年，有鉴于美国的外交政策如"大棒政策"和"金元外交"逐渐招致了拉美国家的反对情绪，美国总统小罗斯福上任后就提出"睦邻政策"，声称要成为拉美国家的"好邻居"，旨在通过柔性手段维系美国在西半球的霸权。因应美国新政策，除哥斯达黎加之外拉美国家和美国一道，于12月26日第七届美洲国家国际会议（泛美会议）期间在乌拉圭首都蒙得维的亚（旧译：蒙特维多）签署上述公约。

[思考题]

《蒙特维多公约》体现了拉美国家摆脱美帝国主义霸权的哪些努力？

（王志华　编）

101

兴登堡遗嘱

（1934年5月11日）

给德国人民和他们的总理！

……

德国是吸收和辐射如此多的人类文明和文化的不竭价值的中心，只要它对其伟大的世界历史使命保持信心，就不会灭亡。我确信，我们祖国最优秀的人的思想深度和思想力量将成功地把新的思想与早期的宝贵财富融合在一起，并从它们的结合中创造出持久的价值，以拯救我们的祖国。这是我离开民族战争的血腥战场时的坚如磐石的信念。我看到了我的祖国的英勇搏斗，我从不相信那是它的死亡搏斗。

……

国家的守护者——帝国国防军，必须成为这一建设的象征和坚定的支持。在它身上，不言而喻的忠于职守、朴实无华和战友情谊等古老的普鲁士美德必须作为国家的坚实基础而存在。

……

我的总理阿道夫·希特勒和他的运动已经迈出了具有历史意义的决定性一步，实现了跨越所有阶级和社会差异，将德国人民团结在内心的伟大目标。我知道还有很多事情要做，我真诚地希望，在民族起义和民族团结的行为背后，将有包容整个德意志祖国的和解行为。

译自 Hindenburgs politisches Testament vom 11. Mai 1934, http://www.kampagne-potsdam.de/1/preussen/hindenb/testam.html, 2023–3–4.

[历史背景介绍]

1929—1933年的世界经济危机，对德国的打击十分严重。危机期间，德国工业生产下降了40.6%，下降幅度仅次于美国的46.2%，居资本主义世界的第二位。农业生产下降了30%，大批小农破产，佃农人数迅速增加。对外贸易锐减，德国出口从1928年的123亿帝国马克降到1932年的57亿帝国马克。由于国外货款的削减，德国最重要的银行之一达姆施达特国民银行于1931年7月倒闭。经济危机带来的最严重的社会问题，是失业人数大量增加，从1929年9月的132万人增至1930年9月的300万人，1932年头两个月竟超过600万人。这些还只是登记的失业数字，实际的失业情况还要严重得多。统治阶级采用削减工资、失业救济金、养老金，以及提高纳税额等办法，力图把经济危机的沉重负担转嫁到劳动人民身上。另一方面，政府却给垄断资产阶级和容克地主提供了巨额贷款和补助金。

20年代，当德国的政治、经济局势比较稳定的时候，纳粹运动的发展相当缓慢。1928年，纳粹党员还不足10万人，在国会的491个议席中仅占12个，尚处于无足轻重的地位。经济危机的爆发，为纳粹运动的迅猛发展提供了最难得的机会。在经济危机的打击下，广大中下层人民饱受失业和破产之苦，对现政权极端不满，强烈要求改变现状。纳粹党乘机发动了强大的宣传运动，攻击魏玛共和国历届政府腐败无能，许诺自己执政后定能振兴德国，改善人民的生活状况。纳粹党竭力争取城乡小资产阶级群众，因为他们约占德国全部人口的40%以上，是社会的重要组成部分。经过强大的宣传攻势和周密的组织工作，在1930年9月14日的大选中，纳粹党共得选票6 409 600张，获107个议席，从国会中原来位居第九的最小党一跃成为仅次于社会民主党的第二大党。纳粹党的党员人数也迅速增加。1928年9月只有8万人，1929年9月增至15万人，1930年11月再增至35万人。

到1933年夏，纳粹党的一党专政的建立已基本完成。实现绝对权力的潜在障碍只剩兴登堡这个无关紧要的老糊涂了，他的独立意志似乎已荡然无存，《授权法案》的条款已经使他有职无权。军队已同意袖手旁观。企业界也已就范。1933年6月28日，约瑟夫·戈培尔已经在庆祝纳粹党消灭了政党、工会和准军事组织，代之以纳粹党及其附属组织的权力垄断："通往专政之路，我们的革命具有一种不可思议的活力。"

通过精心准备的就职典礼，希特勒巧妙地承续德意志帝国的法统，积极笼络代表天主教徒的中央党势力，以此来推动《授权法案》，从而获得不经国会同意并且不征询总统的独裁权利。《授权法案》生效后，魏玛共和国的国会被弃用，兴登堡总统成为橡皮图章，希特勒及其内阁行使专制权。

帝国内部的实际权力和形成权力分配取决于个人意志，而非宪政规则。1934年8月在兴登堡死后，希特勒成为国家元首，并获得军队效忠，从而获得政治实权和能够代表德国的"合法权威"。从中央政府到地方建立起一系列权力机构，并使德国成为一个"特权国家"，其合法性来自超越法律的元首权威。因而，接近希特勒的纳粹党员和政府系统的公务员系统构成了一个遍布德国的二元性权力体系。

[思考题]

1. 1933—1934年间，兴登堡与希特勒之间"元帅和下士"关系与纳粹党全面攫取魏玛政权有着怎样的联系？

2. 纳粹党为何要为兴登堡举行隆重盛大的葬礼，为何要制造和宣传"兴登堡神话"？

3. 从《授权法案》到《德意志帝国国家元首法》，纳粹党通过哪些主要举措夺取"绝对权力"？

4. 面对希特勒和纳粹党攫取魏玛政权，晚年的兴登堡为何常常被历史学家称为"老糊涂"，兴登堡真的老糊涂了吗？

（顾年茂　编）

102

共产国际第七次代表大会关于法西斯主义、工人阶级的团结和共产国际的任务的决议（节录）

（1935年8月20日）

......

（二）工人阶级反法西斯主义的统一战线

面临法西斯主义对工人阶级及其已获利益、对所有劳动者及其基本权利、对各国人民的和平与自由的严重威胁，共产国际第七次代表大会宣告，在目前的历史阶段，国际工人运动的当务之急，就是建立工人阶级的战斗统一战线。为了成功地反对资本的进攻，反对资产阶级的反动措施，反对法西斯主义，这是不管政治观点如何都被剥夺一切自由和权利的所有劳苦者的死敌，至为必要的是，让统一行动在工人阶级各阶层之间，不管他们属于那个组织，确立起来，这一点甚至于要在工人阶级大多数以一个推翻资本主义取得无产阶级革命胜利的共同战斗纲领联合起来之前就要做到。但是，正因为有此原因，这个任务使得各国共产党有责任考虑变化了的形势和以新的方式实行统一战线的策略，办法是谋求同各种政治倾向的劳动者团体达成协议，在工厂、地方、地区、一国和国际规模上采取联合行动。

以此为出发点，共产国际第七次代表大会责成各国共产党在执行统一战线策略时要由下列指示指导：

1. 保障工人阶级当前的经济、政治利益，保卫工人阶级对抗法西斯，这两点必须是所有资本主义国家中工人统一战线的出发点和主要内容。……

随着环境改变而使工人阶级在斗争的方式、方法上作好迅速改变的准备时，务必按照运动发展程度组织对资本的从防御到进攻的过渡，方向是组织群众性的政治罢工，在罢工中必不可少的是本国的主要工会的参加。

2. 一刻也不放弃群众的共产主义教育、组织、动员方面的独立工作时，共产党人，为了使工人们易于走上联合行动的道路，务必取得与社会民主党、改良主义工会和其他劳动者组织反对无产阶级的阶级敌人的联合行动，以短期或长期协议为基础。同时，还要把注意力主要地放在各个地方的群众行动的发展上，由下层组织通过地方协议来指挥。

忠实地履行协议的条件时，共产党人必须及时揭露参加统一战线的个人或组织对联合行动的破坏；如果协议遭到破坏，共产党人必须立即诉诸群众，同时为恢复被破坏了的联合行动而继续不懈的斗争。

3. 无产阶级统一战线实现的形式，要视各工人组织的条件、特性及具体情况而定，应该有不同的特点。……

为了把统一战线运动作为群众自己的事业来发展，共产党人必须尽力取得在工厂、在失业工人中、在工人区、在城市平民中和在农村中建立由选举产生的（或者，在法西斯专政的国家里，从参加运动的最可靠人士中挑选出来的）统一战线的非党阶级机构。只有这种机构（当然，这些机构不应取代参加统一战线的各组织）才能够把劳动者中未参加组织的群众也吸收到统一战线中来，才能有助于发挥广大群众在反资本进攻和反法西斯主义的斗争中的积极性，并在这个基础上帮助建立工人阶级统一战线积极分子的宏大队伍。

4. 无论社会民主党领导人在什么地方，在竭力使工人偏离保卫日常利益的斗争和打算挫败统一战线而提出其大肆宣扬的"社会主义"计划（如"戴曼计划"等）时，都必须揭露这些计划的欺骗性，必须向劳动者表明，只要政权还留在资产阶级手里，实现社会主义就是不可能的。不过，与此同时，这类计划中所提出的能同劳动者的切身要求联系起来的一些措施，可以用来作为与社会民主党工人共同发展群众统一战线斗争的出发点。……

5. 跟社会民主党及其团体的联合行动，不仅不排除，而且，相反，还更有必要严肃地、有根据地批评改良主义和作为与资产阶级实行阶级合作的思想和行动的社会民主主义，耐心地向社会民主党工人解释共产主义的纲领和原则。

在向群众揭露社会民主党右翼领导人反对统一战线的蛊惑论点的含义的同时，在加强对社会民主党内反动阶层作斗争的同时，共产党人必须同那些反对改良主义政策并主张和共产党组成统一战线的左翼社会民主党工人，职员和组织建立最紧密的合作。我们越是加强对正同资产阶级结成联盟的社会民主党内反动阵营的斗争，我们给社会民主党内日趋革命化那一部分人的帮助就更有效。共产党人为同社会民主党结成统一战线的斗争越坚决，左翼阵营内的各色人物的自我决定（态度明朗化）就越快。

社会民主党人中各派组织对在实际上实现统一战线的态度，是他们真正立场的主要标志。在实际实现统一战线的斗争中，那些在口头上以左派面目出现的社会民主党领导人，就会不得不在行动上表明，他们究竟是真正愿意打击资产阶级和右翼社会民主党人，还是站在资产阶级那一边，也就是，反对工人阶级的事业。

6. 选举活动必须被利用来进一步发展和加强无产阶级的战斗统一战线。独立地出来参加竞选并在群众面前展示共产党的纲领时，共产党人必须谋求与社会民主党和工会（以及与劳苦农民、手工业者等人的组织）建立统一战线，并尽一切力量阻止反动的和法西斯的候选人当选。面临法西斯危险，共产党人在为自己保留政治鼓动，批评自由的同时，可以在竞选活动中，根据统一战线运动壮大与成功程度和现行的选举制度，同反法西斯阵线一起，表态支持共同的纲领和共同的候选人。

7. 努力争取在无产阶级领导下，联合劳苦农民、城市小资产阶级和各被压迫民族的劳动群众的斗争时，共产党人必须谋求在无产阶级统一战线的基础上建立一个广泛的反法西斯人民阵线，这时要支持这部分劳动者的符合无产阶级根本利益的那些专门要求。尤其重要的是，要动员劳苦农民起来反对掠夺农民基本群众的法西斯政策。……到处在城市小资产阶级和知识分子以及办公人员中间开展工作时，共产党人应该唤醒这部分人起来反对加重了的税收和高昂的生活费用，反对垄断资本、托拉斯对他们的掠夺，反对重利盘剥，反对政府与城市雇员的解雇和工资的降低。在保护进步知识分子的利益和权利的同时，还有必要在他们反对反动文化的运动中给予种种支持，并促使他们在反法西斯主义的斗争中转到工人阶级这一边来。

8. 在政治危机的情况下，当统治阶级已不能抵挡群众运动的强大冲击时，共产党人应当提出基本的革命口号（诸如，控制生产和银行、解散警察部队代之以武装民兵，等等），这些口号的锋头指向进一步动摇资产阶级的经济、政治力量，增强工人阶级的力量，孤立主张妥协的各党，这些口号还会把工人群众一直引导到用革命手段夺取政权的程度。如果在出现这样一个群众运动高潮时，情况证明可能，而为了无产阶级的利益也有必要去建立无产阶级统一战线政府，或者反法西斯人民阵线政府——这种政府还不是无产阶级专政的政府，而是一个对法西斯主义和反动势力采取断然措施的政府，那么，共产党必须留心，使这种政府一定组成。下述情况是组成统一战线政府的主要先决条件：（1）资产阶级国家机器严重瘫痪，以致资产阶级已无能力来阻止这种政府的建成；（2）广大劳动群众已采取激烈行动反对法西斯主义和反动势力，但尚无决心起来为苏维埃政权战斗；（3）社会民主党和其他党派参加了统一战线的团体中已有相当的比例，要求对法西斯分子和其他反动分子采取无情措施，并已准备与共产党人一道为实行这些措施而战斗。

只要统一战线政府真正采取果断措施去反对反革命的金融巨头及其法西斯代理人，并且不限制共产党的活动和工人阶级的斗争，共产党就要千方百计支持这样的政府。共产党人是否参加统一战线政府，应按具体情况是否许可，视每一情况分别决定。

录自王斯德主编：《世界现代史参考资料》（上册），北京：高等教育出版社，1988年，第349—353页。

[历史背景介绍]

在20世纪30年代世界性经济危机席卷资本主义世界，法西斯主义战争的威胁日益迫近与世界人民反法西斯运动风起云涌的背景下，共产国际对国际形势的分析与判断，其既有的方针政策不能适应新形势发展的需要，无法很好地指导各国共产党组织的革命斗争实践。1935年7月25日—8月25日共产国际在莫斯科召开了第七次代表大会。来自65个国家的共产党和国际组织的五百余名代表出席了大会。大会以制定共产国际反法西斯斗争的策略方针为中心任务。会上听取和讨论了季米特洛夫所作的《法西斯主义、工人阶级的团结和共产国际的任务的决议》报告。报告分析了法西斯主义的本质与上台的原因，指出共产党应从中吸取的经验和教训，号召各国党建立广泛的反法西斯人民统一战线。

[思考题]

1. 根据决议，反法西斯统一战线团结的对象有哪些？

2. 如何评价该决议的历史意义？

（肖琦　编）

103

美国中立法（两院联席议决案）（节录）

（1935年8月31日）

美利坚合众国参议院及众议院集会于国会，联合议决：在两个或两个以上外国之中间，发生战争，或战争在进行之中，总统应宣布此项事实，宣布之后，凡以军械、军火或军备，自美国之任何地方，或其属地之任何地方，输出而运至该交战国之任何港口，或运至任何中立国港口以备转运至任一交战国，或运至任何交战国所利用之任何中立国港口者，均为违法。

总统应即发表公告明白列举本法所禁止输出之军械、军火或军备等之项目。

此项军械、军火、军备之禁止输出，总统得随时因他国牵入战争，或当他国牵入战争而发表公告，以扩展本法之适用于此等国家。

凡违反本节任何条文，而从事，或企图，或主使军械、军火或军备自美国或其任何属地输出者，科以1万元以下之罚金，或5年以下之有期徒刑，或罚金徒刑并科，其包括上称物品之财产、船舶或车辆，应准1917年6月15日批准之法案第一至第八节（包括第六类第三十章）之条文办理。

凡因违犯本法而没收之军械、军火或军备，不得公开或秘密出售；但此项军械、军火或军备，于取得合众国总统之核准后，得解交陆军部以供其使用，或听其处理。

依总统之判断，认为当初使其发表此项宣言之环境，业已不再存在，总统应即撤销此项宣言，而宣言中之规定，亦即不再适用。

本节及依本节而发表之一切宣言，均于1936年2月29日后终止效力。但1936年3月1日以前提起之诉究或判决之没收，不在此限。

录自王斯德主编:《世界现代史参考资料》(上册),北京:高等教育出版社,1988年,第353—354页。

[历史背景介绍]

该法案是20世纪30年代中期美国对外政策的基础,曾运用于意埃战争和西班牙内战,1937年5月1日被扩大了应用范围的新中立法取代。该法案的推行在一定程度上起到了对法西斯毁约扩军进行绥靖的作用,它虽然名为"中立",但实际上无形中却起到了鼓励侵略、挑起战争的作用。

[思考题]

二战爆发前美国究竟采用了哪些具体的绥靖举措?

(赵继珂 编)

104

纽伦堡法案

（1935年9月15日）

德意志帝国公民权法

1935年9月15日

德意志帝国国会一致通过了下列法律，特予以公布。

第一条

（1）国家的臣民指的是享有德意志帝国保护并对其承担相应特定义务的人。

（2）臣民身份的获得根据德意志帝国和各邦公民权法的规定。

第二条

（1）德意志帝国公民仅为具有德意志及其同种血统的人，并通过行动表明其愿意和适合为德国人民和德意志帝国尽忠。

（2）公民权利需通过德意志帝国公民权证明的授予方可获得。

（3）只有德意志帝国公民才能根据法律的规定享有完全的政治权利。

第三条

德意志帝国内政部长会同副元首将颁布必要法律和行政法令，以实施和补充本法案。

纽伦堡，1935年9月15日

于帝国自由党代会

元首兼帝国总理

阿道夫·希特勒

帝国内政部长

弗利克

——1935年9月16日公布；1935年9月30日生效

文献来源：上述法案原文刊登于1935年《帝国法律公报》（Reichsgesetzblatt
I）第1146页。译自英文，可参见美国大屠杀纪念馆网站，https://encyclopedia.
ushmm.org/content/en/article/nuremberg-laws, 2023-01-19.

1935年11月14日第一次补充法令

基于1935年9月15日颁布的《德意志帝国公民权法》第三条之规定，
特公布如下法令：

第一条

（1）在关于公民权证明作出进一步规定以前，凡在《德意志帝国公民权
法》生效时，所有在德意志帝国国会拥有选举权的德国及其同种血统的臣
民，暂时享有德意志帝国公民权利。凡经德意志帝国内政部长会同副元首初
步授予公民权利者，同样适用上述规定。

（2）德意志帝国内政部长会同副元首可以撤销已初步授予的公民身份。

第二条

（1）第一条规定同样适用于帝国的犹太混血臣民。

（2）混血犹太人指的是其祖父母或外祖父母中有一或两个在种族上属于
纯血犹太人，且不属于第五条第二款所定义的犹太人。纯血犹太祖父母或外
祖父母指的是他们属于犹太宗教社团。

第三条

只有享有完整政治权利的德意志帝国公民才能在政治事务中行使投票权
或充任公职。帝国内政部长或其授权的任何机构可在过渡时期内对充任公职

一事破例处理。涉及宗教组织的事务不受影响。

第四条

（1）犹太人不得成为帝国公民。他在政治事务中不得行使投票权、不得担任公职。

（2）犹太官员须在1935年12月31日前退职。如果这些官员在世界大战中曾为德国或其盟友在前线服役，将在到达年龄限制前根据最后一次工资收入获得全额退休金，但金额不会随年增长。在达到年龄限制后，将根据最后一次工资的收入重新计算。

（3）涉及宗教组织的事务不受影响。

（4）在颁布关于犹太学校系统的新法令之前，公立犹太学校教师的服务条件保持不变。

第五条

（1）犹太人指其祖父母和外祖父母中有至少三位在种族上属于纯血犹太人；

（2）满足下列条件的，即使是两位纯血犹太人的后裔也被认定为犹太人：

a.颁布该法律之时或以后加入犹太宗教社团；

b.颁布该法律之时或以后与犹太人结婚；

c.在《德意志血统与荣誉保护法》1935年9月15日生效后，以其第一条所定义的犹太人结婚后生下的后代；

d.在1936年7月31日后与第一条所定义的犹太人婚外情生下的后代。

第六条

（1）若帝国法律或民族社会主义德国工人党（NSDAP，即纳粹党——译者注）及其组织的命令对血统纯正的要求未列入第五条之范围，将不受其影响。

（2）任何对血统纯正的要求若未列入第五条之范围，须获得帝国内政部长会同副元首的许可方可提出。已经作出的要求，如在1936年1月1日前未向帝国内政部长会同副元首提出请求，则视为无效。此类请求须由帝国内政部长提出。

第七条

元首兼德意志帝国总理可以对本法律相关规定作出例外处理。

柏林，1935 年 11 月 14 日

元首兼帝国总理

阿道夫·希特勒

帝国内政部长

弗利克

副元首

R. 赫斯

文献来源：上述法案原文刊登于 1935 年《帝国法律公报》（Reichsgesetzblatt Ⅰ）第 1333 页。译自 Jeremy Noakes and Geoffrey Pridham, *Documents on Nazism 1919-1945*, New York: Viking Press, 1974, pp.463-467. 可参见 https://www. jewishvirtuallibrary.org/the-reich-citizenship-law-first-regulation, 2023-01-19.

德意志血统及荣誉保护法

1935 年 9 月 15 日

由于深感德意志血统的纯粹性是德意志民族进一步生存的必要条件，在毫不妥协地捍卫德意志民族未来的决心鼓舞下，国会一致决定通过如下法律，特予以公布：

第一条

（1）禁止犹太人与德意志公民或相关血统者结婚。违反本法缔结的婚姻，即使在国外缔结以期规避本法者，均属无效。

（2）仅可由国家公诉人提起废除的诉讼程序。

第二条

禁止犹太人与德意志公民或相关血统者发生婚外性关系。

第三条

禁止犹太人雇用45岁以下的女性德意志公民或相关血统者从事家政工作。

第四条

(1)禁止犹太人使用德意志帝国国旗及其象征的颜色。

(2)另一方面，犹太人可以出示象征犹太人的颜色。此项权利受到国家保护。

第五条

(1)凡违反第一条禁令者将处以强制劳动。

(2)凡违反第二条禁令者将处以监禁或强制劳动。

(3)凡违反第三条或第四条禁令者将处以1年以下监禁并罚款，或二者任处其一。

第六条

德意志帝国内政部长会同副元首和司法部长将颁布实施和补充本法案所需法律和行政法令。

第七条

本法自公布之日起生效，但第三条将自1936年1月1日起生效。

纽伦堡，1935年9月15日

于帝国自由党代会

元首兼帝国总理

阿道夫·希特勒

帝国内政部长

弗利克

帝国司法部长

古特钠博士

副元首

R. 赫斯

文献来源：上述法案原文刊登于1935年《帝国法律公报》（Reichsgesetzblatt I）第1146—1147页。译自英文，可参见美国大屠杀纪念馆网站，https://encyclopedia.ushmm.org/content/en/article/nuremberg-laws, 2023-01-19.

[**历史背景介绍**]

犹太恐惧症在20世纪初的欧洲甚嚣尘上，希特勒更是一直秉持极端的反犹立场，把自己对犹太人的仇恨和政治目标结合起来，认为解决犹太人是解决德国困境、净化日耳曼血统的关键手段。1933年，希特勒上台之后很快将解决犹太人问题提上日程。随即就陆续通过各种方式极力从商业、传媒、文化、教育等领域清除"犹太人的影响"，例如封锁犹太商店和律师事务所、焚烧犹太学者的书籍、迫害犹太知识分子、逼迫犹太学生退学等，也引发了整个社会对于犹太人群体的冲击，进而演化成整个社会的动荡。

从1935年开始，纳粹的反犹进入新的阶段，希特勒希望能够合法、彻底地从上而下解决犹太人问题。9月15日，希特勒在纽伦堡文化协会大厅召开会议，正式批准了《帝国公民权法》（The Reich Citizenship Law）和《德意志血统与荣誉保护法》（The Law for the Protection of German Blood and German Honor），11月14日，又颁布了《帝国公民权法》的补充法令，上述法案被统称为《纽伦堡法案》（Nürnberger Gesetze）。《纽伦堡法案》剥夺了犹太人作为德国公民的权利，禁止犹太人与德国人通婚甚至发生性关系，禁止犹太人使用德国国旗及其颜色，否则将面临各类的惩罚，充分凸显出德国人和犹太人之间的地位差别。其中的核心问题是：谁是犹太人，如何确认他们的身份？是根据种族的特性还是宗教信仰，抑或是其他原因。尽管在补充法令中对此有所说明，这种认定不仅引发了强烈的争论，也体现了其充斥的种族优越论和种族污染意识形态。犹太人被区分为"纯血犹太人"和"混血犹太人"，而"混血犹太人"可能因为宗教信仰、婚姻等因素面临截然不同的结局。

[思考题]

希特勒为何秉持极端反犹的立场，受到了哪些因素的影响？

（李晔梦　编）

105

埃塞俄比亚皇帝海尔·塞拉西的声明
（1935年12月16日）

我们愿意以今日局势所要求的十分严肃和坚定的态度声明，如果我们乐意促进在英、法建议的基础上所做出的任何和平解决，这就不仅是在我国人民面前表示怯懦，而且是对国际联盟的出卖，对那些直到现在还认为集体安全制度可以信赖的国家的出卖。

在埃塞俄比亚人看来，那些建议是否定了和抛弃了国际联盟借以建立起来的原则。它们将肢解埃塞俄比亚的领土和消灭它的独立，来为一个对它进行袭击的国家谋利益。

那些建议意味着明确地禁止埃塞俄比亚人在自己约达三分之一的领土上有效地和自由地参加经济发展。那些建议把这种发展委托给埃塞俄比亚的敌人，这个敌人实际上正在第二次试图征服这个国家的人民。

在这些建议的基础上的解决，势将鼓励侵略和对国际约言的违反。

埃塞俄比亚的重大利益正在成为问题，而对我们来说这是优先于任何其他考虑的。但在我们做出决定时，我们决不会不注意到这样的事实，就是如果在牺牲一个被侵略的国家的情况下向一个已被谴责为侵略者的国家致送报酬，那么其他爱好和平的弱国或小国的安全也将发生疑问。

录自齐世荣主编：《世界通史资料选辑·现代部分》（第1分册），北京：商务印书馆，1980年，第100—101页。

意大利早就垂涎埃塞俄比亚丰富的矿产资源和农业原料。在第一次意大利埃塞俄比亚战争（1895年）中，意大利遭遇惨败，因而承认埃塞俄比亚完全独立的地位。墨索里尼上台后，意大利积极扩军备战，并将埃塞俄比亚视为侵略的首要目标。从1934年上半年起，意军利用已经占领的殖民地厄立特里亚和索马里向埃塞俄比亚边界进行频繁的武装挑衅制造冲突。埃塞俄比亚皇帝海尔·塞拉西最初希望国际社会根据国联盟约制止意大利的侵略行径。但英、法两国主导的国际联盟对意大利采取绥靖政策。1935年10月3日，意大利大举入侵埃塞俄比亚。12月9日，英国外相霍尔与法国外长赖伐尔秘密缔结协定，企图把埃塞俄比亚大片领土割让给意大利。面对英、法的建议，海尔·塞拉西做出如上声明。虽然埃塞俄比亚军民的反抗挫败了意大利短时间内赢得战争的企图，但首都亚的斯亚贝巴还是在7个月后被意大利军队占领，海尔·塞拉西流亡英国。

[思考题]

海尔·塞拉西从哪些层面批评英、法两国的绥靖政策？

（王志华　编）

106

意大利—埃塞俄比亚冲突的共同解决提纲
（赖伐尔—霍尔协定）
（1935年12月9日）

Ⅰ.领土交换

联合王国政府和法国政府相互同意，建议埃塞俄比亚皇帝陛下接受以下有关埃塞俄比亚和意大利之间的领土交换：

（1）提格雷：把提格雷东部领土割让给意大利，其范围是南部约以格瓦湖为界，西部自北至南在阿克苏姆（属埃塞俄比亚）和阿杜瓦（属意大利）之间划定一条界线。

（2）达纳基尔和厄立特里亚之间的疆界变动是：疆界以南的阿沙和延伸至厄立特里亚的一片领土必需给予埃塞俄比亚出海口，其规定如下文。

（3）欧加登和意属索马里之间的疆界变动是：新的意大利—埃塞俄比亚疆界从埃塞俄比亚、肯尼亚和意属索马里三处疆界的连接点开始，一般沿东北走向划定界限，在伊的多尔横穿谢贝利河，直达英属索马里疆界与子午线第四十五度的交叉处，戈腊黑划在线东，瓦兰达布划在线西。

英属索马里境内各部族对于因此次划界而归属于意大利的领土上的放牧区及水源的使用权，应获得保证。

（4）埃塞俄比亚将获得一个享有充分主权的出海口。这个出海口似乎最好是以割让阿萨布港和沿法属索马里边界通向这个海港的一条狭长地带所构成。意大利将同意此项割让。

联合王国政府和法国政府将尽力从埃塞俄比亚政府方面得到保证，以履行在其获得的领土上必须责成它履行的有关奴隶制度和军火贸易的义务。

Ⅱ.经济发展和居留的地区

联合王国政府和法国政府将运用它们在亚的斯亚贝巴和日内瓦的影响，以达到下列目的：在埃塞俄比亚南部应为意大利设立一个便于经济发展和居留的地区；这一地区的设立，应由埃塞俄比亚皇帝陛下予以同意，并由国际联盟加以批准。

这一地区的范围是：在东部应为埃塞俄比亚和意属索马里之间的新定疆界；在北部应为纬度第八度；在西部应为子午线第三十五度；在南部应在埃塞俄比亚和肯尼亚之间的交界处。

在这个构成埃塞俄比亚整体的组成部分的地区内，意大利享有专属的经济权利，此项权利由一个特许公司或其他任何类似的组织去行使。对这种组织——在遵从本地人和外国人既得权利的条件下——须承认其在尚未占领的领土内拥有所有权，拥有开发矿产、森林等等的垄断权。这种组织负责对所在国的经济设施作出贡献，并提出其收入的一部分作为替该地居民谋福利的社会性开支之用。

在这一地区内，埃塞俄比亚的行政管理权，在皇帝的主权统辖下，由按照国际联盟拟定的援助计划所设置的部门去行使。在这些部门中，意大利占有优势的，但非专属性质的份额。这些部门受到中央政府属下的一名主要顾问的直接指挥。这位主要顾问可由意大利籍人担任，他是国际联盟派往协助皇帝的首席顾问为经管该项事务的助理。首席顾问则不应由埃塞俄比亚的一个邻国的国民担任。

按照援助计划所设置的部门，在保留地区同在首都一样，都应把确保意大利国民的安全及其经营的企业的自由发展视为自己的一项重要职责。

这种组织的细节应由国际联盟拟定。联合王国政府和法国政府愿意作出努力，保证这种组织能够充分维护意大利在这一地区的利益。

录自齐世荣主编：《世界通史资料选辑·现代部分》（第1分册），北京：商务印书馆，1980年，第96—98页；齐涛、曹胜强主编:《世界通史教程教学参考》(现代卷)，济南：山东大学出版社，2001年，第168—170页。

[**历史背景介绍**]

1935年12月9日英国外交大臣霍尔和法国总理赖伐尔在巴黎秘密签订。协定建议埃塞俄比亚把奥加登省全部、提格雷和哈拉尔两省东部"让给"意大利，以此换取意属南厄立特里亚的一条狭长地带及其通往阿萨布的出海口；埃应同意聘用意大利顾问，并向意提供特别经济权利。协定是英、法绥靖政策的产物，是对埃塞俄比亚领土主权的严重侵犯和对意大利侵略者的纵容。消息走漏后，激起世界各国舆论的强烈谴责。霍尔和赖伐尔被迫先后辞职。

[**思考题**]

简要分析英法缘何在意埃战争中不愿意对意实施制裁？

（赵继珂　编）

107

美国喷气推进实验室（JPL）成立
（1936年）

美国喷气推进实验室是世界著名的科学航天器建造者，它孵化了从数字图像处理到微电子传感器的各种技术。但这并不是其兴趣的唯一来源。2007年美国喷气推进实验室的预算远远超过10亿美元，有近5 000名员工，包括约800名博士，它代表了国家对资金和人才的大量投资。它还说明了个人与组织的关系，这是20世纪的一个核心问题，对科学技术及其对个人创造力的依赖具有特殊意义。使这种关系复杂化的是美国喷气推进实验室作为一个混合机构的地位，一个由联邦政府拥有的实验室，但作为大学的一部分运作；因此它需要在技术独立性和公共责任之间进行微妙的平衡。

美国喷气推进实验室最重要的影响来自智力和想象力领域。它的航天器提供了大量的关于行星、地球和恒星的新知识。可以说，美国喷气推进实验室的航天器彻底改变了我们对太阳系的认识，将行星和它们的卫星从夜空中模糊的色点变成了具有惊人多样性和复杂性的整个世界。美国喷气推进实验室的航天器还俯视地球，为全球变暖、厄尔尼诺和古代文明等现象提供了新的视角；这样做改变了地球科学家的方法，他们开始接受来自远程卫星的电子数据，认为其等同于在地面或海上收集的数据。至于星星，美国喷气推进实验室建造了两个最富有成效的红外望远镜，以及拯救哈勃望远镜的相机。更广泛地说，美国喷气推进实验室的工作为解决人类在宇宙中的地位的基本问题，包括地球以外生命的可能性，提供了也许是最有希望的科学方法。

1949年8月29日，苏联引爆了它的第一颗原子弹，这距离美国原子弹摧毁广岛和长崎仅仅四年。美国感到震惊。在此之前，大多数美国人把俄国人想象成"农民留着长长的胡须，他们的衬衫尾巴挂在裤子外面"。甚至那些对苏联的状况有更现实看法的人也对对方如此迅速地追赶美国感到惊讶，军事预算几乎立即再次飙升。

1953年，美国喷气推进实验室有超过1 000名员工，预算为1 100万美元。尽管有军队的保证，大部分的工作都是秘密的：到1958年，几乎三分之二的实验室出版物都是保密的。越来越多的保密性、正式性和工作的生产性质削弱了与高校的联系，但加州理工学院的管理者和董事们拒绝了将实验室转移到另一个承包商或军队本身的建议。

与此同时，联邦政府正在进行洲际弹道导弹的坠毁计划，并开始意识到太空在国际声誉和军事用途方面的应用。美国宣布它打算发射一颗卫星，作为1957—1958年国际地球物理年的一部分，但艾森豪威尔总统坚持以民用、科学为导向的先例，从而使军队在美国喷气推进实验室和陆军弹道导弹局（ABMA）的实验室提出的合作建议失败。然后，在1957年10月4日，苏联发射了人造卫星。当美国匆忙地回应在发射台上惨遭失败时，美国喷气推进实验室和军队得到了进入太空竞赛的绿灯。美国喷气推进实验室的跟踪系统和重返大气层飞行器为其赢得了建造卫星的权利，被称为"探索者1号"。1958年1月31日"探索者"号的胜利发射使美国喷气推进实验室进入公众视野，并在国家的太空计划中发挥了主导作用。

1958年，经过多轮辩论，美国总统艾森豪威尔和国会在创建了国家航空航天局。国家航空航天局觊觎美国喷气推进实验室的太空专业知识，并于1959年1月1日将该实验室移交给新机构。此后，美国喷气推进实验室将不得不在国家航空航天局其他中心经常重叠的任务中协商其角色。美国国家航空航天局指派美国喷气推进实验室负责月球和行星探索的自动航天器，这巩固了它在推进方面的名义利益的转变。在早期太空竞赛的热潮中，美国喷气推进实验室的规划人员制定了一系列飞往月球、金星和火星的飞行计划，最终在1965年实现了载人环绕火星的飞行。

译自 Kärin Nickelsen, Alessandra Hool, Gerd Grasshoff (Hrsg.), *Theodore von Kármán: Flugzeuge für die Welt und eine Stiftung für Bern*, Basel: Birkhäuser, 2004, S. 63, SS. 14–15. Peter J. Westwick, *Into the black: JPL and the American space program 1976–2004*, New Haven: Yale University Press, 2007, pp.3–4, pp.ix–x.

[历史背景介绍]

　　20世纪30年代以后，美国军工研究领域有一群匈牙利裔科学家发挥了重要作用。这个群体的核心人物特别包括五位科学家：数学家约翰·冯·诺伊曼、物理学家尤金·维格纳、核链反应的发现者利奥·斯齐拉德、"氢弹之父"爱德华·泰勒，以及世界著名的流体动力学研究者西奥多·冯·卡门。五位著名科学家均曾在德国获得博士学位或从事教学科研。

　　第二次世界大战推动了科学技术的大发展。军事上的需要，使交战各国投入大量人力、物力和财力去发展相应的科学技术，制造克敌制胜的武器。例如，在核裂变发现以后短短的六年时间里，美国就爆炸了原子弹。如果没有最迫切的军事需要，这是办不到的。随着原子弹的试制成功，才有后来的原子能的和平利用，人类从此进入了核时代。又如，1944年德军开始使用V–2火箭导弹，轰炸英国。V–2火箭的发明，标志着现代火箭技术登上了现代科技舞台，成为现代空间技术的雏形。

[思考题]

　　1. 20世纪30年代以后，简要谈谈奥地利和德国科学家对美国成为世界前沿科学研究中心的贡献。

　　2. 20世纪上半叶，美国成为全球的经济、军事、教育、科研、航天及医疗技术头号强国的过程中，如何处理国内大学的人才培养和吸引世界各国人才的关系。

　　3. 举例说明冯·卡门及其学生创建的美国喷气推进实验室与美国航空航天科学发展的紧密联系。

　　4. 19世纪中期以来，先进实验室与前沿科学研究发展有着紧密联系，美国喷气推进实验室成为世界著名的航天航空研究中心后，日常管理中加州理工学院、美国航空航天局、美国联邦政府与美国喷气推进实验室之间有着怎样的联系与矛盾？

（顾年茂　编）

108

法国人民阵线纲领

（1936年1月）

政治要求

Ⅰ.保卫自由

1.大赦。

2.反对各种法西斯联盟：

（a）根据法律，有效地解除一切半军事性的组织的武装并解散它们。

（b）如遇煽动凶杀或企图危害国家安全时，执行法律规定。

3.纯洁公共生活，尤其是通过实行议员不得兼占（即议员不能担任某些公职）的办法。

4.关于出版：

（a）取消臭名昭著的法律和限制言论自由的法令。

（b）采取立法手段，改革出版事业：

（ⅰ）有效地取缔诽谤和勒索行为；

（ⅱ）保证报刊的正常的维持经费，迫使它们公开自己的财政来源，终止商业广告的私人垄断和金融广告的丑闻，以及最后防止报业托拉斯的形成。

（c）由国家举办消息广播，以保证新闻的准确性，并使利用广播的各政治团体和社会团体享有平等的机会。

5.工会自由：

（a）实施并尊重一切人的工会权利。

（b）尊重有关妇女的工厂立法。

6.教育与信仰自由：

（a）保证民众教育的发展，办法是不仅要给以充足的经费，而且要实行一些改革，例如把受义务教育的年龄延长到十四岁，并在中等教育方面，适当地挑选学生，作为免费教育的补充。

（b）保证学生和教师享有完全的信仰自由，尤其要保证教育的中立性，它的非宗教性质和教师的公民权利。

7. 关于殖民地：建立一个国会调查委员会，调查法国海外殖民地、特别是法属北非和印度支那的政治、经济和文化状况。

Ⅱ. 保卫和平

1. 向人民，尤其是向劳动群众呼吁，同心协力地维护并筹划和平。

2. 在国际联盟结构内进行国际合作，以保证集体安全，其办法是规定侵略的定义，并在发生侵略时采取自动的和协同一致的制裁。

3. 进行不懈的努力，把武装的和平变为裁军的和平，其办法是首先举行限制军备会议，然后实行普遍的、同时的和有效监督的裁军。

4. 实行军事工业国有化，并禁止私人军火交易。

5. 放弃秘密外交，采取国际行动，并公开谈判，使已退出日内瓦会议的国家重返日内瓦，但不得削弱国际联盟的基本原则，即集体安全和不可分割的和平。

6. 对国联盟约中所规定的和平调整那些危害世界和平的条约的程序，予以简化。

7. 按照法苏公约的方针，把安全公约的制度推广到一切国家，尤其是东欧和中欧国家。

经济要求

Ⅰ. 恢复危机所破坏或降低了的购买力

1. 失业和工业危机的对策设立国家失业基金

缩短每周的工作日，而不减少每周的工资。

为老年工人建立足够的养老金制度，以吸收青年工人就业。

把私人储蓄和中央及地方政府所资助的方案结合起来，迅速在城乡实施大规模的公益工程计划。

2. 农业和商业危机的对策

调整农产品的价格，同时打击投机和抬高物价，以便降低批发价格和零售价格之间的差额。

成立代表有关各界的国家粮食局，以便消灭投机商对生产者和消费者的盘剥。

支援农业合作社，由国家氮钾销售局以成本价格供应肥料，控制并规定过磷酸钙以及其他肥料的销售，发展农业信贷，降低地租。

停止财物扣押并调整债务偿还。

期待彻底地并尽早地铲除经济法令所造成的一切不公平，对其生活条件已被经济法令严重损害的人们不利的措施也应立即废除。

Ⅱ. 反对掠夺储蓄，改善信贷组织

制定银行营业条例。

制定管理银行和责任有限公司颁布的决算表的条例。

进一步制定关于公司董事职权的条例。

禁止退休的或编外的公务人员担任公司的董事。

为了使信贷和储蓄免受经济寡头的控制，把现在还是私家银行的法兰西银行改组为法国银行（即将其收归国有）。

废除法兰西银行的董事会。

在国会代表，行政当局代表，工人和工、商、农业主要团体的代表组成的委员会的永久监督下，扩大法兰西银行总裁的职权。

把银行的资本变为债券，并采取保障小股东的利益的措施。

Ⅲ. 健全财政

监督军火贸易，并伴随以军火工业的国有化。

消灭民事部门和军事部门的浪费现象。

设立军人抚恤金的基金。

对征税制度进行民主改革，以便减轻国库的负担，达到复兴经济的目的；采取针对巨额财富的措施，以充实财政来源，办法是迅速增加收入七万五千法郎以上者的所得税率，改变遗产税征收方法，对垄断利润的课税要使其不致影响消费品的价格。

防止有关流通证券的欺诈行为。

控制资本输出，以最严厉的手段惩罚资本外逃，直到没收隐藏在国外的财产或其在国内的等价财产。

录自齐世荣主编：《世界通史资料选辑·现代部分》（第2分册），北京：商务印书馆，1982年，第37—41页。

[历史背景介绍]

面对国际上法西斯主义的甚嚣尘上，国内极右势力的咄咄逼人，法国国内的左翼力量开始以"保护共和"相号召。1934年，社会党领导人莱昂·布卢姆提出"占据政权"。同时共产国际指示法国共产党可以团结社会党，共同进行反法西斯斗争。法共为了争取激进党，在纲领中排除所有可能刺激中产阶级的条款，并采纳一些激进党纲领里的内容。同时右翼政府对议会共和制与激进党领袖的攻击及其实行的严厉财政紧缩政策，也将激进党最终推向了与左翼的再次联合。1935年7月，激进党加入法国社会党与共产党的联盟。1936年4—5月大选期间，人民阵线各党派在第二轮选举中采取了互相避让的做法，最终取得议会的多数席位，获得胜利。布卢姆作为议会第一大党的社会党领袖出面组阁，共产党拒绝入阁，但表示全力支持布卢姆内阁。

[思考题]

1. 如何看待人民阵线纲领中的经济政策对振兴法国经济产生的实际影响？

2. 如何看待法共在人民阵线问题上的立场？

（肖琦　编）

109

法国总产联和法国总工会之间的
马蒂尼翁协议
（1936年6月7日）

总产联和总工会的代表在总理（莱昂·布卢姆）的主持下举行了会议，并通过总理的仲裁，缔结了下列协议：

第一条　雇主代表团同意立即缔结集体合同。

第二条　这些合同特别必须包括下列第三条及第五条的内容。

第三条　在全体公民均应遵守法律的情况下，雇主承认工人有言论自由及自由参加和隶属根据劳动法第三编所建立的工会的权利。

雇主同意在决定雇用、组织或分配工作及采取纪律措施或开除工人时，不考虑工人是否是工会会员。

缔约双方中如有一方认为某一工人的开除违反上述组织和参加工会的权利时，双方将设法确定事实，并采取公平合理的解决办法。这种解决办法并不妨碍双方在法庭要求赔偿损失的权利。

运用工会的权利时不得作出违反法律的行动。

第四条　全体工人在1936年5月25日所取得的实际工资将于复工以后予以提高，最低工资提高15%，依次递减至最高工资提高7%。任何企业的总的提高数不得超过12%。1936年5月25日以后业已提高的数目将计入上述提高数内。但业已提高到高过此数的，仍然有效。

在以集体合同按地区和按职业决定最低工资的即将举行的谈判中，特别应对不正常的低工资作出必要的改变。

雇主代表团同意对非生产性雇员的薪给及计时工资作出必要的调整，以保持二者之间的正常关系。

第五条 除法律已另有规定者外，在工人机构与管理机构之间（无此等机构者，在有关方面之间）协商同意之后，每一拥有工人十人以上的企业均将按照企业的大小设立工人代表二人或二人以上（车间代表及代理人）。代表有权将有关实施法律、法令、劳动法的条例、工资等级及健康和安全措施方面所未能满意地调整的个人痛苦向厂方提出。

全体年在十八岁以上的男女工人，如在选举工人代表时已在企业中受雇三个月以上，且未被褫夺公权者，均有选举工人代表之权。

全体拥有选举权的工人，如系法国公民，年在二十五岁以上，且在企业中受雇达一年以上者，均得被选为工人代表。如最后一项要求使有被选举权的人数少于五人时，受雇年限应予缩短。

凡由自己或由其配偶经营任何零售商业的工人，均不得充当候选人。

第六条 雇主代表团许诺不对罢工活动采取任何处罚。

第七条 总工会代表团将在厂方接受这个一般性的协议及厂方和职工开始商谈实施办法之时，立即要求罢工工人恢复工作。

1936年6月7日于巴黎

（签字）

莱昂·布卢姆

（总工会方面）　　　　　　　　　　（总产联方面）

石屋　　　　　　　　　　　　　　迪什曼

贝兰　　　　　　　　　　　　　　达尔包兹

弗拉商　　　　　　　　　　　　　里什蒙

塞马　　　　　　　　　　　　　　朗贝尔—里博

科尔迪埃

米兰

录自齐世荣主编:《世界通史资料选辑·现代部分》（第2分册），北京：商务印书馆，1982年，第45—47页。

［历史背景介绍］

1936年5月至6月，在经济危机的大背景下，受到左翼的人民阵线政府选举胜利的鼓舞，法国工人举行了声势浩大的罢工。法国生产协会（即上述材料中的"总产联"）在人民阵线政府的协调下，于6月7日下午在总理府马蒂尼翁宫与法国总工会的代表举行会谈。劳资双方围绕集体合同、工人加薪、承认工会权利等问题进行了激烈的谈判，于次日签订《马蒂尼翁协议》。这是法国历史上第一次全国性的劳动者、资本方与政府共同参与的高级别谈判所达成的协议，工人阶级的权利诉求得到了一定的满足，罢工得到了一定的平息，更为重要的是确立了集体谈判与集体合同作为解决劳资冲突的基本原则。

［思考题］

1. 什么是集体谈判？

2.《马蒂尼翁协议》对工人运动及劳资关系的发展产生了何种历史影响？

（肖琦　编）

110

基本国策纲要

（1936年8月7日）

（一）国家大政的根本，在于根据大义名分，内则巩固国家基础，外求发展国运，使帝国在名义上和实质上都成为东亚的安定势力，确保东方的和平，为世界人类的安宁和福利作出贡献，以体现建国的理想。帝国鉴于内外的形势，认为帝国当前应该确立的根本国策，在于外交和国防互相配合，一方面确保帝国在东亚大陆的地位，另一方面向南方海洋发展，基准的大纲如下：

1. 排除列强在东亚的霸道政策，根据真正的共存共荣的主张，共享幸福，这就是皇道精神的具体体现，也就是我国在对外发展政策上应予经常贯彻的指导精神。

2. 为希求国家的安泰，并拥护国家的发展，以确保帝国在名义上和实质上都成为东亚安定势力的地位，应充实所必要的国防军备。

3. 对大陆政策的基本方针，在于希求满洲国的健全发展，日满国防的巩固，消除北方苏联的威胁，同时防范英、美，具体实现日、满、华三国的紧密合作，以促进我国的经济发展。在执行时，应注意保持与各国的友好关系。

4. 对南方海洋，特别是对外南洋方面，努力促进我国民族的经济发展，一面避免刺激他国，一面以渐进的和平手段扩张我国势力，并与满洲国的建成相配合，力求国力的充实和加强。

（二）以上述根本国策为轴心，统一调整内外各项政策，力求适应现在的形势而实现刷新国政。其纲要如下：

1. 扩充国防军备

（1）陆军军备，以对抗苏联于远东所能使用的兵力为目标，特别应充实在满洲与朝鲜的兵力，使在开战初期即能对其远东兵力加一以击。

（2）海军军备，应配备和充实兵力，足以对抗美国海军，确保西太平洋制海权。

2. 我国外交政策，总的说来，应以不折不扣地完成根本国策为基本精神，加以综合地革新，军部为了使外交机关能够进行有利而充分的活动，应努力进行内部援助，避免由军部出面工作。

（三）政治行政机构的革新改善、财政经济政策的确立以及其他各种设施的运用，都必须和上述根本国策相适应，关于下列事项，应采取适当的措施：

1. 指导和统一国内舆论，使在突破非常局面上能够巩固国民的决心。

2. 为希求发展执行国策所必需的产业和重要贸易，对行政机构和经济组织应进行适当的改革。

3. 在稳定国民生活、增强国民体力、健全国民思想方面，应采取适当的措施。

4. 为航空及海运事业的飞跃前进，应采取适当的措施。

5. 加速制定国防和产业所需重要资源、原料的自给自足计划。

6. 一面革新外交机关，一面充实情报宣传组织，使外交机能与对外文化活动得以充分展开。

录自王斯德主编：《世界现代史参考资料》（上册），北京：高等教育出版社，1988年，第329—331页。

[历史背景介绍]

该文件又称《国策基准》。1936年8月7日由日本五相（首相、外相、陆相、海相、藏相）会议通过。该文件规定了日本的根本国策是"外交与国防相配合，确保帝国在东亚大陆的地位，同时向南方海洋发展"。故日本学者井上清和铃木正四所著的《日本近代史》中提出，在日本近代的历史上，它是"第一次具体表明了除对中国进行全面侵略外，还想侵略南方以至进行太平洋战争的侵略计划"。

[思考题]

请评价《国策基准》在日本法西斯侵略扩张中扮演的作用和地位。

（赵继珂　编）

111

英国与埃及政府签订《大不列颠及爱尔兰联合王国和埃及同盟条约》

（1936年8月26日）

尊敬的大不列颠及爱尔兰联合王国及其海外自治领国王、印度皇帝陛下和尊敬埃及国王陛下；

渴望巩固他们之间的友谊并达成相互谅解，在履行维护世界和平的国际义务方面进行合作；

……

双方在充分行使权力后，一致同意如下条款：

第一条

英国国王和陛下的军队对埃及的军事占领已宣告结束。

第二条

今后英国国王和皇帝陛下的在埃及国王陛下的宫廷中，以及埃及国王陛下在圣詹姆斯宫中，将由正式委派的大使代表。

第三条

埃及计划申请加入国际联盟。英国国王和皇帝陛下承认埃及作为一个独立的主权国家，将支持埃及政府根据盟约第1条所规定的条件提出的任何申请。

第四条

缔约国双方为了巩固彼此的友谊、由衷的理解和友好关系而缔结同盟。

第五条

缔约国双方保证在同外国的关系上不采取不符合同盟的态度，也不缔结不符合于本条约规定的政治性跳跃。

第六条

如果同第三国的任何争端引起同该国决裂的危险时，则缔约国双方为了以和平方式解决所述争端，应根据国际联盟盟约和可能适用于该事件的任何其他国际义务的规定，彼此进行商议。

第七条

虽然有上述第六条的规定，如果缔约国任何一方参加了战争，则缔约国另一方应立即以同盟国的资格进行援助，但始终必须遵守下列第十条的规定。

在遇有战争、严重的战争威胁或者预料到的国际紧张局势时，埃及国王陛下的援助将包括根据埃及的行政和立法制度在埃及领土内向英国国王和皇帝陛下尽力提供一切便利和协助，其中包括使用港口、机场和交通工具。因此，埃及政府应采取使这些便利和协助有效所必需的一切行政和立法措施，包括制定戒严法和建立有效的检查制度。

第八条

鉴于作为埃及不可分割一部分的苏伊士运河是世界交通要道，也是英帝国各部分之间的主要通道，埃及国王陛下允许英国国王和皇帝陛下在运河附近，即本条附件所规定的埃及领土内驻扎军队，以便保证同埃及军队合作保卫运河，直至缔约双方同意认为埃及军队能够以自己的力量保证运河通航的自由和全部安全时为止。在本条款附件中所规定的区域，以确保与埃及军队合作保卫运河。实施本条的细则见附件。这些不对的存在不应以任何方式构成占领，也绝不损害埃及的主权。

……

第八条附件

（1）在不违反第七条规定的前提下，英国国王和皇帝陛下驻扎在苏伊士运河附近的军队中陆军不得超过10 000名、空军驾驶员不得超过400名，以及必要的行政和技术辅助人员。上述数字不包括文职人员，例如办事员、工匠和劳工。

……

（3）在上述地点，根据第一条所规定数目，向英国陆军和空军、包括4 000名文职人员（除了已有住处的2 000名陆军、700名空军和450名文职人员）提供必要之土地、坚固的营房和专门空间，包括紧急供水系统。土地、住宿和供水应符合现代标准……

（4）埃及政府应在此项地区内已存在的各项设备以外提供前文所述之必要的土地、建筑设备、供水设备、舒适环境和疗养所，费用由埃及政府自行负担，但英国国王和皇帝陛下将分担：a.埃及政府于1914年为建造新营房以代替开罗的卡斯–艾尔–尼尔（Kasr-el-Nil）营房实际支出的款项，以及b.陆军兵营和专门空间费用的四分之一……

（5）本条约已经生效，两国政府将各自任命至少两名人员组成委员会，从工程开始直至结束，所有工程实施相关问题，均委托该委员会处理……

……

（7）除上文第（6）条a所示道路外，为同样的目的，埃及政府还将建造和维护如下道路：

a. 开罗向南沿着尼罗河至基纳和库斯；

b. 库斯至库赛尔；

c. 基纳至赫尔格达……

（9）两国政府涉及上述第3、4、5、6、7、8条有任何意见分歧，都将提交至由三人组成的仲裁理事会决断，两国政府各提名一位成员，第三名成员由两国政府共同提名。仲裁理事会的决断为最终决定。

……

（13）新式飞机的速度和航程决定了空军训练必须使用大面积地区，鉴于这一事实，埃及政府允许英国空军以训练为目的在他们认为必要的地方飞行。在英国领土内将以同样待遇给予埃及空军。

（14）飞机的安全需要大量可供降落的区域，鉴于这一事实，埃及政府将持续确保和维护在埃及领土和水域内有足够的陆上和水上降落场。……

（15）埃及政府将允许英国空军使用上述陆上和水上降落场……

（16）埃及政府将为英国部队人员、飞机和物资进出上述陆上和水上降落场提供一切必要之便利……

（17）英国军事当局有权请求埃及政府准许派遣便衣军官到西部沙漠研究地形和拟定战术计划。这一请求不得被无理拒绝。

（18）埃及国王陛下准许英国国王和皇帝陛下在亚历山大港或其附近驻扎英国军队，期限从本条约生效之日起不超过八年，这是缔约双方认为必要的大致期限……

第九条

根据本条约的规定，英国国王和皇帝陛下驻扎在埃及的军队在司法管辖和财政事项上应享受特权，将在埃及政府和英国国王和皇帝陛下另行缔结的跳跃中予以确定。

第十条

本条约的任何规定均无意损害或拟以任何方式损害根据《国际联盟盟约》或1928年8月27日在巴黎签订的《非战公约》所给予或可能给予缔约任何一方的权利和义务。

第十一条

（1）缔约双方在保留今后缔结为修改1899年1月19日及7月10日协定的新条约的自由权的同时，同意苏丹的行政将继续保持前述协定中所规定的地位。总督将代表缔约国双方继续行使前述条约赋予的权力。

缔约双方同意，他们在苏丹管理的首要目标必须是苏丹人的福祉。本条款中没有任何侵害苏丹主权问题的内容。

（2）因此，苏丹官员的任命和晋升仍将由总督负责。党总督在任命没有合适苏丹人担任的职位时，将挑选合适的英国籍和埃及籍担任。

（3）为了保卫苏丹，除苏丹军队外，英国和埃及军队均应由总督节制。

（4）埃及人进入苏丹不应受任何限制，除非处于公共秩序和卫生原因的考虑。

（5）在有关商业、移民和财产权方面，不得在苏丹对英国臣民和埃及国民之间有任何歧视。

（6）缔约双方同意本条款附件中所载的适用于苏丹的国际惯例。

......

第十二条

英国国王和皇帝陛下承认对于在埃及的外国人声明和财产的责任完全移交给埃及政府，该政府将保证履行这方面的衣服。

第十三条

英国国王和皇帝陛下埃及现存的领事裁判权制度以不再符合时代精神和埃及现状。

埃及国王陛下希望尽早废除上述制度

缔约双方同意本条附件所载关于此事的安排。

第十三条附件

（1）本附件所规定的安排旨在：

a. 在必要时取消埃及法律（包含金融立法）在对外国人适用方面对埃及主权的现存限制，以期迅速实现废除在埃及的领事裁判权。

b. 建立一种过渡制度并规定合理且不过分延长的期限。在此期间，混合法庭将继续存在，行使现行司法管辖权和目前赋予领事法庭的管辖权。

当过渡时期结束后，埃及政府将可以自由取消混合法庭。

......

（3）英国国王和皇帝陛下政府，作为享有领事裁判权国家的政府并作为埃及的同盟国，绝不反对上述条款所规定之安排，并将在对埃及行使领事裁判权的国家施加影响，积极协助埃及政府实现这一安排。

......

第十五条

缔约双方同意，关于本条约条款的使用和解释存在的任何分歧，如果不能通过直接谈判解决，应按照《国际联盟盟约》的相关规定处理。

第十六条

自本条约生效之日起至二十年期满后的任何时候，缔约双方经任何一方提请均应进行谈判，以便根据当时所认为合适的情况通过协议对本条约条款进行修改……

第十七条

本条约须经批准。批准书应尽快在开罗进行交换。本条约应自批准书发出之日起生效，并应随即向国际联盟秘书长报备。

上述全权代表在本条约上签字并盖章，以昭信守。

1936年8月26日在伦敦签订，一式两份。

（L.S.） ANTHONY EDEN.

（L.S.） J.RAMSAY MACDONALD.

（L.S.） JOHN SIMON.

（L.S.） HALIFAX.

（L.S.） MILES W.LAMPSON.

（L.S.） MOUSTAPHA EL-NAHAS.

（L.S.） AHMAD MAHER.

（L.S.） M.MAHMOUD.

（L.S.） I.SEDKI.

（L.S.） A.YEHIA.

（L.S.） WACYF BOUTROS GHALI.

（L.S.） O.MOHARRAM.

（L.S.） MAKRAM EBEID.

（L.S.） MAHMOUD FAHMY EL-NOKRACHY.

（L.S.） A.HAMDY SEIF EL NASR.

（L.S.） ALY EL CHAMSI.

（L.S.） M.H.ISSA.

（L.S.） HAFEZ AFIFI.

译自 "Treaty of Alliance between His Majesty, in Respect of the United Kingdom, and His Majesty the King of Egypt," *The American Journal of International Law*, Vol. 31, No. 2 (Apr., 1937).

从1922年英国单方面宣布埃及独立后，埃及历史进入自由主义时代，开始朝着现代宪政制度不断探索和实践。尤其是扎格卢勒领导的华夫脱党声势日隆，在数次议会选举中多次获胜。此时的埃及是议会政党和国王"两虎相争"的局面，即宪政制与代议制与独裁君主的博弈，英国殖民当局则出于自身利益左右摇摆，以期维持自己在埃及的影响力。埃及国王福阿德一世曾多次解散议会、废除宪法，尤其是1930年至1935年，国王组建了亲近宫廷的政府，国家实际是由君主进行独裁统治。在1922年至1935年这段时间中，埃及同英国的谈判一直存在，但始终没有取得重大成果。1936年意大利在埃塞俄比亚的扩张导致英国和埃及双方压力倍增，英国需要确保自己在东地中海的地位和对苏伊士运河的控制权，而埃及则担心一旦战争爆发，英国再次如一战时那般军事接管埃及。双方都愿意重新对1922年的宣言重新谈判。最终在1936年8月，双方达成结盟20年的《大不列颠及爱尔兰联合王国和埃及同盟条约》，条约的内容涉及：英国结束对埃及的军事占领，英国驻军仅限于苏伊士运河周边和部分城市，且数量有所限制；双方相互委任大使，埃及享有自主的外交权利，英国支持埃及加入国联；废除领事裁判权和外国人在埃及的特殊待遇等等。条约的签订尽管并未给埃及带来完全的独立，但相比1922年的《英国政府关于停止对埃及的保护的宣言》仍前进了一大步，至少为埃及的完全独立勾勒了大致的时间表，也缓和英埃之间的紧张关系。

[思考题]

埃及在自由主义时代如何不断推进宪政改革？华夫脱党对埃及政治的影响何在？

（李晔梦　编）

112

德日反共产国际协定（节录）

（1936年11月25日）

1936年11月25日　该协定订于柏林，同日生效。1937年11月6日，德意日三国在罗马签订《关于意大利加入德日反共产国际协定的议定书》。匈牙利和伪满洲国于1939年2月24日、西班牙于1939年3月27日先后加入这一协定。

日本帝国政府

及德国政府

认为共产国际（即第三国际）之目的在采取一切手段以破坏及威胁现存的国家；

深信忽视共产国际对于各国国内关系的干涉，不但将危及其国内安宁及社会福利，且将威胁全世界的和平。为协力防止共产主义的破坏起见，协议如下：

第1条　缔约国相约对于共产国际的活动相互通报，并协议关于必要的防止措置，且紧密合作，以完成上述措置。

第2条　缔约国对于因共产国际的破坏工作而国内安宁感受威胁的第三国，应根据本协定的旨趣，采取防止措置，或共同邀请其加入本协定。

第3条　本协定以日文及德文本为正本，自签字之日起生效，期限为5年。缔约国于该期限未满前适当时期，关于以后两国合作的方式，应进行协议。

······

反共产国际协定附属议定书当本日反共产国际协定签字盖印之际，下列全权代表协议如下：

甲、两缔约国的主管机关对于交换有关共产国际活动的情报，并对于共产国际的揭发及防止措置，应紧密合作。

乙、两缔约国的主管机关对于在国内或国外，不论直接或间接服务于共产国际，或助长其破坏工作者，应在现行法的范围内，采取严格措置。

丙、为便利甲项所规定两缔约国主管机关的合作起见，应设置常设委员会，对于防止共产国际破坏工作所必要的其他防止措置，应由该委员会商讨协议之。

录自《国际条约集（1934—1944）》，北京：新华书店北京发行所，1959年，第111—112页；王斯德主编：《世界现代史参考资料》（上册），北京：高等教育出版社，1988年，第355—356页。

[历史背景介绍]

日本帝国主义长期占领中国东北地区，不断侵略扩张。至1930年，中国东北地区外国人113万之中，日本人占23万，朝鲜人占80万；进出又总值4.62亿海关两之中，日本占49%，合2.27亿海关两；外国投资20.63亿日元之中，日本占73%，合15.11亿日元，约占日本对外投资总额的一半。1927年"东方会议"以后，日本连续制造事端，压迫东北地方当局脱离中国。在民族大义的感召下，中国东北地方长官张学良毅然于1928年12月29日宣布"改旗易帜"，次年初又杀掉亲日派头目杨宇霆。日本为了保持并扩大其侵略权益，决心挑起战争。

1931年1月，"满铁"副总裁松冈洋右公开叫嚣所谓"满蒙"是日本的"生命线"。1931年6月，日军参谋本部制定了《解决满洲问题方策大纲》，决定采取军事行动。七八月间，日本又借"万宝山事件"和"中村事件"，蓄意制造紧张局势。

1931年9月18日夜，日军在柳条湖炸毁南满铁路一小节单面路轨，反诬中国军队所为，随即发动大举进攻，至19日，攻占了辽宁、吉林两省20座主要城市。事变发生后，若槻内阁虽称“不扩大事态”，但日军却扩大进攻，至24日辽宁全省除辽西一隅外全部被其占领。在吉林地区，日军继19日占长春之后，于21日攻占省会吉林市。日本军部和日本政府的这些行动表明，所谓关东军“擅自行动”云云，纯属谎言。

1936年“二二六”事变后登台的广田内阁（1936年3月9日至1937年2月2日），唯军部法西斯之意旨是从，可称“准军事独裁内阁”。广田弘毅组阁之初，陆军在指派陆军大臣时就提出必须“彻底明征国体”“充实加强国防”“刷新外交”等条件，并要求排除原定班子中被认为有自由主义倾向的阁员。组阁不久，1936年5月又应陆军的要求，恢复了军部大臣现役武官制。这一制度的恢复，为军部控制政权提供了合法手段，从此军部可以操纵内阁，使之沦为自己的傀儡。

[思考题]

1. 20世纪30年代，哪些因素促成了轴心国联盟的全球化？

2. 日本天皇皇帝作为法律的来源，超越了宪法，而宪法的目的不是对他的权力进行限制，而是恰恰相反——保护他并提供一种机制，使他能够不受限制地行使权力。裕仁天皇在德日反共产国际协定及附属议定书的外交决策中扮演了什么角色？

3. 1936年，德日反共产国际协定及附属议定书对中国局势有什么影响，对中国国民党和中国共产党分别有什么影响？

4. 德日反共产国际协定最初是为了包围和孤立苏联，后来如何转向了反英、反美和反英国主导下的全球政治经济秩序？

（顾年茂　编）

113

苏联新宪法

（1936年12月5日）

第一章　社会结构

第一条　苏维埃社会主义共和国联盟是工农社会主义国家。

第二条　苏联的政治基础，是由于推翻地主和资本家的政权并争得无产阶级专政，而成长和巩固起来的劳动者代表苏维埃。

第三条　苏联的一切权力属于城乡劳动者，由各级劳动者代表苏维埃实现之。

第四条　苏联的经济基础，是由于消灭资本主义经济体系、废除生产工具与生产资料私有制和消灭人对人的剥削，而确立起来的社会主义经济体系和生产工具与生产资料社会主义所有制。

第五条　苏联的社会主义所有制有两种形式：国家所有制（全民的财产）；合作社——集体农庄所有制（各个集体农庄的和各个合作社的财产）。

第六条　土地、矿藏、水流、森林、工厂、矿井、矿山、铁路运输、水上和空中运输、银行、邮电、国家所建立的大型农业企业（国营农场、机器拖拉机站等等），城市和工业区的公用企业和主要住宅，都是国家的财产，即全民的财产。

第七条　集体农庄与合作社的公有企业及其牲畜和工具，集体农庄与合作社所生产的产品，集体农庄与合作社的公有建筑物，都是集体农庄与合作社的社会主义公有财产。

集体农庄内每一农户，依照农业劳动组合章程的规定，除从集体农庄的公有经济中获得主要收入外，还可以拥有小块园地，供个人使用；并拥有此园地上的副业、住宅、食用牲畜、家禽和小农具，作为个人财产。

第八条　集体农庄占用的土地归该集体农庄无代价和无限期地使用，即永久使用。

第九条　社会主义经济体系，是苏联经济中占统治地位的经济形式；同时，法律容许自力经营而不剥削他人劳动的个体农民和手工业者的小私有经济。

第十条　公民的劳动收入和储蓄、住宅和家庭副业、家常用具和必需品、个人消费品和舒适设备品的个人所有权，以及公民个人财产的继承权，都受法律保护。

第十一条　苏联的经济生活由国家的国民经济计划决定并受其指导，以便增加社会财富，不断提高劳动者的物质和文化水平，巩固苏联的独立和加强苏联的国防力量。

第十二条　根据"不劳动者不得食"的原则，劳动是苏联每一个有劳动能力的公民应尽的义务和光荣的事情。

在苏联实行"各尽所能，按劳分配"的社会主义原则。

······

译自 https://www.marxists.org/chinese/reference-books/mia-chinese-ussr-constitution-1936.htm，2022-11-22.

[历史背景介绍]

第一、第二个五年计划完成后，联共（布）中央认为，剥削阶级已经消灭，苏联社会由工人阶级、集体农民和知识分子组成。因此，1924年的宪法不再符合现实，须根据新的情况予以修改。1935年2月6日，全国苏维埃第七次代表大会做出修宪决定，并组成以斯大林为主席的宪法起草委员。次年6月，宪法草案公布。约有3 600万人参加了宪法草案的讨论，提交数以万计的建议，草案有48处做了修正。在全国苏维埃第八次非常代表大会中，新宪法获得一致通过。

[**思考题**]

这部新宪法体现斯大林经济政治体制的哪些特点？

（王志华　编）

114

西班牙内战问题

（1937年）

西班牙共和国政府致法国、联合王国和苏联政府的照会

1937年3月29日

在最近的瓜达拉哈拉战斗中，（西班牙）共和国政府武装部队缴获了意大利指挥部指挥该地区军事行动的命令和参加叛军方面作战的意大利师团的军事文件。

这些文件以一种毋庸置疑的形式表明意大利对于西班牙的武装干涉的性质，关于此点，已于1936年11月27日向国际联盟申告，嗣于1937年3月13日，经共和国政府再度知会（国际联盟）秘书长，并于同日照会各大国。

一支对西班牙合法政府作战的意大利占领军的存在，不仅构成对于国际公法的破坏和对于（国际联盟）行政院在1936年12月12日所作的"任何国家均不得干预他国内政"的决议的公然违抗，而且还表现为对于不干涉政策和基于去年8月"不干涉宣言"的国际义务的空前粗暴的违背。

意大利通过这种行径，已经促成西班牙国内战争的拖延，违犯盟约第十条的规定，并且作为一个真正的交战国而行动。

根据对于随同本照会附送的文件的研究，兹得出以下的结论，

一、意大利军队的完整组织存在于西班牙领土之上，其人员、物资、联络和指挥机关都是意大利的。

二、意大利的军事单位在其所被指定的地区完全同占领军一样地行动着。

三、意大利政府在西班牙领土上为其军事组织建立起自己的勤务组织。

四、该政权中最著名的人士现正积极参加在西班牙的意大利部队的行动，并从事指挥和鼓动。

五、凡此即等于意大利对西班牙的侵略，其结果是由于庄严的协定而产生的信任遭到严重的损害，西欧的安全与普遍和平的事业遭到严重的威胁。

共和国政府认为现有的证据（兹随同本照会附送）已是上述结论的充分根据，因之荣幸地将它通知贵国政府，而毋须等待已收集的全部资料的整理。

胡理奥·阿尔瓦雷斯·德尔巴约（签字）

法国政府声明

1936年8月15日

大使先生：

法兰西共和国政府与不列颠王国陛下政府之间所进行的谈判业已证明两国政府同意对西班牙局势采取共同态度，我谨按照提交其他欧洲国家政府的建议，并注意到法国政府业已单独提出的倡议，荣幸地向阁下声明如下：

法兰西共和国政府，

对以西班牙为舞台的悲剧性事态深感怆惜；

决心严格避免直接或间接对该国内政的一切干涉；

为避免一切足以损害国与国间善邻关系的纠纷的愿望所激励，

兹特声明如下：

1. 就法国政府而言，法国政府禁止将一切武器、弹药、战争物资以及一切装配的或拆散的航空器和一切作战船只直接或间接输出、再输出和运至西班牙、西班牙属地或摩洛哥西属地区的某一目的地；

2. 此项禁令适用于正在履行中的契约；

3. 法国政府将以其使本声明生效的一切措施随时通知参加本协议的其他政府。

就法国政府而言，一俟不列颠王国陛下政府、德国政府、意大利政府、苏联政府和葡萄牙政府同样同意本声明时，法国政府即将使本声明生效。

法国政府一俟得到其他有关政府同意加入本协定的通告后，即行知照不列颠政府和其他有关政府。

我谨……

德尔博斯（签字）

美国参众两院对西班牙禁运武器的联合决议

1937年1月8日

禁止将武器、弹药和作战工具从合众国输至西班牙。

美利坚合众国参众两院开会决议，在西班牙现有内战状态存在期间，自本决议批准之日起，不得非法将武器、弹药或作战工具从合众国的任何地点或合众国的属地输至西班牙或输至其他任何外国以便转运至西班牙或供西班牙敌对双方任何一方之用。本决议禁运的武器、弹药或作战工具指1936年4月10日第2163号总统公告中所列举者。

在此以前根据现行法律发出的允许将武器、弹药或作战工具输至西班牙的执照，在今后的输出中事实上视为已被撤销。

无论何人违犯本决议的任何规定，将武器、弹药或作战工具从合众国或其任何属地直接或间接输出或试图输出或使其得以输出者，应处以一万元以内的罚金或五年以下的监禁，或二者并处。

当总统认为本决议所述的情况已不存在时，总统应将此项事实予以宣布，本决议的规定即行中止生效。

1937年1月8日下午12时30分批准。

苏联代表伊·马伊斯基在国际委员会上就
不干涉西班牙事务问题所发表的声明

1936年10月23日

苏联政府在同各国一道就不干涉西班牙事务问题通过了协定以后，本期望协定将为其参加者执行；期望西班牙内战的期限将因之而缩短，而牺牲者的人数得以减少。然而，已过时期表明：协定为一系列的参加者所经常破坏，叛乱者不受制裁地得到武器供应，协定的参加者之一葡萄牙变成了供应叛乱者的主要基地，而西班牙合法政府却实际上受到抵制，使它没有可能从西班牙国外购买武器以保卫西班牙人民。这样一来，由于协定被破坏，就为叛乱者创造了有利的局势，这与协定的本意是绝不符合的。由于这种不正常的状况，西班牙内战拖长了，牺牲者的数目增多了。

苏联政府代表为消除破坏协定行为的努力，在委员会中没有得到支持。苏联政府最近关于监督成为供应叛乱者的主要基地的葡萄牙各港口的建议，也未获赞同，甚至没有列入委员会今天会议的议事日程。

这样一来，协定就变成了被撕毁的一纸空文。它实际上不复存在了。

苏联政府不愿继续处于不由自主地协助非正义事业的人们的地位，它认为从既成局势中只有一条出路：恢复西班牙政府从西班牙国外购买武器的权利和机会，这种权利和机会是现今世界各国政府所享有的，并容许协定的参加者出售或不出售武器给西苏联政府无论如何不愿再为对西班牙合法政府和西班牙人民显然不公正的既成局势承担责任，现在不得不宣告：根据苏联政府10月7日的声明，它认为自己不应再比不干涉协定的任一其他参加者受到该协定更多的约束。

国际纵队（节录）

在西班牙的法西斯主义军事叛乱爆发以后不几天，第一队志愿军——德国反法西斯主义者，急往援助西班牙共和国的战士们。

在德国共产党中央委员汉斯·拜姆勒的参加下，组成了"台尔曼"百人团这样一支战斗部队。

德国反法西斯战士，在他们的战地报《红色战旗》第一期上写道："我们的队伍是德国人民阵线的一支战斗队。在我们的队伍中，共产党员、社会民主党员、信仰基督教的工人、无党派人士都在战斗着。打败法西斯主义这一伟大目标把我们大家联合在一起，无论属于什么党派，全体同志都以同样的献身精神、同样的热情为此目标而战斗。于是，我们自豪地在我们的旗帜上以恩斯特·台尔曼命名。对于我们全体，不管我们属于什么党派，他都是革命坚定性、目标明确和具有不可动摇的勇气的典范。"

"台尔曼"百人团在加泰罗尼亚接受了战斗的洗礼。它在塔底安塔山坡上打击了法西斯主义者。和民兵中的西班牙分队、加泰罗尼亚分队并肩战斗的德国同志，唱着国际歌，冲锋在前，取得胜利。加泰罗尼亚军事委员会将一面荣誉旗帜授与"台尔曼"百人团，以表彰它在反对叛乱者的斗争中所表现的勇敢和英雄气概。

11月初，当马德里异常危急的时候，德国志愿反法西斯主义者受命离开加泰罗尼亚去保卫马德里。

在马德里和西班牙人民军受到严重考验的那些日子里，国际纵队成立了。"台尔曼"百人团改名为"台尔曼"营，作为一个战斗单位编入纵队。

那么，国际纵队是由什么人组成的？纵队是如何组织的？怎样战斗和生活的？

各国的成千上万的劳动者，旅途中遭受了许多苦难，克服了一切障碍，自动地急赴西班牙，直接参加反对法西斯暴行的斗争。在国际纵队中，有不少反法西斯主义者是由意大利、德国和奥地利来的，在越过边界时，他们曾冒着被逮捕和其他各种可能的惩罚甚至死亡的威胁。在国际纵队里有共产党员、社会党员、共和主义者、自由主义者和天主教徒，德国人、意大利人、法国人、波兰人、南斯拉夫人、比利时人、英国人、匈牙利人、捷克斯洛伐克人、希腊人和其他国家的人，都在纵队的行列里进行着生死的斗争。在国际纵队中也有一支西班牙人的队伍，这些西班牙人在很久以前就从西班牙本土迁居外出。这支队伍加入了德国的"埃德加·安德烈"营。所有这些不同民族、不同政党的人们，由一个信念团结起来，那就是要在西班牙拯救人民的和平与自由，消灭法西斯主义。

国际纵队到达马德里以后，立即开赴最前线。许多战士从未观光过马德里，有人问他们其中的一个人，他守卫着马德里的大门，却为何没有去看一看这个城市呢？这位战士回答道："我们来到这里，为保卫我们从未见过的这个城市而战斗，当它不再受到威胁时，我们还是要很好地去观赏它。"

国际纵队表现为国际人民阵线的一支组织严密的武装部队。按照纵队的成分来说，工人队伍占50%以上，其余的是职员、农民、知识分子。纵队战士多数未服过兵役，但是战斗的意志、革命的觉悟克服了一切障碍，而现在当他们在战争中经受了锻炼，他们全体都无所畏惧地战斗着。纵队完全听从西班牙政府的命令，它时刻准备着去完成分配给它的一切任务。在纵队里，营政治委员是久经锻炼的革命者和优秀的工人。

营和其他分队的指挥员都是卓越的战士和反法西斯主义者，他们中有些人参加过第一次帝国主义世界大战。国际纵队的政治委员和指挥员在战士和居民中享有威望，受到爱戴。居民、地方政府机关和民兵战士对待国际纵队及其战士和指挥员的态度，可由广泛流传的以下事例看出：

在最靠近火线的地方，第十二纵队的战士们在几小时之内组织起一个武器修理工场，一位奥地利枪械制造工人领导这个工场。武器在这个工场里得到修理，合适的机关枪带钢也制造出来了。可是，劳动力很缺乏。人们不能让前沿的战士参加工场的工作，于是这个枪械工人去敲附近居民的房门，请求给予帮助。尽管他只会几句西班牙语，很费力地解释他需要什么，人们懂得了他的意思，并立刻派了男子和妇女去工场工作。

当国际纵队的成就在报纸上传扬开来时，一个西班牙青年代表团访问了纵队的司令部，以表达他们对战士们的英雄行为深表同情和受到鼓舞。西班牙青年给纵队战士带来了一样礼物：十箱威士忌。纵队的领导人说："我们西班牙同志们真是好样的！现在我们可以使我们的前沿战士浑身暖透了。"

国际纵队第十一纵队机关报《武装的人民》报导了类似的许多其他事实，这些事实使国际纵队的生活和工作添加光彩。这份报纸是用法文、德文和其他文字印行的。

国际纵队由于它卓有成效的军事战斗、它的英雄气概、它的无畏精神和它的行动，在全世界一切善良的人民中唤起了巨大的同情和一种兄弟般团结的感情。国际纵队从世界各个角落收到大量的信件和致敬电。

录自齐世荣主编:《世界通史资料选辑·现代部分》(第1分册),北京:商务印书馆,1998年,第113—127页。

[历史背景介绍]

1936年7月17日,佛朗哥发动政变,西班牙内战爆发。德、意法西斯与佛朗哥的西班牙民族政府签订秘密协定,公开援助后者。法、英、美等国采取不干涉政策。1936年8月15日,法国与英政府互换照会,声明为避免干涉西班牙内战,将对西班牙及其属地实行武器以及一切战争物资的禁运。美国参众两院于1937年1月8日通过了对西班牙武器禁运的联合决议,此后不久又通过了《永久中立法》。这在事实上使得西班牙共和国政府无法从法、英、美购买武器,纵容了德国与意大利对西班牙内战的干涉。苏联于1936年10月23日发表声明,称不干涉西班牙内战的协定已经遭到破坏,必须恢复西班牙共和国政府购买武器的权利,并在随后表示将向西班牙提供军事援助。而在此前,共产国际执行委员会经西班牙政府同意,决定招募志愿人员,组建国际纵队,包括加缪、海明威、奥威尔、毕加索在内的知名人士都曾作为国际纵队的成员参加过战斗。

[思考题]

1. 如何看待佛朗哥政权?

2. 如何看待西方各国对西班牙内战作出的反应?

(肖琦 编)

115

"兴登堡空难"新闻报道

（1937年）

1937年时齐柏林飞艇兴登堡号在美国新泽西州失火坠毁，即著名的"兴登堡空难"，此后飞艇逐渐被民航客机取代。（新闻报道）

多年来，科学家、政治家和军事人员对这场灾难的根本原因提出了几种理论。是破坏吗？没有发现破坏的证据。是雷击吗？不太可能——飞船的外罩有几个烧伤的洞，有些洞的直径有五厘米那么大，证明飞船在服役的第一年里经历了飞行中的雷击。今天，对证据的重新审查给我们留下了两种相互竞争的理论，至少在火源的问题上是一致的。当兴登堡号穿过新泽西海岸的风暴时，它变得带电。当着陆线在停靠前接触到地面时，它们将兴登堡号的钢架"接地"，但没有将船上的每块织物覆盖物"接地"。带电的织物板和接地的钢架之间的火花点燃了一些燃料来源。两种理论之间的区别在于确定燃料的来源。

泄漏的氢气。对事件最可能的解释是，静电放电点燃了泄漏的氢气。燃烧的油漆，1997年工程师艾迪生·贝恩提出了这样的观点：至少在火灾初期，船舶的外罩本身，而不是泄漏的氢气，是火灾的主要燃料来源。根据贝恩的说法，放电的能量足以点燃皮肤，并引起剧烈的放热还原—氧化反应；因此，这一观点被称为"燃烧涂料理论"（IPT）。"燃烧涂料理论"有两个理由：(i)氢气燃烧时有看不见的火焰，但兴登堡号却在一个巨大的黄色和红色火球中被吞噬。人们可能会得出结论，除氢气外还有其他东西在燃烧；(ii)在船尾撞向地面之前，该船保持了几秒钟的位置。人们可能会得出结论，火灾开始时，气体电池是完整的。为了验证他的想法，贝恩从兴登堡号上获得了一块实际的织物残片，并用连续的火花点燃了它。这块布料燃烧时呈现出灿烂的黄色，看起来就像兴登堡灾难的缩影。

译自 Gregory A DiLisi, "The Hindenburg disaster: Combining physics and history in the laboratory," *The Physics Teacher*, Vol. 55, No.5 (2017), pp.270–271.

[**历史背景介绍**]

19世纪末20世纪初开始的物理学革命，带动了化学、天文学、生物学、地学等学科的发展，从而形成了以相对论和量子力学为代表的现代的科学革命。科学理论上的重大突破又带来一系列技术进步。以电力的发明和利用为标志的第二次技术革命不断深化，电力、汽车工业蓬勃发展，在第二次世界大战的刺激下，原子能技术、计算机技术和航天技术发展迅速，并成为第三次技术革命兴起的标志。20世纪前半期科学技术的重大突破又引起社会经济、产业结构、生活方式等方面的重大变化，并为战后第三次技术革命的深入发展奠定了基础。

[**思考题**]

1. 兴登堡灾难的原因历来众说纷纭，你认为哪种原因更接近真实原因？

2. 1908年，斐迪南·冯·齐柏林试验飞艇的过程中遭遇失败，德国皇帝、企业家、民众纷纷以各种形式支持飞艇试验，德国社会为什么出现如此大的支持热情？

3. 20世纪初期到30年代，齐柏林飞艇公司与德意志天空霸主地位企图有何联系？齐柏林飞艇公司之外，德国航天航空科技方面还有哪些发展？

4. 1933年至1941年第二次世界大战全面爆发期间，德国美国之间的关系发生了怎样的变化？哪些原因影响了德美两国关系？

（顾年茂　编）

116

中共中央为日军进攻卢沟桥通电
（1937年7月8日）

全国各报馆、各团体、各军队、中国国民党、国民政府、军事委员会、暨全国同胞们！

本月七日夜十时，日本在芦【卢】沟桥，向中国驻军冯治安部队进攻，要求冯部退至长辛店，因冯部不允，发生冲突，现双方尚在对战中。

不管日寇在芦【卢】沟桥这一挑战行动的结局，即将扩大成为规模的侵略战争，或者造成外交压迫的条件，以期导入于将来的侵略战争，平津与华北被日寇武装侵略的危险，是极端严重了。这一危险形势告诉我们：过去日本帝国主义对华"新认识"、"新政策"的空谈，不过是准备对于中国新进攻的烟幕。中国共产党早已向全国同胞指明了这一点，现在烟幕揭开了。日本帝国主义武力侵占平津与华北的危险，已经放在第一个中国人的面前。

全中国的同胞们！平津危急！华北危急！中华民族危急！只有全民族实行抗战，才是我们的出路！我们要求立刻给进攻的日军以坚决的反攻，并立刻准备应付新的大事变。全国上下应该立刻放弃任何与日寇和平苟安的希望与估计。

全中国同胞们！我们应该赞扬与拥护冯治安部的英勇抗战！我们应该赞扬与拥护华北当局与国土共存亡的宣言！我们要求宋哲元将军立刻动员全部廿九军，开赴前线应战，我们要求南京中央立刻援助廿九军，并立即开放全国民众爱国运动，发扬抗战的民气，立即动员全国海陆空军，准备应战，立即肃清潜藏在中国境内的汉奸卖国贼分子，及一切日寇侦探，巩固后方。我们要求全国人民，用全力援助神圣的抗日自卫战争！我们的口号是：

武装保卫平津，保卫华北！

不让日本帝国主义占领中国寸土！

为保卫国土流尽最后一滴血！

全中国同胞，政府，与军队，团结起来，筑成民族统一战线的坚固长城，抵抗日寇的侵略！

国共两党亲密合作抵抗日寇的新进攻！

驱逐日寇出中国！

中国共产党中央委员会

一九三七年七月八日

录自中央档案馆编：《中共中央文件选集》（第11册）（1936—1938），北京：中共中央党校出版社，1991年，第274—275页。

[历史背景介绍]

在日本发动卢沟桥事变的第二天，1937年7月8日中共中央向全国发出了《为日军进攻卢沟桥通电》。同日，毛泽东、朱德又率彭德怀、贺龙、林彪、刘伯承、徐向前等红军将领，分别致电蒋介石和冀察政务委员会委员长、第29军军长宋哲元等，促请南京政府和冀察当局对日坚决抵抗，申明中共和红军的抗战决心。与南京政府和冀察当局在事变初期含混态度形成鲜明对照的是，中共中央从一开始就断定，七七事变绝不是一个单纯的偶然事件，而是日本全面扩大对华侵略的重大步骤。

[思考题]

中共中央向全国发出《为日军进攻卢沟桥通电》产生了怎样的影响？

（赵继珂　编）

117

对卢沟桥事件之严重声明

（1937年7月17日）

中国正在外求和平，内求统一的时候，突然发生了卢沟桥事变，不但我举国民众悲愤不置，世界舆论也都异常震惊。此事发展结果，不仅是中国存亡的问题，而将是世界人类祸福之所系。诸位关心国难，对此事件，当然是特别关切，兹将关于此事件之几点要义，为诸君坦白说明之。

第一，中国民族本是酷爱和平，国民政府的外交政策，向来主张对内求自存，对外求共存。本年二月三中全会宣言，于此更有明确的宣示，近两年来的对日外交，一秉此旨，向前努力，希望把过去各种轨外的乱态，统统纳入外交的正轨，去谋正当解决，这种苦心与事实，国内大都可共见。我常觉得，我们要应付国难，首先要认识自己国家的地位。我国是弱国，对自己国家力量要有忠实估计，国家为进行建设，绝对的需要和平，过去数年中，不惜委曲忍痛，对外保持和平，即是此理。前年五全大会，本人外交报告所谓："和平未到根本绝望时期，决不放弃和平，牺牲未到最后关头，决不轻言牺牲"，跟着今年二月三中全会对于"最后关头"的解释，充分表示我们对和平的爱护。我们既是一个弱国，如果临到最后关头，便只有拼全民族的生命，以求国家生存；那时节再不容许我们中途妥协，须知中途妥协的条件，便是整个投降、整个灭亡的条件。全国国民最要认清，所谓最后关头的意义，最后关头一至，我们只有牺牲到底，抗战到底，"唯有牺牲到底"的决心，才能博得最后的胜利。若是彷徨不定，妄想苟安，便会陷民族于万劫不复之地！

第二，这次卢沟桥事件发生以后，或有人以为是偶然突发的，但一月来对付舆论，或外交上直接间接的表示，都使我们觉到事变的征兆。而且在事变发生的前后，还传播着种种的新闻，说是什么要扩大塘沽协定的范围，要扩大冀东伪组织，要驱逐第二十九军，要逼宋哲元离开，诸如此类的传闻，不胜枚举。可想这一次事件，并不是偶然，从这次事变的经过，知道人家处心积虑的谋我之亟，和平已非轻易可以求得；眼前如果要求平安无事，只有让人家军队无限制的出入于我国的国土，而我们本国军队反要忍受限制，不能在本国土地内自由驻在，或是人家向中国军队开枪，而我们不能还枪。换言之，就是人为刀俎，我为鱼肉！我们已快要临到这个人世悲惨之境地。这在世界上稍有人格的民族，都无法忍受。我们东四省失陷，已有了6年之久，续之以塘沽协定，现在冲突地点已到了北平门口的卢沟桥。如果卢沟桥可以受人压迫强占，那么我们百年故都，北方政治文化的中心与军事重镇北平，就要变成沈阳第二！今日的北平，若果变成昔日的沈阳，今日的冀察，亦将成为昔日的东四省。北平若可变成沈阳，南京又何尝不会变成北平！所以卢沟桥事变的推演，是关系中国国家整个的问题，此事能否结束，就是最后关头的境界。

第三，万一真到了无可避免的最后关头，我们当然只有牺牲，只有抗战！但我们态度只是应战，而不是求战；应战，是应付最后关头，因为我们是弱国，又因为拥护和平是我们的国策，所以不可求战；我们固然是一个弱国，但不能不保持我们民族的生命，不能不负起祖宗先民所遗留给我们历史上的责任，所以，到了必不得已时，我们不能不应战。至于战争既开之后，则因为我们是弱国，再没有妥协的机会，如果放弃尺寸土地与主权，便是中华民族的千古罪人！那时便只有拼全民族的生命，求我们最后的胜利。

第四，卢沟桥事件能否不扩大为中日战争，全系于日本政府的态度，和平希望绝续之关键，全系于日本军队之行动，在和平根本绝望之前一秒钟，我们还是希望和平的，希望由和平的外交方法，求得卢事的解决。但是我们的立场有极明显的四点：

（一）任何解决，不得侵害中国主权与领土之完整；

（二）冀察行政组织，不容任何不合法之改变；

（三）中央政府所派地方官吏，如冀察政务委员会委员长宋哲元等，不能任人要求撤换；

（四）第二十九军现在所驻地区不受任何约束。

这四点立场，是弱国外交最低限度，如果对方犹能设身处地为东方民族作为一个远大的打算，不想促成两国关系达于关头，不愿造成中日两国世代永远的仇恨，对于我们这最低限度的立场，应该不致于漠视。

总之，政府对于卢沟桥事件，已确定始终一贯的方针和立场，且必以全力固守这个立场，我们希望和平，而不求苟安；准备应战，而决不求战。我们知道全国应战以后之局势，就只有牺牲到底，无丝毫侥幸求免之理。如果战端一开，那就是地无分南北，年无分老幼，无论何人，皆有守土抗战之责，皆应抱定牺牲一切之决心。所以政府必特别谨慎，以临此大事，全国国民必须严肃沉着，准备自卫。在此安危绝续之交，唯赖举国一致，服从纪律，严守秩序。希望各位回到各地，将此意转于社会，俾咸能明了局势，效忠国家，这是兄弟所恳切期望的。

录自沈钧儒等著：《血钟与义旗》，北京：中国文史出版社，2019年，第312—315页。

[历史背景介绍]

卢沟桥事件发生时，正值蒋介石在庐山筹划军政诸般事宜，准备召开庐山谈话会，国民党和国民政府的高层人士以及不少国民党外人士和社会名流云集庐山，他们也都十分关切中日关系的走向和蒋介石如何决策。1937年7月17日，蒋介石在庐山谈话会第二次会议发表演说，系统阐述了中国方面对解决卢沟桥事件的立场、态度和方针。蒋介石这篇演说，可谓其一生中最知名、最精彩的演说之一，也是其在不同时期得到不同评价的长期政治生涯中最能得到各方共同认可和称赞的演说，而无论其政治立场如何。这篇演说最重要的意义，还在于众所瞩目中，揭开了中日关系"最后关头"的底牌！

[**思考题**]

简要论述庐山声明对中国抗战局势的影响。

（赵继珂　编）

118

罗斯福总统发表"防疫演说"

（1937年10月5日）

然而，当我亲眼看到繁荣的农场、兴旺的工厂和繁忙的铁路时，当我看到覆盖我们广阔土地的幸福、安全与和平时，我几乎不可避免地不得不将我们的和平与世界其他地方发生的非常不同的场景进行对比。

正是因为美国人民在现代条件下，为了他们自己的未来，必须考虑到世界其他地方，所以我作为国家负责任的行政首长，选择了这个伟大的内陆城市和这个盛大的场合，就一个具有明确国家重要性的问题向你们讲话。

世界上的政治局势近来逐渐恶化，使所有希望与邻国和平友好相处的人民和国家感到严重关切和不安。

大约15年前，当60多个国家庄严承诺不为实现其国家目标和政策而诉诸武力时，人类对一个持续的国际和平时代的希望被提升到了很高的高度。《布里安—凯洛格和平条约》中所表达的崇高愿望以及由此带来的和平希望，近来已让位于对灾难的恐惧。目前的恐怖统治和国际无法无天的状况始于几年前。

它开始于对其他国家内政的无理干涉或违反条约入侵外国领土；现在已经达到一个阶段，文明的基础受到严重威胁。标志着文明向着法律、秩序和正义的状态发展的里程碑和传统正在被抹去。

如果这些事情在世界其他地方发生，不要以为美国会逃过一劫，不要以为美国可能会得到怜悯，不要以为这个西半球不会受到攻击，不要以为它将继续平静地、和平地继承文明的道德和艺术。

热爱和平的国家必须齐心协力，反对那些违反条约和无视人类本能的行为，这些行为在今天造成了国际无政府状态和不稳定，仅靠孤立或中立是无法摆脱的。

现代世界在技术上和道德上都有一种团结和相互依存的关系，这使得任何国家都不可能完全孤立于世界其他地区的经济和政治动荡，特别是当这种动荡似乎正在蔓延而不是消退的时候。无论是国家内部还是国家之间都不可能有稳定或和平，除非是在所有国家都遵守的法律和道德标准之下。国际无政府状态破坏了和平的所有基础。它损害了每个国家，无论大小，当前或未来的安全。因此，恢复国际条约的神圣性和维护国际道德，是美国人民的重大利益和关切。

然而，我和你们都不得不向前看。世界上百分之九十的人口的和平、自由和安全正被剩下的百分之十的人所危害，他们正威胁着所有国际秩序和法律的崩溃。当然，那百分之九十的人希望在法律之下，按照几百年来几乎被普遍接受的道德标准和平地生活，他们能够而且必须找到某种方法来使他们的意愿得到满足。

不幸的是，世界上无法无天的流行病正在蔓延，这似乎是事实。

当身体疾病的流行开始蔓延时，社区会批准并加入对病人的隔离，以保护社区的健康，防止疾病的蔓延。

战争是一种传染病，无论是宣战还是不宣战。它可以吞噬远离原始敌对行动现场的国家和人民。我们决心不参加战争，但我们不能保证自己不受战争的灾难性影响和卷入的危险。我们正在采取这样的措施，以尽量减少我们卷入的风险，但在一个信心和安全已经崩溃的无序世界中，我们不可能得到完全的保护。

美国痛恨战争。美国希望得到和平。因此，美国积极从事寻求和平的工作。

译自 Franklin Delano Roosevelt, Quarantine Speech (October 5, 1937), https://web.archive.org/web/20120509132052/http://millercenter.org/president/speeches/

detail/3310, 2023–3–10.

[历史背景介绍]

1936年下半年的国际形势，对德国十分有利。1935年10月意大利发动侵略埃塞俄比亚的战争，受到法、英的纵容，而且意大利本身由于陷入侵埃战争，无力再与德国争夺奥地利。1936年3月，德国重新占领莱茵非军事区，公然违反《凡尔赛条约》和《洛迦诺公约》，也未受到英、法的干涉。鉴于上述种种情况，新任总理许士尼格只得尽力避免德国的干涉，使希特勒容忍现状。1936年7月11日，许士尼格同德国驻奥公使冯·巴本签订了一项秘密协定和一份供公开发表的公报。在公报中，德国政府表示："承认奥地利联邦的全部主权"；双方互不干涉内政，包括奥地利民族社会主义问题在内；奥地利承认自己是一个德意志国家。但秘密协定则要求奥地利按照德国政府的外交政策来执行自己的外交活动；实行政治性大赦，实即大赦奥地利纳粹党政治犯；任命"奥地利的民族反对派"分担政务。通过德奥协定，德国基本上控制了奥地利的内政和外交。

1937年7月7日，日本帝国主义者挑起了卢沟桥事变。在此以前，意大利于1936年5月吞并了埃塞俄比亚；1936年7月，西班牙内战爆发，德、意出兵进行干涉，支持佛朗哥叛军。法西斯的侵略战火从而蔓延到欧、亚、非三大陆。但中国是一个地大物博、人多兵多而又存在着比历史上任何时期更为进步的因素的大国，中国不是埃塞俄比亚，也非西班牙。日本不可能迅速征服中国，中日战争也不可能局部化，它必然要牵动世界全局，第二次世界大战的序幕必不可避免地要从此揭开。

[思考题]

1.1937年10月前，有哪些国际事件促使罗斯福总统发表"防疫演说"？

2.罗斯福总统发表"防疫演说"的主旨是什么，现代世界有哪些主要因素促使罗斯福总统认识到世界各国相互依存的关系？

3. 1937年前后，美国许多国会议员和社会组织出于哪些主要原因坚持孤立主义的外交政策？

4. 罗斯福总统的"防疫演说"对欧洲局势、东亚时局有何影响？

（顾年茂　编）

119

毕加索创作《格尔尼卡》

（1937年11月）

我告诉毕加索，许多人现在一直谈论着，由于他的新的政治倾向，他已成了人民在政治和文化上的领袖，他对于进步所具有的影响会是巨大的。毕加索严肃地点头道："是这样，我意识到了这一点。"我提到在纽约我们曾经如何谈论他，尤其是谈论他的壁画《格尔尼卡》（此画当时借给纽约现代艺术博物馆，不久为该馆所有）。我谈到公牛的意义，以及马、握着救生索的手等等，还谈到这些象征性的东西在西班牙神话中的起源。我说这番话时，毕加索不停地点头。"是的，"他说道，"公牛代表残暴，马代表人民。的确如此，在那幅画里我采用了象征手法，但在其他作品里并不是这样。"

我对他讲述了自己对他的展览会上的两幅画的理解和解释。有一幅画着公牛、灯、调色板和书。我讲，公牛一定是代表法西斯主义，灯表示光明的力量，调色板和书籍代表文化和自由，这正是我们为之战斗的东西——这幅作品表现了自由、文化与法西斯的残酷斗争。

"不，"毕加索说，"公牛不是法西斯，它是残暴和黑暗。"

我谈到，我们希望见到他用自己的方式创造出经过改变的，更单纯、更明白易懂的象征手法。

"我的作品不是象征的。"他回答说。"只有那幅《格尔尼卡》才是象征性的。在这幅壁画中，采用了寓意手法。这就是我画马、公牛和其他一切事物的理由。这幅壁画是对一种问题的解决和明确的表现，因此我运用了象征手法。"

"有些人，"他继续讲道，"称我的作品是一个阶段的'超现实主义'，我不是超现实主义者。我从来没有脱离过现实，我总是处在现实的中间（文学式地讲是"真正的现实"）。如果某人想表现战争，那么画弓和箭来表现它会更有文学性，更优美，因为这样更具有美学的意义；但如果我想表现战争，我会画机关枪来表现它！现在是变化的时代、革命的时代，在这个时代，绘画不能再像从前那样画。"说到这里，他盯着我的眼睛，并且问道："你相信我的话吗？"

"……但是，"我坚持道，"你的确在思考和深深地感受到那些影响整个世界的东西。你意识到，处于你潜意识里的东西正是你与生活相联系的结果，以及你的思想对生活作出的反应。你准确地运用具体对象，并且以特殊的方式表现它们。这些具体对象的政治意义在于你是否有意识地想到了它们。"

"对，"他答道，"你说得完全正确，但我许不知道自己为什么要用这些具体对象。它们本来并不表达任何特殊的事物。公牛就是公牛，调色板就是调色板，灯就是灯，仅此而已。但是有一点很明确，在我看它们的确没有什么政治联系。黑暗和残暴，是的，但不是法西斯主义。"

他指着色彩版画上的玻璃杯和柠檬，"瞧，"他说道，"这是玻璃杯和柠檬，它们的形和色——红的、蓝的、黄的。你能在这里见到什么政治意义呢？"

"只是简单的物体而已，没有政治意义。"我回答说。

"那么，"他继续讲道，"公牛，调色板和灯也是如此。"他认真地看着我继续说，"如果我是个化学家，同时亦是共产主义者或法西斯分子——假如我在试剂里加进红色液体，这绝不意味着我会认为那是表现共产主义，但在我来看，那只不过是铁锤和镰刀。我只想再现对象以某种意义，那也许很正确，但那不是我的本意。你所得到的观念和结论我也得到了，但对于我，则是本能的和无意识的。我为绘画而作画。我画出对象的本来面目。这点存在于我的潜意识里。当人们看我的作品时，每个人都从画中看出不同的寓意，也看出不同的东西。我绝不考虑去表明任何特定的意义。我的绘画没有宣传的意味。"

"除了《格尔尼卡》。"我补充道。

"对，"他回答说，"除了《格尔尼卡》之外。在那幅画里确有明确的旨意，一种明确的宣传意义。

我是共产党员，我的绘画是共产主义的绘画。……但如果我是鞋匠，那么不管我是保皇派还是共产党或别的什么，我都没有必要以某种特殊的方式钉鞋子来表明我的政治态度。"

录自云雪梅编著:《毕加索论艺》，北京:人民美术出版社，2002年，第91—93页。

［历史背景介绍］

1937年，毕加索受西班牙政府委托，为巴黎世博会西班牙馆创作一幅绘画作品。当时正值西班牙内战，1937年4月26日，支持佛朗哥政府的德国轰炸西班牙北部巴斯克地区重镇格尔尼卡，造成巨大人员伤亡，城市被炸成废墟。轰炸引发国际舆论的关注与强烈谴责。毕加索以此事件为主题创作巨型油画作品《格尔尼卡》，以立体主义与超现实主义的手法，表达对战争罪行的愤慨与抗议。

［思考题］

1. 如何理解上述材料中毕加索所说的《格尔尼卡》具有的"明确旨意"？
2. 试举一例同样以战争为主题的现代艺术作品？

（肖琦　编）

120

霍斯巴赫备忘录
（1937年11月10日）

1937年11月5日下午4:15至8:30在柏林帝国总理府举行的会议记录

出席者：

元首兼总理；

战争部长　陆军元帅冯·勃洛姆贝格；

陆军总司令　冯·弗里奇男爵上将；

海军总司令　雷德尔海军上将；

空军总司令　戈林上将；

外交部长　康斯坦丁·冯·牛赖特男爵；

霍斯巴赫上校。

　　元首首先表明，这次会议的主题非常重要，在其他国家，这个问题肯定会是内阁全体讨论的，但是作为元首，他拒绝将此内容提交于帝国内阁讨论。他接下来要阐述的是深思熟虑的结果，也是他四年半执政经验的成果。他想向与会的各位分享自己的一些看法，这些看法是关乎发展德国外交地位的机会及其要求，并且他请求为了德国的长远利益，在他去世后请将这次谈话视为最后遗嘱。

　　元首接着说。

　　德国政策的目标是保卫和维护德意志民族群体（Volksmasse）并扩大它，因此，这是一个生存空间问题。

德意志民族群体由8500多万人组成，由于他们的人数和居住空间连成一片，所以构成了一个紧密的民族核心。这是任何其他国家都无法满足的，这意味着我们比其他民族拥有更大的生存空间的权利。如果从地域上讲，政治在德意志民族核心的构成中没有任何作用，那是几个世纪的历史发展结果，而这些政治条件的继续存在对维持目前鼎盛时期的德意志民族构成了极大威胁。保持德国国内当今的人口数量，就如同阻止德意志民族在奥地利和捷克斯洛伐克的衰落一般难如登天。这样的人口衰落引起一系列负面的连锁反应只是时间的问题。因为政治和意识形态只有在为实现一个民族的生存要求提供基础时才能发挥作用。因此，德国的未来完全取决于解决对生存空间的需求。当然可以预见的是，我们将在未来一到三代人中找到解决方案。

在讨论如何解决生存空间问题之前，我们必须考虑这个解决方案对未来的保证是自给自足还是提升我们在世界经济中的参与度。

自给自足的途径：

只有在坚持国家社会主义的领导下这些目标才有可能实现，这种实施可能性的结果应确定为：

A：在原料方面实现部分自给自足

（1）在考虑原料生产时，煤大体可实行自给自足；

（2）但在矿产资源上则会困难得多，国内资源可以满足铁矿等轻金属矿物的需求目标，但像铜、锡等却不可能；

（3）国内资源中的有限木材也只能一定程度上满足合成纺织品的需求，而一次性解决问题的方案不现实；

（4）有可能实现可食用脂肪的自给自足；

B：在粮食领域实现自给自足是"否定"的

与三四十年前相比，德国人民的总体生活水平有了普遍提高，对美好生活的需求与家庭消费水平也不断提升，甚至农民和工人也是如此。农业提升的产能全部用于满足人民不断上升的需求，但这并不能代表绝对的增产。对更多土地的需求表明了农业产值进一步提高的倾向，而化肥技术的普及也是人们生活需求提高的信号，而这一切都表明了生产过剩的情况。因此我们可以断定，国家的产能已经到达顶峰，参与到世界贸易是不可避免的。收成好时，我们在通过进口来稳定粮食供给上的外汇支出不值一提，但在农荒的年代里，这笔财政支出呈现灾难性的增长。这种可能性与人口增长成正比，其中，每年56万的出生人口使面包的消费进一步增长，因为儿童比成年人更喜欢吃面包。

从长远上讲，在这样一个已经适应现代生活方式的大陆，政府不可能通过降低生活质量来减轻维持粮食供给上的压力。因为随着就业问题的解决，国家已经到了最高的消费水平。毫无疑问，我们国内的农业生产仍有可能进行一些小的调整，但这对我们的基本粮食状况不可能有根本性的改变。因此，无论是站在粮食方面还是经济方面的角度来看，自给自足的目标都是不成立的。

对此，有一些我们目前无法消除的限制。市场波动、无法贯彻执行的商业条约都对政府将德国的地位建立在一个安全又可靠的基础上形成了阻碍。特别是，我们需要牢记自世界大战以来，那些曾经出口粮食的国家都已经实现了工业化。我们生活在一个经济帝国时代，它不断驱使我们向外殖民扩张。在日本和意大利，经济增长是扩张的动机，在德国也一样，经济的需求也是刺激扩张的因素。而对于在伟大经济帝国之外的国家来说，他们扩张的机会是被严重阻碍的。

过去由于重整军备所引起的世界经济繁荣，在很长一段时间里不可能形成一个可靠的经济基础，后者也首先受到布尔什维克主义的冲击而造成经济动荡。那些完全依赖国际贸易的国家也都有着明显的军事弱点，而且由于我们的国际航线大多被英国人所控制，这就导致其不仅是一个贸易问题也是运输安全问题，这会在战时暴露我们粮食状况的全部弱点。唯一的补救措施，而且在我们看来是有远见的，就是获得更大的生存空间——这种追求在任何时候都是国家形成和民族迁徙的根本原因。我们可以理解这种追求对于那些像日内瓦或已安于现状的国家来说是毫无兴趣的。而如果从过去开始，我们就将食物生产的安全问题接受为我们国家的根本问题，那么其实欧洲大陆就足以能满足我们对所谓生存空间的需求，这与自由资本主义者所谓的压榨殖民地不可同日而语。我们不是在追求殖民地的人力资源，而是在获取发展农业的土地；此外，在欧洲寻找紧邻帝国的原料产地比在海外殖民更有意义；这个解决方案必须要满足一两代人的需要，对于后世的需求，都必须留给后世的人来解决。一个伟大的世界政治格局的发展毕竟是缓慢的，而拥有强大民族核心力量的德国人民将在欧陆的中心地带找到实现伟大目标的前提。从每一个时代的历史来说，像罗马帝国和大英帝国都已经证明只有消除阻力和承担风险才能成功扩张，当然挫折也是在所难免的。自古以来没有一个地方是没有主人的，今天也一样；攻击者总是会遇到据守者。

如今德国面临的问题是：她能在哪里以最低的成本获得最大的收益？

德国在制定政策时不得不考虑两个宿敌，英国与法国。对他们来说，欧陆中心的德国巨人是他们的眼中钉。这两个国家都一致反对德国进一步加强其在欧洲和海外的地位，为达到目的，他们不择手段地支持本国政党进行反对行为，他们都认为德国在海外建立军事基地是对他们交通的极大威胁，是对德国贸易的保护，同时也是德国在欧洲地位的提升。

由于各自治领的反对，英国不能把它的任何殖民地割让给我们。在英格兰因阿比西尼亚被意大利占领而失去威望后，东非的回归是意料之中的。英国的让步充其量只能通过侵占非英国属地的殖民地（如安哥拉）来表示，以此来满足我们的殖民要求。法国的让步或许可以采取类似的方法。

对归还殖民地的问题的讨论，会议认为只有在英国陷入困境以及德意志帝国拥有强大武装力量的时候才能考虑。元首不同意英帝国不可动摇的观点。在被征服的国家中，对英帝国的反对比在她的竞争对手中要少。大英帝国和罗马帝国在其永久性方面无法相提并论；后者在布匿战争后没有遇到任何严格意义上的强大政治对手。只是基督教的瓦解效应，以及每个国家出现的统治时间长度问题，才导致古罗马屈服于日耳曼人的猛攻。

除了大英帝国之外，今天还有许多比她强大的国家。英国能够保护自己的殖民地财产，不是靠自己的力量，而是只能与其他国家结盟。例如，英国如何能够独自保卫加拿大免受美国的攻击，或者日本的攻击她的远东利益！

英国人强调王冠是大英帝国的统一的象征已能够说明，从长远来看，帝国无法通过强权政治来维持其地位。这方面的主要迹象是：

（a）爱尔兰独立运动。

（b）印度宪政斗争，英国的反应为印度人民提供了机会，并且在日后会成为反英统治的武器——英国并不想履行她对于宪法的承诺。

（c）日本削弱了英国在远东的地位。

（d）与意大利在地中海的矛盾。这是意大利的历史问题，但在必要需求的驱使下，在天才的领导下扩大其势力，其不可避免地会与英国的利益发生越来越多的冲突。阿比西尼亚战争的结果是英国失去了威望，意大利则正试图通过煽动阿拉伯世界来提高威望。

综上所述，可以说，拥有四千五百万人口的英帝国，抛开理论上的强大，从长远来看她无法维持帝国的稳定地位，帝国人口和本土人口的比例为9∶1，这对我们是一个警示，即在领土扩张中，不要让我们的人口构成变得过于弱小。

法国的地位比英国更有利。法兰西帝国的领土状况更好；她的殖民地居民代表了她军事力量的后备补充。但法国也将面临内部政治灾难。在各国生活中，采用议会的内阁制形式只占10%，而独裁专制形式占90%。然而，今天，英国、法国、俄国和毗邻它们的小国，必须作为实力因素纳入我们的政治考量。

德国的问题只能通过武力来解决，这从来都不是不冒风险的。弗里德里希大王对西里西亚战役和俾斯麦对奥地利、法国的战争涉及闻所未闻的风险，1870年普鲁士的迅速行动使奥地利无法参战。如果人们接受诉诸武力及其随之而来的风险作为以下论述的基础，那么"何时"和"如何"的问题仍然有待回答。在这件事上，有三个情况需要处理：

情况1：1943—945年

从我们的角度来看，在此日期之后，预计情况只会变得更糟。

德国陆军、海军和空军的装备更新以及军官团的组建已接近完成。装备和武器是现代化的；但如果再耽搁下去，它们就有过时的危险。特别是，"特殊武器"的秘密不可能永远保持下去。征募预备役仅限于当前年龄组；

没有受过训练的老年群体不再适合进一步的征兵要求。

与各国的情况相比，我们的相对实力将会下降，届时世界其他国家将会重整军备。如果我们在1943—1945年期间不采取行动，之后任何一年都可能由于储备不足而发生粮食危机，而所需的外汇将无法应付，这必须被视为"政权的衰落点"。此外，全世界都在期待我们的进攻，每年都在增加对策。当世界上其他国家还在准备防御时，我们不得不采取进攻。

今天没有人知道1943—1945年的情况会怎样。但只有一件事是肯定的，我们不能再等了。

一方面是庞大的德国国防军，必须把它维持在目前的水平，另一方面是德国国防军及纳粹运动领导人的老龄化；此外，生活水平下降的前景和出生率的限制，使我们别无选择，只能采取行动。如果元首还活着，那么他最迟在1943—1945年解决德国生存问题的决心是不可改变的。在情况2和情况3中有必要在1943—1945年以前采取行动。

情况2：

如果法国的内乱发展成一场国内危机，使法军全军覆没，无法对德作战，那么对捷克采取行动的时候就到了。

情况3：

如果法国卷入了与另一个国家的战争，将会导致它不能"继续"对抗德国。

为了改善我们的政治与军事地位，如果我们卷入战争，德国的首要目标必须是同时推翻捷克斯洛伐克和奥地利，以便在任何可能针对西方的行动中消除对我国侧翼的威胁。在与法国的冲突中，捷克人几乎不可能与法国在同一天向我们宣战。然而，捷克人加入战争的愿望会随着我们一方的任何削弱而增加，然后她的参与显然可以采取向西里西亚北部或西部进攻的形式。

如果捷克被消灭，德匈在边界上统一，那么在法德战争中，波兰更有可能采取中立态度。只有在德国的实力不受动摇的情况下，我们与波兰的协议才有效力。一旦德国受挫，波兰对东普鲁士，甚至可能对波美拉尼亚和西里西亚的行动就必须被考虑在内。

假设形势的发展会导致采取行动：就我们而言，在1943—1945年期间，法国、英国、意大利、波兰和俄国的态度可做出如下判断：

实际上，元首认为，几乎可以肯定的是，英国，可能还有法国，已经默认了捷克的问题，并接受了德国在适当的时候会解决这个问题的事实。与英帝国有关的种种困难，以及再次卷入旷日持久的欧战的可能性，是英国反对参加对德战争的决定性因素。英国的态度当然会对法国的态度产生影响。法国几乎是不可能在没有英国支持的情况下发动进攻，而且他们会在我们的西部防御工事上陷入对峙。在没有英国支持的情况下，法军进军比利时和荷兰也不可能；这也是我们在与法国发生冲突时所不能考虑的路线，因为这肯定会招致英国的敌意。当然，在进攻捷克和奥地利期间，有必要在我们的西部边境保持强大的防御。在这方面，必须记住，捷克人的防御措施每年都在增加，奥地利军队的力量随着时间的推移也在增加。尽管有关人口，特别是捷克斯洛伐克的人口并不稀少，但假定强制从捷克斯洛伐克移出200万人和从奥地利移出100万人是可行的，那么吞并捷克斯洛伐克和奥地利将意味着获得500万至600万人的食品。从政治与军事角度来看，这两个国家与德国的合并意味着一个重大优势，因为这意味着有了更短更好边界，可以驻防更少的战略部队，并有可能建立大约12个师的新部队，即每一百万居民建立一个新师。

预计意大利不会反对消灭捷克人，但目前无法估计意大利对奥地利问题的态度；这主要取决于墨索里尼是否还活着。

我们行动的出其不意的程度和迅速是波兰态度的决定性因素。波兰——有俄国在后面的波兰，不会倾向于与胜利的德国开战。

我们必须以迅速的行动来反击俄罗斯的军事介入；然而，考虑到日本的态度，这种干预究竟是不是一种实际的应急措施，是非常值得怀疑的。

如果出现第二种情况，即法国因内战而瘫痪，那么消灭最危险的对手所造成的局面，无论何时发生，都必须加以利用，以便对捷克人进行打击。

元首看到第三种情况肯定越来越近了；这种机会可能在地中海目前的紧张局势中出现，他决心一有机会就利用它，甚至早在1938年。

根据过去的经验，元首认为西班牙的战事不会早日结束。如果考虑到佛朗哥的攻势到目前为止所花费的时间长度，战争完全有可能再持续三年。另一方面，从德国的角度来看，佛朗哥百分之百的胜利也是不可取的；相反，我们更感兴趣的是战争的延续和地中海地区紧张局势的持续。佛朗哥无可争议地拥有西班牙半岛，排除了意大利人进一步干预或继续占领巴利阿里群岛的可能性。由于我们的利益更多地在于延长西班牙的战争，因此加强意大利的后方，使其留在巴利阿里群岛，必须成为我们政策的直接目标。但是，意大利人在巴利阿里群岛的常设机构对法国和英国来说都是不能容忍的，并可能导致法国和英国对意大利的战争——在这场战争中，如果西班牙完全掌握在佛朗哥手中，她可能会站在意大利的敌人一边。意大利在这样的战争中失败的可能性很小，因为从德国出发的道路是敞开的，可以补充她的原材料。元首这样描绘意大利的军事战略：在与法国接壤的西部边境，意大利将保持守势，并从利比亚向法国的北非殖民地发动战争。

　　由于法英联军在意大利海岸登陆的可能性不大，而法国越过阿尔卑斯山对意大利北部的进攻将非常困难，很可能会在意大利强大的防御工事之前停止，因此作战的关键点在北非。意大利舰队对法国交通线的威胁将在很大程度上削弱从北非向法国本土运送部队的能力，因此法国在与意大利和德国的边境上将只有本土部队可以支配。

　　如果德国利用这场战争来解决捷克和奥地利的问题，就可以假定英国——本身正与意大利交战——会决定不对德国采取行动。没有英国的支持，法国也不对德国开战是意料之中的。

　　我们进攻捷克和奥地利的时间必须取决于英法意战争的进程，而不一定与这三个国家开始军事行动的时间一致。元首也没有想到同意大利达成军事协议，而是想在保持他自己行动的独立性的同时，利用这种不会再发生的有利局面，开始对捷克人的军事战役。对捷克人的进攻必须以"闪电般的速度"进行。

　　在评估形势时，冯·勃洛姆贝格元帅和冯·弗里奇上将一再强调，英国和法国决不能扮演我们的敌人角色，并指出法国军队不会在与意大利的战争中如此投入，以至于法国不能同时在西线战场有优于我们的优势部队。冯·弗里奇将军估计，在阿尔卑斯山边境可以使用的法军大约有20个师，因此法国在西部边境仍将保持强大的优势，根据德国人的观点，其作用是入侵莱茵兰。此外，在这件事上，必须特别考虑到法国国防动员的先进状态，必须记住（冯·布隆伯格陆军元帅特别强调了这一点）除了我们目前防御工事的微不足道的价值之外，打算运往西线的四个摩托化师或多或少仍然无法移动。关于我们向东南的进攻，冯·勃洛姆贝格元帅特别提请注意捷克防御工事的实力，这些防御工事现在已经获得了类似马奇诺防线的结构，这将严重阻碍我们的进攻。

冯·弗里奇上将提到，这正是他今年冬天下令进行的一项研究的目的，即探索对捷克人采取行动的可能性，特别是要克服捷克的防御工事系统；上将进一步表示，在现有情况下，他必须放弃原定于11月10日开始出国休假的计划。元首驳斥了这一想法，理由是冲突的可能性还不必被视为迫在眉睫。外交部长反对英法意冲突还没有像元首所假设的那样在近在咫尺，元首把1938年夏天定为在他看来可能的日子。在回答冯·勃洛姆贝格元帅和冯·弗里奇上将对英国和法国的态度提出的考虑时，元首重申了他先前的声明，即他确信英国不参战，因此他不相信法国对德国采取军事行动的可能性。如果正在讨论的地中海冲突导致欧洲的总动员，那么我们必须立即开始对捷克人采取行动。另一方面，如果不参与战争的大国宣布自己中立，那么德国将不得不暂时对此采取类似的态度。

戈林上将认为，鉴于元首的意见，我们应该考虑结束在西班牙的军事行动。元首同意这一点，但他认为他应该到适当的时候再作决定。

会议的第二部分涉及具体的军备问题。

译自 *Documents on German Foreign Policy 1918–1945*, Series D Volume 1 From Neurath to Ribbentrop (September 1937 – September 1938), Washington: United States Government Printing Office, 1949, pp.29–39.

在德、意于1936年7月底公开干涉西班牙内战得到英法两国的绥靖纵容后，1937年，希特勒认为彻底解决奥地利问题的时机已经成熟。11月5日，他召集德作战部长、外交部长和三军总司令，举行了一次重要的秘密会议。因该备忘录由希特勒的军事副官霍斯巴赫上校根据希特勒在会上的讲话记录、整理而成，所以被称为《霍斯巴赫备忘录》。该备忘录全面而完整地阐述了纳粹德国未来的侵略扩张计划，是希特勒德国未来战争总体战略的体现。

根据备忘录的记载，希特勒认为德国的存亡前途完全决定于如何解决"生存空间"问题。而要为德国获取生存空间（Lebensraum），首先要向邻近的欧洲发展，而不是到遥远海外去寻找殖民地。德国的第一个目标应是夺取捷克斯洛伐克和奥地利，这就不能不动用武力。而对于列强是否会进行干涉的问题，希特勒认为，英国面临殖民帝国与本土的重重困难，不会参与对德战争。而没有英国的支持，法国也不可能主动对德国采取有威胁的军事行动。实际上，经过这次秘密会议，希特勒已下定决心要吞并奥地利和捷克斯洛伐克，并且为进一步的侵略扩张进行了预谋。

[思考题]

1. 为何希特勒敢于判断英美会以绥靖政策纵容其侵略扩张？

2. 德国军方此时对于希特勒的侵略计划态度如何？

（徐之凯　编）

121

德奥议定书

（1938年2月12日）

　　1936年3月，在莱茵河东岸及其附近3万人的掩护之下，一支3 000人的部队深入莱茵兰，此时此刻的德国人都屏住了呼吸。假如法国人决定派军队进驻莱茵兰，即使希特勒命令德军抵抗，他们也会在几个小时之内就被驱逐出去。但是法国人没有。他们错估了德军的规模，而真实人数还不到他们以为的十分之一。此外，当时法国大选日益临近，鉴于公众害怕战争，法国政府没有采取行动。法国人的立场获得了英国人的支持。

　　尽管德国的所作所为已经违反了国际协定。于是，希特勒冒了上台以来最大的一次险，但是没有付出任何代价。1836年3月29日在又一次的舞弊选举和公投中，98.9%的人赞成纳粹党和政府的行动。所有这些因素加在一起，促使希特勒更加坚信他不可能失败。希特勒心怀自己不可战胜的神话，加快了德国占领欧洲，称霸世界的步伐。"威胁和警告不能阻止我走我的路，"他于1936年3月14日在慕尼黑宣布，"是上天为我指定了这条路，我只是凭着梦游者般的本能行事，从不犹疑。"

　　1938年初，希特勒再次将注意力集中在奥地利身上。1936年7月11日，德国与奥地利达成正式协议，协议中奥地利接受自己是一个德意志民族国家，并且奥地利独裁者库尔特·冯·许士尼格为了迎合希特勒，答应让所谓的"国民反对派"即奥地利纳粹党在政府中有一席之地。德奥关系在两年前的政变之后出现了困难，许士尼格视此为解决之道；而希特勒将其看作一根楔子，这根楔子最后会撬开奥地利的主权，帮助德国完成统一。

　　1938年2月12日，希特勒和许士尼格在贝格特斯登举行了会晤。在整整两个小时的会晤之中，希特勒一直向许士尼格讲述自己是如何不可战胜（"我得到了想要的一切，也许是整个历史中最伟大的德国人。"）。并明确表示德国会采取军事行动，外国势力的干预是无法阻止德国的（"第三帝国是一个强大的国家，没人能够，也没人愿意干扰它整顿自己边境线上的问题。"）。当许士尼格提出异议，请求时间商讨时，希特勒直接把凯特尔将军叫进屋里。凯特尔在屋里坐了10分钟才离开，这一行为深藏的威胁不言而喻。第二天早上，为加强威慑，凯特尔奉命前往柏林，其目的是安排在奥地利边境举行恐吓性军事演习。2月15日，受到严重恫吓的许士尼格同意了希特勒的所有要求。

1938年3月13日夜里，德国内政部的一位高级官员拟了一份关于吞并奥地利的法律草案。重组之后的奥地利内阁对草案内容表示同意，希特勒也签了字。这两个国家的同意将形成"大德意志"。3月14日，希特勒的摩托车队正从林茨开往维也纳，在路上他又被欢呼的人群拖慢了前进的脚步。他不得不在到达维也纳之后从旅馆阳台向人群致意，因为人群不听到他讲话绝对不会安静下来。他那天迟到了，但迟到给了维也纳纳粹分子准备的机会，学校和工作地点都关门了，有大巴车从乡下把纳粹分子和希特勒青年团成员运到城里。3月15日，希特勒向一大群陷入疯狂的人——大约有25万人——致辞，他宣布奥地利新的历史使命就是作为德国的屏障，抵御来自东方的威胁。

录自理查德·埃文斯:《当权的第三帝国》，哲理庐译，北京：九州出版社，2019年，第642—643，652—653，656，661页。

[历史背景介绍]

德国和奥地利都是以德意志民族为主体的国家，德奥合并的问题由来已久。第一次世界大战结束前后，德、奥两国出于不同的目的，都有实现两国合并的意图。1918年10月，德军军需总监鲁登道夫写信给外交部，请他们考虑以实现德奥合并来补偿德国因"战争所带来的其他地区的损失"。奥地利临时国民议会考虑到战败及奥匈帝国的解体给奥地利带来的影响，于11月12日通过了与德国合并的决议。但协约国在建立凡尔赛体系的过程中，把削弱德国作为一项极其重要的内容，故严禁德奥合并。《凡尔赛条约》第80条和《圣日耳曼条约》第88条都规定：奥地利之独立如非经国际联盟行政院之许可，不得变更。1921年奥地利经济严重恶化。为了维护欧洲资本主义秩序的稳定，英、法、意、捷四国于1922年10月4日同奥地利签订了"关于恢复奥地利的议定书"，向奥地利提供经济援助，但要求奥地利保证"不放弃其独立"，"避免进行旨在直接或间接危害这种独立的任何谈判或承担任何经济上或财政上义务"。此后，奥地利的独立实际上是由英、法、意三国来维持的。

[思考题]

1. 20世纪20年代至30年代初，奥地利主要的政党为何都致力于使奥地利回归德国？

2. 简要谈谈19世纪末到20世纪20年代和30年代，"大德意志"方案在德国、奥地利社会的影响。

3. 20世纪30年代，面对希特勒和纳粹德国进攻态势，英法为首的国际社会为何采取绥靖政策，主要原因有哪些？

（顾年茂　编）

122

卡德纳斯政府关于石油国有化的法令（节录）

（1938年3月18日）

第一条　为了社会利益和国家利益，兹宣布凡属下列公司（名称略）之机器设备、器材、建筑物、油管、贮油池、交通道路、油槽汽车、加油站、船只及其他动产与不动产，一律收归国有。其所以如此，系因根据国民经济部之意见，此类资产均为石油工业产品之开采、加工与分配所必需。

第三条　对于国有化企业所蒙受之损失，财政部将根据宪法第二十七条、国有化法第十条、第二十条予以相应补偿。补偿款项将定期以现金支付，支付年限不得超过十年。为筹措赎买所需之资金，财政部将从石油及其产品之生产所得中抽取一定比例的金额（比例待定）。上项金额将通过法定机构上缴联邦金库。

录自齐世荣主编：《世界通史资料选辑·现代部分》（第2分册），北京：商务印书馆，1982年，第355页。

［历史背景介绍］

1938年3月18日，卡德纳斯政府颁布石油工业国有化的法令，没收了与"英荷壳牌石油公司""美孚石油公司"等有关的十几家石油公司在墨西哥的财产，建立墨西哥石油公司，初步摆脱英美资本对于本国经济过分控制，从而推动民族工业发展。美、英组织了对墨西哥石油的抵制。

[思考题]

卡德纳斯的政策在哪些层面体现了摆脱帝国主义经济霸权的努力？

（王志华　编）

123

论持久战（节录）

（1938年5月）

**（这是毛泽东1938年5月26日至
6月3日在延安抗日战争研究会的讲演）**

问 题 的 提 起

（一）伟大抗日战争的一周年纪念，七月七日，快要到了。全民族的力量团结起来，坚持抗战，坚持统一战线，同敌人作英勇的战争，快一年了。这个战争，在东方历史上是空前的，在世界历史上也将是伟大的，全世界人民都关心这个战争。身受战争灾难、为着自己民族的生存而奋斗的每一个中国人，无日不在渴望战争的胜利。然而战争的过程究竟会要怎么样？能胜利还是不能胜利？能速胜还是不能速胜？很多人都说持久战，但是为什么是持久战？怎样进行持久战？很多人都说最后胜利，但是为什么会有最后胜利？怎样争取最后胜利？这些问题，不是每个人都解决了的，甚至是大多数人至今没有解决的。于是失败主义的亡国论者跑出来向人们说：中国会亡，最后胜利不是中国的。某些性急的朋友们也跑出来向人们说：中国很快就能战胜，无需乎费大气力。这些议论究竟对不对呢？我们一向都说：这些议论是不对的。可是我们说的，还没有为大多数人所了解。一半因为我们的宣传解释工作还不够，一半也因为客观事变的发展还没有完全暴露其固有的性质，还没有将其面貌鲜明地摆在人们之前，使人们无从看出其整个的趋势和前途，因而无从决定自己的整套的方针和做法。现在好了，抗战十个月的经验，尽够击破毫无根据的亡国论，也尽够说服急性朋友们的速胜论了。在这种情形下，很多人要求做个总结性的解释。尤其是对持久战，有亡国论和速胜论的反对意见，也有空洞无物的了解。"卢沟桥事变①以来，四万万人一齐努力，最后胜利是中国的。"这样一种公式，在广大的人们中流行着。这个公式是对的，但有加以充实的必要。抗日战争和统一战线之所以能够坚持，是由于许多的因素：全国党派，从共产党到国民党；全国人民，从工人农民到资产阶级；全国军队，从主力军到游击队；国际方面，从社会主义国家到各国爱好正义的人民；敌国方面，从某些国内反战的人民到前线反战的兵士。总而言之，所有这些因素，在我们的抗战中都尽了他们各种程度的努力。每一个有良心的人，都应向他们表示敬意。我们共产党人，同其他抗战党派和全国人民一道，唯一的方向，是努力团结一切力量，战胜万恶的日寇。今年七月一日，是中国共产党建立的十七周年纪念日。为了使每个共产党员在抗日战争中能够尽其更好和更大的努力，也有着重地研究持久战的必要。因此，我的讲演就来研究持久战。和持久战这个题目有关的问题，我都准备说到；但是不能一切都说到，因为一切的东西，不是在一个讲演中完全说得了的。

（二）抗战十个月以来，一切经验都证明下述两种观点的不对：一种是中国必亡论，一种是中国速胜论。前者产生妥协倾向，后者产生轻敌倾向。他们看问题的方法都是主观的和片面的，一句话，非科学的。

（三）抗战以前，存在着许多亡国论的议论。例如说："中国武器不如人，战必败。""如果抗战，必会作阿比西尼亚②。"抗战以后，公开的亡国论没有了，但暗地是有的，而且很多。例如妥协的空气时起时伏，主张妥协者的根据就是"再战必亡"③。有个学生从湖南写信来说："在乡下一切都感到困难。

---

① 见本册《反对日本进攻的方针、办法和前途》注（1）。
② 见《毛泽东选集》第一卷《中国革命战争的战略问题》注（45）。
③ 这种亡国论是国民党内部分领导人的意见。他们是不愿意抗日的，后来抗日是被迫的。卢沟桥事变以后，蒋介石一派参加抗日了，汪精卫一派就代表了亡国论，并准备投降日本，后来果然投降了。但是亡国论思想不但是在国民党内存在着，在某些中层社会中甚至在一部分落后的劳动人民中也曾经发生影响。这是因为国民党政府腐败无能，在抗日战争中节节失败，而日军则长驱直进，在战争的第一年中就侵占了华北和华中的大片土地，因而在一部分落后的人民中产生了严重的悲观情绪。

单独一个人作宣传工作，只好随时随地找人谈话。对象都不是无知无识的愚民，他们多少也懂得一点，他们对我的谈话很有兴趣。可是碰了我那几位亲戚，他们总说：'中国打不胜，会亡。'讨厌极了。好在他们还不去宣传，不然真糟。农民对他们的信仰当然要大些啊！"这类中国必亡论者，是妥协倾向的社会基础。这类人中国各地都有，因此，抗日阵线中随时可能发生的妥协问题，恐怕终战争之局也不会消灭的。当此徐州失守武汉紧张的时候，给这种亡国论痛驳一驳，我想不是无益的。

（四）抗战十个月以来，各种表现急性病的意见也发生了。例如在抗战初起时，许多人有一种毫无根据的乐观倾向，他们把日本估计过低，甚至以为日本不能打到山西。有些人轻视抗日战争中游击战争的战略地位，他们对于"在全体上，运动战是主要的，游击战是辅助的；在部分上，游击战是主要的，运动战是辅助的"这个提法，表示怀疑。他们不赞成八路军这样的战略方针："基本的是游击战，但不放松有利条件下的运动战。"认为这是"机械的"观点①。上海战争时，有些人说："只要打三个月，国际局势一定变化，苏联一定出兵，战争就可解决。"把抗战的前途主要地寄托在外国援助上面②。台儿庄胜利③之后，有些人主张徐州战役④应是"准决战"，说过去的持久战方针应该改变。说什么"这一战，就是敌人的最后挣扎"，"我们胜了，

---

① 以上这些意见，都是共产党内的。在抗日战争的头半年内，党内存在着一种轻敌的倾向，认为日本不值一打。其根据并不是因为他们感觉自己的力量很大，他们知道共产党领导的军队和民众的有组织的力量在当时还是很小的；而是因为国民党抗日了，他们感觉国民党有很大的力量，可以有效地打击日本。他们只看见国民党暂时抗日的一面，忘记了国民党反动和腐败的一面，因而造成了错误的估计。

② 这是蒋介石等人的意见。蒋介石国民党既已被迫抗战，他们就一心希望外国的迅速援助，不相信自己的力量，更不相信人民的力量。

③ 一九三八年三月下旬至四月上旬，中国军队和日本侵略军在台儿庄（今属山东省枣庄市）一带进行过一次会战。在这次会战中，中国军队击败日军第五、第十两个精锐师团，取得了会战的胜利。

④ 徐州战役是中国军队同日本侵略军在以徐州为中心的广大地区进行的一次战役。从一九三七年十二月起，华北、华中的日军分南北两线沿津浦铁路和台潍（台儿庄至潍县）公路进犯徐州外围地区。一九三八年四月上旬，中国军队在取得台儿庄会战的胜利后，继续向鲁南增兵，在徐州附近集结了约六十万的兵力，而日军在台儿庄遭到挫败以后，从四月上旬开始调集南北两线兵力二十多万人，对徐州进行迂回包围。中国军队在日军夹击和包围下，分路向豫皖边突围。五月十九日，徐州被日军占领。

日阀就在精神上失了立场，只有静候末日审判"①。平型关一个胜仗，冲昏了一些人的头脑；台儿庄再一个胜仗，冲昏了更多的人的头脑。于是敌人是否进攻武汉，成为疑问了。许多人以为："不一定"；许多人以为："断不会"。这样的疑问可以牵涉到一切重大的问题。例如说：抗日力量是否够了呢？回答可以是肯定的，因为现在的力量已使敌人不能再进攻，还要增加力量干什么呢？例如说：巩固和扩大抗日民族统一战线的口号是否依然正确呢？回答可以是否定的，因为统一战线的现时状态已够打退敌人，还要什么巩固和扩大呢？例如说：国际外交和国际宣传工作是否还应该加紧呢？回答也可以是否定的。例如说：改革军队制度，改革政治制度，发展民众运动，厉行国防教育，镇压汉奸托派②，发展军事工业，改良人民生活，是否应该认真去做呢？例如说：保卫武汉、保卫广州、保卫西北和猛烈发展敌后游击战争的口号，是否依然正确呢？回答都可以是否定的。甚至某些人在战争形势稍为好转的时候，就准备在国共两党之间加紧磨擦一下，把对外的眼光转到对内。这种情况，差不多每一个较大的胜仗之后，或敌人进攻暂时停顿之时，都要发生。所有上述一切，我们叫它做政治上军事上的近视眼。这些话，讲起来好像有道理，实际上是毫无根据、似是而非的空谈。扫除这些空谈，对于进行胜利的抗日战争，应该是有好处的。

（五）于是问题是：中国会亡吗？答复：不会亡，最后胜利是中国的。中国能够速胜吗？答复：不能速胜，抗日战争是持久战。

（六）这些问题的主要论点，还在两年之前我们就一般地指出了。还在一九三六年七月十六日，即在西安事变前五个月，卢沟桥事变前十二个月，我同美国记者斯诺先生的谈话中，就已经一般地估计了中日战争的形势，并

---

① 这是当时《大公报》在一九三八年四月二十五日和二十六日社评中提出的意见。他们从一种侥幸心理出发，希望用几个台儿庄一类的胜仗就能打败日本，免得在持久战中动员人民力量，危及自己阶级的安全。当时国民党统治集团内普遍有这种侥幸心理。

② 参见《毛泽东选集》第一卷《论反对日本帝国主义的策略》注（33）。抗日战争时期，托派在宣传上主张抗日，但是攻击中国共产党的抗日民族统一战线政策。把托派与汉奸相提并论，是由于当时在共产国际内流行着中国托派与日本帝国主义间谍组织有关的错误论断所造成的。

提出了争取胜利的各种方针。为备忘计，不妨抄录几段如下：

问：在什么条件下，中国能战胜并消灭日本帝国主义的实力呢？

答：要有三个条件：第一是中国抗日统一战线的完成；第二是国际抗日统一战线的完成；第三是日本国内人民和日本殖民地人民的革命运动的兴起。就中国人民的立场来说，三个条件中，中国人民的大联合是主要的。

问：你想，这个战争要延长多久呢？

答：要看中国抗日统一战线的实力和中日两国其他许多决定的因素如何而定。即是说，除了主要地看中国自己的力量之外，国际间所给中国的援助和日本国内革命的援助也很有关系。如果中国抗日统一战线有力地发展起来，横的方面和纵的方面都有效地组织起来，如果认清日本帝国主义威胁他们自己利益的各国政府和各国人民能给中国以必要的援助，如果日本的革命起来得快，则这次战争将迅速结束，中国将迅速胜利。如果这些条件不能很快实现，战争就要延长。但结果还是一样，日本必败，中国必胜。只是牺牲会大，要经过一个很痛苦的时期。

问：从政治上和军事上来看，你以为这个战争的前途会要如何发展？

答：日本的大陆政策已经确定了，那些以为同日本妥协，再牺牲一些中国的领土主权就能够停止日本进攻的人们，他们的想法只是一种幻想。我们确切地知道，就是扬子江下游和南方各港口，都已经包括在日本帝国主义的大陆政策之内。并且日本还想占领菲律宾、暹罗、越南、马来半岛和荷属东印度，把外国和中国切开，独占西南太平洋。这又是日本的海洋政策。在这样的时期，中国无疑地要处于极端困难的地位。可是大多数中国人相信，这种困难是能够克服的；只有各大商埠的富人是失败论者，因为他们害怕损失财产。有许多人想，一旦中国海岸被日本封锁，中国就不能继续作战。这是废话。为反驳他们，我们不妨举出红军的战争史。在抗日战争中，中国所占的优势，比内战时红军的地位强得多。中国是一个庞大的国家，就是日本能占领中国一万万至二万万人口的区域，我们离战败还很远呢。我们仍然有很大的力量同日本作战，而日本在整个战争中须得时时在其后方作防御战。中国经济的不统一、不平衡，对于抗日战争反为有利。例如将上海和中国其他地方割断，对于中国的损害，绝没有将纽约和美国其他地方割断对于美国的损害那样严重。日本就是把中国沿海封锁，中国的西北、西南和西部，它是无法封锁的。所以问题的中心点还是中国全体人民团结起来，树立举国一致的抗日阵线。这是我们早就提出了的。

问：假如战争拖得很长，日本没有完全战败，共产党能否同意讲和，并承认日本统治东北？

答：不能。中国共产党和全国人民一样，不容许日本保留中国的寸土。

问：照你的意见，这次解放战争，主要的战略方针是什么？

答：我们的战略方针，应该是使用我们的主力在很长的变动不定的战线上作战。中国军队要胜利，必须在广阔的战场上进行高度的运动战，迅速地前进和迅速地后退，迅速地集中和迅速地分散。这就是大规模的运动战，而不是深沟高垒、层层设防、专靠防御工事的阵地战。这并不是说要放弃一切重要的军事地点，对于这些地点，只要有利，就应配置阵地战。但是转换全局的战略方针，必然要是运动战。阵地战虽也必需，但是属于辅助性质的第二种的方针。在地理上，战场这样广大，我们作最有效的运动战，是可能的。日军遇到我军的猛烈活动，必得谨慎。他们的战争机构很笨重，行动很慢，效力有限。如果我们集中兵力在一个狭小的阵地上作消耗战的抵抗，将使我军失掉地理上和经济组织上的有利条件，犯阿比西尼亚的错误。战争的前期，我们要避免一切大的决战，要先用运动战逐渐地破坏敌人军队的精神和战斗力。

除了调动有训练的军队进行运动战之外，还要在农民中组织很多的游击队。须知东三省的抗日义勇军，仅仅是表示了全国农民所能动员抗战的潜伏力量的一小部分。中国农民有很大的潜伏力，只要组织和指挥得当，能使日本军队一天忙碌二十四小时，使之疲于奔命。必须记住这个战争是在中国打的，这就是说，日军要完全被敌对的中国人所包围；日军要被迫运来他们所需的军用品，而且要自己看守；他们要用重兵去保护交通线，时时谨防袭击；另外，还要有一大部力量驻扎满洲和日本内地。

在战争的过程中，中国能俘虏许多的日本兵，夺取许多的武器弹药来武装自己；同时，争取外国的援助，使中国军队的装备逐渐加强起来。因此，中国能够在战争的后期从事阵地战，对于日本的占领地进行阵地的攻击。这样，日本在中国抗战的长期消耗下，它的经济行将崩溃；在无数战争的消磨中，它的士气行将颓靡。中国方面，则抗战的潜伏力一天一天地奔腾高涨，大批的革命民众不断地倾注到前线去，为自由而战争。所有这些因素和其他的因素配合起来，就使我们能够对日本占领地的堡垒和根据地，作最后的致命的攻击，驱逐日本侵略军出中国。（斯诺：《西北印象记》）

抗战十个月的经验，证明上述论点的正确，以后也还将继续证明它。

（七）还在卢沟桥事变发生后一个多月，即一九三七年八月二十五日，中国共产党中央就在它的《关于目前形势与党的任务的决定》中，清楚地指出：

卢沟桥的挑战和平津的占领，不过是日寇大举进攻中国本部的开始。日寇已经开始了全国的战时动员。他们的所谓"不求扩大"的宣传，不过是掩护其进攻的烟幕弹。

七月七日卢沟桥的抗战，已经成了中国全国性抗战的起点。

中国的政治形势从此开始了一个新阶段，这就是实行抗战的阶段。抗战的准备阶段已经过去了。这一阶段的最中心的任务是：动员一切力量争取抗战的胜利。

争取抗战胜利的中心关键，在使已经发动的抗战发展为全面的全民族的抗战。只有这种全面的全民族的抗战，才能使抗战得到最后的胜利。

由于当前的抗战还存在着严重的弱点，所以在今后的抗战过程中，可能发生许多挫败、退却，内部的分化、叛变，暂时和局部的妥协等不利的情况。因此，应该看到这一抗战是艰苦的持久战。但我们相信，已经发动的抗战，必将因为我党和全国人民的努力，冲破一切障碍物而继续地前进和发展。

抗战十个月的经验，同样证明了上述论点的正确，以后也还将继续证明它。

（八）战争问题中的唯心论和机械论的倾向，是一切错误观点的认识论上的根源。他们看问题的方法是主观的和片面的。或者是毫无根据地纯主观地说一顿；或者是只根据问题的一侧面、一时候的表现，也同样主观地把它夸大起来，当作全体看。但是人们的错误观点可分为两类：一类是根本的错误，带一贯性，这是难于纠正的；另一类是偶然的错误，带暂时性，这是易于纠正的。但既同为错误，就都有纠正的必要。因此，反对战争问题中的唯心论和机械论的倾向，采用客观的观点和全面的观点去考察战争，才能使战争问题得出正确的结论。

问 题 的 根 据

（九）抗日战争为什么是持久战？最后胜利为什么是中国的呢？根据在什么地方呢？

中日战争不是任何别的战争，乃是半殖民地半封建的中国和帝国主义的日本之间在二十世纪三十年代进行的一个决死的战争。全部问题的根据就在这里。分别地说来，战争的双方有如下互相反对的许多特点。

（一〇）日本方面：第一，它是一个强的帝国主义国家，它的军力、经济力和政治组织力在东方是一等的，在世界也是五六个著名帝国主义国家中的一个。这是日本侵略战争的基本条件，战争的不可避免和中国的不能速胜，就建立在这个日本国家的帝国主义制度及其强的军力、经济力和政治组织力上面。然而第二，由于日本社会经济的帝国主义性，就产生了日本战争的帝国主义性，它的战争是退步的和野蛮的。时至二十世纪三十年代的日本帝国主义，由于内外矛盾，不但使得它不得不举行空前大规模的冒险战争，而且使得它临到最后崩溃的前夜。从社会行程说来，日本已不是兴旺的国家，战争不能达到日本统治阶级所期求的兴旺，而将达到它所期求的反面——日本帝国主义的死亡。这就是所谓日本战争的退步性。跟着这个退步性，加上日本又是一个带军事封建性的帝国主义这一特点，就产生了它的战争的特殊的野蛮性。这样就要最大地激起它国内的阶级对立、日本民族和中国民族的对立、日本和世界大多数国家的对立。日本战争的退步性和野蛮性是日本战争必然失败的主要根据。还不止此，第三，日本战争虽是在其强的军力、经济力和政治组织力的基础之上进行的，但同时又是在其先天不足的基础之上进行的。日本的军力、经济力和政治组织力虽强，但这些力量之量的方面不足。日本国度比较地小，其人力、军力、财力、物力均感缺乏，经不起长期的战争。日本统治者想从战争中解决这个困难问题，但同样，将达到其所期求的反面，这就是说，它为解决这个困难问题而发动战争，结果将因战争而增加困难，战争将连它原有的东西也消耗掉。最后，第四，日本虽能得到国际法西斯国家的援助，但同时，却又不能不遇到一个超过其国际援助力量的国际反对力量。这后一种力量将逐渐地增长，终究不但将把前者的援助力量抵消，并将施其压力于日本自身。这是失道寡助的规律，是从日本战争的本性产生出来的。总起来说，日本的长处是其战争力量之强，而其短处则在其战争本质的退步性、野蛮性，在其人力、物力之不足，在其国际形势之寡助。这些就是日本方面的特点。

（一一）中国方面：第一，我们是一个 半殖民地半封建的国家。从鸦片战争①，太平天国②，戊戌维新③，辛亥革命④，直至北伐战争，一切为解除半殖民地半封建地位的革命的或改良的运动，都遭到了严重的挫折，因此依然保留下这个半殖民地半封建的地位。我们依然是一个弱国，我们在军力、经济力和政治组织力各方面都显得不如敌人。战争之不可避免和中国之不能速胜，又在这个方面有其基础。然而第二，中国近百年的解放运动积累到了今日，已经不同于任何历史时期。各种内外反对力量虽给了解放运动以严重挫折，同时却锻炼了中国人民。今日中国的军事、经济、政治、文化虽不如日本之强，但在中国自己比较起来，却有了比任何一个历史时期更为进步的因

---

① 见《毛泽东选集》第一卷《论反对日本帝国主义的策略》注（35）。
② 见《毛泽东选集》第一卷《论反对日本帝国主义的策略》注（36）。
③ 戊戌维新也称戊戌变法，是一八九八年（戊戌年）发生的维新运动。当时，中国面临被帝国主义列强瓜分的严重危机。康有为、梁启超、谭嗣同等人，在清朝光绪皇帝的支持下，企图通过自上而下的变法维新，逐步地在中国推行地主阶级和资产阶级联合统治的君主立宪制度，发展民族资本主义，以挽救民族危亡。但是这个运动缺乏人民群众的基础，又遭到以慈禧太后为首的顽固派的坚决反对。变法三个多月以后，慈禧太后发动政变，幽禁光绪皇帝，杀害谭嗣同等六人，变法遭到失败。
④ 见《毛泽东选集》第一卷《湖南农民运动考察报告》注（3）。

素。中国共产党及其领导下的军队，就是这种进步因素的代表。中国今天的解放战争，就是在这种进步的基础上得到了持久战和最后胜利的可能性。中国是如日方升的国家，这同日本帝国主义的没落状态恰是相反的对照。中国的战争是进步的，从这种进步性，就产生了中国战争的正义性。因为这个战争是正义的，就能唤起全国的团结，激起敌国人民的同情，争取世界多数国家的援助。第三，中国又是一个很大的国家，地大、物博、人多、兵多，能够支持长期的战争，这同日本又是一个相反的对比。最后，第四，由于中国战争的进步性、正义性而产生出来的国际广大援助，同日本的失道寡助又恰恰相反。总起来说，中国的短处是战争力量之弱，而其长处则在其战争本质的进步性和正义性，在其是一个大国家，在其国际形势之多助。这些都是中国的特点。

（一二）这样看来，日本的军力、经济力和政治组织力是强的，但其战争是退步的、野蛮的，人力、物力又不充足，国际形势又处于不利。中国反是，军力、经济力和政治组织力是比较弱的，然而正处于进步的时代，其战争是进步的和正义的，又有大国这个条件足以支持持久战，世界的多数国家是会要援助中国的。——这些，就是中日战争互相矛盾着的基本特点。这些特点，规定了和规定着双方一切政治上的政策和军事上的战略战术，规定了和规定着战争的持久性和最后胜利属于中国而不属于日本。战争就是这些特点的比赛。这些特点在战争过程中将各依其本性发生变化，一切东西就都从这里发生出来。这些特点是事实上存在的，不是虚造骗人的；是战争的全部基本要素，不是残缺不全的片段；是贯彻于双方一切大小问题和一切作战阶段之中的，不是可有可无的。观察中日战争如果忘记了这些特点，那就必然要弄错；即使某些意见一时有人相信，似乎不错，但战争的经过必将证明它们是错的。我们现在就根据这些特点来说明我们所要说的一切问题。

驳亡国论

（一三）亡国论者看到敌我强弱对比一个因素，从前就说"抗战必亡"，现在又说"再战必亡"。如果我们仅仅说，敌人虽强，但是小国，中国虽弱，但是大国，是不足以折服他们的。他们可以搬出元朝灭宋、清朝灭明的历史证据，证明小而强的国家能够灭亡大而弱的国家，而且是落后的灭亡进步的。如果我们说，这是古代，不足为据，他们又可以搬出英灭印度的事实，证明小而强的资本主义国家能够灭亡大而弱的落后国家。所以还须提出其他的根据，才能把一切亡国论者的口封住，使他们心服，而使一切从事宣传工作的人们得到充足的论据去说服还不明白和还不坚定的人们，巩固其抗战的信心。

（一四）这应该提出的根据是什么呢？就是时代的特点。这个特点的具体反映是日本的退步和寡助，中国的进步和多助。

（一五）我们的战争不是任何别的战争，乃是中日两国在二十世纪三十年代进行的战争。在我们的敌人方面，首先，它是快要死亡的帝国主义，它已处于退步时代，不但和英灭印度时期英国还处于资本主义的进步时代不相同，就是和二十年前第一次世界大战时的日本也不相同。此次战争发动于世界帝国主义首先是法西斯国家大崩溃的前夜，敌人也正是为了这一点才举行这个带最后挣扎性的冒险战争。所以，战争的结果，灭亡的不会是中国而是日本帝国主义的统治集团，这是无可逃避的必然性。再则，当日本举行战争的时候，正是世界各国或者已经遭遇战争或者快要遭遇战争的时候，大家都正在或准备着为反抗野蛮侵略而战，中国这个国家又是同世界多数国家和多数人民利害相关的，这就是日本已经引起并还要加深地引起世界多数国家和多数人民的反对的根源。

（一六）中国方面呢？它已经不能和别的任何历史时期相比较。半殖民地和半封建社会是它的特点，所以被称为弱国。但是在同时，它又处于历史上进步的时代，这就是足以战胜日本的主要根据。所谓抗日战争是进步的，不是说普通一般的进步，不是说阿比西尼亚抗意战争的那种进步，也不是说太平天国或辛亥革命的那种进步，而是说今天中国的进步。今天中国的进步在什么地方呢？在于它已经不是完全的封建国家，已经有了资本主义，有了资产阶级和无产阶级，有了已经觉悟或正在觉悟的广大人民，有了共产党，有了政治上进步的军队即共产党领导的中国红军，有了数十年革命的传统经验，特别是中国共产党成立以来的十七年的经验。这些经验，教育了中国的人民，教育了中国的政党，今天恰好作了团结抗日的基础。如果说，在俄国，没有一九〇五年的经验就不会有一九一七年的胜利；那末，我们也可以说，如果没有十七年以来的经验，也将不会有抗日的胜利。这是国内的条件。

国际的条件，使得中国在战争中不是孤立的，这一点也是历史上空前的东西。历史上不论中国的战争也罢，印度的战争也罢，都是孤立的。惟独今天遇到世界上已经发生或正在发生的空前广大和空前深刻的人民运动及其对于中国的援助。俄国一九一七年的革命也遇到世界的援助，俄国的工人和农民因此胜利了，但那个援助的规模还没有今天广大，性质也没有今天深刻。今天的世界的人民运动，正在以空前的大规模和空前的深刻性发展着。苏联的存在，更是今天国际政治上十分重要的因素，它必然以极大的热忱援助中国，这一现象，是二十年前完全没有的。所有这些，造成了和造成着为中国最后胜利所不可缺的重要的条件。大量的直接的援助，目前虽然还没有，尚有待于来日，但是中国有进步和大国的条件，能够延长战争的时间，促进并等候国际的援助。

（一七）加上日本是小国，地小、物少、人少、兵少，中国是大国，地大、物博、人多、兵多这一个条件，于是在强弱对比之外，就还有小国、退步、寡助和大国、进步、多助的对比，这就是中国决不会亡的根据。强弱对比虽然规定了日本能够在中国有一定时期和一定程度的横行，中国不可避免地要走一段艰难的路程，抗日战争是持久战而不是速决战；然而小国、退步、寡助和大国、进步、多助的对比，又规定了日本不能横行到底，必然要遭到最后的失败，中国决不会亡，必然要取得最后的胜利。

（一八）阿比西尼亚为什么灭亡了呢？第一，它不但是弱国，而且是小国。第二，它不如中国进步，它是一个古老的奴隶制到农奴制的国家，没有资本主义，没有资产阶级政党，更没有共产党，没有中国这样的军队，更没有如同八路军这样的军队。第三，它不能等候国际的援助，它的战争是孤立的。第四，这是主要的，抗意战争领导方面有错误。阿比西尼亚因此灭亡了。然而阿比西尼亚还有相当广大的游击战争存在，如能坚持下去，是可以在未来的世界变动中据以恢复其祖国的。

（一九）如果亡国论者搬出中国近代解放运动的失败史来证明"抗战必亡"和"再战必亡"的话，那我们的答复也是时代不同一句话。中国本身、日本内部、国际环境都和过去不相同。日本比过去更强了，中国的半殖民地和半封建地位依然未变，力量依然颇弱，这一点是严重的情形。日本暂时还能控制其国内的人民，也还能利用国际间的矛盾作为其侵华的工具，这些都是事实。然而在长期的战争过程中，必然要发生相反的变化。这一点现在还不是事实，但是将来必然要成为事实的。这一点，亡国论者就抛弃不顾了。中国呢？不但现在已有新的人、新的政党、新的军队和新的抗日政策，和十余年以前有很大的不同，而且这些都必然会向前发展。虽然历史上的解放运动屡次遭受挫折，使中国不能积蓄更大的力量用于今日的抗日战争——这是非常可痛惜的历史的教训，从今以后，再也不要自己摧残任何的革命力量了——然而就在既存的基础上，加上广大的努力，必能逐渐前进，加强抗战的力量。伟大的抗日民族统一战线，就是这种努力的总方向。国际援助一方面，眼前虽然还看不见大量的和直接的，但是国际局面根本已和过去两样，大量和直接的援助正在酝酿中。中国近代无数解放运动的失败都有其客观和主观的原因，都不能比拟今天的情况。在今天，虽然存在着许多困难条件，规定了抗日战争是艰难的战争，例如敌人之强，我们之弱，敌人的困难还刚在开始，我们的进步还很不够，如此等等，然而战胜敌人的有利条件是很多的，只须加上主观的努力，就能克服困难而争取胜利。这些有利条件，历史上没有一个时候可和今天比拟，这就是抗日战争必不会和历史上的解放运动同归失败的理由。

妥协还是抗战？腐败还是进步？

（二〇）亡国论之没有根据，俱如上述。但是另有许多人，并非亡国论者，他们是爱国志士，却对时局怀抱甚深的忧虑。他们的问题有两个：一是惧怕对日妥协，一是怀疑政治不能进步。这两个可忧虑的问题在广大的人们中间议论着，找不到解决的基点。我们现在就来研究这两个问题。

（二一）前头说过，妥协的问题是有其社会根源的，这个社会根源存在，妥协问题就不会不发生。但妥协是不会成功的。要证明这一点，仍不外向日本、中国、国际三方面找根据。第一是日本方面。还在抗战初起时，我们就估计有一种酝酿妥协空气的时机会要到来，那就是在敌人占领华北和江浙之后，可能出以劝降手段。后来果然来了这一手；但是危机随即过去，原因之一是敌人采取了普遍的野蛮政策，实行公开的掠夺。中国降了，任何人都要做亡国奴。敌人的这一掠夺的即灭亡中国的政策，分为物质的和精神的两方面，都是普遍地施之于中国人的；不但是对下层民众，而且是对上层成分，——当然对后者稍为客气些，但也只有程度之别，并无原则之分。大体上，敌人是将东三省的老办法移植于内地。在物质上，掠夺普通人民的衣食，使广大人民啼饥号寒；掠夺生产工具，使中国民族工业归于毁灭和奴役化。在精神上，摧残中国人民的民族意识。在太阳旗下，每个中国人只能当顺民，做牛马，不许有一丝一毫的中国气。敌人的这一野蛮政策，还要施之于更深的内地。他的胃口很旺，不愿停止战争。一九三八年一月十六日日本内阁宣言的方针[1]，至今坚决执行，也不能不执行，这就激怒了一切阶层的中国人。这是根据敌人战争的退步性野蛮性而来的，"在劫难逃"，于是形成了绝对的敌对。估计到某种时机，敌之劝降手段又将出现，某些亡国论者又将蠕蠕而动，而且难免勾结某些国际成分（英、美、法内部都有这种人，特别是英国的上层分子），狼狈为奸。但是大势所趋，是降不了的，日本战争的坚决性和特殊的野蛮性，规定了这个问题的一方面。

（二二）第二是中国方面。中国坚持抗战的因素有三个：其一，共产党，这是领导人民抗日的可靠力量。又其一，国民党，因其是依靠英美的，英美不叫它投降，它也就不会投降。又其一，别的党派，大多数是反对妥协、拥护抗

---

[1] 一九三八年一月十六日，日本近卫内阁发表声明，宣布以武力灭亡中国的方针，同时宣称由于国民党政府仍在"策划抗战"，日本政府决定在中国扶植新的傀儡政权，"今后将不以国民政府为对手"。

战的。这三者互相团结，谁要妥协就是站在汉奸方面，人人得而诛之。一切不愿当汉奸的人，就不能不团结起来坚持抗战到底，妥协就实际上难于成功。

（二三）第三是国际方面。除日本的盟友和各资本主义国家的上层分子中的某些成分外，其余都不利于中国妥协而利于中国抗战。这一因素影响到中国的希望。今天全国人民有一种希望，认为国际力量必将逐渐增强地援助中国。这种希望不是空的；特别是苏联的存在，鼓舞了中国的抗战。空前强大的社会主义的苏联，它和中国是历来休戚相关的。苏联和一切资本主义国家的上层成分之唯利是图者根本相反，它是以援助一切弱小民族和革命战争为其职志的。中国战争之非孤立性，不但一般地建立在整个国际的援助上，而且特殊地建立在苏联的援助上。中苏两国是地理接近的，这一点加重了日本的危机，便利了中国的抗战。中日两国地理接近，加重了中国抗战的困难。然而中苏的地理接近，却是中国抗战的有利条件。

（二四）由此可作结论：妥协的危机是存在的，但是能够克服。因为敌人的政策即使可作某种程度的改变，但其根本改变是不可能的。中国内部有妥协的社会根源，但是反对妥协的占大多数。国际力量也有一部分赞助妥协，但是主要的力量赞助抗战。这三种因素结合起来，就能克服妥协危机，坚持抗战到底。

（二五）现在来答复第二个问题。国内政治的改进，是和抗战的坚持不能分离的。政治越改进，抗战越能坚持；抗战越坚持，政治就越能改进。但是基本上依赖于坚持抗战。国民党的各方面的不良现象是严重地存在着，这些不合理因素的历史积累，使得广大爱国志士发生很大的忧虑和烦闷。但是抗战的经验已经证明，十个月的中国人民的进步抵得上过去多少年的进步，并无使人悲观的根据。历史积累下来的腐败现象，虽然很严重地阻碍着人民抗战力量增长的速度，减少了战争的胜利，招致了战争的损失，但是中国、日本和世界的大局，不容许中国人民不进步。由于阻碍进步的因素即腐败现象之存在，这种进步是缓慢的。进步和进步的缓慢是目前时局的两个特点，后一特点和战争的迫切要求很不相称，这就是使得爱国志士们大为发愁的地方。然而我们是在革命战争中，革命战争是一种抗毒素，它不但将排除敌人的毒焰，也将清洗自己的污浊。凡属正义的革命的战争，其力量是很大的，它能改造很多事物，或为改造事物开辟道路。中日战争将改造中日两国；只要中国坚持抗战和坚持统一战线，就一定能把旧日本化为新日本，把旧中国化为新中国，中日两国的人和物都将在这次战争中和战争后获得改造。我们把抗战和建国联系起来看，是正当的。说日本也能获得改造，是说日本统治者的侵略战争将走到失败，有引起日本人民革命之可能。日本人民革命胜利之日，就是日本改造之时。这和中国的抗战密切地联系着，这一个前途是应该看到的。

亡国论是不对的，速胜论也是不对的

（二六）我们已把强弱、大小、进步退步、多助寡助几个敌我之间矛盾着的基本特点，作了比较研究，批驳了亡国论，答复了为什么不易妥协和为什么政治可能进步的问题。亡国论者看重了强弱一个矛盾，把它夸大起来作为全部问题的论据，而忽略了其他的矛盾。他们只提强弱对比一点，是他们的片面性；他们将此片面的东西夸大起来看成全体，又是他们的主观性。所以在全体说来，他们是没有根据的，是错误的。那些并非亡国论者，也不是一贯的悲观主义者，仅为一时候和一局部的敌我强弱情况或国内腐败现象所迷惑，而一时地发生悲观心理的人们，我们也得向他们指出，他们的观点的来源也是片面性和主观性的倾向。但是他们的改正较容易，只要一提醒就会明白，因为他们是爱国志士，他们的错误是一时的。

（二七）然而速胜论者也是不对的。他们或则根本忘记了强弱这个矛盾，而单单记起了其他矛盾；或则对于中国的长处，夸大得离开了真实情况，变成另一种样子；或则拿一时一地的强弱现象代替了全体中的强弱现象，一叶障目，不见泰山，而自以为是。总之，他们没有勇气承认敌强我弱这件事实。他们常常抹杀这一点，因此抹杀了真理的一方面。他们又没有勇气承认自己长处之有限性，因而抹杀了真理的又一方面。由此犯出或大或小的错误来，这里也是主观性和片面性作怪。这些朋友们的心是好的，他们也是爱国志士。但是"先生之志则大矣"，先生的看法则不对，照了做去，一定碰壁。

因为估计不符合真相，行动就无法达到目的；勉强行去，败军亡国，结果和失败主义者没有两样。所以也是要不得的。

（二八）我们是否否认亡国危险呢？不否认的。我们承认在中国面前摆着解放和亡国两个可能的前途，两者在猛烈地斗争中。我们的任务在于实现解放而避免亡国。实现解放的条件，基本的是中国的进步，同时，加上敌人的困难和世界的援助。我们和亡国论者不同，我们客观地而且全面地承认亡国和解放两个可能同时存在，着重指出解放的可能占优势及达到解放的条件，并为争取这些条件而努力。亡国论者则主观地和片面地只承认亡国一个可能性，否认解放的可能性，更不会指出解放的条件和为争取这些条件而努力。我们对于妥协倾向和腐败现象也是承认的，但是我们还看到其他倾向和其他现象，并指出二者之中后者对于前者将逐步地占优势，二者在猛烈地斗争着；并指出后者实现的条件，为克服妥协倾向和转变腐败现象而努力。因此，我们并不悲观，而悲观的人们则与此相反。

（二九）我们也不是不喜欢速胜，谁也赞成明天一个早上就把"鬼子"赶出去。但是我们指出，没有一定的条件，速胜只存在于头脑之中，客观上是不存在的，只是幻想和假道理。因此，我们客观地并全面地估计到一切敌我情况，指出只有战略的持久战才是争取最后胜利的唯一途径，而排斥毫无根据的速胜论。我们主张为着争取最后胜利所必要的一切条件而努力，条件多具备一分，早具备一日，胜利的把握就多一分，胜利的时间就早一日。我们认为只有这样才能缩短战争的过程，而排斥贪便宜尚空谈的速胜论。

为什么是持久战？

（三〇）现在我们来把持久战问题研究一下。"为什么是持久战"这一个问题，只有依据全部敌我对比的基本因素，才能得出正确的回答。例如单说敌人是帝国主义的强国，我们是半殖民地半封建的弱国，就有陷入亡国论的危险。因为单纯地以弱敌强，无论在理论上，在实际上，都不能产生持久的结果。单是大小或单是进步退步、多助寡助，也是一样。大并小、小并大的事都是常有的。进步的国家或事物，如果力量不强，常有被大而退步的国家或事物所灭亡者。多助寡助是重要因素，但是附随因素，依敌我本身的基本因素如何而定其作用的大小。因此，我们说抗日战争是持久战，是从全部敌我因素的相互关系产生的结论。敌强我弱，我有灭亡的危险。但敌尚有其他缺点，我尚有其他优点。敌之优点可因我之努力而使之削弱，其缺点亦可因我之努力而使之扩大。我方反是，我之优点可因我之努力而加强，缺点则因我之努力而克服。所以我能最后胜利，避免灭亡，敌则将最后失败，而不能避免整个帝国主义制度的崩溃。

（三一）既然敌之优点只有一个，余皆缺点，我之缺点只有一个，余皆优点，为什么不能得出平衡结果，反而造成了现时敌之优势我之劣势呢？很明显的，不能这样形式地看问题。事情是现时敌我强弱的程度悬殊太大，敌之缺点一时还没有也不能发展到足以减杀其强的因素之必要的程度，我之优点一时也没有且不能发展到足以补充其弱的因素之必要的程度，所以平衡不能出现，而出现的是不平衡。

（三二）敌强我弱，敌是优势而我是劣势，这种情况，虽因我之坚持抗战和坚持统一战线的努力而有所变化，但是还没有产生基本的变化。所以，在战争的一定阶段上，敌能得到一定程度的胜利，我则将遭到一定程度的失败。然而敌我都只限于这一定阶段内一定程度上的胜或败，不能超过而至于全胜或全败，这是什么缘故呢？因为一则敌强我弱之原来状况就是相对的，不是绝对的；二则由于我之坚持抗战和坚持统一战线的努力，更加造成这种相对的形势。拿原来状况来说，敌虽强，但敌之强已为其他不利的因素所减杀，不过此时还没有减杀到足以破坏敌之优势的必要的程度；我虽弱，但我之弱已为其他有利的因素所补充，不过此时还没有补充到足以改变我之劣势的必要的程度。于是形成敌是相对的强，我是相对的弱；敌是相对的优势，我是相对的劣势。双方的强弱优劣原来都不是绝对的，加以战争过程中我之坚持抗战和坚持统一战线的努力，更加变化了敌我原来强弱优劣的形势，因而敌我只限于一定阶段内的一定程度上的胜或败，造成了持久战的局面。

（三三）然而情况是继续变化的。战争过程中，只要我能运用正确的军事的和政治的策略，不犯原则的错误，竭尽最善的努力，敌之不利因素和我之有利因素均将随战争之延长而发展，必能继续改变着敌我强弱的原来程度，继续变化着敌我的优劣形势。到了新的一定阶段时，就将发生强弱程度上和优劣形势上的大变化，而达到敌败我胜的结果。

（三四）目前敌尚能勉强利用其强的因素，我之抗战尚未给他以基本的削弱。其人力、物力不足的因素尚不足以阻止其进攻，反之，尚足以维持其进攻到一定的程度。其足以加剧本国阶级对立和中国民族反抗的因素，即战争之退步性和野蛮性一因素，亦尚未造成足以根本妨碍其进攻的情况。敌人的国际孤立的因素也方在变化发展之中，还没有达到完全的孤立。许多表示助我的国家的军火资本家和战争原料资本家，尚在唯利是图地供给日本以大量的战争物资①，他们的政府②亦尚不愿和苏联一道用实际方法制裁日本。这一切，规定了我之抗战 不能速胜，而只能是持久战。中国方面，弱的因素表现在军事、经济、政治、文化各方面的，虽在十个月抗战中有了某种程度的进步，但距离足以阻止敌之进攻及准备我之反攻的必要的程度，还远得很。且在量的方面，又不得不有所减弱。其各种有利因素，虽然都在起积极作用，但达到足以停止敌之进攻及准备我之反攻的程度则尚有待于巨大的努力。在国内，克服腐败现象，增加进步速度；在国外，克服助日势力，增加反日势力，尚非目前的现实。这一切，又规定了战争不能速胜，而只能是持久战。

持久战的三个阶段

（三五）中日战争既然是持久战，最后胜利又将是属于中国的，那末，就可以合理地设想，这种持久战，将具体地表现于三个阶段之中。第一个阶段，是敌之战略进攻、我之战略防御的时期。第二个阶段，是敌之战略保守、我之准备反攻的时期。第三个阶段，是我之战略反攻、敌之战略退却的

---

① 这里主要是指美国。自一九三七年到一九四〇年，美国每年输入日本的物资占日本全部进口额的三分之一以上，其中战争物资占一半以上。
② 指英、美、法等帝国主义国家的政府。

时期。三个阶段的具体情况不能预断，但依目前条件来看，战争趋势中的某些大端是可以指出的。客观现实的行程将是异常丰富和曲折变化的，谁也不能造出一本中日战争的"流年"来；然而给战争趋势描画一个轮廓，却为战略指导所必需。所以，尽管描画的东西不能尽合将来的事实，而将为事实所校正，但是为着坚定地有目的地进行持久战的战略指导起见，描画轮廓的事仍然是需要的。

（三六）第一阶段，现在还未完结。敌之企图是攻占广州、武汉、兰州三点，并把三点联系起来。敌欲达此目的，至少出五十个师团，约一百五十万兵员，时间一年半至两年，用费将在一百万万日元以上。敌人如此深入，其困难是非常之大的，其后果将不堪设想。至欲完全占领粤汉铁路和西兰公路，将经历非常危险的战争，未必尽能达其企图。但是我们的作战计划，应把敌人可能占领三点甚至三点以外之某些部分地区并可能互相联系起来作为一种基础，部署持久战，即令敌如此做，我也有应付之方。这一阶段我所采取的战争形式，主要的是运动战，而以游击战和阵地战辅助之。阵地战虽在此阶段之第一期，由于国民党军事当局的主观错误把它放在主要地位，但从全阶段看，仍然是辅助的。此阶段中，中国已经结成了广大的统一战线，实现了空前的团结。敌虽已经采用过并且还将采用卑鄙无耻的劝降手段，企图不费大力实现其速决计划，整个地征服中国，但是过去的已经失败，今后的也难成功。此阶段中，中国虽有颇大的损失，但是同时却有颇大的进步，这种进步就成为第二阶段继续抗战的主要基础。此阶段中，苏联对于我国已经有了大量的援助。敌人方面，士气已开始表现颓靡，敌人陆军进攻的锐气，此阶段的中期已不如初期，末期将更不如初期。敌之财政和经济已开始表现其竭蹶状态，人民和士兵的厌战情绪已开始发生，战争指导集团的内部已开始表现其"战争的烦闷"，生长着对于战争前途的悲观。

（三七）第二阶段，可以名之曰战略的相持阶段。第一阶段之末尾，由于敌之兵力不足和我之坚强抵抗，敌人将不得不决定在一定限度上的战略进攻终点，到达此终点以后，即停止其战略进攻，转入保守占领地的阶段。此阶段内，敌之企图是保守占领地，以组织伪政府的欺骗办法据之为己有，而从中国人民身上尽量搜括东西，但是在他的面前又遇着顽强的游击战争。游击战争在第一阶段中乘着敌后空虚将有一个普遍的发展，建立许多根据地，基本上威胁到敌人占领地的保守，因此第二阶段仍将有广大的战争。此阶段中我之作战形式主要的是游击战，而以运动战辅助之。此时中国尚能保有大量的正规军，不过一方面因敌在其占领的大城市和大道中取战略守势，一方面因中国技术条件一时未能完备，尚难迅即举行战略反攻。除正面防御部队外，我军将大量地转入敌后，比较地分散配置，依托一切敌人未占区域，配合民众武装，向敌人占领地作广泛的和猛烈的游击战争，并尽可能地调动敌人于运动战中消灭之，如同现在山西的榜样。此阶段的战争是残酷的，地方将遇到严重的破坏。但是游击战争能够胜利，做得好，可能使敌只能保守占领地三分之一左右的区域，三分之二左右仍然是我们的，这就是敌人的大失败，中国的大胜利。那时，整个敌人占领地将分为三种地区：第一种是敌人的根据地，第二种是游击战争的根据地，第三种是双方争夺的游击区。这个阶段的时间的长短，依敌我力量增减变化的程度如何及国际形势变动如何而定，大体上我们要准备付出较长的时间，要熬得过这段艰难的路程。这将是中国很痛苦的时期，经济困难和汉奸捣乱将是两个很大的问题。敌人将大肆其破坏中国统一战线的活动，一切敌之占领地的汉奸组织将合流组成所谓"统一政府"。我们内部，因大城市的丧失和战争的困难，动摇分子将大倡其妥协论，悲观情绪将严重地增长。此时我们的任务，在于动员全国民众，齐心一致，绝不动摇地坚持战争，把统一战线扩大和巩固起来，排除一切悲观主义和妥协论，提倡艰苦斗争，实行新的战时政策，熬过这一段艰难的路程。此阶段内，必须号召全国坚决地维持一个统一政府，反对分裂，有计划地增强作战技术，改造军队，动员全民，准备反攻。此阶段中，国际形势将变到更于日本不利，虽可能有张伯伦①一类的迁就所谓"既成事实"的"现实主义"的调头出现，但主要的国际势力将变到进一步地援助中国。日本威

① 张伯伦（一八六九——一九四〇），英国保守党领袖。一九三七年至一九四〇年任英国首相。他主张迁就德、意、日法西斯对中国、埃塞俄比亚、西班牙、奥地利和捷克斯洛伐克等国家的侵略，实行妥协政策。

胁南洋和威胁西伯利亚，将较之过去更加严重，甚至爆发新的战争。敌人方面，陷在中国泥潭中的几十个师团抽不出去。广大的游击战争和人民抗日运动将疲惫这一大批日本军，一方面大量地消耗之，又一方面进一步地增长其思乡厌战直至反战的心理，从精神上瓦解这个军队。日本在中国的掠夺虽然不能说它绝对不能有所成就，但是日本资本缺乏，又困于游击战争，急遽的大量的成就是不可能的。这个第二阶段是整个战争的过渡阶段，也将是最困难的时期，然而它是转变的枢纽。中国将变为独立国，还是沦为殖民地，不决定于第一阶段大城市之是否丧失，而决定于第二阶段全民族努力的程度。如能坚持抗战，坚持统一战线和坚持持久战，中国将在此阶段中获得转弱为强的力量。中国抗战的三幕戏，这是第二幕。由于全体演员的努力，最精彩的结幕便能很好地演出来。

（三八）第三阶段，是收复失地的反攻阶段。收复失地，主要地依靠中国自己在前阶段中准备着的和在本阶段中继续地生长着的力量。然而单只自己的力量还是不够的，还须依靠国际力量和敌国内部变化的援助，否则是不能胜利的，因此加重了中国的国际宣传和外交工作的任务。这个阶段，战争已不是战略防御，而将变为战略反攻了，在现象上，并将表现为战略进攻；已不是战略内线，而将逐渐地变为战略外线。直至打到鸭绿江边，才算结束了这个战争。第三阶段是持久战的最后阶段，所谓坚持战争到底，就是要走完这个阶段的全程。这个阶段我所采取的主要的战争形式仍将是运动战，但是阵地战将提到重要地位。如果说，第一阶段的阵地防御，由于当时的条件，不能看作重要的，那末，第三阶段的阵地攻击，由于条件的改变和任务的需要，将变成颇为重要的。此阶段内的游击战，仍将辅助运动战和阵地战而起其战略配合的作用，和第二阶段之变为主要形式者不相同。

……

录自毛泽东：《毛泽东选集》（第二卷），北京：人民出版社，1991年，第439—518页。

[历史背景介绍]

《论持久战》是无产阶级革命家毛泽东于1938年5月26日至6月3日在延安抗日战争研究会上的演讲稿，是关于中国抗日战争方针的军事政治著作，1938年7月首次发表。毛泽东在总结抗日战争初期经验的基础上，针对中国国民党内部分人的"中国必亡论"和"中国速胜论"，以及中国共产党内部分人轻视游击战的倾向，系统地阐述了中国实行持久战以获得对日作战胜利的战略。

[思考题]

请简要陈述《论持久战》出台的背景及其影响。

（赵继珂　编）

124

关于捷克斯洛伐克割让苏台德领土给德国的协定（慕尼黑协定）（节录）

（1938年9月29日）

德国、联合王国、法国和意大利考虑到苏台德领土割让给德国在原则上已达成协议，同意于有关上述割让的下列条款和条件以及由此而产生的措施，并且通过本协定它们对保证履行本协定所必要的步骤各应负其责任：

一、撤退将在10月1日开始。

二、联合王国、法国和意大利同意从领土上撤退应于10月10日完成，不得破坏目前存在的任何设备，并且捷克斯洛伐克政府将被责成履行撤退，不得损害上述设备。

三、关于撤退的条件，应由德国、联合王国、法国、意大利以及捷克斯洛伐克的代表等所组成的国际委员会制定细节。

四、德国军队分阶段占领主要是日耳曼的领土将在10月1日开始。在附图所标出的四块领土，将由德国军队按照下列次序加以占领：……

其余日耳曼特征最强的领土将由上述国际委员会迅速确定，并由德国军队在10月10日占领。

五、第三款所指国际委员会将决定应举行公民投票的领土，该项领土在公民投票未完成前，应由国际机构占领。同一国际委员会将确定举行公民投票的条件，以萨尔公民投票的条件为基础。国际委员会并应指定举行公民投票的日期，这一日期将不迟于十一月底。

六、边界的最后确定将由国际委员会完成。该委员会也将有权在某些例外情况下，严格地从人种学来确定有些地区可不必举行公民投票予以移交，向四国即德国、联合王国、法国和意大利建议作出非主要的变动。

七、应有自由选择迁入或迁出被移交领土的权利，选择权应在本协定签订日起六个月内行使。……

八、捷克斯洛伐克政府自本条约签字之日起四个星期内将从其军队和公安部队中解除任何希望解除的苏台德德国人的职务，并且捷克斯洛伐克政府将在同时期内释放因政治罪行而在服徒刑的犯人。

1938年9月29日订于慕尼黑。

阿道夫·希特勒　爱德华·达拉第

内维尔·张伯伦　本尼多·墨索里尼

协 定 附 件

联合王国陛下政府和法国政府是在坚持9月19日英法建议第6款所规定的提议的基础上参加上述协定的缔结。前项建议第6款是涉及对捷克斯洛伐克国家新疆界面临无端侵略时的一项国际保证问题。

当捷克斯洛伐克境内的波兰和匈牙利少数民族问题已告解决时，德国和意大利方面将对捷克斯洛伐克给予保证。

录自世界知识出版社编：《国际条约集（1934—1944）》，北京：世界知识出版社，1961年，第208—211页。

[历史背景介绍]

在吞并奥地利后，希特勒立即将侵略的矛头对准了捷克斯洛伐克。希特勒利用捷克斯洛伐克境内的苏台德德意志人充当对捷侵略的马前卒，制造了"五月危机""九月危机"，继而以发动战争相威胁，要求捷克斯洛伐克割让苏台德地区给德国。推行绥靖主义的英国首相张伯伦和法国总理达拉第为避免战争，不惜以出卖捷克斯洛伐克的利益为代价来满足希特勒的愿望。为此，1938年9月29日英、法、德、意四国政府首脑张伯伦、达拉第、希特勒、墨索里尼齐集慕尼黑的元首府召开了慕尼黑会议。在这次会议上，通过了墨索里尼提交的解决捷克斯洛伐克问题的德国方案，即以德国军事占领苏台德地区为主要内容的《慕尼黑协定》。

关于达成《慕尼黑协定》的原因，西北师范大学历史文化学院洪聚堂认为，源于当时欧洲的形势和英法的处境。当时英法既面临着德意法西斯的侵夺，又面对着国内法西斯夺权或人民革命的形势。正是在这种形势下，英法政府为了保住资产阶级的根本利益和摇摇欲坠的资产阶级政权，才决定向法西斯侵略者让步，竭力避免介入联苏抗德或联德侵苏的战争。关于对《慕尼黑协定》的评价问题，首都师范大学历史学院教授齐世荣指出，《慕尼黑协定》绝不是为了维护和平，而是在纵容战争；张伯伦之流并非爱好和平的君子，而是企图"祸水东引"的阴谋家；当时的西欧也并非不堪一战，而是制敌有余。

[思考题]

《慕尼黑协定》的签订对英、法两国的国际形象产生了怎样的影响？

（陈洪运　编）

125

苏德互不侵犯条约

（1939年8月23日）

　　苏维埃社会主义共和国联盟政府和德国政府从加强苏德间和平事业的愿望出发并以1926年《中立条约》的基本条款为基础达成以下协议：

　　第一条

　　缔约双方保证决不单独或联合其他国家彼此间进行任何武力行动，任何侵略行为或者任何攻击。

　　第二条

　　如果缔约一方成为第三国敌对行为的对象时，缔约另一方将不给予该第三国任何支持。

　　第三条

　　缔约双方政府今后将彼此保持联系，以便对他们共同利益有关的问题交换情报进行协商。

　　第四条

　　缔约任何一方将不加入直接或间接旨在反对另一方的任何国家集团。

　　第五条

　　如果缔约双方间在某种问题上或其他问题上发生分歧或抵触时，缔约双方应当只通过和平方法、友好地交换意见或者必要时设立调解委员会，以资解决这些争端或抵触。

　　第六条

　　本条约有效期为10年，除非缔约一方在期满前一年通知废止，本条约将被认为自动延长5年。

第七条

本条约应尽早批准。批准书应在柏林互换。本条约签字后立即生效。

1939 年 8 月 23 日订于莫斯科，共两份，用俄文及德文写成。

苏维埃社会主义共和国联盟全权代表 维·莫洛托夫

德国政府代表 冯·里宾特罗甫

录自世界知识出版社:《国际条约集（1934—1944）》，北京：新华书店北京发行所，1961 年，第 226—227 页。

苏德条约秘密附加议定书

1939 年 8 月 23 日

在签订苏德互不侵犯条约时，双方下面署名的全权代表就确定各自在东欧的势力范围的界限问题在绝密的情况下进行了讨论，结果达成以下结论：

一、属于波罗的海国家（芬兰、爱沙尼亚、拉脱维亚、立陶宛）的地区如发生领土和政治变动时，立陶宛的北部疆界将成为德国和苏联势力范围的界限。在这方面，双方承认立陶宛在维尔诺地区的利益。

二、属于波兰国家的地区如发生领土和政治变动时，德国和苏联的势力范围将大体上以纳雷夫河、维斯杜拉河和桑河一线为界。

维持一个独立的波兰国家是否符合双方利益的需要问题以及这样一个国家将如何划界的问题，只能在进一步的政治发展过程中才能确定。

三、在东南欧方面，苏联关心它在比萨拉比亚的利益。德方宣布它对该地区在政治上完全没有利害关系。

四、双方将视本议定书为绝密文件。

注释：第二次世界大战后，西方国家公布了苏德条约的"附加议定书"，苏联方面则根本否认其存在。

录自齐世荣主编:《世界通史资料选辑·现代部分》（第 1 分册），北京：商务印书馆，1980年，第168页。

[历史背景介绍]

在吞并捷克斯洛伐克后，纳粹德国已对波兰形成了北西南三面包围之势，英国开始尝试援助波兰，与其达成《英波互助条约》。然而，为避免在波兰开战之后陷于东西两线作战的境地，德国进一步向苏联抛出橄榄枝。而此时的苏联看到了慕尼黑阴谋的结果，对英法"祸水东引"的策略十分警惕，双方在1939年8月23日签订了《苏德互不侵犯条约》。至此，纳粹德国达成了"中立苏联""孤立波兰"的目的，不再有两线作战的后顾之忧。1939年9月1日德国闪击波兰，很快占领了波兰西部，同时苏军也进入波兰占领了东部。对波战争历时近一个月，以波兰亡国而结束，英法的绥靖政策咽下了苦果，苏联也因参与瓜分波兰在国际社会受到非议抨击。

《苏德互不侵犯条约》签订后，苏联加紧建立防御德国入侵的"东方战线"，通过1939年10月—1940年3月的苏芬战争取得芬兰部分领土，并获得汉科半岛的租借权。1940年7月，立陶宛、拉脱维亚和爱沙尼亚被并入苏联。同年6月，苏联占领罗马尼亚的比萨拉比亚和北布科维纳。东方战线的建立使苏联增加领土46万多平方公里，人口增加2 200多万，西部边界向西推进约300—400公里，在一定程度上增加了防御空间，改善了苏联战略地位。但1941年6月22日，阿道夫·希特勒依然撕毁《苏德互不侵犯条约》，展开对苏联的入侵，"东方战线"也被迅速突破，未能达成拒敌于外的战略构想。

[思考题]

如何看待《苏德互不侵犯条约》？苏联这一举措与英法绥靖政策有何异同？

（徐之凯　编）

126

希特勒关于实施"白色方案"的命令

（1939年8月31日）

第一号作战命令

一、用和平方式结束德国所不能容忍的东部边界局势的一切政治可能既已告罄，我已决定以武力解决。

二、对波兰的进攻应按照为"白色方案"所作的准备工作进行，但陆军方面由于目前战略部署几乎已全部完成，因此有所变更。

任务分配和作战目标则照旧。

进攻日期：1939年9月1日。

进攻时间：4时45分。

这个时间也适用于格丁尼亚—但泽湾和德却奥桥的作战计划。

三、在西线，重要的是没法把开战的责任完全推给英国和法国。目前对于无足轻重的侵略边界活动，应当只用局部行动加以对付。

对荷兰、比利时、卢森堡和瑞士的中立我们曾经给予保证，必须认真给予尊重。

在地面，不经我明确准许，不得在任何地方越过德意志西部疆界。

在海上，这一原则也适用于一切战争行动，或可以视为战争行动的一切行动。

空军的防御措施，目前必须局限于对敌国空袭德国边境时所采取的必要防御行动，并且在反击单架飞机和小机群的攻击时应尽可能尊重中立国家的边界权益。只有当法国和英国派出大编队越过中立国家的领空进攻德国的领土，而西线的防空已得不到保障时，防御行动才准许越过这些中立国家的领空。

一旦西方对手侵犯第三国的中立，以最快速度向最高统帅部报告是极其重要的。

四、如果英国和法国开始对德国采取敌对行动，那么在西线的国防军各部队的任务是尽可能保存实力，以便为胜利结束对波兰的作战保持必要条件。应在这一任务范围内尽可能地消灭敌人的兵力和摧毁敌人的战争经济资源。在任何情况下，只有我才有权发布转入进攻的命令。

陆军应坚守西壁，并作好准备，以防敌人（在西方列强侵犯比利时或荷兰领土主权的情况下）从北方包抄西壁。如果法国军队进入卢森堡，准许炸毁边境桥梁。

海军将主要是针对英国的商业运输采取战争行动。为增强效果，可以考虑发布一个关于危险区域的声明。海军总司令部应报告，哪些海域以及什么范围可以作为危险区域。关于公开声明的全文必须与外交部进行磋商，然后呈报最高统帅部。由我批准。

必须确保波罗的海不受敌人的袭击。是否可以为此目的而用水雷封锁波罗的海的门户，这由海军总司令决定。

空军的首要任务是防止法国和英国的空军袭击德国陆军和德国的生存空间。

对英国作战时，应准备用空军切断英国的海上补给线，摧毁其军火工业，并阻止其向法国派遣军队。应充分利用有利时机，对集结的英国舰队特别是战列舰和航空母舰进行有效的攻击。对伦敦的攻击要由我作出决定。

要作好进攻英国本土的准备，但切记，在任何情况下都必须避免以不充足的兵力取得不完全的胜利。

录自李巨廉、王斯德主编：《第二次世界大战起源历史文件资料集（1937.7—1939.8）》，上海：华东师范大学出版社，1985年，第866—868页。

[**历史背景介绍**]

吞并奥地利、捷克斯洛伐克后，德国的下一个侵略目标是波兰。征服波兰后，一旦同西方发生冲突，就可消除东西两线作战的威胁；如要向东进攻苏联，也必须以波兰作为前哨阵地。在经济上，波兰的粮食和劳动力，对德国进行战争也是非常需要的。考虑到不能重演捷克事件，"不流血再也不能取得新的成功"，1939年4月3日希特勒批准了侵略波兰的"白色方案"，命令军队必须做好准备，"能在1939年9月1日以后的任何时间内发动军事行动"。为孤立波兰和避免两线作战，德国破坏了英法同苏联建立反侵略阵线的努力，同苏联签订《苏德互不侵犯条约》。该条约解除了德国进攻波兰陷入两线作战的后顾之忧。与此同时，政治、军事、经济、国际局势和希特勒的个人因素都促使其发动战争。由此，1939年8月31日希特勒发布了关于实施"白色方案"的命令。次日凌晨，德国对波兰发动大规模突然袭击。英、法被迫对德宣战，第二次世界大战全面开始。

[思考题]

1. 德国军队执行"白色方案"命令的过程中存在哪些问题？

2. 二战前及战时德国制定和实施了哪些对外侵略计划？

（陈洪运　编）

127

丘吉尔在英国下院的就职演说（节录）

（1940年5月13日）

我对下院所要讲的，正像我对内阁同僚们讲的一样，我没有别的，我只有热血、辛劳、眼泪和汗水贡献给大家。我们面临着艰难痛苦的时刻，面临着漫长而又漫长的斗争历程。你们问：我们的政策是什么？我说：我们的政策就是用上帝所能给予我们的全部能力和全部力量在海上、陆地上和空中进行战争。这就是我们的政策。你们问：我们的目的是什么？我可以用一个词来答复：胜利——不惜一切代价去争取胜利，无论多么恐怖也要去争取胜利；无论道路多么漫长和艰难，也要去争取胜利；因为没有胜利，就不能生存。大家都要认识到：没有胜利就没有大英帝国的存在，就没有大英帝国所代表的一切，就没有促使人类朝着目标前进的那种时代要求和动力。我深信，人们不会让我们的事业遭到失败。在这个时刻，我觉得我有权力要求大家的支持，我说："起来，让我们把力量联合起来，共同前进。"

录自齐涛、曹胜强主编：《世界通史教程教学参考》（现代卷），济南：山东大学出版社，2001年，第177—178页。

[历史背景介绍]

1940年5月10日，英国首相张伯伦因为签订《慕尼黑协定》引起国民抗议而被迫下台，英国国王决定由主张对德国采取强硬手段的海军大臣丘吉尔担任新的首相，并组织战时内阁。5月13日，丘吉尔在英国下院充满激情地发表了首相就职演讲。这场演讲已成为众所周知的丘吉尔众多鼓舞士气的演讲中的第一篇，以激励英国人继续与看似不可战胜的敌人——纳粹德国作战。

[**思考题**]

丘吉尔发表这篇演讲的时候，英国正面临怎样的困难局面？

（赵继珂　编）

128

丘吉尔演说:"战争不是靠撤退打赢的"

(1940年6月4日)

......

......但是我们应十分谨慎,切不可将此次解救说成是一场胜利。战争不是靠撤退打赢的。但应当注意到的是,在这次援救行动中我们打了胜仗。这场胜仗是靠空军赢得的。我们归来的许多战士没有看到空军的作用,他们只看到了从防护性攻击中逃跑的轰炸机。他们低估了我国空军的战绩。我听到了很多这样的说法;这就是我要专门就此说上几句的原因。我要向你们介绍介绍这方面的情况。

这是英国和德国空军实力的大比拼。使我们从海滩上的撤退行动化为泡影,击沉几乎数以千计的所有这些船只,对于德国空军来说,你们还能想象出比这更大的目标吗?他们努力地尝试了,但却被击退了,他们没能完成任务。我们赶跑了他们,并让他们付出了四倍于我们的代价。非常庞大的德军飞机编队——并且我们知道他们是个非常勇敢的民族——在多次战斗中被数量仅有它们四分之一的皇家空军打得晕头转向,四散而逃。敌人有12架飞机被我们的两架飞机击落;有一架敌机在英军一架已无弹药的飞机追击下,栽进了大海。我们的所有机型——"旋风""喷火"和新式的"挑战"——以及我们的所有飞行员,都比它们目前所要对付的敌人表现优异。

当我们估算我们保卫不列颠上空、抵御外敌入侵的优势到底有多大时,我要说我从这些事实中看到了可寄予实际的、可靠的考虑的坚实基础。我要向这些年轻的飞行员致敬。目前,庞大的法国陆军很大程度上便是被数千辆装甲战车甩在了身后,并不时受到其攻击骚扰。文明的事业本身难道不也是靠数千名飞行员的高超技术和献身精神来保卫的吗？我想，在整个世界，在整个战争史上，年轻人从来没有得到过这样好的机会。圆桌骑士、十字军，俱往矣——不仅遥远而且平淡。这些每天清晨出发，保卫祖国和我们所珍视的一切的年轻人，手中掌握有威力巨大的武器，对于他们，我们可以说：

每天早晨都会产生上好的机会，

每个机会都能造就高贵的骑士。

他们和所有以如此多方式、在如此多场合，随时准备为国捐躯的勇士们一样，值得我们感激和致敬。

我要再说说陆军。在长长的一系列异常残酷的战斗中，时而在这条战线上，时而在那条战线上，甚至有时要同时在三条战线上作战，两三个步兵师要抵挡数量多得多敌军，在一些我们许多人耳熟能详的老战场上激烈战斗——在这些战役中我们的人员损失已超过3万，有战死者，有受伤者，有失踪者。我借此机会代表议会向所有失去了亲友或正处于焦虑中的人们表示慰问。贸易与工业大臣［安德鲁·邓肯爵士］今天没有到会。他的儿子战死了，议会中的许多人都能感受到最尖锐、最剧烈的痛苦。但我要对失踪者说这样的话：我们有许多伤员安全地返回了祖国，回到了家中，也许会有许多被报失踪的人最终有一天，会以这样或那样的方式回到家中。在战争的混乱中，难免会有很多人遭遇这样的处境：已不需要他们为荣誉而进行进一步的抵抗。

与损失3万余人相对的是，我们无疑给敌人造成了更惨重的伤亡。但是我们的物资损失却是巨大的。与1918年3月21日开始的那场战役的最初几天相比，我们目前的人员伤亡也许只有三分之一，但却损失了同样多的枪——将近1000支——以及北方战线部队的全部交通工具和全部装甲车辆。这一损失将延误我们扩充军力的步伐。而这一扩充原本就一直未达到我们的期望。我们所拥有的最好的装备全都给了英国远征军，尽管他们的坦克及一些其他设备的数量并没有达到期望的要求，但他们却是我们装备极其精良的一支部队。他们享用了我们工业的全部第一批果实，现在却都丢失了。这真是雪上加霜。这种不利情况要持续多久，要看我们在这座岛上的辛勤劳动。

我们已经付出了历史上所从未有过的努力。生产在全国各地不分昼夜，不分工作日和星期日，热火朝天地展开着。劳资双方搁置了各自的利益、权利和习惯，齐心协力，同仇敌忾。军火的产量已经在飞跃。我们没有理由不在几个月内弥补上这一突然而惨重的损失，从而不妨碍我们总体计划的进展。

然而，我们在庆幸如此众多的士兵得免于遭难之际——他们的亲属为此度过了备感煎熬的一个星期——切勿因此而忽略了在法国和比利时领土上发生的是一场军事惨败这一事实。法国军队被严重削弱，比利时军队则全军覆没，我们曾寄予很大信任的筑垒防线有相当大一部分已不存在，许多宝贵的矿区和工厂已归敌人所有，英吉利海峡的港口也全部落入敌手，鉴于随之产生的一切严重后果，我们必须预料到下一次打击将会马上向我们和法国袭来。我们听说希特勒先生已制订了入侵英伦三岛的计划。这一点早在我们意料之中了。当拿破仑率领他的平底战船和庞大陆军在布洛涅陈兵一年之久时，有人对他说："英国到处是荆棘蒺藜。"鉴于英国远征军已经归来，这种荆棘蒺藜自然是更多了。

目前我们这座弹丸小岛上聚集了本次战争和上次大战中任何时候都没有过的、无与伦比的庞大部队，这当然会使保卫祖国反抗侵略这个问题受到很大影响。但是这种情况不会持续很久的。我们并不满足于打一场防御战。我们对盟国承担有义务。我们必将在勇敢的总司令戈特爵士的领导下，重建并改组英国远征军。所有这一切都已在进行中；但在这一过渡时期，我们必须使本岛的防御工作处于高度有组织的状态，要以最少的人数最有效地保证安全，并且最充分地预料到敌人进攻的猛烈程度。这便是我们目前所关注的事情。如果议会有意愿，可以很方便地就这个问题召开一次秘密会议。并非政府必然能展示大量军事秘密，而是我们愿意在不用担心第二天就被敌人知道的情况下进行自由讨论。议会各部分的议员了解全国许多方面的情况，他们畅所欲言将会使政府大受裨益。我明白议员们会就这一问题提出一些要求，国王陛下的政府将会从善如流。

我们还认为有必要采取更加严厉的措施，不仅针对敌国侨民和其他国家可疑的人士，也针对当战火燃至不列颠岛后有可能成为危险或有害人物的英国国民。我知道我们针对有可能成为纳粹德国同情者的人发布的命令影响了很多人。我对他们深感抱歉。但是在当前时刻，在当前的压力下，我们无法对所有人做我们本来很愿意做的甄别工作。如果德军空降并随之发生激烈的战斗，无论为他们着想还是为我们着想，这些不幸的人们都最好是不要处在有可能碍事的地方。然而还有一种人，我丝毫不感到同情。议会授权我们以铁腕镇压第五纵队行为，我们将在议会的监督和纠正下，毫不犹豫地行使这一权力，有效地消灭这种罪恶，直到我们满意，并且是非常满意时为止。

现在我要再次谈谈侵略的问题了，这会要更宽泛一些。在我看来，在漫长的好几个世纪以来，我们从来没有像今天这样，能够就反抗侵略，抵御猛烈的攻击，向人民做出有绝对把握的保证。在拿破仑时代，能将他吹过英吉利海峡的风，也同样有可能将拦阻的舰队驱走。这样的机会是始终存在的，而正是这种机会，激起了欧洲大陆许多暴君的欲望，冲昏了他们的头脑。这方面流传着许多脍炙人口的故事。我们相信敌人将采取创新的手段，当我们看到了敌人所展现出的恶意的独创、侵略的翻新时，我们当然要准备好应付各种各样的新战略，以及各种各样残酷而邪恶的阴谋了。我认为没有任何想法是稀奇古怪得不值得考虑，或者以敏锐的眼光，但目前我希望以镇定的目光，予以观察的。我们永远不要忘记我们海上力量提供的坚实保障，以及如果能在本地得到训练，我们的空中力量将发挥的威力。

我本人有充分的信心，如果所有人都忠于职守，如果不出任何纰漏，事事都像现在这样安排周密，那么我们将再次证明我们能够抵御战争的风暴，抗击强梁的威胁，保卫我们的岛国。如果必要，我们将持久作战；如果必要，我们将孤军奋斗。无论如何，我们将这样做。这便是国王陛下的政府，以及政府中每一个人的决心。这便是议会和国家的意志。由共同的目标和共同的需求联系起来的大英帝国和法兰西共和国，将誓死保卫自己的国土，将亲如同志，尽一切力量相互支援。虽然欧洲的大片土地和许多著名古国已经或即将沦于盖世太保及一切可憎的纳粹机器之手，我们决不气馁，决不屈服。我们要坚持到底，我们要在法国作战，我们要在海上作战，我们要在空中作战，我们将越打越强，越打越有信心。我们要不惜一切代价，保卫不列颠岛，我们要在滩头作战，我们要在敌人的登陆点作战，我们要在田野里、街巷中、山丘上作战。我们永远不投降，即便不列颠岛或其大部分被侵占并陷入饥饿——而我丝毫不相信这种情况会发生——由英国海军武装并保卫的我们的海外领地，仍将继续战斗下去，直到新世界在上帝认为适当的时候，贡献出它全部的力量，来拯救和解放这个旧世界。

录自温斯顿·S.丘吉尔:《永不屈服——温斯顿·丘吉尔一生最佳演讲集》，李阳译，北京：世界知识出版社，2009年，第185—193页。

[历史背景介绍]

接替主张对德绥靖的张伯伦出任英国首相的丘吉尔，面对敦刻尔克大撤退后英国国内笼罩的沉闷气氛，为鼓舞英国军民的士气和抗战决心，1940年6月4日于敦刻尔克大撤退完成的当天，在英国下院发表了"战争不是靠撤退打赢的"（即"我们将战斗到底"）的演讲。丘吉尔斩钉截铁的讲话，一扫积压在人们心头上的阴云，唤起了英国人民敢打必胜的信心。

历史学家普遍认为，1940年6月4日丘吉尔的演讲，坚定了英国军民坚决抵抗的勇气和决心，打击了希特勒的嚣张气焰，鼓舞了英国人民的斗争信心。

[思考题]

如何评价丘吉尔在领导英国军民抗击德国法西斯斗争中所做出的贡献？

（陈洪运　编）

129

戴高乐将军告法国人民书（节录）
（1940年6月18日）

许多年来指挥法国武装力量的领袖们，已经成立了政府。

这一政府断定我国军队失败，已经开始和敌人进行交涉，以便停止敌对行动。……但这是最终的结局吗？我们是否必须放弃一切希望呢？我们的失败是否已成定数而无法挽救了呢？我对这些问题的回答是：不！

我是根据对于事实的充分了解在说话，我说法国的事业没有失败，我请求你们相信我。使我们失败的那些因素，终有一天会使我们转败为胜。

因为，你们要记住，法国不是孤单的。它没有被孤立。在它的后面是一个广大的帝国，并且它还可以和大英帝国结成同盟；大英帝国控制着海洋，正在继续斗争。和英国一样，法国还能够充分地利用美国的取之不尽的资源。

这场战争并不局限于我们这个不幸的国家。法国之战没有决定斗争的结局。这是一场世界大战。错误是犯过的，曾经有过迟延和说不尽的苦难；但是事实仍旧是，我们来日粉碎敌人所需要的一切依然在世界上存在着。今天我们被机械化实力的无情力量击败了，但是我们还能够瞩注未来，更加强大的机械化实力将给我们带来胜利。世界的命运正处在危急关头。

我是戴高乐将军，我现在在伦敦，我向目前在英国土地上和将来可能来到英国土地上的持有武器或没有武器的法国官兵发出号召，我向目前在英国土地上和将来可能来到英国土地上的军火工厂的一切工程师和技术工人发出号召，请你们和我取得联系。

无论发生什么事，法国的抵抗火焰不能熄灭，也绝不会熄灭。

明天我将再次从伦敦广播。

录自齐世荣主编:《世界通史资料选辑·现代部分》(第3分册),北京:商务印书馆,2007年,第187—188页。

[**历史背景介绍**]

1940年6月14日,法国首都巴黎沦陷,16日,贝当奉命组织新内阁,下令停火,与德国进行谈判。6月22日,法德签署停战协议。法国本土被分为德军占领区与自由区,贝当政府迁往维希,与德国"合作"。在贝当政府上台的次日,主张坚决抵抗的戴高乐飞往伦敦。6月18日,他在英国BBC广播电台宣读了《告法国人民书》,号召法国人民继续进行反抗德国法西斯的斗争,标志着自由法国运动的诞生。

[**思考题**]

1. 如何看待贝当政府的上台?

2. 该广播演讲产生了怎样的历史影响?

(肖琦　编)

130

法德停战协议
（1940年6月22日）

　　1939年9月1日，德军部队首批60个师的兵力跨过了德国与波兰的边界。随后，总数将近150万人的部队长驱直入。德国的飞机不仅结构先进，而且已经在西班牙内战中由德国秃鹰军团驾驶着经受了反复考验，昔日驾驶897架轰炸机、426架战斗机以及各种侦察机和运输机的老牌飞行员们，如此驰骋在波兰上空。在德军大规模突袭时，波兰显得措手不及。仅仅几天时间，波兰的空中力量就被瓦解，德军的轰炸机摧毁了波兰军工厂，轰炸其撤退的部队，使得华沙、罗兹和其他城市的人民深感恐惧。仅1939年9月16日一天，就有820架德军飞机对毫无防御的波兰人投下了328吨的炸弹，而波兰全国只有100门高射炮。这一空袭沉重打击了波兰人的斗志，以至于部分地区的波兰军队直接放弃抵抗，在场的德军指挥官便命令停止轰炸。在华沙城里，境况迅速恶化。犹太教师哈伊姆·卡普兰在1939年9月28日写道：马的尸体不计其数。它们在街道中间倒下，但没有一个人去清理地面，把它们移走。尸体已经在那里腐烂了3天，所有路人都对此感到恶心。然而，由于饥饿在整个城市蔓延，许多人开始吃马肉。他们切成大块吃下去，以缓解饥饿。事实上，侵占波兰是第三帝国第三次成功吞并他国领土。

　　1940年3月1日，希特勒下达了入侵挪威的命令，称为"威瑟堡行动"，入侵对象不仅包括挪威，还包括丹麦。4月9日，刚占领奥斯陆，德国当面就宣布挪威法西斯党领袖维德孔·吉斯林为新成立的亲德国政府的首脑。随着德国袭击丹麦和挪威，这预示着针对法国以及荷卢国家（比利时、荷兰和卢森堡）的更大规模战斗的来临。法国情报人员则完全没有预测到德国会实施怎样的入侵计划。

1940年5月16日早春，法国总理保罗·雷诺拨通丘吉尔的电话说，"我们已经被打败了"。5月28日，随着比利时的投降，情况变得更糟糕了。雷诺听到该消息时气得"脸色煞白"，英国前首相戴维·劳合·乔治写道，"比利时国王背信弃义，他的所作所为是胆小怯弱的表现"，很难"找到比这更黑暗和卑劣的行为了"。三路德军坦克进攻部队席卷北部和西部，与另一支从东面穿过比利时前来的部队会合。此时，英国和法国的部队开始在敦刻尔克港口撤退。

1940年5至6月间，法国几乎陷入了彻底的混乱中。在全国各地，庞大的难民队伍向南出逃。德军的入侵的速度和规模意味着制定一个正式的撤退计划是不可能的。对德军1914年实施暴行的记忆，以及德军闪电战轰炸如何可怕的谣言使法国人陷入了集体歇斯底里的状态。全部的城镇都被抛弃了，法国北部城市里尔（Lille）的人口几天内从20万直降到2万，法国中北部城市沙特尔（Chartres）的人口从2.3万降到800人。抢劫者闯进商店和其他营业场所抢走他们想要的东西。在南方，安全的地方塞满了难民，随时要被挤爆。西南部城市波尔多（Bordeaux）通常居住30万居民，在几周内人口翻了一倍，同时，15万人涌向西南部的波城（Pau），而平时波城只居住着3万人。据估计，总共有600万到800万法国人在德国入侵期间逃离家园。在巨大的人流冲击下，社会结构崩塌了。人们只是逐渐地才开始返回他们的家园。消沉的意志对法国政治体系产生了毁灭性的影响。在巨大的压力下，法国政治体系瓦解了。

1940年7月6日，冗长的欢迎队伍排列在柏林的街道上，人们沿着元首经过的路线，在从车站到帝国总理府的道路上抛洒无数的花束。像许多人一样，慕尼黑大学的历史学家洛蕾·瓦尔布把对希特勒的溢美之词全都记了下来："只有现在我们才能真正体会到元首的伟大。作为一名政治家，他已经证明了他的天赋，作为一名军事指挥家，他的才能也丝毫不逊色……在元首的带领下，除了胜利，不会有其他结果！每一个人都坚定地相信这一事实。"

在贝当宣布法国投降时候，德国许多城镇广场都进行了庆祝游行。参加过第一次世界大战的老兵都对取得胜利的速度感到不可思议。在汉堡，保守的教师露易丝·索尔米茨也在享受这种普遍的喜悦之情。"对德国人民来说，这真是一个伟大的日子"。1940年6月17日，一听到贝当宣布和谈时，她在日记中这样写道，"我们全都沉浸在幸福和狂喜之中，激动不已。"胜利意味着"令人难以置信的民族命运的伟大改变，意味着长久以来民族主义梦想的实现"。对法国的征服见证了希特勒名望的最高点。

录自理查德·埃文斯：《战时的第三帝国》，陈壮，赵丁译，北京：中信出版社，2020年，第9—12，136，140，143，145，147，150—151，154—156页。

[历史背景介绍]

1937年，希特勒认为吞并奥地利的时机已经成熟。而德国如果实现吞并奥地利的计划，实力势必大大增加，这对法国的安全将构成很大的威胁。但是，30年代的法国左右两派的斗争异常激烈，政局不稳，内阁更迭频繁，存在只一个月的竟有好几届，因此再也无力对德国采取强硬政策，无可奈何地走上绥靖的道路。1937年11月8日，法国财政部长博内（后改任外交部长）对路经巴黎的德国驻奥大使巴本说：法国对1936年7月德奥协定签订后两国在经济和文化方面建立更密切的联系没有任何异议，并同意捷克斯洛伐克境内的德意志少数民族应享有广泛自治。随后，法国总理肖当又会见了巴本，说他自己"并不反对德国通过演化手段明显地扩大它在奥地利的势力"。

1938年慕尼黑会议把英、法的绥靖政策推到了顶峰，它不是像张伯伦所吹嘘的那样，带来"我们时代的和平"，而是加速了世界大战的爆发。《慕尼黑协定》不仅大大增强了德国的经济和军事实力，而且提高了希特勒在国内的威望，巩固了他的统治地位。英法只图苟安一时，以为借牺牲捷克斯洛伐克，便可缓和它们自己与德国的矛盾，英国甚至设想在德奥合并、苏台德区割让和但泽问题解决后，即可实现英德之间的"总谅解"，保住大英帝国的既得利益。但是，英法越是退让，希特勒越是看不起他们，轻蔑地把他的对手叫作"一批可怜虫"，越是敢于放手发动侵略战争。慕尼黑会议后不到半年，德国便灭亡了捷克斯洛伐克。

从1939年9月3日到1940年5月9日，在德国西部边境的英法联军与德军隔壑相峙，没有采取过重大军事行动。据德军最高统帅部10月18日宣布，德军在西线的总损失是：阵亡196人，受伤356人，失踪144人。在此期间法国被俘者有689人。驻法英军到1939年12月9日才阵亡1人。这种战争史上的奇特现象被称为"静坐战"、"假战争"或"奇怪的战争"。其实，"奇怪的战争"并不奇怪。由于英法并没有完全放弃绥靖政策，他们还指望希特勒会继续东进。这样，就使德国法西斯又一次坐大。希特勒占领波兰，解除了后顾之忧，随即挥师反戈西进。绥靖政策的结果是英法搬起石头砸了自己的脚。

[**思考题**]

1. 20世纪30年代，面对德国纳粹党攫取魏玛政权后不断撕毁国际协议，英法为首的国际社会为何选择绥靖政策，主要原因有哪些？

2. 1940年3月1日，希特勒下达了入侵挪威的命令后，法国情报人员则完全没有预测到德国会实施怎样的入侵计划，简要谈谈军事情报在反法西斯战争中的作用和教训。

3. 1940年5月至6月间，对德军1914年实施暴行的记忆，以及德军闪电战轰炸如何可怕的谣言使法国人陷入了集体歇斯底里的状态，简要谈谈法国国民精神状态与贝当迅速宣布法国投降之间有何联系。

4. 1940年纳粹德国打败法国，这对纳粹党在德国国内政治和全球局势有何影响？

（顾年茂　编）

131

德意日三国同盟条约

（1940年9月27日）

德意志、意大利和日本的政府认为世界一切国家各据有应有的空间是任何持久和平的先决条件，决定在致力于大东亚以及欧洲各区域方面互相援助和合作，其首要目的为在各该区域建立并维持事物的新秩序，旨在促进有关人民的共同繁荣与福利。

此外，三国政府愿意对世界上其他区域内有意与三国朝着同样方向共同努力的国家给予合作，俾使三国对世界和平的最终愿望得以实现。

为此，德意志、意大利和日本的政府同意如下：

第一条

日本承认并尊重德意志和意大利在欧洲建立新秩序的领导权。

第二条

德意志和意大利承认并尊重日本在大东亚建立新秩序的领导权。

第三条

德意志、意大利和日本同意循着上述路线努力合作。三国并承允如果三缔约国中之一受到目前不在欧洲战争或中日冲突中的一国攻击时，应以一切政治、经济和军事手段相援助。

第四条

为了实施本协定，由德意志、意大利和日本的政府各自指派委员组成的联合技术委员会将迅速开会。

第五条

德意志、意大利和日本声明上述各条款毫不影响三缔约国与苏俄间现存的政治地位。

第六条

本协定应于签字后立即生效，并将从其生效日起继续有效十年。在上述期限届满以前适当时间，各缔约国如经任何一国请求，应为本协定的延期举行谈判。

下列签署人经各本国政府正式授权，在本条的上签名盖章，以资证明。

1940 年 9 月 27 日、法西斯纪元 18 年、即昭和十五年 9 月 27 日订于柏林，共三份。

里宾特洛甫 齐亚诺 来栖

录自世界知识出版社：《国际条约集（1934—1944）》，北京：新华书店北京发行所，1961 年，第 278—279 页。

[**历史背景介绍**]

随着德、意、日三国的法西斯化，第二次世界大战的欧亚策源地形成。在建立起对内独裁统治，对外侵略扩张的法西斯政权后，德、意、日三个法西斯国家为争霸世界，狼狈为奸，开始构建对外侵略的合作体系。但由于三国的利益诉求、扩张方向不尽一致，这一体系的建构存在一个长期的谈判过程。1936 年 10 月 25 日，德国和意大利在柏林签订协定，结成双边同盟，名为"柏林—罗马轴心"。同年 11 月 25 日，德国又同日本在柏林签订了《反共产国际协定》。1937 年 11 月 6 日，意大利也参加了这个协定，并互相约定：意大利承认德国在中欧和巴尔干半岛的行动自由，支持日本侵略中国；德国愿意帮助意大利在地中海一带活动；日本承认意大利吞并埃塞俄比亚。至此，德、意、日法西斯侵略同盟正式形成。为扩大侵略战争获取各自利益，在二战爆发后的 1940 年 9 月 27 日，受到德国欧陆胜利刺激的三国又在柏林签订了《德意日三国同盟条约》，通称《三国轴心协定》，日本承认并尊重德意在欧洲建立新秩序的领导权，德意承认并尊重日本在"大东亚"建立新秩序的领导权；三国保证如缔约国一方受到目前未参与欧战或中日"冲突"中的一国攻击时，应以一切政治、经济和军事手段相援助；上述条款毫不影响各缔约国与苏联现存的政治地位。柏林—罗马—东京轴心的形成，构成了二战中的轴心国阵营。1941年6月，匈牙利、罗马尼亚、斯洛伐克、保加利亚和克罗地亚等国也相继加入该条约，扩大了轴心国阵营。这一条约的签订加速了苏德战争和太平洋战争的爆发，促成了第二次世界大战规模的进一步扩大。

[思考题]

为何奠定轴心国阵营的《三国同盟条约》直到二战爆发后的1940年9月方才签订？

（徐之凯　编）

132

巴巴罗萨计划（21号训令）

（1940年12月18日）

领袖兼国防军最高司令领袖大本营 国防军统帅部/国防军指挥参谋部/国防处一组 1940年12月18日

1940年第33408号绝密文件 只传达到军官。

德国国防军必须做好在对英国的战争结束之前通过一场速决战（"巴巴罗萨"计划）将苏联击败的准备。

为实现这一目标，陆军必须动用一切可以使用的部队，但首先必须确保已经占领的地区免遭敌人的突然袭击。

空军应当抽出强大兵力支援东线战事中的陆军，加快地面作战的进程，尽可能降低敌军空袭对于德国东部地区所造成的危害。集中兵力和兵器于东线战场的先决条件是：由我方控制的整个战区和军事工业区必须得到充分的保护，不可停止对于英国尤其是对于其补给线的攻击行动。

在东线战事期间，海军仍以英国为主要作战对象。

我将根据情况在对苏联作战开始前8个星期命令军队进行集结。

准备工作预计将需要较长时间；如果尚未开始，现在就必须着手进行，务必在1941年5月15日以前完成。但是，切切不可暴露进攻企图。陆海空三军总部的准备工作必须基于以下各项考虑：

Ⅰ.总企图

装甲部队应果敢作战，突入敌国深远纵深地区，歼灭部署在苏联西部地区的敌陆军主力，阻止其有作战能力的部队撤至纵深地区。

而后进行快速追击，力争形成这样一条战线：从该线出发的苏联空军将无法再攻击德意志帝国的领土。作战的最终目标是大致在伏尔加河——阿尔汉格尔斯克一线建立起一道针对苏联亚洲部分的防线，为今后必要时由空军来摧毁苏联残存的乌拉尔工业区创造条件。

在作战过程中，务必将苏联波罗的海舰队赶出其基地，使其丧失战斗力。

作战一开始，就必须对苏联空军进行强有力的攻击，阻止其有效地参战。

Ⅱ. 潜在的盟国及其任务

1. 在我作战行动之两翼，罗马尼亚和芬兰有可能积极参加对苏联的战争。对于上述两国参战后，德国将以何种形式指挥其军队的问题，最高统帅部将在适当时候进行磋商并作出决定。

2. 罗马尼亚的任务是：牵制其正面的敌人，在后方地区进行支援作战。

3. 芬兰应当掩护从挪威赶来的德军北方集团（第21集群一部）实施行动，与其协同作战。此外，攻克汉科的任务也应当由其完成。

4. 最迟从作战开始之日起，瑞典的铁路和公路要确保供德军北方集团开进之用。

Ⅲ. 作战的行动

陆军（呈报给我审批的计划）：

在由普里佩特沼泽地分隔而成的南北两个战区中，应将主力部队用于北部。在此应当投入两个集团军群。

在这两个集团军群中，南部集团军群——在整个战线的中央——的任务是：以特别强大的装甲兵团和摩托化兵团，从华沙周围及其北部地区实施突击，粉碎白俄罗斯境内的敌军。从而创造条件，使机动部队的强大兵力转而向北，协同从东普鲁士向列宁格勒总方向突击的北方集团军群，消灭波罗的海地区的敌军。在完成此项紧急任务并占领列宁格勒和喀琅施塔得之后，对于敌人的重要交通枢纽和军备工业中心——莫斯科发起进攻。只有当苏联的抵抗力异常迅速地崩溃时，才可以同时进攻两个目标。

即使在东线战事进行期间，第21集群的首要任务依然是保卫挪威。其余兵力，在北部（山地军）应当首先保卫佩萨莫地区及其矿井以及北冰洋通道，随后与芬兰军队一起向摩尔曼斯克铁路发起突击，切断摩尔曼斯克地区的陆路补给线。

德军能否以较强的兵力2—3个师从罗瓦涅米及其以南地区出发实施这一作战行动，取决于瑞典是否准许德军使用其铁路实施开进。

芬兰陆军主力负责配合德军北翼向前推进，在拉多加湖西侧或两翼实施进攻，牵制尽可能多的苏军兵力，并占领汉科。

在普里佩特沼泽地以南的集团军群应从卢布林地区出发，向基辅总方向实施主要突击，力求以强大的装甲部队全歼尚在第聂伯河沿岸的苏军兵力。

右翼的德国—罗马尼亚军团的主要任务是：

保卫罗马尼亚领土，掩护整个作战行动的南部侧翼；

牵制正面的敌人，配合南方集团军群北段部队的进攻；根据战局的进展，与空军一道发起第二次突击，阻止德涅斯特河后方的敌军部队实施有序撤退。

在普里佩特沼泽地以南或者以北的战斗打响后，应当立即实施基于以下目标的追击作战：

——在南方，迅速占领具有重要经济地位的顿涅茨盆地；

——在北方，迅速攻占莫斯科。

空军：

空军应当尽可能地削弱和摧毁苏联空军，支援主要方向上的陆军的作战行动，也就是中央集团军群和南方集团军群主要翼侧的作战行动。对于苏联的铁路系统，应根据其对于作战的重要程度或者予以切断，或者果断使用伞降和机降部队进行占领。为了集中一切力量对付敌空军和直接支援陆军，在实施主要作战行动期间，对敌军事工业区可以不予攻击。只有在机动作战结束之后，才考虑进行这种攻击——尤其是针对乌拉尔地区的攻击。

海军：

在对苏联的战争中，海军应当在保障己方海岸安全的前提下，阻止敌人海军从波罗的海突围。只要攻占列宁格勒，苏联波罗的海舰队就会丧失最后一个基地,进而将陷入绝望的境地,因此在此之前应当避免较大规模的海战。在消灭苏联舰队后,海军应当确保波罗的海海上交通线畅通无阻,其中包括通过海上来保障对陆军北翼的补给。(扫雷!)

IV

重要的是,各位总司令应当明白,根据本指令所采取的一切手段都是为了防备苏联改变其目前对我的态度而采取的预防性措施。参加早期准备工作的军官人数应当尽可能少,每个人的活动应当仅限于其工作所涉及的范围。否则,就有暴露我方准备活动的危险,尽管其实施时间还没有确定。这种暴露将在政治和军事上产生极其不利的后果。

V

我期待与诸位总司令就你们根据这一指令制定的具体计划进行磋商。国防军各军种应当将各自的准备工作计划通过最高统帅部向我报告。

阿道夫·希特勒

录自威尔·福勒:《"巴巴罗萨"行动》,张国良,唐清华,吴小伍译,北京:新星出版社,2006年,第277—280页。

[历史背景介绍]

反对共产主义是法西斯主义的核心内容,消灭苏联是希特勒的既定目标,也是其为称霸世界所必要扫除的障碍。《苏德互不侵犯条约》本质上是纳粹德国避免两线作战的权宜之计。在经历了敦刻尔克的失策与海狮行动的失败后,希特勒在1940年7月31日召集军事会议,表示维持英国继续参与二战的只有两个希望——美国和苏联。鉴于美日之间势必爆发对抗,德国必须消灭苏联以破除英国在欧洲获得盟友支持的最后希望。纳粹德国由此开始准备入侵苏联。

进攻苏联的计划由德国陆军总参谋部第一军需部长保卢斯起草和指导,1940年8月底制定完毕。原名为"奥托计划",后于1940年12月改代号为"巴巴罗萨"。希特勒在1940年12月5日收到了这份德军对入侵苏联的计划,并且全部批准，预期在1941年5月开始进行。在12月18日希特勒下达"21号指令"（即巴巴罗萨计划正式指令），要求德军最高统帅部准备迅速击垮苏联，并且指定侵略的预定时间为1941年5月15日。但由于法西斯意大利在希腊的失败，德军被迫于1941年4月6日发动巴尔干战役救援意大利侵略军，6月1日，德军攻占希腊全境，但"巴巴罗萨"计划被迫延迟了一个多月。1941年6月22日，希特勒启动了延迟已久的"巴巴罗萨"计划，以德军为主的法西斯侵略军在波罗的海至科尔巴阡山脉宽约1500公里的战线上向苏联发起进攻。进攻主力"中央"集团军群分南北两路对苏军实施钳形突击，对苏联造成了极大损失，苏联卫国战争就此打响。第二次世界大战规模由此进一步扩大，法西斯在欲壑难填的侵略中自取灭亡的命运亦就此定局。

[思考题]

1. 你认为导致苏联对当纳粹德国进攻猝不及防的原因为何？

2. 为什么说进攻苏联奠定了纳粹德国最终的败局？

（徐之凯　编）

133

大西洋宪章

（1941年8月14日）

美利坚合众国总统罗斯福和联合王国国王陛下政府代表首相丘吉尔经过会晤，认为他们两国国策中某些共同原则应该予以宣布。他们对于世界所抱有的一个美好未来局面的希望是以此项政策为根据。

（一）两国并不追求领土或其他方面的扩张。

（二）凡未经有关民族自由意志所同意的领土改变，两国不愿其实现。

（三）尊重各民族自由选择其所赖以生存的政府形式的权利。各民族中的主权和自治权有横遭剥夺者，两国俱欲设法予以恢复。

（四）两国在尊重它们的现有义务的同时，力使一切国家，不论大小，胜败，对于为了它们的经济繁荣所必需的世界贸易及原料的取得俱享受平等待遇。

（五）两国愿意促成一切国家在经济方面最全面的合作，以便向大家保证改进劳动标准，经济进步与社会安全。

（六）待纳粹暴政被最后毁灭后，两国希望可以重建和平，使各国俱能在其疆土以内安居乐业，并使全世界所有人类悉有自由生活，无所恐惧，亦不虞匮乏的保证。

（七）这样一个自由，应使一切人类可以横渡公海大洋，不受阻碍。

（八）两国相信世界所有各国，无论为实际上或精神上的原因，必须放弃使用武力。倘国际间仍有国家继续使用陆海空军军备，致在边境以外实施侵略威胁，或有此可能，则未来和平势难保持。两国相信，在广泛而永久的普遍安全制度未建立之前，此等国家军备的解除，实属必要。同时，两国当

赞助与鼓励其他一切实际可行的措施，以减轻爱好和平人民对于军备的沉重
负担。

弗兰克林·罗斯福

温斯顿·丘吉尔

录自世界知识出版社编:《国际条约集（1934—1944）》，北京：世界知识出
版社，1961年，第337—338页。

[历史背景介绍]

1939年9月闪击波兰、欧洲战争爆发后，德国法西斯疯狂向外侵略扩
张。在不到两年的时间里，几乎席卷了除苏联以外的整个欧洲大陆。德国实
施的"海狮计划"，使英国本土遭到了严重打击，英国在地中海和中近东的
势力范围也受到了很大摧残。在纳粹的重压下，英国危如累卵。英国首相
丘吉尔急切地想要扩大反纳粹联盟和开辟新战场，以摆脱孤军奋战的严重困
境。当时，美国虽然还没有参战，但已成为纳粹的打击目标，多方面地遭
到德国的威胁。此外，日本在远东的侵略气焰也非常嚣张。1941年7月，日
军开始在印度支那南部登陆，直接威胁美、英在东南亚的殖民地。在这种
急迫的形势下，美国总统罗斯福和英国首相丘吉尔一致认为十分有必要举
行一场会晤。1941年8月9日至13日，罗斯福和丘吉尔在纽芬兰阿金夏湾的
军舰上，举行了自二战爆发以来的首次会晤，史称大西洋会议。在两人最初
会晤的谈话中，罗斯福提议双方签署一项联合宣言。他认为，两国最好能够
拟订一项联合宣言，规定一些广泛的原则，以便沿着同一道路引导两国的政
策。丘吉尔深表赞同，并在次日提交给罗斯福一篇包含有五点内容的宣言大
纲。随后罗斯福又准备了一份修正稿，并以此作为讨论的基础，责成美、英
两国官员具体起草宣言初稿。8月12日，罗斯福、丘吉尔与双方有关人员一
起，逐字逐句地对宣言初稿进行最后修改、定稿。次日，由罗斯福和丘吉尔
签署，14日在华盛顿、伦敦同时公布。这份文件，全名为《美国总统和英国
首相的联合宣言》，即历史上著名的《大西洋宪章》。

对于《大西洋宪章》的历史地位，北京语言文化大学联合国研究中心李铁城教授认为，尽管《大西洋宪章》没有采取以对双方更具有约束力的条约形式出现，但它的重要意义和影响远不亚于一项条约的价值。宪章所宣布的八点原则，被英美两国标榜成为重建战后世界和平和秩序的政策依据，体现了资产阶级民主政治的一般原则，贯彻了罗斯福在1940年1月提出的所谓"四大自由"的精神。《大西洋宪章》的宗旨与原则为后来的联合国宪章确定了大体轮廓和打下了思想基础。山东大学出版社谭学秋副编审认为，《大西洋宪章》的发表不仅是第二次世界大战的转折点，也是近现代世界历史的分水岭。而云南师范大学张附孙教授指出，《大西洋宪章》在二战后成为资本主义国家社会改革的指导原则。

[思考题]

《大西洋宪章》的思想光芒对欧美世界产生了怎样的深远影响？

（陈洪运　编）

134

关于宣战对国会的演讲

（富兰克林·罗斯福）
1941年12月8日

副总统先生、议长先生、参众两院的议员们：昨天，1941年12月7日——它将永远成为美国的国耻日——美利坚合众国遭到了日本帝国海、空军有预谋的突然袭击。

美国当时同该国处于和平状态，而且应日本的请求，仍在同它的政府和天皇进行谈判，以期维持太平洋地区的和平。其实，就在日本空军中队已经开始轰炸美国瓦胡岛之后一小时，日本驻美大使及其同僚还向我们的国务卿递交了一份对美国最近一封信函的正式答复。虽然复函声言继续进行外交谈判似已无用，但并未包含有关战争或武装进攻的威胁或暗示。

应该将这一点记录在案：夏威夷同日本相距甚远，显而易见，这次进攻是许多天甚至数星期之前便精心策划好的。在此期间，日本政府故意通过虚假的声明和希望维持和平的言辞欺骗美国。

昨天，日军对夏威夷群岛的袭击，使美国海陆军部队遭受重创。我沉痛地告诉各位，许许多多的美国人被炸死。此外，据报告，美国船只在旧金山和火奴鲁鲁的公海上亦遭到鱼雷袭击。

昨天，日本政府也发动了对马来地区的袭击。

昨夜，日本军队袭击了香港。

昨夜，日本军队袭击了关岛。

昨夜，日本军队袭击了菲律宾群岛。

昨夜，日本军队袭击了威克岛。

今晨，日本军队袭击了中途岛。

这样，日本就在整个太平洋区域发动了全面的突然袭击。昨天和今天的事实说明了一切。美国人民已形成了自己的见解并完全明白我们国家的生存和安全所受到的威胁。

作为陆海军总司令，我已指示采取一切措施进行防御。

我们整个国家都将永远记住这次日本对我袭击的性质。

不论要用多长的时间才能战胜这次预谋的侵略，美国人民的正义之师必将赢得全胜。

我相信我表达了国会和人民的意志：我断言，我们不仅将尽全力保卫我们自己，而且将确保永远不再受到这种背信弃义行为的危害。

战争业已存在。谁也不能否认，我国人民、我国领土和我国利益正处于极度危险之中。

我们相信我们的武装力量，依靠我国人民的无比坚强的决心，我们必将取得胜利。愿上帝保佑我们。

我要求国会宣布，自1941年12月7日星期日日本对我国无端进行卑鄙的袭击，美国同日本帝国之间已处于战争状态。

录自张艳玲主编：《最伟大的演讲》（上册），乌鲁木齐：新疆美术摄影出版社、新疆电子音像出版社，2010年，第73—75页。

[历史背景介绍]

1941年12月7日（夏威夷时间）凌晨6时，日军偷袭珍珠港，炸沉炸伤美军各种舰船40余艘，击毁美军飞机260架，毙伤美军4 500人。日本不宣而战的侵略行径震动了整个美国朝野，举国激愤，此前在国内一直占主导地位的"孤立主义"思潮和反对美国参战的呼声顷刻化为泡影。12月8日，罗斯福向参众两院联席会议发表了战争咨文，称12月7日为"国耻日"，随后美国国会以压倒多数通过了参加第二次世界大战的决议，12月9日，美国正式宣布同日本处于战争状态，太平洋战争全面爆发。

[**思考题**]

简要介绍太平洋战争爆发的原因及其主要进程。

（赵继珂　编）

135

联合国家宣言
（1942年1月1日）

美利坚合众国、大不列颠和北爱尔兰联合王国、苏维埃社会主义共和国联盟、中国、澳大利亚、比利时、加拿大、哥斯达黎加、古巴、捷克斯洛伐克、多米尼加共和国、萨尔瓦多、希腊、危地马拉、海地、洪都拉斯、印度、卢森堡、荷兰、新西兰、尼加拉瓜、挪威、巴拿马、波兰、南非联邦、南斯拉夫各国的联合宣言。

本宣言签字国政府，

对于1941年8月14日美利坚合众国总统与大不列颠和北爱尔兰联合王国首相所作联合宣言称为大西洋宪章内所载宗旨与原则的共同方案业已表示赞同，

深信完全战胜它们的敌国对于保卫生命、自由、独立和宗教自由并对于保全其本国和其他各国的人权和正义非常重要，同时，它们现在正对力图征服世界的野蛮和残暴的力量从事共同的斗争，兹宣告：

1. 每一政府各自保证对与各该政府作战的三国同盟成员国及其附从者使用其全部资源，不论军事的或经济的。

2. 每一政府各自保证与本宣言签字国政府合作，并不与敌人缔结单独停战协定或和约。

现在或可能将在战胜希特勒主义的斗争中给予物质上援助和贡献的其他国家得加入上述宣言。

1942年1月1日签字于华盛顿。

（签名略）

附：后来加入《联合国家宣言》的国家及加入日期

墨西哥：1942年6月5日

菲律宾：1942年6月10日

埃塞俄比亚：1942年7月28日

伊拉克：1943年1月16日

巴西：1943年2月8日

玻利维亚：1943年4月27日

伊朗：1943年9月10日

哥伦比亚：1943年12月22日

利比里亚：1944年2月26日

法国：1944年12月26日

厄瓜多尔：1945年2月7日

秘鲁：1945年2月11日

智利：1945年2月12日

巴拉圭：1945年2月12日

委内瑞拉：1945年2月16日

乌拉圭：1945年2月23日

土耳其：1945年2月24日

埃及：1945年2月27日

沙特阿拉伯：1945年3月1日

叙利亚：1945年3月1日

黎巴嫩：1945年3月1日

录自王斯德主编：《世界现代史参考资料》(上册)，北京：高等教育出版社，1988年，第414—415页。

[历史背景介绍]

第二次世界大战期间，苏、美、英、中以及其他反侵略国家结成反法西斯统一战线。1942年1月1日，中、苏、英、美等26个国家在华盛顿发表了《联合国家宣言》，标志国际反法西斯联盟正式形成。在以后的德黑兰会议、雅尔塔会议和波茨坦会议中，反法西斯联盟获得了进一步的巩固与发展。由于参加国的社会制度和战争目的不同，联盟内部始终存在严重的矛盾和斗争。但它团结了世界上可能团结的力量，最大限度地孤立了法西斯侵略势力对于最后战胜德、日、意法西斯起了决定性作用。

[**思考题**]

简要介绍《联合国家宣言》的历史意义究竟有哪些?

（赵继珂　编）

136

犹太人问题最终解决办法

（1942年1月20日）

帝国秘密档案

30份副本

会议议定书

Ⅰ.以下人员参加了1942年1月20日在柏林万湖酒店举行的关于"犹太人问题最终解决方案"的会议，第56—58号文件：

"犹太人问题最终解决方案"参会人员表

东方占领领土部国务秘书、北威斯特法伦大区区长迈耶博士和东部占领领土部首脑、帝国行政局主任莱布兰特博士	帝国东方占领领土部
国务秘书威廉·斯图卡特博士	帝国内政部
国务秘书埃里希·纽曼	四年计划全权代表
国务秘书罗兰·弗赖斯勒博士	帝国司法部
国务秘书约瑟夫·布勒博士	波兰总督辖区
副国务秘书马丁·路德博士	帝国外交部
党卫军区队长、党中央办公厅主任、国家法律部部长克洛普弗博士	纳粹党中央办公厅
部长级主任弗里德里希·克里琴格	帝国总理府
党卫军地区总队长奥托·霍夫曼	党卫军人种与移居部
帝国中央安全总局4局局长、党卫军地区总队长海因里希·穆勒	帝国中央安全总局
党卫军一级突击队大队长阿道夫·艾希曼	帝国中央安全总局
波兰总督辖区国家秘密警察和党卫军保安局总司令，党卫军区队长舍加尔特博士	党卫军帝国保安局及附属秘密警察
拉脱维亚专员辖区国家秘密警察和党卫军保安局局长兼东方占领区（Ostland）专员辖区国家秘密警察和党卫军保安局局长，党卫军二级突击队大队长鲁道夫·朗格博士	党卫军帝国保安局及附属秘密警察

Ⅱ. 会议开始时，帝国保安局秘密警察（Sicherheitspolizei）和党卫军保安局局长，党卫军全国副总指挥海德里希宣布他被帝国元帅（赫尔曼·戈林）任命为准备最终解决欧洲犹太人问题的全权代表。他指出，召开这次会议是为了澄清原则问题。帝国元帅要求就欧洲犹太人问题最终解决的组织、实际和经济方面提出一项计划草案，这需要直接参与这些问题的所有中央机构事先共同审议，以保持统一的政策路线。

他说，处理犹太人问题最终解决方案的责任将集中在全国领袖希姆莱的党卫军和德国警察力量（秘密警察和党卫军保安局）身上。

然后，帝国保安局秘密警察和党卫军保安局长简要回顾了迄今为止与这个敌人进行的斗争历史。

最重要的内容是：

a）强迫犹太人离开德国人民生活的各个领域。

b）强迫犹太人离开德国人民的生存空间。

为了实现这些目标，作为唯一可用的临时解决方案——使犹太人从帝国地区加速移民出去，被推进并按计划进行。

根据帝国元帅的指示，1939年1月成立了帝国犹太人移民中央办公室并委托给秘密警察和党卫军保安局领导。

其特别任务包括：

a）采取一切措施，准备让更多犹太人的移民；

b）指导移民流动；

c）在特殊情况下加快移民速度。

这项任务的目的是以合法的方式清洗德国人的生存空间。

所有当局都清楚这种强迫移民的不利之处。但在没有其他可能的解决方案的情况下，它们必须暂时被接受。

在随后的时间里，处理移民问题不仅仅是德国的问题，而是目的地国或移民国当局也必须处理的问题。财政困难，例如各外国政府下令增加移民必须拥有的金额和入关费，以及船上没有泊位和不断收紧对移民的限制或禁令，极大地阻碍了移民的努力。尽管存在这些困难，从［纳粹］掌权到1941

年10月31日，共有大约537 000名犹太人移民。

其主要包括：

从1933年1月30日起：来自旧领土［1938年之前的德国］　约360 000

从1938年3月15日起：来自奥地利（Ostmark）　约147 000

从1939年3月15日起：来自波希米亚和摩拉维亚保护国　约30 000

资助移民是由犹太人或犹太政治组织自己进行的。为了防止无产阶级化的犹太人留下来，应当遵守的原则是：富有的犹太人必须资助没有经济能力犹太人移民；为此，根据拥有的财富征收特别评估或移民税，所得款项用于支付赤贫犹太人移民的财政款项。

除了以帝国马克筹集的资金外，移民抵达国外时必须出示的款项和登陆费也需要外币。为了保护德国持有的外币，国外的犹太金融机构应该说服该国犹太组织，让其自己负责寻找所需金额的外币。截至1941年10月30日，这些外国犹太人总共提供了大约9 500 000美元。

与此同时，鉴于战时移民的危险和东方领土的可能性，党卫军和德国警察力量已经禁止犹太人移民。

Ⅲ. 现在将犹太人驱逐到东方，并以移民取代已作为进一步的可能解决方案事先得到元首的适当批准。

因此，应将其视为一种临时选择。但是，鉴于犹太人问题即将得到最终解决，它已经提供了具有重大意义的实践经验。

在最终解决欧洲犹太人问题的过程中，可以考虑到的是大约1 100万犹太人，分布在各个国家如下：

	国家	人数
（A）	1938年前的德国（Altreich）	131 800
	奥地利（Ostmark）	43 700
	德占波兰	420 000
	波兰总督辖区	2 284 000
	比亚韦斯托克	400 000
	波希米亚和摩拉维亚保护国	74 200

	爱沙尼亚	没有犹太人
	拉脱维亚	3 500
	立陶宛	34 000
	比利时	43 000
	丹麦	5 600
	法国（被占领土）	165 000
	法国（未占领领土）	700 000
	希腊	69 600
	荷兰	160 800
	挪威	1 300
（B）	保加利亚	48 000
	英国	330 000
	芬兰	2 300
	爱尔兰	4 000
	意大利（包括撒丁岛）	58 000
	阿尔巴尼亚	200
	克罗地亚	40 000
	葡萄牙	3 000
	罗马尼亚（包括比萨拉比亚）	342 000
	瑞典	8 000
	瑞士	18 000
	塞尔维亚	10 000
	斯洛伐克	88 000
	西班牙	6 000
	土耳其（在欧洲）	55 500
	匈牙利	742 800
	苏联	5 000 000
	乌克兰	2 994 684

白俄罗斯（除比亚韦斯托克）	446 484
总计：	超过 11 000 000

就各国犹太人的数量而言，所提供的数字仅包括按宗教划分的犹太人，因为那里仍然部分缺乏根据种族原则对犹太人的定义鉴别。由于普遍的态度和观念，在个别国家，特别是匈牙利和罗马尼亚，处理这一问题时会遇到某些困难。例如，在罗马尼亚，犹太人仍然可以用金钱获得正式证明他拥有外国公民身份的文件。

犹太人在苏联生活各个领域的影响是众所周知的。其欧洲部分约有500万犹太人，而亚洲部分只有25万人。

所占领苏联欧洲区域划分的犹太人分布大致如下：

农业	9.1%
城市工人	14.8%
贸易	20.0%
国家雇员	23.4%
职业——医学、新闻、戏剧等	32.7%

在适当的指导下，犹太人将在最终解决的过程中以权宜之计被用于在东方工作。在大型（劳动）纵队中，将男女按性别分开，能够工作的犹太人将在修路时被转移到这些地区。在此期间，很大一部分无疑会因自然死亡而移除。最终留下的残余人口将需要适当的处理；因为它无疑代表了最有［生理上］抵抗力的部分，它是自然选择组成的，（历史经验表明）一旦这些人被释放，就可能成为新的犹太复兴主义的生殖细胞。

在最终解决方案的实际落实过程中，欧洲将遵循从西方到东方的顺序进行清洗。帝国地区，包括波希米亚和摩拉维亚保护国，必须提前处理，即使只是因为住房问题和其他社会政治需要而已。

首先，被驱逐的犹太人将被一组组地带到所谓的中转隔都（transit ghettos），以便从那里被送往更远的东方。

党卫军全国副总指挥海德里希进一步指出，一般进行驱逐的一个重要先决条件是准确划定所涉人员群体。该计划的目的不是驱逐65岁以上的犹太人，而是将他们安置在隔都——"特雷津集中营"正在考虑之中。（纳粹的隔离区是过度拥挤的关押场所，是之后灭绝的暂时预备阶段。）

除了这些年龄段的人——1941年10月31日在原有领土和奥地利的28万犹太人中，约有30%的人是在大战中负伤的65岁以上的犹太人，而拥有战争勋章（一级铁十字勋章）的犹太人将被允许进入老年犹太隔离都。这个解决方案将一次性消除众多的例外问题。

个别重大驱逐行动的开始将主要取决于军事行动进展。关于在我们所占领和受我们影响的欧洲地区处理"最后解决办法"的问题，有人提议外交部相关官员应与秘密警察和党卫军保安局的有关专家进行协商。

在斯洛伐克和克罗地亚，解决犹太人问题已不再太困难，因为这方面最基本、最核心的问题已在那里得到解决。与此同时，在罗马尼亚，帝国政府还任命了一名全权代表负责犹太人事务。而我们有必要在不久的将来向匈牙利政府也派驻一名犹太人问题顾问。

关于为在意大利解决这一问题而进行的准备工作，党卫军全国副总指挥海德里希认为需要与警察局长进行适当协商。

而在占领与未占领的法国地区，针对犹太人的驱逐行动十有八九是不会有太大困难的。

在这一点上，副国务秘书路德博士指出，在一些国家，例如北欧国家对这一问题的深远处理将遇到困难，因此他建议暂时推迟在这些国家采取相关行动。因为鉴于那里的犹太人人数并不多，推迟行动不会造成任何重大损失。另一方面，外交部预计在欧洲东南部和西部的行动不会有太大的困难。

当党卫保安局及附属秘密警察负责处理这个问题时，党卫军地区总队长霍夫曼将从党卫队人种与移居部派一名专家到匈牙利以协助相关工作。会议决定将此专家正式任命为"警察辅助专员"。

Ⅳ. 在实施最终解决方案的过程中，可以说是以纽伦堡法令为基础的，但彻底解决这一问题的前提条件，是还需要解决跨国婚姻和混血种（mischlinge）问题。

随后秘密警察和党卫军保安局局长结合帝国总理府秘书长（汉斯·海因

里希·拉默斯）的一封信，从理论上讨论了下列各点：

1. 针对一级混血种的解决办法

一级混血种在犹太人问题最终解决办法上与犹太人处于相同的地位。以下人员将不受此待遇：

a）与有德国血统的人结婚并有子女（二级混血种）的一级混血种。这种二级混血种基本上和德国人的处境相同。

b）到目前为止，党和国家高层对某些关键领域的一级混血种给予了例外许可，但每一个案例都需重新审查，但并不排除新的政策将再次有利于混血种们。

原则上，允许例外的原因必须永远是混血种自己的能力（而不是德国血统的父母或配偶的功绩）。

那些免于驱逐的一级混血种们将被绝育，以保证永久解决混血种生育后代的问题，当然绝育是自愿的，但这是留在帝国的前提条件。绝育后的一级混血种们将不受所有犹太规定的限制。

2. 针对二级混血种的解决办法

二级混血种原则上与德意志血统的人归为一类，但下列情况除外，在这些情况下二级混血种为被视为等同于犹太人：

a）私生子婚姻的二级混血种后代（夫妻双方都是混血种）。

b）在种族方面，外表标准不合格的二级混血种，将与犹太人画等号。

c）尤其注意政审不合格的二级混血种们，这表明他在行为上和感情上都是一个犹太人。

即使以上情况下的二级混血种嫁给了有德国血统的人，也不能例外。

3. 纯种犹太人和德国血统的人的婚姻

在这一点上必须根据具体情况，考虑该措施对混血夫妇的德国亲属的影响，以此决定是否应将犹太配偶驱逐，或将他/她送到老年犹太隔都。

4. 一级混血种和德国血统的人的婚姻

a）没有子女

如果没有子女，一级混血种就会被驱逐或送到老年人隔都。（与纯种犹

太人与德意志血统的人结婚的待遇相同，见第三条）

b）有子女

如果有子女（二级混血种），他们被认为等同于犹太人的话将与一级混血种一起被驱逐或送往犹太隔都。如果这样的孩子被认为等同于德国血统的人（根据相关条件），那么他们和一级混血种的人将被免除驱逐。

5. 一级混血种间或一级混血种与犹太人间的婚姻

在这样的婚姻中，所有的人（包括子女）都将被当作犹太人对待，因此他们会被驱逐或送到隔都。

6. 一级混血种和二级混血种的婚姻

这样的夫妇，无论是否有子女，都要被驱逐或送到隔都，因为这样的子女通常被认为比二级犹太人混血种有更强的犹太血统。

党卫军地区总队长霍夫曼认为必须广泛进行绝育，因为如果可以选择驱逐或绝育的话，混血种们会更倾向于前者。

国务秘书斯图卡特则指出，如果按照上面所提出的方式来解决异族通婚和混血种问题将需要大量的行政工作。但从生物学角度考虑，他建议对犹太人采取强制绝育措施。

为了简化混血种婚姻的问题，也许应该考虑更多的方法，目的是让立法者做出"这些婚姻不合法"的裁决。

至于驱逐犹太人对经济的影响，纽曼部长说，在重要的战争工业中受雇的犹太人，只要没有可替代人员，目前就不能驱逐。

海德里希保证，无论如何都不会撤离这些犹太人。

国务秘书布勒则表示，他欢迎如果最终解决办法首先在波兰总督辖区贯彻执行，因为一方面，交通问题对政府而言并不起主要作用，其次劳动力供应问题也不会阻碍这次行动的进展。而且必须尽快把犹太人从总督辖区中赶出去，因为犹太人作为传染病的传播媒介在总督辖区中构成了极大的威胁，并且他们的黑市交易也给国家的经济结构造成了持续的混乱。此外，在大约250万犹太人中的大多数无论如何都不适合工作。

比勒总督进一步指出，在波兰总督辖区内解决犹太人问题主要是秘密警察和党卫军保安局的责任，他们的工作将得到辖区当局的支持。他只有一个要求——尽快解决这个地区的犹太人问题。

最后，与会的各位讨论了解决办法可能采取的各种可能形式，在这方面，迈耶博士和比勒部长两位大区领袖都达成了一致，即最终解决办法的准备工作应在相关地区当地进行，但务必要避免引起人民的恐慌。

会议结束时，秘密警察和党卫军保安局局长请求与会各位给予他必要的支持，以执行［最终］解决办法的任务。

译自 The World Holocaust Remembrance Center, "Protocol of the Wannsee Conference, January 20, 1942", *Reich Secret Document*, NG–2586–G, https://www.yadvashem.org/docs/wannsee-conference-protocol.html, 2022–12–29.

［历史背景介绍］

《犹太人问题最终解决方案》是纳粹德国消灭欧洲所有犹太人，以图解决所谓"犹太人问题"的计划代号，是纳粹种族主义政策多年发展的顶峰。该政策源于希特勒1919年9月提出的有关解决欧洲犹太人问题的政治主张，20世纪30年代纳粹掌权后开始对犹太人进行大规模移民。1939年德国入侵波兰后，二战爆发，对外移民渠道断绝，又有180万波兰犹太人处于德国控制下。希特勒指示第三帝国境内的所有犹太人放逐到波兰卢布林地区的一块保留地进行所谓"隔离"。随着战争进程，到1940年春，卢布林计划已无法容纳更多犹太人。纳粹遂于1940年5月提出马达加斯加计划，试图把欧洲所有犹太人驱逐到孤悬海外的法属非洲殖民地马达加斯加岛上去。但德军未能在不列颠战役中击败英国，使得需要控制海外殖民地的马达加斯加计划成为泡影。1941年6月，德国进攻苏联，并开始以名为别动队的机动杀人组织，连同正规军、警察和当地通敌者系统地谋杀当地的苏联犹太人，从而在解决犹太人问题中首次使用了所谓"大规模系统灭绝"的方法。1941年7月，赫尔曼·戈林批准了最终解决的准备工作，纳粹在1941年底和1942年初建造灭绝营，并开始向其中驱逐犹太人进行屠杀。1941年9月，首次毒气实验在奥斯威辛集中营进行，贝乌热茨和海乌姆诺等地的灭绝营则于秋末相继建成。1942年春，索比堡、特雷布林卡、马伊达内克和奥斯威辛成为大规模屠杀犹太人的灭绝中心。1941年12月12日，伴随着美日开战战争进一步扩大，希特勒下令扩大屠杀范围，德国本土犹太人也不能放过，至此最终解决计划将欧洲所有犹太人包括在内。在1942年1月的万湖会议上，纳粹德国政府首脑、占领区总督和党卫军首领会面，协商灭绝欧洲所有犹太人的具体方式。从这时开始直到1945年战争结束，《犹太人问题最终解决方案》成了纳粹进行种族灭绝的官方政策，旨在彻底灭绝欧洲犹太人。

[思考题]

1.《犹太人问题最终解决方案》的出台为何是纳粹犯下反人类罪行、进行种族灭绝的铁证？

2. 纳粹种族灭绝的针对对象只有犹太人吗？

（徐之凯 编）

137

日本驻沪占领军当局颁布《关于无国籍难民之居住及营业之布告》

（1943年2月）

1. 依据军事上之必要，自本日起，凡居住于上海地区内之无国籍难民，其居住及营业地区，以下列地区为限：公共租界内兆丰路（今高阳路）、茂海路（今海门路）及邓脱路（今丹徒路）一线以东，杨树浦河（今杨树浦港）以西，东熙华德路（今东长治路）、茂海路及汇山路（今霍山路）一线以北，公共租界之界线以南。

2. 目前在前项所指定地区以外居住或营业中之无国籍难民，应自本布告公布之日起至昭和18年（中华民国32年）5月18日止，将其住所或营业所迁移至前项所指定地域内。目前在前项所指定地区以外之无国籍难民，其居住或营业上所需要之房屋、商铺及其他设备，如拟买卖、转让或租借者，应先得当局之许可。

3. 除无国籍难民外，其他人等非得许可，概不准迁移至第1项所开地域内。

4. 凡违反本布告或有妨碍本布告之实施者，决予严惩不贷。

上海方面大日本陆军最高指挥官

上海方面大日本海军最高指挥官

昭和十八年（中华民国三十二年）2月18日

录自潘光主编：《来华犹太难民资料档案精编·文件报刊》，上海：上海交通大学出版社，2017年，第97—99页。

[历史背景介绍]

珍珠港事件后，美国对日宣战，太平洋战争爆发。彼时的纳粹德国正在本土及占领区疯狂地压制犹太人，并要求其盟友在反犹问题上保持一致。日本的对犹政策发生转变，宣布生活在上海日占区的英籍塞法迪犹太人为日本"敌侨"。1942年，纳粹德国派遣盖世太保驻日首席代表约瑟夫·梅辛格奔赴上海，向日本当局提出上海犹太人的"最终解决计划"（Final Solution In Shanghai）（即"梅辛格计划"）。该计划分为两个步骤实施，首先利用上海犹太人在1942年犹太新年（通常在公历9月）团聚的机会，突击抓捕所有在沪犹太人；随后采用如下方式迅速"解决"这些犹太人：① 将犹太人运至东海，随后任之在海上自生自灭；② 将犹太人押至黄浦江上游废弃盐矿做苦工；③ 在崇明岛建立集中营，并利用犹太人进行医学实验。事实上，日本一方面需要迎合盟友德国的要求，另一方面又想将犹太人作为缓和对美对苏关系的媒介，因此其国内对犹太人的态度一直处于纠结和分歧之中，导致"梅辛格计划"并未认真执行。1943年2月，上海的日本当局在虹口地区规划了"无国籍难民隔离区"，要求"无国籍难民"必须限期迁入该区域。尽管2月18日的正式公告中并未明确指出"无国籍难民"就是犹太人，但在公告发布前后进行的舆论准备中，将"无国籍难民"定义为"1937年以来由德国（包括以前的奥地利和捷克）、匈牙利和以前波兰、拉脱维亚、立陶宛、爱沙尼亚等国来上海避难至今的无国籍者"，实际指的就是在该时期流亡至上海的欧洲犹太难民。尽管犹太人被迫迁入公告指定的区域内生活，但直至战争结束，日本并未在隔离区内对犹太人采取过于激进的态度和行为，大部分犹太难民得以生存下来。

[思考题]

日本驻沪占领军当局颁布的《关于无国籍难民之居住及营业之布告》造成了怎样的后果？

（李晔梦　编）

138

中、苏、美、英四国关于普遍安全的宣言
（1943年10月30日）

《四国联合声明》：

美国、英国、苏联和中国的政府。

根据联合国1942年1月的声明和随后的声明，它们决心继续对与它们分别交战的轴心国采取敌对行动，直到这些国家在无条件投降的基础上放下武器。

意识到它们有责任确保它们自己和与它们结盟的人民获得解放，免受侵略的威胁。

认识到必须确保迅速和有秩序地从战争过渡到和平，并建立和维持国际和平与安全，尽量减少世界人力和经济资源用于军备。

共同宣布：

1. 它们承诺对各自的敌人进行战争的联合行动将继续下去，以组织和维护和平与安全。

2. 与共同敌人交战的国家将在与该敌人的投降和裁军有关的所有事项上共同行动。

3. 它们将采取他们认为必要的一切措施，以防止任何违反对敌方所规定的条件。

4. 它们承认有必要尽早建立一个普遍的国际组织，其基础是所有爱好和平的国家主权平等的原则，并开放给所有这些国家，无论大小，以维护国际和平与安全。

5. 为维护国际和平与安全，在重建法律和秩序以及建立普遍安全制度之

前，它们将相互协商，并在必要时与联合国其他成员协商，以便代表国际社会采取联合行动。

6. 敌对行动结束后，除本宣言所设想的目的和经共同协商外，它们将不在其他国家的领土内使用其军事力量。

7. 它们将相互协商并与联合国其他成员合作，以便就战后时期的军备管理达成一项切实可行的总协定。

译自 https://avalon.law.yale.edu/wwii/moscow.asp, 2023-3-13.

1942 年以后，希特勒和苏联均有误判对方，随着寒冷天气、后勤补给、希特勒撤换德军东线指挥官后，苏联红军开始取得较大调整、战斗力逐渐增强，德军在希特勒错误指挥下伤亡惨重、士气低落，开始孤注一掷地发起斯大林格勒战役。

1942 年 8 月，在希特勒的指挥下，德军开始集中疯狂进攻斯大林格勒，与苏军展开集团作战，随着苏联举国军工生产能力提升，11 月苏军开始展开反攻。面对苏军在斯大林格勒的包围，德国物资极端不足，保卢斯最终违抗希特勒命令，率领德军残余 6 个师投降，苏联并未善待投降的德军战俘，仅不到 6 000 人回到德国。斯大林格勒战役德军失败给纳粹党带来严重的影响，纳粹党和希特勒在德国民众的威信开始瓦解。第一，纳粹党首先编造谎言，宣传斯大林格勒德国战士为国殉身，试图降低保卢斯元帅投降使得纳粹党领导层名誉扫地的影响。第二，希特勒个人的魅力开始逐渐消失，纳粹党愈发不得人心。

此外，1943 年斯大林格勒战役失败后，德国战争经济已经达到极限，戈培尔鼓吹的总体战给德国带来的都是一场灾难。第一，戈培尔的宣传系统在希特勒的默许下，在柏林体育宫举办重大演讲号召全国人民咬紧牙关，不遗余力地贡献自己。第二，德国的经济原材料严重不足，社会经济战前生产重心和资金便以战争行业为中心，德国人民食物匮乏、存款被通胀和挪用，储蓄损失殆尽、食不果腹生活难以为继。

1943 年开始，英法盟军加强了大轰炸，这给德国军工生产、军民士气和纳粹党高层心理造成重创。随着英法大规模轰炸德国，整个社会开始愈加趋向解体，直至 1945 年德国社会几乎完全崩盘。第一，为了躲避大型空袭，德国政府组织的大规模居民撤离和转移儿童归纳粹党进行严格教育的计划，但受到德国民众的抵制，而全国范围内的撤离者和难民数量的攀升，导致房屋和防空设施建设愈加紧张。第二，长期空袭严重扰乱民众日常生活和经济活动，管理制度也愈加无法运行，社会秩序也愈加混乱。

录自理查德·埃文斯：《战时的第三帝国》，陈壮、赵丁译，北京：九州出版社，2020 年，第 468—540 页。

[历史背景介绍]

1941 年苏德战争和太平洋战争的爆发终于促使被侵略国家联合起来，结成反法西斯联盟。但是它的建立有一段曲折、复杂的历程。

欧战爆发前，中国人民孤军奋战，抗击着日本百万大军，而英、法、美却在亚洲和欧洲推行绥靖政策。苏联由于倡议集体安全政策受到英法破坏，为了避免引火烧身，后来反而与德国签订了互不侵犯条约。英、法、苏未能及时建立欧洲反法西斯统一战线，使希特勒避免了一开始就会陷入两线作战的境地。随着法西斯势力的日益扩大，美国认定德国是最危险的对手，为了遏制和反对法西斯，有利于自己的安全及其在世界的地位，在 1939 年底修改《中立法》。规定允许出售军火，但要现款自运，实际是为海军和海运力量远远超过德国的英法购买军火开了绿灯。希特勒在西线得手后，美国鉴于唇亡齿寒，又进一步支持英国。1941 年 3 月美国国会通过《租借法案》，授权总统以 70 亿美元向 "对于美国防务至关重要" 的国家提供各种援助。接着，美英两国军方秘密制定首先打败德国，然后解决日本的 "先欧后亚" 联合作战方针。以后，美国海军又为援英物资的输送对大西洋西部航线实行全面护航。这样，美国实际上已同英国站在一起，介入了大西洋之战。

苏德战争爆发，英美当局认识到德国法西斯入侵苏联是称霸世界的前奏，苏联如被灭亡，他们自身也难保全。因此，英美立即宣布支持苏联，把"粉碎希特勒"作为"首要任务"，呼吁齐心协力打击法西斯。7月12日，苏英签订关于在对德作战中共同行动的协定。美国也决定对苏联进行军事、经济援助。8月14日，罗斯福和丘吉尔在北大西洋纽芬兰附近的一艘军舰上会谈后，发表了《大西洋宪章》，宣称两国不承认法西斯国家通过侵略所造成的领土变更，表示了反对纳粹暴政的决心。苏联也发表声明支持。9月29日至10月1日，苏、美、英在莫斯科签订了关于美英以武器装备供应苏联的第一个议定书。这是三国在反法西斯战争中采取的联合行动，表明已参战的苏联和尚未参战的美国，在政治、经济和军事领域内的逐渐联合。

[思考题]

1. 1943年10月，简要谈谈苏、美、英、中四国联合声明的意义和影响。

2. 莫斯科四国外长会议中苏联、美国和英国各自的主要诉求是什么？

3. 苏联取得斯大林格勒战役胜利对世界反法西斯战线有何影响、对纳粹党德国有何影响？

4. 简要谈谈莫斯科会议的四国联合声明对中国反对日本法西斯战争有何影响、对中国成为战后世界政治大国地位有何影响？英国首相丘吉尔为何反对将中国蒋介石政府加入四国联合声明，最终又为何不得不妥协？

（顾年茂　编）

139

中、美、英三国开罗宣言
（1943年12月1日）

三国军事方面人员，关于今后对日作战计划，已获得一致意见，我三大盟国决心以不松弛之压力，从海、陆、空诸方面加诸残暴的敌人。此项压力已经在增长之中。

我三大盟国此次进行战争之目的，在于制止及惩罚日本之侵略。三国决不为自身图利，亦无拓展领土之意。三国之宗旨在剥夺日本自1914年第一次世界大战开始以后在太平洋所夺得或占领之一切岛屿，在使日本所窃取于中国之领土，例如满洲、台湾、澎湖群岛等，归还中华民国。日本亦将被逐出于其以武力或贪欲所攫取之所有土地，我三大盟国轸念朝鲜人民所受之奴役待遇，决定在相当期间，使朝鲜自由独立。

我三大盟国抱定上述之各项目标，并与其他对日作战之联合国家目标一致，将坚持进行为获得日本无条件投降所必要之重大的长期作战。

录自世界知识出版社：《国际条约集（1934—1944）》，北京：新华书店北京发行所，1961年，第407页。

[历史背景介绍]

1943年7月，苏联红军获得库尔斯克战役胜利，8月23日解放哈尔科夫，打破了德军在东线最后的胜利迷梦，自此之后德军在东线上再无招架之力。8月，美英盟军占领西西里岛，9月在意大利登陆。在盟军登陆意大利后，意大利王国政府便罢免了墨索里尼，于1943年10月13日宣布意大利退出法西斯集团，并对德国宣战，法西斯轴心国集团开始瓦解。在欧洲战场节节胜利，轴心国分崩离析的背景下，1943年11月22到26日，中美英三国首脑蒋介石、罗斯福、丘吉尔及其随从人员在埃及首都开罗会晤，签署了《开罗宣言》，声明全世界反法西斯同盟国将坚持对日本作战，直到日本法西斯无条件投降，明确规定日本侵占的包括东北三省、台湾、澎湖列岛在内的中国领土必须归还给中国。开罗会议是自鸦片战争以来，中国第一次以世界大国的身份参加的会议。《开罗宣言》是国际社会对中国反法西斯盟国身份与巨大贡献的承认，提高了中国的国际威望，确立了中国世界四强的地位。《开罗宣言》也是确认台湾属于中国领土的第一份国际性文件，明确了日本侵占台湾等中国固有领土的非法性，为战后中国处置台湾问题提供了无可辩驳的国际法依据。

[思考题]

1. 为什么盟国要在1943年针对日本发表《开罗宣言》？

2. 《开罗宣言》对于中国有着怎样的特殊意义？

（徐之凯　编）

140

关于德黑兰会议的文件

（1943年12月1日）

（一）苏美英三国德黑兰宣言

我们——美利坚合众国总统、大不列颠首相和苏联人民委员会主席——在过去这四天中，已在我们盟邦伊朗的首都德黑兰集会，已经拟定并且认可了我们的共同政策。

我们表示我们的决心，我们的国家在战争方面，以及在随后的和平方面，都将共同工作。

关于战争方面——我们的军事参谋会参加我们的圆桌讨论，我们已经议定了关于将德军消灭的计划。我们已就将从东面、西面和南面进行的军事行动的规模和时间，商得完全的协议。

我们在这里达到的共同默契保证胜利一定是我们的。

关于和平方面——我们确信：我们的协力同心将导致一种永久的和平。我们完全承认我们以及所有联合国家负有至上的责任，要制造一种和平，这和平将博得全世界各民族绝大多数人民大众的好感，而在今后许多世代中，排除战争的灾难和恐怖。

和我们的外交顾问在一起，我们检讨了将来的诸问题。我们将力求所有大小国家的合作和积极参加，那些国家的人民，就和我们本国的人民一样，都是全心全意抱着消除暴政和奴役、迫害和压制的真忱。我们将欢迎他们，听他们抉择，到一个全世界民主国家的大家庭里来。

世界上没有任何力量能阻挡我们由陆上消灭德国军队，在海里消灭他们的潜艇，并从空中消灭他们的兵工厂。

我们的进攻将是毫不留情的，而且是越来越强的。

从这些友谊的会议出来，我们怀着信心瞻仰着那么一天，那时全世界所有各国人民都可以过自由的生活，不受暴政的摧残，凭着他们多种多样的愿望和他们自己的良心而生活。

我们怀着希望和决心来到这里。我们作为事实上的朋友，精神上的朋友，和志同道合的朋友而在这里分手。

罗斯福 斯大林 丘吉尔

1943年2月1日于德黑兰

（二）苏美英三国关于伊朗的宣言

1943年12月1日于德黑兰

合众国总统、苏维埃社会主义共和国联盟人民委员会主席和联合王国首相在他们之间并同伊朗首相协商以后，愿意宣布三国政府对其同伊朗的关系已达成协议。

合众国、苏联和联合王国的政府承认伊朗对向共同敌人进行战争已经提供了支援，特别是便利从海外运来的补给移交于苏联。

三国政府了解战争使伊朗引起特殊的经济困难并同意以一切可能的经济援助继续供给伊朗政府，尽管世界规模的各项战役加于三国政府的负担沉重，运输条件、原料和民用消费物资的全球性的缺乏。

关于战后时期，合众国、苏联和联合王国的政府和伊朗政府同意对于停战后伊朗所遭遇的一切经济问题，应在为处理国际经济问题而存在的或将要成立的国际会议或机构方面，会同联合国其他会员国，给予充分的注意。

合众国、苏联和联合王国的政府对于伊朗政府维持其独立、主权和领土完整的愿望表示完全赞成。三国政府为了按照四国政府所加入的大西洋宪章，在战后建立国际和平、安全和繁荣，有待于伊朗以及其他爱好和平的国家的参加。

罗斯福　斯大林　丘吉尔

（三）苏美英三国德黑兰总协定

1943 年 12 月 1 日订于德黑兰

出席会议的各大国同意如下：

（一）在南斯拉夫，游击队必须获得尽可能多的物资和装备并须获得突击战的支援。

（二）同意从军事观点来看，土耳其能在本年年终以前站到盟国一边参战，这是大家所热烈期望的。

（三）注意到斯大林大元帅的声明，如因土耳其参战致保加利亚向土耳其宣战或进行攻击，则苏联将立即对保加利亚处于作战状态。出席会议各大国进一步认为可以在即将举行的谈判中将这一事实说清楚，俾使土耳其参战。（编者注：这里所指的"谈判"为德黑兰会议后美英土三国的开罗会议）

（四）注意到"霸王战役"应于 1944 年 5 月发动，同法国南部的战役相配合。此项战役应在登陆器材的数量允许的比例范围内着手准备。会议进一步注意到斯大林大元帅的声明，根据这一声明，苏联军队将在差不多同一时间发动攻势，以便阻止德国军队从东线战场调到西线战场。（编者注：霸王战役指"Operation Overlord"，即诺曼底登陆）

（五）三国军事参谋官员鉴于欧洲的战役一触即发，同意从此须继续密切联系。特别是经决定各参谋官员应为此项战役制订一项第二套计划，借以迷惑敌人，使其陷入错误。

斯大林 罗斯福 丘吉尔

1943 年 12 月 1 日订于德黑兰

录自世界知识出版社：《国际条约集（1934—1944）》，北京：新华书店北京发行所，1961 年，第 407—411 页。

1943 年 11 月 28 日至 12 月 1 日，苏、美、英首脑斯大林、罗斯福和丘吉尔在伊朗首都德黑兰举行会晤，旨在商讨盟军消灭德国武装力量的各项计划以及安排战后和平与合作等方面的问题。三国首脑在德黑兰会议结束时，即 12 月 1 日签署宣言，强调三国决心在战争方面以及在战后的和平方面，都将协调立场，共同合作；宣布德黑兰会议已经拟定了三国关于将德国法西斯军队消灭的计划，已就从东、西及南面进行军事行动的规模和时间达成了全面安排。

《德黑兰宣言》的发表，对于协调三大盟国立场，加强战时合作和威慑法西斯德国具有十分重要的意义。为加速纳粹德国的败亡，美英苏三巨头一致决定开辟欧洲第二战场。1943 年 12 月，美国陆军上将艾森豪威尔被任命为盟国远征军最高指挥官，开始考虑从法国北部登陆西线进攻德国的计划，代号"霸王行动"（Overlord Action），为 1944 年 6 月的诺曼底登陆，再次让德国陷入欧陆两面夹击奠定了决策基础。

[思考题]

1. 美英苏三国的战时一致维持到了什么时候？

2. 为何美英方面在东线苏军节节胜利的 1943 年末同意开辟欧洲第二战场？

（徐之凯　编）

141

共产国际执委会主席团关于建议解散共产国际的决议（节录）

（1943年5月15日）

……

但是，早在战前很久就越来越清楚，随着各国的国内国外关系的日益复杂，任何一种国际中心要解决各个国家的运动所面临的问题，都会遇到不可逾越的障碍。各国发展的历史道路的深刻差异，各国的特点不同以至于社会秩序上的矛盾，各国政治，经济发展的水平和速度的差异，还有最后，工人的觉悟和组织程度的差异，所有这些就决定了各个国家的工人阶级面临着不同的问题。

过去四分之一世纪事态的整个发展和共产国际积累下来的经验，非常有说服力地表明，共产国际第一次代表大会所选择的团结工人的组织形式符合工人阶级运动第一阶段的情况，但已被运动的壮大和各个国家问题的复杂性甩在后面，甚至成为各国工人阶级政党进一步加强的累赘。

希特勒分子挑起的世界大战，进一步加深了各国局势的差异，并且在落到希特勒暴政之下的国家和联合在强大的反希特勒联盟中的爱好自由的各国人民之间，放下一条深深的分界线。

在希特勒集团的国家中，工人阶级、劳动者和所有正直人们的根本任务，是尽力促成这个集团的覆灭，办法是从内部破坏希特勒的军事机器，帮助推翻对这场战祸负有罪责的政府。在反希特勒联盟中的国家，广大人民、首先是先进工人的神圣职责，是千方百计地帮助这些国家政府的旨在尽快打败希特勒集团的军事努力，保证各国在平等基础上的友好关系。

与此同时，反希特勒联盟成员中各国各有自己的特殊问题，这一事实不容忽视。例如，在希特勒分子占领下已失去国家独立的国家，其先进工人和广大人民群众的根本任务，是促进武装斗争，使之发展成为反对希特勒德国的民族解放战争。与此同时，爱好自由的各国人民反对希特勒暴政的解放战争，已经使人民群众行动起来并把他们不问党派与宗教团结在强大的反希特勒联盟队伍里，已经越来越清楚地表明，只有在本国范围内进行工作的工人阶级运动的先锋队，才能最好地、最有效地实现为迅速消灭敌人的全国奋起和动员。

1935年举行的共产国际第七次代表大会，考虑了国际形势和工人阶级运动发生的那些要求各支部在解决面临问题时需要灵活和独立的变化，曾经强调，共产国际执委会很有必要，在解决工人阶级运动中由各国具体条件和特殊情况所产生的一切问题上，以避免干涉各国共产党内部组织事务为原则。同样的考虑也曾指导了共产国际去审议美国共产党1940年11月作出的退出共产国际队伍的决议。

在马克思列宁主义创始人的判断指导下，共产党人从来就不是保留已经过时的组织形式的支持者。他们一贯主张工人阶级运动的组织形式和这种组织的工作方法服从于整个工人阶级运动的根本政治利益，服从于具体历史形势的特点，服从于在此形势下直接产生的问题。他们记取伟大的马克思的榜样，他曾把先进工人联合在国际工人协会队伍中，后来，当第一国际完成了它的历史使命，为欧洲、美洲各国工人阶级政党的发展奠定了基础后，他又由于各国建立群众性的工人阶级政党的条件已经成熟，解散了第一国际，因为这种组织形式已不再符合它面临的要求了。

鉴于上述情况，看到各国共产党及其领导干部的成长和政治成熟，并考虑到在目前这场战争期间某些支部已经提出解散作为国际工人阶级运动的指导中心的共产国际这个问题，共产国际执行委员会主席团，在由于世界大战无法召开共产国际代表大会的情况下，提出以下建议，请求共产国际各支部批准。

共产国际，作为国际工人运动的指导中心，将予解散，从而解除共产国际各国支部对共产国际历次代表大会的规章和决议所承担的义务。

共产国际执行委员会主席团号召共产国际的所有支持者集中精力，全心全意支持并积极参加反希特勒联盟的人民和国家的解放战争，以求尽快击败工人阶级和劳动者的不共戴天的大敌——德国法西斯主义及其同盟者和附庸。

录自王斯德主编：《世界现代史参考资料》（上册），北京：高等教育出版社，1988年，第417—419页。

[历史背景介绍]

随着国际形势与各国工人运动的发展，斯大林及共产国际的其他领导人逐渐看到共产国际的运行机制与各国工人运动发展之间的矛盾。1941年4月《苏日中立条约》签订后，斯大林在谈话中表露出解散共产国际的意图。随着苏德战争的爆发，苏联试图联合英美，开辟欧洲第二战场。1942年年底，罗斯福提出希望苏联解散共产国际。1943年5月，随着苏联取得斯大林格勒保卫战的胜利与英美联军在北非战场的形势好转，为推动与英美的合作，斯大林指示季米特诺夫等提出一个共产国际解散决议草案。5月12日，季米特诺夫向共产国际执委会主席团和书记处报告了决议草案。5月20日，草案在经过讨论与修改后，通过密电的方式发给各国共产党领导人。5月22日，《真理报》刊发了决议内容。

[思考题]

1. 根据决议，解散共产国际的原因是什么？

2. 共产国际的解散对国际共产主义运动产生了何种影响？

（肖琦　编）

142

苏英美三国克里米亚（雅尔塔）会议公报
（1945年2月11日）

美利坚合众国总统罗斯福、大不列颠首相丘吉尔、苏维埃社会主义共和国联盟人民委员会主席斯大林，偕同他们的外长、参谋长及其他顾问们在1945年2月4日到11日的八天中间，相会于克里米亚半岛的雅尔塔。

……

英国首相、美国总统以及苏联外交人民委员会主席在克里米亚会议结束时作出如下的声明：

击 败 德 国

我们已经考虑过而且决定了三同盟国为使共同敌人彻底败北的军事计划。三同盟国的军事参谋，在这次会议的期间，始终每天会商。这些会商，从一切观点来看，都是最令人满意的，结果已使三同盟国军事努力的协调比以往更密切了。我们已经互相交换最充分的情报。关于我们的陆军和空军要从东边、西边、北边和南边向德国心脏发动的新的更加强有力的打击的时间、规模和协作，都已商得完全同意，并已详细拟定计划。

我们的联合军事计划，唯有当我们执行这些计划的时候，才使人知道。但是我们相信：三国参谋部之间在这次会战中达成的十分亲密的合作，结果必将使战争时期缩短。三国参谋部的会商，今后遇到需要时将随时继续举行。

纳粹德国已注定灭亡。德国人民如果企图继续一种毫无希望的抵抗，将徒然使他们自己由于败北而受的损失更加重大。

德国的占领与管制

我们已就共同的政策与计划商得同意，以便实施在德国武装抵抗最后被击溃后，我们要共同使纳粹德国接受无条件投降的条款。这些条款，在德国最后败北完成之前，不得使人知道。根据已商得同意的计划，三国部队将各自占领德国的一个区域。这计划规定，成立一个中央管制委员会执行互相协调管理控制的工作，此委员会由三国的最高司令官组成，总部在柏林。我们已经商得同意，法兰西如果愿意的话，三国当邀请它承受一个占领区，并参与管制委员会，作为第四委员。关于法兰西所占领区域的范围，将由有关四国政府经由它们在欧洲顾问委员会中的代表共同商定。

我们不屈不挠的宗旨，就是要消灭德国的军国主义和纳粹主义，要确保德国决不能够再扰乱世界的和平。我们决定要把德国一切武装力量解除武装，予以解散，把那曾经一再极力使德国军国主义复活的德国总参谋部永远解散；把德国所有一切军事装备撤去或破坏掉；把所有一切会供军事生产之用的德国工业排除掉，或者予以统制，使所有一切战争罪犯受到公正而迅速的严惩，并要执行同德寇所造成的破坏相当的实物赔偿，要扫灭纳粹党，纳粹的法律、组织和制度，从德国人民的公共机关中，从文化生活与经济生活中消除所有一切纳粹的和事国主义的影响；并且要在德国和谐地采取对于世界未来的和平与安全实属必要的其他措施。我们的宗旨决不是要消灭德国的人民，但是惟有当纳粹主义和军国主义已经根绝了的时候，德国人民才有过适当生活的希望，他们才有在国际交谊中占一席地位的希望。

德 国 的 赔 偿

我们已经考虑过关于德国在这次战争中使同盟国家所受损害的问题，并且认为理应由德国用实物将这种损害尽可能赔偿到最大限度。一个损害赔偿委员会应予设立。这个委员会将奉命考虑关于德国对同盟国所受的损害赔偿的程度与方法问题。这个委员会将在莫斯科工作。

联 合 国 会 议

我们决定尽可能从速和我们的盟邦建立一个一般性的国际组织，以维持和平与安全。我们相信，经由所有一切爱好和平的各国人民的密切而继续的合作，以防止侵略并消除政治上、经济上和社会上的战争原因，都是必要的。

在敦巴顿橡树园会议中国际组织问题已经奠定了基础。然而，关于投票表决程序的问题，在那儿不会商得同意。现在的会议，已解决了这个困难。

我们已经商得同意，当于1946年4月25日在美利坚合众国旧金山召开联合国会议，以便依照在顿巴敦橡园非正式会议中建议的方针准备这一个组织的宪章。

我们将立刻向法国政府和中国政府磋商，并邀请他们和美利坚合众国政府，大不列颠政府与苏维埃社会主义共和国联盟政府共同发起这种会议。一经和中国与法国磋商完毕，关于投票表决程序的建议案全文，就可公布。

关于被解放的欧洲的宣言

苏维埃社会主义共和国联盟人民委员会主席、联合王国首相和美利坚合众国总统，已经就他们本国人民的和被解放的欧洲各国人民的共同利益，互相会商过。他们联合声明，在被解放的欧洲暂时不稳定的时期中，他们互相同意，当使他们三国政府的政策一致，以协助从纳粹德国统治下获得解放的各国人民，以及欧洲的前轴心附庸国人民用民主方式解决他们迫切的政治问题和经济问题。

欧洲秩序的确立，以及国民经济生活的再建，必须凭借足以使被解放的各国人民能够消灭纳粹主义和法西斯主义的最后形迹，并创造自己抉择的民主制度的程序来达成。这是大西洋宪章的一个原则——所有各国人民有权抉择他们的生活所寄的政府的形式——使那些被侵略国用武力剥夺了主权和自治政府的各国人民恢复主权和自治政府。

为了造成被解放各国人民可以使用这些权利的条件，三国政府当对于欧洲任何被解放的国家人民或欧洲前轴心附庸国人民予以协助，当他们认为需要：

（甲）确立内部和平状态；

（乙）实行紧急措置赈济难民；

（丙）成立临时政府，使民众中一切民主分子的代表广泛参加，并确保尽可能从速经由自由选举以建立对于人民意志负责的政府；

（丁）在必要地方助成这种选举。

三国政府当与其他联合国，以及欧洲的临时当局或其他政府，在考虑到对他们有直接利益的问题时，互相洽商。当三国政府认为欧洲任何被解放国或欧洲任何前轴心附庸国中的情况有采取这类行动的必要时，他们当立刻共同咨商，关于履行本宣言中所举共同责任所必需的措置应当立即共同咨商。

我们在本宣言中重申我们对于大西洋宪章中诸原则的信心，重申我们在联合国宣言中提出的保证，并且重申我们的决心，要和其他爱好自由的各国合作以建立一种在法治下的世界秩序，致力于全人类的和平、安全、自由与普遍的福利。

在发表这个宣言时，三国表示希望法兰西共和国临时政府在所建议的程序下予以协作。

波　　兰

在波兰，由于它已被红军完全解放，产生了一种新的形势。这就要求建立一个比波兰西部最近解放以前可能建立的基础更广大的波兰临时政府。因此现今在波兰执行职权的临时政府，就应该在更广大的基础上实行改组，以容纳波兰国内外民主倾袖。这个新政府应称为波兰全国统一的临时政府。

莫洛托夫、哈里曼和卡尔，受命以一个委员会的资格，首先在莫斯科与现今临时政府的成员并与波兰国内外其他波兰民主领袖进行会商，以便根据上述方针改组现政府。这个全国统一的波兰临时政府应当保证，尽速根据普通选举与秘密投票方式举行自由的不受限制的选举。在这些选举中，所有民主的和反纳粹的政党都有权参加，并提出其候选人。

　　当全国统一的波兰临时政府已经依照上述原则正式成立时，如今和波兰现在临时政府保持外交关系的苏联政府以及联合王国政府与美利坚合众国政府，都要和新的波兰的全国统一的临时政府建立外交关系，并互派大使，该国政府根据大使的报告，将经常获悉波兰情形。

　　三国政府的首长认为：波兰的东疆，当依照寇松线，而在若干区域应做出对波兰有利的自五公里到八公里的逸出。他们承认：波兰必须在北方和西方获得广大的领土上的让予。他们觉得关于这些领土上的让予的范围，当于适当时机征询新波兰的全国统一的临时政府的意见，并且觉得关于波兰西疆的最后定界，应待和会解决。

南 斯 拉 夫

　　我们同意向铁托元帅和苏伯西奇博士建议：他们之间的协定，应立刻付诸实施，并应根据那个协定成立一个新政府。我们又建议：新政府一经成立，就应该声明：(一)反法西斯民族解放大会应予以扩大，以容纳没有和敌人合作妥协的南斯拉夫最后一届议会的议员，这样组成一个称为临时议会的团体;(二)反法西斯民族解放大会所通过的立法案，以后将提交宪政大会予以批准。

　　对于巴尔干的其他问题，也已作了一般的检讨。

外 长 会 商

　　在会议的全期间，除了各政府首长和外长们的日常会商外，并且每天举行了由三国外长和他们的顾问们的另外会商。

这些会商已证明具有无上的价值。这次会议已经同意，应当设置永久的机构，以使三国外长们举行经常咨商。所以他们于必要时可经常会商，大约每三四个月会晤一次。这些会谈将轮流在三国首都举行，第一次会商定于联合国关于世界组织会议后在伦敦举行。

为和平而团结正如为战争而团结

我们在克里米亚这儿会晤，已重申我们的共同决心，在今后的和平时期中，一定要保持并加强在这次战争中使联合国家胜利成为可能和确定的目的方面和行动方面的团结一致。我们相信这就是我们政府对于我们本国人民以及对全世界所有各国人民的一种神圣义务。

唯有我们三国之间以及一切爱好自由的各国之间，继续增进的合作与了解，才能够实现人类最崇高的愿望——一种安全而且持久的和平，用大西洋宪章的话来说，就是，"确保在所有一切土地上的所有一切人，都可以在不受恐惧、不虞缺乏的自由中度过一生。"

在这次战争中的胜利以及建议中的国际组织的建立，将提供一切历史中最伟大的机会，使能在今后年代中创造这一种和平的重要条件。

丘吉尔 罗斯福 斯大林

录自世界知识出版社：《国际条约集（1945—1947）》，北京：新华书店北京发行所，1959年，第1—8页。

[历史背景介绍]

1944年底，第二次世界大战进入了最后结束的阶段，德意日法西斯败局已定。随着反法西斯盟国军事行动的发展，结束战争和安排战后世界而产生的一系列政治问题需要迅速解决。美、英、苏三大盟国遂于1945年2月举行了雅尔塔会议。会议涉及战后处置德国问题、波兰问题、远东问题、联合国问题等。雅尔塔会议对于缓和反法西斯盟国之间的矛盾、加强反法西斯统一战线、协调对德日法西斯的作战行动、加速世界反法西斯战争胜利进程以及在二战后惩处战争罪犯、消除纳粹主义和军国主义势力影响等起了重要作用。三大国在会议上做出的战后世界秩序的安排被称为雅尔塔体系，对第二次世界大战后的世界局势产生了深远的影响。依据雅尔塔会议的基本原则，美苏重新划分了战后世界，逐步形成美英争霸的新格局。而会议中牺牲中国主权换取苏联出兵东北，承认外蒙古独立等做法，则无疑体现了大国强权意志，出卖了弱小国家的利益。

[**思考题**]

什么是雅尔塔体制？其对战后世界产生了那些影响？

（徐之凯　编）

143

德国军事投降书

（1945年5月8日）

（一）我们，代表德国最高统帅部的签字者，于此无条件地以现时仍在德国控制下的一切陆、海、空军，向盟国远征军最高统帅，同时向苏联最高统帅部投降。

（二）德国最高统帅部将立即命令德国一切陆、海、空军事当局向德国控制下的一切部队，于5月8日23时/分（中欧时间）停止一切军事行动，停留在当时所驻在的阵地，并完全解除武装，将他们的武器和装备移交当地盟国最高统帅部代表所指定的盟国指挥官或军官。无论大小舰船或飞机，均不得凿沉；其外躯壳、机器及装备亦不得损坏。对于各种机器、军备、器械以及一般用于作战的所有技术方法，亦均不得损坏。

（三）德国最高统帅部立即命令有关将领，保证盟国远征军最高统帅部及苏联最高统帅部在今后所发表的任何命令的执行。

（四）这一军事投降书，不损害总的投降文件，且可以把联合国所决定适用于德国和全体德国武装部队的总的投降文件来代替。

（五）如遇德国最高统帅部或任何在其控制下的军队，未能依照这投降书行动时，盟国远征军最高统帅部及苏联最高统帅部得采取他们认为适当的惩罚或其他处理。

（六）本投降书用英、俄、德三种文字制成，仅以英、俄文为正式文本。

1945年5月8日签于柏林。

德国最高统帅部代表：

冯·弗里德堡

凯特尔

斯通普夫

在场的有：

盟国远征军最高统帅部代表泰德；

苏联红军最高统帅部代表朱可夫；

签字时在场的还有：

法国第一军总司令德·拉特·塔西尼；

美国战略空军司令卡尔·斯帕茨。

录自世界知识出版社：《国际条约集（1945—1947）》，北京：新华书店北京发行所，1959年，第26—27页。

［历史背景介绍］

1945年4月，美苏军队在易北河会师。同时，苏军猛攻柏林。1945年4月27日，被国王解职后在希特勒扶持下任傀儡政权首脑的墨索里尼，在逃往德国途中为意大利游击队捕获，次日被处决示众。三天之后的1945年4月30日，苏军攻占柏林，希特勒在总理府地下室自杀身亡。5月7日，继任所谓"元首"的邓尼茨宣布德国无条件投降。1945年5月8日，德军最高统帅部派出了以威廉·凯特尔元帅为首的代表，出席在柏林近郊卡尔斯霍尔特正式举行的德国无条件投降仪式，正式签署无条件投降书。第二次世界大战欧洲战场以希特勒帝国彻底覆灭而宣告结束。至此，第二次世界大战欧洲战场的战事结束。

［思考题］

试论德国无条件投降对于第二次世界大战结束的意义，以及对战后德国历史的影响。

（徐之凯　编）

144

第一颗原子弹试爆成功的新闻报道

（1945年7月15日）

    1945年4月原子弹制造成功前夕，美国战争部长亨利·刘易斯·史汀生说道，"在四个月内，我们很可能已经完成了人类历史上最可怕的武器，一枚炸弹就能摧毁整个城市。""世界……甚至会任由这种武器的摆布。"防核武器扩散"无疑将是一个最困难的问题，并将涉及我们以前从未设想过的彻底检查和内部控制的权利。此外，鉴于我们目前对这种武器的立场，与其他国家分享这种武器的问题，以及如果分享，以何种条件分享，成为我们对外关系的一个首要问题。此外，我们在战争和开发这种武器中的领导地位使我们承担了某种道德责任，我们不能推卸这种责任，否则会给文明带来任何严重的灾难。另一方面，如果正确使用这种武器的问题能够得到解决，我们将有机会把世界带入一个可以拯救世界和平和我们文明的轨道。"

    1945年8月，两架美国陆军航空队的B–29轰炸机分别向日本的广岛和长崎市投下了一枚炸弹。这些新的"原子"炸弹，俗称"小男孩"和"胖子"，每一枚的爆炸能量都相当于超过一万吨的常规炸药，是1 000架同时部署的此类轰炸机的正常载荷。广岛和长崎都被毁坏了。几天后，日本投降，结束了第二次世界大战。在8月15日对他的人民发表的讲话中，裕仁天皇特别提到了"新的和最残酷的炸弹"，作为接受盟国制定的投降条件的原因之一。美国战略轰炸调查公司后来的分析估计，在原子弹爆炸中死亡的总人数约为12.5万人，另有13—16万人受伤。

译自 Herbert Feis, *The Atomic Bomb and the End of World War II*, Princeton,

New Jersey: Princeton University Press, 1971, pp.37–38. Bruce Cameron Reed, *The History and Science of the Manhattan Project*, Berlin: Springer, 2019, p.vii.

1917年十月革命前，在俄国物理学是一门较弱的科学，缺乏强大的民族传统，例如在化学和数学方面。大多数研究都是在大学里进行的，而大学里的研究却得不到支持。20世纪30年代中期，苏联的物理学已经取得了相当大的进步：培养了新一代的物理学家，并建立了新的研究所。现在除了伊夫的物理学，还有两个重要的物理学流派。这两个学校由德米特里·谢尔盖耶维奇·罗日杰斯特文斯基和列昂尼德·曼德勒什塔姆领导，他们都和伊夫一样，在1917年之前在西方交流过几年。罗日杰斯特文斯基在莱比锡和巴黎学习，而1899年到1914年曼德勒什塔姆在斯特拉斯堡大学，先是作为学生，然后是教授。

伊夫希望他的研究所能成为欧洲科学的一个伟大中心。他特别重视与外国科学家的联系，认为互访、国际大会、会议和研讨会对科学的正常发展至关重要。在伊夫看来，个人接触是最好的交流形式，也是对创造性工作的主要刺激。他尽最大努力促进这种接触，从1924年到1933年，每年花一些时间在欧洲或美国旅行。他声称，正是由于他与外国科学家的接触，苏联的物理学才摆脱了它不入流的特征。

1945年二战结束后，苏联核科学家尼古拉·安东诺维奇·多列扎利说道，与美国的战时联盟的基础出现了裂缝。在战争的关键时刻没有被提及的事情，现在被无情地揭示出来了。"这两个系统在意识形态上是完全不同的——不仅如此，它们是对立的，战时联盟所产生的政治信任并不长久或稳固。"美国可能在未来的任何时候宣布苏联为敌人。国家的安全和爱国责任要求我们制造原子弹。这些都不是空穴来风。这是客观现实。如果国家的领导层在敌人决定进攻后才开始制造武器，谁会原谅他们？古罗马人的名言"如果你想要和平，就准备战争"这句话是有道理的。1949年夏天，苏联的原子弹已经准备好在哈萨克斯坦的大草原上进行试验。1949年8月29日，苏联首枚原子弹爆炸成功，比美国预期的时间要早许多。

第二次世界大战以后，原子弹作为美国政府手中的重要威慑武器，逐步成为其推行外交政策的有力砝码。1950—1953年朝鲜战争期间，美国一直考虑在朝鲜战场或对中国使用核武器并制定了有关应急计划，试图通过核威慑来实现自己的战争目标。

美国决策者确信，美国在原子弹方面拥有明显的优势，应当加以利用，而且也只有原子弹才能阻止苏联介入战争。战争爆发的当天晚上，杜鲁门总统就询问空军参谋长范登堡，美国飞机能否彻底解决朝鲜附近的苏联军事基地。范登堡对此给予了肯定的回答，但提出这需要花费些时间，除非使用原子弹。这是朝鲜战争期间美国高层第一次讨论原子弹问题。杜鲁门指示，空军部门应制定一项计划，一旦苏联参战就对其在远东的空军基地（包括在中国大陆的机场）发动核攻击，摧毁这些基地。在1950年6月29日召开的国家安全委员会会议上，杜鲁门的高层顾问再次讨论使用原子弹和对苏作战问题。不久，美国决策者确定，如果苏联参战，美军应从朝鲜撤出，在国内进行全面动员，并准备对苏联实施核打击。杜鲁门还要求国务院与国防部一起研究苏联下一步可能的动作。

录自 David Holloway, *Stalin and the Bomb: the Soviet Union and Atomic Energy 1939–1956*, New Haven: Yale University Press, 1994, pp.24–25, p.26, pp.205–206, p.213；赵学功：《核武器与美国对朝鲜战争的政策》，《历史研究》2006年第1期，第136—137页。

[历史背景介绍]

20世纪的科学技术是近代科学技术的继承和发展。其间的所有重大发明都不是以经验为基础，而是由于科学理论上的重大突破而引起的。世纪之交的物理学革命是19世纪末物理学危机的产物，它为20世纪科学技术的伟大成就奠定了理论基础。

1895年德国物理学家伦琴发现了X射线，1898年波兰出生的物理学家居里夫人发现了钋、镭及其他一些元素的放射性，1897年英国物理学家汤姆生发现了电子。以上这三大发现，打破了原子不可分、原子是物质始原的传统观念，这些现象是以牛顿为代表的古典物理学所无法解释的。因此，牛顿静止的、绝对存在的时空观念以及时间、空间和运动完全无关的形而上学观点受到了怀疑和挑战，古典物理学陷入了混乱与危机。三大发现把人们的研究引入原子内部的微观世界，从而开创了原子物理学。这次物理学革命的先锋是具有犹太血统的德国物理学家爱因斯坦。1905年，年仅25岁的爱因斯坦在以《论运动物体的电动力学》为题的论文中提出了"狭义相对论"。其核心是论证了空间和时间的统一性，从而确立了崭新的、相对概念的时空观。牛顿力学只能解释在低速运动状态下的物质，而爱因斯坦的相对论既能解释低速运动状态下的物质，也能解释在光速或接近光速运动状态下的物质。相对论精确地揭示了空间和时间本质上的统一性，以及空间、时间与物质运动之间的联系。他还根据相对论的原理推导出能量与质量转换关系的公式，即能量等于质量和光速平方的乘积，$E=mc^2$。1915年，他又提出了"广义相对论"，揭示了四维空时同物质的统一关系，指出空间、时间不可能离开物质而独立存在，空间结构和性质取决于物质的分布。广义相对论实质上是一种引力理论，它在更深一层的意义上否定了牛顿的时空观。

物理学革命的另一重要内容是量子力学的建立和发展。1900年，德国物理学家普朗克首先提出"能量子"的概念。物体在发射辐射和吸收辐射时，能量并不是无限可分的，其最小的、不可分的能量单位即"能量子"或称"量子"。在普朗克之后，又经过很多科学家的共同努力，到1925年左右才最终建立了量子力学这门学科。量子力学是研究微观世界粒子运动规律的科学。在量子力学建立的过程中，特别应该指出丹麦物理学家玻尔在提出原子结构理论方面的突出贡献。玻尔是英国物理学家卢瑟福的学生，而卢瑟福早在1911年就曾提出了有核原子的模型，玻尔在此基础上创立了原子结构的理论，大大加速了量子力学的建立。量子力学的建立，极大地加速了原子物理学的发展，为核物理学和粒子物理学准备了理论基础。

[思考题]

1. 简要谈谈原子弹与日本法西斯彻底投降的关系，原子弹爆炸后造成巨大人员死亡和毁灭性破坏力给世界带来了哪些影响与争议。

2. 美国核武器力量与美国全球军事霸权之间有何联系。

3. 纳粹德国为什么没有成功制造出原子弹，曾参与纳粹德国核武器计划的著名物理学家海森堡的自我辩解有多大可信度，简要谈谈德国纳粹党领导人和现代科学的关系？

4. 1949年8月29日，苏联首枚原子弹爆炸成功比美国预期的时间要早许多，简要谈谈苏联快速成功制造原子弹的影响因素。

（顾年茂　编）

145

中美英三国促令日本投降之波茨坦公告
（1945年7月26日）

一、余等：美国总统、中国国民政府主席及英国首相代表余等亿万国民，业经会商，并同意对日本应予以一机会，以结束此次战事。

二、美国、英帝国及中国之庞大陆海空部队，业已增强多倍。其由西方调来之军队及空军，即将予日本以最后之打击，彼此之武力所受所有联合国之决心之支持及鼓励，对日作战，直至其停止抵抗为止。

三、德国无效果及无意识抵抗全世界激起之自由人之力量，所得之结果，彰彰在前，可为日本人民之殷鉴。

此种力量当其对付抵抗之纳粹时，不得不将德国人民全体之土地工业及其生活方式摧残殆尽。但现在集中对付日本之力量则较之更为庞大，不可衡量。

吾等之军力，加以吾人之坚决意志为后盾，若予以全部实施，必将使日本军队完全毁灭，无可逃避，而日本之本土亦必终归全部摧毁。

四、现时业已到来，日本必须决定一途，其将继续受其一意孤行计算错误，使日本帝国已陷于完全毁灭境地之军人之统制，抑或走向理智之路？

五、以下为吾人之条件，吾人绝不更改，亦无其他另一方式。犹豫迁延，更为吾人所不容许。

六、欺骗及错误领导日本人民使其妄欲征服世界之权威及势力，必须永久剔除。盖吾人坚持非将负责之穷兵黩武主义驱出世界，则和平安全及正义之新秩序不可能。

七、直至如此之新秩序成立时，及直至日本制造战争之力量业已毁灭，有确实可信之证据时，日本领土上经盟国指定之地点，必须占领，俾吾人在此陈述之基本目的得以完成。

八、开罗宣言之条件必将实施，而日本之主权必将限于本州、北海道、九州、四国及吾人所决定其他小岛之内。

九、日本军队在完全解除武装以后，将被允许返回家乡，得有和平及生产生活之机会。

十、吾人无意奴役日本民族或消灭其国家，但对于战争罪犯，包括虐待吾人俘虏者在内，将处以法律之严厉制裁。

日本政府必须将阻止日本人民民主趋势之复兴及增强之所有障碍予以消除，言论宗教及思想自由以及对于基本人权之重视必须建立。

十一、日本将被许维持其经济所必需及可以偿付实物赔偿之工业，但也可以使其重新武装作战之工业不在其内。为此目的，可准其获得原料，以别于统制原料。日本最后参加国际贸易关系当被准许。

十二、上述目的达到及依据日本人民自由表示之意志成立一倾向和平及负责之政府以后，同盟国占领军队当即撤退。

十三、吾人通告日本政府立即宣布所有日本武装部队无条件投降，并对此种行动诚意实行予以适当及充分之保证。除此一途，日本即将迅速完全毁灭。

录自世界知识出版社：《国际条约集（1945—1947）》，北京：新华书店北京发行所，1959年，第77—78页。

[历史背景介绍]

在亚洲太平洋战场，1942年到1943年的海上失利迫使陷入被动防御的日本不断将军力调往太平洋战线，在华兵力削弱。1943年8月，盟军支持下的中国驻印军、中国远征军发起缅北滇西作战，在正面战场开启对东南亚反攻。与此同时，中国敌后抗日根据地军民扩大根据地，主动展开攻势，配合正面战场。自1944年春季起，在中国战场就已经开始了局部反攻。1945年5

月 8 日起，随着欧洲战场胜利结束，美军在太平洋战场展开猛烈攻势，向日本本土步步逼近。1945 年 7 月 26 日中美英三国《波茨坦公告》重申《开罗宣言》精神，规定该宣言之条件"必将实施"，要求日本立即无条件投降。但日本军国主义者苟延残喘，拒绝做出回应，盟国随之进一步加强攻势。

1945 年 8 月 6 日，美国投掷代号为"小男孩"的原子弹轰炸日本广岛。8 月 8 日，苏联对日宣战，苏军围歼了中国东北的日本关东军。1945 年 8 月 9 日毛泽东发表《对日寇最后一战》，八路军、新四军等中国人民抗日武装向日伪军大举反攻。1945 年 8 月 9 日，美国再次投掷了代号为"胖子"的原子弹轰炸日本长崎。至此，日本法西斯陷入穷途末路，1945 年 8 月 15 日，日本裕仁天皇宣布无条件投降。9 月 2 日，日本政府代表在美国战舰"密苏里"号的甲板上签署无条件投降书。至此，第二次世界大战结束。

［思考题］

试论《波茨坦公告》与《开罗宣言》的联系，并解读其对于战后日本的影响。

（徐之凯　编）

146

日本向同盟国家投降的降书

（1945年9月2日）

投降书全文

　　余等兹对合众国、中华民国、及大不列颠帝国，各国政府首脑，于一千九百四十五年七月二十六日于波茨坦宣布，尔后由苏维埃社会主义共和国联邦之参加宣言条款，并根据日本政府，天皇，及日本帝国大本营之命令代表受诺之。右述四国以后称之为联合国。

　　余等兹布告，无论日本帝国大本营，及任何地方所有之日本国军队，与夫日本国所支配下一切军队，悉对联合国无条件投降。

　　余等兹命令任何地方之一切日本国军队，及日本国臣民，即刻停止敌对行为，保存所有船舶及军用财产，且防止损毁，并服从联合国最高司令官及其指示，对日本国政府之各机关所课之一切要求，应于以应诺。

　　余等兹命令日本帝国大本营，对于任何地方之一切日本国军队，及由日本国支配下之一切军队指挥官，速即发布其本身或其支配下之一切军队无条件投降之命令。

　　余等兹对所有官厅、陆军及海军之职员，命令其遵守且施行联合国最高司令官为实施此投降文件，认为适当而由其自己发出，或根据其委任发出之一切布告及指示，且命令右开职员，除由联合国最高司令官，或根据其事务委任，与解除其任务以外，均须留于各自原有地位，且仍继续行使各个之非战斗任务。

　　余等兹为天皇、日本国政府、及其继续者，承约切实履行波茨坦宣言之条款，发布为实施该宣言之联合国最高司令官，及其他特派联合国代表要求之一切命令，且实施一切措置。

余等兹对日本国政府、及日本帝国大本营命令，即速解放现由日本国支配下所有联合国俘虏，及被拘留者，且执行对彼等之保护、津贴、给养，及对指定地点之迅速运输等措置。

天皇及日本国政府统制国家之权限，置于为实施投降条款采用认为适当措置之联合国最高司令官之限制下。

一千九百四十五年九月二日午前九时四分，于东京湾米苏里号舰上签字之，并根据大日本帝国天皇陛下及日本国政府之命令且以其名义。

重光葵

根据日本帝国大本营之命令且以下名义。

梅津美治郎

一千九百四十五年九月二日午前九时四分，于东京湾为合众国、中华民国、联合王国，及苏维埃社会主义共和国联邦，及与日本国存在战争状态之其他联合国之利益受诺之。

联合国最高司令官 道格拉斯·麦克阿瑟元帅

合众国代表 尼米兹元帅

中华民国代表 徐永昌上将

联合王国代表　福拉塞上将

苏维埃社会主义共和国联邦代表 狄里夫杨柯中将

澳大利亚联邦代表 浦列米

加拉大国代表 柯司克列失

法兰西国代表 克列克

荷兰国代表 赫尔佛尼兹

纽西兰代表 依西特

［国民政府 国防部二厅档案］

录自中国第二历史档案馆编:《第二次世界大战中国战区受降纪实》,北京:中共党史资料出版社,1989年,第22—23页。

[历史背景介绍]

1945年7月26日,中美英联合发表《中美英三国促令日本投降之波茨坦宣言》(简称《波茨坦宣言》),明确列出促令日本投降的诸项条件。8月14日,日本宣布接受《波茨坦宣言》。9月2日,日本时任外相重光葵"依大日本帝国天皇陛下及日本国政府之命且以其名义"、大本营参谋总长梅津美治郎"依日本帝国大本营之命且以其名义"于美国战列舰米苏里号上签署了《日本投降书》。凶顽残暴、侵略成性的军国主义国家日本终于在世界反法西斯各国人民的联合重拳打击下无条件投降。

[思考题]

试论日本无条件投降对二战的影响?

(赵继珂 编)

147

联合国宪章（节录）

（1945年10月24日）

序言

我联合国人民同兹决心

欲免后世再遭今代人类两度身历惨不堪言之战祸，

重申基本人权，人格尊严与价值，以及男女与大小各国平等权利之信念，

创造适当环境，俾克维持正义，尊重由条约与国际法其他渊源而起之义务，久而弗懈，

促成大自由中之社会进步及较善之民生，

并为达此目的

力行容恕，彼此以善邻之道，和睦相处，

集中力量，以维持国际和平及安全，

接受原则，确立方法，以保证非为公共利益，不得使用武力，

运用国际机构，以促成全球人民经济及社会之进展，

用是发愤立志，务当同心协力，以竟厥功

爰由我各本国政府，经齐集金山市之代表各将所奉全权证书，互相校阅，均属妥善，议定本联合国宪章，并设立国际组织，定名联合国。

第一章　宗旨及原则

第一条

联合国之宗旨为：

一、维持国际和平及安全；并为此目的：采取有效集体办法，以防止且消除对于和平之威胁，制止侵略行为或其他和平之破坏；并以和平方法且依正义及国际法之原则，调整或解决足以破坏和平之国际争端或情势。

二、发展国际间以尊重人民平等权利及自决原则为根据之友好关系，并采取其他适当办法，以增强普遍和平。

三、促成国际合作，以解决国际间属于经济、社会、文化及人类福利性质之国际问题，且不分种族、性别、语言或宗教，增进并激励对于全体人类之人权及基本自由之尊重。

四、构成一协调各国行动之中心，以达成上述共同目的。

第二条

为求实现第一条所述各宗旨起见，本组织及其会员国应遵行下列原则：

一、本组织系基于各会员国主权平等之原则。

二、各会员国应一秉善意，履行其依本宪章所担负之义务，以保证全体会员国由加入本组织而发生之权益。

三、各会员国应以和平方法解决其国际争端，俾免危及国际和平、安全及正义。

四、各会员国在其国际关系上不得使用威胁或武力，或以与联合国宗旨不符之任何其他方法，侵害任何会员国或国家之领土完整或政治独立。

五、各会员国对于联合国依本宪章规定而采取之行动，应尽力予以协助，联合国对于任何国家正在采取防止或执行行动时，各会员国对该国不得给予协助。

六、本组织在维持国际和平及安全之必要范围内，应保证非联合国会员国遵行上述原则。

七、本宪章不得认为授权联合国干涉在本质上属于任何国家国内管辖之事件，且并不要求会员国将该项事件依本宪章提请解决；但此项原则不妨碍第七章内执行办法之适用。

第二章　会员

第三条

凡曾经参加金山联合国国际组织会议或前此曾签字于一九四二年一月一日联合国宣言之国家，签订本宪章，且依宪章第一百一十条规定而予以批准者，均为联合国之创始会员国。

……

第三章　机关

第七条

一、兹设联合国之主要机关如下：大会、安全理事会、经济及社会理事会、托管理事会、国际法院、及秘书处。

二、联合国得依本宪章设立认为必需之辅助机关。

第八条

联合国对于男女均得在其主要及辅助机关在平等条件之下，充任任何职务，不得加以限制。

第四章　大会

组织

第九条

一、大会由联合国所有会员国组织之。

二、每一会员国在大会之代表，不得超过五人。

职权

第十条

大会得讨论本宪章范围内之任何问题或事项，或关于本宪章所规定任何机关之职权；并除第十二条所规定外，得向联合国会员国或安全理事会或兼向两者，提出对各该问题或事项之建议。

……

投票

第十八条

一、大会之每一会员国，应有一个投票权。

二、大会对于重要问题之决议应以到会及投票之会员国三分之二多数决定之。此项问题应包括：关于维持国际和平及安全之建议，安全理事会非常任理事国之选举，经济及社会理事会理事国之选举，依第八十六条第一项（寅）款所规定托管理事会理事国之选举，对于新会员国加入联合国之准许，会员国权利及特权之停止，会员国之除名，关于施行托管制度之问题，以及预算问题。

三、关于其他问题之决议，包括另有何种事项应以三分之二多数决定之问题，应以到会及投票之会员国过半数决定之。

……

程序

第二十条

大会每年应举行常会，并于必要时，举行特别会议。特别会议应由秘书长经安全理事会或联合国会员国过半数之请求召集之。

……

第五章　安全理事会

组织

第二十三条

一、安全理事会以联合国十五会员国组织之。中华民国、法兰西、苏维埃社会主义共和国联邦、大不列颠及北爱尔兰联合王国及美利坚合众国应为安全理事会常任理事国。大会应选举联合国其他十会员国为安全理事会非常任理事国，选举时首宜充分斟酌联合国各会员国于维持国际和平与安全及本组织其余各宗旨上之贡献，并宜充分斟酌地域上之公匀分配。

二、安全理事会非常任理事国任期定为二年。安全理事会理事国自十一国增至十五国后第一次选举非常任理事国时，所增四国中两国之任期应为一年。任满之理事国不得即行连选。

三、安全理事会每一理事国应有代表一人。

职权

第二十四条

一、为保证联合国行动迅速有效起见，各会员国将维持国际和平及安全之主要责任，授予安全理事会，并同意安全理事会于履行此项责任下之职务时，即系代表各会员国。

二、安全理事会于履行此项职务时，应遵照联合国之宗旨及原则。为履行此项职务而授予安全理事会之特定权力，于本宪章第六章、第七章、第八章及第十二章内规定之。

三、安全理事会应将常年报告、并于必要时将特别报告，提送大会审查。

......

投票

第二十七条

一、安全理事会每一理事国应有一个投票权。

二、安全理事会关于程序事项之决议，应以九理事国之可决票表决之。

三、安全理事会对于其他一切事项之决议，应以九理事国之可决票包括全体常任理事国之同意票表决之；但对于第六章及第五十二条第三项内各事项之决议，争端当事国不得投票。

程序

第二十八条

一、安全理事会之组织，应以使其能继续不断行使职务为要件。为此目的，安全理事会之各理事国应有常驻本组织会所之代表。

二、安全理事会应举行定期会议，每一理事国认为合宜时得派政府大员或其他特别指定之代表出席。

三、在本组织会所以外，安全理事会得在认为最能便利其工作之其他地点举行会议。

……

第六章　争端之和平解决

第三十三条

一、任何争端之当事国，于争端之继续存在足以危及国际和平与安全之维持时，应尽先以谈判、调查、调停、和解、公断、司法解决、区域机关或区域办法之利用，或各该国自行选择之其他和平方法，求得解决。

二、安全理事会认为必要时，应促请各当事国以此项方法，解决其争端。

第三十四条

安全理事会得调查任何争端或可能引起国际磨擦或惹起争端之任何情势，以断定该项争端或情势之继续存在是否足以危及国际和平与安全之维持。

……

第七章　对于和平之威胁、和平之破坏及侵略行为之应付办法

第三十九条

安全理事会应断定任何和平之威胁、和平之破坏或侵略行为之是否存在，并应作成建议或抉择依第四十一条及第四十二条规定之办法，以维持或恢复国际和平及安全。

……

第四十七条

一、兹设立军事参谋团，以便对于安全理事会维持国际和平及安全之军

事需要问题，对于受该会所支配军队之使用及统率问题，对于军备之管制及可能之军缩问题，向该会贡献意见并予以协助。

二、军事参谋团应由安全理事会各常任理事国之参谋总长或其代表组织之。联合国任何会员国在该团未有常任代表者，如于该团责任之履行在效率上必需该国参加其工作时，应由该团邀请参加。

三、军事参谋团在安全理事会权力之下，对于受该会所支配之任何军队，负战略上之指挥责任；关于该项军队之统率问题，应待以后处理。

四、军事参谋团，经安全理事会之授权，并与区域内有关机关商议后、得设立区域分团。

......

第八章　区域办法

第五十二条

一、本宪章不得认为排除区域办法或区域机关、用以应付关于维持国际和平及安全而宜于区域行动之事件者；但以此项办法或机关及其工作与联合国之宗旨及原则符合者为限。

二、缔结此项办法或设立此项机关之联合国会员国，将地方争端提交安全理事会以前，应依该项区域办法，或由该项区域机关，力求和平解决。

三、安全理事会对于依区域办法或由区域机关而求地方争端之和平解决，不论其系由关系国主动，或由安全理事会提交者，应鼓励其发展。

四、本条绝不妨碍第三十四条及第三十五条之适用。

......

第九章　国际经济及社会

第五十五条

为造成国际间以尊重人民平等权利及自决原则为根据之和平友好关系所

必要之安定及福利条件起见，联合国应促进：

（子）较高之生活程度，全民就业，及经济与社会进展。

（丑）国际间经济、社会、卫生及有关问题之解决；国际间文化及教育合作。

（寅）全体人类之人权及基本自由之普遍尊重与遵守，不分种族、性别、语言或宗教。

......

第十章　经济及社会理事会

组织

第六十一条

一、经济及社会理事会由大会选举联合国五十四会员国组织之。

二、除第三项所规定外，经济及社会理事会每年选举理事十八国，任期三年。任满之理事国得即行连选。

三、经济及社会理事会理事国自二十七国增至五十四国后第一次选举时，除选举理事九国接替任期在该年年终届满之理事国外，应另增选理事二十七国。增选之理事二十七国中，九国任期一年，另九国任期二年，一依大会所定办法。

四、经济及社会理事会之每一理事国应有代表一人。

职权

第六十二条

一、经济及社会理事会得作成或发动关于国际经济、社会、文化、教育、卫生及其他有关事项之研究及报告；并得向大会、联合国会员国及关系专门机关提出关于此种事项之建议案。

二、本理事会为增进全体人类之人权及基本自由之尊重及维护起见，得作成建议案。

三、本理事会得拟具关于其职权范围内事项之协约草案，提交大会。

四、本理事会得依联合国所定之规则召集本理事会职务范围以内事项之国际会议。

第六十三条

一、经济及社会理事会得与第五十七条所指之任何专门机关订立协定，订明关系专门机关与联合国发生关系之条件。该项协定须经大会之核准。

二、本理事会，为调整各种专门机关之工作，得与此种机关会商并得向其提出建议，并得向大会及联合国会员国建议。

……

投票

第六十七条

一、经济及社会理事会每一理事国应有一个投票权。

二、本理事会之决议，应以到会及投票之理事国过半数表决之。

程序

第六十八条

经济及社会理事会应设立经济与社会部门及以提倡人权为目的之各种委员会，并得设立于行使职务所必需之其他委员会。

……

第十一章 关于非自治领土之宣言

第七十三条

联合国各会员国，于其所负有或承担管理责任之领土，其人民尚未臻自治之充分程度者，承认以领土居民之福利为至上之原则，并接受在本宪章所建立之国际和平及安全制度下，以充分增进领土居民福利之义务为神圣之信托，且为此目的：

（子）于充分尊重关系人民之文化下，保证其政治、经济、社会及教育之进展，予以公平待遇，且保障其不受虐待。

（丑）按各领土及其人民特殊之环境、及其进化之阶段，发展自治；对各该人民之政治愿望，予以适当之注意；并助其自由政治制度之逐渐发展。

（寅）促进国际和平及安全。

（卯）提倡建设计划，以求进步；奖励研究；各国彼此合作，并于适当之时间及场合与专门国际团体合作，以求本条所载社会、经济及科学目的之实现。

（辰）在不违背安全及宪法之限制下，按时将关于各会员国分别负责管理领土内之经济、社会及教育情形之统计及具有专门性质之情报，递送秘书长，以供参考。本宪章第十二章及第十三章所规定之领土，不在此限。

......

第十二章　国际托管制度

第七十五条

联合国在其权力下，应设立国际托管制度，以管理并监督凭此后个别协定而置于该制度下之领土。此项领土以下简称托管领土。

第七十六条

按据本宪章第一条所载联合国之宗旨，托管制度之基本目的应为：

（子）促进国际和平及安全。

（丑）增进托管领土居民之政治、经济、社会及教育之进展；并以适合各领土及其人民之特殊情形及关系人民自由表示之愿望为原则，且按照各托管协定之条款，增进其趋向自治或独立之逐渐发展。

（寅）不分种族、性别、语言或宗教，提倡全体人类之人权及基本自由之尊重，并激发世界人民互相维系之意识。

（卯）于社会、经济及商业事件上，保证联合国全体会员国及其国民之平等待遇，及各该国民于司法裁判上之平等待遇，但以不妨碍上述目的之达成，且不违背第八十条之规定为限。

......

第十三章　托管理事会

组织

第八十六条

一、托管理事会应由下列联合国会员国组织之：

（子）管理托管领土之会员国。

（丑）第二十三条所列名之国家而现非管理托管领土者。

（寅）大会选举必要数额之其他会员国，任期三年，俾使托管理事会理事国之总数，于联合国会员国中之管理托管领土者及不管理者之间，得以平均分配。

二、托管理事会之每一理事国应指定一特别合格之人员，以代表之。

职权

第八十七条

大会及在其权力下之托管理事会于履行职务时得：

（子）审查管理当局所送之报告。

（丑）会同管理当局接受并审查请愿书。

（寅）与管理当局商定时间，按期视察各托管领土。

（卯）依托管协定之条款，采取上述其他行动。

第八十八条

托管理事会应拟定关于各托管领土居民之政治、经济、社会及教育进展之问题单；就大会职权范围内，各托管领土之管理当局应根据该项问题单向大会提出常年报告。

投票

第八十九条

一、托管理事会之每一理事国应有一个投票权。

二、托管理事会之决议应以到会及投票之理事国过半数表决之。

程序

第九十条

一、托管理事会应自行制定其议事规则，包括其推选主席之方法。

二、托管理事会应依其所定规则，举行必要之会议。此项规则应包括关于经该会理事国过半数之请求而召集会议之规定。

第九十一条

托管理事会于适当时，应利用经济及社会理事会之协助，并对于各关系事项，利用专门机关之协助。

第十四章　国际法院

第九十二条

国际法院为联合国之主要司法机关，应依所附规约执行其职务。该项规约系以国际常设法院之规约为根据并为本宪章之构成部分。

……

第十五章　秘书处

第九十七条

秘书处置秘书长一人及本组织所需之办事人员若干人。秘书长应由大会经安全理事会之推荐委派之。秘书长为本组织之行政首长。

第九十八条

秘书长在大会、安全理事会、经济及社会理事会、及托管理事会之一切会议，应以秘书长资格行使职务，并应执行各该机关所托付之其他职务。秘书长应向大会提送关于本组织工作之常年报告。

……

第十六章　杂项条款

第一百零二条

一、本宪章发生效力后，联合国任何会员国所缔结之一切条约及国际协定应尽速在秘书处登记，并由秘书处公布之。

二、当事国对于未经依本条第一项规定登记之条约或国际协定，不得向联合国任何机关援引之。

......

第十七章　过渡安全办法

第一百零六条

在第四十三条所称之特别协定尚未生效，因而安全理事会认为尚不得开始履行第四十二条所规定之责任前，一九四三年十月三十日在莫斯科签订四国宣言之当事国及法兰西应依该宣言第五项之规定，互相洽商，并于必要时，与联合国其他会员国洽商，以代表本组织采取为维持国际和平及安全宗旨所必要之联合行动。

......

第十八章　修正

第一百零八条

本宪章之修正案经大会会员国三分之二表决并由联合国会员国三分之二、包括安全理事会全体常任理事国，各依其宪法程序批准后，对于联合国所有会员国发生效力。

......

第十九章　批准及签字

第一百一十条

一、本宪章应由签字国各依其宪法程序批准之。

二、批准书应交存美利坚合众国政府。该国政府应于每一批准书交存时通知各签字国，如本组织秘书长业经委派时，并应通知秘书长。

三、一俟美利坚合众国政府通知已有中华民国、法兰西、苏维埃社会主义共和国联邦、大不列颠及北爱尔兰联合王国、与美利坚合众国、以及其他签字国之过半数将批准书交存时，本宪章即发生效力。美利坚合众国政府应拟就此项交存批准之议定书并将副本分送所有签字国。

四、本宪章签字国于宪章发生效力后批准者，应自其各将批准书交存之日起为联合国之创始会员国。

第一百一十一条

本宪章应留存美利坚合众国政府之档库，其中、法、俄、英、及西文各本同一作准。该国政府应将正式副本分送其他签字国政府。

为此联合国各会员国政府之代表谨签字于本宪章，以昭信守。

公历一千九百四十五年六月二十六日签订于金山市。

联合国初始会员国

国名	签署日期	交存批准书日期	当前名/继承国
中华民国	1945年6月26日	1945年9月28日	中华人民共和国
法国	1945年6月26日	1945年8月31日	
苏维埃社会主义共和国联盟	1945年6月26日	1945年10月24日	俄罗斯联邦
大不列颠及北爱尔兰联合王国	1945年6月26日	1945年10月20日	

美利坚合众国	1945年6月26日	1945年8月8日	
阿根廷	1945年6月26日	1945年9月24日	
巴西	1945年6月26日	1945年9月21日	
白俄罗斯苏维埃社会主义共和国	1945年6月26日	1945年10月24日	白俄罗斯
智利	1945年6月26日	1945年10月11日	
古巴	1945年6月26日	1945年10月15日	
捷克斯洛伐克	1945年6月26日	1945年10月19日	捷克和斯洛伐克
丹麦	1945年6月26日	1945年10月9日	
多米尼加	1945年6月26日	1945年9月4日	
埃及	1945年6月26日	1945年10月22日	
萨尔瓦多	1945年6月26日	1945年9月26日	
海地	1945年6月26日	1945年9月27日	
伊朗	1945年6月26日	1945年10月16日	
黎巴嫩	1945年6月26日	1945年10月15日	
卢森堡	1945年6月26日	1945年10月17日	
新西兰	1945年6月26日	1945年9月19日	
尼加拉瓜	1945年6月26日	1945年9月6日	
巴拉圭	1945年6月26日	1945年10月12日	
菲律宾联邦	1945年6月26日	1945年10月11日	菲律宾
波兰	1945年10月15日	1945年10月24日	
沙特阿拉伯	1945年6月26日	1945年10月18日	
阿拉伯叙利亚共和国	1945年6月26日	1945年10月19日	
土耳其	1945年6月26日	1945年9月28日	

乌克兰苏维埃社会主义共和国	1945年6月26日	1945年10月24日	乌克兰
南斯拉夫	1945年6月26日	1945年10月19日	波斯尼亚和黑塞哥维那，克罗地亚，黑山，塞尔维亚和斯洛文尼亚
澳大利亚	1945年6月26日	1945年11月1日	
比利时	1945年6月26日	1945年12月27日	
玻利维亚	1945年6月26日	1945年11月14日	
加拿大	1945年6月26日	1945年11月9日	
哥伦比亚	1945年6月26日	1945年11月5日	
哥斯达黎加	1945年6月26日	1945年11月2日	
厄瓜多尔	1945年6月26日	1945年12月21日	
埃塞俄比亚	1945年6月26日	1945年11月13日	
希腊	1945年6月26日	1945年10月25日	
危地马拉	1945年6月26日	1945年11月21日	
洪都拉斯	1945年6月26日	1945年11月17日	
印度	1945年6月26日	1945年10月30日	
伊拉克	1945年6月26日	1945年12月21日	
利比里亚	1945年6月26日	1945年11月2日	
墨西哥	1945年6月26日	1945年11月7日	
荷兰	1945年6月26日	1945年12月10日	
挪威	1945年6月26日	1945年11月27日	
巴拿马	1945年6月26日	1945年11月13日	
秘鲁	1945年6月26日	1945年10月31日	
南非联盟	1945年6月26日	1945年11月7日	南非

乌拉圭　　　　　1945 年 6 月 26 日　　1945 年 12 月 18 日

委内瑞拉　　　　1945 年 6 月 26 日　　1945 年 11 月 15 日

录自联合国官方网站，https://www.un.org/zh/，2022-11-11.

［历史背景介绍］

　　1941 年 6 月，英国、加拿大、澳大利亚、新西兰和南非联邦的代表，比利时、捷克斯洛伐克、希腊、卢森堡、荷兰、挪威、波兰、南斯拉夫流亡政府的代表，以及法国戴高乐将军的代表，在伦敦圣詹姆斯宫举行会晤并签署《圣詹姆斯宫宣言》，这是二战期间同盟国第一份表明共同目标和原则的联合声明。1941 年 8 月，美国总统罗斯福和英国首相丘吉尔签署并联合声明了《大西洋宪章》，宣布了领土完整、国际合作等数条国际关系共同原则，成为战后世界秩序重建的重要政策依据之一。1942 年 1 月 1 日，以中、美、英、苏四国为首的 26 个国家结成反对法西斯同盟并发表《联合国家共同宣言》，表明认同《大西洋宪章》所体现的原则，表达与法西斯决战到底的决心，此后又由 21 个国家加入签署宣言的行列。罗斯福第一次提出了"联合国"一词并得到正式使用和广泛认可。1943 年 11 月，中、美、英、苏四国在莫斯科发表《四国普遍安全宣言》，这是官方文件中首次明确提出在二战后建立维持和平的国际组织。1944 年 8—10 月，敦巴顿橡树园会议进一步推进战后国际关系的协调工作，形成的"关于建立一个普遍性的国际组织的提案"后来成为后来旧金山会议的初始工作文件。1945 年 2 月的雅尔塔会议中专门讨论了建立"世界组织"的事宜，就安理会的表决程序达成一致，并确定了旧金山会议的召开。

　　1945 年 4 月 25 日，来自 50 个国家的代表在旧金山参加联合国家国际组织大会，会议最高机构是全会会议，负责文案的最终表决和通过，全会会议下设指导、执行、协调和全权证书 4 个委员会，其下又设 4 个总务委员会，此外还设有秘书处。出席旧金山会议的代表 850 人，加上各类工作人员总数高达3 500人。经过2个月的努力，含有111个条款的《联合国宪章》草案及其组成部分《国际法院规约》于6月25日获得全票通过，6月26日正式签署。根据《联合国宪章》之规定，在安理会5个常任理事国和大多数签署国提交批准书后，《联合国宪章》方能生效。10月24日，《联合国宪章》正式生效，联合国正式成立，初始会员国为51个。《联合国宪章》是联合国的创始文件，被认为是国际条约和国际法文书，也赋予了联合国独特的国际属性和各项权力，规定了国际关系中的主要原则，所有联合国会员国都受其约束。国际法院是联合国的主要司法机关，依照《国际法院规约》行使职能。

[思考题]

《联合国章程》的主旨及核心内涵是什么？联合国成立的意义何在？

（李晔梦　编）

148

纽伦堡大审判
（1945年11月21日—1946年10月1日）

第251号

大不列颠及北爱尔兰联合王国

美利坚合众国

法国

苏维埃社会主义共和国联盟

关于起诉和惩处欧洲轴心国主要战犯的协定
1945年8月8日

鉴于联合国历来发布的表明要将战争罪犯绳之以法意图的声明……

现在，大不列颠及北爱尔兰联合王国、美利坚合众国、法兰西共和国临时政府和苏维埃社会主义共和国联盟政府（以下简称"签署国"）以联合国全体成员及其合法全权代表的利益行事，经正式授权签署本协议：

第一条

应与盟国对德管制委员会协商后设立一个国际军事法庭对战争罪犯进行审判，对其罪行不存在特定的地理归属，无论他们是单独被指控还是以组织或群体成员身份被指控，或两者兼而有之。

第二条

国际军事法庭的章程、司法权和职能应为本协定所附宪章所陈述，该宪章构成本协议的组成部分。

第三条

各签署国应采取必要步骤，对其关押而应交付国际军事法庭审判的主要战犯进行起诉理由的调查，并为审判做好准备。签署国也应采取一切必要步骤，对不在其领土上的主要战犯，进行国际军事法庭起诉理由的调查并为审判准备材料。

第四条

《莫斯科宣言》条款中关于遣返战犯至其犯下罪行所在国家的规定不受本协定影响。

第五条

联合国各成员国可通过外交渠道告知英国政府遵循本协定，并由英国政府向其他签署国和已遵循本协定的政府告知。

第六条

任何为审判战犯，已在或将在任一盟国领土或德国境内设立的国家法庭或占领区法庭的司法审判权限均不受本协定影响。

第七条

本协定自签字之日起生效，有效期为1年，此后将继续延续。任何签署国有权通过外交渠道提前一个月告知其终止履行该协定的意愿。终止履行不影响根据本协定已采取的任何诉讼程序和已做出的任何调查据结果。

第八条

以下签字人已在本协定上签字，以昭信守。

1945年8月8日在伦敦签订，一式四份。英语、法语和俄国，每个文本具有同等效力。

大不列颠及北爱尔兰联合王国政府：乔伊特（Jowitt）

美利坚合众国：罗伯特·H.杰克逊（Robert H. Jackson）

法兰西共和国临时政府：罗贝尔·法尔科（Robert Falco）

苏维埃社会主义共和国联盟政府：I.尼基钦科（I. Nikitchenko）；

A.特赖宁（A. Trainin）

译自 United Nations, Agreement for the prosecution and punishment of the major war criminals of the European Axis （"London Agreement"）, August 8, 1945, 82 U.N.T.C. 280, https://www.refworld.org/docid/47fdfb34d.html，2023-02-28.

附件：国际军事法庭宪章

第一章　国际军事法庭章程

第一条

根据1945年8月8日签署的协议，大不列颠及北爱尔兰联合王国、美利坚合众国、法兰西共和国临时政府和苏维埃社会主义共和国联盟政府应设立一个国际军事法庭（以下简称"法庭"），用以公证且迅速地审判和惩罚欧洲轴心国的主要战犯。

第二条

法庭应由四名法官组成，各自还有一名候补法官。各签署国应任命一名成员和一名候补成员。候补法官应尽可能出席法庭所有会议，如法庭任何法官生病或因其他原因不能履职时，应由其候补法官代替。

第三条

控方、被告或其律师均不得对法庭、法官及其候补法官提出质疑。各签署国均可以健康状况或其他充分理由更换其法庭法官及其候补法官……

第二章　司法权及一般原则

第六条

根据本协定第一条所示的为审判和惩罚欧洲轴心国主要战犯而设立的法庭，有权审判和惩罚为欧洲轴心国利益行事的人，无论是作为个人或作为组织成员，犯下如下任何一项罪行。

下列行为或其中任何一种行为都属于法庭管辖范围内的罪行，应由个人负责：

（1）反和平罪：即策划、准备、发起或实施侵略战争，或违反国际条约、协定或保证的战争，或参与共同战争，或为实现上述行为参与共同计划或密谋的；

（2）战争罪：即违反战争法律或惯例。这些违规行为包括但不限于谋杀；对被占领土平民进行虐待、驱逐为奴隶强制劳动或其他目的；谋杀或虐待战俘；杀害人质；掠夺公共或私人财产；肆意破坏城市、乡镇和村庄；没有军事必要性的破坏。

（3）反人类罪：在战争前或战争中针对任何平民的谋杀、灭绝、奴役、驱逐出境以及其他不人道行为。或因执行法庭管辖范围内的任何罪行或与之相关的基于政治、种族或宗教原因的迫害，无论是否违反了犯罪所在国的国内法律。

……

第三章　调查和起诉主要战犯委员会

第十四条

各签署国应任命一名首席检察官，负责对主要战犯控告和起诉的调查……

第四章　对被告的公平审判

……

第六章　判决与量刑

第二十六条

法庭对任何被告有罪或无罪的判决，须说明所依据的理由，该判决为最终判决，不接受复核。

第二十七条

法庭有权最后判处被告死刑或其认为公正的其他刑罚。

……

第七章　费用

第三十条

法庭和审判的费用应由各签署国从维持对德管制委员会的资金中支付。

译自 United Nations, Charter of the International Military Tribunal – Annex to the Agreement for the prosecution and punishment of the major war criminals of the European Axis（"London Agreement"）, August 8, 1945, https://www.refworld.org/docid/3ae6b39614.html, 2023–02–28.

纽伦堡审判首席检察官名单

美国：罗伯特·H.杰克逊（Robert H. Jackson）

英国：哈克利·肖克罗斯爵士（Sir Hartley Shawcross）

法国：弗朗索瓦·德·门松（Francois de Menthon，后被 Auguste Champetier de Ribes 代替）

苏联：罗曼·安德烈耶维奇·鲁登科（Roman Andreyevich Rudenko）

被判处绞刑的德国战犯

赫尔曼·戈林（Hermann Göring）：希特勒指定接班人，帝国元帅、空军总司令、国会议长，被判处绞刑。

约阿希姆·冯·里宾特洛甫（Joachim von Ribbentrop）：外交部长，被判处绞刑。

威廉·凯特尔（Wilhelm Keitel）：陆军元帅、最高统帅部参谋总长，被判处绞刑。

恩斯特·卡尔滕布鲁纳（Ernst Kaltenbrunner）：党卫队上级集团领袖、警察兼武装党卫军上将，被判处绞刑。

阿尔弗雷德·罗森堡（Alfred Rosenberg）：东方专员辖区首席部长，被判处绞刑。

汉斯·法郎克（Hans Fritzsche）：波兰总督，被判处绞刑。

威廉·弗利克（Wilhelm Frick）：内政部长，被判处绞刑。

弗里茨·绍克尔（Fritz Sauckel）：劳动力调配全权总代表，被判处绞刑。

阿尔弗雷德·约德尔（Alfred Jodl）：陆军大将，最高统帅部作战局局长，被判处绞刑。

　　尤利乌斯·施特莱歇尔（Julius Streicher）：弗兰肯大区长官、《冲锋报》创始人，被判处绞刑。

　　阿图尔·赛斯–英夸特（Arthur Seyss-Inquart）：奥地利总督、荷兰占领区总督，被判处绞刑。

　　马丁·鲍曼（Martin Bormann）：希特勒秘书，被判处绞刑。

译自 The National WWII Museum/New Orleans, Topic: The UurembergTrials, https://www.nationalww2museum.org/war/topics/nuremberg-trials, 2023-04-06.

[历史背景介绍]

　　1943 年 10 月，罗斯福、丘吉尔和斯大林签署文件，声明对德国战争罪犯进行审判。1945 年 8 月 8 日，美国、英国、法国和苏联在伦敦签订《关于起诉和惩处欧洲轴心国主要战犯的协定》（Agreement for the Prosecution and Punishment of the Major War Criminals of the European Axis）及其附件《欧洲国际军事法庭宪章》（Charter of The International Military Tribunal），约定在德国纽伦堡设立国际军事法庭，对德国领导人的战争罪行进行审判。该协定赋予国际军事法庭"审判和惩罚为欧洲轴心国利益行事的个人或组织成员"，明确规定了反人类罪和反和平罪，是二战后构建战争犯罪国际责任制的重要文件之一，也为国际法庭的建立和战争相关法律的进步产生了重要影响。

　　国际军事法庭自 1945 年 11 月 20 日至 1946 年 10 月 1 日对 22 名德国领导人和 6 个组织进行审判，整个调查过程持续近 1 年，传唤了上百名证人、检查了数以万计的各类证据文件，法官宣布的判决书长达数百页，最终判处赫尔曼·戈林等 19 人有罪（期中 12 人被判处绞刑），3 人无罪；党卫军等 3 个组织被认定为犯罪组织，后续又举行了一系列针对轴心国战争罪责的审判。自纽伦堡审判之后，许多国家对数以千计的纳粹战犯进行审判，但仍有不少"漏网之鱼"，甚至到 20 世纪 50 年代后期，大多数被定罪但并未处决的人获释。

纽伦堡判决两个月后，联合国大会一致承认该判决和《欧洲国际军事法庭宣章》是具有约束力的国际法，并由此制定原则来指导国际刑法的制定和执行。这些原则包括反和平罪、战争罪和反人类罪是国际法规定的罪行；任何犯下国际罪行的个人、甚至是政府领导人都可能被追求法律责任；国际罪行的刑罚应该根据事实和法律，通过公证的审判来确定；国际罪犯行为人即使是奉命行事，仍需负法律责任等。尽管如此，西方世界至今仍然对纽伦堡审判存在许多争议，对其审判程序的公正性等问题提出质疑。

[思考题]

纽伦堡审判对战后国际社会的影响。

（李晔梦　编）

20世纪世界史
基础史料选编

下册

孟钟捷　梁　志　主编

中国出版集团　东方出版中心

149

斯大林在莫斯科选民大会上的演说

（1946年2月9日）
（斯大林在莫斯科市斯大林选区选举前的
选民大会上的演说）
（1946年2月9日）

主席：

现在请约瑟夫·维萨里昂诺维奇·斯大林讲话。

（斯大林同志走上讲台时，选民热烈欢呼，欢呼持续了几分钟。大剧院内全体起立欢迎斯大林同志。场内不断高呼："伟大的斯大林乌拉！""伟大的斯大林万岁，乌拉！""亲爱的斯大林乌拉！"）

斯大林同志：

同志们！

从上届最高苏维埃选举到现在已经有八年了。这是一个富有极重大事变的时期。前四年是苏联人为实现第三个五年计划而紧张工作的年份。后四年包括同德国侵略者和日本侵略者进行战争的事变；即第二次世界大战的事变。战争无疑是过去这一时期的主要事情。

如果以为第二次世界大战的发生是偶然的，或者是由于某些国家领导人犯了错误，那就不正确了，虽然，错误无疑是犯了的。其实，战争的发生是现代垄断资本主义基础上世界各种经济力量和政治力量发展的必然结果。马克思主义者不止一次地说过，资本主义的世界经济体系包藏着总危机和军事冲突的因素，因此，现代世界资本主义的发展并不是平稳地和平衡地前进，而是要通过危机和战祸。问题在于，资本主义国家发展的不平衡性通常经过一段时期，便要引起世界资本主义体系内部均势的猛烈破坏，而那些自认为没有足够的原料和销售市场的资本主义国家，通常都企图使用武力来改变现状和重新划分"势力范围"，以利于自己。因而，资本主义世界分裂为两个敌对阵营并且在它们之间发生战争。

如果各国能够采用协商的和和平的解决办法，根据它们的经济实力来定期重分原料产地和销售市场，那也许可能避免战祸。但这在目前资本主义的世界经济发展条件下，是无法实现的。

所以，由于资本主义的世界经济体系的第一次危机，发生了第一次世界大战，由于第二次危机，发生了第二次世界大战。

这当然不是说，第二次世界大战同第一次世界大战完全一样。恰巧相反，第二次世界大战在性质上与第一次世界大战根本不同。应当注意到，主要的法西斯国家，即德国、日本、意大利在侵犯盟国之前，已经把本国最后一点资产阶级民主自由的残余消灭，在本国建立了残酷的恐怖制度，践踏了小国的主权和自由发展的原则，把侵占他国国土的政策宣布为它们自己的政策，并大声宣称它们力求统治世界和把法西斯制度推行于全世界，而且轴心国还以侵占捷克斯洛伐克和中国中部地区的事实，来表明它们决心实现它们奴役一切爱好自由的民族的这种威胁。因此，反轴心国的第二次世界大战与第一次世界大战不同，它一开始就具有反法西斯的、解放的战争的性质，恢复民主自由也是其任务之一。苏联参加反轴心国的战争，只能加强并且确实加强了第二次世界大战的反法西斯的和解放的性质。

在这个基础上就形成了苏联、美国、英国和其他爱好自由的国家的反法西斯同盟，这个同盟后来对于粉碎轴心国的武装力量起决定性的作用。

第二次世界大战的起因和性质就是如此。

现在，大概谁都承认，这次战争确实不是而且不可能是各国人民生活中的一种偶然现象，它实际上成了各国人民维护自身生存的战争，因此它也不可能是短暂的闪电战。

对我国来说，这次战争是我们祖国历史上曾经有过的各次战争中最残酷和最艰苦的战争。

但是战争不只是一件可诅咒的事情。它同时是一个考验和检查人民的一切力量的伟大学校。战争暴露了后方和前线的各种事实和事变，无情地撕去了掩盖着各个国家、各国政府、各个政党的真面目的一切东西，使它们出现时不戴面具，不加粉饰，而各种优缺点都很分明。这次战争好像是对我们苏维埃制度，对我们国家，对我们政府，对我们共产党进行了一次考试，并总结了它们的工作，仿佛对我们说：看吧，这就是你们的人和组织，他们的工作和活动，请仔细看看他们，并根据他们的工作情况给以奖惩吧。

这就是战争的一个好的方面。

这个情况对我们选民来说，具有重大的意义，因为它帮助我们迅速而客观地估计党及其人物的活动，并作出正确的结论。如果在别的时期，那就得去研究党的代表人物的演说和报告，加以分析，把他们的言论和行动拿来比较，作出总结等等。这就需要进行一番复杂困难的工作，而且还不能担保不犯错误。现在却不同了，战争已经结束，战争本身检查了我们的组织和领导者的工作，并对这个工作作了总结。现在我们来把事情分析清楚并作出正确的结论，要容易得多了。

那末，战争的总结是怎样的呢？

有一个主要的总结，其他一切总结都是在这个总结的基础上产生的。这个总结就是，到战争结束的时候，敌人遭到了失败，而我们和我们的盟国取得了胜利。战争结束时，我们完全战胜了敌人，这就是战争的主要总结。但这个总结太一般了，所以我们不能以此为限。在第二次世界大战这样的人类历史上还从未有过的战争中，打败敌人，这当然意味着取得了世界历史意义的胜利。这一切都是对的。但这毕竟还是一个一般的总结，我们不能满足于此。为了理解我们的胜利的伟大历史意义，必须比较具体地分析这个问题。

那末，应当怎样来理解我们这次对敌人所取得的胜利，从我国内部力量的状况和发展来看，这次胜利又会有怎样的意义呢？

首先，我们的胜利说明，我们的苏维埃社会制度获得了胜利，苏维埃社会制度在战火中胜利地经受了考验，并证明了自己具有充分的生命力。

大家知道，在外国报刊上有人不止一次地断言，说苏维埃社会制度是必遭失败的"冒险试验"，说苏维埃制度是实际生活中没有根基而被肃反委员会的机关强加于人民的"纸牌搭的房子"，说只要从外面轻轻一推，这所"纸牌搭的房子"就会完全倒塌。

现在我们可以说，战争驳倒了外国报刊上的所有这些断语，证明它们都是没有根据的。战争表明，苏维埃社会制度是从人民中间生长起来并且得到他们强有力的拥护的真正人民制度，苏维埃社会制度是有充分生命力和十分稳固的社会组织形式。

不但如此。现在所谈的已经不是苏维埃社会制度有没有生命力的问题，因为在战争的明显教训以后，任何一个抱怀疑态度的人都再也不敢对苏维埃社会制度的生命力表示怀疑了。现在所谈的是，苏维埃社会制度比非苏维埃社会制度更有生命力，比它更稳固；苏维埃社会制度是比任何一个非苏维埃社会制度都要优越的社会组织形式。

其次，我们的胜利说明，我们苏维埃国家制度获得了胜利，我们多民族的苏维埃国家经受住了战争的一切考验，并证明了自己的生命力。

大家知道，外国报刊上的著名人士不止一次地发表这样的言论，说什么苏维埃的多民族国家是一个"人为的没有生机的建筑物"，说什么一旦发生某种纠纷，苏联必定会瓦解，说什么苏联会遭到与奥匈帝国同样的命运。

现在我们可以说，战争驳倒了外国报刊上这些议论，证明它们是毫无根据的。战争表明，苏维埃的多民族国家制度胜利地经受住了考验，它在战时更加巩固了，而且表明它是有充分生命力的国家制度。这些老爷们没有了解到，把我们的国家比作奥匈帝国，是毫无根据的，因为我们的多民族国家并不是在激起民族不信任和民族仇恨的资产阶级基础上生长起来的，而是在苏维埃基础上生长起来的，而这种基础正好相反，它是培植我国各族人民相互友爱和兄弟般的合作情感的。

不过，有了这次战争教训以后，这些老爷们再也不敢否认苏维埃国家制度的生命力了。现在所谈的已不是苏维埃国家制度有没有生命力的问题，因为它具有生命力是不容置疑的。现在所谈的是，苏维埃国家制度表明它是多民族国家的典范，苏维埃国家制度是这样一种国家组织体系，在那里，民族问题和各民族合作问题解决得比其他任何一个多民族的国家都好。

第三，我们这次胜利说明，苏联的武装力量获得了胜利，我们的红军获得了胜利，红军英勇地经受住了战争的一切艰难困苦，彻底粉碎了我们的敌人的军队，而获得了战争的胜利。（有人高呼："是在斯大林同志领导下获得的！"全体起立，热烈鼓掌，经久不息，转为欢呼。）

现在无论是朋友或敌人，都承认红军确实能够胜任自己的伟大使命。但约在六年以前，即战争前夜的时候，他们却不是这样看的。大家知道，当时外国报刊的著名人士和外国许多公认的军事权威都要屡次声言，说什么红军的情况大大令人怀疑；说什么红军武装得不好，而且没有真正的指挥人员；说什么红军士气低得不成样子；说什么红军也许适于防御，但不适于进攻；说什么红军一遭到德军打击，就会像"泥足的巨人"那样倒塌下去。这种言论不仅在德国有过，而且在法国、英国和美国也有过。

现在我们可以说，战争驳倒了所有这些言论，证明它们是没有根据的，可笑的。战争表明，红军并不是什么"泥足的巨人"，而是具有完全现代化的武装、极有经验的指挥人员以及高度的士气和战斗素质的现代第一流的军队。不应当忘记，红军就是把昨天还使欧洲各国军队胆战心寒的德军彻底击溃了的那个军队。

应当指出，这些评论红军的"批评家"愈来愈少了。不但如此，目前外国报刊上出现了愈来愈多的评论，赞扬红军的素质，赞扬红军的战士和指挥员的技术，赞扬红军战略、战术十分完善等等。这是可以理解的。既然红军在莫斯科和斯大林格勒、在库尔斯克和别尔哥罗德、在基辅和基洛夫格勒、在明斯克和鲍勃鲁伊斯克、在列宁格勒和塔林、在雅西和里沃夫等等城市附近、在维斯拉河和尼门河一带、在多瑙河与奥得河一带、在维也纳附近和柏林附近获得了辉煌的胜利，那也就不能不承认红军是第一流的军队，可以向它学习很多东西。（热烈鼓掌。）

我们就是这样来具体地理解我国取得的对敌人的胜利的。

战争的总结，基本上就是如此。

如果以为不是使全国预先做好了积极防御的准备，就能获得这样的有历史意义的胜利，那就错了。如果认为这样的准备可以在短期内，即在三四年内完成，那也同样是错误的。如果认为我们获得胜利只是由于我国军队的勇敢精神，那就更加错误了。没有勇敢精神当然不能获得胜利。但是单凭勇敢，也还不足以打败军队很多、武装优良、军官训练有素和供应良好的敌人。要想经受住这样的敌人的打击，再给以回击，然后把它完全击败，除了我国军队的无比英勇精神以外，还必须有完全现代化的并且数量充足的武装，有很好的而且也是数量充足的供给。可是为此就必须具备下面这样一些起码的而且要数量充足的东西：供制造武器装备以及企业设备用的金属；供维持企业工作和运输业用的燃料；供生产军服用的棉花以及供给军队的粮食。

是不是可以肯定地说，我国在参加第二次世界大战的前夜，已经拥有为基本上满足这些需要所绝对必需的物质条件呢？我认为是可以这样肯定地说的。为了准备这一宏伟的事业，必需实现发展国民经济的三个五年计划。正是这三个五年计划帮助我们创造了这些物质条件。无论如何，在第二次世界大战的前夜，在1940年，我国在这方面的情形比第一次世界大战前夜，比1913年要好几倍。

我国在第二次世界大战前夜拥有怎样的物质条件呢？

为了帮助你们弄清这点，我现在把共产党在使我国做好积极防御方面所做的准备工作，简略地报告一下。

如果拿第二次世界大战前夜、1940年的材料来同第一次世界大战前夜、1913年的材料比较一下，我们便可以看到这样的情况。

在1913年，我国生产了422万吨生铁，423万吨钢，2 900万吨煤，900万吨石油，2 160万吨商品谷物，74万吨籽棉。

这就是我国参加第一次世界大战时所拥有的物质条件。

这就是旧俄可以用来进行战争的经济基础。

至于说到1940年，那末，我国在这一年里生产了1 500万吨生铁，即几乎等于 1913 年的 4 倍；1 830 万吨钢，即等于 1913 年的 4.5 倍；16 600 万吨煤，即等于 1913 年的 5.5 倍；3 100 万吨石油，即等于 1913 年的 3.5 倍；3 830 万吨商品谷物，即比 1913 年多 1 700 万吨；270 万吨籽棉，即等于 1913 年的 3.5 倍。

这就是我国参加第二次世界大战时所拥有的物质条件。

这就是苏联可以用来进行战争的经济基础。

可见，差别是极大的。

生产上这样一种空前的增长，决不能认为是国家由落后达到进步的一种简单平常的发展。这是我们祖国由落后国变成先进国，由农业国变成工业国的一个飞跃。

这个历史性的转变是从 1928 年即第一个五年计划的头一年开始，在三个五年计划期间实现的。在这个时期以前，我们必须恢复被破坏的工业，医治第一次世界大战和国内战争所造成的创伤。如果同时还注意到第一个五年计划是四年完成，而实现第三个五年计划的工作在第四年度就被战争打断了的这种情形，那末，我们国家由农业国变为工业国一共只花了十三年左右。

不能不承认，实现这样宏伟的事业，十三年的时间是一个非常短的期限。

其实，这也就说明，为什么当时这些数字一公布，就引起外国报刊纷纷议论。朋友们认为是出现了"奇迹"，而不怀好意的人却说五年计划是"布尔什维克的宣传"和"肃反委员会的把戏"。但是，既然世界上不会出现什么奇迹，而肃反委员会又不是那样神通广大，竟能把社会发展的规律取消，于是，国外的"社会舆论"也就只好迁就事实了。

共产党是依靠什么政策来保证我国在这样短的时期内创造这些物质条件的呢？

首先就是依靠了苏维埃的国家工业化政策。

苏维埃的国家工业化方法，与资本主义的工业化方法根本不同。在资本主义国家，工业化通常都是从轻工业开始。由于轻工业同重工业比较起来，需要的投资少，资本周转快，获得利润也较容易，所以在那里，轻工业成了工业化的头一个对象。只有经过一个长时期，轻工业积累了利润并把这些利润集中于银行，这才轮到重工业，积累才开始逐渐转到重工业中去，造成重工业发展的条件。但这是一个需要数十年之久的长期过程，在这一时期内只得等待轻工业发展并在没有重工业的情形下勉强过活。共产党当然不能走这条道路。党知道战争日益逼近，没有重工业就无法保卫国家，所以必须赶快着手发展重工业，如果这件事做迟了，那就要失败。党记住了列宁的话：没有重工业，便无法保持国家的独立；没有重工业，苏维埃制度就会灭亡。因此我国共产党也就拒绝了"通常的"工业化道路，而从发展重工业开始来实行国家工业化。这件事是非常困难的，但是，是可以克服的。在这方面，工业国有化和银行国有化大大帮助了我们，使我们能够迅速聚集资金，转用到重工业方面去。

毫无疑问，如果不这样做，就无法在这样短的期间把我国变成工业国。

第二，就是依靠了农业集体化政策。

为了消灭我国农业方面的落后状况，并向国家提供更多的商品粮食、更多的棉花等等，必须由细小的农民经济过渡到大经济，因为只有大经济才能采用新的技术，利用一切农艺上的成就，并提供更多的商品产品。但是，大经济有两种，一种是资本主义的，另一种是集体的。共产党决不能走上资本主义的农业发展道路，这不仅是因为有原则上的理由，而且因为这条道路需要有一个过长的发展过程，而且先要使农民破产，使他们变成雇农。因此，共产党走上了农业集体化的道路，走上了把农户联合为集体农庄，以扩大农业规模的道路。结果表明，集体化的方法是最进步的方法，这不仅是因为它并不要让农民破产，而特别是因为它使我们能够在几年以内就使全国各地都有了能够采用新技术，利用一切农艺上的成就和向国家提供更多的商品产品的巨大集体农庄。

毫无疑问，如果不实行集体化政策，我们就不能在这样短的时期内消灭我国农业历来落后的状况。

不能说，党的政策没有遇到过抵抗。不但那些始终厌弃一切新事物的落后的人，而且党内有许多著名的党员，也一贯把党拉向后退，千方百计想把它拉到"通常的"资本主义的发展道路上去。托洛茨基派和右派所干的一切反党阴谋诡计，他们在暗中破坏我国政府的措施这方面所做的全部"工作"，都是在追求一个目的，即破坏党的政策并阻碍工业化和集体化的事业。但是党既没有在一些人的威胁面前屈服，也没有在另一些人的号叫面前屈服，而是坚定地、不顾一切地前进。党的功绩就在于它并没有迁就落后分子，不害怕逆流而进，始终保持着主导力量的阵地。毫无疑问，共产党如果没有这种坚忍不拔的精神，那就不能坚持国家工业化和农业集体化的政策。

共产党是不是正确利用了这样创造的物质条件，来扩展军事生产并供给红军必需的武装呢？

我认为它是做到了这点，并且做得极有成效。

如果不算战争的第一年，当时工业由于往东撤退而阻碍了军事生产的扩展，那末，党在战争其余三年中所取得的成绩，使它不仅能供给前线足够数量的大炮、机枪、步枪、飞机、坦克和弹药，而且还积蓄了后备。同时，大家知道，我们的武器在质量上，不仅不亚于德国，而且一般说来，甚至超过了它。

大家知道，我国的坦克制造业在战争的最后三年，每年平均生产了3万多辆坦克、自行火炮和装甲汽车。（热烈鼓掌。）

其次，大家知道，我国的飞机制造业在同一时期，每年生产了将近4万架飞机。（热烈鼓掌。）

大家还知道，我们的大炮制造业在同一时期，每年生产了将近12万门各种口径的大炮，（热烈鼓掌。）将近45万架轻重机枪，（热烈鼓掌。）300多万枝步枪，（鼓掌。）以及约200万枝自动枪。（鼓掌。）

最后，大家知道，我们的迫击炮制造业在1942—1944年期间，每年平均生产了将近10万门迫击炮。（热烈鼓掌。）

自然，我们同时生产了相当数量的炮弹、各种雷弹、航空炸弹，以及步枪和机枪子弹。

大家知道，例如，单是在1944年内就生产了24 000万多颗的炮弹、炸弹和雷弹，（鼓掌。）74亿粒子弹。（热烈鼓掌。）

红军的武器和弹药的供给情形大体上就是如此。

可见，这种情况同我国军队在第一次世界大战时期的供给情况是不相同的，当时前线经常缺乏大炮和炮弹，军队作战没有坦克和飞机，每三个兵士发给一枝步枪。

至于说到红军的粮食和军服的供给，谁都知道，前线在这方面不仅一点也不缺乏，甚至还有必要的后备。

我国共产党在战争开始以前和在战时的工作情况就是如此。

现在我来稍微谈谈共产党在最近将来的工作计划。大家知道，这种计划已在最近期间就要批准的新的五年计划中载明。新五年计划的基本任务，就是要使我国遭受灾难的区域恢复起来，使工农业恢复到战前水平，然后比较多地超过这个水平。关于在最近期间就会废除配给制这一点就不用提了，（热烈鼓掌多时。）将来要特别注意扩大日用品生产，用不断减低所有商品价格的办法来提高劳动者的生活水平，（热烈鼓掌多时。）广泛建设各种科学研究院，（鼓掌。）使科学能够发挥它的力量。（热烈鼓掌。）

我不怀疑，如果我们对我国的科学家们给以应有的帮助，他们在最近期间就不仅会赶上，而且会超过国外科学的成就。（鼓掌多时。）

至于较长时期的计划，党打算造成国民经济的强大的新高涨，使我们能够把我国工业水平提高到，譬如说，战前水平的3倍。我们必须使我国工业每年能生产生铁达5 000万吨，（鼓掌多时。）钢达6 000万吨，（鼓掌多时。）煤炭达5亿吨，（鼓掌多时。）石油达6 000万吨。（鼓掌多时。）只有在这种条件下，才可以认为，我们祖国有了不会发生任何意外事件的保障。（热烈鼓掌。）这大概还需要三个五年计划的时间，也许还要长些。但这是可能做到的，而且也是我们应当做到的。（热烈鼓掌。）

这就是我关于我国共产党不久以前的活动以及它将来的工作计划的一个简短报告。（热烈鼓掌多时。）

你们的事情就是来裁判一下：党过去和现在的工作正确到什么程度，（鼓掌。）它能不能做得好些。（十分活跃，鼓掌。）

据说，对胜利者是不裁判的，（欢跃，鼓掌。）对他们不应批评，不应检查。这话不对。对胜利者可以而且应当加以裁判，（愉快的呼声，鼓掌。）可以而且应当加以批评和检查。这不仅对于事业有益处，而且对胜利者本人也有益处，（听众齐声表示赞同，鼓掌。）那就会少骄傲一点，多谦逊一些。（欢呼，鼓掌。）我认为选举运动就是选民对作为执政党的我国共产党进行裁判的法庭。选举结果便是选民的判决。（赞同的高呼声，鼓掌。）如果我国共产党害怕批评和检查，那它就没有多大价值了。共产党愿意接受选民的判决。（热烈鼓掌。）

在竞选时，共产党并不是单独活动。它是和非党人士结成联盟进行选举的。从前，共产党员对非党人士和无党无派是有点不信任的。这是因为当时各种资产阶级团体在选民面前假若不戴起假面具，便很不利，所以它们往往用无党无派的旗子来掩饰。从前就是如此。现在我们的时代不同了。现在有一个叫作苏维埃社会制度的壁垒把非党人士和资产阶级隔开了。这个壁垒同时又把非党人士和共产党员联合成为一个共同的苏维埃的集体。他们生活在共同集体里，一起为巩固我国威力而斗争；为了我们祖国的自由和尊严，一起在战场上作战流血；他们一起锻造和锻造出了我国对敌人的胜利。他们之间的区别，不过是一些人入了党，而另一些人没有入党罢了。但这是形式上的区别。重要的是两者都在创造一个共同的事业。因此共产党员和非党人士的联盟是一件自然而富有生气的事情。（热烈鼓掌多时。）

最后，请允许我对你们表示感谢，感谢你们对我的信任，（鼓掌多时，经久不息。有人高呼："使我们取得一切胜利的伟大统帅斯大林同志乌拉！"）提出我作为最高苏维埃代表候选人。你们可以不必怀疑，我一定竭力不辜负你们的信任。（全体起立。热烈鼓掌，经久不息，转为欢呼。会场到处高呼："伟大的斯大林万岁，乌拉！""各族人民的伟大领袖乌拉！""光荣属于伟大的斯大林！""全民候选人斯大林同志万岁！""光荣属于我国一切胜利的创造者斯大林同志！"）

录自：中共中央马克思恩格斯列宁斯大林著作编译局编译：《斯大林文选》（1934—1952），北京：人民出版社，1962年，第441—454页。

第二次世界大战给苏联带来了巨大的变化，战时的美苏合作与苏联士兵的出境作战使得一向封闭的苏联社会突然开放，国内出现了普遍的信仰危机，普遍存在的要求变革的社会心理正在或者已经衍生出对现存政权和制度的不满。同时在国际上，苏联已经成为公认的政治和军事强国。苏联未来应该往何处去？走什么样的道路？1946年2月1日，政治局批准了《联共（布）中央致全体选民的呼吁书》，呼吁最迅速地恢复国民经济，保持国防实力，必须"巩固所取得的胜利"，"坚决捍卫苏联的利益"以及"与其他国家的民主力量一起争取加强爱好和平国家合作的斗争"。几天后，在这个基本背景下，斯大林在莫斯科的选区向群众发表了以上的这篇讲话。斯大林亲自撰写了讲话稿，而且修改多次，甚至在一些重要段落后面插入了"热烈鼓掌""喝彩并起立鼓掌"之类的话来规定听众的反应。讲话不仅在电台播出，还印发了上千份。[①]

[史家争鸣]

弗拉季斯拉夫·M. 祖博克（Vladislav M. Zubok）认为，斯大林演讲的措辞带有强烈的意识形态色彩。他宣布了一条毫不掩饰的单边主义的战后路线。对于许多观察家来说，这意味着与伟大同盟的精神分道扬镳；讲话对于西方列强没有一句好话。敏锐的听众和读者马上就认识到，过上好日子以及战后与西方盟国的合作希望破灭了，斯大林确定了新的指导思想。[②]

张盛发认为，斯大林在莫斯科选民大会上的演讲已开始对资本主义采取严厉批判的态度。单就他发表演说的时机来说，也不能说是适宜的。首先，斯大林在演说中谈论现代资本主义必然产生战争的话题，其效果恐怕只能引起人民对战争的恐惧而不是对战争的警惕。其次，在苏联同美国正在或即将

---

① 沈志华：《经济漩涡：观察冷战发生的新视角》，香港：开明书店，2022年，第254、262页；Vladislav M. Zubok, *A Failed Empire: The Soviet Union in the Cold War from Stalin to Gorbachev*, Chapel Hill: The University of North Carolina Press, 2007, p.52.
② Zubok, *A Failed Empire*, p.52.

进行谈判的过程中，演说把资本主义同战争画上等号，无论从什么角度讲，显然是不明智的。再次，把战争的胜利归因与苏维埃制度的优越性，表明了他对美英等资本主义国家怀有的根深蒂固的敌意和仇视，因而必然产生严重的后果。从时间和内容上看，凯南长电以及之后丘吉尔的"铁幕演说"都与斯大林的演说存在一定的联系。在一定程度上，可以把斯大林演说视作苏联对美国和西方进行冷战的信号。[①]

沈志华认为，斯大林的这个演说根本就不是说给美国人听的，而是针对苏联国内老百姓。战争使一向封闭的苏联社会突然开放了，人们终于亲眼看到了真实的外部世界，苏联社会受到的冲击和苏联民众的思想变化是前所未有的。这种变化主要表现在亲西方情绪，对民主、自由和公开性的诉求，对苏联原有政治、经济体制的不满和怀疑，以及提高生活质量和水平的普遍要求。斯大林的讲话，无非是要在苏联国民中树立起对社会主义制度的自信，对优先发展重工业的工业国有化和农业集体化方针的自信，告诫人们还要继续勒紧裤腰带，准备过苦日子——因为存在帝国主义和战争危险。苏联的国家安全实质上是保证实行极权专制的制度安全，斯大林的忧虑首先在内部而不是外部。当时不少美国的政治精英都过度和错误解读了斯大林演说的本意。而且斯大林的演说并未直接导致美国对苏政策的改变。[②]

[**思考题**]

1. 斯大林的演说在哪些方面提出了对抗西方的战略？

2. 斯大林的演说在西方国家引起了什么样的反映？

3. 和丘吉尔的"铁幕演说"比较，斯大林的演说有什么异同？

（葛君　编）

---

① 张盛发：《斯大林与冷战》，北京：中国社会科学出版社，2000年，第182—186页。
② 沈志华：《经济漩涡》，第xix、263页。

150

凯南的"长电报"

(1946年2月22日)

(The Chargé in the Soviet Union (Kennan) to the Secretary of State)

861.00/2 – 2246: Telegram

SECRET

Moscow, February 22, 1946–9 p.m.

[Received February 22–3:52 p.m.]

511. Answer to Dept's 284, Feb 3 [13]①involves questions so intricate, so delicate, so strange to our form of thought, and so important to analysis of our international environment that I cannot compress answers into single brief message without yielding to what I feel would be dangerous degree of over-simplification. I hope, therefore, Dept will bear with me if I submit in answer to this question five parts, subjects of which will be roughly as follows:

(1) Basic features of post-war Soviet outlook.

(2) Background of this outlook.

(3) Its projection in practical policy on official level.

(4) Its projection on unofficial level.

---

① Not printed; in this telegram the Department informed the Chargé: "We should welcome receiving from you an interpretive analysis of what we may expect in the way of future implementation of these announced policies ..." (861.00/2–1246). The policies referred to were those contained in the preelection speeches of Stalin and his associates.

(5) Practical deductions from standpoint of US policy.

I apologize in advance for this burdening of telegraphic channel; but questions involved are of such urgent importance, particularly in view of recent events, that our answers to them, if they deserve attention at all, seem to me to deserve it at once. There follows:

Part 1: Basic Features of Post War Soviet Outlook, as Put Forward by Official Propaganda Machine

Are as Follows:

(a) USSR still lives in antagonistic "capitalist encirclement" with which in the long run there can be no permanent peaceful coexistence. As stated by Stalin in 1927 to a delegation of American workers:

"In course of further development of international revolution there will emerge two centers of world significance: a socialist center, drawing to itself the countries which tend toward socialism, and a capitalist center, drawing to itself the countries that incline toward capitalism. Battle between these two centers for command of world economy will decide fate of capitalism and of communism in entire world."

(b) Capitalist world is beset with internal conflicts, inherent in nature of capitalist society. These conflicts are insoluble by means of peaceful compromise. Greatest of them is that between England and US.

(c) Internal conflicts of capitalism inevitably generate wars. Wars thus generated may be of two kinds: intra-capitalist wars between two capitalist states, and wars of intervention against socialist world. Smart capitalists, vainly seeking escape from inner conflicts of capitalism, incline toward latter.

(d) Intervention against USSR, while it would be disastrous to those who undertook it, would cause renewed delay in progress of Soviet socialism and must therefore be forestalled at all costs.

(e) Conflicts between capitalist states, though likewise fraught with danger for USSR, nevertheless hold out great possibilities for advancement of socialist cause, particularly if USSR remains militarily powerful, ideologically monolithic and faithful to its present brilliant leadership.

(f) It must be borne in mind that capitalist world is not all bad. In addition to hopelessly reactionary and bourgeois elements, it includes (1) certain wholly enlightened and positive elements united in acceptable communistic parties and (2) certain other elements (now described for tactical reasons as progressive or democratic) whose reactions, aspirations and activities happen to be "objectively" favorable to interests of USSR. These last must be encouraged and utilized for Soviet purposes.

(g) Among negative elements of bourgeois-capitalist society, most dangerous of all are those whom Lenin called false friends of the people, namely moderate-socialist or social-democratic leaders (in other words, non-Communist left-wing). These are more dangerous than out-and-out reactionaries, for latter at least march under their true colors, whereas moderate left-wing leaders confuse people by employing devices of socialism to seine interests of reactionary capital.

So much for premises. To what deductions do they lead from standpoint of Soviet policy? To following:

(a) Everything must be done to advance relative strength of USSR as factor in international society. Conversely, no opportunity most be missed to reduce strength and influence, collectively as well as individually, of capitalist powers.

(b) Soviet efforts, and those of Russia's friends abroad, must be directed toward deepening and exploiting of differences and conflicts between capitalist powers. If these eventually deepen into an "imperialist" war, this war must be turned into revolutionary upheavals within the various capitalist countries.

(c) "Democratic-progressive" elements abroad are to be utilized to maximum to bring pressure to bear on capitalist governments along lines agreeable to Soviet interests.

(d) Relentless battle must be waged against socialist and social-democratic leaders abroad.

Part 2: Background of Outlook

Before examining ramifications of this party line in practice there are certain aspects of it to which I wish to draw attention.

First, it does not represent natural outlook of Russian people. Latter are, by and large, friendly to outside world, eager for experience of it, eager to measure against it talents they are conscious of possessing, eager above all to live in peace and enjoy fruits of their own labor. Party line only represents thesis which official propaganda machine puts forward with great skill and persistence to a public often remarkably resistant in the stronghold of its innermost thoughts. But party line is binding for outlook and conduct of people who make up apparatus of power — party, secret police and Government — and it is exclusively with these that we have to deal.

Second, please note that premises on which this party line is based are for most part simply not true. Experience has shown that peaceful and mutually profitable coexistence of capitalist and socialist states is entirely possible. Basic internal conflicts in advanced countries are no longer primarily those arising out of capitalist ownership of means of production, but are ones arising from advanced urbanism and industrialism as such, which Russia has thus far been spared not by socialism but only by her own backwardness. Internal rivalries of capitalism do not always generate wars; and not all wars are attributable to this cause. To speak of possibility of intervention against USSR today, after elimination of Germany and Japan and after example of recent war, is sheerest nonsense. If not provoked by forces of intolerance and subversion "capitalist" world of today is quite capable of living at peace with itself and with Russia. Finally, no sane person has reason to doubt sincerity of moderate socialist leaders in Western countries. Nor is it fair to deny success of their efforts to improve conditions for working population whenever, as in Scandinavia, they have been given chance to show what they could do.

Falseness of those premises, every one of which predates recent war, was amply demonstrated by that conflict itself Anglo-American differences did not turn out to be major differences of Western World. Capitalist countries, other than those of Axis, showed no disposition to solve their differences by joining in crusade against USSR. Instead of imperialist war turning into civil wars and revolution, USSR found itself obliged to fight side by side with capitalist powers for an avowed community of aim.

Nevertheless, all these theses, however baseless and disproven, are being boldly put forward again today. What does this indicate? It indicates that Soviet party line is not based on any objective analysis of situation beyond Russia's borders; that it has, indeed, little to do with conditions outside of Russia; that it arises mainly from basic inner-Russian necessities which existed before recent war and exist today.

At bottom of Kremlin's neurotic view of world affairs is traditional and instinctive Russian sense of insecurity. Originally, this was insecurity of a peaceful agricultural people trying to live on vast exposed plain in neighborhood of fierce nomadic peoples. To this was added, as Russia came into contact with economically advanced West, fear of more competent, more powerful, more highly organized societies in that area. But this latter type of insecurity was one which afflicted rather Russian rulers than Russian people; for Russian rulers have invariably sensed that their rule was relatively archaic in form fragile and artificial in its psychological foundation, unable to stand comparison or contact with political systems of Western countries. For this reason they have always feared foreign penetration, feared direct contact between Western world and their own, feared what would happen if Russians learned truth about world without or if foreigners learned truth about world within. And they have learned to seek security only in patient but deadly struggle for total destruction of rival power, never in compacts and compromises with it.

It was no coincidence that Marxism, which had smoldered ineffectively for half a century in Western Europe, caught hold and blazed for first time in Russia. Only in this land which had never known a friendly neighbor or indeed any tolerant equilibrium of separate powers, either internal or international, could a doctrine thrive which viewed economic conflicts of society as insoluble by peaceful means. After establishment of Bolshevist regime, Marxist dogma, rendered even more truculent and intolerant by Lenin's interpretation, became a perfect vehicle for sense of insecurity with which Bolsheviks, even more than previous Russian rulers, were afflicted. In this dogma, with its basic altruism of purpose, they found justification for their instinctive fear of outside world, for the dictatorship without which they did not know how to rule, for cruelties they did not dare not to inflict, for sacrifice they felt bound to demand. In the name of Marxism they sacrificed every single ethical value in their methods and tactics. Today they cannot dispense with it. It is fig leaf of their moral and intellectual respectability. Without it they would stand before history, at best, as only the last of that long succession of cruel and wasteful Russian rulers who have relentlessly forced country on to ever new heights of military power in order to guarantee external security of their internally weak regimes. This is why Soviet purposes most always be solemnly clothed in trappings of Marxism, and why no one should underrate importance of dogma in Soviet affairs. Thus Soviet leaders are driven [by ?] necessities of their own past and present position to put forward which [apparent omission] outside world as evil, hostile and menacing, but as bearing within itself germs of creeping disease and destined to be wracked with growing internal convulsions until it is given final Coup de grace by rising power of socialism and yields to new and better world. This thesis provides justification for that increase of military and police power of Russian state, for that isolation of Russian population from outside world, and for that fluid and constant pressure to extend limits of Russian police power which are together the natural and instinctive urges of Russian rulers. Basically this is only the steady advance of uneasy Russian nationalism, a centuries old movement in which conceptions of offense and defense are inextricably confused. But in new guise of international Marxism, with its honeyed promises to a desperate and war torn outside world, it is more dangerous and insidious than ever before.

It should not be thought from above that Soviet party line is necessarily disingenuous and insincere on part of all those who put it forward. Many of them are too ignorant of outside world and mentally too dependent to question [apparent omission] self-hypnotism, and who have no difficulty making themselves believe what they find it comforting and convenient to believe. Finally we have the unsolved mystery as to who, if anyone, in this great land actually receives accurate and unbiased information about outside world. In atmosphere of oriental secretiveness and conspiracy which pervades this Government, possibilities for distorting or poisoning sources and currents of information are infinite. The very disrespect of Russians for objective truth — indeed, their disbelief in its existence — leads them to view all stated facts as instruments for furtherance of one ulterior purpose or another. There is good reason to suspect that this Government is actually a conspiracy within a conspiracy; and I for one am reluctant to believe that Stalin himself receives anything like an objective picture of outside world. Here there is ample scope for the type of subtle intrigue at which Russians are past masters. Inability of foreign governments to place their case squarely before Russian policy makers — extent to which they are delivered up in their relations with Russia to good graces of obscure and unknown advisors whom they never see and cannot influence — this to my mind is most disquieting feature of diplomacy in Moscow, and one which Western statesmen would do well to keep in mind if they would understand nature of difficulties encountered here.

Part 3: Projection of Soviet Outlook in Practical Policy on Official Level

We have now seen nature and background of Soviet program. What may we expect by way of its practical implementation?

Soviet policy, as Department implies in its query under reference, is conducted on two planes: (1) official plane represented by actions undertaken officially in name of Soviet Government; and (2) subterranean plane of actions undertaken by agencies for which Soviet Government does not admit responsibility.

Policy promulgated on both planes will be calculated to serve basic policies (a) to (d) outlined in part 1. Actions taken on different planes will differ considerably, but will dovetail into each other in purpose, timing and effect.

On official plane we must look for following:

(a) Internal policy devoted to increasing in every way strength and prestige of Soviet state: intensive military-industrialization; maximum development of armed forces; great displays to impress outsiders; continued secretiveness about internal matters, designed to conceal weaknesses and to keep opponents in dark.

(b) Wherever it is considered timely and promising, efforts will be made to advance official limits of Soviet power. For the moment, these efforts are restricted to certain neighboring points conceived of here as being of immediate strategic necessity, such as Northern Iran, Turkey, possibly Bornholm. However, other points may at any time come into question, if and as concealed Soviet political power is extended to new areas. Thus a "friendly Persian Government might be asked to grant Russia a port on Persian Gulf. Should Spain fall under Communist control, question of Soviet base at Gibraltar Strait might be activated. But such claims will appear on official level only when unofficial preparation is complete.

(c) Russians will participate officially in international organizations where they see opportunity of extending Soviet power or of inhibiting or diluting power of others. Moscow sees in UNO not the mechanism for a permanent and stable world society founded on mutual interest and aims of all nations, but an arena in which aims just mentioned can be favorably pursued. As long as UNO is considered here to serve this purpose, Soviets will remain with it. But if at any time they come to conclusion that it is serving to embarrass or frustrate their aims for power expansion and if they see better prospects for pursuit of these aims along other lines, they will not hesitate to abandon UNO. This would imply, however, that they felt themselves strong enough to split unity of other nations by their withdrawal to render UNO ineffective as a threat to their aims or security, replace it with an international weapon more effective from their viewpoint. Thus Soviet attitude toward UNO will depend largely on loyalty of other nations to it, and on degree of vigor, decisiveness and cohesion with which those nations defend in UNO the peaceful and hopeful concept of international life, which that organization represents to our way of thinking. I reiterate, Moscow has no abstract devotion to UNO ideals. Its attitude to that organization will remain essentially pragmatic and tactical.

(d) Toward colonial areas and backward or dependent peoples, Soviet policy, even on official plane, will be directed toward weakening of power and influence and contacts of advanced Western nations, on theory that in so far as this policy is successful, there will be created a vacuum which will favor Communist-Soviet penetration. Soviet pressure for participation in trusteeship arrangements thus represents, in my opinion, a desire to be in a position to complicate and inhibit exertion of Western influence at such points rather than to provide major channel for exerting of Soviet power. Latter motive is not lacking, but for this Soviets prefer to rely on other channels than official trusteeship arrangements. Thus we may expect to find Soviets asking for admission everywhere to trusteeship or similar arrangements and using levers thus acquired to weaken Western influence among such peoples.

(e) Russians will strive energetically to develop Soviet representation in, and official ties with, countries in which they sense Strong possibilities of opposition to Western centers of power. This applies to such widely separated points as Germany, Argentina, Middle Eastern countries, etc.

(f) In international economic matters, Soviet policy will really be dominated by pursuit of autarchy for Soviet Union and Soviet-dominated adjacent areas taken together. That, however, will be underlying policy. As far as official line is concerned, position is not yet clear. Soviet Government has shown strange reticence since termination hostilities on subject foreign trade. If large scale long term credits should be forthcoming, I believe Soviet Government may eventually again do lip service, as it did in 1930's to desirability of building up international economic exchanges in general. Otherwise I think it possible Soviet foreign trade may be restricted largely to Soviet's own security sphere, including occupied areas in Germany, and that a cold official shoulder may be turned to principle of general economic collaboration among nations.

(g) With respect to cultural collaboration, lip service will likewise be rendered to desirability of deepening cultural contacts between peoples, but this will not in practice be interpreted in any way which could weaken security position of Soviet peoples. Actual manifestations of Soviet policy in this respect will be restricted to arid channels of closely shepherded official visits and functions, with superabundance of vodka and speeches and dearth of permanent effects.

(h) Beyond this, Soviet official relations will take what might be called "correct" course with individual foreign governments, with great stress being laid on prestige of Soviet Union and its representatives and with punctilious attention to protocol as distinct from good manners.

Part 4: Following May Be Said as to What We May Expect by Way of Implementation of Basic Soviet Policies on Unofficial, or Subterranean Plane, i.e. on Plane for Which Soviet Government Accepts no Responsibility

Agencies utilized for promulgation of policies on this plane are following:

1. Inner central core of Communist Parties in other countries. While many of persons who compose this category may also appear and act in unrelated public capacities, they are in reality working closely together as an underground operating directorate of world communism, a concealed Comintern[①] tightly coordinated and directed by Moscow. It is important to remember that this inner core is actually working on underground lines, despite legality of parties with which it is associated.

2. Rank and file of Communist Parties. Note distinction is drawn between those and persons defined in paragraph 1. This distinction has become much sharper in recent years. Whereas formerly foreign Communist Parties represented a curious (and from Moscow's standpoint often inconvenient) mixture of conspiracy and legitimate activity, now the conspiratorial element has been neatly concentrated in inner circle and ordered underground, while rank and file — no longer even taken into confidence about realities of movement — are thrust forward as bona fide internal partisans of certain political tendencies within their

---

① The Third (Communist) International, founded by the Bolsheviks at Moscow in March 1919, announced as having been dissolved in May 1943; see Foreign Relations, 1943, vol. III, pp.531–532, and 542–543.

respective countries, genuinely innocent of conspiratorial connection with foreign states. Only in certain countries where communists are numerically strong do they now regularly appear and act as a body. As a rule they are used to penetrate, and to influence or dominate, as case may be, other organizations less likely to be suspected of being tools of Soviet Government, with a view to accomplishing their purposes through [apparent omission] organizations, rather than by direct action as a separate political party.

3. A wide variety of national associations or bodies which can be dominated or influenced by such penetration. These include: labor unions, youth leagues, women's organizations, racial societies, religious societies, social organizations, cultural groups, liberal magazines, publishing houses, etc.

4. International organizations which can be similarly penetrated through influence over various national components. Labor, youth and women's organizations are prominent among them. Particular, almost vital importance is attached in this connection to international labor movement. In this, Moscow sees possibility of sidetracking western governments in world affairs and building up international lobby capable of compelling governments to take actions favorable to Soviet interests in various countries and of paralyzing actions disagreeable to USSR.

5. Russian Orthodox Church, with its foreign branches, and through it the Eastern Orthodox Church in general.

6. Pan-Slav movement and other movements (Azerbaijan, Armenian, Turcoman, etc.) based on racial groups within Soviet Union.

7. Governments or governing groups willing to lend themselves to Soviet purposes in one degree or another, such as present Bulgarian and Yugoslav Governments, North Persian regime, Chinese Communists, etc. Not only propaganda machines but actual policies of these regimes can be placed extensively at disposal of USSR.

It may be expected that component parts of this far-flung apparatus will be utilized in accordance with their individual suitability, as follows:

(a) To undermine general political and strategic potential of major Western Powers. Efforts will be made in such countries to disrupt national self-confidence, to hamstring measures of national defense, to increase social and industrial unrest, to stimulate all forms of disunity. All persons with grievances, whether economic or racial, will be urged to spelt redress not in mediation and compromise, but in defiant violent struggle for destruction of other elements of society. Here poor will be set against rich, black against white, young against old, newcomers against established residents, etc.

(b) On unofficial plane particularly violent efforts will be made to weaken power and influence of Western Powers of [on] colonial backward, or dependent peoples. On this level, no holds will be barred. Mistakes and weaknesses of western colonial administration will be mercilessly exposed and exploited. Liberal opinion in Western countries will be mobilized to weaken colonial policies. Resentment among dependent peoples will be stimulated. And while latter are being encouraged to seek independence of Western Powers, Soviet dominated puppet political machines will be undergoing preparation to take over domestic power in respective colonial areas when independence is achieved.

(c) Where individual governments stand in path of Soviet purposes pressure will be brought for their removal from office. This can happen where governments directly oppose Soviet foreign policy aims (Turkey, Iran), where they seal their territories off against Communist penetration (Switzerland, Portugal), or where they compete too strongly, like Labor Government in England, for moral domination among elements which it is important for Communists to dominate. (Sometimes, two of these elements are present in a single case. Then Communist opposition becomes particularly shrill and savage. []]

(d) In foreign countries Communists will, as a rule, work toward destruction of all forms of personal independence, economic, political or moral. Their system can handle only individuals who have been brought into complete dependence on higher power. Thus, persons who are financially independent — such as individual businessmen, estate owners, successful farmers, artisans and all those who exercise local leadership or have local prestige, such as popular local clergymen or political figures, are anathema. It is not by chance that even in USSR local officials are kept constantly on move from one job to another, to prevent their taking root.

(e) Everything possible will be done to set major Western Powers against each other. Anti-British talk will be plugged among Americans, anti-American talk among British. Continentals, including Germans, will be taught to abhor both Anglo-Saxon powers. Where suspicions exist, they will be fanned; where not, ignited. No effort will be spared to discredit and combat all efforts which threaten to lead to any sort of unity or cohesion among other [apparent omission] from which Russia might be excluded. Thus, all forms of international organization not amenable to Communist penetration and control, whether it be the Catholic [apparent omission] international economic concerns, or the international fraternity of royalty and aristocracy, must expect to find themselves under fire from many, and often [apparent omission].

(f) In general, all Soviet efforts on unofficial international plane will be negative and destructive in character, designed to tear down sources of strength beyond reach of Soviet control. This is only in line with basic Soviet instinct that there can be no compromise with rival power and that constructive work can start only when Communist power is doming. But behind all this will be applied insistent, unceasing pressure for penetration and command of key positions in administration and especially in police apparatus of foreign countries. The Soviet regime is a police regime par excellence, reared in the dim half world of Tsarist police intrigue, accustomed to think primarily in terms of police power. This should never be lost sight of in ganging Soviet motives.

Part 5: [Practical Deductions From Standpoint of US Policy]

In summary, we have here a political force committed fanatically to the belief that with US there can be no permanent modus vivendi that it is desirable and necessary that the internal harmony of our society be disrupted, our traditional way of life be destroyed, the international authority of our state be broken, if Soviet power is to be secure. This political force has complete power of disposition over energies of one of world's greatest peoples and resources of world's richest national territory, and is borne along by deep and powerful currents of Russian nationalism. In addition, it has an elaborate and far flung apparatus for exertion of its influence in other countries, an apparatus of amazing flexibility and versatility, managed by people whose experience and skill in underground methods are presumably without parallel in history. Finally, it is seemingly inaccessible to considerations of reality in its basic reactions. For it, the vast fund of objective fact about human society is not, as with us, the measure against which outlook is constantly being tested and re-formed, but a grab bag from which individual items are selected arbitrarily and tendentiously to bolster an outlook already preconceived. This is admittedly not a pleasant picture. Problem of how to cope with this force in [is] undoubtedly greatest task our diplomacy has ever faced and probably greatest it will ever have to face. It should be point of departure from which our political general staff work at present juncture should proceed. It should be approached with same thoroughness and care as solution of major strategic problem in war, and if necessary, with no smaller outlay in planning effort. I cannot attempt to suggest all answers here. But I would like to record my conviction that problem is within our power to solve — and that without recourse to any general military conflict. And in support of this conviction there are certain observations of a more encouraging nature I should like to make:

(1) Soviet power, unlike that of Hitlerite Germany, is neither schematic nor adventuristic. It does not work by fixed plans. It does not take unnecessary risks. Impervious to logic of reason, and it is highly sensitive to logic of force. For this reason it can easily withdraw — and usually does when strong resistance is encountered at any point. Thus, if the adversary has sufficient force and makes clear his readiness to use it, he rarely has to do so. If situations are properly handled there need be no prestige-engaging showdowns.

(2) Gauged against Western World as a whole, Soviets are still by far the weaker force. Thus, their success will really depend on degree of cohesion, firmness and vigor which Western World can muster. And this is factor which it is within our power to influence.

(3) Success of Soviet system, as form of internal power, is not yet finally proven. It has yet to be demonstrated that it can survive supreme test of successive transfer of power from one individual or group to another. Lenin's death was first such transfer, and its effects wracked Soviet state for 15 years. After Stalin's death or retirement will be second. But even this will not be final test. Soviet internal system will now be subjected, by virtue of recent territorial expansions, to series of additional strains which once proved severe tax on Tsardom. We here are convinced that never since termination of civil war have mass of Russian people been emotionally farther removed from doctrines of Communist Party than they are today. In Russia, party has now become a great and — for the moment — highly successful apparatus of dictatorial administration, but it has ceased to be a source of emotional inspiration. Thus, internal soundness and permanence of movement need not yet be regarded as assured.

(4) All Soviet propaganda beyond Soviet security sphere is basically negative and destructive. It should therefore be relatively easy to combat it by any intelligent and really constructive program.

For those reasons I think we may approach calmly and with good heart problem of how to deal with Russia. As to how this approach should be made, I only wish to advance, by way of conclusion, following comments:

(1) Our first step must be to apprehend, and recognize for what it is, the nature of the movement with which we are dealing. We must study it with same courage, detachment, objectivity, and same determination not to be emotionally provoked or unseated by it, with which doctor studies unruly and unreasonable individual.

(2) We must see that our public is educated to realities of Russian situation. I cannot over-emphasize importance of this. Press cannot do this alone. It must be done mainly by Government, which is necessarily more experienced and better informed on practical problems involved. In this we need not be deterred by [ugliness?] of picture. I am convinced that there would be far less hysterical anti-Sovietism in our country today if realities of this situation were better understood by our people. There is nothing as dangerous or as terrifying as the unknown. It may also be argued that to reveal more information on our difficulties with Russia would reflect unfavorably on Russian-American relations. I feel that if there is any real risk here involved, it is one which we should have courage to face, and sooner the better. But I cannot see what we would be risking. Our stake in this country, even coming on heels of tremendous demonstrations of our friendship for Russian people, is remarkably small. We have here no investments to guard, no actual trade to lose, virtually no citizens to protect, few cultural contacts to preserve. Our only stake lies in what we hope rather than what we have; and I am convinced we have better chance of realizing those hopes if our public is enlightened and if our dealings with Russians are placed entirely on realistic and matter-of-fact basis.

(3) Much depends on health and vigor of our own society. World communism is like malignant parasite which feeds only on diseased tissue. This is point at which domestic and foreign policies meets. Every courageous and incisive

measure to solve internal problems of our own society, to improve self-confidence, discipline, morale and community spirit of our own people, is a diplomatic victory over Moscow worth a thousand diplomatic notes and joint communiqués. If we cannot abandon fatalism and indifference in face of deficiencies of our own society, Moscow will profit — Moscow cannot help profiting by them in its foreign policies.

(4) We must formulate and put forward for other nations a much more positive and constructive picture of sort of world we would like to see than we have put forward in past. It is not enough to urge people to develop political processes similar to our own. Many foreign peoples, in Europe at least, are tired and frightened by experiences of past, and are less interested in abstract freedom than in security. They are seeking guidance rather than responsibilities. We should be better able than Russians to give them this. And unless we do, Russians certainly will.

(5) Finally we must have courage and self-confidence to cling to our own methods and conceptions of human society. After Al, the greatest danger that can befall us in coping with this problem of Soviet communism, is that we shall allow ourselves to become like those with whom we are coping.

KENNAN

录 自：Foreign Relations of the United States, 1946, Volume VI, Eastern Europe; The Soviet Union, Washington: United States Government Printing Office, 1969, pp.696—709.

［历史背景介绍］

"二战"结束之后，美苏战时合作关系渐趋瓦解，取而代之的是美国对苏联的态度逐渐强硬。1946年年初，当时以代办名义负责美国驻苏使馆的美国外交官乔治·凯南在接到国务院发出的要求其针对斯大林和苏共领导人关于选举的讲话做出适当评估的指令之后，凯南最终向美国国务院发回了一封长达 8 000 字的电报，首次全面分析了战后初期苏联的"理论、意图、政策和做法"，论证苏联有扩张的野心，以致于美苏无法建立正常的合作关系。电报内容分为 5 个部分：苏联战后（战略）思维的基本特征；苏联上述思维的背景；苏联上述思维在政府政策层面的反映；苏联上述思维在非政府层面的反映；从美国政策角度的可行性推断。凯南在这份电报中综合美国政府前一时期对苏联强硬政策的实际做法和主要决策人的一些设想，提出了一整套"遏制"苏联的对策，并进行了理论上的说明。凯南在电文中提出的这些主张与当时美国决策者的需要极为相符，这使得凯南因该电文而受到美国国务院的嘉奖。

[史家争鸣]

张曙光教授在其著作中指出，凯南在这份"长电"中，表现出明确的反主流立场。在他看来，苏联对美采取"对抗"政策，根本原因之一是由于美国战时与战后采取了"完全错误的"对苏政策。无论是罗斯福试图通过"势力范围重新划分"以及共同运作"国际组织"的方式使苏联"融入"正常的国际体系，还是哈里曼强调的"以一换一"的"讨价还价"机制，都忽略了一个最基本因素：即苏俄"由来已久"的"不安全意识"与"共产主义意识形态"是促使莫斯科"向外扩张"的直接动因，因而，无论美国如何做——是采取"硬的一手"，还是采取"软的一手"，都不足以"改变"苏联政权的对外"扩张"企图与行为。[①]

北京大学张小明老师在谈及凯南的遏制战略时，曾提出：凯南在分析苏联对西方"威胁"时，主要是把苏联视为一个追求传统目标的民族国家而非追求意识形态目标的革命国家。"8 000 字电报"认为苏联是"深厚强大的俄罗斯民族主义潮流孕育出来的"。该电文和"X"文章一样，都一再强调苏

---

① 张曙光:《美国遏制战略与冷战起源再探》，上海：上海外语教育出版社，2007年，第25页。

联对外行为动机从根本上说不是意识形态目标，而是从历史上继承下来的不安全感。至于意识形态，在他看来主要是说明苏联不安全感的理论依据和对外扩张的工具。①

凯南在1967年出版的第一部回忆录中说，他的"X"文章被李普曼"误解"了。凯南指出，李普曼从军事的角度解释"遏制"概念，这并不是他的本意。他明确表示自己所说的"遏制苏联，就是以政治手段遏制政治威胁，不是以军事手段遏制军事威胁"。②

[思考题]

1. 结合上述各种表述，请思考如何全面准确理解凯南长电报的内涵及其实质？

2. 结合"二战"及冷战初期的相关史实，请思考凯南对战后苏联的分析究竟客观与否？

3. 假如你是当时的苏联领导人，面对美国政府根据凯南长电报炮制出的相关政策，你认为应该采取怎样的举措来加以应对？

（赵继珂　编）

---

① 张小明：《不应该误解乔治·凯南的"遏制"概念》，《美国研究》1996年第2期。
② George F. Kennan, *Memoirs (1925–1950)*, Boston: Little, Brown, and Company, 1967, pp.358–360.

151

丘吉尔在富尔顿的《和平砥柱》演说
（1946年3月5日）
（1946年3月5日丘吉尔"和平砥柱"演说）

I am glad to come to Westminster College this afternoon and am complimented that you should give me a degree. The name Westminster is somehow familiar to me. I seem to have heard of it before. Indeed it was at Westminster that I received a very large part of my education in politics, dialectic, rhetoric and one or two other things.

It is also an honor, perhaps almost unique, for a private visitor to be introduced to an academic audience by the President of the United States. Amid his heavy burdens, duties and responsibilities — unsought but not recoiled from — the President has traveled a thousand miles to dignify and magnify our meeting here today and give me an opportunity of addressing this kindred nation, as well as my own countrymen across the ocean and perhaps some other countries, too. The President has told you that it is his wish, as I am sure it is yours, that I should have full liberty to give my true and faithful counsel in these anxious and baffling times. I shall certainly avail myself of this freedom and feel the more right to do so because any private ambitions I may have cherished in my younger days have been satisfied beyond my wildest dreams. Let me, however, make it clear that I have no official mission or status of any kind and that I speak only for myself. I can, therefore, allow my mind, with the experience of a lifetime, to play over the problems which beset us on the morrow of our absolute victory in arms, and try to make sure that what has been gained with so much sacrifice and suffering shall be preserved for the future glory and safety of mankind.

U.S. at Pinnacle of Power

The United States stands at this time at the pinnacle of world power. It is a solemn moment for the American democracy. With primacy in power is also joined an awe-inspiring accountability to the future. As you look around you, you must feel not only the sense of duty done but also feel anxiety lest you fall below the level of achievement. Opportunity is here now, clear and shining, for both our countries. To reject it or ignore it or fritter it away will bring upon us all the long reproaches of the aftertime. It is necessary that constancy of mind, persistency of purpose and the grand simplicity of decision shall guide and rule the conduct of the English-speaking peoples in peace as they did in war. We must and I believe we shall prove ourselves equal to this severe requirement.

When American military men approach some serious situation they are wont to write at the head of their directive the words, "over-all strategic concept." There is wisdom in this as it leads to clarity of thought. What, then, is the over-all strategic concept which we should inscribe today? It is nothing less than the safety and welfare, the freedom and progress of all the homes and families of all the men and women in all the lands. And here I speak particularly of the myriad cottage or apartment homes, where the wage earner strives amid the accidents and difficulties of life, to guard his wife and children from privation and bring the family up in the fear of the Lord or upon ethical conceptions which often play their potent part.

Shield Homes From War

To give security to these countless homes they must be shielded from the two gaunt marauders — war and tyranny. We all know the frightful disturbance in which the ordinary family is plunged when the curse of war swoops down upon the bread winner and those for whom he works and contrives. The awful ruin of Europe, with all its vanished glories, and of large parts of Asia, glares in our eyes. When the designs of wicked men or the aggressive urge of mighty states dissolve, over large areas, the frame of civilized society, humble folk are confronted with difficulties with which they cannot cope. For them all is distorted, broken or even ground to pulp.

When I stand here this quiet afternoon I shudder to visualize what is actually happening to millions now and what is going to happen in this period when famine stalks the earth. None can compute what has been called "the unestimated sum of human pain." Our supreme task and duty is to guard the homes of the common people from the horrors and miseries of another war. We are all agreed on that.

Our American military colleagues, after having proclaimed the "over-all strategic concept" and computed all available resources, always proceed to the next stop, namely the method. Here again there is widespread agreement. A world organization has already been erected for the prime purpose of preventing war. United Nations Organization, the successor of the League of Nations, with the decisive addition of the United States and all that that means, is already at work. We must make sure that its work is fruitful, that it is a reality and not a sham, that it is a force for action and not merely a frothing of words, that it is a true temple of peace in which the shields of many nations can some day be hung and not merely a cockpit in a tower of Babel. Before we cast away the solid assurances of national armaments for self-preservation, we must be certain that our temple is built not upon shifting sands or quagmires, but upon the rock. Any one with his eyes open can see that our path will be difficult and also long, but if we persevere together as we did in the two world wars — though not, alas, in the interval between them — I cannot doubt that we shall achieve our common purpose in the end.

United Air Units

I have, however, a definite and practical proposal to make for action. Courts and magistrates cannot function without sheriffs and constables. The United Nations Organization must immediately begin to be equipped with an international armed force. In such a matter we can only go step by step; but we must begin now. I propose that each of the powers and states should be invited to dedicate a certain number of air squadrons to the service of the world organization. These squadrons would be trained and prepared in their own countries but would move around in rotation from one country to another. They would wear the uniform of their own countries with different badges. They would not be required to act against their own nation but in other respects they would be directed by the world organization. This might be started on a modest scale and grow as confidence grew. I wished to see this done after the first world war and trust it may be done forthwith.

It would nevertheless be wrong and imprudent to intrust the secret knowledge or experience of the atomic bomb, which the United States, Great Britain and Canada now share, to the world organization, while it is still in its infancy. It would be criminal madness to cast it adrift in this still agitated and ununited world. No one in any country has slept less well in their beds because this knowledge and the method and the raw materials to apply it are at present largely retained in American hands. I do not believe we should all have slept so soundly had the positions been reversed and some Communist or neo-Fascist state monopolized, for the time being, these dread agencies. The fear of them alone might easily have been used to enforce totalitarian systems upon the free democratic world, with consequences appalling to the human imagination. God has willed that this shall not be, and we have at least a breathing space before this peril has to be encountered, and even then, if no effort is spared, we should still possess so formidable superiority as to impose effective deterrents upon its employment or threat of employment by others. Ultimately, when the essential brotherhood of man is truly embodied and expressed in a world organization, these powers may be confided to it.

Tyranny Is Second Danger

I now come to the second danger which threatens the cottage home and ordinary people, namely tyranny. We cannot be blind to the fact that the liberties enjoyed by individual citizens throughout the British Empire are not valid in a considerable number of countries, some of which are very powerful. In these states, control is enforced upon the common people by various kinds of all-embracing police governments, to a degree which is overwhelming and contrary to every principle of democracy. The power of the state is exercised without restraint, either by dictators or by compact oligarchies operating through a privileged party and a political police. It is not our duty at this time, when difficulties are so numerous, to interfere forcibly in the internal affairs of countries whom we have not conquered in war, but we must never cease to proclaim in fearless tones the great principles of freedom and the rights of man, which are the joint inheritance of the English-speaking world and which, through Magna Carta, the Bill of Rights, the habeas corpus, trial by jury and the English common law, find their most famous expression in the Declaration of Independence.

All this means that the people of any country have the right and should have the power by constitutional action, by free, unfettered elections, with secret ballot, to choose or change the character or form of government under which they dwell, that freedom of speech and thought should reign, that courts of justice independent of the executive, unbiased by any party, should administer laws which have received the broad assent of large majorities or are consecrated by time and custom. Here are the title deeds of freedom, which should lie in every cottage home. Here is the message of the British and American peoples to mankind. Let us preach what we practice and practice what we preach.

I have now stated the two great dangers which menace the homes of the people. I have not yet spoken of poverty and privation which are in many cases the prevailing anxiety. But if the dangers of war and tyranny are removed, there is no doubt that science and co-operation can bring in the next few years — certainly in the next few decades — to the world, newly taught in the hard school of war, an expansion of material well being beyond anything that has yet occurred in human experience. Now, at this sad, breathless moment, we are plunged in the hunger and distress which are the aftermath of our stupendous struggle; but this will pass and may pass quickly, and there is no reason except human folly or subhuman crime which should deny to all the nations the inauguration and enjoyment of an age of plenty. I have often used words which I learned fifty years ago from a great Irish-American orator, Mr. Bourke Cockran, "There is enough for all. The earth is a generous mother; she will provide in plentiful abundance food for all her children if they will but cultivate her soil in justice and in peace." So far we are evidently in full agreement.

Fraternal Association

Now, while still pursuing the method of realizing our over-all strategic concept, I come to the crux of what I have traveled here to say. Neither the sure prevention of war, nor the continuous rise of world organization will be gained without what I have called the fraternal association of the English-speaking peoples. This means a special relationship between the British Commonwealth and Empire and the United States. This is no time for generalities. I will venture to be precise. Fraternal association requires not only the growing friendship and mutual understanding between our two vast but kindred systems of society but the continuance of the intimate relationships between our military advisers, leading to common study of potential dangers, similarity of weapons and manuals of instruction and interchange of officers and cadets at colleges. It should carry with it the continuance of the present facilities for mutual security by the joint use of all naval and air-force bases in the possession of either country all over the world. This would perhaps double the mobility of the American Navy and Air Force. It would greatly expand that of the British Empire forces and it might well lead, if and as the world calms down, to important financial savings. Already we use together a large number of islands; many more will be intrusted to our joint care in the near future. The United States already has a permanent defense agreement with the Dominion of Canada, which is so devotedly attached to the British Commonwealth and Empire. This agreement is more effective than many of those which have often been made under formal alliances. This principle should be extended to all the British Commonwealths with full reciprocity. Thus, whatever happens, and thus only we shall be secure ourselves and able to work together for the high and simple causes that are dear to us and bode no ill to any. Eventually there may come the principle of common citizenship, but that we may be content to leave to destiny, whose outstretched arm so many of us can clearly see.

There is, however, an important question we must ask ourselves. Would a special relationship between the United States and the British Commonwealth be inconsistent with our overriding loyalties to the world organization? I reply that, on the contrary, it is probably the only means by which that organization will achieve its full stature and strength. There are already the special United States relations with Canada and between the United States and the South American republics. We also have our twenty-year treaty of collaboration and mutual assistance with Soviet Russia. I agree with Mr. Bevin that it might well be a fifty-year treaty. We have an alliance with Portugal unbroken since 1384. None of these clash with the general interest of a world agreement. On the contrary, they help it. "In my father's house are many mansions." Special associations between members of the United Nations which have no aggressive point against any other country, which harbor no design incompatible with the charter of the United Nations, far from being harmful, are beneficial and, as I believe, indispensable.

I spoke earlier of the temple of peace. Workmen from all countries must build that temple. If two of the workmen know each other particularly well and are old friends, if their families are intermingled and if they have faith in each other's purpose, hope in each other's future and charity toward each other's shortcomings, to quote some good words I read here the other day, why cannot they work together at the common task as friends and partners? Why cannot they share their tools and thus increase each other's working powers? Indeed they must do so or else the temple may not be built, or, being built, it may collapse, and we shall all be proved unteachable and have to go and try to learn again for a third time, in a school of war, incomparably more rigorous than that from which we have just been released. The Dark Ages may return, the Stone Age may return on the gleaming wings of science, and what might now shower immeasurable material blessings upon mankind may even bring about its total destruction. Beware, I say, time may be short. Do not let us take the course of letting events drift along till it is too late. If there is to be a fraternal association of the kind I have described, with all the extra strength and security with both our countries can derive from it, let us make sure that that great fact is known to the world, and that it plays its part in steadying and stabilizing the foundations of peace. Prevention is better than cure.

Europe Divided

A shadow has fallen upon the scenes so lately lighted by the Allied victory. Nobody knows what Soviet Russia and its Communist international organization intends to do in the immediate future, or what are the limits, if any, to their expansive and proselytizing tendencies. I have a strong admiration and regard for the valiant Russian people and for my war-time comrade, Marshal Stalin. There is sympathy and good will in Britain — and I doubt not here also — toward the peoples of all the Russias and a resolve to persevere through many differences and rebuffs in establishing lasting friendships. We understand the Russians need to be secure on her western frontiers from all renewal of German aggression. We welcome her to her rightful place among the leading nations of the world. Above all we welcome constant, frequent and growing contacts between the Russian people and our own people on both sides of the Atlantic. It is my duty, however, to place before you certain facts about the present position in Europe — I am sure I do not wish to, but it is my duty, I feel, to present them to you.

From Stettin in the Baltic to Triest in the Adriatic, an iron curtain has descended across the Continent. Behind that line lie all the capitals of the ancient states of central and eastern Europe. Warsaw, Berlin, Prague, Vienna, Budapest, Belgrade, Bucharest and Sofia, all these famous cities and the populations around them lie in the Soviet sphere and all are subject in one form or another, not only to Soviet influence but to a very high and increasing measure of control from Moscow. Athens alone, with its immortal glories, is free to decide its future at an election under British, American and French observation. The Russian-dominated Polish government has been encouraged to make enormous and wrongful inroads upon Germany, and mass expulsions of millions of Germans on a scale grievous and undreamed-of are now taking place. The Communist parties, which were very small in all these eastern states of Europe, have been raised to pre-eminence and power far beyond their numbers and are seeking everywhere to obtain totalitarian control. Police governments are prevailing in nearly every case, and so far, except in Czechoslovakia, there is no true democracy. Turkey and Persia are both profoundly alarmed and disturbed at the claims which are made upon them and at the pressure being exerted by the Moscow government. An attempt is being made by the Russians in Berlin to build up a quasi-Communist party in their zone of occupied Germany by showing special favors to groups of Left-Wing German leaders. At the end of the fighting last June, the American and British armies withdrew westward, in accordance with an earlier agreement, to a depth at some points 150 miles on a front of nearly 400 miles to allow the Russians to occupy this vast expanse of territory which the western democracies had conquered. If now the Soviet government tries, by separate action, to build up a pro-Communist Germany in their areas this will cause new serious difficulties in the British and American zones, and will give the defeated Germans the power of putting themselves up to auction between the Soviets and western democracies. Whatever conclusions may be drawn from these facts — and facts they are — this is certainly not the liberated Europe we fought to build up.Nor is it one which contains the essentials of permanent peace.

The safety of the world, ladies and gentlemen, requires a new unity in Europe from which no nation should be permanently outcast. It is impossible not to comprehend — twice we have seen them drawn by irresistible forces in time to secure the victory but only after frightful slaughter and devastation have occurred. Twice the United States has had to send millions of its young men to fight a war, but now war can find any nation between dusk and dawn. Surely we should work within the structure of the United Nations and in accordance with our charter. That is an open course of policy.

Communist Fifth Columns

In front of the iron curtain which lies across Europe are other causes for anxiety. In Italy the Communist party is seriously hampered by having to support the Communist trained Marshal Tito's claims to former Italian territory at the head of the Adriatic. Nevertheless the future of Italy hangs in the balance. Again one cannot imagine a regenerated Europe without a strong France. All my public life I have worked for a strong France and I never lost faith in her destiny, even in the darkest hours. I will not lose faith now. However, in a great number of countries, far from the Russian frontiers and throughout the world, Communist fifth columns are established and work in complete unity and absolute obedience to the directions they receive from the Communist center. Except in the British Commonwealth and in this United States, where Communism is in its infancy, the Communist parties or fifth columns constitute a growing challenge and peril to Christian civilization. These are somber facts for anyone to have to recite on the morrow of a victory gained by so much splendid comradeship in arms and in the cause of freedom and democracy, and we should be most unwise not to face them squarely while time remains.

The outlook is also anxious in the Far East and especially in Manchuria. The agreement which was made at Yalta, to which I was a party, was extremely favorable to Soviet Russia, but it was made at a time when no one could say that the German war might not extend all through the summer and autumn of 1945 and when the Japanese war was expected to last for a further eighteen months from the end of the German war. In this country you are all so well-informed about the Far East, and such devoted friends of China, that I do not need to expatiate on the situation there.

I have felt bound to portray the shadow which, alike in the West and in the East, falls upon the world. I was a minister at the time of the Versailles treaty and a close friend of Mr. Lloyd George. I did not myself agree with many things that were done, but I have a very vague impression in my mind of that situation, and I find it painful to contrast it with that which prevails now. In those days there were high hopes and unbounded confidence that the wars were over, and that the League of Nations would become all-powerful. I do not see or feel the same confidence or even the same hopes in the haggard world at this time.

War Not Inevitable

On the other hand I repulse the idea that a new war is inevitable; still more that it is imminent. It is because I am so sure that our fortunes are in our own hands and that we hold the power to save the future, that I feel the duty to speak out now that I have an occasion to do so. I do not believe that Soviet Russia desires war. What they desire is the fruits of war and the indefinite expansion of their power and doctrines. But what we have to consider here today while time remains, is the permanent prevention of war and the establishment of conditions of freedom and democracy as rapidly as possible in all countries. Our difficulties and dangers will not be removed by closing our eyes to them. They will not be removed by mere waiting to see what happens; nor will they be relieved by a policy of appeasement. What is needed is a settlement and the longer this is delayed the more difficult it will be and the greater our dangers will become. From what I have seen of our Russian friends and allies during the war, I am convinced that there is nothing they admire so much as strength, and there is nothing for which they have less respect than for military weakness. For that reason the old doctrine of a balance of power is unsound. We cannot afford, if we can help it, to work on narrow margins, offering temptations to atrial of strength. If the western democracies stand together in strict adherence to the principles of the United Nations Charter, their influence for furthering these principles will be immense and no one is likely to molest them. If, however, they become divided or falter in their duty, and if these all-important years are allowed to slip away, then indeed catastrophe may overwhelm us all.

Last time I saw it all coming, and cried aloud to my fellow countrymen and to the world, but no one paid any attention. Up till the year 1933 or even 1935,

Germany might have been saved from the awful fate which has overtaken her and we might all have been spared the miseries Hitler let loose upon mankind. There never was a war in all history easier to prevent by timely action than the one which has just desolated such great areas of the globe. It could have been prevented without the firing of a single shot, and Germany might be powerful, prosperous and honored today, but no one would listen and one by one we were all sucked into the awful whirlpool. We surely must not let that happen again. This can only be achieved by reaching now, in 1946, a good understanding on all points with Russia under the general authority of the United Nations Organization and by the maintenance of that good understanding through many peaceful years, by the world instrument, supported by the whole strength of the English-speaking world and all its connections.

Let no man underrate the abiding power of the British Empire and Commonwealth. Because you see the forty-six millions in our island harassed about their food supply, of which they grew only one half, even in war time, or because we have difficulty in restarting our industries and export trade after six years of passionate war effort, do not suppose that we shall not come through these dark years of privation as we have come through the glorious years of agony, or that half a century from now you will not see seventy or eighty millions of Britons spread about the world and united in defense of our traditions, our way of life and of the world causes we and you espouse. If the population of the English-speaking commonwealth be added to that of the United States, with all that such co-operation implies in the air, on the sea and in science and industry, there will be no quivering, precarious balance of power to offer its temptation to ambition or adventure. On the contrary, there will be an overwhelming assurance of security. If we adhere faithfully to the charter of the United Nations and walk forward in sedate and sober strength, seeking no one's land or treasure, or seeking to lay no arbitrary control on the thoughts of men, if all British moral and material forces and convictions are joined with your own in fraternal association, the highroads of the future will be clear, not only for us but for all, not only for our time but for a century to come.

录自：Winston Churchill, "Iron Curtain Speech," August 1, 2017, pp.1–7, in *EBSCO*, 21212280.

[历史背景介绍]

1945年10月，美国总统杜鲁门代威斯敏斯特学院院长麦克卢尔（F. L. McCluer）向刚刚大选失利的温斯顿·丘吉尔发出访问邀请，并承诺陪同前往富尔顿，亲自向学院师生介绍这位英国前首相。丘吉尔接受了邀请。1946年2月9日，斯大林在莫斯科选民大会上发表演说。该演说在美国引起了不小的震动，甚至有人认为这是"第三次世界大战的宣言"。不到一个月后，也就是3月5日，在杜鲁门的陪同下，丘吉尔在密苏里州富尔顿的威斯敏斯特学院发表了题为"和平砥柱"（The Sinews of Peace）的演讲。在这次后来被称为"铁幕演说"的演讲中，丘吉尔极力渲染"苏联威胁"。他声称："从波罗的海的什切青到亚得里亚海的的里雅斯特，一道横贯欧洲大陆的铁幕降落了下来。"为此，以英国为首的英联邦国家应该与美国全面合作，共同维护"世界和平"。丘吉尔的讲话招致斯大林的极度不满。他在当月中旬接受《真理报》采访时指出，像希特勒等人过去所宣扬的那样，丘吉尔呼吁英语国家联合起来的言论同样也是一种"种族主义"，目的是通过英美结盟对苏联发动一场战争。

[史家争鸣]

英国的一位年轻历史学研究者杰里米·沃德（Jeremy K. Ward）认为，包括杜鲁门总统在内的部分美国政要事先了解了丘吉尔演讲的核心内容。就"铁幕演说"的影响而言，可以从两个方面加以理解：一方面，这次演说并未成为促使美国外交政策走向强硬的动因，理由是此前杜鲁门政府的外交已经呈现出日趋强硬的态势；另一方面，不可否认的是，丘吉尔的这次讲话为美国公众接受"杜鲁门主义"、马歇尔计划和北约做好了舆论准备。换言之，"丘吉尔并未制造冷战，只是意识到它的存在而已"。[①]

另一位西方历史学研究者亨利·瑞安（Henry B. Ryan）分析道，美国政府事前了解丘吉尔富尔顿讲话的内容，杜鲁门希望借助这次活动改变本国的外交政策，而英国政府至少是行政部门对此却并不清楚。虽然"铁幕演说"并没有如丘吉尔所希望的那样促使英美结成异常紧密的同盟关系，但确实让西方对苏联的立场变得更加强硬。[②]

美国历史学家弗雷泽·哈伯特（Fraser J. Harbutt）的研究表明，"铁幕演说"前丘吉尔促使意欲对苏强硬却又忌惮舆论反应的杜鲁门赞同构建美英军事同盟以应对"苏联威胁"。丘吉尔的演讲引发了美国公众的短暂质疑。但很快形势开始逆转，"铁幕演说"转而成为激发美国公众反苏情绪的催化剂。到1946年5月，美苏两国政府不约而同地意识到双方陷入了日益严重的对抗中，冷战开始了。但冷战的责任并不在丘吉尔本人，而是因为斯大林领导下的苏联试图在"受保护的势力范围"以外谋取更多的利益，从而将自己暴露在英美政治和公众动员的危险当中。[③]

塔尔萨大学历史学教授保罗·拉厄（Paul A. Rahe）论证说，1946年3月5日丘吉尔在富尔顿威斯敏斯特学院发表著名的"和平砥柱"演说，此事标志着冷战的爆发。该年2月12日与杜鲁门讨论富尔顿演说时，丘吉尔曾说服这位美国总统坚决应对"苏联威胁"。反过来，杜鲁门有意识地利用这次演讲影响美国公众舆论并向斯大林传递信息。相应地，从2月中旬开始，美国对苏联政策突然变得强硬起来。[④]

[①]　Jeremy K. Ward, "Winston Churchill and the 'Iron Curtain' Speech," *The History Teacher*, Vol.1, No.2（January 1968）, pp.5–13, 57–63.
[②]　Henry B. Ryan, "A New Look at Churchill's 'Iron Curtain' Speech," *The Historical Journal*, Vol.22, No.4 (December 1979), pp.895–920
[③]　Fraser J. Harbutt, *The Iron Curtain: Churchill, America, and the Origins of the Cold War*, New York: Oxford University Press, 1986, pp.280–285.
[④]　Paul A. Rahe, "The Beginning of the Cold War," in James W. Muller（ed.）, *Churchill's Iron Curtain Speech Fifty Years Later*, Churchill Center, Columbia: University of Missouri Press, 1999, pp.49–67.

剑桥大学国际史教授戴维·雷诺兹（David Reynolds）辩称，丘吉尔发表"铁幕演说"并非想借助构建英美轴心来发动冷战，而是希望通过爆发第三次世界大战的危险来论证英美建立特殊关系的必要性。之所以丘吉尔的演说被误解，一小部分原因在于他的用词太扎眼和斯大林作出的激烈反应，更大的原因是当时恰逢美苏两国在联合国就伊朗问题进行对峙。[①]

中国著名历史学家李世安教授指出，"铁幕演说"前丘吉尔同美国政要就讲话内容进行了充分沟通。该演说为美国公开冷战政策提供了机会，同时也引起了苏联的不满和愤怒。但客观来说，丘吉尔在富尔顿提出的观点只代表他个人和美国政府的立场，并不代表英国政府的看法。"杜鲁门主义"出台前英国没有形成冷战政策。[②]

[思考题]

1. 丘吉尔在"铁幕演说"中是怎样界定"苏联威胁"的？

2. "铁幕"一词是丘吉尔最早使用的吗？

3. "铁幕演说"在冷战起源过程中起到了怎样的作用？

4. "铁幕"这一概念在冷战时代乃至后冷战时代被频繁使用，如何理解"铁幕"的含义？

（梁志　编）

[①] David Reynolds, "How the 'Iron Curtain' was Misunderstood," *New Statesman*, Vol.150, Issue5610（March 12–March18, 2021), pp.32–36.

[②] 李世安:《英国与冷战的起源》,《历史研究》1999年第4期，第38—51页。

152

诺维科夫《战后美国的外交政策》报告
（1946年9月27日）
（苏联驻美大使诺维科夫的电报）
（1946年9月27日）

来自 N. 诺维科夫[1]

战后时期美国外交政策

美国的外交政策，反映了美国垄断资本的帝国主义倾向，其在战后时期的特征是争取世界霸权[2]。杜鲁门总统和美国统治集团的其他代表作了许多声明，它们真正意思是：美国有权领导世界。美国外交的所有力量——陆军、海军、空军、工业以及科学——都被用来为这一外交政策服务。为此目的，美国制定了许多宏大的扩张计划；通过外交途径、通过在远离美国国界的地方建立海空军基地体系、通过生产更为新型的武器，美国正在实施这些扩张计划。

1.a）如今，美国实施外交政策的环境大大不同于战前时期。这个环境并不完全符合那些反动势力的如意算盘。他们在第二次世界大战时期希望起码能在很长一段时间里避免在欧亚的大规模作战。他们梦想，美国如果不能完全避免直接参战，则可能拖到最后时刻；到那时，美国可以轻而易举地影响

---

① 　莫洛托夫的手写批注。——编者注
② 　此文件中所有的下划线都来自莫洛托夫。针对这句话，莫洛托夫在页边批注："与战前的一个区别？"——编者注

战争的结局，完全实现他们的利益。

对此有人认为，美国的主要竞争者将在战争中被消灭或者遭到极度削弱，美国则依靠这种大好形势，在解决战后世界的许多关键问题中发挥最强有利因素的作用。这些梦想同样是以下列假设为基础的：即作为战争的一个结果，在1941年遭受德国法西斯进攻的苏联也将大伤元气或者甚至被完全毁灭，这种假设在战争初期的美国广为流传。

现实并没有证实美帝国主义分子的臆想。

b）两个主要的侵略强国——法西斯德国和军国主义的日本——一度同为美国在经济和外交领域里的主要对手，都已被彻底击败。第三大强国英国，在战争中受到重创，现在面临着经济和政治方面的巨大困难；大英帝国的政治基础已明显动摇，危机四伏，如在印度、埃及，以及巴勒斯坦地区。

大战之后的欧洲，经济崩溃，由于战争而引起的经济残破在短时期内是不可能克服的。欧亚所有的国家，都感到需要大量的消费品、工业和运输设备等等。这种情况给美国提供了向这些国家运送大量货物和输出资本的前景——这就使美国垄断资本可能渗透到这些国家的国民经济之中。

这种发展将意味着美国在全球经济地位的极度提高，并将成为它走向统治世界之路上的一步。

c）另一方面，我们已经看到了美国统治阶级如意算盘的破产。他们假设苏联会在战争中被毁或战后极度衰弱以致被迫向美国乞求经济援助。如果此种情况发生，美国将可能操纵局势。这种局势使他们在欧亚地区放手扩张而无苏联之障碍。

实际上，尽管由于战争和德国法西斯的占领所造成的巨大损失而给战后时期的经济带来许多困难，但苏联对外部世界继续保持其经济独立，并正在自力更生重建国民经济。

与此同时，苏联现在的国际地位比战前时期提高了。感谢苏联军队的历史性胜利，苏联的武装力量现在已驻扎在德国和其他前敌国领土之上，因此保证了这些国家不被再次用来进攻苏联。在这些前敌国中，如保加利亚、芬兰、匈牙利，民主重建已成立了一些政权，他们已着手建立并保持与苏联的友好关系。在由红军解放或帮助解放的斯拉夫国家中——波兰、捷克斯洛伐克和南斯拉夫——民主政权已经建立，并在友好互助协定的基础上保持同苏联的关系。

苏联在一般国际事务中（特别是在欧洲国家）所拥有的相应的巨大影响，苏联外交政策的独立性，苏联向其邻国（不论是盟国还是前敌国）提供的经济和政治上的援助，所有这些都增加了苏联在这些国家里的政治影响。同时也进一步加强了这些国家的民主趋向。

东欧和东南欧的这种形势，不能不被美帝国主义分子认为是美国扩张道路上的一个障碍。

2. a）美国的外交政策在目前并不是由罗斯福生前的民主党集团所决定的；民主党曾致力于加强三大国的合作，由此构成了战时反希特勒联盟的基础。杜鲁门总统的上台（杜鲁门是个政治上反复无常、但有一定保守倾向的人）以及随后任命贝尔纳斯为美国务卿，意味着民主党中最反动的集团加强了对美国外交政策的影响。美国外交政策中不断增长的反动性质（由共和党提倡的这种政策必然是要推行的）为民主党中的极右翼分子与共和党在这一领域内的进一步合作奠定了基础。

这种两党合作，在参众两院就形成了由范登堡和塔夫脱所领导的非正式的反动的南方民主党人和共和党的老牌卫士组成的集团：这种合作特别清楚地表现在由两党人物发表的完全相同的外交政策声明中。在国会和国际会议上（共和党的头面人物通常是美国代表团的成员），共和党人积极支持政府的对外政策。这就是甚至在官方声明中称作"两党"外交政策的原因。

b）同时，那些继承罗斯福的事业、希望爱好和平国家之间进行合作的人，对外交政策的影响力已经下降。这些在政府、国会以及居于民主党领导之位的人，越来越遭到冷遇。外交政策领域里的矛盾，一方面存在于华莱士、佩珀的支持者和反动的"两党"政策的支持者之间；另一方面，这种矛盾最近已为华莱士的一个导致他辞去商业部长职务的讲话证明得非常清楚。华莱士的辞职意味着贝尔纳斯与范登堡、塔夫脱共同推行的反动路线的胜利。

3. 美国企图建立世界霸权的明显迹象还表现在，在和平时期不断增强其军事潜力，同时在美国国内外建立大量的海军和空军基地。

1946年夏季，国会通过了一项法律，在这个国家中头一次规定建立一支和平时期的部队，不是以志愿的形式，而是以普遍兵役制为基础。这种部队的规模（据估计到1947年7月1日将达100万人）也是以显著的速度扩大。战争结束时，海军的规模同战时相比减少得不明显。现在，美国海军居世界之首，远远超过英国的海军力量，更不要说其他国家的了。

陆军和海军的开支庞大。按照1946—1947年财政预算，军费开支将达到130亿美元（约全部预算360亿美元的40%），比1938年还不到10亿美元的军费开支多了十多倍。在保持庞大的陆海空三军力量的同时，这些开支的巨额金钱还用于在大西洋和太平洋上建造海空军基地体系。按现有的官方计划，在未来几年中，将在大西洋建造228个基地，在太平洋建造258个供应点和无线电台。这些基地和供应站的大部分都在美国国界之外。在大西洋，基地设在或建在下列外国岛屿之上：纽芬兰、冰岛、古巴、特立尼达、百慕大、巴哈马群岛、阿留申群岛和其他许多地方。在太平洋上是：日本前委任统治地——马里亚纳群岛、加罗林和马绍尔群岛、小笠原群岛、琉球群岛、菲律宾群岛以及加拉帕戈斯群岛（属于厄瓜多尔）。

建在这些岛屿上的美国基地大都远离美国国界10 000—12 000公里，并且分布在大西洋和太平洋这两侧，这些都清楚地表明了指导美国陆军和海军的战略概念中的进攻性质。美国海军正在研究到欧洲的海上路线的事实也证明了这一解释。为此美海军舰队于1946年访问了挪威、丹麦、瑞典、土耳其和希腊的港口；另外美海军正在地中海频繁活动。

所有这些实施都清楚地表明，美国武装力量在实现美国称霸世界的计划中所起的决定性的作用。

4. a）美国取得对世界统治的一个重要步骤是，在相互妥协的基础上与英国达成共同瓜分世界的谅解。正如事实表明的，美英有瓜分世界的秘密协定，其基本设计包括了在远东将日本和中国划入美国的势力范围。就美国而言，它同意或不干预英国解决印度问题，或同意英国加强其在泰国和印尼的影响。

b）与这种瓜分相联系，美国目前已控制了中国和日本，而不受英国的任何干预。

美国对华政策就是追求美国垄断资本对中国经济和政治的完全控制。根据这一政策，美国政府不会减少对中国内政的干预。目前在中国有5万多名美国士兵；美国海军已多次直接参加了针对人民解放力量的军事行动。所谓的马歇尔将军的"调停"使团，只不过是干预中国内政的一个借口。

美国政府的对华政策达到了什么程度，在目前已由中国军队为其所控制表现出来。最近美国政府就对中国军援问题向国会提出一个准备彻底整编中国军队的法案，由此在美国军事人员的帮助下训练中国军队并提供美式武器和装备。为了在中国推行这一计划，一个由陆海军官员组成的美国顾问团将被派往中国。

中国已逐渐成为美国空军力量的一个桥头堡，美国空军基地遍布中国境内，主要基地分布在北平、青岛、天津、南京、上海、成都、重庆和昆明。青岛是美国海军在中国的主要基地，第七舰队的司令部也设在那里。另外，3万多名美国海军陆战队官兵驻扎在青岛及其周围。美军在中国北部采取的行动表明它们打算长期待在那里。

在日本，目前虽然仅有很小一部分美军，但美国人掌握着对日本的控制。尽管英国资本在日本经济中有着重要的利益，但指导英国对外外交政策的宗旨是：不妨碍美国人向日本国民经济的渗透并把日本纳入美势力范围之中。在华盛顿的"远东委员会"和东京的"盟国管制委员会"中，英国代表在推行这一政策时与美国伙伴可谓是一个鼻孔出气。

美国占领当局在日本国内采取的政策以及在对日本反动阶级和团体（它们是美国打算在对苏斗争中加以利用的）的支持等方面所采取的措施，同样得到了来自英国方面的支持。

c）美国对英国在远东的势力范围也采取了同样的政策。最近美国停止了过去多年来它一直试图对印度问题的解决施加影响的努力。近来有不少事例表明，颇负盛名的美国新闻界对英国印度政策作过的明确声明，或多或少地真正反映了美国政府的官方政策。美国外交政策并不阻止英国军队伙同荷兰人一起对印度尼西亚的民族解放运动采取联合镇压行动；而且还有事例表明，美国对英国的帝国主义政策推波助澜，向英国和荷兰的军队提供美式武器和装备，并把荷兰海军人员从美国运往印度尼西亚，等等。

5. a）如果美英之间在远东瓜分世界可以被视为一个既成事实的话，那么并不能说在地中海地区及其周边国家中也存在这种类似的局面。事实正好相反，美英在近东和地中海地区并没有达成类似的协议。美国和英国在这一地区难以达成协议源于如下事实：英国方面在地中海地区对美国的让步，对大英帝国的整个前途而言将存在着严重的后果，因为地中海地区有着特殊的战略和经济意义。对利用美国在这一地区的空军力量及影响，英国是不会表示反对的，因为可以用之在北面对付苏联。但向大英帝国的这一薄弱点提供援助和支持，美国是不感兴趣的。它感兴趣的只是，对地中海地区和近东进行更为彻底的渗透。美国是为这一地区的自然资源所吸引，其中，最重要的是石油。

b）最近几年来，美国资本对近东国家的经济渗透很快，特别是对石油工业。目前美国在近东所有产油国中（伊拉克、巴林、科威特、埃及和沙特阿拉伯）都有特许权。美国资本第一次投入近东石油业是在1927年，现在则控制了除伊朗以外近东所有已探明储量的42%；在全部已探明的268亿桶的储量中，其中超过110亿桶为美国特许权所拥有。为了进一步发展其在不同国家的特许权，美国石油公司计划建立贯穿阿拉伯国家的管道，以便把美国在沙特和地中海东南岸其他国家的石油输送到巴勒斯坦和埃及的港口。

在向近东的扩张中，美国资本视英国资本为其最大和最难对付的竞争者；他们之间残酷的竞争，是英国和美国在近东难以达成瓜分势力范围谅解的主要因素，这种瓜分只有牺牲英国在这一地区的直接利益才能出现。

巴勒斯坦是美英两国在近东政策方面存在尖锐矛盾的一个例子。美国近来采取了很大的主动，给英国方面出了许多难题，例如美国要求同意欧洲的10万名犹太人进入巴勒斯坦。美国在巴勒斯坦的利益，表面上看是对犹太复国主义事业的同情，实际上仅仅意味着美国资本希望干预巴勒斯坦事务并由此对其经济进行渗透。选择巴勒斯坦的一个港口作为美国石油管道的一个终点站，很能说明美国在巴勒斯坦问题上的外交政策。

c）英国和美国在近东不正常的关系，在一定程度上也为美国海军舰队在地中海东部地区的频繁活动所证明，此种活动只能导致同大英帝国的基本利益相冲突。毫无疑问，美国舰队的这些活动也同美国在近东的石油和其他经济利益有联系。

但是，必须认识到，诸如美国"密苏里"号军舰对黑海海峡的访问，美舰对希腊的访问等事件，以及美国外交在海峡问题上所表露的巨大利益，都有其双重含义。一方面，这些事件表示美国决心加强其在地中海地区的地位，以维护它在近东国家的利益，同时也表示美国选择海军作为执行这一政策的工具。另一方面，这些政策也造成了对苏联政治和军事上的威胁。因此，美国在近东地位的加强及其在地中海的一处或更多处（的里雅斯特、巴勒斯坦、希腊和土耳其）建立美海军基地的条件的创立都将标志着在苏联南部出现了新的威胁。

6.a）美英之间的关系是由两个基本情况决定的：一方面，美国把英国视为其最大的潜在竞争者；另一方面，英国也是美国潜在的盟友。把世界的某一地区划分为美英的势力范围，这如果不能防止他们之间的竞争的话（这不太可能）。那么，起码也将产生一种能减少它们竞争的机会。同时，这种瓜分有利于他们之间取得经济和政治上的合作。

b）英国需要美国贷款帮助重建其被战争破坏的经济。为了取得贷款，英国不得不做出一些重大的让步，这就是最近美国同意给英国贷款的意义。依靠这些贷款的帮助，英国可以发展其经济；同时贷款也为美国资本向大英帝国的渗透大开其门。在不久前建立的所谓"英镑集团"，目前，其狭隘的贸易范围已经扩大，这也为美国人同英国自治领、印度和"英镑集团"的其他国家与地区（埃及、伊拉克和巴勒斯坦）进行贸易提供了机会。

c）在政治上美国给予英国的支持，在战后时期的国际事件中屡次表现出来。在最近的国际会议中，美英两国密切协调他们的政策，特别是在必须反对苏联的时候。美国对英国在希腊、印度和印尼的反革命政策提供了道义上和政治上的援助。在有关斯拉夫国家和苏联周边国家的政策上，美英两国充分合作。它们战后在这些国家所用的手段，在本质上如出一辙。美英两国在安理会的政策（特别是有关伊朗、西班牙、希腊以及从叙利亚、黎巴嫩撤出外国军队的问题等等），也同样进行了合作。

d）美国统治集团对<u>与英国结成军事同盟的思想</u>抱有明显的支持态度，但目前事情还没有发展到形成正式的联盟。丘吉尔要求英美结成军事同盟以共同主宰世界的富尔顿演说，并没有得到杜鲁门或贝尔纳斯的正式支持，尽管杜鲁门在场间接地表示了对丘吉尔的呼吁的支持。

虽然美国目前还不至于同英国结成军事同盟，但在军事问题上它们依然保持非常密切的联系。尽管战争已结束一年多了，设在华盛顿的英美联合司令部依然存在。两国军界的头面人物频繁互访，近来蒙哥马利元帅的美国之行就是这种联系的证明。蒙哥马利元帅同美国军界要员会谈的结果是很独特的，他宣称，<u>要以美国模式建设英国的军队</u>。两国的海军也进行合作，关于这种联系看看以下事实就够了：英国海军参加了美国海军最近在地中海的演习，美国海军也将参加今年秋天英国海军在北海举行的演习。

e）尽管英美两国在一些非常重要的问题上获取了暂时的一致，但目前两国关系为其不可克服的固有<u>矛盾</u>所困扰，因此不会持久。

对英国来说，美国经济援助在许多方面本来就掩盖了一个危险。首先，接受美国的贷款，英国就发现自己处在对美国的某种程度上的财政依赖境地，这样英国本身就无多大的自由可言。其次，英国必须意识到，由于贷款所产生的美国资本对大英帝国渗透的情况，可以造成严重的政治后果。包括大英帝国的成员国或依赖它的国家——在强大的美国资本的压力下——可能投向美国的怀抱；加拿大就是这方面的例子，它越来越脱离英国的影响而投向美国。美国在远东地位的加强可能在澳大利亚和新西兰加速这种进程。近东的阿拉伯国家正力图摆脱大英帝国，这些国家统治阶层的许多团体，并不反对同美国打交道。近东将来非常有可能成为<u>英美矛盾的焦点</u>，这些矛盾将使现在达成的英美之间的协议破裂。

7.a）在反动的民主党人和共和党人相勾结之后，由贝尔纳斯所鼓吹的对苏"强硬"政策，在目前是大国之间合作道路上的主要障碍。这主要表现出如下事实：在战后时期，美国不再推行加强三大国（或四大国）之间合作的政策，相反地，而是试图破坏这些国家之间的团结，目的就是把其他国家的意愿强加于苏联，某些国家政策的要旨首先就是这些东西。在美国的同意下，这些国家正破坏或完全取消联合国安理会的否决权原则。这可能为美国提供在大国中纠合旨在对付苏联的狭隘集团的机会，因此将分裂联合国。取消大国否决权将使联合国变为一个由美国饰演主角的盎格鲁-撒克逊的领地。

b）美国政府目前对苏政策的目的是，限制或从苏联邻国中消除苏联的影响。为了在与苏联接界的前敌国或盟国中推行这一政策，美国在各种国际会议上或直接在这些国家中，力图支持反革命力量，以便为这些国家的民主化进程设置障碍。为此，美国还力图获取通过其资本向这些国家的经济进行渗透的地位。这种政策意欲削弱或推翻那些执政的对苏友好的民主政府，以便在将来代之以能够顺从地执行亲美政策的新政府。美国获取了英国外交对这一政策的全力支持。

c）在战后世界中致力于限制苏联国际作用的美国基本政策的一个最为重要的因素，就是有关德国的政策。在德国，美国正采取措施加强反革命力量以反对民主重建；而且它还特别坚持推行对德国的非军国主义化采取不彻底措施的政策。

美国占领政策并无消除德国法西斯残余和在民主的基础上重建德国政治生活的目的；如果采取此种政策，德国就可能不会成为侵略力量。美国也没有采取措施消灭德国工业分子的垄断财团，而德国法西斯正是依靠这些垄断财团准备侵略和进行战争的。同样美国也没有进行旨在消灭曾为希特勒政权提供可靠支持的大地主的土地改革。相反，美国正在考虑占领时期的主要任务——对德国的非军国主义化和民主化——完成之前结束盟国对德国领土的占领的可能性。这将为一个帝国主义德国的复活创造先决条件，而美国则打算在未来战争中将这样的德国放在自己的一边加以利用。人们不难看到，这种政策有着显而易见的反苏特性，并对和平事业构成严重的威胁。

d）美国政府、军政要员发表的极端敌视苏联及其外交政策的大量言论，对两国领导集团目前的关系而言是很独特的。美国大多数新闻机构对这些言论的响应更是有过之而无不及。意味着针对苏联的、甚至直接号召进行这场战争的"第三次大战"的讨论（并以使用原子弹相威胁），其内容就是那些反动分子在公开的会议和记者招待会上就对苏关系所发表的言论。在目前，对苏战争的鼓噪并非单单为"哈斯特"和"麦考密克"报业集团所代表的极右的、采取耸人听闻做法的美国报刊所独有，"享有盛誉"和"受人尊敬"的保守报刊机构诸如《纽约时报》和《纽约先驱论坛报》也加入了反苏阵营。在这一方面，李普曼的许多文章就是暗示，他几乎不加掩饰地要求美国对苏联南部和东南部的薄弱地区发动一场进攻。

美国"舆论"这种反苏运动的基本目的就是要向苏联施加政治上的压力并迫使其做出让步。另外，这一行动较为次要的目的是，试图在害怕战争的公众中造成对战争极度不安的气氛，这就使美国政府容易采取措施保持强大的军事潜力。正是在这种气氛中，国会通过实行和平时期普遍军训的法律，增加巨额军事拨款；而且将要执行建立一个由许多海空军基地组成的庞大体系的计划。

e）当然，所有这些保持强大军事潜力的措施，其本身并不是目的，它们仅仅打算为在新的战争中赢得世界霸权准备条件。当然，现在任何人都不能决定这一战争的日期，但美帝国主义中最为好战的集团对此却处心积虑。

从以下事实中应得出一个不容忽视的提示：美国对未来战争的准备，是针对与苏联一战的前景的，而苏联是被美帝国主义分子视为在其走向霸权之路上的主要障碍。许多事实都表现出这一前景：美国军队的战术训练是为了在战争中把苏联作为未来敌手的、美国战略基地设在可能对苏联领土发动攻击的地区、把北极作为较为靠近苏联的地区加以进一步的建设和加强，并试图准备在对苏战争中使用德国和日本。

尼·诺维科夫（签名）

录自：《诺维科夫电报》，戴超武译，载《苏联问题研究资料》1992年第3

期，第18—22、24页。原文为"The Novikov Telegram, Washington, September 27, 1946," *Diplomatic History*, Vol. 15, No. 4, 1991, pp.527–537。译文根据英文版有所修订。

[历史背景介绍]

1946年7—10月，讨论制定五国和约的会议在巴黎举行。会上，苏联同美国等西方国家产生了深刻的分歧和矛盾。9月中旬，在和会的保加利亚政治和领土问题委员会里辩论最激烈的时候，苏联代表团团长莫洛托夫给代表团成员，苏联驻美国大使、和会的保加利亚委员会的苏联代表诺维科夫下达了一项任务。要求他为苏联代表团写一篇关于战后美国对外政策趋势和意图的报告，并限十天内完成。诺维科夫曾以工作日程紧张和在巴黎缺少撰写报告所需要的官方文件和报刊资料为由，要求把报告完成的日期由9月底改为10月底或11月初，完成的地点由巴黎改为纽约（届时恰逢联合国大会在纽约召开）。但莫洛托夫坚持要诺维科夫挤出几天时间就地完成这一报告。诺维科夫只得从命，并在9月底如期竣笔。在诺维科夫撰写报告期间，莫洛托夫曾询问他的写作进程并给了一些具体的指示。由于报告是按照苏联外交部长莫洛托夫的旨意和指示写的，就连诺维科夫自己也认为，"这篇报告只能有条件地被看作是我写的"，莫洛托夫应是报告的未署名的共同作者。[①]

[史家争鸣]

乔治·F.凯南认为，这份报告反映了当时的苏联正处于对美政策的一个紧张时期，外交部长莫洛托夫提倡采取强硬和敌对的立场。在李维诺夫离开外交部之后，苏联高层对美政策应该有过讨论，斯大林本人还不准备同意莫洛托夫的政策，他仍然认为还是很有希望与美国建立起富有成效的合作关系。在这种前提假设下，来看莫洛托夫在报告中的划线部分就别有一番意味。凯南认为，莫洛托夫的下划线所强调的这些要点，正好反映了他本人在

---

① 张盛发：《斯大林与冷战》，第187页。

克里姆林宫内所采取的路线。此外，他需要从苏联驻华盛顿使馆那里争取更大的支持，这也就是为什么要让诺维科夫参与这份报告的原因。苏共政治局在10月初前应该都已经看到了这份报告，证据是斯大林在10月28日的一次答记者问中表示，美苏的紧张关系并没有加剧，苏联"毫不关心"美国军舰在地中海的活动，而这个问题最近就是在诺维科夫的报告中被提出的。此外，凯南并不认为斯大林不接受莫洛托夫的观点，只是在这方面表现得更加聪明和小心谨慎。[1]

威廉·陶布曼（William Taubman）认为，诺维科夫报告表明斯大林的美国政策是带有两面性的。一方面，莫斯科认为美国及其领导的资本主义国家按其本质来说对苏联是有敌意的。但是另一方面，这些帝国主义国家内部的矛盾让苏联可以有余地去拉拢一个西方国家来反对另外一个。陶布曼认为，难以回答的一个问题是，在诺维科夫报告中哪些是斯大林想听的？因为在任何政府当中说最高领导人想听的话都是很困难的。诺维科夫在这里含混其辞，试图蒙混过关，为了避免被指责为警惕性不足，他在开篇就强调了资本主义的威胁。此外报告延续了列宁关于帝国主义的论断，并且仍把英帝国视作一个难以对付的国家，并且认为英美之间的竞争对抗不可避免。在陶布曼看来，诺维科夫报告的出现就好像1846年海王星被观测到一样，在此之前，它的存在已经在数学上被预言了。因此诺维科夫报告的披露并没有对战后苏联对美政策的认识产生任何概念性的突破。[2]

梅尔文·P. 莱夫勒（Melvyn P. Leffler）认为，诺维科夫的报告属于苏联领导层内部对美政策讨论的一部分，而斯大林是这些讨论的仲裁者。值得注意的是，在诺维科夫的报告送到莫斯科之后很长的一段时间内，斯大林并没有准备接受报告当中的建议和解释。莱夫勒认为，和凯南的"长电"相比，这份报告并没有披露苏联外交政策的目标。诺维科夫提到了战后国际体系的不平衡，但几乎不提共产革命的潜力与胜利、非殖民化这些对苏联高层决策

---

① George F. Kennan, "Commentary," *Diplomatic History*, Vol. 15. No. 4, 1991, pp.539–543.

② William Taubman, "Commentary," *Diplomatic History*, Vol. 15. No. 4, 1991, pp.544–547.

产生影响的因素。诺维科夫的报告也存在许多不足，比如对于美国国内经济状况的研究很少，但尽管如此，报告对于美国政策的描述是相当准确的。报告所反映的苏联立场是十分模糊的，一方面他们感到到处都是威胁，但另一方面他们又轻视美国的威胁。[1]

张盛发认为，诺维科夫报告反映了苏联仅仅在战争结束一年后，对美国的对外政策已经持全面批判和彻底否定的态度，对苏美关系的发展和未来实际上已经不抱任何幻想。如同凯南"长电"成为美国对苏遏制政策的理论依据一样，诺维科夫报告同样也为苏联对美国采取毫不妥协的强硬政策起了重要的论证和导向的作用。作为战后苏联首次对美国对外政策的意图和目的进行比较全面分析的官方文件，诺维科夫的报告堪称凯南"长电"的对应物。[2]

[思考题]

1. 和凯南的"长电"相比，诺维科夫报告有什么相同点和不同点？

2. 诺维科夫报告反映了战后苏联在对外政策方面怎样的认识？

（葛君　编）

---

① Melvyn P. Leffler, "Commentary," *Diplomatic History*, Vol. 15. No. 4, 1991, pp.548-553.
② 张盛发:《斯大林与冷战》，第192页。

153

杜鲁门国会演说

（1947年3月12日）
（1947年3月12日杜鲁门国会演说）

Mr. President, Mr. Speaker, Members of the Congress of the United States:

The gravity of the situation which confronts the world today necessitates my appearance before a joint session of the Congress.

The foreign policy and the national security of this country are involved.

One aspect of the present situation, which I present to you at this time for your consideration and decision, concerns Greece and Turkey.

The United States has received from the Greek Government an urgent appeal for financial and economic assistance. Preliminary reports from the American Economic Mission now in Greece and reports from the American Ambassador in Greece corroborate the statement of the Greek Government that assistance is imperative if Greece is to survive as a free nation.

I do not believe that the American people and the Congress wish to turn a deaf ear to the appeal of the Greek Government.

Greece is not a rich country. Lack of sufficient natural resources has always forced the Greek people to work hard to make both ends meet. Since 1940, this industrious, peace loving country has suffered invasion, four years of cruel enemy occupation, and bitter internal strife.

When forces of liberation entered Greece they found that the retreating Germans had destroyed virtually all the railways, roads, port facilities, communications, and merchant marine. More than a thousand villages had been burned. Eighty-five percent of the children were tubercular. Livestock, poultry, and draft animals had almost disappeared. Inflation had wiped out practically all savings.

As a result of these tragic conditions, a militant minority, exploiting human want and misery, was able to create political chaos which, until now, has made economic recovery impossible.

Greece is today without funds to finance the importation of those goods which are essential to bare subsistence. Under these circumstances the people of Greece cannot make progress in solving their problems of reconstruction. Greece is in desperate need of financial and economic assistance to enable it to resume purchases of food, clothing, fuel and seeds. These are indispensable for the subsistence of its people and are obtainable only from abroad. Greece must have help to import the goods necessary to restore internal order and security so essential for economic and political recovery.

The Greek Government has also asked for the assistance of experienced American administrators, economists and technicians to insure that the financial and other aid given to Greece shall be used effectively in creating a stable and self-sustaining economy and in improving its public administration.

The very existence of the Greek state is today threatened by the terrorist activities of several thousand armed men, led by Communists, who defy the government's authority at a number of points, particularly along the northern boundaries. A Commission appointed by the United Nations Security Council is at present investigating disturbed conditions in northern Greece and alleged border violations along the frontier between Greece on the one hand and Albania, Bulgaria, and Yugoslavia on the other.

Meanwhile, the Greek Government is unable to cope with the situation. The Greek army is small and poorly equipped. It needs supplies and equipment if it is to restore authority to the government throughout Greek territory.

Greece must have assistance if it is to become a self-supporting and self-respecting democracy.

The United States must supply this assistance. We have already extended to Greece certain types of relief and economic aid but these are inadequate.

There is no other country to which democratic Greece can turn.

No other nation is willing and able to provide the necessary support for a democratic Greek government.

The British Government, which has been helping Greece, can give no further financial or economic aid after March 31. Great Britain finds itself under the necessity of reducing or liquidating its commitments in several parts of the world, including Greece.

We have considered how the United Nations might assist in this crisis. But the situation is an urgent one requiring immediate action, and the United Nations and its related organizations are not in a position to extend help of the kind that is required.

It is important to note that the Greek Government has asked for our aid in utilizing effectively the financial and other assistance we may give to Greece, and in improving its public administration. It is of the utmost importance that we supervise the use of any funds made available to Greece, in such a manner that each dollar spent will count toward making Greece self-supporting, and will help to build an economy in which a healthy democracy can flourish.

No government is perfect. One of the chief virtues of a democracy, however, is that its defects are always visible and under democratic processes can be pointed out and corrected. The government of Greece is not perfect. Nevertheless it represents 85 percent of the members of the Greek Parliament who were chosen in an election last year. Foreign observers, including 692 Americans, considered this election to be a fair expression of the views of the Greek people.

The Greek Government has been operating in an atmosphere of chaos and extremism. It has made mistakes. The extension of aid by this country does not mean that the United States condones everything that the Greek Government has done or will do. We have condemned in the past, and we condemn now, extremist measures of the right or the left. We have in the past advised tolerance, and we advise tolerance now. Greece's neighbor, Turkey, also deserves our attention.

The future of Turkey as an independent and economically sound state is clearly no less important to the freedom-loving peoples of the world than the future of Greece. The circumstances in which Turkey finds itself today are considerably different from those of Greece. Turkey has been spared the disasters that have beset Greece. And during the war, the United States and Great Britain furnished Turkey with material aid.

Nevertheless, Turkey now needs our support.

Since the war Turkey has sought additional financial assistance from Great Britain and the United States for the purpose of effecting that modernization necessary for the maintenance of its national integrity.

That integrity is essential to the preservation of order in the Middle East.

The British Government has informed us that, owing to its own difficulties, it can no longer extend financial or economic aid to Turkey.

As in the case of Greece, if Turkey is to have the assistance it needs, the United States must supply it. We are the only country able to provide that help.

I am fully aware of the broad implications involved if the United States extends assistance to Greece and Turkey, and I shall discuss these implications with you at this time.

One of the primary objectives of the foreign policy of the United States is the creation of conditions in which we and other nations will be able to work out a way of life free from coercion. This was a fundamental issue in the war with Germany and Japan. Our victory was won over countries which sought to impose their will, and their way of life, upon other nations.

To ensure the peaceful development of nations, free from coercion, the United States has taken a leading part in establishing the United Nations. The United Nations is designed to make possible lasting freedom and independence for all its members. We shall not realize our objectives, however, unless we are willing to help free peoples to maintain their free institutions and their national integrity against aggressive movements that seek to impose upon them totalitarian regimes. This is no more than a frank recognition that totalitarian regimes imposed upon free peoples, by direct or indirect aggression, undermine the foundations of international peace and hence the security of the United States.

The peoples of a number of countries of the world have recently had totalitarian regimes forced upon them against their will. The Government of the United States has made frequent protests against coercion and intimidation, in violation of the Yalta agreement, in Poland, Rumania, and Bulgaria. I must also state that in a number of other countries there have been similar developments.

At the present moment in world history nearly every nation must choose between alternative ways of life. The choice is too often not a free one.

One way of life is based upon the will of the majority, and is distinguished by free institutions, representative government, free elections, guarantees of individual liberty, freedom of speech and religion, and freedom from political oppression.

The second way of life is based upon the will of a minority forcibly imposed upon the majority. It relies upon terror and oppression, a controlled press and radio, fixed elections, and the suppression of personal freedoms.

I believe that it must be the policy of the United States to support free peoples who are resisting attempted subjugation by armed minorities or by outside pressures.

I believe that we must assist free peoples to work out their own destinies in their own way.

I believe that our help should be primarily through economic and financial aid which is essential to economic stability and orderly political processes.

The world is not static, and the status quo is not sacred. But we cannot allow changes in the status quo in violation of the Charter of the United Nations by such methods as coercion, or by such subterfuges as political infiltration. In helping free and independent nations to maintain their freedom, the United States will be giving effect to the principles of the Charter of the United Nations.

It is necessary only to glance at a map to realize that the survival and integrity of the Greek nation are of grave importance in a much wider situation. If Greece should fall under the control of an armed minority, the effect upon its neighbor, Turkey, would be immediate and serious. Confusion and disorder might well spread throughout the entire Middle East.

Moreover, the disappearance of Greece as an independent state would have a profound effect upon those countries in Europe whose peoples are struggling against great difficulties to maintain their freedoms and their independence while they repair the damages of war.

It would be an unspeakable tragedy if these countries, which have struggled so long against overwhelming odds, should lose that victory for which they sacrificed so much. Collapse of free institutions and loss of independence would be disastrous not only for them but for the world. Discouragement and possibly failure would quickly be the lot of neighboring peoples striving to maintain their freedom and independence.

Should we fail to aid Greece and Turkey in this fateful hour, the effect will be far reaching to the West as well as to the East.

We must take immediate and resolute action.

I therefore ask the Congress to provide authority for assistance to Greece and Turkey in the amount of $400,000,000 for the period ending June 30, 1948. In requesting these funds, I have taken into consideration the maximum amount of relief assistance which would be furnished to Greece out of the $350,000,000 which I recently requested that the Congress authorize for the prevention of starvation and suffering in countries devastated by the war.

In addition to funds, I ask the Congress to authorize the detail of American civilian and military personnel to Greece and Turkey, at the request of those countries, to assist in the tasks of reconstruction, and for the purpose of supervising the use of such financial and material assistance as may be furnished. I recommend that authority also be provided for the instruction and training of selected Greek and Turkish personnel.

Finally, I ask that the Congress provide authority which will permit the speediest and most effective use, in terms of needed commodities, supplies, and equipment, of such funds as may be authorized.

If further funds, or further authority, should be needed for the purposes indicated in this message, I shall not hesitate to bring the situation before the Congress. On this subject the Executive and Legislative branches of the Government must work together.

This is a serious course upon which we embark. I would not recommend it except that the alternative is much more serious.

The United States contributed $341,000,000,000 toward winning World War II. This is an investment in world freedom and world peace.

The assistance that I am recommending for Greece and Turkey amounts to little more than 1/10 of 1 percent of this investment. It is only common sense that we should safeguard this investment and make sure that it was not in vain.

The seeds of totalitarian regimes are nurtured by misery and want. They spread and grow in the evil soil of poverty and strife. They reach their full growth when the hope of a people for a better life has died.

We must keep that hope alive.

The free peoples of the world look to us for support in maintaining their freedoms.

If we falter in our leadership, we may endanger the peace of the world — and we shall surely endanger the welfare of this Nation.

Great responsibilities have been placed upon us by the swift movement of events.

I am confident that the Congress will face these responsibilities squarely.

录自："Special Message to the Congress on Greece and Turkey: The Truman Doctrine," March 12, 1947, reproduced from "The American Presidency Project", available at: https://www.presidency.ucsb.edu/documents/special-message-the-congress-greece-and-turkey-the-truman-doctrine。

[历史背景介绍]

"二战"结束后，希腊很快陷入全面内战。内战双方一边是由希腊共产党领导并获得南斯拉夫、保加利亚和阿尔巴尼亚支持的希腊民主军，一边是英国支持下的希腊政府军。由于英国实力的下降，希腊政府转而向美国求援。美国逐步介入希腊内战。1947年2月21日，英国驻华盛顿大使馆的一位官员驱车赶往美国国务院大楼。他告知美国国务院官员，面对经济危机的英国将在3月31日停止对希腊和土耳其的一切经济援助，并从希腊撤走大批英军，希望美国可以代替英国填补欧亚大陆南部出现的这一巨大力量真空。仅仅一周后，美国国务院便拿出了一份详细的援助建议。3月12日，美国总统杜鲁门在国会发表演讲，提出了给予希腊和土耳其4亿美元援助的要求。此次演讲的内容被称为"杜鲁门主义"。

[史家争鸣]

冷战国际史研究的权威学者约翰·加迪斯辩称，杜鲁门主义远不能被视为美国外交政策发生革命化变化的标志，而是更多地延续了过去美国应对欧洲均势失衡的传统做法。1947—1950年，杜鲁门政府无意也无力充当世界警察。"促使美国承担在世界范围内遏制共产主义使命的是朝鲜战争而非希土危机。"①

美国著名历史学家沃尔特·拉费伯尔认为,"杜鲁门主义是美国历史上的转折点"。在他看来,"杜鲁门利用美国对国内和海外的共产主义的恐惧,使得美国人确信他们必须采取一种冷战的对外政策,而这种共识在此后的四分之一个世纪里都未曾被打破。"②

另一位美国知名历史学家梅尔文·莱弗勒断言:"通过夸大当前形势的严峻性,总统改变了美国大众的态度,并且赢得了他们对一项新倡议的支持。在此之前,无论是国会还是美国人民都不热衷于着手推行成本高昂的遏制苏联力量的计划。"③

同样,美国密苏里堪萨斯城大学历史学教授丹尼斯·梅里尔指出,杜鲁门主义不仅是冷战的转折点,还是当代美国外交政策的分水岭。"它全面地描述了这个世界,号召美国人秉持国际主义精神,推动美国介入欧洲的长期事务,将美国的权势应用于正在走向非殖民化的地区。"④

中国著名国际关系史学家徐蓝论证道,杜鲁门主义是美国外交政策的转折点。这种转折体现在三个方面:表明美国战后的对外政策终于完成了从孤立主义向全球扩张主义的转变;第二,是美国对苏联进行冷战的重要标识;第三,标志着美国越来越以两极思维来看待这个世界。⑤

[思考题]

1. 除了援助希腊,杜鲁门在演说中为什么还要求援助土耳其?

---

① John Lewis Gaddis, "Was the Truman Doctrine a Real Turning Point ?" *Foreign Affairs*, Vol. 52, No. 2 (January 1974), p.386.

② 沃尔特·拉费伯尔:《美国、俄国与冷战(1945—2006)》,牛可、翟韬、张静译,北京:世界图书出版公司,2010年,第51页。

③ 梅尔文·莱弗勒:《权力优势:国家安全、杜鲁门政府与冷战》,孙建中译,北京:商务印书馆,2019年,第195页。

④ Dennis Merrill, "The Truman Doctrine: Containing Communism and Modernity," *Presidential Studies Quarterly*, Vol.36, No.1(March 2006), p.37.

⑤ 徐蓝:《试论冷战的爆发与两极格局的形成》,《首都师范大学学报》(社会科学版)2002年第2期,第92页。

2.杜鲁门演说中的关键词有哪些?

3.杜鲁门的演说体现了哪些美国外交政策理念?此次演说是否为美国外交政策的转折点?

4.“杜鲁门主义”与冷战的关系如何?

（梁志　编）

154

马歇尔在哈佛大学的演说
（1947年6月5日）
（马歇尔在哈佛大学的演说）

Mr. President, Dr. Conant, members of the Board of Overseers, Ladies and Gentlemen:

I'm profoundly grateful and touched by the great distinction and honor and great compliment accorded me by the authorities of Harvard this morning. I'm overwhelmed, as a matter of fact, and I'm rather fearful of my inability to maintain such a high rating as you've been generous enough to accord to me. In these historic and lovely surroundings, this perfect day, and this very wonderful assembly, it is a tremendously impressive thing to an individual in my position.

But to speak more seriously, I need not to tell you that the world situation is very serious. That must be apparent to all intelligent people. I think one difficulty is that the problem is one of such enormous complexity that the very mass of facts presented to the public by press and radio make it exceedingly difficult for the man in the street to reach a clear appraisement of the situation. Furthermore, the people of this country are distant from the troubled areas of the earth and it is hard for them to comprehend the plight and consequent reactions of the long-suffering peoples, and the effect of those reactions on their governments in connection with our efforts to promote peace in the world.

In considering the requirements for the rehabilitation of Europe, the physical loss of life, the visible destruction of cities, factories, mines, and railroads was correctly estimated, but it has become obvious during recent months that this visible destruction was probably less serious than the dislocation of the entire fabric of European economy. For the past ten years conditions have been abnormal. The feverish preparation for war and the more feverish maintenance of the war effort engulfed all aspects of national economies. Machinery has fallen into disrepair or is entirely obsolete. Under the arbitrary and destructive Nazi rule, virtually every possible enterprise was geared into the German war machine.

Long-standing commercial ties, private institutions, banks, insurance companies, and shipping companies disappeared through loss of capital, absorption through nationalization, or by simple destruction. In many countries, confidence in the local currency has been severely shaken. The breakdown of the business structure of Europe during the war was complete. Recovery has been seriously retarded by the fact that two years after the close of hostilities a peace settlement with Germany and Austria has not been agreed upon. But even given a more prompt solution of these difficult problems, the rehabilitation of the economic structure of Europe quite evidently will require a much longer time and greater effort than has been foreseen.

There is a phase of this matter which is both interesting and serious. The farmer has always produced the foodstuffs to exchange with the city dweller for the other necessities of life. This division of labor is the basis of modern civilization. At the present time it is threatened with breakdown. The town and city industries are not producing adequate goods to exchange with the food-producing farmer. Raw materials and fuel are in short supply. Machinery is lacking or worn out. The farmer or the peasant cannot find the goods for sale which he desires to purchase. So the sale of his farm produce for money which he cannot use seems to him an unprofitable transaction. He, therefore, has withdrawn many fields from crop cultivation and is using them for grazing. He feeds more grain to stock and finds for himself and his family an ample supply of food, however short he may be on clothing and the other ordinary gadgets of civilization. Meanwhile, people in the cities are short of food and fuel, and in some places approaching the starvation levels. So the governments are forced to use their foreign money and credits to procure these necessities abroad. This process exhausts funds which are urgently needed for reconstruction. Thus a very serious situation is rapidly developing which bodes no good for the world. The modern system of the division of labor upon which the exchange of products is based is in danger of breaking down.

The truth of the matter is that Europe's requirements for the next three or four years of foreign food and other essential products — principally from America — are so much greater than her present ability to pay that she must have substantial additional help or face economic, social, and political deterioration of a very grave character.

The remedy lies in breaking the vicious circle and restoring the confidence of the European people in the economic future of their own countries and of Europe as a whole. The manufacturer and the farmer throughout wide areas must be able and willing to exchange their product for currencies, the continuing value of which is not open to question.

Aside from the demoralizing effect on the world at large and the possibilities of disturbances arising as a result of the desperation of the people concerned, the consequences to the economy of the United States should be apparent to all. It is logical that the United States should do whatever it is able to do to assist in the return of normal economic health in the world, without which there can be no political stability and no assured peace.

Our policy is directed not against any country or doctrine but against hunger, poverty, desperation, and chaos. Its purpose should be the revival of a working economy in the world so as to permit the emergence of political and social conditions in which free institutions can exist. Such assistance, I am convinced, must not be on a piecemeal basis as various crises develop. Any assistance that this Government may render in the future should provide a cure rather than a mere palliative. Any government that is willing to assist in the task of recovery will find full cooperation, I am sure, on the part of the United States Government. Any government which maneuvers to block the recovery of other countries cannot expect help from us. Furthermore, governments, political parties, or groups which seek to perpetuate human misery in order to profit therefrom politically or otherwise will encounter the opposition of the United States.

It is already evident that, before the United States Government can proceed much further in its efforts to alleviate the situation and help start the European world on its way to recovery, there must be some agreement among the countries of Europe as to the requirements of the situation and the part those countries themselves will take in order to give proper effect to whatever action might be undertaken by this Government. It would be neither fitting nor efficacious for this Government to undertake to draw up unilaterally a program designed to place Europe on its feet economically. This is the business of the Europeans. The initiative, I think, must come from Europe. The role of this country should consist of friendly aid in the drafting of a European program and of later support of such a program so far as it may be practical for us to do so. The program should be a joint one, agreed to by a number, if not all, European nations.

An essential part of any successful action on the part of the United States is an understanding on the part of the people of America of the character of the problem and the remedies to be applied. Political passion and prejudice should have no part. With foresight, and a willingness on the part of our people to face up to the vast responsibility which history has clearly placed upon our country the difficulties I have outlined can and will be overcome.

I am sorry that on each occasion I have said something publicly in regard to our international situation, I've been forced by the necessities of the case to enter into rather technical discussions. But to my mind, it is of vast importance that our people reach some general understanding of what the complications really are, rather than react from a passion or a prejudice or an emotion of the moment. As I said more formally a moment ago, we are remote from the scene of these troubles. It is virtually impossible at this distance merely by reading, or listening, or even seeing photographs or motion pictures, to grasp at all the real significance of the situation. And yet the whole world of the future hangs on a proper judgement. It hangs, I think, to a large extent on the realization of the American people, of just what are the various dominant factors. What are the reactions of the people? What are the justifications of those reactions? What are the sufferings? What is needed? What can best be done? What must be done? Thank you very much.

录自：George C. Marshall, "Speech to the Harvard University Alumni, June 5, 1947," in *The Papers of George Catlett Marshall*, volume 6, The John Hopkins University Press, 2013, pp.147–149.

[历史背景介绍]

第二次世界大战后，欧洲国家陷入了严重的经济、政治危机之中。欧洲局势的动荡引起美国的关注和担忧。"二战"后期，美国试图通过布雷顿森林会议，把大多数国家纳入一个开放的、以自由贸易为核心的国际经济机制中，但是战后欧洲经济凋敝、物资匮乏，这种国际经济秩序难以运转。此外，杜鲁门政府还将欧洲经济状况与民主制度的稳定联系起来。在美国决策层看来，欧洲每况愈下的经济环境为无政府主义打开了方便之门。杜鲁门政府意识到，美国在战时迅速发展起来的庞大生产能力和日益提高的国民经济潜力，可以在援助欧洲政策的直接推动下，解决欧洲国家的通货膨胀、货币短缺等问题，稳定欧洲资本主义国家动荡的经济、政治和社会形势，缓解美国生产过剩与国内市场日趋缩减的矛盾。1947年6月5日，美国国务卿乔治·马歇尔在哈佛大学发表演说，提出援助欧洲经济复兴的方案。美国在1948—1952年间通过该计划向西欧参与国提供了包括金融、技术、设备等各种形式的援助共计130亿美元，对西欧国家的发展和世界政治格局产生了重要影响。

[史家争鸣]

美国历史学家迈克尔·霍根（Michael Hogan）的《马歇尔计划：美国、英国和西欧重建》采用"合作主义"的分析方法，突破了对马歇尔计划的传统解释。该书将这一重要的外交政策置于美国20世纪建立新的国际经济秩序的努力中加以考察，通过对马歇尔计划政策制定和实施情况进行分析并探讨该政策产生的社会与经济渊源。霍根指出，美国商业、农业、劳工等利益集团同政府合作，创造出了由专家管理社会的模式，试图通过马歇尔计划使西欧国家放弃民族主义和保护主义，消除关税壁垒，实现贸易自由。[①]

艾伦·米尔沃德（Alan S. Milward）的《西欧的重建》一书认为，马歇尔计划并不像人们之前所认为的那样在欧洲的复兴过程中起了决定性的作用。他指出，战后西欧恢复工作早在马歇尔计划出台之前就已经开始，基础设施的重建也早在援助资金到达欧洲之前就已取得了不小的进展，即使没有美国的援助，西欧经济同样会复兴。[②]

安东尼·卡鲁（Anthony Carew）的《马歇尔计划下的劳工：生产性政治与管理科学的市场化》运用大量美国和英国劳工组织的档案，对英美生产率委员会的成立、英国劳工组织对技术援助项目态度的转变、马歇尔计划劳工政策的出台等一系列问题作了精细的研究，详尽阐述了马歇尔计划对欧洲劳工运动的影响。[③]

一些学者关注马歇尔计划期间美国的技术、管理模式和文化在西欧的传播与影响。布赖恩·麦肯齐（Brian McKenzie）《重塑法国：美国化、公共外

[①] Michael Hogan, *The Marshall Plan: America, Britain, and the Reconstruction of Western Europe, 1947–1952*, Cambridge University Press，1987.

[②] Alan S. Milward, *The Reconstruction of Western Europe, 1945–1951*，University of California Press, 1984.

[③] Anthony Carew, *Labor Under the Marshall Plan: The Politics of Productivity and the Marketing of Managerial Science*, Manchester: Manchester University Press，1987.

交和马歇尔计划》一书以马歇尔计划在法国实施的个案，分析了美国如何利用发行书籍、举办展览、制作电影等方式向法国大众传播美国的大规模生产和大众消费文化。该书认为美国大规模生产技术、大众文化伴随马歇尔计划的实施蜂拥而来，尽管美国在技术上的进步、经济上的繁荣和文化上的活力很容易为其他国家效仿，但法国民众根据自己的经验和价值观对美国文化进行了抵制和改造。[①]

[思考题]

1. 马歇尔计划出台的动机与目的是什么？

2. 马歇尔计划与杜鲁门主义相比有什么异同？

3. 有人认为马歇尔计划不只是一项经济援助计划，谈谈你对这句话的理解。

4. 如何理解和评价马歇尔计划的历史作用？

（李昀　编）

---

①　Brian McKenzie, *Remaking France: Americanization, Public Diplomacy, and the Marshall Plan*, New York: Berghahn Books，2005.

155

日丹诺夫关于国际形势的报告

（1947年9月25日）
（日丹诺夫关于国际形势的报告 [节选]）
（1947年9月25日）

（一）战后世界形势

第二次世界大战，使整个国际形势起了根本变化，法西斯国家集团的军事失败，战争的反法西斯性质，苏联在战胜法西斯侵略者当中的决定作用，这一切使社会主义制度与资本主义制度相互力量的对比，起了有利于社会主义的急遽改变。

第二次世界大战的主要结果是：最黩武、最富侵略性的两个资本主义国家——德国和日本军事上的失败。全世界反动帝国主义分子，特别是英美法帝国主义分子，曾对德、日（主要是希特勒德国）寄托了特别的希望，首先因为这力量最能予苏联以打击，以便击败——如果不是消灭——它（苏联），至少也要削弱与损害它的影响。其次，因为这力量是能摧毁德国本国和希特勒侵略对象国家的革命，工人与民主的运动，从而增强资本主义的地位。所谓慕尼黑"绥靖"政策与煽动法西斯侵略的所以形成，其主要原因之一就在于此。这种"绥靖"政策，是英、法、美帝国主义统治集团所坚持力行的。

可是，英法美帝国主义者寄托在希特勒匪帮身上的希望，并没有实现。希特勒匪帮业经证明较慕尼黑分子所预料的为弱，而苏联与爱好自由各民族，都较慕尼黑分子所预料的为强。

在这种情况下，整个世界资本主义制度遭受了又一个严重的失败。

多瑙河各国，从德国法西斯奴役下解放出来之后，接着就推翻了资产阶级与大地产所有主——这些由于与德国法西斯主义合作而早已声名狼藉了的统治者。出来当权的，乃是在反对希特勒，奴役者的斗争中涌现出来的新的人民的力量。

南斯拉夫、保加利亚、罗马尼亚、波兰、捷克斯洛伐克、匈牙利、阿尔巴尼亚的新民主主义政权，依靠人民群众的支持，在很短期间，即实现了资产阶级民主政治早已不能实行的那样进步的民主的转变。

新型的国家——人民的共和国，建立起来了。在那里，政权属于人民，大工业、运输与银行属于国家；同时，劳动人民与工人阶级的结合，成为领导的力量与国家的首脑。

战后苏联（它是使德、日两国军事失败的领导力量和首脑）的国际作用和威信，已无限量地增长了，全世界一切民主进步力量都团结在苏联周围。

资本主义世界的面貌也起了根本的变化。在六个所谓帝国主义列强（德、日、英、美、法、意）中，有三个（德、意、日）由于军事失败业已无能为力，法国也已削弱并丧失了其先前作为强国的重要性。这样一来，只剩下两个世界帝国主义"强"国——美、英。但是，其中一个——英国的地位正在摇摇欲坠。

由于第二次世界大战的结果，殖民地制度危机的增长已反映在殖民地和附属国强大的民族解放运动上，这威胁着资本主义制度的后方；殖民地人民是再也不愿像过去一样地生活下去了。

所有资本主义列强中，只有一个资本主义强国——美国——在战后没有受到削弱，反而在经济和军事方面都有相当的增强。

战争的结束，使美国面临着一串新问题。资本主义独占者力图保持他们过去那样高度水平的利润，他们希望以不使战时货物输出额跌落的办法来达到这个目的。

美国新的、公开的扩张主义政策的目的，就在于建立美帝国主义的世界霸权。

美国新的政策路线，乃是各种经济与政治性质的措施的广泛纲领的产物。其目的是：建立美国对其扩张对象国家的政治与经济统治，使这些国家降为美国附庸国的地位；并在他们国内树立一种政权，以扫除工人与民主运动可能筑起的阻挠美国资本剥削这些国家的一切障碍。

然而，美国争取世界霸权的野心，却受到国际影响日益增长的苏联（反帝国主义与反法西斯政策的堡垒）的阻挡，受了从英、美帝国主义控制下挣脱出来的新民主主义国家和全世界所有各国工人（包括美国国内不愿为了他们的压迫者的霸权而进行新战争的美国工人）的阻挡。因此，美国新的扩张主义与反动的政策路线，就是打算对苏联，对新民主主义国家，对一切国家的工人运动，对美国工人运动，和对一切国家反帝国主义及解放势力进行斗争。

这样，美国公开的扩张计划，很使人想起法西斯侵略者可耻地失败了的冒险计划；那些法西斯侵略者，如所周知，不久以前也还是世界霸权的追求者。

正像希特勒匪帮在准备罪恶的侵略时、以"反共"为烟幕，使压迫与奴役各民族、首先是他们本国人民的可能性能够确保一样，如今，美国的统治集团也给他们的扩张政策，甚至对其较弱的帝国主义竞争者（英国）的切身利益的进攻，戴上了所谓"反共防御任务"的假面具。

美帝国主义者既然把自己当作和苏联对立、和新民主主义国家对立、和世界各国工人与民主运动对立的主要力量，当作全世界反动、反民主力量的堡垒，就在第二次世界大战刚一结束，便着手恢复反对苏联与世界民主主义的慕尼黑阵线，着手鼓动反动势力——欧洲国家的通敌分子与过去资本主义的鼓吹者。而这些国家却已摆脱了希特勒的羁绊，并开始依照自己的选择来组织自己的生活。

（二）战后政治力量的新的划分与两个阵营的形成
——帝国主义反民主阵营及反帝国主义民主阵营

帝国主义阵营的主要领导力量是美国，与美国相联合的则有英国与法国。尽管英国有艾德礼、贝文的工党政府，法国有拉马第的社会党政府，英、法在一切基本问题上却还是像美国的卫星国一样跟着美国的帝国主义政策跑的。帝国主义阵营获得如下各国的支持：比利时与荷兰之类拥有殖民地国家、土耳其与希腊之类反动反民主政权国家、近东与南美各国以及中国之类政治上与经济上依赖美国的国家。

反帝国主义与反法西斯力量则结成另一个阵营，这个阵营的基础，就是苏联与新民主主义国家。这个阵营是由那些已经挣脱了帝国主义羁绊、坚定地走上了民主发展道路的国家，如罗马尼亚、匈牙利与芬兰等组成的。与反帝国主义阵营步调一致的，有印尼、越南，而印度、埃及与叙利亚，则对反帝国主义阵营表示同情。反帝国主义阵营依赖着各国工人与民主运动，依赖着各国的兄弟共产党，依赖着各殖民地与附属国家的民族解放运动的战士，依赖着存在于每一个国家中的一切进步民主力量。这一阵营的目的，就是反对新战争与帝国主义的扩张，加强民主力量，根绝法西斯残余。

第二次世界战争的结束，已经把一个主要的任务放在一切爱好自由的民族面前，这就是保证稳固的民主的和平，以巩固对法西斯主义的胜利。

反帝国主义与反法西斯阵营中的一切力量，已经为保证正义的民主的和平任务而团结和聚集起来了。在这个基础上，苏联与民主国家在一切外交政策问题上的友谊合作，业已增长并加强了。民主阵营国际威信的确立和增长，是不合帝国主义者的意思的。甚至在第二次世界大战期间，英美反动势力就已经不断地加强他们的活动，力图破坏盟国间的统一行动，延长战争，削弱苏联并挽救法西斯侵略者免于全面失败。

但是，当战争还在继续的时候，英美的反动分子还不敢对苏联与民主国家挑衅，他们知道得很清楚，全世界人民大众是衷心同情后者的。但在战争将近结束的最后几个月中，情势就开始改变。早在一九四五年七月柏林会议期间，英美帝国主义者就已经显露出他们不愿考虑苏联与民主国家的正当利益。

苏联与民主国家过去两年中的外交政策，乃是为坚持实现战后世界民主原则而斗争的政策。因此，民主国家战后外交政策的主要任务，就是为民主的和平、为肃清法西斯残余并为防止法西斯帝国主义侵略复活、为确认各民族平等的原则与尊重各民族的主权、为普遍缩军与禁止使用那些用以大规模灭绝和平人民的具有最大毁灭性的武器而斗争。在解决这一切问题中，苏联的外交与民主国家的外交，遇到了英、美外交的抵抗。自战争结束以后，英、美的外交就一贯地遵循着下述的路线：即抛弃盟国战时所宣布的关于战后世界建设的一般原则，摒除这个和平与加强民主力量的政策，而代以破坏普遍和平和庇护法西斯分子、迫害各国民主力量的新政策。

苏联与民主国家外交的目的，在于解决缩军与禁止使用有特别毁灭性武器原子弹的问题；它们的共同外交活动，具有显著的意义。

苏联的外交政策，是从资本主义与社会主义两个制度在今后一个长时期内并存的事实出发的。根据这一事实，制度不同的国家，在双方恪守互相尊重的原则并履行共同承诺的义务的条件下，便有了合作的可能性。苏联已经用事实证明了它的合作的意志与愿望。

英美现行的政策，则与此完全不同。他们正在竭尽一切力量来抛弃以前承受过的义务，以便放肆进行一种新政策，一种并非促进各民族合作而是鼓动一个民族反对另一民族、破坏各民族人民的利益，并孤立苏联的新政策。

美国既然背弃了罗斯福的旧的方针，而且正奉行着新的政策——准备新战争冒险的政策；现在，在这种新形势中，这一政策就正被竭力推行着。

（三）美国奴役欧洲的计划

第二次世界大战结束后，美帝国主义对外对内开始采取侵略与公开扩张主义的政策，如积极支持全世界反民主的反动力量，废除以德国之民主化与非军国主义化为目的的波茨坦协定，庇护日本的反动分子，扩充战争的准备，积蓄原子弹储备。与这同时，又进攻美国国内劳动人民的基本民主权利。

美国反动集团所鼓舞与执行的扩张主义的外交政策，同时还表现于如下各方面的活动：一、军事战略措施；二、经济扩张；三、思想斗争。

未来侵略的军事战略计划的实现，和美国企图尽量利用其在二次大战末期所极度增长了的战争工业装备的野心，是密切联系在一起的。

美国维持军队的费用，占一九四七——四八年全国预算百分之三十五，其军队数量为一九三七——三八年的十一倍。

美国军事战略计划规定，在平时就在远离美洲大陆的地方建立无数基地，打算充作反对苏联及新民主主义国家之用。

虽然战争结束已久，英美军事同盟，甚至英美联合军事参谋部都仍然存在。

在"西半球联防"的烟幕下，拉丁美洲国家正被包罗在美国军事扩张计划的范围以内。美国政府已宣布，帮助土耳其军队现代化，乃是他的正式的任务。反动的国民党军队受到美国教官的训练，并获得美国技术的装备。

美国的经济扩张，是实现其战略计划的重要补充。美帝国主义以高利贷者的姿态，尽力利用战时遭受损失最大的欧洲国家战后的困难，特别是盟国中原料、燃料与食物的缺乏，来迫使他们除非听命于被剥削的条件，否则就不能取得援助。

但是，紧随经济控制之后，各国就被沦为美帝国主义者的奴仆。这样，独占资本家为倾销美国货而扩充地盘，是与美国攫取反对欧洲新民主主义国家斗争的屯兵场相结合的。

最后，在美国争取世界霸权与反民主政策的野心中，也包括着思想斗争。美国战略计划中思想部分的基本任务，是对舆论施行压力，散播所谓苏联及新民主主义国家的"侵略性"的诽谤，并且把英美集团描绘为"防卫自己"，并把这个集团准备新战争的罪责推开。在第二次世界大战过程中，苏联在国外的威信极大量地增长了。美国与英国的反动分子，很焦急地盘算着要怎样才能抹去社会主义秩序活在世界工人与劳动人民心中的不可磨灭的印象。新战争的挑拨者们很了解；在他们能够派遣军队进攻苏联以前，必须进行长期的思想准备。

伴随着奴役欧洲的计划而来的思想"攻势"的方法之一，就是侵犯国家主权的原则，要使各族人民放弃他们的自主权利，并以"世界政府"的观念来反对这种权利。这种攻势的用意在于：把无情地蹂躏各族人民自主权利的美帝国主义肆无忌惮的扩张加以粉饰，并把美国描写成为"维护全人类法律的战士"。

在目前情况下，美国扩张主义倾向的具体表现，就是"杜鲁门主义"与"马歇尔计划"。这两个文件在形式上虽然各有不同，但在实质上都是一个政策的表现，这些文件，都是美国奴役欧洲的借口。

"杜鲁门主义"对于欧洲说来，其主要特点如下：（一）在东地中海区建立美国基地，目的在于确定美国在这一地区的统治权。（二）积极支持希腊和土耳其的反动政权，使之成为美国帝国主义反对巴尔干新民主主义国家的堡垒。（三）以所谓集权主义与扩张企图等虚构、谴责，对新民主主义国家施行很大压力，攻击新民主主义政权的先驱者，力求干涉这些国家的内政，唆使这些国家内一切反国家反民主的分子，示威式地断绝与这些国家的经济联系，目的则在制造这些国家的经济困难，拖延其经济发展，破坏其工业建设等等。

"杜鲁门主义"遭到不利的反应，以致不得不提出"马歇尔计划"。它是实施扩张政策的一种更为隐蔽的企图。

"马歇尔计划"口头上的特别是迂回曲折的方案，其主旨在于拉拢一些共同受美国约束的国家，创立一国家集团，并以美国的信用贷款借给欧洲国家，要它们首先放弃其经济独立，然后再放弃其政治独立。同时，"马歇尔计划"的基础在于建立德国西部工业区，使之为美国独占资本所控制。

依照华盛顿所发出的指令，英法政府邀请苏联也参加马歇尔建议的讨论。这个步骤，乃是要掩饰马歇尔建议所含反苏联的阴险的性质。

同意与英法政府共同在巴黎讨论马歇尔建议后，苏联代表团便在巴黎会谈中指明所谓整个欧洲经济纲领的任务是没有根据的，并揭露了如下的企图，即在英法政府保护下，以新欧洲组织的形式造成干涉欧洲国家的内政，并破坏它们主权的危险。

苏联这种明确的态度，揭破了美帝国主义者及其英、法帮手的假面具。由于欧洲九个国家拒绝参加，全欧会议可耻地垮台了。然而，在美国保护下成立西方集团的企图，仍在继续着。

必须强调指出，美国西方集团的好汉们必然会遇着严重的抵抗，甚至倚赖美国的英法之类的国家也会抵抗。

在这里，我们可以看到英美法集团本身的主要矛盾之一。美独占资本家以及整个国际反动派，似乎估计到佛朗哥或希腊法西斯不可能成为美国反苏及反欧洲新民主主义国家的多少可靠的支持者。正因为如此，他们就对帝国主义德国的复活寄以特别的希望，认为要求得反对欧洲民主力量的斗争之胜利，这是最重要的保证。

这就是为什么德国问题、特别是作为潜在的反苏军事工业基地的鲁尔区问题，成了国际政策的最重要问题，成了美国与英法间冲突的问题的原因。

这样看来，美国正在建立的西方集团，并不是依照邱吉尔的“欧洲合众国”计划，这计划曾被设想为实行英国政策的媒介，而是以欧洲主权国家（英国自己也在其内）作为美国的保护国，使它们扮演着和著名的“美国第四十九州”差不多的角色。

有些国家与军国主义阵营对马歇尔计划的赞扬，充分证实了整个事实的过程。

对“马歇尔计划”来说，民主国家阵营表现了自己是一支强大的力量，他们坚持保卫一切欧洲国家的独立与主权，决不让自己被恐吓吓倒，恰如也不允许被金元外交的虚伪诡计所欺骗一样。

还须要记住：美国本身正受着经济危机的威胁。马歇尔“冠冕堂皇”的“慷慨好义”，是有它深刻的原因的。只要欧洲国家得不到美国的贷款，那末这些国家对美国货的需求就必然会减少，这样就将加速迫在眉睫的美国经济危机的来势。因为这个缘故，如果欧洲国家表现必要的坚定与决心，以抵抗美国贷款的奴役性条件的话，美国是可能被迫撤退的。

（四）共产党的任务是在反对新的战争和侵略计划的斗争中团结民主的反法西斯爱好和平的力量

共产国际的解散，是适应新的历史条件下工人运动发展的需要的，它的解散起了积极的作用。

在共产国际解散以来的四年中，我们亲眼看到各国共产党大大的增强，实际上在欧洲和亚洲所有国家里他们的影响都增强了。

新民主主义国家共产党的影响尤其增强，在那里共产党是国内最有势力的政党。

可是，在共产党目前的情况中，也有某些缺陷存在。有些同志曾有这样的了解，以为共产国际的解散，即意味着各兄弟共产党之间的一切联系与一切接触的消除。然而，经验告诉我们：共产党之间这种缺乏联系，是不正确的，有害的，并且实际上是不自然的。无疑的，这种情况假如继续下去，对各兄弟党事业的发展就会引起极为有害的后果。

由于社会主义政党（特别是英国工党和法国社会党）大部分领导机关已成了美帝国主义分子的代理人，因此，一个特别的历史任务——领导着抵抗美国奴役欧洲的计划，并勇敢地团结起来揭露美帝国主义在各国国内的帮手，——落到了共产党的肩上。同时共产党必须支持一切为防止其祖国被侵害，为反对外国资本奴役祖国，并为维护其国家主权而斗争的真正的爱国主义分子。共产党在团结一切反法西斯与爱好自由的力量，进行反对美国奴役欧洲之新的扩张主义计划的斗争时，必须成为领导力量。

必须记住，帝国主义发动新战争的愿望，与组织这一战争的可能性之间，存在着极大的距离。全世界各族人民都不要战争。

现在工人阶级的主要危险，是在于过低估计自己的力量与过高估计敌人的力量。

如果共产党坚持他们的立场，保卫巩固的和平、人民的民主、国家的主权和他们国家的自由与独立，如果他们在反对经济上与政治上奴役他们国家之企图的斗争中，懂得如何领导一切准备保卫光荣的事业和民族的独立的力量的话，那么任何奴役欧洲的计划都不可能实现。

录自：《欧洲九国共产党华沙会议上日丹诺夫报告国际形势》，《人民日报》1947年11月2日，第1、3版。

1943年共产国际的解散并没有切断苏联与世界各国共产党的联系，但却解除了他们之间的隶属关系，各党已经没有义务向莫斯科汇报工作和提供情报了。为了继续保持与各国共产党的联系，苏联在原共产国际干部队伍的基础上成立了联共（布）中央国际情报部。战后，苏联对于纳入其势力范围的东欧各国主要是通过各国共产党（工人党）实行管控的，为了协调行动，似乎有必要采取某种措施。在与东欧国家领导人的谈话中，斯大林提出了建立某种国际组织的念头，但并不是重建共产国际，只是想要一个交流情况、调解分歧的机构。1947年法共和意共被逐出政府后，让苏联感到需要建立一个机构来协调各国共产党的行动。"马歇尔计划"提出后，苏联需要进一步加强对东欧国家的控制，此时建立共产党情报局的目标与其初衷已经发生了变化。1947年9月22日，欧洲共产党、工人党情报局第一次会议在波兰华沙召开，9月25日，日丹诺夫在会上做了关于国际形势的报告，其中提出了两大阵营的理论，标志着苏联开始放弃战后一直坚持的联合政府政策，确保东欧各国政权掌握在共产党手中，消除这些国家的独立倾向。[①]

[史家争鸣]

弗拉基米尔·佩恰特诺夫（Vladimir Pechatnov）认为，共产党情报局是克里姆林宫扰乱"马歇尔计划"在西欧实施、巩固苏联对东欧控制的主要工具。"两个阵营"理论为共产党情报局提供了意识形态基础，为欧洲共产党统一纪律并无条件支持苏联的政策提供了理由。[②]

张盛发认为，日丹诺夫报告中的"两个阵营"理论，反映了斯大林对战后世界政治力量和组合以及国际的新认识和新看法，表明了苏联准备与美国等西方国家长期斗争和全面对抗的决心和打算。在"两个阵营"理论基础上

---

① 沈志华：《经济漩涡》，第462—464页；沈志华主编：《冷战国际史二十四讲》，北京：世界知识出版社，2018年，第51—52页。

② Vladimir O. Pechatnov, "The Soviet Union and the World, 1944–1953," in Melvyn P. Leffler and Odd Arne Westad eds., *The Cambridge History of the Cold War*, Volume I: *Origins*, Cambridge: Cambridge University Press, 2010, p.105.

建立的共产党情报局，则构成了与美国等西方国家全面对抗的力量基础。它既是苏联对外政策在新的国际形势下的自然产物，也是对当时的美国杜鲁门主义和马歇尔计划的必然反映。[①]

沈志华指出，日丹诺夫这个著名的报告反映了苏联领导人对国际局势的新看法以及由此而产生的新方针，其表述在报告起草过程中几经修改，直到最后一稿才归结为"两个对抗阵营形成"这一中心命题，即"战后政治力量的新格局——以帝国主义的反民主阵营为一方和以反对帝国主义的民主阵营为一方的两个阵营的建立"。"社会主义民族道路"的概念已不见踪影，不同制度之间和平共处与合作的说法已销声匿迹，甚至利用资本主义内部矛盾的说法也不再提起，剩下的只有世界的分裂和两个阵营之间的对抗，只有社会主义战胜资本主义的"最后斗争"，这成为各国共产党必须遵守的统一的行动方针。[②]

［思考题］

1. 马歇尔计划的提出对于苏联的对外战略产生了什么样的影响？

2. 日丹诺夫的报告对于美国战略的表述和理解是否准确？

3. 如何看待共产党情报局的成立之于冷战的意义？

（葛君　编）

---

① 张盛发:《斯大林与冷战》，第226页。
② 沈志华:《经济漩涡》，第468页。

156

杜鲁门就民权问题向国会发表特别咨文

（1948年2月2日）
(Harry Truman Special Message to the Congress, February 2, 1948)

In the State of the Union Message on January 7, 1948, I spoke of five great goals toward which we should strive in our constant effort to strengthen our democracy and improve the welfare of our people. The first of these is to secure fully our essential human rights. I am now presenting to the Congress my recommendations for legislation to carry us forward toward that goal.

This Nation was founded by men and women who sought these shores that they might enjoy greater freedom and greater opportunity than they had known before. The founders of the United States proclaimed to the world the American belief that all men are created equal, and that governments are instituted to secure the inalienable rights with which all men are endowed. In the Declaration of Independence and the Constitution of the United States, they eloquently expressed the aspirations of all mankind for equality and freedom.

These ideals inspired the peoples of other lands, and their practical fulfillment made the United States the hope of the oppressed everywhere. Throughout our history men and women of all colors and creeds, of all races and religions, have come to this country to escape tyranny and discrimination. Millions strong, they have helped build this democratic Nation and have constantly reinforced our devotion to the great ideals of liberty and equality. With those who preceded them, they have helped to fashion and strengthen our American faith — a faith that can be simply stated:

We believe that all men are created equal and that they have the right to equal justice under law.

We believe that all men have the right to freedom of thought and of expression and the right to worship as they please.

We believe that all men are entitled to equal opportunities for jobs, for homes, for good health and for education.

We believe that all men should have a voice in their government and that government should protect, not usurp, the rights of the people.

These are the basic civil rights which are the source and the support of our democracy.

Today, the American people enjoy more freedom and opportunity than ever before. Never in our history has there been better reason to hope for the complete realization of the ideals of liberty and equality.

We shall not, however, finally achieve the ideals for which this Nation was founded so long as any American suffers discrimination as a result of his race, or religion, or color, or the land of origin of his forefathers.

Unfortunately, there still are examples — flagrant examples — of discrimination which are utterly contrary to our ideals. Not all groups of our population are free from the fear of violence. Not all groups are free to live and work where they please or to improve their conditions of life by their own efforts. Not all groups enjoy the full privileges of citizenship and participation in the government under which they live.

We cannot be satisfied until all our people have equal opportunities for jobs, for homes, for education, for health, and for political expression, and until all our people have equal protection under the law.

One year ago, I appointed a committee of fifteen distinguished Americans and asked them to appraise the condition of our civil rights and to recommend appropriate action by Federal, state and local governments.

The committee's appraisal has resulted in a frank and revealing report. This report emphasizes that our basic human freedoms are better cared for and more vigilantly defended than ever before. But it also makes clear that there is a serious gap between our ideals and some of our practices. This gap must be closed.

This will take the strong efforts of each of us individually, and all of us acting together through voluntary organizations and our governments.

The protection of civil rights begins with the mutual respect for the rights of others which all of us should practice in our daily lives. Through organizations in every community — in all parts of the country — we must continue to develop practical, workable arrangements for achieving greater tolerance and brotherhood.

The protection of civil rights is the duty of every government which derives its powers from the consent of the people. This is equally true of local, state, and national governments. There is much that the states can and should do at this time to extend their protection of civil rights. Wherever the law enforcement measures of state and local governments are inadequate to discharge this primary function of government, these measures should be strengthened and improved.

The Federal Government has a clear duty to see that Constitutional guarantees of individual liberties and of equal protection under the laws are not denied or abridged anywhere in our Union. That duty is shared by all three branches of the Government, but it can be fulfilled only if the Congress enacts modern, comprehensive civil rights laws, adequate to the needs of the day, and demonstrating our continuing faith in the free way of life.

I recommend, therefore, that the Congress enact legislation at this session directed toward the following specific objectives:

1. Establishing a permanent Commission on Civil Rights, a Joint Congressional Committee on Civil Rights, and a Civil Rights Division in the

Department of Justice.

2. Strengthening existing civil rights statutes.

3. Providing Federal protection against lynching.

4. Protecting more adequately the right to vote.

5. Establishing a Fair Employment Practice Commission to prevent unfair discrimination in employment.

6. Prohibiting discrimination in interstate transportation facilities.

7. Providing home-rule and suffrage in Presidential elections for the residents of the District of Columbia.

8. Providing Statehood for Hawaii and Alaska and a greater measure of self-government for our island possessions.

9. Equalizing the opportunities for residents of the United States to become naturalized citizens.

10. Settling the evacuation claims of Japanese-Americans.

Strengthening the Government Organization

As a first stop, we must strengthen the organization of the Federal Government in order to enforce civil rights legislation more adequately and to watch over the state of our traditional liberties.

I recommend that the Congress establish a permanent Commission on Civil Rights reporting to the President. The Commission should continuously review our civil rights policies and practices, study specific problems, and make recommendations to the President at frequent intervals. It should work with other agencies of the Federal Government, with state and local governments, and with private organizations.

I also suggest that the Congress establish a Joint Congressional Committee on Civil Rights. This Committee should make a continuing study of legislative matters relating to civil rights and should consider means of improving respect for and enforcement of those rights.

These two bodies together should keep all of us continuously aware of the condition of civil rights in the United States and keep us alert to opportunities to improve their protection.

To provide for better enforcement of Federal civil rights laws, there will be established a Division of Civil Rights in the Department of Justice. I recommend that the Congress provide for an additional Assistant Attorney General to supervise this Division.

Strengthening Existing Civil Rights Statutes

I recommend that the Congress amend and strengthen the existing provisions of Federal law which safeguard the right to vote and the right to safety and security of person and property. These provisions are the basis for our present civil rights enforcement program.

Section 51 of Title 18 of the United States Code, which now gives protection to citizens in the enjoyment of rights secured by the Constitution or Federal laws, needs to be strengthened in two respects. In its present form, this section protects persons only if they are citizens, and it affords protection only against conspiracies by two or more persons. This protection should be extended to all inhabitants of the United States, whether or not they are citizens, and should be afforded against infringement by persons acting individually as well as in conspiracy.

Section 52 of Title 18 of the United States Code, which now gives general protection to individuals against the deprivation of Federally secured rights by public officers, has proved to be inadequate in some cases because of the generality of its language. An enumeration of the principal rights protected under this section is needed to make more definite and certain the protection which the section affords.

Federal Protection Against Lynching

A specific Federal measure is needed to deal with the crime of lynching — against which I cannot speak too strongly. It is a principle of our democracy, written into our Constitution, that every person accused of an offense against the law shall have a fair, orderly trial in an impartial court. We have made great progress toward this end, but I regret to say that lynching has not yet finally disappeared from our land. So long as one person walks in fear of lynching, we shall not have achieved equal justice under law. I call upon the Congress to take decisive action against this crime.

Protecting the Right to Vote

Under the Constitution, the right of all properly qualified citizens to vote is beyond question. Yet the exercise of this right is still subject to interference. Some individuals are prevented from voting by isolated acts of intimidation. Some whole groups are prevented by outmoded policies prevailing in certain states or communities.

We need stronger statutory protection of the right to vote. I urge the Congress to enact legislation forbidding interference by public officers or private persons with the right of qualified citizens to participate in primary, special and general elections in which Federal officers are to be chosen. This legislation should extend to elections for state as well as Federal officers insofar as interference with the right to vote results from discriminatory action by public officers based on race, color, or other unreasonable classification.

Requirements for the payment of poll taxes also interfere with the right to vote. There are still seven states which, by their constitutions, place this barrier between their citizens and the ballot box. The American people would welcome voluntary action on the part of these states to remove this barrier. Nevertheless, I believe the Congress should enact measures insuring that the right to vote in elections for Federal officers shall not be contingent upon the payment of taxes.

I wish to make it clear that the enactment of the measures I have recommended will in no sense result in Federal conduct of elections. They are designed to give qualified citizens Federal protection of their right to vote. The actual conduct of elections, as always, will remain the responsibility of State governments.

Fair Employment Practice Commission

We in the United States believe that all men are entitled to equality of opportunity. Racial, religious and other invidious forms of discrimination deprive the individual of an equal chance to develop and utilize his talents and to enjoy the rewards of his efforts.

Once more I repeat my request that the Congress enact fair employment practice legislation prohibiting discrimination in employment based on race, color, religion or national origin. The legislation should create a Fair Employment Practice Commission with authority to prevent discrimination by employers and labor unions, trade and professional associations, and government agencies and employment bureaus. The degree of effectiveness which the wartime Fair Employment Practice Committee attained shows that it is possible to equalize job opportunity by government action and thus to eliminate the influence of prejudice in employment.

Interstate Transportation

The channels of interstate commerce should be open to all Americans on a basis of complete equality. The Supreme Court has recently declared unconstitutional state laws requiring segregation on public carriers in interstate travel. Company regulations must not be allowed to replace unconstitutional state laws. I urge the Congress to prohibit discrimination and segregation, in the use of interstate transportation facilities, by both public officers and the employees of private companies.

The District of Columbia

I am in full accord with the principle of local self-government for residents of the District of Columbia. In addition, I believe that the Constitution should be amended to extend suffrage in Presidential elections to the residents of the District.

The District of Columbia should be a true symbol of American freedom and democracy for our own people, and for the people of the world. It is my earnest hope that the Congress will promptly give the citizens of the District of Columbia their own local, elective government. They themselves can then deal with the inequalities arising from segregation in the schools and other public facilities, and from racial barriers to places of public accommodation which now exist for one-third of the District's population.

The present inequalities in essential services are primarily a problem for the District itself, but they are also of great concern to the whole Nation. Failing local corrective action in the near future, the Congress should enact a model civil rights law for the Nation's Capital.

Our Territories and Possessions

The present political status of our Territories and possessions impairs the enjoyment of civil rights by their residents. I have in the past recommended legislation granting statehood to Alaska and Hawaii, and organic acts for Guam and American Samoa including a grant of citizenship to the people of these Pacific Islands. I repeat these recommendations.

Furthermore, the residents of the Virgin Islands should be granted an increasing measure of self-government, and the people of Puerto Rico should be allowed to choose their form of government and their ultimate status with respect to the United States.

Equality in Naturalization

All properly qualified legal residents of the United States should be allowed to become citizens without regard to race, color, religion or national origin. The Congress has recently removed the bars which formerly prevented persons from China, India and the Philippines from becoming naturalized citizens. I urge the Congress to remove the remaining racial or nationality barriers which stand in the way of citizenship for some residents of our country.

Evacuation Claims of the Japanese-Americans

During the last war more than one hundred thousand Japanese-Americans were evacuated from their homes in the Pacific states solely because of their racial origin. Many of these people suffered property and business losses as a result of this forced evacuation and through no fault of their own. The Congress has before it legislation establishing a procedure by which claims based upon these losses can be promptly considered and settled. I trust that favorable action on this legislation will soon be taken.

The legislation I have recommended for enactment by the Congress at the present session is a minimum program if the Federal Government is to fulfill its obligation of insuring the Constitutional guarantees of individual liberties and of equal protection under the law.

Under the authority of existing law, the Executive branch is taking every possible action to improve the enforcement of the civil rights statutes and to eliminate discrimination in Federal employment, in providing Federal services and facilities, and in the armed forces.

I have already referred to the establishment of the Civil Rights Division of the Department of Justice. The Federal Bureau of Investigation will work closely with this new Division in the investigation of Federal civil rights cases. Specialized training is being given to the Bureau's agents so that they may render more effective service in this difficult field of law enforcement.

It is the settled policy of the United States Government that there shall be no discrimination in Federal employment or in providing Federal services and facilities. Steady progress has been made toward this objective in recent years. I shall shortly issue an Executive Order containing a comprehensive restatement of the Federal non-discrimination policy, together with appropriate measures to ensure compliance.

During the recent war and in the years since its dose we have made much progress toward equality of opportunity in our armed services without regard to race, color, religion or national origin. I have instructed the Secretary of Defense to take steps to have the remaining instances of discrimination in the armed services eliminated as rapidly as possible. The personnel policies and practices of all the services in this regard will be made consistent.

I have instructed the Secretary of the Army to investigate the status of civil rights in the Panama Canal Zone with a view to eliminating such discrimination as may exist there. If legislation is necessary, I shall make appropriate recommendations to the Congress.

The position of the United States in the world today makes it especially urgent that we adopt these measures to secure for all our people their essential rights.

The peoples of the world are faced with the choice of freedom or enslavement, a choice between a form of government which harnesses the state in the service of the individual and a form of government which chains the individual to the needs of the state.

We in the United States are working in company with other nations who share our desire for enduring world peace and who believe with us that, above all else, men must be free. We are striving to build a world family of nations — a world where men may live under governments of their own choosing and under laws of their own making.

As a part of that endeavor, the Commission on Human Rights of the United Nations is now engaged in preparing an international bill of human rights by which the nations of the world may bind themselves. by international covenant to give effect to basic human rights and fundamental freedoms. We have played a leading role in this undertaking designed to create a world order of law and justice fully protective of the rights and the dignity of the individual.

To be effective in those efforts, we must protect our civil rights so that by providing all our people with the maximum enjoyment of personal freedom and personal opportunity we shall be a stronger nation — stronger in our leadership, stronger in our moral position, stronger in the deeper satisfactions of a united citizenry.

We know that our democracy is not perfect. But we do know that it offers freer, happier life to our people than any totalitarian nation has ever offered.

If we wish to inspire the peoples of the world whose freedom is in jeopardy, if we wish to restore hope to those who have already lost their civil liberties, if we wish to fulfill the promise that is ours, we must correct the remaining imperfections in our practice of democracy.

We know the way. We need only the will.

录自："Harry S. Truman: Special Message to Congress on Civil Rights," *The American Presidency Project*, April 5, 2012, http://www.presidency.ucsb.edu/ws/index.php？pid=13006# ixzz1rAewYGGM。

[历史背景介绍]

冷战把美国的种族问题推向国际舞台，凸显了"美国信条"与其种族政策的矛盾。美国以"自由世界领袖"自居，不仅与苏联进行地缘政治和军备竞赛，而且还在意识形态、社会制度和生活方式等方面开展竞争。然而，在这场斗争中，严重的种族歧视是美国的一个致命弱点。它不仅涉及美国的国家形象、声誉、世界地位和国家安全，还关涉美国在冷战中的成败。苏联利用美国的种族问题批判美国民主的虚伪性，破坏其"自由世界领袖"的形象。亚非拉地区新独立的国家普遍因美国的种族问题而质疑其民主制度。盟友则担忧美国的种族问题伤害整个西方民主的声誉。因此，杜鲁门政府不得不进行民权改革。

1948年2月2日，杜鲁门就民权问题向国会发表特别咨文。他成为美国历史上第一位向国会提交民权咨文的总统。杜鲁门从美国人信念的角度，从美国在国际社会中政治大国地位的角度，反复地强调联邦在保障黑人民权问题上的责任。无论杜鲁门是出于何种目的，无论他是不是受到了外界的压力，他以美国总统的身份，专门就民权问题向国会提交国情咨文，这对民权问题而言就具有重大的政治意义。这说明民权问题从一个边缘性的社会问题开始成为联邦政府关心的主要国内政治问题。可以说，民权问题将逐渐成为国会不可回避的立法问题。

[史家争鸣]

威廉·伯曼（William C. Berman）并不否定杜鲁门的民权功绩，但更强调杜鲁门民权成就的局限性，质疑杜鲁门在促进黑人民权上的动机。他认为，杜鲁门的民权行动并不是出于人道主义的考虑，而是出于对黑人选票和与苏联进行冷战的需要。[①]

唐纳德·麦科伊（Donald R. McCoy）和理查德·鲁滕合（Richard T. Ruetten）高度赞扬杜鲁门总统在民权领域的贡献。他们指出，杜鲁门是第一个向国会提交民权咨文的总统；是第一个努力理解少数种族困境的总统；是第一个持续有力地公开谴责国内种族歧视和不平等的总统。[②]

菲利普·沃恩（Philip H. Vaughan）对杜鲁门在民权事务上的政治遗产作了细致的分析。他认为，虽然杜鲁门在民权立法方面几乎是一无所获，但通过不断推动民权立法把黑人问题推向国内政治舞台的中心。杜鲁门不仅在言论上支持民权，还采取了一些具体措施，并使种族融合成为一个道德原则。从这方面讲，杜鲁门的贡献是巨大的。[③]

玛丽·杜齐亚克（Mary L. Dudziak）从冷战视角探讨了国际形势和因素对杜鲁门政府民权政策的影响。她指出，杜鲁门相信，国内的种族歧视问题对美国的外交关系有严重的后果。国际社会因美国的种族歧视和隔离问题而批判美国民主，这导致美国无法吸引亚非拉地区新独立的国家加入西方阵营。这迫使杜鲁门政府进行民权改革。[④]

阿扎·雷他（Azza Salama Layton）指出，二战结束后，冷战迫使美国

---

① William C. Berman, *The Politics of Civil Rights in the Truman Administration*, Columbus: Ohio State University Press, 1970.
② Donald R. McCoy and Richard T. Ruetten, *Quest and Response: Minority Rights and the Truman Administration*, Lawrence: University Press of Kansas, 1973.
③ Philip H. Vaughan, *The Truman Administration's Legacy for Black America*, Reseda, California: Mojave Books, 1976.
④ Mary L. Dudziak, *Cold War Civil Rights: Race and the Image of American Democracy*, Princeton: Princeton University Press, 2000.

政府把种族问题提上议事日程。为了维护美国作为"自由世界领袖"的地位，杜鲁门政府被迫保护黑人民权。黑人民权领袖也利用冷战的国际形势向杜鲁门政府施压，为黑人种族争取平等。[①]

盖斯·波利（Garth E. Pauley）从民权语言学的角度分析了杜鲁门总统发表民权演讲的政治含义及其对推动黑人民权发展的影响。他认为，杜鲁门的民权演讲为黑人争取平等注入了动力，不仅教育了美国公民，还推动国会制定民权法。杜鲁门把民权问题带到公共领域，把多年来受忽视的问题转变为一个重要的、热烈讨论的公共话题。[②]

谢国荣把从"二战"结束到20世纪50年代前期称作"民权运动的前奏"，凸显了杜鲁门当政时期黑人抗争活动、社会观念变化、政府政策调整、司法判决新动向、政党和选举政治的变化对于民权运动酝酿和大规模爆发的重要意义，对民权运动前期的历史作出了独到的解读，推动了这一领域研究的深入发展。[③]

[思考题]

1. 民权问题为何成为战后美国政府不得不解决的重大问题？

2. 战后美国的种族问题为何演变为国际社会关注的焦点？

3. 如何看待民权改革对美苏之间意识形态斗争的影响？

4. 杜鲁门政府如何回应国际社会对美国民权问题的关切？

5. 杜鲁门政府如何处理令其在冷战中极度尴尬的黑人问题？

（谢国荣　编）

---

① Azza Salama Layton, *International Politics and Civil Rights Policies in the United States, 1941–1960*, Cambridge: Cambridge University Press, 2000.

② Garth E. Pauley, *The Modern Presidency and Civil Rights: Rhetoricon Race from Roosevelt to Nixon*, College Station: Texas A&M University Press, 2001.

③ 谢国荣：《民权运动的前奏——杜鲁门当政时期美国黑人民权问题研究》，北京：人民出版社，2010年。

157

毛泽东《论人民民主专政》

（1949年6月30日）
（毛泽东《论人民民主专政》）
（一九四九年六月三十日）

一九四九年的七月一日这一个日子表示，中国共产党已经走过二十八年了。像一个人一样，有他的幼年、青年、壮年和老年。中国共产党已经不是小孩子，也不是十几岁的年青小伙子，而是一个大人了。人到老年就要死亡，党也是这样。阶级消灭了，作为阶级斗争的工具的一切东西，政党和国家机器，将因其丧失作用，没有需要，逐步地衰亡下去，完结自己的历史使命，而走到更高级的人类社会。我们和资产阶级政党相反。他们怕说阶级的消灭，国家权力的消灭和党的消灭。我们则公开声明，恰是为着促使这些东西的消灭而创设条件，而努力奋斗。共产党的领导和人民专政的国家权力，就是这样的条件。不承认这一条真理，就不是共产主义者。没有读过马克思列宁主义的刚才进党的青年同志们，也许还不懂得这一条真理。他们必须懂得这一条真理，才有正确的宇宙观。他们必须懂得，消灭阶级，消灭国家权力，消灭党，全人类都要走这一条路的，问题只是时间和条件。全世界共产主义者比资产阶级高明，他们懂得事物的生存和发展的规律，他们懂得辩证法，他们看得远些。资产阶级所以不欢迎这一条真理，是因为他们不愿意被人们推翻。被推翻，例如眼前国民党反动派被我们所推翻，过去日本帝国主义被我们和各国人民所推翻，对于被推翻者来说，这是痛苦的，不堪设想的。对于工人阶级、劳动人民和共产党，则不是什么被推翻的问题，而是努力工作，创设条件，使阶级、国家权力和政党很自然地归于消灭，使人类进到大同境域。为着说清我们在下面所要说的问题，在这里顺便提一下这个人类进步的远景的问题。

我们党走过二十八年了，大家知道，不是和平地走过的，而是在困难的环境中走过的，我们要和国内外党内外的敌人作战。谢谢马克思、恩格斯、列宁和斯大林，他们给了我们以武器。这武器不是机关枪，而是马克思列宁主义。

列宁在一九二〇年在《共产主义运动中的"左派"幼稚病》一书中，描写过俄国人寻找革命理论的经过。俄国人曾经在几十个年头内，经历艰难困苦，方才找到了马克思主义。中国有许多事情和十月革命以前的俄国相同，或者近似。封建主义的压迫，这是相同的。经济和文化落后，这是近似的。两个国家都落后，中国则更落后。先进的人们，为了使国家复兴，不惜艰苦奋斗，寻找革命真理，这是相同的。

自从一八四〇年鸦片战争失败那时起，先进的中国人，经过千辛万苦，向西方国家寻找真理。洪秀全、康有为、严复和孙中山，代表了在中国共产党出世以前向西方寻找真理的一派人物。那时，求进步的中国人，只要是西方的新道理，什么书也看。向日本、英国、美国、法国、德国派遣留学生之多，达到了惊人的程度。国内废科举，兴学校，好像雨后春笋，努力学习西方。我自己在青年时期，学的也是这些东西。这些是西方资产阶级民主主义的文化，即所谓新学，包括那时的社会学说和自然科学，和中国封建主义的文化即所谓旧学是对立的。学了这些新学的人们，在很长的时期内产生了一种信心，认为这些很可以救中国，除了旧学派，新学派自己表示怀疑的很少。要救国，只有维新，要维新，只有学外国。那时的外国只有西方资本主义国家是进步的，它们成功地建设了资产阶级的现代国家。日本人向西方学习有成效，中国人也想向日本人学。在那时的中国人看来，俄国是落后的，很少人想学俄国。这就是十九世纪四十年代至二十世纪初期中国人学习外国的情形。

帝国主义的侵略打破了中国人学西方的迷梦。很奇怪，为什么先生老是侵略学生呢？中国人向西方学得很不少，但是行不通，理想总是不能实现。

多次奋斗，包括辛亥革命那样全国规模的运动，都失败了。国家的情况一天一天坏，环境迫使人们活不下去。怀疑产生了，增长了，发展了。第一次世界大战震动了全世界。俄国人举行了十月革命，创立世界上第一个社会主义国家。过去蕴藏在地下为外国人所看不见的伟大的俄国无产阶级和劳动人民的革命精力，在列宁、斯大林领导之下，像火山一样突然爆发出来了，中国人和全人类对俄国人都另眼相看了。这时，也只是在这时，中国人从思想到生活，才出现了一个崭新的时期。中国人找到了马克思列宁主义这个放之四海而皆准的普遍真理，中国的面目就起了变化了。

中国人找到马克思主义，是经过俄国人介绍的。在十月革命以前，中国人不但不知道列宁、斯大林，也不知道马克思、恩格斯。十月革命一声炮响，给我们送来了马克思列宁主义。十月革命帮助了全世界的也帮助了中国的先进分子，用无产阶级的宇宙观作为观察国家命运的工具，重新考虑自己的问题。走俄国人的路——这就是结论。一九一九年，中国发生了五四运动。一九二一年，中国共产党成立。孙中山在绝望里，遇到了十月革命和中国共产党。孙中山欢迎十月革命，欢迎俄国人对中国人的帮助，欢迎中国共产党同他合作。孙中山死了，蒋介石起来。在二十二年的长时间内，蒋介石把中国拖到了绝境。在这个时期中，以苏联为主力军的反法西斯的第二次世界大战，打倒了三个帝国主义大国，两个帝国主义大国在战争中被削弱了，世界上只剩下一个帝国主义大国即美国没有受损失。而美国的国内危机是很深重的。它要奴役全世界，它用武器帮助蒋介石杀戮了几百万中国人。中国人民在中国共产党领导之下，在驱逐日本帝国主义之后，进行了三年的人民解放战争，取得了基本的胜利。

就是这样，西方资产阶级的文明，资产阶级的民主主义，资产阶级共和国的方案，在中国人民的心目中，一齐破了产。资产阶级的民主主义让位给工人阶级领导的人民民主主义，资产阶级共和国让位给人民共和国。这样就造成了一种可能性：经过人民共和国到达社会主义和共产主义，到达阶级的消灭和世界的大同。康有为写了《大同书》，他没有也不可能找到一条到达大同的路。资产阶级的共和国，外国有过的，中国不能有，因为中国是受帝国主义压迫的国家。唯一的路是经过工人阶级领导的人民共和国。

一切别的东西都试过了，都失败了。曾经留恋过别的东西的人们，有些人倒下去了，有些人觉悟过来了，有些人正在换脑筋。事变是发展得这样快，以至使很多人感到突然，感到要重新学习。人们的这种心情是可以理解的，我们欢迎这种善良的要求重新学习的态度。

中国无产阶级的先锋队，在十月革命以后学了马克思列宁主义，建立了中国共产党。接着就进入政治斗争，经过曲折的道路，走了二十八年，方才取得了基本的胜利。积二十八年的经验，如同孙中山在其临终遗嘱里所说"积四十年之经验"一样，得到了一个相同的结论，即是：深知欲达到胜利，"必须唤起民众，及联合世界上以平等待我之民族，共同奋斗"。孙中山和我们具有各不相同的宇宙观，从不同的阶级立场出发去观察和处理问题，但在二十世纪二十年代，在怎样和帝国主义作斗争的问题上，却和我们达到了这样一个基本上一致的结论。

孙中山死去二十四年了，中国革命的理论和实践，在中国共产党领导之下，都大大地向前发展了，根本上变换了中国的面目。到现在为止，中国人民已经取得的主要的和基本的经验，就是这两件事：（一）在国内，唤起民众。这就是团结工人阶级、农民阶级、城市小资产阶级和民族资产阶级，在工人阶级领导之下，结成国内的统一战线，并由此发展到建立工人阶级领导的以工农联盟为基础的人民民主专政的国家；（二）在国外，联合世界上以平等待我的民族和各国人民，共同奋斗。这就是联合苏联，联合各人民民主国家，联合其他各国的无产阶级和广大人民，结成国际的统一战线。

"你们一边倒。"正是这样。一边倒，是孙中山的四十年经验和共产党的二十八年经验教给我们的，深知欲达到胜利和巩固胜利，必须一边倒。积四十年和二十八年的经验，中国人不是倒向帝国主义一边，就是倒向社会主义一边，绝无例外。骑墙是不行的，第三条道路是没有的。我们反对倒向帝国主义一边的蒋介石反动派，我们也反对第三条道路的幻想。

"你们太刺激了。"我们讲的是对付国内外反动派即帝国主义者及其走狗们，不是讲对付任何别的人。对于这些人，并不发生刺激与否的问题，刺激也是那样，不刺激也是那样，因为他们是反动派。划清反动派和革命派的界限，揭露反动派的阴谋诡计，引起革命派内部的警觉和注意，长自己的志气，灭敌人的威风，才能孤立反动派，战而胜之，或取而代之。在野兽面前，不可以表示丝毫的怯懦。我们要学景阳冈上的武松。在武松看来，景阳冈上的老虎，刺激它也是那样，不刺激它也是那样，总之是要吃人的。或者把老虎打死，或者被老虎吃掉，二者必居其一。

"我们要做生意。"完全正确，生意总是要做的。我们只反对妨碍我们做生意的内外反动派，此外并不反对任何人。大家须知，妨碍我们和外国做生意以至妨碍我们和外国建立外交关系的，不是别人，正是帝国主义者及其走狗蒋介石反动派。团结国内国际的一切力量击破内外反动派，我们就有生意可做了，我们就有可能在平等、互利和互相尊重领土主权的基础之上和一切国家建立外交关系了。

"不要国际援助也可以胜利。"这是错误的想法。在帝国主义存在的时代，任何国家的真正的人民革命，如果没有国际革命力量在各种不同方式上的援助，要取得自己的胜利是不可能的。胜利了，要巩固，也是不可能的。伟大的十月革命的胜利和巩固，就是这样的，列宁和斯大林早已告诉我们了。第二次世界大战打倒三个帝国主义国家并建立各人民民主国家，也是这样。人民中国的现在和将来，也是这样。请大家想一想，假如没有苏联的存在，假如没有反法西斯的第二次世界大战的胜利，假如没有打倒日本帝国主义，假如没有各人民民主国家的出现，假如没有东方各被压迫民族正在起来斗争，假如没有美国、英国、法国、德国、意大利、日本等等资本主义国家内部的人民大众和统治他们的反动派之间的斗争，假如没有这一切的综合，那末，堆在我们头上的国际反动势力必定比现在不知要大多少倍。在这种情形下，我们能够胜利吗？显然是不能的。胜利了，要巩固，也不可能。这件事，中国人民的经验是太多了。孙中山临终时讲的那句必须联合国际革命力量的话，早已反映了这一种经验。

"我们需要英美政府的援助。"在现时，这也是幼稚的想法。现时英美的统治者还是帝国主义者，他们会给人民国家以援助吗？我们同这些国家做生意以及假设这些国家在将来愿意在互利的条件之下借钱给我们，这是因为什么呢？这是因为这些国家的资本家要赚钱，银行家要赚利息，借以解救他们自己的危机，并不是什么对中国人民的援助。这些国家的共产党和进步党派，正在促使它们的政府和我们做生意以至建立外交关系，这是善意的，这就是援助，这和这些国家的资产阶级的行为，不能相提并论。孙中山的一生中，曾经无数次地向资本主义国家呼吁过援助，结果一切落空，反而遭到了无情的打击。在孙中山一生中，只得过一次国际的援助，这就是苏联的援助。请读者们看一看孙先生的遗嘱吧，他在那里谆谆嘱咐人们的，不是叫人们把眼光向着帝国主义国家的援助，而是叫人们"联合世界上以平等待我之民族"。孙先生有了经验了，他吃过亏，上过当。我们要记得他的话，不要再上当。我们在国际上是属于以苏联为首的反帝国主义战线一方面的，真正的友谊的援助只能向这一方面去找，而不能向帝国主义战线一方面去找。

"你们独裁。"可爱的先生们，你们讲对了，我们正是这样。中国人民在几十年中积累起来的一切经验，都叫我们实行人民民主专政，或曰人民民主独裁，总之是一样，就是剥夺反动派的发言权，只让人民有发言权。

人民是什么？在中国，在现阶段，是工人阶级，农民阶级，城市小资产阶级和民族资产阶级。这些阶级在工人阶级和共产党的领导之下，团结起来，组成自己的国家，选举自己的政府，向着帝国主义的走狗即地主阶级和官僚资产阶级以及代表这些阶级的国民党反动派及其帮凶们实行专政，实行独裁，压迫这些人，只许他们规规矩矩，不许他们乱说乱动。如要乱说乱动，立即取缔，予以制裁。对于人民内部，则实行民主制度，人民有言论集会结社等项的自由权。选举权，只给人民，不给反动派。这两方面，对人民内部的民主方面和对反动派的专政方面，互相结合起来，就是人民民主专政。

为什么理由要这样做？大家很清楚。不这样，革命就要失败，人民就要遭殃，国家就要灭亡。

"你们不是要消灭国家权力吗？"我们要，但是我们现在还不要，我们现在还不能要。为什么？帝国主义还存在，国内反动派还存在，国内阶级还存在。我们现在的任务是要强化人民的国家机器，这主要地是指人民的军队、人民的警察和人民的法庭，借以巩固国防和保护人民利益。以此作为条件，使中国有可能在工人阶级和共产党的领导之下稳步地由农业国进到工业国，由新民主主义社会进到社会主义社会和共产主义社会，消灭阶级和实现大同。军队、警察、法庭等项国家机器，是阶级压迫阶级的工具。对于敌对的阶级，它是压迫的工具，它是暴力，并不是什么"仁慈"的东西。"你们不仁。"正是这样。我们对于反动派和反动阶级的反动行为，决不施仁政。我们仅仅施仁政于人民内部，而不施于人民外部的反动派和反动阶级的反动行为。

人民的国家是保护人民的。有了人民的国家，人民才有可能在全国范围内和全体规模上，用民主的方法，教育自己和改造自己，使自己脱离内外反动派的影响（这个影响现在还是很大的，并将在长时期内存在着，不能很快地消灭），改造自己从旧社会得来的坏习惯和坏思想，不使自己走入反动派指引的错误路上去，并继续前进，向着社会主义社会和共产主义社会前进。

我们在这方面使用的方法，是民主的即说服的方法，而不是强迫的方法。人民犯了法，也要受处罚，也要坐班房，也有死刑，但这是若干个别的情形，和对于反动阶级当作一个阶级的专政来说，有原则的区别。

对于反动阶级和反动派的人们，在他们的政权被推翻以后，只要他们不造反，不破坏，不捣乱，也给土地，给工作，让他们活下去，让他们在劳动中改造自己，成为新人。他们如果不愿意劳动，人民的国家就要强迫他们劳动。也对他们做宣传教育工作，并且做得很用心，很充分，像我们对俘虏军官们已经做过的那样。这也可以说是"施仁政"吧，但这是我们对于原来是敌对阶级的人们所强迫地施行的，和我们对于革命人民内部的自我教育工作，不能相提并论。

这种对于反动阶级的改造工作，只有共产党领导的人民民主专政的国家才能做到。这件工作做好了，中国的主要的剥削阶级——地主阶级和官僚资产阶级即垄断资产阶级，就最后地消灭了。剩下一个民族资产阶级，在现阶段就可以向他们中间的许多人进行许多适当的教育工作。等到将来实行社会主义即实行私营企业国有化的时候，再进一步对他们进行教育和改造的工作。人民手里有强大的国家机器，不怕民族资产阶级造反。

严重的问题是教育农民。农民的经济是分散的，根据苏联的经验，需要很长的时间和细心的工作，才能做到农业社会化。没有农业社会化，就没有全部的巩固的社会主义。农业社会化的步骤，必须和以国有企业为主体的强大的工业的发展相适应。人民民主专政的国家，必须有步骤地解决国家工业化的问题。本文不打算多谈经济问题，这里不来详说。

一九二四年，孙中山亲自领导的有共产党人参加的国民党第一次全国代表大会，通过了一个著名的宣言。这个宣言上说："近世各国所谓民权制度，往往为资产阶级所专有，适成为压迫平民之工具。若国民党之民权主义，则为一般平民所共有，非少数人所得而私也。"除了谁领导谁这一个问题以外，当作一般的政治纲领来说，这里所说的民权主义，是和我们所说的人民民主主义或新民主主义相符合的。只许为一般平民所共有、不许为资产阶级所私有的国家制度，如果加上工人阶级的领导，就是人民民主专政的国家制度了。

蒋介石背叛孙中山，拿了官僚资产阶级和地主阶级的专政作为压迫中国平民的工具。这个反革命专政，实行了二十二年，到现在才为我们领导的中国平民所推翻。

骂我们实行"独裁"或"极权主义"的外国反动派，就是实行独裁或极权主义的人们。他们实行了资产阶级对无产阶级和其他人民的一个阶级的独裁制度，一个阶级的极权主义。孙中山所说压迫平民的近世各国的资产阶级，正是指的这些人。蒋介石的反革命独裁，就是从这些反动家伙学来的。

宋朝的哲学家朱熹，写了许多书，说了许多话，大家都忘记了，但有一句话还没有忘记："即以其人之道，还治其人之身。"我们就是这样做的，即以帝国主义及其走狗蒋介石反动派之道，还治帝国主义及其走狗蒋介石反动派之身。如此而已，岂有他哉！

革命的专政和反革命的专政，性质是相反的，而前者是从后者学来的。这个学习很要紧。革命的人民如果不学会这一项对待反革命阶级的统治方法，他们就不能维持政权，他们的政权就会被内外反动派所推翻，内外反动派就会在中国复辟，革命的人民就会遭殃。

人民民主专政的基础是工人阶级、农民阶级和城市小资产阶级的联盟，而主要是工人和农民的联盟，因为这两个阶级占了中国人口的百分之八十到九十。推翻帝国主义和国民党反动派，主要是这两个阶级的力量。由新民主主义到社会主义，主要依靠这两个阶级的联盟。

人民民主专政需要工人阶级的领导。因为只有工人阶级最有远见，大公无私，最富于革命的彻底性。整个革命历史证明，没有工人阶级的领导，革命就要失败，有了工人阶级的领导，革命就胜利了。在帝国主义时代，任何国家的任何别的阶级，都不能领导任何真正的革命达到胜利。中国的小资产阶级和民族资产阶级曾经多次领导过革命，都失败了，就是明证。

民族资产阶级在现阶段上，有其很大的重要性。我们还有帝国主义站在旁边，这个敌人是很凶恶的。中国的现代工业在整个国民经济上的比重还很小。现在没有可靠的数目字，根据某些材料来估计，在抗日战争以前，现代工业产值不过只占全国国民经济总产值的百分之十左右。为了对付帝国主义的压迫，为了使落后的经济地位提高一步，中国必须利用一切于国计民生有利而不是有害的城乡资本主义因素，团结民族资产阶级，共同奋斗。我们现在的方针是节制资本主义，而不是消灭资本主义。但是民族资产阶级不能充当革命的领导者，也不应当在国家政权中占主要的地位。民族资产阶级之所以不能充当革命的领导者和所以不应当在国家政权中占主要地位，是因为民族资产阶级的社会经济地位规定了他们的软弱性，他们缺乏远见，缺乏足够的勇气，并且有不少人害怕民众。

孙中山主张"唤起民众"，或"扶助农工"。谁去"唤起"和"扶助"呢？孙中山的意思是说小资产阶级和民族资产阶级。但这在事实上是办不到的。孙中山的四十年革命是失败了，这是什么原因呢？在帝国主义时代，小资产阶级和民族资产阶级不可能领导任何真正的革命到胜利，原因就在此。

我们的二十八年，就大不相同。我们有许多宝贵的经验。一个有纪律的，有马克思列宁主义的理论武装的，采取自我批评方法的，联系人民群众的党。一个由这样的党领导的军队。一个由这样的党领导的各革命阶级各革命派别的统一战线。这三件是我们战胜敌人的主要武器。这些都是我们区别于前人的。依靠这三件，使我们取得了基本的胜利。我们走过了曲折的道路。我们曾和党内的机会主义倾向作斗争，右的和"左"的。凡在这三件事上犯了严重错误的时候，革命就受挫折。错误和挫折教训了我们，使我们比较地聪明起来了，我们的事情就办得好一些。任何政党，任何个人，错误总是难免的，我们要求犯得少一点。犯了错误则要求改正，改正得越迅速，越彻底，越好。

总结我们的经验，集中到一点，就是工人阶级（经过共产党）领导的以工农联盟为基础的人民民主专政。这个专政必须和国际革命力量团结一致。这就是我们的公式，这就是我们的主要经验，这就是我们的主要纲领。

党的二十八年是一个长时期，我们仅仅做了一件事，这就是取得了革命战争的基本胜利。这是值得庆祝的，因为这是人民的胜利，因为这是在中国这样一个大国的胜利。但是我们的事情还很多，比如走路，过去的工作只不过是像万里长征走完了第一步。残余的敌人尚待我们扫灭。严重的经济建设任务摆在我们面前。我们熟习的东西有些快要闲起来了，我们不熟习的东西正在强迫我们去做。这就是困难。帝国主义者算定我们办不好经济，他们站在一旁看，等待我们的失败。

我们必须克服困难，我们必须学会自己不懂的东西。我们必须向一切内行的人们（不管什么人）学经济工作。拜他们做老师，恭恭敬敬地学，老老实实地学。不懂就是不懂，不要装懂。不要摆官僚架子。钻进去，几个月，一年两年，三年五年，总可以学会的。苏联共产党人开头也有一些人不大会办经济，帝国主义者也曾等待过他们的失败。但是苏联共产党是胜利了，在列宁和斯大林领导之下，他们不但会革命，也会建设。他们已经建设起来了一个伟大的光辉灿烂的社会主义国家。苏联共产党就是我们的最好的先生，我们必须向他们学习。国际和国内的形势都对我们有利，我们完全可以依靠人民民主专政这个武器，团结全国除了反动派以外的一切人，稳步地走到目的地。

录自：《毛泽东选集》（四卷合订本），北京：人民出版社，1991年，第1468—1482页。

[历史背景介绍]

在渡江战役完成、全国革命胜利趋势不可逆转之际，1949年6月30日毛泽东为纪念中国共产党成立二十八周年而完成了《论人民民主专政》一文。在此文中，毛泽东回顾了过去二十八年中国共产党的奋斗历程，由此论述了即将成立的中华人民共和国的国家性质，各阶级在国家中的地位及其相互关系，国家基本对内、对外政策等。其中毛泽东特别宣布了中国的对外政策基本原则是"一边倒"，即中国将坚定地加入社会主义阵营。

[史家争鸣]

中国著名的中国外交史学家牛军认为，毛泽东之所以在《论人民民主专政》一文中提出了"一边倒"基本对外政策原则，是因为毛泽东的革命理想以及其对国际局势的认识，令他做出了中国的生存和壮大离不开苏联的援助，为此中国必须要明确表态在对外政策上"一边倒"。[①]

中国著名中美关系史学家陶文钊认为，由于美国一直拒不放弃干涉中国内政的做法并采取各种措施挑拨中苏关系，而且其做法在中国国内引起了思想混乱和错误，所以毛泽东发表此文，就是为了打破国内外的各种幻想，明确中国共产党的对外政策基本方针。[②]

中国著名国际关系史学家时殷弘认为，中共宣布一边倒政策并不意味着中共放弃了原已同美国探讨局部性缓和彼此关系的立场。因为此后中共仍与美国驻华大使司徒雷登保持接触，就其访问北京问题进行沟通，虽然最后司徒雷登未能成行。[③]

---

①　牛军：《冷战与新中国外交的缘起（1949—1955）》，北京：社会科学文献出版社，2012年，第152—154页。
②　陶文钊：《中美关系史（1949—1972）》，上海：上海人民出版社，1999年，第13页。
③　时殷弘：《敌对与冲突的由来——美国对新中国的政策与中美关系（1949—1950）》，南京：南京大学出版社，1995年，第78—79页。

[思考题]

1. 毛泽东在《论人民民主专政》中为什么要从中国革命四十年经历讲起？

2. 毛泽东有关中国在国内实行人民民主专政、对外政策实施一边倒方针的论述，彼此之间的联系是什么？

3. 如何看到该文中有关援助和"做生意"等中国对外经济关系问题的论述？

（姚昱　编）

158

《美国与中国的关系——
着重于1944—1949年时期》

（1949年7月30日）

（《美国与中国的关系——着重于1944—1949年时期》）

（"中国白皮书"）

Letter of Transmittal

Department of State

Washington, July 30, 1949

The President: In accordance with your wish, I have had compiled a record of our relations with China, special emphasis being placed on the last five years. This record is being published and will therefore be available to the Congress and to the people of the United States.

Although the compilation is voluminous, it necessarily covers a relatively small part of the relations between China and the United States. Since the beginning of World War II, these relations have involved many Government departments and agencies. The preparation of the full historical record of that period is by no means yet complete. Because of the great current interest in the problems confronting China, I have not delayed publication until the complete analysis could be made of the archives of the National Military Establishment, the Treasury Department, the Lend-Lease Administration, the White House files and many other official sources. However, I instructed those charged with the compilation of this document to present a record which would reveal the salient facts which determined our policy toward China during this period and which reflect the execution of that policy. This is a frank record of an extremely complicated and most unhappy period in the life of a great country to which the United States has long been attached by ties of closest friendship.No available item has been omitted because it contains statements critical of our policy or might be the basis of future criticism. The inherent strength of our system is the responsiveness of the Government to an informed and critical public opinion.

It is precisely this informed and critical public opinion which totalitarian governments, whether Rightist or Communist, cannot endure and do not tolerate.

The interest of the people and the Government of the United States in China goes far back into our history. Despite the distance and broad differences in background which separate China and the United States, our friendship for that country has always been intensified by the religious, philanthropic and cultural ties which have united the two peoples, and has been attested by many acts of good will over a period of many years, including the use of the Boxer indemnity for the education of Chinese students, the abolition of extraterritoriality during the Second World War, and our extensive aid to China during and since the close of the war. The record shows that the United States has consistently maintained and still maintains those fundamental principles of our foreign policy toward China which include the doctrine of the Open Door, respect for the administrative and territorial integrity of China, and opposition to any foreign domination of China. It is deplorable that respect for the truth in the compilation of this record makes it necessary to publish an account of facts which reveal the distressing situation in that country. I have not felt, however, that publication could be withheld for that reason.

The record should be read in the light of conditions prevailing when the events occurred. It must not be forgotten, for example, that throughout World War

II we were allied with Russia in the struggle to defeat Germany and Italy, and that a prime object of our policy was to bring Russia into the struggle against Japan in time to be of real value in the prosecution of the war. In this period, military considerations were understandably predominant over all others. Our most urgent purpose in the Far East was to defeat the common enemy and save the lives of our own men and those of our comrades-in-arms, the Chinese included. We should have failed in our manifest duty had we pursued any other course.

In the years since V-J Day, as in the years before Pearl Harbor, military considerations have been secondary to an earnest desire on our part to assist the Chinese people to achieve peace, prosperity and internal stability. The decisions and actions of our Government to promote these aims necessarily were taken on the basis of information available at the time. Throughout this tragic period, it has been fully realized that the material aid, the military and technical assistance, and the good will of the United States, however abundant, could not of themselves put China on her feet. In the last analysis, that can be done only by China herself.

Two factors have played a major role in shaping the destiny of modern China.

The population of China during the eighteenth and nineteenth centuries doubled, thereby creating an unbearable pressure upon the land. The first problem which every Chinese Government has had to face is that of feeding this population. So far none has succeeded. The Kuomintang attempted to solve it by putting many land-reform laws on the statute books. Some of these laws have failed, others have been ignored. In no small measure, the predicament in which the National Government finds itself today is due to its failure to provide China with enough to eat. A large part of the Chinese Communists' propaganda consists of promises that they will solve the land problem.

The second major factor which has shaped the pattern of contemporary China is the impact of the West and of Western ideas. For more than three thousand years the Chinese developed their own high culture and civilization, largely untouched by outside influences. Even when subjected to military conquest the Chinese always managed in the end to subdue and absorb the invader. It was natural therefore that they should come to look upon themselves as the center of the world and the highest expression of civilized mankind. Then in the middle of the nineteenth century the heretofore impervious wall of Chinese isolation was breached by the West. These outsiders brought with them aggressiveness, the unparalleled development of Western technology, and a high order of culture which had not accompanied previous foreign incursions into China. Partly because of these qualities and partly because of the decay of Manchu rule, the Westerners, instead of being absorbed by the Chinese, introduced new ideas which played an important part in stimulating ferment and unrest.

By the beginning of the twentieth century, the combined force of overpopulation and new ideas set in motion that chain of events which can be called the Chinese revolution. It is one of the most imposing revolutions in recorded history and its outcome and consequences are yet to be foreseen. Out of this revolutionary whirlpool emerged the Kuomintang, first under the leadership of Dr. Sun Yat-sen, and later Generalissimo Chiang Kai-shek, to assume the direction of the revolution. The leadership of the Kuomintang was not challenged until 1927 by the Chinese Communist party which had been organized in the early twenties under the ideological impetus of the Russian revolution. It should be remembered that Soviet doctrine and practice had a measurable effect upon the thinking and principles of Dr. Sun Yat-sen, particularly in terms of economics and party organization, and that the Kuomintang and the Chinese Communists cooperated until 1927 when the Third International demanded a predominant position in the Government and the army. It was this demand which precipitated the break between the two groups. To a large extent the history of the period between 1927 and 1937 can be written in terms of the struggle for power between the Kuomintang and the Chinese Communists, with the latter apparently fighting a losing battle. During this period the Kuomintang made considerable progress in its efforts to unify the country and to build up the nation's financial and economic strength. Somewhere during this decade, however, the Kuomintang began to lose the dynamism and revolutionary fervor which had created it, while in the Chinese Communists the fervor became fanaticism.

Perhaps largely because of the progress being made in China, the Japanese chose 1937 as the departure point for the conquest of China proper, and the goal of the Chinese people became the expulsion of a brutal and hated invader. Chinese resistance against Japan during the early years of the war compelled the unqualified admiration of freedom-loving peoples throughout the world. Until 1940 this resistance was largely without foreign support. The tragedy of these years of war was that physical and human devastation to a large extent destroyed the emerging middle class which historically has been the backbone and heart of liberalism and democracy.

In contrast also to the unity of the people of China in the war against Japan were the divided interests of the leaders of the Kuomintang and of the Chinese Communists. It became apparent in the early forties that the leaders of the Government, just as much as the Communist leaders, were still as preoccupied with the internal struggle for power as they were with waging war against Japan. Once the United States became a participant in the war, the Kuomintang was apparently convinced of the ultimate defeat of Japan and saw an opportunity to improve its position for a show-down struggle with the Communists. The Communists, for their part, seemed to see in the chaos of China an opportunity to obtain that which had been denied them before the Japanese war, namely, full power in China. This struggle for power in the latter years of the war contributed largely to the partial paralysis of China's ability to resist.

It was precisely here that two of the fundamental principles of United States policy in regard to China — noninterference in its internal affairs and support of its unity and territorial integrity — came into conflict and that one of them also conflicted with the basic interests of the Allies in the war against Japan. It seemed highly probable in 1943 and 1944 that, unless the Chinese could subordinate their internal interests to the larger interest of the unified war effort against Japan, Chinese resistance would become completely ineffective and the Japanese would be able to deprive the Allies of valuable bases, operating points and manpower in China at a time when the outcome of the war against Japan was still far from clear. In this situation and in the light of the paramount necessity of the most vigorous prosecution of the war, in which Chinese interests were equally at stake with our own, traditional concepts of policy had to be adapted to a new and unprecedented situation.

After Pearl Harbor we expanded the program of military and economic aid which we had inaugurated earlier in 1941 under the Lend-Lease Act. That program, described in chapter I of the attached record, was far from reaching the volume which we would have wished because of the tremendous demands on the United States from all theaters of a world-wide war and because of the difficulties of access to a China all of whose ports were held by the enemy. Nevertheless it was substantial.

Representatives of our Government, military and civilian, who were sent to assist the Chinese in prosecuting the war soon discovered that, as indicated above, the long struggle had seriously weakened the Chinese Government not only militarily and economically, but also politically and in morale. The reports of United States military and diplomatic officers reveal a growing conviction through 1943 and 1944 that the Government and the Kuomintang had apparently lost the crusading spirit that won them the people's loyalty during the early years of the war. In the opinion of many observers they had sunk into corruption, into a scramble for place and power, and into reliance on the United States to win the war for them and to preserve their own domestic supremacy. The Government of China, of course, had always been a one-party rather than a democratic government in the Western sense. The stresses and strains of war were now rapidly weakening such liberal elements as it did possess and strengthening the grip of the reactionaries who were indistinguishable from the war lords of the past. The mass of the Chinese people were coming more and more to lose confidence in the Government.

It was evident to us that only a rejuvenated and progressive Chinese Government which could recapture the enthusiastic loyalty of the people could and would wage an effective war against Japan. American officials repeatedly brought their concern with this situation to the attention of the Generalissimo and he repeatedly assured them that it would be corrected. He made, however, little or no effective effort to correct it and tended to shut himself off from Chinese officials who gave unpalatable advice. In addition to a concern over the effect which this atrophy of the central Chinese administration must have upon the conduct of the war, some American observers, whose reports are also quoted in the attached record, were concerned over the effect which this deterioration of the Kuomintang must have on its eventual struggle, whether political or military, with the Chinese Communists.

These observers were already fearful in 1943 and 1944 that the National Government might be so isolating itself from the people that in the postwar competition for power it would prove itself impotent to maintain its authority. Nevertheless, we continued for obvious reasons to direct all our aid to the National Government.

This was of course the period during which joint prosecution of the war against Nazi Germany had produced a degree of cooperation between the United States and Russia. President Roosevelt was determined to do what he could to bring about a continuance in the postwar period of the partnership forged in the fire of battle. The peoples of the world, sickened and weary with the excesses, the horrors, and the degradation of the war, shared this desire. It has remained for the postwar years to demonstrate that one of the major partners in this world alliance seemingly no longer pursues this aim, if indeed it ever did.

When Maj. Gen. Patrick J. Hurley was sent by President Roosevelt to Chungking in 1944 he found what he considered to be a willingness on the part of the National Government and the Chinese Communists to lay aside their differences and cooperate in a common effort. Already they had been making sporadic attempts to achieve this result.

Previously and subsequently, General Hurley had been assured by Marshal Stalin that Russia had no intention of recognizing any government in China except the National Government with Chiang Kai-shek as its leader. It may be noted that during the late war years and for a time afterwards Marshal Stalin reiterated these views to American officials. He and Molotov expressed the view that China should look to the United States as the principal possible source of aid. The sentiments expressed by Marshal Stalin were in large part incorporated in the Sino-Soviet treaty of 1945.

From the wartime cooperation with the Soviet Union and from the costly campaigns against the Japanese came the Yalta Agreement. The American Government and people awaited with intense anxiety the assault on the main islands of Japan which it was feared would cost up to a million American casualties before Japan was conquered. The atomic bomb was not then a reality and it seemed impossible that the war in the Far East could be ended without this assault. It thus became a primary concern of the American Government to see to it that the Soviet Union enter the war against Japan at the earliest possible date in order that the Japanese Army in Manchuria might not be returned to the homeland at the critical moment. It was considered vital not only that the Soviet Union enter the war but that she do so before our invasion of Japan, which already had been set for the autumn of 1945.

At Yalta, Marshal Stalin not only agreed to attack Japan within two or three months after V-E Day but limited his "price" with reference to Manchuria substantially to the position which Russia had occupied there prior to 1904. We for our part, in order to obtain this commitment and thus to bring the war to a close with a consequent saving of American, Chinese and other Allied lives, were prepared to and did pay the requisite price. Two facts must not, however, be lost sight of in this connection. First, the Soviet Union when she finally did enter the war against Japan, could in any case have seized all the territories in question and considerably more regardless of what our attitude might have been. Second, the Soviets on their side in the Sino-Soviet Treaty arising from the Yalta Agreement, agreed to give the National Government of China moral and material support and moreover formalized their assurances of noninterference in China's internal affairs. Although the unexpectedly early collapse of Japanese resistance later made some of the provisions of the Yalta Agreement seem unnecessary, in the light of the predicted course of the war at that time they were considered to be not only justified but clearly advantageous. Although dictated by military necessity, the Agreement and the subsequent Sino-Soviet Treaty in fact imposed limitations on the action which Russia would, in any case, have been in a position to take.

For reasons of military security, and for those only, it was considered too dangerous for the United States to consult with the National Government regarding the Yalta Agreement or to communicate its terms at once to Chungking. We were then in the midst of the Pacific War. It was felt that there was grave risk that secret information transmitted to the Nationalist capital at this time would become available to the Japanese almost immediately. Under no circumstances, therefore, would we have been justified in incurring the security risks involved. It was not until June 15, 1945, that General Hurley was authorized to inform Chiang Kai-shek of the Agreement.

In conformity with the Russian agreement at Yalta to sign a treaty of friendship and alliance with Nationalist China, negotiations between the two nations began in Moscow in July 1945. During their course, the United States felt obliged to remind both parties that the purpose of the treaty was to implement the Yalta Agreement — no more, no less — and that some of the Soviet proposals exceeded its provisions. The treaty, which was signed on August 14, 1945, was greeted with general satisfaction both in Nationalist China and in the United States. It was considered that Russia had accepted definite limitations on its activities in China and was committed to withhold all aid from the Chinese Communists. On September 10, however, our embassy in Moscow cautioned against placing undue confidence in the Soviet observance of either the spirit or letter of the treaty. The subsequent conduct of the Soviet Government in Manchuria has amply justified this warning.

When peace came the United States was confronted with three possible alternatives in China: (1) it could have pulled out lock, stock and barrel; (2) it could have intervened militarily on a major scale to assist the Nationalists to destroy the Communists; (3) it could, while assisting the Nationalists to assert their authority over as much of China as possible, endeavor to avoid a civil war by working for a compromise between the two sides.

The first alternative would, and I believe American public opinion at the time so felt, have represented an abandonment of our international responsibilities and of our traditional policy of friendship for China before we had made a determined effort to be of assistance.

The second alternative policy, while it may look attractive theoretically and in retrospect, was wholly impracticable. The Nationalists had been unable to destroy the Communists during the 10 years before the war. Now after the war the Nationalists were, as indicated above, weakened, demoralized, and unpopular. They had quickly dissipated their popular support and prestige in the areas liberated from the Japanese by the conduct of their civil and military officials.

The Communists on the other hand were much stronger than they had ever been and were in control of most of North China. Because of the ineffectiveness of the Nationalist forces which was later to be tragically demonstrated, the Communists probably could have been dislodged only by American arms. It is obvious that the American people would not have sanctioned such a colossal commitment of our armies in 1945 or later. We therefore came to the third alternative policy where under we faced the facts of the situation and attempted to assist in working out a modus vivendi which would avert civil war but nevertheless preserve and even increase the influence of the National Government.

As the record shows, it was the Chinese National Government itself which, prior to General Hurley's mission, had taken steps to arrive at a working agreement with the Communists. As early as September 1943 in addressing the Kuomintang Central Executive Committee, the Generalissimo said, "we should clearly recognize that the Communist problem is a purely political problem and should be solved by political means." He repeated this view on several occasions. Comprehensive negotiations between representatives of the Government and of the Communists, dealing with both military cooperation and civil administration, were opened in Sian in May 1944. These negotiations, in which Ambassador Hurley later assisted at the invitation of both parties between August 1944 and September 1945, continued intermittently during a year and a half without producing conclusive results and culminated in a comprehensive series of agreements on basic points on October 11, 1945, after Ambassador Hurley's departure from China and before General Marshall's arrival. Meanwhile, however, clashes between the armed forces of the two groups were increasing and were jeopardizing the fulfillment of the agreements. The danger of wide-spread civil war, unless the negotiations could promptly be brought to a successful conclusion, was critical. It was under these circumstances that General Marshall left on his mission to China at the end of 1945.

As the account of General Marshall's mission and the subsequent years in chapters V and VI of the underlying record reveals, our policy at that time was inspired by the two objectives of bringing peace to China under conditions which would permit stable government and progress along democratic lines, and of assisting the National Government to establish its authority over as wide areas of China as possible. As the event proved, the first objective was unrealizable because neither side desired it to succeed: the Communists because they refused to accept conditions which would weaken their freedom to proceed with what remained consistently their aim, the communization of all China; the Nationalists because they cherished the illusion, in spite of repeated advice to the contrary from our military representatives, that they could destroy the Communists by force of arms.

The second objective of assisting the National Government, however, we pursued vigorously from 1945 to 1949. The National Government was the recognized government of a friendly power. Our friendship, and our right under international law alike, called for aid to the Government instead of to the Communists who were seeking to subvert and overthrow it. The extent of our aid to Nationalist China is set forth in detail in chapters V, VI, VII and VIII of the record and need not be repeated here. The National Government had in 1945, and maintained until the early fall of 1948, a marked superiority in manpower and armament over their rivals. Indeed during that period, thanks very largely to our aid in transporting, arming and supplying their forces, they extended their control over a large part of North China and Manchuria. By the time General Marshall left China at the beginning of 1947, the Nationalists were apparently at the very peak of their military successes and territorial expansion. The following year and a half revealed, however, that their seeming strength was illusory and that their victories were built on sand.

The crisis had developed around Manchuria, traditional focus of Russian and Japanese imperialism. On numerous occasions, Marshal Stalin had stated categorically that he expected the National Government to take over the occupation of Manchuria. In the truce agreement of January 10, 1946, the Chinese Communists agreed to the movement of Government troops into Manchuria for the purpose of restoring Chinese sovereignty over this area. In conformity with this understanding the United States transported sizable government armies to the ports of entry into Manchuria. Earlier the Soviet Army had expressed a desire to evacuate Manchuria in December 1945, but had remained an additional two or three months at the request of the Chinese Government. When the Russian troops did, begin their evacuation, the National Government found itself with extended lines of communications, limited rolling stock and insufficient forces to take over the areas being evacuated in time to prevent the entry of Chinese Communist forces, who were already in occupation of the countryside. As the Communists entered, they obtained the large stocks of materiel from the Japanese Kwantung Army which the Russians had conveniently "abandoned". To meet this situation the National Government embarked on a series of military campaigns which expanded the line of its holdings to the Sungari River. Toward the end of these campaigns it also commenced hostilities within North China and succeeded in constricting the areas held by the Communists.

In the spring of 1946 General Marshall attempted to restore peace. This effort lasted for months and during its course a seemingly endless series of proposals and counterproposals were made which had little effect upon the course of military activities and produced no political settlement. During these negotiations General Marshall displayed limitless patience and tact and a willingness to try and then try again in order to reach agreement. Increasingly he became convinced, however, that twenty years of intermittent civil war between the two factions, during which the leading figures had remained the same, had created such deep personal bitterness and such irreconcilable differences that no agreement was possible. The suspicions and the lack of confidence were beyond remedy. He became convinced that both parties were merely sparring for time, jockeying for military position and catering temporarily to what they believed to be American desires. General Marshall concluded that there was no hope of accomplishing the objectives of his mission.

Even though for all practical purposes General Marshall, by the fall of 1946, had withdrawn from his efforts to assist in a peaceful settlement of the civil war, he remained in China until January 1947. One of the critical points of dispute between the Government and the Communists had been the convocation of the National Assembly to write a new constitution for China and to bring an end to the period of political tutelage and of one-party government. The Communists had refused to participate in the National Assembly unless there were a prior military settlement. The Generalissimo was determined that the Assembly should be held and the program carried out. It was the hope of General Marshall during the late months of 1946 that his presence in China would encourage the liberal elements in non-Communist China to assert themselves more forcefully than they had in the past and to exercise a leavening influence upon the absolutist control wielded by the reactionaries and the militarists. General Marshall remained in China until the Assembly had completed its work. Even though the proposed new framework of government appeared satisfactory, the evidence suggested that there had been little shift in the balance of power.

In his farewell statement, General Marshall announced the termination of his efforts to assist the Chinese in restoring internal peace. He described the deep-seated mutual suspicion between the Kuomintang and the Chinese Communist Party as the greatest obstacle to a settlement. He made it clear that the salvation of China lay in the hands of the Chinese themselves and that, while the newly adopted constitution provided the framework for a democratic China, practical measures of implementation by both sides would be the decisive test. He appealed for the assumption of leadership by liberals in and out of the Government as the road to unity and peace. With these final words he returned to Washington to assume, in January 1947, his new post as Secretary of State.

As the signs of impending disaster multiplied, the President in July 1947, acting on the recommendation of the Secretary of State, instructed Lt. Gen. Albert C. Wedemeyer to survey the Chinese scene and make recommendations. In his report, submitted on September 19, 1947, the General recommended that the United States continue and expand its policy of giving aid to Nationalist China, subject to these stipulations:

1. That China inform the United Nations of her request for aid.

2. That China request the United Nations to bring about a truce in Manchuria and request that Manchuria be placed under a Five-Power guardianship or a trusteeship.

3. That China utilize her own resources, reform her finances, her Government and her armies, and accept American advisers in the military and economic fields.

General Wedemeyer's report, which fully recognized the danger of Communist domination of all China and was sympathetic to the problems of the National Government, nevertheless listed a large number of reforms which he considered essential if that Government were to rehabilitate itself.

It was decided that the publication at that time of a suggestion for the alienation of a part of China from the control of the National Government, and for placing that part under an international administration to include Soviet Russia, would not be helpful. In this record, the full text of that part of General Wedemeyer's report which deals with China appears as an annex to chapter VI.

The reasons for the failures of the Chinese National Government appear in some detail in the attached record. They do not stem from any inadequacy of American aid. Our military observers on the spot have reported that the Nationalist armies did not lose a single battle during the crucial year of 1948 through lack of arms or ammunition.

The fact was that the decay which our observers had detected in Chungking early in the war had fatally sapped the powers of resistance of the Kuomintang. Its leaders had proved incapable of meeting the crisis confronting them, its troops had lost the will to fight, and its Government had lost popular support. The Communists, on the other hand, through a ruthless discipline and fanatical zeal, attempted to sell themselves as guardians and liberators of the people. The Nationalist armies did not have to be defeated; they disintegrated. History has proved again and again that a regime without faith in itself and an army without morale cannot survive the test of battle.

The record obviously can not set forth in equal detail the inner history and development of the Chinese Communist Party during these years. The principal reason is that, while we had regular diplomatic relations with the National Government and had the benefit of voluminous reports from our representatives in their territories, our direct contact with the Communists was limited in the main to the mediation efforts of General Hurley and General Marshall.

Fully recognizing that the heads of the Chinese Communist Party were ideologically affiliated with Moscow, our Government nevertheless took the view, in the light of the existing balance of forces in China, that peace could be established only if certain conditions were met. The Kuomintang would have to set its own house in order and both sides would have to make concessions so that the Government of China might become, in fact as well as in name, the Government of all China and so that all parties might function within the constitutional system of the Government. Both internal peace and constitutional development required that the progress should be rapid from one party government with a large opposition party in armed rebellion, to the participation of all parties, including the moderate non-communist elements, in a truly national system of government.

None of these conditions has been realized. The distrust of the leaders of both the Nationalist and Communist Parties for each other proved too deep-seated to permit final agreement, notwithstanding temporary truces and apparently promising negotiations. The Nationalists, furthermore, embarked in 1946 on an over-ambitious military campaign in the face of warnings by General Marshall that it not only would fail but would plunge China into economic chaos and eventually destroy the National Government. General Marshall pointed out that though Nationalist armies could, for a period, capture Communist-held cities, they could not destroy the Communist armies. Thus every Nationalist advance would expose their communications to attack by Communist guerrillas and compel them to retreat or to surrender their armies together with the munitions which the United States has furnished them. No estimate of a military situation has ever been more completely confirmed by the resulting facts.

The historic policy of the United States of friendship and aid toward the people of China was, however, maintained in both peace and war. Since V-J Day, the United States Government has authorized aid to Nationalist China in the form of grants and credits totalling approximately 2 billion dollars, an amount equivalent in value to more than 50 percent of the monetary expenditures of the Chinese Government and of proportionately greater magnitude in relation to the budget of that Government than the United States has provided to any nation of Western Europe since the end of the war. In addition to these grants and credits, the United States Government has sold the Chinese Government large quantities of military and civilian war surplus property with a total procurement cost of over 1 billion dollars, for which the agreed realization to the United States was 232 million dollars. A large proportion of the military supplies furnished the Chinese armies by the United States since V-J Day has, however, fallen into the hands of the Chinese Communists through the military ineptitude of the Nationalist leaders, their defections and surrenders, and the absence among their forces of the will to fight.

It has been urged that relatively small amounts of additional aid — military and economic — to the National Government would have enabled it to destroy communism in China. The most trustworthy military, economic, and political information available to our Government does not bear out this view.

A realistic appraisal of conditions in China, past and present, leads to the conclusion that the only alternative open to the United States was full-scale intervention in behalf of a Government which had lost the confidence of its own troops and its own people. Such intervention would have required the expenditure of even greater sums than have been fruitlessly spent thus far, the command of Nationalist armies by American officers, and the probable participation of American armed forces — land, sea, and air — in the resulting war. Intervention of such a scope and magnitude would have been resented by the mass of the Chinese people, would have diametrically reversed our historic policy, and would have been condemned by the American people.

It must be admitted frankly that the American policy of assisting the Chinese people in resisting domination by any foreign power or powers is now confronted with the gravest difficulties. The heart of China is in Communist hands. The Communist leaders have forsworn their Chinese heritage and have publicly announced their subservience to a foreign power, Russia, which during the last 50 years, under Czars and Communists alike, has been most assiduous in its efforts to extend its control in the Far East. In the recent past, attempts at foreign domination have appeared quite clearly to the Chinese people as external aggression and as such have been bitterly and in the long run successfully resisted. Our aid and encouragement have helped them to resist. In this case, however, the foreign domination has been masked behind the facade of a vast crusading movement which apparently has seemed to many Chinese to be wholly indigenous and national. Under these circumstances, our aid has been unavailing.

The unfortunate but inescapable fact is that the ominous result of the civil war in China was beyond the control of the government of the United States. Nothing that this country did or could have done within the reasonable limits of its capabilities could have changed that result; nothing that was left undone by this country has contributed to it. It was the product of internal Chinese forces, forces which this country tried to influence but could not. A decision was arrived at within China, if only a decision by default.

And now it is abundantly clear that we must face the situation as it exists in fact. We will not help the Chinese or ourselves by basing our policy on wishful thinking. We continue to believe that, however tragic may be the immediate future of China and however ruthlessly a major portion of this great people may be exploited by a party in the interest of a foreign imperialism, ultimately the profound civilization and the democratic individualism of China will reassert themselves and she will throw off the foreign yoke. I consider that we should encourage all developments in China which now and in the future work toward this end.

In the immediate future, however, the implementation of our historic policy of friendship for China must be profoundly affected by current developments. It will necessarily be influenced by the degree to which the Chinese people come to recognize that the Communist regime serves not their interests but those of Soviet Russia and the manner in which, having become aware of the facts, they react to this foreign domination. One point, however, is clear. Should the Communist regime lend itself to the aims of Soviet Russian imperialism and attempt to engage in aggression against China's neighbors, we and the other members of the United Nations would be confronted by a situation violative of the principles of the United Nations Charter and threatening international peace and security.

Meanwhile our policy will continue to be based upon our own respect for the Charter, our friendship for China, and our traditional support for the Open Door and for China's independence and administrative and territorial integrity.

Respectfully yours,

Dean Acheson

录自：Department of State, *United States Relations with China: With Special Reference to the Period 1944–1949*, Washington, D. C.: Government Printing Office, 1949.

[历史背景介绍]

《美国与中国的关系——着重于1944—1949年时期》是美国国务院在1949年7月30日完成、8月5日公开发布的关于美中关系的文件集，特别着重于1944年—1949年时期。一般被称为"中国白皮书"的该文件集分为两部分，第一部分是7月30日国务卿艾奇逊就此文件集致信总统杜鲁门所作的书名，概述了自二战后期以来美国对中国的政策，以及政策的来由、影响；第二部分附件是对应时期文件、情报等档案资料的汇集。

该书发表的背景是此时中国大陆的解放战争即将走向尾声，一直为美国所支持的国民党政府在大陆的失败已经不可挽回。当时在如何处理中国问题上美国国内形成了严重对立的两派，当时执政的美国民主党杜鲁门政府遭到了共和党人的激烈抨击，后者认为国民党在中国大陆的失败是因为民主党政府未能支持国民党所致。作为辩解，艾奇逊下令美国国务院整理了美国在处理中华民国问题上的诸多文件并予以公开，希望以此证明民主党政府并未减少对国民党政权的支持，因此国民党在中国大陆的失败并不能归咎于美国民主党政府。

但此文件集的公开并未解决相关问题。首先，美国共和党人认为相关档案恰恰证明民主党政府并未全力支持中国国民党，双方在此问题上的分歧进一步扩大，并与随后共和党议员麦卡锡以指责民主党政府内部有诸多共产党间谍或同情者为借口而起家并在美国一度形成"麦卡锡主义"密切相关。其次，美国共和党政府此举令国民党人以及蒋介石非常愤怒，双方矛盾进一步发展。最后也是最重要的，中国共产党人也认为相关档案文件恰恰反映了美国一直以来插手中国国内政治、干涉中国革命的真实情况，而且文中提到的美国对中苏分裂前景的确信和对中国非共产党力量的扶植态度也令此时加强与苏联合作的中共感到美国是有意在进行挑拨。为此，8月12日由时任新华社社长胡乔木撰写、经毛泽东主席修改后的新华社社论《无可奈何的供状——评美国关于中国问题的白皮书》发表。8月13日，毛泽东函告胡乔木："应利用白皮书做揭露帝国主义阴谋的宣传。"此后，从8月14日至9月16日，毛主席接连撰写了《丢掉幻想，准备斗争》《别了，司徒雷登》《为什么要讨论白皮书》《友谊，还是侵略？》《唯心历史观的破产》共5篇新华社社论。

此处节选的是该文件集第一部分美国国务卿迪安·艾奇逊给美国总统杜鲁门的一封长信。该信就国务院编纂并公开该文集的目的、大致内容进行了介绍，不仅是整个文件集的纲目，也反映了此时艾奇逊等国务院领导人对中国问题的反思，其中许多看法和思路影响巨大，是研究中国处于巨变时刻杜鲁门政府的相关认知、思路和基本决策考量的重要史料。

［史家争鸣］

美国著名政治史学家邹谠认为，艾奇逊之所以公布该白皮书，主要是为了向国内公众解释原有美国以大规模援助亲西方的国民党政权为主要内容的对华政策模式已经难以维持，美国需要转变思路，采取袖手旁观的政策等待中国局势问题，即"等待尘埃落定"。但该白皮书的公布未能减缓美国国内共和党人对其指责；而且美国国内反对共和党人要求积极介入中国内战的人物如著名时评家沃尔特·李普曼则批评艾奇逊未能提出美国在中国所面临的根本问题和提出解决方案。同时中共也对此文件集持批评态度。[①]

美国著名中美关系史学家孔华润认为，杜鲁门政府之所以此时公布这一文件集，是在面临国内严厉批评的压力但也认识到国民党政权的垮台不可避免的情况下，希望此举能令美国人民对国民党政权的崩溃有所准备，同时是

---

① 【美】邹谠：《美国在中国的失败》，上海：上海人民出版社，1997年，第405—406页。

为从罗斯福到杜鲁门两届民主党政府的相关政策进行辩解，将国民党政权的失败主要归于该政权资深问题。[①]

中国著名国际关系史学家时殷弘认为，艾奇逊之所以积极推动发表"中国白皮书"，是此时艾奇逊认为中国国内局势已成定局，美国目前在亚太的主要任务是压垮新中国并遏制中国革命波及远东其他国家。在该白皮书中，艾奇逊表达了美国政府遏制新中国的意向。[②]

[思考题]

1. 艾奇逊在信中为何反复强调中国因素在决定中国命运中的基本作用？
2. 艾奇逊在信中为什么强调苏联对中国的野心？

（姚昱　编）

---

① 【美】孔华润著、张静尔译：《美国对中国的反应——中美关系的历史剖析》，上海：复旦大学出版社，1989年，第175页。
② 时殷弘：《敌对与冲突的由来——美国对新中国的政策与中美关系（1949—1950）》，南京：南京大学出版社，1995年，第80页。

159

艾奇逊在国家新闻俱乐部的演说

（1950年1月12日）
（Excerpts from Dean Acheson's Speech
to The National Press Club）

January 12, 1950

This afternoon I should like to discuss with you the relations between the peoples of the United States and the peoples of Asia ...

... I am frequently asked: Has the State Department got an Asian policy? And it seems to me that that discloses such a depth of ignorance that it is very hard to begin to deal with it. The peoples of Asia are so incredibly diverse and their problems are so incredibly diverse that how could anyone, even the most utter charlatan, believe that he had a uniform policy which would deal with all of them. On the other hand, there are very important similarities in ideas and in problems among the peoples of Asia and so what we come to, after we understand these diversities and these common attitudes of mind, is the fact that there must be certain similarities of approach, and there must be very great dissimilarities in action ...

There is in this vast area what we might call a developing Asian consciousness, and a developing pattern, and this, I think, is based upon two factors ...

One of these factors is a revulsion against the acceptance of misery and poverty as the normal condition of life. Throughout all of this vast area, you have that fundamental revolutionary aspect in mind and belief. The other common aspect that they have is the revulsion against foreign domination. Whether that foreign domination takes the form of colonialism or whether it takes the form of imperialism, they are through with it. They have had enough of it, and they want no more ...

Now, may I suggest to you that much of the bewilderment which has seized the minds of many of us about recent developments in China comes from a failure to understand this basic revolutionary force which is loose in Asia. The reasons for the fall of the Nationalist Government in China are preoccupying many people. All sorts of reasons have been attributed to it. Most commonly, it is said in various speeches and publications that it is the result of American bungling, that we are incompetent, that we did not understand, that American aid was too little, that we did the wrong things at the wrong time ... Now, what I ask you to do is to stop looking for a moment under the bed and under the chair and under the rug to find out these reasons, but rather to look at the broad picture and see whether something doesn't suggest itself ...

What has happened in my judgment is that the almost inexhaustible patience of the Chinese people in their misery ended. They did not bother to overthrow this government. There was really nothing to overthrow. They simply ignored it ... They completely withdrew their support from this government, and when that support was withdrawn, the whole military establishment disintegrated. Added to the grossest incompetence every experienced by any military command was this total lack of support both in the armies and in the country, and so the whole matter just simply disintegrated.

The communists did not create this. The Communists did not create this condition. They did not create this revolutionary spirit. They did not create a great force which moved out from under Chiang Kai-shek. But they were shrewd and cunning to mount it, to ride this thing into victory and into power ...

Now, let me come to another underlying and important factor which determines our relations and, in turn, our policy with the peoples of Asia. That is the attitude of the Soviet Union toward Asia, and particularly towards those parts of Asia which are contiguous to the Soviet Union, and with great particularity this afternoon, to north China.

The attitude and interest of the Russians in north China, and in these other areas as well, long antedates communism. This is not something that has come out of communism at all. It long antedates it. But the Communist regime has added new methods, new skills, and new concepts to the thrust of Russian imperialism. This Communistic concept and techniques have armed Russian imperialism with a new and most insidious weapon of penetration. Armed with these new powers, what is happening in China is that the Soviet Union is detaching the northern provinces [areas] of China from China and is attaching them to the Soviet Union. This process is complete in outer Mongolia. It is nearly complete in Manchuria, and I am sure that in inner Mongolia and in Sinkiang there are very happy reports coming from Soviet agents to Moscow. This is what is going on. It is the detachment of these whole areas, vast areas — populated by Chinese — the detachment of these areas from China and their attachment to the Soviet Union.

I wish to state this and perhaps sin against my doctrine of nondogmatism, but I should like to suggest at any rate that this fact that the Soviet Union is taking the four northern provinces of China is the single most significant, most important fact, in the relation of any foreign power with Asia.

What does that mean for us? It means something very, very significant. It means that nothing that we do and nothing that we say must be allowed to obscure the reality of this fact. All the efforts of propaganda will not be able to obscure it. The only thing that can obscure it is the folly of ill-conceived adventures on our part which easily could do so, and I urge all who are thinking about these foolish adventures to remember that we must not seize the unenviable position which the Russians have carved out for themselves. We must not undertake to deflect from the Russians to ourselves the righteous anger, and the wrath, and the hatred of the Chinese people which must develop.It would be folly to deflect it to ourselves. We must take the position we have always taken — that anyone who violates the integrity of China is the enemy of China and is acting contrary to our own interest. That, I suggest to you this afternoon, is the first and the great rule in regard to the formulation of American policy toward Asia.

I suggest that the second rule is very like the first. That is to keep our own purposes perfectly straight, perfectly pure, and perfectly aboveboard and do not get them mixed-up with legal quibbles or the attempt to do one thing and really achieve another ...

In the first place, the defeat and the disarmament of Japan has placed upon the United States the necessity of assuming the military defense of Japan so long as that is required, both in the interest of our security and in the interests of the security of the entire Pacific area and, in all honor, in the interest of Japanese security. We have American — and there are Australian — troops in Japan. I am not in a position to speak for the Australians, but I can assure you that there is not intention of any sort of abandoning or weakening the defenses of Japan and that whatever arrangements are to be made either through permanent settlement or otherwise, that defense must and shall be maintained.

The defensive perimeter runs along the Aleutians to Japan and then goes to the Ryukyus. We hold important defense positions in the Ryukyu Islands, and those we will continue to hold. In the interest of the population of the Ryukyu Islands, we will at an appropriate time offer to hold these islands under trusteeship of the United Nations. But they are essential parts of the defensive perimeter of the Pacific, and they must and will be held.

The defensive perimeter runs from the Ryukyus to the Philippine Islands. Our relations, our defensive relations with the Philippines are contained in agreements between us. Those agreements are being loyally carried out and will be loyally carried out. Both peoples have learned by bitter experience the vital connections between our mutual defense requirements. We are in no doubt about that, and it is hardly necessary for me to say an attack on the Philippines could not and would not be tolerated by the United States. But I hasten to add that no one perceives the imminence of any such attack.

So far as the military security of other areas in the Pacific is concerned, it must be clear that no person can guarantee these areas against military attack. But it must also be clear that such a guarantee is hardly sensible or necessary within the realm of practical relationship.

Should such an attack occur — one hesitates to say where such an armed attack could come from — the initial reliance must be on the people attacked to resist it and then upon the commitments of the entire civilized world under the Charter of the United Nations which so far has not proved a weak reed to lean on by any people who are determined to protect their independence against outside aggression. But it is a mistake, I think, in considering Pacific and Far Eastern problems to become obsessed with military considerations. Important as they are, there are other problems that press, and these other problems are not capable of solution through military means. These other problems arise out of the susceptibility of many areas, and many countries in the Pacific area, to subversion and penetration. That cannot be stopped military means.

The susceptibility to penetration arises because in many areas there are new governments which have little experience in governmental administration and have not become firmly established or perhaps firmly accepted in their countries. They grow, in part, from very serious economic problems ... In part this susceptibility to penetration comes from the great social upheaval about which I have been speaking ...

So after this survey, what we conclude, I believe, is that there is a new day which has dawned in Asia. It is a day in which the Asian peoples are on their own, and know it, and intend to continue on their own. It is a day in which the old relationships between east and west are gone, relationships which at their worst were exploitations, and which at their best were paternalism. That relationship is over, and the relationship of east and west must now be in the Far East one of mutual respect and mutual helpfulness. We are their friends. Others are their friends. We and those others are willing to help, but we can help only where we are wanted and only where the conditions of help are really sensible and possible. So what we can see is that this new day in Asia, this new day which is dawning, may go on to a glorious noon or it may darken and it may drizzle out. But that decision lies within the countries of Asia and within the power of the Asian people. It is not a decision which a friend or even an enemy from the outside can decide for them.

录自：Department of State, *Bulletin, Vol. 22*, No. 556 (Jan. 23, 1950), Washington: U.S. Government Printing Office, pp.110–118.

[**历史背景介绍**]

1950年年初毛泽东出访莫斯科，中苏两国开始启动正式结盟，但毛泽东与苏联领导人斯大林围绕如何缔结新的中苏同盟条约存在较大分歧。因为毛泽东在莫斯科曾一度长期未在公开场合露面，引起了国际社会的猜测。此时面对逐步激化的冷战态势，杜鲁门政府正在调整其全球战略和远东（即东北亚、东亚和东南亚部分）战略，虽然已经将其在远东的战略支柱转向了日本，但仍希望设法令中国不倒向苏联。为此，1950年1月12日美国国务院迪安·艾奇逊在美国的全国新闻俱乐部发表了本演讲，介绍了美国对远东的基本立场，强调其在远东的军事姿态主要为防御性，并提出了著名的环西太平洋岛屿链概念。在多种考虑下，艾奇逊提出了美国的防御链并不包括韩国和中国台湾，回应了1月5日总统杜鲁门有关美国不会介入中国内战、不对台湾问题进行军事介入的声明。一般都认为艾奇逊这一演讲与中苏结盟、朝鲜战争、台湾问题等重大历史事件有着密切的联系。

[史家争鸣]

美国著名中美关系史学家孔华润（Warren Cohen）认为，由于各种因素的影响，此时中美之间形成了一种彼此误解的恶性循环，因此艾奇逊演讲中包含的对华善意和友好内容被中国误解，中美之间关系日趋恶化的趋势未能被扭转。①

中国著名的外交史学家杨奎松认为，艾奇逊的声明中有关挑拨中苏关系的部分立刻引起了苏联领导人的关注，并要求中方给予反击。但当时正在莫斯科访问的毛泽东以中国新闻总署署长胡乔木的名义、以"谈话稿"的形式在1月20日抨击艾奇逊这一演讲，却被苏联领导人认为在形式上不够重视，由此引发了中苏领导之间的矛盾。②

[思考题]

1. 艾奇逊在演讲中为什么反复提及苏联与中国的关系？

2. 艾奇逊在演讲中论及美国的远东防御圈时为什么会将冲绳与菲律宾作为其核心？

3. 艾奇逊的演讲与后来的朝鲜战争、台海危机的复杂关系是什么？

（姚昱　编）

---

① 【美】孔华润著、张静尔译：《美国对中国的反应——中美关系的历史剖析》，上海：复旦大学出版社，1989年，第178—179页。
② 杨奎松：《毛泽东与莫斯科的恩恩怨怨》，南昌：江西人民出版社，1999年，第248—249页。

160

《中苏友好同盟互助条约》

（1950年2月14日）
（《中苏友好同盟互助条约》）
（1950年2月14日）

中华人民共和国中央人民政府与苏维埃社会主义共和国联盟最高苏维埃主席团具有决心以加强中华人民共和国与苏维埃社会主义共和国联盟之间的友好与合作，共同防止日本帝国主义之再起及日本或其他用任何形式在侵略行为上与日本相勾结的国家之重新侵略，亟愿依据联合国组织的目标和原则，巩固远东和世界的持久和平与普遍安全；并深信中华人民共和国与苏维埃社会主义共和国联盟之间的亲善邦交与友谊的巩固是与中苏两国人民的根本利益相符合的；为此目的决定缔结本条约，并各派全权代表如左：

中华人民共和国中央人民政府特派中国政务院总理兼外交部部长周恩来；苏维埃社会主义共和国联盟最高苏维埃主席团特派苏联外交部部长安得列·扬努阿勒耶维赤·维辛斯基。两全权代表互相校阅全权证书认为妥善后，同意下述各条：

第一条　缔约国双方保证共同尽力采取一切必要的措施，以期制止日本或其他直接间接在侵略行为上与日本相勾结的任何国家之重新侵略与破坏和平。

一旦缔约国任何一方受到日本或与日本同盟的国家之侵袭因而处于战争状态时，缔约国另一方即尽其全力给予军事及其他援助。

双方并宣布，愿以忠诚的合作精神，参加所有以确保世界和平与安全为目的之国际活动，并为此目的之迅速实现充分贡献其力量。

第二条　缔约国双方保证经过彼此同意与第二次世界战争时期其他同盟国于尽可能的短期内共同取得对日和约的缔结。

第三条　缔约国双方均不缔结反对对方的任何同盟，并不参加反对对方的任何集团及任何行动或措施。

第四条　缔约国双方根据巩固和平与普遍安全的利益，对有关中苏两国共同利益的一切重大国际问题，均将进行彼此协商。

第五条　缔约国双方保证以友好合作的精神，并遵照平等、互利、互相尊重国家主权与领土完整及不干涉对方内政的原则，发展和巩固中苏两国之间的经济与文化关系，彼此给予一切可能的经济援助，并进行必要的经济合作。

第六条　本条约经双方批准后立即生效，批准书在北京互换。

本条约有效期间为三十年，如在期满前一年未有缔约国任何一方表示愿予废除时则将延长五年，并依此法顺延之。

一九五零年二月十四日订于莫斯科，共两份，每份均以中文与俄文书就，两种文字的条文均有同等效力。

录自：《中苏友好同盟互助条约全文》，《人民日报》1951年2月14日。

[历史背景介绍]

1949年10月，中华人民共和国成立。1950年2月14日中苏两国代表周恩来和维辛斯基在莫斯科签署了《中苏友好同盟互助条约》及关于旅顺口、大连和中长铁路的议定书与《补充协定》。条约的签订，标志着新中国与苏联正式缔结为政治军事同盟，这是中华人民共和国成立之后在外交领域的第一个重大事项，新中国正式加入以苏联为首的社会主义阵营，以苏联盟国的身份踏入冷战，这对后来的中国国家安全战略与对外政策均产生了深远的影响。结盟的动力是，当时中苏双方都认为需要通过彼此履行义务的方式，应对当时主要来自美国扩张主义的威胁。这是一个基本共识。然而，条约并未解决中俄历史上遗留的很多问题，为后来同盟的破裂埋下了伏笔。与苏联结盟也极大影响到新中国的现代化进程，开启了苏联社会主义模式向中国整体性输出的历史进程。中苏同盟条约规定的有效期是30年，然而，仅仅到20世纪50年代末，中苏同盟关系就已经开始动摇，到60年代中期即已名存实亡。1979年4月，时任中国外交部部长黄华向苏联驻华大使谢尔巴科夫提交照会，宣布中国政府决定期满不再延长中苏同盟条约的决定。

[史家争鸣]

沈志华认为斯大林与新中国结盟是"被迫的选择"，在1950年2月中苏同盟条约的谈判中也做出了重大让步。中苏同盟条约保证了中苏之间的盟友关系，总体上保护了中国的主权和经济利益，是符合中国的愿望的。但因双方利益冲突，斯大林与毛泽东之间的猜忌和不满也有所加强，"中苏同盟从一开始就笼罩在一种不祥的阴影中"。直到抗美援朝战争爆发，中苏之间的同盟关系才得到落实，中苏同盟的政治和经济基础才得到巩固和发展。[①]

德国学者迪特·海因茨希（Dieter Heinzig）详细分析了"中苏走向同盟的艰难历程"，认为中苏结盟并非历史的必然，而是在冲突不断的情况下发生的，双方分歧渊源于不同的现实政治利益。斯大林主要是为加强冷战形势下自身的实力地位才开始将中共变成苏联的同盟者。无论如何，中苏同盟的诞生是20世纪国际政治中的一个重大事件，也构成了50年代"西方安全构想中的一个基本考虑因素"[②]。

韩国学者金东吉认为，斯大林思考对华政策的核心诉求仍是现实利益，为要"保障苏联在中国已确保的特权"。因此，斯大林最初并没有支持中国革命运动，而是选择同以蒋介石为首的国民党政府合作。直到1949年年初中国革命运动即将迎来最终胜利时，斯大林重新调整对华政策，最终与新中

---

① 沈志华主编：《中苏关系史纲》（修订版），北京：社科文献出版社，2013年，第126页。

② 【德】迪特·海因茨希：《中苏走向同盟的艰难历程》，张文武等译，北京：新华出版社，2001年，第660页。英文版见：Dieter Heinzig, *The Soviet Union and Communist China, 1945–1950, The Arduous Road to the Alliance*, New York: M.E.Sharpe, Inc, 1998。

国结盟。[1]

文安立（Odd Arne Westad）甚至将1946年年中爆发的国共内战视为美苏在中国的一场"代理人战争"，称这场战争不仅标志着美苏领导人开始将中国内战与美苏在欧洲和中东的利益冲突联系在一起，也意味着"中共与苏联实际结盟的开始"[2]。

张曙光认为，当同盟条约签署时，中国所需要的远比苏联愿意或能够给予的要多。中国共产党领导人渴望获得莫斯科承诺以增强新中国的外部安全环境。这一承诺不仅要能够抵御认知上来自美国的威胁，还要确保克里姆林宫在未来成为比过去更为可靠的伙伴。[3]

牛军从新中国外交发展的视角，将1950年缔结的中苏同盟视为"当时中国全部对外关系一块巨大且关键性的基石"，认为一旦这块基石动摇，中国的对外关系就会出现全局性的不稳定，甚至国内政局也会随之动荡。然而直至今日，由于中苏同盟破裂后两国关系长期敌对的影响，中苏同盟在中国对外关系中的重大作用被长期和普遍地低估了。[4]

[思考题]

1. 斯大林为什么愿意同新中国结盟？

2.《中苏友好同盟互助条约》对新中国的意义是什么？

3. 新中国建国后为何立即选择同苏联结盟？

（郝江东　编）

---

① 金东吉：《苏美在远东的角逐与斯大林世界战略的调整——兼论朝鲜战争爆发的原因》，中国社会科学院研究生院博士学位论文，指导教师：张海鹏研究员，2005年4月。
② 文安立：《冷战与革命：苏美冲突与中国内战的起源》，陈之宏、陈兼译，桂林：广西师范大学出版社，2002年。
③ Shu Guang Zhang, *Deterrence and Strategic Culture: Chinese-American: Confrontations, 1948–1958*, Ithaca, NY: Cornell University Press, 1992, 13–33.
④ 牛军：《1962：中国对外政策"左"转的前夜》，《历史研究》2003年第3期。

161

美国国家安全委员会第68号文件

（1950年4月7日）
（1950年4月7日[①]美国国家安全委员会
第68号文件（节选））

Within the past thirty-five years the world has experienced two global wars of tremendous violence. It has witnessed two revolutions — the Russian and the Chinese — of extreme scope and intensity. It has also seen the collapse of five empires — the Ottoman, the Austro-Hungarian, the German, Italian, and Japanese — and the drastic decline of two major imperial systems, the British and the French. During the span of one generation, the international distribution of power has been fundamentally altered ...

Two complex sets of factors have ... altered [the] historical distribution of power. First, the defeat of Germany and Japan and the decline of the British and French Empires have interacted with the development of the United States and the Soviet Union in such a way that power has increasingly gravitated to these two centers. Second, the Soviet Union, unlike previous aspirants to hegemony, is animated by a new fanatic faith, antithetical to our own, and seeks to impose its absolute authority over the rest of the world. Conflict has therefore become

---

① 这里所认定的文件形成时间依据的是指美国国务卿和国防部长递交给总统的报告上的日期标识。另一种说法是1950年4月14日，指的是美国国家安全委员会行政秘书将该报告编号为NSC 68，并作为备忘录提交给国家安全委员会审议，这份备忘录的时间为1950年4月14日。——编者注

endemic and is waged, on the part of the Soviet Union, by violent or non-violent methods in accordance with the dictates of expediency. With the development of increasingly terrifying weapons of mass destruction, every individual faces the ever-present possibility of annihilation should the conflict enter the phase of total war.

On the one hand, the people of the world yearn for relief from the anxiety arising from the risk of atomic war. On the other hand, any substantial further extension of the area under the domination of the Kremlin would raise the possibility that no coalition adequate to confront the Kremlin with greater strength could be assembled. It is in this context that this Republic and its citizens in the ascendancy of their strength stand in their deepest peril.

The issues that face us are momentous, involving the fulfillment or destruction not only of this Republic but of civilization itself ... With conscience and resolution this Government and the people it represents must now take new and fateful decisions.

The fundamental purpose of the United States is ... to assure the integrity and vitality of our free society, which is founded upon the dignity and worth of the individual ...

The fundamental design of those who control the Soviet Union and the international communist movement is to retain and solidify their absolute power, first in the Soviet Union and second in the areas now under their control. In the minds of the Soviet leaders, however, achievement of this design requires the dynamic extension of their authority and the ultimate elimination of any effective opposition to their authority ...

The Soviet Union is developing the military capacity to support its design for world domination. The Soviet Union actually possesses armed forces far in excess of those necessary to defend its national territory ... This excessive strength, coupled now with an atomic capability, provides the Soviet Union with great coercive power for use in time of peace in furtherance of its objectives and serves as a deterrent to the victims of its aggression from taking any action in opposition to its tactics which would risk war ...

We do not know accurately what the Soviet atomic capability is but the Central Intelligence Agency ... estimates, concurred in by State, Army, Navy, Air Force, and Atomic Energy Commission, assign to the Soviet Union a production capability giving it a fission bomb stockpile within the following ranges:

By mid-1950 10–20

By mid-1951 25–40

By mid-1952 45–90

By mid-1953 70–135

By mid-1954 200 ...

The Soviet Union now has aircraft able to deliver atomic bombs. Our intelligence estimates assign to the Soviet Union an atomic bomber capability already in excess of that needed to deliver all available bombs. We have at present no evaluated estimate regarding the Soviet accuracy of delivery on target. It is believed that the Soviets cannot deliver their bombs on target with a degree of accuracy comparable to ours, but a planning estimate might well place it at 40–60 percent ... For planning purposes, therefore, the date the Soviets possess an atomic stockpile of 200 bombs would be a critical date for the United States, for the delivery of 100 atomic bombs on targets in the United States would seriously damage this country ...

Several conclusions seem to emerge. First, the Soviet Union is widening the gap between its preparedness for war and the unpreparedness of the free world ... Second, the Communist success in China, taken with the politicoeconomic situation in the rest of South and South-East Asia, provides a springboard for further incursion in this troubled area ... Third, the Soviet Union holds positions in Europe which, if it maneuvers skillfully, could be used to do great damage to the

Western European economy and to the maintenance of the Western orientation of certain countries, particularly Germany and Austria ...

In short, as we look into the future, the programs now planned will not meet the requirements of the free nations ...

It is estimated that, within the next four years, the USSR will attain the capability of seriously damaging vital centers of the United States, provided it strikes a surprise blow and provided further that the blow is opposed by no more effective force than we now have programmed ...

Four possible courses of action by the United States in the present situation can be distinguished. They are:

a. Continuation of current policies, with current and currently projected programs for carrying out these policies;

b. Isolation;

c. War; and

d. A more rapid building up of the political, economic and military strength of the free world than provided under a, with the purpose of reaching ... a tolerable state of order among nations without war and of preparing to defend ourselves in the event that the free world is attacked ...

A more rapid build-up of political, economic, and military strength and thereby of confidence in the free world than is now contemplated is the only course which is consistent with progress toward achieving our fundamental purpose. The frustration of the Kremlin design requires the free world to develop a successfully functioning political and economic system and a vigorous political offensive against the Soviet Union. These, in turn, require an adequate military shield under which they can develop.It is necessary to have the military power to deter, if possible, Soviet expansion, and to defeat, if necessary, aggressive Soviet or Soviet-directed actions of a limited or total character. The potential strength of the free world is great; its ability to develop these military capabilities and its will to resist Soviet expansion will be determined by the wisdom and will with which it undertakes to meet its political and economic problems ...

At any rate, it is clear that a substantial and rapid building up of strength in the free world is necessary to support a firm policy intended to check and roll back the Kremlin's drive for world domination ...

A program for rapidly building up strength and improving political and economic conditions will place heavy demands on our courage and intelligence; it will be costly; it will be dangerous. But half-measures will be more costly and more dangerous, for they will be inadequate to prevent and may actually invite war. Budgetary considerations will need to be subordinated to the stark fact that our very independence as a nation may be at stake.

A comprehensive and decisive program to win the peace and frustrate the Kremlin design should be so designed that it can be sustained for as long as necessary to achieve our national objectives. It would probably involve:

(1) The development of an adequate political and economic framework for the achievement of our long-range objectives.

(2) A substantial increase in expenditures for military purposes ...

(3) A substantial increase in military assistance programs ...

(4) Some increase in economic assistance programs and recognition of the need to continue these programs until their purposes have been accomplished.

(5) A concerted attack on the problem of the United States balance of payments ...

(6) Development of programs designed to build and maintain confidence among other peoples in our strength and resolution, and to wage overt psychological warfare designed to encourage mass defections from Soviet allegiance and to frustrate the Kremlin design in other ways.

(7) Intensification of affirmative and timely measures and operations by covert means in the fields of economic warfare and political and psychological warfare with a view to fomenting and supporting unrest and revolt in selected

strategic satellite countries.

（8）Development of internal security and civilian defense programs.

（9）Improvement and intensification of intelligence activities.

（10）Reduction of Federal expenditures for purposes other than defense and foreign assistance, if necessary by the deferment of certain desirable programs.

（11）Increased taxes ...

In summary, we must, by means of a rapid and sustained build-up of the political, economic and military strength of the free world, and by means of an affirmative program intended to wrest the initiative from the Soviet Union, confront it with convincing evidence of the determination and ability of the free world to frustrate the Kremlin design of a world dominated by its will. Such evidence is the only means short of war which eventually may force the Kremlin to abandon its present course of action and to negotiate acceptable agreements on issues of major importance ...

录自："Excerpts from NSC-68 (Report to the President, 7 April 1950)," in Edward H. Judge and John W. Langdon（eds.), *The Cold War Through Documents: A Global History*, Third Edition, New York: ROWMAN & LITTLEFIELD, 2018, pp.17–20。

[历史背景介绍]

1949年8月29日，美国间谍飞机发现苏联成功进行了核试验。10月1日，中华人民共和国成立，美国因此"失去"了中国。这一切让美国总统杜鲁门忧心忡忡。1950年1月31日，杜鲁门做出了两项重要指示：启动氢弹研究；要求国家安全委员会根据苏联核武器研究成功等新形势重新评估美国外交政策。两个多月以后，杜鲁门收到了由国务院政策规划办公室（Policy Planning Staff）主任保罗·尼采（Paul Nitze）等人起草的研究报告。他很快决定将研究报告提交国家安全委员会讨论和审议。于是，这份研究报告便成了国家安全委员会第68号文件（NSC 68）。然而，由于美国政府内部相当一部分高级官员并不认同NSC 68对"苏联威胁"的认知及其提出的对策，杜鲁门在是否批准该文件的问题上一度犹豫不决。6月25日，朝鲜战争爆发。在部分美国决策者看来，这似乎证实了NSC 68对"苏联威胁"的判断。更为重要的是，此事促使白宫下定决心快速提升美国的军事能力。9月30日，杜鲁门批准了NSC 68，将其作为"今后四五年需要遵循的政策声明"，并要求尽快予以实施。1975年2月27日，NSC 68解密。

[史家争鸣]

伦敦国王学院的埃夫斯塔西奥斯·法基奥拉斯（Efstathios T. Fakiolas）比较了NSC 68和凯南"长电报"后得出如下结论："长电报"的出发点更像是"门罗主义"，它试图将"在美洲大陆之外"实施干预与美国根深蒂固的孤立主义传统统一起来，NSC 68则致力于构建美国的全球霸权；"长电报"遵循与苏联合作共赢的思考路径，认为控制苏联最有效的方法是利用间接实力或软实力，NSC 68则秉承"零和"观念（如苏联所得即为美国所失），更多地从军事的角度考虑应对"苏联威胁"的手段。[1]

冷战国际史研究的权威学者约翰·加迪斯（John Lewis Gaddis）分析道，NSC 68和凯南遏制战略的相同之处在于均主张通过维持均势来保持世界的多样性，均认为马列主义只是苏联政策的工具而非主导思想。但另一方面，在凯南看来，苏联领导人谨小慎微，他们的"扩张计划"没有固定的时间表，"苏联威胁"是有限的。NSC 68则认为一旦苏联实力足够强大，克里姆林宫随时可能以突然袭击等方式发动对美国的军事进攻。作为应对手段，凯南提出应通过政治、经济、心理和军事等多种措施全力保障世界上若干个关键国家或地区的安全。NSC 68却断言，世界上的所有国家和地区都是同等重要的，"自由世界"在任何地方的所失就是以苏联为首的社会主义阵营的所得。美国应对"苏联威胁"的手段主要是军事力量。相应地，NSC 68也

---

① Efstathios T. Fakiolas, "Kennan's Long Telegram and NSC-68: A Comparative Theoretical Analysis," *East European Quarterly*, Vol.30, No.4（January 1998), pp.415–433.

明确地向凯南的"资源有限论"发起挑战。①

美国知名历史学家梅尔文·莱弗勒指出，无论是从政策目标还是实施手段和计划来看，NSC 68都只是肯定了杜鲁门政府已经做的和打算做的事情。"如果说国安会68号文件中有什么新内容，那就是尼采只不过是要求国家要拨出越来越多的资金来贯彻执行这些计划，并努力实现那些已经制定的目标。""正是因为国安会68号文件的目标、假设和论点都不是新内容，正是因为尼采没有在他提出的计划上标示成本，他才能够获得相当多的支持。"②

伦敦国王学院的另外一位学者肯·杨（Ken Young）的研究表明，研发氢弹决定与NSC 68问世是相互纠缠在一起的。前者在一定程度上促成了后者的出台；后者反过来提出了迅速加强常规力量的主张，从而避免了前者可能引发的过度依赖核武器的局面。相对凯南对苏联"政治威胁"的判断，NSC 68更强调通过评估苏联的军事能力来认定克里姆林宫的"威胁"程度，并因此主张大规模重新武装，这标志着美国政府应对"苏联威胁"手段和方式的重大转变。朝鲜战争的爆发及中国的介入成为NSC 68突破财政限制并获得杜鲁门批准的主要动力。③

美国海军战争学院的阿南德·托普拉尼（Anand Toprani）判断说，美国1947年《国家安全法》对各军种的整合以及二战后削减军费的总趋势引发了军种之间的竞争。NSC 68奉行"军事凯恩斯主义"，结束了过去长期存在的在"大炮"和"黄油"之间权衡的思考模式。虽然该文件的出台并未终结美国各军种之间的较量，但至少消除了军方内部不和的一个动因——针对紧缩财政的"零和博弈"。④

①　John Lewis Gaddis, *Strategies of Containment: A Critical Appraisal of American National Security Policy during the Cold War*, revised and expanded edition, Oxford: Oxford University Press, 2005, pp.87–124.

②　【美】梅尔文·莱弗勒：《权力优势：国家安全、杜鲁门政府与冷战》，孙建中译，北京：商务印书馆，2019年，第464—466页。

③　Ken Young, "Revisiting NSC 68," *Journal of Cold War Studies*, Vol.15, No.1（Winter 2013), pp.3–33.

④　Anand Toprani, "'Our Efforts have Degenerated into a Competition for Dollars': The 'Revolt of the Admirals', NSC-68, and the Political Economy of the Cold War," *Diplomacy & Statecraft*, Vol.30, No.4（December 2019), pp.681–706.

南京大学的石斌对比了凯南"长电报"和NSC 68。在他看来,"它们虽然在冷战战略的价值取向和基本目标等方面有许多一致或相似之处,但也有许多重要区别,尤其是在如何捍卫西方的利益和价值、实现美国全球战略目标的途径和手段上,代表了冷战时期美国外交与战略思想界长期并存、相互竞争的两种思路或'两条路线'"。具体而言,前者认为苏联的"威胁"总的来说属于政治和意识形态威胁。美国的能力是有限的,不必也无力实施大规模军备扩张。美国只需要有选择地介入全球事务。后者则指出,苏联意欲且在军事上有能力控制整个世界。美国应该在全球奉行积极、有力的介入或干涉政策,与苏联展开全面竞争。为此,华盛顿必须迅速、大幅提高军事力量。凯南和尼采、"长电报"和NSC 68对战后美国的主流意识形态、安全观念与战略传统的主要特征都产生了深刻的影响。相对来说,尼采的思想更能代表冷战时期逐步形成的一套主流战略观念,即立足于"最坏假设",强调实力地位,偏重军事手段,追求绝对安全,秉持道德普遍主义和意识形态优越论。①

[思考题]

1. NSC 68所秉持的战略观念有哪些?

2. NSC 68和凯南"长电报"之间存在的最根本区别是什么?

3. NSC 68对美国对外战略的影响体现在哪些方面?

4. NSC 68是冷战史上最为重要的文件之一吗?为什么?

(梁志 编)

---

① 石斌:《核时代的美国安全观念与战略传统——对两个经典文本的重新探讨》,《史学月刊》2018年第9期,第101—122页。

162

《日内瓦会议最后宣言》及
《关于在越南停止敌对行动的协定》
（1954年7月20—21日）
（日内瓦会议最后宣言）
（1954年7月21日）

由柬埔寨、越南国、美利坚合众国、法兰西共和国、老挝、越南民主共和国、中华人民共和国、联合王国、苏维埃社会主义共和国联盟代表所参加的关于恢复印度支那和平问题的日内瓦会议一九五四年七月二十一日的最后宣言。

一、会议注意到在柬埔寨、老挝和越南结束敌对行动的各项协定，这些协定并建立了关于其条款之执行的国际监督和监察。

二、会议庆幸在柬埔寨、老挝和越南的敌对行动的结束。会议坚信：本宣言和各项停止敌对行动协定中所规定的条款的实施，将使柬埔寨、老挝和越南从此能够完全独立自主地在国际的和平大家庭中起它们的作用。

三、会议注意到柬埔寨和老挝政府的声明，即两国政府愿意采取使全体公民均能参加全国共同生活的措施，特别是参加最近的普选，此项普选将在一九五五年内根据各该国宪法在尊重基本自由的条件下以秘密投票方式举行。

四、会议注意到越南停止敌对行动协定中关于禁止外国军队和军事人员以及各种武器和弹药进入越南的条款。会议同样注意到柬埔寨和老挝两国政府的声明，即两国政府决心不要求关于军事物资、人员和教官的外国援助，除非为了有效地保卫本国领土的目的，而在老挝，则更须限于老挝停止敌对行动协定所规定的范围之内。

五、会议注意到越南停止敌对行动协定中关于在双方集结区内不得建立任何外国军事基地的条款。同时，双方应注意，务使划归他们的地区不参加任何军事同盟，并不被用来恢复敌对行动或服务于侵略政策。会议同样注意到柬埔寨和老挝政府的声明，根据此项声明，两国将不与其他国家缔结任何协定，如果此项协定包括参加不符合联合国宪章原则的，而在老挝又更不符合于老挝停止敌对行动协定原则的军事同盟的义务，或包括当他们的安全不受威胁时在柬埔寨或老挝领土上为外国军事力量建立基地的义务。

六、会议确认：关于越南的协定的主要目的是解决军事问题，以便结束敌对行动，并确认军事分界线是临时性的界线，无论如何不能被解释为政治的或领土的边界。会议坚信：实施本宣言和停止敌对行动协定所规定的条款，将造成在最近时期内实现越南政治解决的必要前提。

七、会议声明：关于越南，在尊重独立、统一和领土完整的原则的基础上对各项政治问题的解决，应使越南人民享有经由秘密投票的自由普选而建立的民主机构所保证的基本自由。为使和平的恢复得到足够的进展，并为使自由表现民族意志的一切必要条件得以具备，将在一九五六年七月内，在停止敌对行动协定中所规定的国际监督和监察委员会成员国代表所组成的国际委员会的监督下举行普选。自一九五五年七月二十日起，双方地区有代表性的负责当局，应就此项问题进行协商。

八、停止敌对行动协定中关于保证维护生命财产的各项条款，必须最严格地予以执行，特别是必须使在越南的每一个人都能自由地选择他所愿意居住的地区。

九、越南南北两地区有代表性的负责当局，以及老挝和柬埔寨的当局，不得对战时曾以任何方式与对方合作的人员或其家属加以个别或集体的报复。

十、会议注意到法兰西共和国政府的声明：即法兰西共和国政府愿意根据有关各国政府的请求，在经双方协议规定的期限内，从柬埔寨、老挝和越南的领土上撤退其军队；但如经双方协议，一定数量的法国军队在规定的期限内，留驻在规定的地点者不在此限。

十一、会议注意到法国政府的声明，即法国政府将在尊重柬埔寨、老挝和越南三国的独立、主权、统一和领土完整的基础上，来解决有关恢复和巩固柬埔寨、老挝和越南的和平的一切问题。

十二、日内瓦会议的每个与会国家在对柬埔寨、老挝和越南三国的关系上，保证尊重上述各国的主权、独立、统一和领土完整，并对其内政不予任何干涉。

十三、与会各国同意就国际监督和监察委员会向他们提出的任何问题彼此进行协商，以便研究为保证柬埔寨、老挝和越南的停止敌对行动协定被尊重所必需的措施。

老挝王国政府声明

（参看最后宣言第三条）

老挝王国政府，

关心保证王国人民的和协和一致，

宣布决心采取有效措施，俾使全体公民不受任何歧视地团结在全国共同生活中，并保证他们享受王国宪法所规定的权利和自由，

申明全体老挝公民都能自由地以选举人和候选人的资格，参加秘密投票的普选，

并指出：它将颁行适用于丰沙里和桑怒两省的措施，自敌对行动停止至普选期间，在该两省的王国省政机关内，组织一种特殊的代表方式，以代表战时不在王国军队方面的老挝国民的利益。

柬埔寨王国政府声明

（参考最后宣言第三条）

柬埔寨王国政府，

关心保证王国人民的和协和一致，

宣布决心采取有效措施，俾使全体公民不受任何歧视地团结在全国共同生活中，并保证他们享有王国宪法所规定的权利和自由。

申明全体柬埔寨公民均能自由地以选举人和候选人的资格参加秘密投票的普选。

老挝王国政府声明

（参看最后宣言第四条和第五条）

老挝王国政府决心永不参与侵略政策，并永不允许老挝的领土被利用来为此种政策服务。

老挝王国政府将不与其他国家缔结任何协定，如果此项协定包括使老挝王国政府参加不符合联合国宪章原则的或停止敌对行动协定原则的军事同盟的义务，或包括当其安全不受威胁时在老挝领土上为外国军事力量建立基地的义务。

老挝王国政府决心以和平方法并以不危及和平和国际安全以及正义的方式来解决其国际纠纷。

在越南敌对行动停止之日至该国政治问题最后解决之期间，老挝王国政府决心不要求关于军事物资、人员和教官的外国援助，除非为了有效地保卫本国领土的目的，并仅限于停止敌对行动协定所规定的范围之内。

柬埔寨王国政府声明

（参看最后宣言第四条和第五条）

柬埔寨王国政府决心永不参与侵略政策，并永不允许柬埔寨的领土被利用来为此种政策服务。

柬埔寨王国政府将不与其他国家缔结任何协定，如果此项协定包括使柬埔寨王国政府参加不符合联合国宪章原则的军事同盟的义务，或包括当其安全不受威胁时在柬埔寨领土上为外国军事力量建立基地的义务。

柬埔寨王国政府决心以和平方法并以不危及和平和国际安全以及正义的方式来解决其国际纠纷。

在越南敌对行动停止之日至该国政治问题最后解决之期间，柬埔寨王国政府决心不要求关于军事物资、人员和教官的外国援助，除非为了有效地保卫本国领土的目的。

法兰西共和国政府声明

（参看最后宣言第十条）

法兰西共和国政府声明愿意根据有关各国政府的请求，在经双方协议规定的期限内，从柬埔寨、老挝和越南领土上撤退其军队；但如经双方协议，一定数量的法国军队在规定的期限内留驻在规定的地点者不在此限。

法兰西共和国政府声明

（参看最后宣言第十一条）

法兰西共和国政府将在尊重柬埔寨、老挝和越南三国的独立、主权、统一和领土完整的基础上来解决有关恢复和巩固柬埔寨、老挝和越南的和平的一切问题。

关于在越南停止敌对行动的协定
（1954年7月20日）

第一章 临时军事分界线和非军事区

第一条 划定一条临时军事分界线，双方部队在撤退后，集结在分界线的两侧：越南人民军部队在此以北，法兰西联邦部队在此线以南。

临时军事分界线划定如附图（见附地图一^①）。

同时经议定，在军事分界线两侧各不超过五公里的距离内，建立一非军事区作为缓冲地带，以避免足以使敌对行动再起的一切事件。

第二条　双方部队完全进入临时军事分界线两侧的各自集结区所需的期限，不得超过本协定生效后的三百天。

第三条　当临时军事分界线恰为一条河流时，凡一岸受一方控制而另一岸受他方控制处，该段河流供双方民航使用。该河流有关部分的航行规则由联合委员会制订。每方商轮和其他民船有权在本方军事控制下的陆地靠岸，不受任何限制。

第四条　两个最后集结区之间的临时军事分界线，按一条同一般海岸线成垂直的线，向领水内延伸。

法兰西联邦武装力量应撤离所有位于此界限以北的沿海岛屿；同样，越南人民军应撤离所有位于此界限以南的岛屿。

第五条　为避免一切足以使敌对行动再起的事件，一切部队、供应和装备应在本协定生效后二十五天内从非军事区撤出。

第六条　任何军人或平民，非经联合委员会特许，不得越过临时军事分界线。

第七条　任何军人或平民不得进入非军事区，但负责办理民政和救济的人员以及联合委员会特许进入的人员除外。

第八条　临时军事分界线两侧非军事区内的民政和救济，由各方总司令部在其本区域内自行负责。每方获准进入非军事区办理民政和救济的军人及平民的人数，由该方司令官确定，但在任何情况下，每方所准许的人数，任何时候不得超过中稼军事委员会或联合委员会所确定的数目。联合委员会应规定民警人数和此项人员的武装。非经联合委员会特许，任何人不得携带武器。

第九条　本章任何规定不得解释为剥夺联合委员会及其联合小组、下面

----

① 图略。

规定应设立的国际委员会及其视察小队、以及经联合委员会特许进入非军事区的其他人员、供应和装备进出非军事区或在该区内通行的全部移动自由。非军事区内，如有两地不能由全部在区内的公路或水道联接，而必须利用一方或他方军事控制地区内的公路或水道时，则通过该地区的移动自由应予准许。

第二章　执行本协定的原则和具体办法

第十条　双方部队司令官，驻印度支那法兰西联邦部队总司令一方和越南人民军总司令另一方，命令并保证在其控制下的一切武装力量，包括陆、海、空军的一切单位和全部人员，完全停止在越南的一切敌对行动。

第十一条　依照在印度支那全境同时停火的原则，双方一切部队在越南全境、各个作战地区必须同时停止敌对行动。

鉴于停火命令传达到双方作战部队基层单位实际所需的时间，双方议定按照下列规定分地区实现完全的和同时的停火：

越南北部：一九五四年七月二十七日八时（当地时间）

越南中部：一九五四年八月一日八时（当地时间）

越南南部：一九五四年八月十一日八时（当地时间）

议定当地时间即北京子午线时间。

自越南北部实际停火时起，各方保证不在整个印度支那战场采取大规模的攻击行动，不将驻在越南北部的空军力量用于该地区以外。双方并约定，在本协定生效后二十五天内，相互通知关于由一集结区转移到另一集结区的计划。

第十二条　有关停止敌对行动和集结的一切措施和移动应有秩序并安全地进行：

甲、实际停火后，各方均应负责，在中稼军事委员会就地确定的一定日期内，清除其所安设的地雷（包括河、海中的水雷）、陷阱、爆炸物和其他一切危险物，和使其失效。如果不能及时清除，和使其失效，应在该地安置明显的标志。在军事力量撤出后发现的所有爆破物、布雷区、铁丝网、以及妨碍联合委员会及其联合小组人员自由通行的其他障碍物，须由当地部队司令官通知联合委员会。

乙、从停火到双方在分界线两侧集结完成的时期内：

（一）一方的部队应暂时撤离划归另一方的临时驻扎地段；

（二）当一方部队经由一条通过另一方地区的交通线（公路、铁路、河道、海道）撤退时（参照第二十四条），后一方部队应暂时自该交通线两侧各后退三公里，且应避免妨碍居民通行。

第十三条　从停火到双方向集结区转移完成的时期内，民用飞机和军用运输机均应循空中走廊，在位于分界线以北的法兰西联邦部队各临时驻扎地段，和老挝边境及划归法兰西联邦部队的集结区之间飞行。

空中走廊的路线和宽度、向南转移的单引擎军用飞机应循的安全路线、以及对遇难飞机的搜寻和援救的具体规定，由中稼军事委员会就地拟订。

第十四条　在临时军事分界线两侧的集结区内的政治和行政措施：

甲、在举行获致越南统一的全国选举以前，各集结区内的民政由依照本协定应在该区集结部队的一方负责。

乙、原属于一方但根据集结计划应移交对方的地区，由原来一方继续管理，直到全部应转移的部队撤离完毕，将归于对方的地区让出之日为止。自该日起，即认为该地区已移交对方，由对方负责。在移交责任时，须采取措施以免脱节。为此，撤离的一方需在事先及时通知对方，而后者须采取必要措施，特别是派遣行政人员和警察，以准备接受行政责任。所需期限由中稼军事委员会确定。移交依地段相继进行。

河内和海防的民政，应在第十五条规定的军事转移期限后，全部移交越南民主共和国当局。

丙、各方约定，不因个人和团体，在敌对行动期间的活动而对其加以任何报复和歧视，并保障其民主自由。

丁、从本协定生效到部队转移完毕的时期内，如果一方控制的地区中的居民有愿迁往划归另一方的军事集结区内生活的，原住地区当局应准许迁移，并予以资助。

第十五条　作战人员的分隔，部队、供应和装备的撤离和转移应按照下列原则执行：

甲、双方部队、供应和装备的撤离和转移，应照本协定第二条规定在三百天内进行完毕。

乙、在每一地区内，应依地段、地段内的分段或依省相继撤离。从一集结区向另一集结区的转移，按应转移的部队人数的比例相继分批进行。

丙、双方应保证按照本协定的目标执行一切部队的撤离和转移，不容许有任何敌意行为，不采取任何性质足以妨碍撤离和转移的措施。双方应尽可能相互协助。

丁、双方不容许对任何公共财产进行任何毁坏或故意破坏，不容许对居民的生命财产有任何危害，不容许对当地民政作任何干涉。

戊、联合委员会和国际委员会应注意到关于保障部队撤离和转移安全的措施的执行。

己、有关分隔作战人员、撤离和转移部队的具体规定，由中稼军事委员会，继后由联合委员会，根据上述原则和下面规定的范围共同商定：

一、作战人员的分隔，包括任何性质的武装力量的就地集合、向划归一方的临时驻扎地段的移动和另一方临时撤退的移动，应在停火后十五天的期限内完成。临时驻扎地段的总划分在附件中确定。（附地图[①]）

为避免一切事故，任何部队不得驻扎在距离临时驻扎地段的界线不足一千五百公尺的地方。

截至转移完毕的时期内，位于下面规定的线以西的所有沿海岛屿均包括在海防区内：

可包岛南端的子午线

路西岛北岸（岛不包括在内），延长至锦化矿的子午线

锦化矿的子午线

---

① 图略。

二、撤离和转移应按下列次序和期限（自本协定生效之日起算）进行：

法兰西联邦部队：

河内区	八〇天
海阳区	一〇〇天
海防区	三〇〇天

越南人民军部队：

咸津、川木临时驻扎地段	一八〇天
越南中部临时驻扎地段第一批	八〇天
同塔梅平原临时驻扎地段	一〇〇天
越南中部临时驻扎地段第二批	一〇〇天
金欧角临时驻扎地段	二〇〇天
越南中部临时驻扎地段最后一批	三〇〇天

第三章　禁止进入新的部队、新的军事人员、
武器和弹药、军事基地

第十六条　自本协定生效时起，禁止一切增援部队和新增的军事人员进入越南。但商定，单位和人员的轮换，担任临时任务的个别军人到达越南，以及个别军人在越南境外作短期休假或担任临时任务后返回越南，在下列规定的条件下应予准许：

甲、在本协定第二条规定的撤离时期中，凡驻扎在第一条规定的临时军事分界线以北的法兰西联邦部队，不准许单位（照本条丙项规定）和人员的轮换。但个别军人因担任临时任务，或在越南境外作短期休假或担任临时任务后到达和返回临时军事分界线以北，在任何一个月份内，不得超过五十人，军官包括在内。

乙、"轮换"一次的意义为：单位或人员由进入越南境内服海外军役的其他同级单位或其他人员代替。

丙、轮换的单位绝不得大于营，或空军和海军相当于营级的单位。

丁、轮换以一人换一人进行，但商定，任何一方在每三个月内不得有一万五千五百名以上的部队人员以轮换名义进入越南。

戊、轮换的单位（照本条丙项规定）和人员以及本条所规定的个别军事人员，只能经由下面第二十条开列的各通行口岸进出越南。

己、各方对单位、人员和个别军人嗣后进出越南的一切移动，至少应在两天以前先行通知联合委员会和国际委员会。关于单位、人员和个别军人到达越南或离开越南的移动，须每日向联合委员会和国际委员会提出报告。

上述通知和报告须每件载明到达和离开的地点和日期，以及到达和离开的人数。

庚、国际委员会通过其视察小队，在下面第二十条开列的通行口岸监察和视察上述准许的单位和人员的轮换和个别军人的到达和离开。

第十七条

甲、自本协定生效时起，禁止各种类型的武器、弹药和其他作战物资的一切增援进入越南，如：作战飞机、海军舰艇、火炮、喷气式器械及武器、装甲车辆。

乙、但商定，在停止敌对行动后毁坏损耗的作战物资、武器与弹药，可以同一类型和同样性能的一件对一件进行替换。驻扎在第一条规定的临时军事分界线以北的法兰西联邦部队，在本协定第二条所规定的撤离时期中，不准进行此项作战物资、武器和弹药的替换。

海军舰艇得在集结区之间从事运输。

丙、本条乙项规定作替换之用的作战物资、武器和弹药只能经由下面第二十条开列的通行口岸进入越南。被替换的作战物资、武器和弹药只能经由下面第二十条开列的通行口岸撤出越南。

丁、除依本条乙项规定的范围进行替换外，禁止进入拆散的而可于后来装成的任何类型的作战物资、武器和弹药。

戊、各方关于各种作战物资和各种类型的武器和弹药嗣后进出的一切移动，至少应在两天以前先行通知联合委员会和国际委员会。

为确证为替换目的而运入越南的武器、弹药及其他作战物资（照本条甲项规定）有其需要，关于此等物件的每批输入，须向联合委员会和国际委员会提出报告。此项报告须载明被替换物资的处置情况。

己、国际委员会通过其视察小队，在下面第二十条开列的通行口岸监察和视察按本条规定的条件准予进行的替换。

第十八条　自本协定生效时起，禁止在越南全境内建立新的军事基地。

第十九条　自本协定生效时起，不得在双方集结区内建立属于外国的任何军事基地；双方应注意不使划归它们的地区加入任何军事同盟，并不使这些地区用于敌对行动的再起，或服务于侵略政策。

第二十条　轮换人员和替换物资在越南的通行口岸规定如下：

临时军事分界线以北地区：老街、谅山、先安、海防、宜安、东会、孟生。

临时军事分界线以南地区：土伦、归仁、芽庄、巴巍、西贡、头顿、新州。

第四章　战俘和被拘平民

…①

第五章　其他规定

…②

第六章　越南监察及监督联合委员会和国际委员会

第二十八条　执行停止敌对行动协定的责任归于双方。

---

① 此部分省略。——编者注
② 此部分省略。——编者注

第二十九条 国际委员会对此项执行进行监察和监督。

第三十条 为便利照下述规定执行有关双方联合行动的条款，在越南设立联合委员会。

第三十一条 联合委员会由双方司令官的同等人数代表组成。

第三十二条 参加联合委员会的代表团首席代表应属将级。

联合委员会设立联合小组，其数目由双方议定。联合小组由双方同等人数的军官组成。它们在集结区之间分界线上的驻地，由双方参照联合委员会的职司予以确定。

第三十三条 联合委员会保证停止敌对行动协定中的下列规定获得执行：

1. 双方全部正规和非正规武装力量在越南同时和全面停火。

2. 双方武装力量的集结。

3. 尊重集结区之间的分界线和非军事区。

联合委员会在其权限的范围内，协助双方执行上述条款，保证双方为制订和实行上述条款实施计划而保持联系，并力求解决双方在执行条款时可能发生的争端。

第三十四条 设立国际委员会负责监察和监督在越南停止敌对行动协定各项规定的实施。

委员会由下列国家的代表组成：加拿大、印度、波兰。

委员会主席由印度代表担任。

第三十五条 国际委员会设立固定的和机动的视察小队，由上述各国指派同等人数的军官组成。

固定小队驻在下列口岸：老街、谅山、先安、海防、宜安、东会、孟生、土伦、归仁、芽庄、巴巍、西贡、头顿、新州。日后，如联合委员会、任何一方或国际委员会本身提出请求，经国际委员会和有关一方司令部取得协议，此等驻在口岸可以更动。

机动小队的活动地域为越南陆海边境地区、集结区和非军事区之间的分界线。在各该地域之内，机动小队有自由往来的权利，并从当地民政当局和军事当局方面获得为完成任务所需要的一切便利（提供人员，供给为进行监督所必需的文件，召集为进行调查所必需的证人，保护视察小队往来的安全和自由等等）。机动小队应备有所需的交通、观察和通讯的现代化工具。

机动小队经有关一方的司令部同意，在本协定所赋予的任务范围内，可在上述活动地域以外往来。

第三十六条　国际委员会负责监察双方执行协定的各项规定。为此，该委员会须完成与实施停止敌对行动协定各项规定有关的监督、观察、视察和调查的一切任务，该委员会的主要任务是：

甲、监督双方武装力量在集结计划范围内的移动。

乙、监察集结区之间的分界线和非军事区。

丙、监督释放战俘和被拘平民。

丁、在越南各海港、飞机场和全部边境上，监察停止敌对行动协定中规定进入武装力量、军事人员、任何类型的武器、弹药和作战物资的各项条款的实施。

第三十七条　国际委员会因本身的创议或应联合委员会或任何一方的请求，通过上述视察小队于最短期内根据文件并实地进行必要的调查。

第三十八条　视察小队将监督、调查和观察的结果报告国际委员会。此外，视察小队尚须作出它们认为必要的或委员会可能要求的特别报告。如果小队内部有分歧意见，应将每一成员的结论送交国际委员会。

第三十九条　视察小队如果对某一事件不能处理，或认为有违反协定行为或违反协定的严重威胁，应提请国际委员会处理。该委员会必须研究视察小队的报告和结论，并将为处理事件，或停止违反协定的行为或消除违反协定的威胁所应采取的措施，通知双方。

第四十条　联合委员会对某一条款的解释或对某一事实的判断不能取得一致意见时，应将争端提请国际委员会处理，国际委员会的建议将直接送交双方并通知联合委员会。

第四十一条　国际委员会的建议，除第四十二条规定的保留之外，由多数票通过。如果票数相等，主席的一票有决定性。

为了更有效地实施在越南停止敌对行动协定而需要对该协定的规定有所修改和补充时，国际委员会得提出建议。此类建议应由全体一致通过。

第四十二条　凡涉及足以导致敌对行动再起的违反协定行为或违反协定的威胁问题，即：

甲、一方的武装力量拒绝按照集结计划移动，

乙、一方的武装力量侵犯另一方的集结区、领水或领空，国际委员会的决定必须由全体一致通过。

第四十三条　如果一方拒绝履行国际委员会的建议，有关各方或委员会本身应向日内瓦会议与会各国提出。

如果国际委员会不能就第四十二条所列事项获得一致的结论，委员会应将多数方面的一项报告和少数方面的一项或数项报告送交日内瓦会议与会各国。

国际委员会的活动受到任何阻扰时，可向日内瓦会议与会各国提出。

第四十四条　一俟印度支那敌对行动停止，国际委员会即行成立，以便执行第三十六条规定的任务。

第四十五条　越南国际监察及监督委员会应同柬埔寨和老挝国际监察及监督委员会密切合作。

三委员会活动的配合和彼此的关系，由各委员会的总秘书处负责。

第四十六条　越南国际监察及监督委员会同柬埔寨和老挝国际监察及监督委员会协商后，得根据柬埔寨和老挝情况的进展，逐渐减少其活动。

此项决定应由全体一致通过。

第四十七条　除第十一条第二段外，本协定的一切规定于一九五四年七月二十二日二十四时（日内瓦时间）生效。

一九五四年七月二十日二十四时以法文和越南文订于日内瓦，两种文本同样有效。

越南人民军总司令代表

越南民主共和国国防部副部长　谢光宝

驻印度支那法兰西联邦部队总司令代表

准将　戴尔特尔

录自：中华人民共和国外交部档案馆编：《中华人民共和国外交档案选编（第一集）：1954年日内瓦会议》，北京：世界知识出版社，2006年，第505—519页。

[历史背景介绍]

1953年3月斯大林去世，苏联的对外政策发生调整，寻求与西方缓和关系，中国也随即响应苏联，呼吁朝鲜停战并扩大和平，解决包括印支问题在内的其他争端。在苏中两国的和平政策下，胡志明表达了愿意与法国进行和谈的言论。而法国方面对于继续印支战争越来越力不从心，国内舆论的反战声音不断加大，希望通过和平谈判体面地结束战争，这得到了英国的支持。1954年2月柏林四国外长会议上提出邀请中华人民共和国在内的相关国家，于4月26日在日内瓦召开讨论朝鲜问题和恢复印支和平的国际会议。

1954年5月8日，日内瓦会议开启了恢复印支和平问题的谈判。前一天奠边府大捷的消息振奋了越中苏代表团，但也让越南代表团对于停战方案产生了过高的预期。法方的停战建议要求将越南问题与老挝、柬埔寨问题分开处理，并且没有提出停战后的政治问题，而越方则要求越南、老挝和柬埔寨应该共同停火，并撤出外国军队，同时采取政治方案，在停火后三国各自实现自由普选并建立统一政府。由于分歧很大，会议陷入僵局。英国、苏联和中国代表团在劝和双方、促进谈判中做了努力。5月17日，苏联外长莫洛托夫提议先讨论停火，再研究政治问题，从而推进了实质性谈判。但不久又出现变局，由于谈判迟迟未有进展，法国国民议会对拉尼埃政府投了不信任票，造成拉尼埃于6月12日下台。参加会议的法方代表对于会议的前景出现灰心和动摇，而英国方面也开始对会议的进展产生失望情绪。美国政府趁此机会，向英法提出结束日内瓦会议，并于6月下旬在华盛顿进行会谈，准备全力策划东南亚集体防御组织。为了促使谈判能继续进行，中苏劝说越南作出一定的让步。6月16日，周恩来承认老挝和柬埔寨问题与越南不同，可分开处理。这就把法国重新拉回了谈判桌。在休会的前一天，6月19日的第16

次限制性会议上通过了对柬埔寨和老挝停止敌对行动的初步协议，挫败了美国破坏会议的企图。认识到中方在谈判中的重要性，法国新总理孟戴斯-弗朗斯特地邀请周恩来会晤，表达了和平的期望，约定三周内达成印度支那停战协议。

休会期间，双方阵营实际上仍就印支问题进行外交活动。英美领导人于6月最后一周在华盛顿进行会晤，美国反对有关越南政治选举的方案，并决定建立研究小组讨论东南亚防务问题。6月28日英美发表联合公报，指出如果未达成可接受的停战协定，印支局势会严重恶化。与此同时，周恩来则出访了印度和缅甸，共建和平共处五项原则，为恢复东南亚和平奠定基础。中方表示老挝和柬埔寨可以成为不结盟的东南亚国家。

此时，法越双方司令部的代表还在日内瓦直接讨论停战集结方案，越南要求在北纬13、14度划线，而法方不肯退让，坚持以18度线划线，因此进展不大。中国担心集结区划线问题影响谈判进程，会使得英法追随美国的政策。为此，周恩来于7月3—5日在柳州与越南领导人会谈，劝说越南在划线问题上作出让步，认为停战问题不解决，只会给美国造成扩大战争的口实，而停战分界线只是暂时的，不影响之后的政治统一。经过与胡志明的共同研究，中越都同意最终力求在16度上达成协议，同时接受柬埔寨成为中立国，而在老挝为巴特寮争取桑怒和丰沙里作为集结区。

回到日内瓦后，法方坚持要得到连接老挝及中部出海口的9号公路，为此同意在政治方案上进行让步。经过苏联、中国的再次劝说，最终越方同意让出9号公路，以北纬17度线划分停战集结区。7月20日，越法双方对停战线达成共识，并确定越南全境的大选将于1956年7月举行。21日凌晨，在越、老、柬三国停止敌对行动的协定最终签署，除越南境内划线停战外，老挝的丰沙里和桑怒两省为巴特寮集结区，法军限期撤军，越南志愿人员也从老柬撤离，三国不得加入任何军事同盟，也不容许外国建立军事基地，禁止外国军队和武器弹药进入，但允许柬埔寨和老挝在特定威胁下可提请外部援助。三国将分别在规定时间内举行全国自由选举，实现和平统一。停战和选举将由印度、加拿大、波兰组成的国际监察委员会进行监督实施。

关于1954年日内瓦协议（包括《日内瓦会议最后宣言》和越老柬三国的停战协定）的历史作用，长期受到学术界的关注和研讨。早期，不论参会各方（除美国、南越外）还是国际舆论，都高度评价了日内瓦协议对于恢复印度支那地区和平做出了贡献，并为越老柬获得独立统一的国家身份奠定了国际法依据，展现了反殖民主义和民族解放运动的合法性。[①]

由于南越破坏了日内瓦协议规定的全越普选，造成停战分界线成为南北越长期分立的事实，使得国际评论中出现了质疑日内瓦协议作用的评价。尤其是1965年越南战争扩大后，不少学者指出日内瓦协议存在缺陷，条款用词不明确、措施具有临时性，且美国、南越等重要的当事方未能签署协议。[②]

20世纪70年代中后期，越南在中越两国关系恶化的背景下修改了原本对日内瓦协议和中国代表团作用的评价，1979年10月越南外交部发表的白皮书《三十年越中关系真相》，指责中国与法国联手限制越南，并制造了越南的分裂。这也引发了史学界对于日内瓦协议的重新解读和评价。

中国学者纷纷剖析了日内瓦会议期间中国代表团的谈判政策及促成停战的关键作用，解释了中方的目标并非限制越南革命，而是认识到，一旦谈判不成美国就会扩大对印支地区的军事干涉，而越南尽管取得了奠边府大捷，但凭其实力是无法抵御美国入侵的，因此见好就收、确保部分胜利果实再通过和平普选的方式来获得统一是最佳的选择。如李丹慧指出，日内瓦协议的签订是"以法律形式束缚了美国军事介入印支地区的步伐"，同时避免了老挝和柬埔寨与美国结盟并建立美国军事基地、确保了两国的中立国地位。[③] 牛军进

---

① 参见各方与中国方面的贺电，中华人民共和国外交部档案馆编：《中华人民共和国外交档案选编（第一集）：1954年日内瓦会议》，北京：世界知识出版社，2006年，第482—502页。

② 关于究竟是南越美国一方还是北越一方违背了日内瓦协议的讨论引发热议，参见 Alan Watt, "The Geneva Agreements 1954 in Relation to Vietnam", *The Australian Quarterly*, Jun. 1967, Vol.39, No.2, pp.7–23. John W. Holmes, "Geneva: 1954", International Journal, Summer, 1967, vol.22, No.3, pp.457–483.

③ 李丹慧：《日内瓦会议上中国解决印支问题方针再探讨》，《中共党史研究》2013年第8期，第27—41页。

一步从阵营利益的角度解释道，中国在谈判中发挥主导作用的原因在于中苏同盟确立的共识，即中国在亚洲承担领导作用，因而中国是以整个阵营利益来选择政策的，超出了印支地区的范围，以更宏大的世界政治视角来考虑问题，越方后以"私利"来指摘中方是脱离了具体的历史情境、与事实不符的言论。[①]

西方学者对于日内瓦协议的解读更为多元。弗兰克·扎加尔（Frank C. Zagare）以欺诈的博弈论模型来研究1954年日内瓦会议，认为如果中苏越一方能了解到西方实际的政策分歧，最优的结果即停战并立即开展全越普选是可能实现的，但西方联盟心照不宣地展开欺诈，诱使对方作出让步，使日内瓦协议并不符合越方最优的选择。[②] 由于20世纪60年代中后期美国深陷越南战争泥淖，学界对于美国在日内瓦会议前后的干涉政策批判很多，质疑美国有破坏日内瓦协议的意图，特别是美国急于取代法国，导致法国撤军过早，未能履行日内瓦协议中确保全越普选的责任。[③] 不少西方学者也回应了越南对于中苏有意阻止越南统一的指责。弗朗索瓦·茹瓦（François Joyaux）虽然认可中国在日内瓦会议中扮演积极角色促成了印支停战，但强调中国的确迫使越南接受对其不利的条款、牺牲了越方的利益。[④] 马利·奥尔森（Mari Olsen）认为中苏将自身的利益置于优先考量，超越了对越南斗争提供支持的意识形态责任。[⑤] 克里斯多夫·高夏（Christopher Goscha）则提出，中国利用日内瓦谈判及其协议阻止了越南掌控印度支那半岛的雄心。[⑥] 对此，皮

[①] 牛军：《论1954年中国对印度支那停战政策的缘起与演变》，《冷战国际史研究》2016年第1辑，第27—62页。

[②] Frank C. Zagare, "The Geneva conference of 1954: a case of tacit deception", *International Studies Quarterly*, Volume 23, Issue 3, September 1979, pp.390–411.

[③] 例如Richard H. Immerman, "The United States and the Geneva Conference of 1954: A New Look", *Diplomatic History*, Vol.14, Issue 1, January 1990, pp.43–66. George C. Herring, *America's Longest War: The United States and Vietnam*, 1950–1975, McGrawHill, 2002; Mark Atwood Lawrence, Assuming the Burden: Europe and the American Commitment to War in Vietnam, 2005.

[④] François Joyaux, *La Chine et le règlement du premier conflit d'Indochine*, pp.278–279.

[⑤] Mari Olsen, *Soviet-Vietnam Relations and the Role of China, 1949–1964*, Routledge, 2006, p.45.

[⑥] Christopher Gosha, *Vietnam or Indochine? Contesting Concepts of Space in Vietnamese Nationalism, 1887–1954*, Nordic Institut of Asian Studies Report no.28, 1995, pp.145–146.

埃尔·阿瑟林（Pierre Asselin）利用了越南的档案作了修正式的解读，认为越南虽然受到了盟友们的施压，但的确是根据自身利益的判断接受了中苏的谈判建议，并对日内瓦协议表示了满意。[1] 这一观点后来也得到不少学者的认可，形成了基本明确的共识，即中国在印支停战谈判中扮演了至关重要的作用，虽对越南进行了施压，但越南本身也担心美国干涉而认可并接受了该协议。[2]

时过境迁后，越南学者重新回顾日内瓦协议，给予较为公允的评价。越南外交学院副院长陈越泰（Tran Viet Thai）指出"1954年的《日内瓦协议》是第一份确认越南独立、主权统一和领土完整的国际法律文件"。越南利用《日内瓦协议》的合法性来揭露美国入侵越南的意图，具有正义性，得到了国际舆论的支持。其次，"《日内瓦协议》是越南将北方建设成为支持南方战场的战略后方根据地的先决条件"。第三，陈越泰等学者虽然认为越南在日内瓦会议期间遭大国摆布，但是强调越方从中吸取了经验教训，从而在巴黎和平谈判时期发挥了积极性和独立性，因此1954年《日内瓦协议》"也是1973年《巴黎和平协定》胜利的决定性因素"。[3]

［思考题］

1.《日内瓦会议最后宣言》反映了怎样的时代主题与精神？

2. 结合史实和已有研究，日内瓦协议的作用、缺陷及影响是什么？

3. 应该如何看待历史发展与对日内瓦协议评价发生变化之间的联系？

（高嘉懿　编）

---

[1]　Pierre Asselin, "The Democratic Republic of Vietnam and the 1954 Geneva Conference: A revisionist critique", *Cold War History*, Vol.11, Issue 2, 2011, pp.155−195.

[2]　Christopher Gosha, *The Penguin History of Modern Vietnam*, Allen Lane, 2016, p.320.

[3]　Tran Viet Thai, Nguyen Xuan Cuong, "The Geneva Accords of 1954 and lessons on the art of securing the victory step by step", *National Defence Journal*（【越】《全民国防杂志》）, July 19, 2019.

163

《亚非会议最后公报》

（1955年4月24日）
（《亚非会议最后公报》）
（1955年4月24日）

在缅甸、锡兰、印度、印度尼西亚和巴基斯坦总理邀请下召开的亚非会议于一九五五年四月十八日至二十四日在万隆举行了会议。除了五个发起国之外，参加会议的有下列二十四个国家：一、阿富汗，二、柬埔寨，三、中华人民共和国，四、埃及，五、埃塞俄比亚，六、黄金海岸，七、伊朗，八、伊拉克，九、日本，十、约旦，十一、老挝，十二、黎巴嫩，十三、利比里亚，十四、利比亚，十五、尼泊尔，十六、菲律宾，十七、沙特阿拉伯，十八、苏丹，十九、叙利亚，二十、泰国，二十一、土耳其，二十二、越南民主共和国，二十三、越南国，二十四、也门。

亚非会议考虑了亚洲和非洲国家有共同利害关系和共同关心的问题，并且讨论了它们各国人民可以用来实现更充分的经济、文化和政治合作的办法。

甲、经济合作

一、亚非会议认识到促进亚非区域的经济发展的迫切性。在与会国中存有在互利和互相尊重国家主权的基础上实行经济合作的普遍愿望。关于与会国之间的经济合作的建议，并不排除同这个区域以外的国家合作的适宜性和必要性，这种合作包括外国投资在内。此外还认识到，某些与会国通过国际安排或双边安排，从这个区域以外获得的援助，对实行它们的发展计划作出了有价值的贡献。

二、与会国同意在实际可行的最大程度上互相提供技术援助，方式是：专家，受训人员，供示范用的试验工程和装备，交换技术知识，在现有的国际机构的合作下，设立国家的和在可能的情况下设立区域的训练和研究机构，以便教授技术知识和技能。

三、亚非会议建议：早日设立联合国经济发展特别基金；由国际复兴开发银行拨出更大一部分的资力给亚非国家；早日设立国际金融公司，其活动应当包括进行股权投资；鼓励促进亚非国家之间的联合企业，如果这样做能促进它们的共同利益的话。

四、亚非会议认识到稳定本区域商品贸易的重大需要。会议接受了扩大多边贸易和支付的范围的原则。但是会议认识到，有些国家鉴于它们目前的经济情况，将必须采用双边贸易安排。

五、亚非会议建议：与会国采取集体行动，通过双边安排和多边安排来稳定原料商品的国际价格和需要；并建议它们在切实可行和适当的范围内，在联合国国际商品贸易常设顾问委员会和其他国际机构中对这个问题采取一致的态度。

六、亚非会议并建议：亚非国家只要在经济上可行时就把它们的原料在出口前加工，以便使它们的出口贸易具有多样性；举办区域内的贸易博览会，并鼓励互派贸易代表团和商人团体；鼓励交换情报和样品，以促进区域内的贸易；并为内陆国家的过境贸易提供正常的便利。

七、亚非会议十分重视航运，并且对航运公司常在有损于与会国的情况下时时修订它们的运费率表示不安。会议建议对这个问题进行研究，并在此后采取集体行动劝导航运公司采取一种较为合理的态度。会议认为，可以对过境贸易的铁路货运进行研究。

八、亚非会议同意，应该鼓励建立国家的和区域的银行和保险公司。

九、亚非会议认为，在有关石油的问题上交换情报，例如利润的汇兑和税收等，最后可能导向共同政策的制订。

十、亚非会议强调指出，发展核子能的和平用途对亚非国家特别有意义。会议欢迎主要有关国家表示愿意提供关于把原子能用于和平目的的情报的倡议；要求迅速成立国际原子能机构，这个机构应当规定亚非国家在这个机构的执行机关中的充分代表权；并建议亚非国家政府在原子能的和平利用方面充分利用发起这种计划的国家所提供的训练方面和其他方面的便利。

十一、亚非会议同意在与会国中指派联络官，其人选由他们本国的政府提名，以便就有共同利害关系的问题交换情报和意见。会议建议更充分地利用现有的国际组织，并建议凡不是这种国际组织的成员但是有资格作为成员的与会国取得成员地位。

十二、亚非会议建议与会国在国际会谈中事先进行磋商，以便尽可能促进它们共同的经济利益。但是这并不是要成立一个区域性集团。

乙、文化合作

一、亚非会议深信，发展文化合作是促进各国之间的了解的最有力的方法之一。亚洲和非洲是伟大宗教和文明的摇篮，这种宗教和文明丰富了其他的文化和文明，同时自己也在这个过程中得到丰富。因此，亚洲和非洲的文化是建立在精神的和普遍性的基础上的。不幸，在过去若干世纪中，亚洲和非洲国家之间的文化接触中断了。亚非各国人民现在都怀着一种热诚真挚的愿望，在现代世界的范围内恢复他们旧有的文化接触和发展新的文化接触。各与会国政府重申它们要为更密切的文化合作而努力的决心。

二、亚非会议注意到：殖民主义在亚洲和非洲许多地区的存在，无论它具有什么形式，都不仅妨碍文化合作，而且压制人民的民族文化。某些殖民国家拒绝给予它们的附属地人民以教育和文化方面的基本权利，从而妨碍他们的个性的发展，并且阻止他们同其他亚非人民的文化交流。突尼斯、阿尔及利亚和摩洛哥的情况尤其是这样，在那里，人民研究他们自己的语文和文化的基本权利受到了压制。对非洲某些地区的非洲人和有色人民也一直在实行着类似的歧视。会议认为：这些政策等于否定基本人权，这些政策妨碍本地区的文化进步，并阻碍更广泛的国际范围内的文化合作。会议谴责在亚洲和非洲某些地区以这种或别种形式的文化压制来这样否定教育和文化方面的基本权利的现象。

会议特别谴责种族主义，认为这是一种压制文化的工具。

三、会议在看待亚洲和非洲国家之间的文化合作的发展时，不是抱着任何排外或者同其他国家集团以及其他文明和文化相敌对的观念。会议忠于宽容和协和的悠久传统，认为亚洲和非洲的文化合作应当在更大的世界合作的范围内发展。

亚洲和非洲国家希望在发展亚非文化合作的同时，同其他国家发展文化接触。这会丰富它们自己的文化，并且还会有助于促进世界和平和了解。

四、亚洲和非洲有许多国家现在还没有能够发展它们自己的教育、科学和技术机构。会议建议亚洲和非洲的在这方面处境比较幸运的国家在接受上述这种国家的学生和受训人员进入它们机构方面给予便利。这种便利也应当提供给目前得不到受高等教育的机会的居住在非洲的亚洲人和非洲人。

五、亚非会议认为，促进亚非国家文化合作的努力应当导向：

（一）取得对于彼此国家的知识；

（二）彼此文化交流；

（三）交换情报。

六、亚非会议认为，在目前阶段，在一切可能和可行的情况下进行双边安排和由每一国家自行采取行动来实施会议的建议，将会在文化合作方面取得最好的结果。

丙、人权和自决

一、亚非会议宣布它完全支持联合国宪章中所提出的人权的基本原则，并且注意到作为所有人民和所有国家努力实现的共同标准的世界人权宣言。

会议宣布它完全支持联合国宪章中所提出的人民和民族自决的原则，并注意到联合国关于人民和民族自决权利的各项决议，自决是充分享受一切基本人权的先决条件。

二、亚非会议对于成为非洲广大区域和世界其他地方的政府和人的关系的基础的种族隔离和歧视的政策和实践感到遗憾。这种行为不仅是对人权的粗暴的侵犯，而且是对文明的基本价值和人类尊严的否定。

会议热烈同情和支持种族歧视的受害者，特别是南非境内非洲、印度和巴基斯坦血统的人民所采取的勇敢立场；赞扬所有支持他们的事业的人们；重申亚非各国人民决心根除可能存在于他们本国的种族主义的一切痕迹；保证运用它的全部道义影响，谨防在进行根除这一祸害的斗争时也陷入同样祸害的危险。

丁、附属地人民问题

一、亚非会议讨论了附属地人民和殖民主义问题和由于人民遭受外国的征服、统治和剥削而造成的祸害。

会议协议：

（子）宣布殖民主义在其一切表现中都是一种应当迅速予以根除的祸害；

（丑）确认人民遭受外国的征服、统治和剥削是对基本人权的否定，是对联合国宪章的违反，是对于促进世界和平和合作的一种障碍；

（寅）宣布会议支持所有这种人民的自由和独立的事业；并

（卯）要求有关国家给予这种人民以自由和独立。

二、鉴于北非不安定的局面，鉴于北非各国人民的自决权利继续被固执地否定，亚非会议宣布支持阿尔及利亚、摩洛哥和突尼斯人民的自决和独立权利，并要求法国政府不迟延地促成这一问题的和平解决。

戊、其他问题

一、鉴于由巴勒斯坦局势所引起的中东现存的紧张局势和这种紧张局势对世界和平的危险，亚非会议宣布它支持巴勒斯坦的阿拉伯人民的权利，并要求实施联合国关于巴勒斯坦的各项决议和实现巴勒斯坦问题的和平解决。

二、亚非会议按照它对废除殖民主义所表明的态度,支持印度尼西亚在西伊里安问题上根据印度尼西亚和荷兰的有关协定而采取的立场。

亚非会议要求荷兰政府尽快恢复谈判,以履行它依据上述协定而承担的义务;并表示热切希望联合国将协助有关方面来寻求这一争端的和平解决。

三、亚非会议支持也门在亚丁和被称为保护国的也门南部地区问题上的立场,并要求有关方面获致这一争端的和平解决。

己、促进世界和平和合作

一、亚非会议注意到若干国家仍然没有被接纳进入联合国这一事实,认为为了进行有效的合作以促进世界和平起见,联合国的会员应当具有普遍性,要求安全理事会支持接纳所有按照宪章具备会员国条件的国家。亚非会议认为,与会国中下列国家具备这样的条件,即:柬埔寨、锡兰、日本、约旦、老挝、利比亚、尼泊尔,一个统一的越南。

会议认为,根据公平的地理分配的原则,亚非地区国家在安全理事会中的代表权是不充分的。会议认为,关于非常任理事席位的分配,应该使根据一九四六年在伦敦达成的安排而不得当选的亚非国家能够参加安全理事会,以便它们可能对维护国际和平和安全作出更有效的贡献。

二、亚非会议考虑了目前国际紧张局势的危险情势和整个人类面临的爆发世界大战的危险——在这种战争中将会使用包括核子武器和热核子武器的所有种类的军备的毁灭性力量——,兹促请所有国家注意这样一种战争如果爆发所会带来的可怕后果。

会议认为裁减军备和禁止生产、试验和使用核子和热核子作战武器,对于拯救人类和文明免受大规模毁灭的恐惧和前景是紧迫需要的。它认为,在这里开会的亚非国家,为了人类和文明,有责任宣布它们支持裁军和禁止这些武器并呼吁主要有关国家和世界舆论来促进裁军和禁止这些武器。

会议认为应当建立和维持有效的国际监督来实施裁军和禁止这些武器,

并且应当作出迅速的和坚决的努力以达到这个目的。

在完全禁止制造核子武器和热核子武器之前，本会议呼吁所有有关国家达成协议停止试验这种武器。

会议宣布普遍裁军是维护和平所绝对必需的，要求联合国继续它的努力并呼吁一切有关方面迅速促成一切武装力量和军备的管制、限制、监督和裁减，包括禁止一切大规模毁灭性武器的生产、试验和使用，并为此目的建立有效的国际监督。

庚、关于促进世界和平和合作的宣言

亚非会议焦虑地考虑了世界和平和合作问题。会议对具有可能发生一场原子世界战争的危险的目前国际紧张局势，表示深切的关怀。和平问题同国际安全问题是互相关联的。在这方面，一切国家都应当合作，特别是通过联合国，以促成在有效的国际监督下裁减军备和消除核子武器。这样，国际和平就可以促进，核子能就可以完全用于和平的目的。这将有助于满足特别是亚洲和非洲的需要，因为他们迫切的要求是社会进步和在更大的自由条件下提高生活水平。

自由和和平是相互依靠的，自决的权利必须为一切人民所享有，自由和独立必须尽可能不延迟地给予现在仍旧是附属地人民的人们。的确，一切国家都应当有权按照联合国宪章的宗旨和原则，自由选择它们自己的政治和经济制度和它们自己的生活方式。

各国应当在消除不信任和恐惧、彼此以信任和善意相待的情况下，在下列原则的基础上，作为和睦的邻邦彼此实行宽容，和平共处，并发展友好合作：

一、尊重基本人权、尊重联合国宪章的宗旨和原则。

二、尊重一切国家的主权和领土完整。

三、承认一切种族的平等、承认一切大小国家的平等。

四、不干预或干涉他国内政。

五、尊重每一国家按照联合国宪章单独地或集体地进行自卫的权利。

六、(子)不使用集体防御的安排来为任何一个大国的特殊利益服务;

(丑)任何国家不对其他国家施加压力。

七、不以侵略行为或侵略威胁,或使用武力来侵犯任何国家的领土完整或政治独立。

八、按照联合国宪章,通过如谈判、调停、仲裁或司法解决等和平方法以及有关方面自己选择的任何其他和平方法来解决一切国际争端。

九、促进相互的利益和合作。

十、尊重正义和国际义务。

亚非会议宣布它确信按照这些原则的友好合作对于维持和促进国际和平和安全将会作出有效的贡献,而在经济、社会和文化方面的合作将有助于促进大家的共同繁荣和福利。

一九五五年四月二十四日,万隆

录自:《亚非会议最后公报》,《人民日报》1955年5月17日,第4版。

[历史背景介绍]

随着亚洲冷战局势的蔓延,尤其是朝鲜战争和印度支那战争两场热战,加剧了周边国家对于地区和平的担忧。1953年年底,锡兰建议在科伦坡召开南亚五国总理会议,讨论印度支那地区的形势。而印尼方面更想扩大会议范围,1954年1月,印尼总理沙斯特罗阿米佐约在接受锡兰邀请参加科伦坡会议时,提出了召开亚非会议的倡议,想让亚非国家共同合作,为地区和世界和平做出努力。

1954年4月28日至5月2日,当东西方阵营正在日内瓦讨论朝鲜与印度支那停战问题的背景下,印度、缅甸、锡兰、印度尼西亚、巴基斯坦五国总理在科伦坡召开会议,针对东南亚、南亚的合作问题,以及印度支那停战问题进行讨论。

1954年12月底,科伦坡会议的五国总理在印尼茂物再次聚首,为亚非会议的召开做筹备工作。茂物会议上，五国总理商定了会议的目标，要促进亚非各国间亲善和合作，增进共同利益；讨论与会各国的社会、经济和文化问题；讨论对亚非国家人民利害攸关的问题，如民族主权、种族主义和殖民主义；讨论亚非各国及人民的国际地位，以及对促进世界和平与合作的贡献。会议决定邀请中华人民共和国和越南民主共和国，同时也邀请了一些亲近西方阵营的国家，还有奉行中立政策的新兴独立国家。可以说，参会国的组成情况是十分复杂的。虽然这些国家有着共同的发展民族经济、维护国家独立和主权的使命，但是基本国情、政治制度、历史文化、宗教信仰、民族构成都千差万别。在冷战背景下，他们的外交政策、与大国关系也各有不同，对国际事务的认知也存在分歧。显然，亚非会议要突破参会国之间的差异和分歧，就共同关心的问题达成一致意见，并不是容易的事情。

1955年4月18日至24日，29个亚非国家和地区的政府代表在印尼万隆召开首届亚非会议。美国等西方国家未被邀请参会，但美国已要求亲美的参会国密切协调，做好各种预案来挫败共产党人的目标。4月18日大会召开后，不断有一些与美国有着较为密切关系的国家的代表，如伊拉克、巴基斯坦、菲律宾、泰国等等在会议发言中攻击共产主义制度、并为美国组建军事联盟辩护，将矛头指向中国。

面对部分国家攻击社会主义制度的严峻形势，周恩来没有采取针锋相对的驳斥和争论，而是将原本准备的发言稿改为在大会上散发，临时准备了一份充满求同存异精神的补充发言稿在会议上宣读，以进行耐心地解释和澄清。周恩来在大会上表示："中国代表团是来求同而不是来立异的。"这次讲话有效地促使会议继续进行。

4月20日美国国会批准了援助14个亚洲非共产党国家的计划，又给万隆会议投下阴影。21日，锡兰总理又突然炮制台湾问题，还称苏联对东欧国家进行"新殖民主义"。土耳其代表团也宣读了一份《九国提案》，呼吁摒弃任何形式的殖民主义。南越代表团也顺势提出"共产主义"问题。

面对这些争论，缅甸、印度等持中立主义态度的国家同中国一起，强调要避免不必要的争论，回到会议的既定方向上，即反对殖民主义和种族主义的核心主题。23日，周恩来再次发表重要讲话，指出要实现和平与合作，就必须撇开不同的思想意识和国家制度。应首先确定一些基本原则，中国提出的和平共处五项原则的写法可以更改，数目也可以更改，但其中的精神应该作为增进和平、友好合作的基础。

4月24日，亚非会议最后一次会议通过了《亚非会议最后公报》，提出了经济合作、文化合作、人权和自主权、附属国问题、关于促进世界和平与合作的宣言等7个方面的决议。在《关于促进世界和平合作的宣言》中，与会各国同意遵守10项原则作为和平与合作的基础。可以看到，这是和平共处五项原则的引申和发展，对于解决国与国之间的争端、维护世界和平有着重要的指导意义。

[史家争鸣]

万隆会议及《亚非会议最后公报》的重要历史意义得到了公认。普遍的认识是万隆会议是亚非国家第一次在没有殖民国家参加的情况下，自己讨论亚非事务的国际会议。会议通过的《亚非会议最后公报》，并以各项决议表达了亚非人民的共同愿望和要求。万隆会议的突出成就之一，是让国情各异甚至持有敌意的广大第三世界国家齐聚一堂，求同存异，促成了"万隆精神"。[①] 通过万隆会议和《亚非会议最后公报》树立的典范，创建了不结盟、共存、对话、妥协等规范处理与大国及大国联盟的关系，并为"原有泛亚洲主义框架内的'中立主义'提供了更大的国际平台"，并"阐明和完善一系列国际关系的基本原则"。郑先武还由此提出"万隆规范"此后成为东南亚区域主义尤其是东盟框架内"东盟方式"和"东盟规范"的核心来源。[②]

关于中国与万隆会议以及万隆精神之间的关系也得到学界广泛的研究。李潜虞认为中国参与万隆会议并且最终与印尼、印度等国一起促成《亚非会议最后公报》的实现，是中国国际和平统一战线外交战略的具体落实，向世

---

① 陈长伟、牛大勇：《中国开创亚非外交新局面的成功范例——万隆会议再探讨》，《中国高校社会科学》2018年第4期。
② 郑先武：《万隆会议与东南亚区域主义发展》，《世界经济与政治》2015年第9期。

界展现了中国的和平形象。① 此外，通过万隆会议，中国也从此前向苏联阵营的"一边倒"逐步转向彰显自身"亚洲国家"的身份，之后进一步树立了第三世界一员的身份。像刘磊、夏莉萍等学者都提到，万隆会议为中国与亚非国家发展关系提供了平台，解除了不少亚非国家对中国的疑惧，建立起信任和好感。②

西方学者还关切万隆会议和《亚非会议最后公报》的提出对于美国和苏联带来的刺激，影响了美苏对第三世界的政策。文安立指出万隆会议对艾森豪威尔政府而言，标志着中立国家出现"左倾"动向，美国意识到亚非会议展现出来的协商一致精神使得第三世界将成为一股势力，使得"自由世界与共产主义世界之间的战场正在转移"。而苏联方面也认识到第三世界的重要性。③

[思考题]

1.《亚非会议最后公报》的时代背景和历史意义是什么？

2. 如何理解冷战给第三世界国家带来的危机和挑战？

3. 如何看待他们应对国际危机和自身发展所奉行的精神与方法？

（高嘉懿　编）

---

① 李潜虞：《从万隆到阿尔及尔——中国与六次亚非国际会议》，北京：世界知识出版社，2016年。

② 刘磊：《万隆会议与中国同亚非国家的经贸关系》，《中共党史研究》2010年第7期；夏莉萍：《万隆会议前后中国政府打开与亚非国家关系的努力》，《外交学院学报》2005年4月。

③【挪】文安立著：《全球冷战：美苏对第三世界的干涉与当代世界的形成》，牛可等译，北京：世界图书出版公司，2014年，第103页。

164

赫鲁晓夫"秘密报告"（节录）

（1956年2月25日）

(Secret Speech Delivered by First Party Secretary at the Twentieth Party Congress of the Communist Party of the Soviet Union, February 25, 1956.)

[...]

Comrades, in the report of the Central Committee of the party at the 20th Congress, in a number of speeches by delegates to the Congress, as also formerly during the plenary CC/CPSU sessions, quite a lot has been said about the cult of the individual and about its harmful consequences ...

Allow me first of all to remind you how severely the classics of Marxism-Leninism denounced every manifestation of the cult of the individual. In a letter to the German political worker, Wilhelm Bloss, Marx stated: "From my antipathy to any cult of the individual, I never made public during the existence of the International the numerous addresses from various countries which recognized my merits and which annoyed me. I did not even reply to them, except sometimes to rebuke their authors. Engels and I first joined the secret society of Communists on the condition that everything making for superstitious worship of authority would be deleted from its statute ..."

The great modesty of the genius of the revolution, Vladimir Ilyich Lenin, is known. Lenin had always stressed the role of the people as the creator of history, the directing and organizational role of the party as a living and creative organism, and also the role of the central committee.

Marxism does not negate the role of the leaders of the workers' class in directing the revolutionary liberation movement.

While ascribing great importance to the role of the leaders and organizers of the masses, Lenin at the same time mercilessly stigmatized every manifestation of the cult of the individual, inexorably combated the foreign-to-Marxism views about a "hero" and a "crowd" and countered all efforts to oppose a "hero" to the masses and to the people.

Lenin taught that the party's strength depends on its indissoluble unity with the masses, on the fact that behind the party follow the people – workers, peasants and intelligentsia. "Only he will win and retain the power," said Lenin, "who believes in the people, who submerges himself in the fountain of the living creativeness of the people."

During Lenin's life the central committee of the party — was a real expression of collective leadership of the party and of the Nation. Being a militant Marxist-revolutionist, always unyielding in matters of principle, Lenin never imposed by force his views upon his coworkers. He tried to convince; he patiently explained his opinions to others. Lenin always diligently observed that the norms of party life were realized, that the party statute was enforced, that the party congresses and the plenary sessions of the central committee took place at the proper intervals.

In addition to the great accomplishments of V. I. Lenin for the victory of the working class and of the working peasants, for the victory of our party and for the application of the ideas of scientific communism to life, his acute mind expressed itself also in this that he detected in Stalin in time those negative characteristics which resulted later in grave consequences. Fearing the future fate of the party and of the Soviet nation, V. I. Lenin made a completely correct characterization of Stalin, pointing out that it was necessary to consider the question of transferring Stalin from the position of Secretary General because of the fact that Stalin is excessively rude, that he does not have a proper attitude toward his comrades, that lie is capricious, and abuses his power ...

Vladimir Ilyich said: "Stalin is excessively rude, and this defect, which can be freely tolerated in our midst and in contacts among us Communists, becomes a defect which cannot be tolerated in one holding the position of the Secretary General. Because of this, I propose that the comrades consider the method by which Stalin would be removed from this position and by which another man would be selected for it, a man, who above all, would differ from Stalin in only one quality, namely, greater tolerance, greater loyalty, greater kindness, and more considerate attitude toward the comrades, a less capricious temper, etc."

As later events have proven, Lenin's anxiety was justified; in the first period after Lenin's death Stalin still paid attention to his (i.e., Lenin's) advice, but, later he began to disregard the serious admonitions of Vladimir Ilyich.

When we analyze the practice of Stalin in regard to the direction of the party and of the country, when we pause to consider everything which Stalin perpetrated, we must be convinced that Lenin's fears were justified. The negative characteristics of Stalin, which, in Lenin's time, were only incipient, transformed themselves during the last years into a grave abuse of power by Stalin, which caused untold harm to our party ...

Stalin acted not through persuasion, explanation, and patient cooperation with people, but by imposing his concepts and demanding absolute submission to his opinion. Whoever opposed this concept or tried to prove his viewpoint, and the correctness of his position was doomed to removal from the leading collective and to subsequent moral and physical annihilation. This was especially true during the period following the 17th party congress, when many prominent party leaders and rank-and-file party workers, honest and dedicated to the cause of communism, fell victim to Stalin's despotism ...

Stalin originated the concept enemy of the people. This term automatically rendered it unnecessary that the ideological errors of a man or men engaged in a controversy be proven; this term made possible the usage of the most cruel repression, violating all norms of revolutionary legality, against anyone who in any way disagreed with Stalin, against those who were only suspected of hostile intent, against those who had bad reputations. This concept, enemy of the people, actually eliminated the possibility of any kind of ideological fight or the making of one's views known on this or that issue, even those of a practical character. In the main, and in actuality, the only proof of guilt used, against all norms of current legal science, was the confession of the accused himself, and, as subsequent probing proved, confessions were acquired through physical pressures against the accused ...

Lenin used severe methods only in the most necessary cases, when the exploiting classes were still in existence and were vigorously opposing the revolution, when the struggle for survival was decidedly assuming the sharpest forms, even including a civil war.

Stalin, on the other hand, used extreme methods and mass repressions at a time when the revolution was already victorious, when the Soviet state was strengthened, when the exploiting classes were already liquidated, and Socialist relations were rooted solidly in all phases of national economy, when our party was politically consolidated and had strengthened itself both numerically and ideologically. It is clear that here Stalin showed in a whole series of cases his intolerance, his brutality, and his abuse of power. Instead of proving his political correctness and mobilizing the masses, he often chose the path of repression and physical annihilation, not only against actual enemies, but also against individuals who had not committed any crimes against the party and the Soviet Government. Here we see no wisdom but only a demonstration of the brutal force which had once so alarmed V.I Lenin ...

Considering the question of the cult of an individual we must first of all show everyone what harm this caused to the interests of our party ...

In practice Stalin ignored the norms of party life and trampled on the Leninist principle of collective party leadership.

Stalin's willfulness vis-a-vis the party and its central committee became fully evident after the 17th party congress, which took place in 1934 ...

It was determined that of the 139 members and candidates of the party's Central Committee who were elected at the 17th congress, 98 persons, that is, 70 percent, were arrested and shot (mostly in 1937–38). [Indignation in the hall.] ...

The same fate met not only the central committee members but also the majority of the delegates to the 17th party congress. Of 1,966 delegates with either voting or advisory rights, 1,108 persons were arrested on charges of anti-revolutionary crimes, i.e., decidedly more than a majority. This very fact shows how absurd, wild, and contrary to commonsense were the charges of counter-revolutionary crimes made out, as we now see, against a majority of participants at the 17th party congress.

[Indignation in the hall.] ...

What is the reason that mass repressions against activists increased more and more after the 17th party congress? It was because at that time Stalin had so elevated himself above the party and above the nation that he ceased to consider either the central committee or the party. While he still reckoned with the opinion of the collective before the 17th congress, after the complete political liquidation of the Trotskyites, Zinovievites and Bukharinites, when as a result of that fight and Socialist victories the party achieved unity, Stalin ceased to an ever greater degree to consider the members of the party's central committee and even the members of the Political Bureau. Stalin thought that now he could decide all things alone and all he needed were statisticians; he treated all others in such a way that they could only listen to and praise him.

After the criminal murder of S. M. Kirov, mass repressions and brutal acts of violation of Socialist legality began. On the evening of December 1, 1934, on Stalin's initiative (without the approval of the Political Bureau — which was passed 2 days later, casually) the Secretary of the Presidium of the Central Executive Committee, Yenukidze, signed the following directive:

I. Investigative agencies are directed to speed up the cases of those accused of the preparation or execution of acts of terror.

II. Judicial organs are directed not to hold up the execution of death sentences pertaining to crimes of this category in order to consider the possibility of pardon, because the Presidium of the Central Executive Committee, U.S.S.R, does not consider as possible the receiving of petitions of this sort.

III. The organs of the Commissariat of Internal Affairs are directed to execute the death sentences against criminals of the above-mentioned category immediately after the passage of sentences.

This directive became the basis for mass acts of abuse against Socialist legality. During many of the fabricated court cases the accused were charged with "the preparation" of terroristic acts; this deprived them of any, possibility that their cases might be reexamined, even when they stated before the court that their confessions were secured by force, and when, in a convincing manner, they disproved the accusations against them ...

Mass repressions grew tremendously from the end of 1936 after a telegram from Stalin and Zhdanov, dated from Sochi on September 25, 1936, was addressed to Kaganovich, Molotov, and other members of the Political Bureau. The content of the telegram was as follows: "We deem it absolutely necessary and urgent that Comrade Yezhov be nominated to the post of People's Commissar for Internal Affairs. Yagoda has definitely proved himself to be incapable of unmasking the Trotskyite-Zinovievite bloc. The OGPU is 4 years behind in this matter. This is noted by all party workers and by the majority of the representatives of the NKVD." Strictly speaking we should stress that Stalin did not meet with and therefore could not know the opinion of party workers ...

The mass repressions at this time were made under the slogan of a fight against the Trotskyites. Did the Trotskyites at this time actually constitute such a danger to our party and to the Soviet state? We should recall that in 1927, on the eve of the 15th party congress, only some 4,000 votes were cast for the Trotskyite-Zinovievite opposition, while there were 724,000 for the party line. During the 10 years which passed between the 15th party congress and the February-March central committee plenum, Trotskyism was completely disarmed; many former Trotskyites had changed their former views and worked in the various sectors building socialism. It is clear that in the situation of Socialist victory there was no basis for mass terror in the country ...

The majority of the Central Committee members and candidates elected at the 17th congress and arrested in 1937–38 were expelled from the party illegally through the brutal abuse of the party statute, because the question of their expulsion was never studied at the Central Committee plenum.

Now when the cases of some of these so-called spies and saboteurs were examined it was found that all their cases were fabricated. Confessions of guilt of many—arrested and charged with enemy activity were gained with the help of cruel and inhuman tortures ...

An example of vile provocation of odious falsification and of criminal violation of revolutionary legality is the case of the former candidate for the central committee political bureau, one of the most eminent workers of the party and of the Soviet Government, Comrade Eikhe, who was a party member since 1905. [Commotion in the hall.]

Comrade Eikhe was arrested on April 29, 1938, on the basis of slanderous materials, without the sanction of the prosecutor of the USSR, which was finally received 15 months after the arrest.

Investigation of Eikhe's case was made in a manner which most brutally violated Soviet legality and was accompanied by willfulness and falsification.

Eikhe was forced under torture to sign ahead of time a protocol of his confession prepared by the investigative judges, in which he and several other eminent party workers were accused of anti-Soviet activity.

On October 1, 1939, Eikhe sent his declaration to Stalin in which he categorically denied his guilt and asked for an examination of his case. In the declaration he wrote:

"There is no more bitter misery than to sit in the jail of a government for which I have always fought." ...

On February 2, 1940, Eikhe was brought before the court. Here he did not confess any guilt and said as follows:

"In all the so-called confessions of mine there is not one letter written by me with the exception of my signatures under the protocols which were forced from me. I have made my confession under pressure from the investigative judge who from the time of my arrest tormented me. After that I began to write all this nonsense. The most important thing for me is to tell the court, the party and Stalin that I am not guilty. I have never been guilty of any conspiracy. I will die believing in the truth of party policy as I have believed in it during my whole life."

On February 4 Eikhe was shot. [Indignation in the hall.] It has been definitely established now that Eikhe's case was fabricated; he has been posthumously rehabilitated ...

The way in which the former NKVD workers manufactured various fictitious "anti-Soviet centers" and "blocs" with the help of provocatory methods is seen from the confession of Comrade Rozenblum, party member since 1906, who was arrested in 1937 by the Leningrad NKVD.

During the examination in 1955 of the Kornarov case Rozenblum revealed the following fact: when Rozenblum was arrested in 1937 he was subjected to terrible torture during which he was ordered to confess false information concerning himself and other persons. He was then brought to the office of Zakovsky, who offered him freedom on condition that he make before the court a false confession fabricated in 1937 by the NKVD concerning "sabotage, espionage and diversion in a terroristic center in Leningrad." [Movement in the hall.] ...

"You, yourself, " said Zakovskv, "will not need to invent anything. The NKVD will prepare for you a ready outline for every branch of the center; you will have to study it carefully and to remember well all questions and answers which the court might ask. This case will be ready in 4–5 months, or perhaps a half year. During all this time you will be preparing yourself so that you will not compromise the investigation and yourself. Your future will depend on how the trial goes and on its results. If you begin to lie and to testify falsely, blame yourself. If you manage to endure it, you will save your head and we will feed and clothe you at the government's cost until your death."

This is the kind of vile things which were then practiced. [Movement in the hall.] ...

When we look at many of our novels, films, and historical scientific studies, the role of Stalin in the patriotic war appears to be entirely improbable. Stalin had foreseen everything. The Soviet Army, on the basis of a strategic plan prepared by Stalin long before, used the tactics of so-called active defense, i.e., tactics which, as we know, allowed the Germans to come up to Moscow and Stalingrad. Using such tactics, the Soviet Army, supposedly, thanks only to Stalin's genius, turned to the offensive and subdued the enemy. The epic victory gained through the armed might of the land of the Soviets, through our heroic people, is ascribed in this type of novel, film, and scientific study as being completely due to the strategic genius of Stalin.

We have to analyze this matter carefully because it has a tremendous significance, not only from the historical but especially from the political, educational, and practical point of view ...

During the war and after the war, Stalin put forward the thesis that the tragedy which our nation experienced in the first part of the war was the result of the unexpected attack of the Germans against the Soviet Union. But, comrades, this is completely untrue. As soon as Hitler came to power in Germany he assigned to himself the task of liquidating communism. The Fascists were saying this openly; they did not hide their plans. In order to attain this aggressive end, all sorts of pacts and blocs were created, such as the famous Berlin-Rome-Tokyo Axis. Many facts from the prewar period clearly showed that Hitler was going all out to begin a war against the Soviet state and that he had concentrated large armed units, together with armored units, near the Soviet borders ...

We must assert that information of this sort concerning the threat of German armed invasion of Soviet territory was coming in also from our own military and diplomatic sources; however, because the leadership was conditioned against such information, such data was dispatched with fear and assessed with reservation ...

Despite these particularly grave warnings, the necessary steps were not taken to prepare the country properly for defense and to prevent it from being caught unaware.

Did we have time and the capabilities for such preparations? Yes, we had the time and capabilities. Our industry was already so developed that it was capable of supplying fully the Soviet Army with everything that it needed ...

Had our industry been mobilized properly and in time to supply the army with the necessary materiel, our wartime losses would have been decidedly smaller. Such mobilization had not been, however, started in time. And already in the first days of the war it became evident that our Army was badly armed, that we did not have enough artillery, tanks, and planes to throw the enemy back ...

Very grievous consequences, especially in reference to the beginning of the war, followed Stalin's annihilation of many military commanders and political workers during 1937-41 because of his suspiciousness and through slanderous accusations. During these years repressions were instituted against certain parts of military cadres beginning literally at the company and battalion commander level and extending to the higher military centers; during this time the cadre of leaders who had gained military experience in Spain and in the Far East was almost completely liquidated ...

After the conclusion of the patriotic war the Soviet nation stressed with pride the magnificent victories gained through great sacrifices and tremendous efforts. The country experienced a period of political enthusiasm. The party came out of the war even more united; in the fire of the war party cadres were tempered and hardened. Under such conditions nobody could have even thought of the possibility of some plot in the party.

And it was precisely at this time that the so-called Leningrad affair was born. As we have now proven, this case was fabricated. Those who innocently lost their lives included Comrades Voznesensky, Kuznetsov, Rodionov, Popkov, and others ...

Facts prove that the Leningrad affair is also the result of willfulness which Stalin exercised against party cadres ...

We must state that after the war the situation became even more complicated. Stalin became even more capricious, irritable, and brutal; in particular his suspicion grew. His persecution mania reached unbelievable dimensions. Many workers were becoming enemies before his very eyes. After the war Stalin separated himself from the collective even more. Everything was decided by him alone without any consideration for anyone or anything.

This unbelievable suspicion was cleverly taken advantage of by the abject provocateur and vile enemy, Beriya, who had murdered thousands of Communists and loyal Soviet people. The elevation of Voznesensky and Kuznetsov alarmed Beriya. As we have now proven, it had been precisely Beriya who had suggested to Stalin the fabrication by him and by his confidants of materials in the form of declarations and anonymous letters, and in the form of various rumors and talks ... The question arises: Why is it that we see the truth of this affair only now, and why did we not do something earlier, during Stalin's life, in order to prevent the loss of innocent lives? It was because Stalin personally supervised the Leningrad affair, and the majority of the Political Bureau members did not, at that time, know all of the circumstances in these matters, and could not therefore intervene ...

The willfulness of Stalin showed itself not only in decisions concerning the internal life of the country but also in the international relations of the Soviet Union.

The July plenum of the Central Committee studied in detail the reasons for the development of conflict with Yugoslavia. It was a shameful role which Stalin played here. The "Yugoslav affair" contained no problems which could not have been solved through party discussions among comrades. There was no significant basis for the development of this "affair; " it was completely possible to have prevented the rupture of relations with that country.

I recall the first days when the conflict between the Soviet Union and Yugoslavia began artificially to be blown up. Once, when I came from Kiev to Moscow, I was invited to visit Stalin who, pointing to the copy of a letter lately sent to Tito, asked me, "Have you read this?"

Not waiting for my reply he answered, "I will shake my little finger and there will be no more Tito. He will fall." ...

But this did not happen to Tito. No matter how much or how little Stalin shook, not only his little finger but everything else that he could shake, Tito did not fall. Why? The reason was that, in this case of disagreement with the Yugoslav comrades, Tito had behind him a state and a people who had gone through a severe school of fighting for liberty and independence, a people which gave support to its leaders.

You see to what Stalin's mania for greatness led. He had completely lost consciousness of reality; he demonstrated his suspicion and haughtiness not only in relation to individuals in the USSR, but in relation to whole parties and nations ...

Let us also recall the affair of the doctor plotters. [Animation in the hall.] Actually there was no affair outside of the declaration of the woman doctor Timasbuk, who was probably influenced or ordered by someone (after all, she was an unofficial collaborator of the organs of state security) to write Stalin a letter in which she declared that doctors were applying supposedly improper methods of medical treatment.

Such a letter was sufficient for Stalin to reach an immediate conclusion that there are doctor plotters in the Soviet Union. He issued orders to arrest a group of eminent Soviet medical specialists. He personally issued advice on the conduct of the investigation and the method of interrogation of the arrested persons. He said that the academician Vinogradov should be put in chains, another one should be beaten. Present at this Congress as a delegate is the former Minister of State Security Comrade Ignatiev. Stalin told him curtly, "If you do not obtain confessions from the doctors we will shorten you by a head." [Tumult in the hall.] ...

In organizing the various dirty and shameful cases, a very base role was played by the rabid enemy of our party, an agent of a foreign intelligence service-Beriya, who had stolen into Stalin's confidence. In what way could this provocateur gain such a position in the party, and in the State, so as to become the First Deputy Chairman of the Council of Ministers of the Soviet Union and a member of the Central Committee Political Bureau? It has now been established that this villain had climbed up the government ladder over an untold number of corpses.

Were there any signs that Beriya was an enemy of the party? Yes, there were. Already in 1937, at a Central Committee plenum, former People's Commissar of Health Protection Kaminsky said that Beriya worked for the Mussavat intelligence service. But the Central Committee plenum had barely concluded when Kaminsky was arrested and then shot. Had Stalin examined Kaminsky's statement? No, because Stalin believed in Beriya and that was enough for him. And when Stalin believed in anyone or anything, then no one could say anything which was contrary to his opinion; anyone who would dare to express opposition would have met the same fate as Kaminsky ...

Comrades, the cult of the individual acquired such monstrous size chiefly because Stalin himself, using all conceivable methods, supported the glorification of his own person. This is supported by numerous facts. One of the most characteristic examples of Stalin's self-glorification and of his lack of even elementary modesty is the edition of his Short Biography, which was published in 1948.

This book is an expression of the most dissolute flattery, an example of making a man into a godhead, of transforming him into an infallible sage, "the greatest leader," "sublime strategist of all times and nations." Finally no other words could be found with which to lift Stalin up to the heavens.

We need not give here examples of the loathsome adulation filling this book. All we need to add is that they all were approved and edited by Stalin personally and some of them were added in his own handwriting to the draft text of the book ...

Comrades, if we sharply criticize today the cult of the individual which was so widespread during Stalin's life and if we speak about the many negative phenomena generated by this cult which is so alien to the spirit of Marxism-Leninism, various persons may ask: How could it be? Stalin headed the party and the country for 30 years and many victories were gained during his lifetime. Can we deny this? In my opinion, the question can be asked in this manner only by those who are blinded and hopelessly hypnotized by the cult of the individual, only by those who do not understand the essence of the revolution and of the Soviet State, only by those who do not understand, in a Leninist manner, the role of the party and of the nation in the development of the Soviet society ...

Our historical victories were attained thanks to the organizational work of the party, to the many provincial organizations, and to the self-sacrificing work of our great nation. These victories are the result of the great drive and activity of the nation and of the party as a whole; they are not at all the fruit of the leadership of Stalin, as the situation was pictured during the period of the cult of the individual ...

Let us consider the first Central Committee plenum after the 19th party congress when Stalin, in his talk at the plenum, characterized Vyacheslav Mikhailovich Molotov and Anastas Ivanovich Mikoyan and suggested that these old workers of our party were guilty of some baseless charges. It is not excluded that had Stalin remained at the helm for another several months, Comrades Molotov and Mikoyan would probably have not delivered any speeches at this congress.

Stalin evidently had plans to finish off the old members of the political bureau. He often stated that political bureau members should be replaced by new ones ...

We can assume that this was also a design for the future annihilation of the old political bureau members and in this way a cover for all shameful acts of Stalin, acts which we are now considering.

Comrades, in order not to repeat errors of the past, the central committee has declared itself resolutely against the cult of the individual. We consider that Stalin was excessively extolled. However, in the past Stalin doubtless performed great services to the party, to the working class, and to the international workers' movement ...

We should in all seriousness consider the question of the cult of the individual. We cannot let this matter get out of the party, especially not to the press. It is for this reason that we are considering it here at a closed congress session. We should know the limits; we should not give ammunition to the enemy;

we should not wash our dirty linen before their eves. I think that the delegates to the congress will understand and assess properly all these proposals. [Tumultuous applause.]

Comrades, we must abolish the cult of the individual decisively, once and for all; we must draw the proper conclusions concerning both ideological-theoretical and practical work.

It is necessary for this purpose:

First, in a Bolshevik manner to condemn and to eradicate the cult of the individual as alien to Marxism-Leninism and not consonant with the principles of party leadership and the norms of party life, and to fight inexorably all attempts at bringing back this practice in one form or another.

To return to and actually practice in all our ideological work, the most important theses of Marxist-Leninist science about the people as the creator of history and as the creator of all material and spiritual good of humanity, about the decisive role of the Marxist party in the revolutionary fight for the transformation of society, about the victory of communism.

In this connection we will be forced to do much work in order to examine critically from the Marxist-Leninist viewpoint and to correct the widely spread erroneous views connected with the cult of the individual in the sphere of history, philosophy, economy, and of other sciences, as well as in the literature and the fine arts. It is especially necessary that in the immediate future we compile a serious textbook of the history of our party which will be edited in accordance with scientific Marxist objectivism, a textbook of the history of Soviet society, a book pertaining to the events of the civil war and the great patriotic war.

Secondly, to continue systematically and consistently the work done by the party's central committee during the last years, a work characterized by minute observation in all party organizations, from the bottom to the top, of the Leninist principles of party-leadership, characterized, above all, by the main principle of collective leadership, characterized by the observation of the norms of party life described in the statutes of our party, and, finally, characterized by- the wide practice of criticism and self-criticism.

Thirdly, to restore completely the Leninist principles of Soviet Socialist democracy, expressed in the constitution of the Soviet Union, to fight willfulness of individuals abusing their power. The evil caused by acts violating revolutionary Socialist legality which have accumulated during a long time as a result of the negative influence of the cult of the individual has to be completely corrected.

Comrades, the 20th Congress of the Communist Party of the Soviet Union has manifested with a new strength the unshakable unity- of our party, its cohesiveness around the central committee, its resolute will to accomplish the great task of building communism. [Tumultuous applause.] And the fact that we present in all the ramifications the basic problems of overcoming the cult of the individual which is alien to Marxism-Leninism, as well as the problem of liquidating its burdensome consequences, is an evidence of the great moral and political strength of our party. [Prolonged applause.]

We are absolutely certain that our party, armed with the historical resolutions of the 20th Congress, will lead the Soviet people along the Leninist path to new successes, to new victories. [Tumultuous, prolonged applause.]

Long live the victorious banner of our party-Leninism. [Tumultuous, prolonged applause ending in ovation. All rise.]

录自 : "Khrushchev's Secret Speech, 'On the Cult of Personality and Its Consequences,' Delivered at the Twentieth Party Congress of the Communist Party of the Soviet Union", February 25, 1956, Wilson Center Digital Archive. From the Congressional Record: Proceedings and Debates of the 84th Congress, 2nd Session (May 22, 1956-June 11, 1956), C11, Part 7 (June 4, 1956), pp.9389–9403. Available at: https://digitalarchive. wilsoncenter.org/document/115995, 2024–02–07.

1956年2月，在有世界各社会主义国家领导人及代表参加的苏共二十大会议上，赫鲁晓夫不顾党内阻力，作了批判斯大林的《关于个人崇拜及其后果》秘密报告，报告从根本上否定斯大林，要求肃清个人崇拜在各个领域的流毒和影响。尽管为了减少报告对民众思想的冲击，当时会议规定此文件应该限制传播，但美国中央情报局最终还是通过各种措施获取了文件原文，并经《纽约时报》原文刊发而被国际社会所了解。秘密报告在苏联和社会主义阵营内部引起强烈反响，当时的社会主义国家中除南斯拉夫对此予以喝彩外，其他国家多半是疑虑、震惊和茫然。反应最强烈的是波兰和匈牙利，并部分因此而最终导致波兹南事件和匈牙利事件的发生。

[史家争鸣]

1956年3月12日，毛泽东在中南海颐年堂主持召开中共中央政治局扩大会议，讨论苏共二十大问题，明确提出："赫鲁晓夫的秘密报告值得认真研究，特别是这个报告涉及的问题以及它在全世界所造成的影响。现在全世界都在议论，我们也要议论。现在看来，至少可以指出两点：一是它揭了盖子，一是它捅了娄子。说揭了盖子，就是讲，他的秘密报告表明，苏联、苏共、斯大林并不是一切都是正确的，这就破除了迷信。说捅了娄子，就是讲，他作的这个秘密报告，无论在内容上或方法上，都有严重错误。是不是这样，大家可以研究。"[①]

1956年2月25日一致通过苏共二十大《关于个人崇拜及其后果》的决议，决议内容如下：听取了尼·谢·赫鲁晓夫同志《关于个人崇拜及其后果》的报告，苏联共产党第二十次代表大会赞成中央委员会报告的论点，并委托苏联共产党中央委员会继续采取措施，确保完全克服与马克思列宁主义

---

① 中共中央文献研究室编：《毛泽东年谱（1949—1976）》，北京：中央文献出版社，第545页。

思想格格不入的个人崇拜，消除其在党务、国务和思想工作的一切领域里所造成的后果，严格执行党的生活准则和由伟大列宁制定的党的集体领导的原则。①

美国共产党于1956年6月25日发表声明称："我们认为，苏联共产党自己原是应该发表这篇演说的。我们不能同意这样的看法：所谈到的问题，不管多么令人痛心和可恶，完全是苏联共产党内部的事……把所有的错误和违反社会主义原则的行为都归于一个人是同把苏联社会主义进展中的一切成就和伟大成绩归于一个人一样错误的。"②

[思考题]

1. 请思考赫鲁晓夫为什么会在苏共二十大上作"秘密报告"？它是赫鲁晓夫的个人行为吗？

2. 毛泽东主席在评价"秘密报告"时为什么会认为"一是它揭了盖子，一是它捅了娄子"？

3. 结合国际共运发展史，思考一下赫鲁晓夫所作"秘密报告"对国际共运产生了怎样的影响？

（赵继珂　编）

---

① 《赫鲁晓夫秘密报告是如何出笼的》，《国际冷战史研究》2004年第1辑，第227页。
② 俞邃：《苏共二十大的内外反响和中苏关系》，《百年潮》2008年第3期。

165

《苏联政府关于发展和进一步加强苏联同其他社会主义国家的友谊和合作的基础的宣言》

（1956年10月30日）

（《苏联政府关于发展和进一步加强苏联同其他社会主义国家的友谊和合作的基础的宣言》）

苏维埃社会主义共和国联盟对外关系的不可动摇的基础过去是，今后仍然是一切国家之间和平共处、友好和合作的政策。

这种政策最深刻、最一贯地表现在各社会主义国家的相互关系上。社会主义国家大家庭中的各个国家以建成社会主义社会的共同理想和无产阶级国际主义的原则团结在一起，它们之间的互相关系只能够建立在完全平等、尊重领土完整、国家独立和主权、互不干涉内政的原则上。这不仅不排除社会主义大家庭中的各个国家在经济、政治和文化各方面实行紧密的兄弟合作和互助，而且相反，规定了这种合作和互助。

第二次世界大战结束和法西斯主义被击溃后，欧洲和亚洲一些国家的人民民主制度在这个基础上形成、巩固起来，并且显示了自己伟大的生命力。

在建立新制度和进行深刻的社会关系的革命改造的过程中，有过不少困难、尚未解决的任务和明显的错误，其中也包括社会主义国家之间的关系方面的错误以及有损社会主义国家之间关系平等的原则的那些侵害和错误。

苏联共产党第二十次代表大会极坚决地指责了这种侵害和错误，自己提出了下列任务：苏联在同其他社会主义国家的关系方面要贯彻始终地实现列宁的各国人民平等的原则。代表大会宣布，必须充分估计到走上建设新生活的道路的每一个国家的历史情况和特点。

苏联政府正在贯彻党的第二十次代表大会的这些有历史意义的决议。这些决议为在尊重每一个社会主义国家的充分的主权这一不可动摇的基础上进一步加强社会主义国家之间的友好和合作创造了条件。

最近的情况表明，有必要作适当的声明，说明苏联对苏联同其他社会主义国家之间的关系、首先是经济和军事方面的关系所抱的态度。

苏联政府准备同其他社会主义国家的政府共同来讨论一些措施，保证进一步发展和加强社会主义国家之间的经济联系，从而消除破坏国家主权、经济上的互利和平等这一原则的任何可能性。

这个原则也应适用于顾问。大家知道，在新社会制度建立初期，苏联根据人民民主国家政府的请求曾经派往这些国家若干人数的专家：工程师、农学家、科学工作者、军事顾问。最近一段时期，苏联政府曾经多次向社会主义国家提出召回自己顾问的问题。

鉴于现在各人民民主国家在经济和军事建设各方面已经培养出了熟练的本国干部，苏联政府认为，迫切需要同其他社会主义国家共同研究关于苏联顾问继续留在这些国家是否适宜的问题。

在军事方面，苏联和人民民主国家相互关系的一个重要基础是华沙条约，缔约国根据这个条约承担了相应的政治义务和军事义务，其中包括采取"加强它们的防御能力的必要配合措施，以便保障它们的人民的和平劳动，保证它们的疆界和领土的不可侵犯性并确保对可能的侵略的防御"。

大家知道，根据华沙条约和政府协定，苏联部队驻扎在匈牙利和罗马尼亚两个共和国中。在波兰人民共和国，苏联军队是根据四国波茨坦协定和华沙条约而驻扎的。在其他人民民主国家中没有驻扎苏联军队。

为了保证社会主义国家的共同安全，苏联政府准备同其他社会主义国家——华沙条约参加国研究驻扎在上述国家领土上的苏联军队问题。在这样做的时候，苏联政府根据这样一个总的原则：任何一个华沙条约参加国的军队驻扎另一个华沙条约参加国的领土，应根据所有条约参加国之间的协议，并且必须取得这些军队根据请求已经驻留或者准备驻留的国家的同意。

苏联政府认为必须就匈牙利事件发表声明。事件的发展表明,在人民民主制度基础上获得巨大进展的匈牙利劳动人民正确地提出了必须消除经济建设方面的严重缺点的问题、进一步提高人民物质福利的问题,以及同国家机关中官僚主义偏差进行斗争的问题。但是,黑暗的反动势力和反革命势力很快就混入了劳动人民这个正当和进步的运动中,它们企图利用部分劳动人民的不满来破坏匈牙利人民民主制度的基础,使地主和资本家的旧制度在匈牙利复辟。

苏联政府和全体苏联人民深为遗憾的是,匈牙利事件的发展竟引起了流血。

应匈牙利人民政府的请求,苏联政府同意苏军部队进入布达佩斯,帮助匈牙利人民军和匈牙利政权机关维持市内秩序。

鉴于苏联军队继续留驻匈牙利可能导致局势更加紧张,苏联政府已经指示自己的军事司令部,一俟匈牙利政府认为必要,即将苏联军队撤出布达佩斯市。

同时,苏联政府准备同匈牙利人民共和国政府及华沙条约其他参加国就苏军驻留匈牙利领土问题进行有关的谈判。

保卫人民民主匈牙利的社会主义成果在当前是匈牙利的工人、农民和知识分子,是全体劳动人民的主要的和神圣的义务。

苏联政府深信,社会主义国家的人民不会让国内外的反动势力动摇他们各个国家的工人、农民、知识分子用忘我的斗争和劳动争取来的并巩固起来的人民民主制度的基础。他们会尽一切努力,克服阻碍进一步加强本国的民主基础、独立和主权的一切障碍,继续发展他们各个国家的社会主义基础、它的经济、它的文化,从而不断提高全体劳动人民的物质福利和文化水平。他们将加强社会主义国家的兄弟团结和互助,以巩固和平和社会主义的伟大事业。

1956年10月30日

录自:《苏联政府关于发展和进一步加强苏联同其他社会主义国家的友谊和合作的基础的宣言》,《人民日报》1956年11月1日。

苏共二十大之后，东欧社会主义阵营出现动荡。1956年6月，波兰的波兹南出现大规模罢工游行示威。随着事件的不断发酵，苏共中央认为波兰有脱离社会主义阵营、投入西方集团的危险，准备武力干涉。中共中央则认为苏联动用军队来对待波兰这样一个社会主义国家不妥当，认为社会主义国家应当是平等的。经苏方邀请，1956年10月23日，刘少奇、邓小平率代表团前往苏联斡旋。此后，中、苏、波三国党代表团在莫斯科经过多次双边会谈，最后决定由苏联单独发表一份关于社会主义国家关系的宣言，并商妥了宣言内容。中方代表团还承诺，在苏联发表宣言后，中国政府将发表声明表示支持。10月30日，毛泽东主持召开政治局会议，批准这一方案。1956年10月30日，苏联公开发表关于社会主义国家间关系的宣言，11月1日的《人民日报》予以转载。这份由中苏共同起草的宣言，指出苏联过去在处理社会主义国家之间的关系方面有错误，宣布将以互不干涉内政、相互平等的原则解决社会主义国家的问题。根据之前的约定，中国政府于次日公开发表声明表示支持，强调以苏联为首的社会主义阵营的团结，同时分析了大国沙文主义的问题，宣布"社会主义国家的相互关系更应该建立在五项原则的基础之上"。这在历史上是第一次。

[史家争鸣]

著名历史学家沈志华认为，中国借着参与波兰事件的处理批评了苏联的大国主义和大党作风，迫使苏联承认之前的错误并发表了社会主义国家关系的平等宣言。同时，正是波匈事件的爆发，将中国带进了欧洲，开始参与欧洲事务的处理，在国际共产主义运动中的地位也迈上了新台阶。这对莫斯科在阵营中的领导权构成严峻挑战，为中苏同盟的破裂埋下了伏笔。[1]

---

[1]　沈志华：《一九五六年十月危机：中国的角色和影响——"波匈事件与中国"研究之一》，《历史研究》2005年第2期，第119页。

沈教授还总结了社会主义国家关系通行的政治准则，即党际关系取代国家关系，而"党际关系的结构和政治范式与现代意义的国家关系完全不同"，缺乏主权意识与平等观念，国家间存在等级之分，并且意识形态的同一性抹杀了国家间发展道路与利益诉求的差异性，由此造成大国侵犯小国主权的事情时有发生。苏联与东欧社会主义国家的关系以及中苏关系的演变，都是重要体现。①

牛军提出，宣言的发表一方面反映了当时中苏关系尚且友好，以至于双方领导人能够就一些关键问题达成共识；另一方面，宣言也是中苏同盟走向破裂的缘起之一。其实质是中国领导人利用苏联在东欧地区面临的困境，迫使其改变以往处理苏联社会主义阵营内部国家之间关系的规则，由此造成中苏结盟关系中领导（苏联）与被领导（中国）关系难以持续。②

沃伊切克·马斯特尼（Vojtech Mastny）将波兰事件的解决以及宣言的发布视为"东欧由苏联的附属向苏联对外政策对象转变的里程碑"。他认为，此间中苏之间的互动显示出中国共产党在国际共产主义运动中地位有显著提升。③

外交学院谢益显从中国外交思想的视角，提出中国批评损害平等原则的大国主义，强调社会主义国家之间必须遵循和平共处五项原则，对于促进苏联东欧社会主义阵营的团结起到了重要作用，在理论上和现实政治中都有巨大意义。④

[思考题]

1. 如何理解和平共处五项原则与无产阶级国际主义的关系？

2. 在苏联放弃武力干涉波兰事件过程中，中方起到了什么作用？

---

① 沈志华、李丹慧：《结构失衡：中苏同盟破裂的深层原因》，《探索与争鸣》2012年第10期，第9页。
② 牛军：《1962：中国对外政策"左"转的前夜》，《历史研究》2003年第3期，第25页。
③ Vojtech Mastny, Soviet foreign policy, 1953–1962, The Cambridge History of the Cold War, Volume 1, pp.312–333。
④ 谢益显：《当代中国外交思想史》，开封：河南大学出版社，1999年，第121页。

3. 如何理解社会主义国家之间的关系的基本准则？

4. 波匈事件对中苏关系造成了什么影响？

（郝江东　编）

166

《人民日报》刊发
《再论无产阶级专政的历史经验》
（1956年12月29日）
（再论无产阶级专政的历史经验）

（这篇文章是根据中国共产党中央政治局扩大会议的讨论，由人民日报编辑部写成的）

在一九五六年四月间，我们曾经就斯大林问题讨论过无产阶级专政的历史经验。从那个时候以来，在国际共产主义运动中，继续发生了一系列引起我国人民关切的事件。铁托同志在十一月十一日的演说和各国共产党对于这篇演说的评论，在我国报纸发表以后，再一次使人们提出了许多需要加以答复的问题。我们现在这篇文章将着重地讨论以下一些问题，就是：第一，关于苏联的革命和建设的基本道路的估计；第二，关于斯大林的功过的估计；第三，关于反对教条主义和修正主义；第四，关于各国无产阶级的国际团结。

在观察现代国际问题的时候，我们必须首先从这样一个最基本的事实出发，就是帝国主义侵略集团同全世界人民力量之间的对立。饱受帝国主义侵略痛苦的中国人民永远也不会忘记：帝国主义从来就反对各国人民的解放和一切被压迫民族的独立，从来就把最坚决地代表人民利益的共产主义运动看作眼中钉。从第一个社会主义国家苏联出世以来，帝国主义就用尽一切手段来危害苏联。在一系列的社会主义国家成立以后，帝国主义阵营同社会主义阵营的对立，它对于社会主义阵营所进行的明目张胆的破坏活动，更成为世界政治中异常显著的现象。帝国主义阵营的首脑美国，在干涉社会主义国家的内政方面，作得特别凶恶无耻。它多年来阻挠着我国解放自己的领土台湾，多年来公开地把颠覆东欧各国作为政府的政策。

帝国主义在一九五六年十月的匈牙利事件中的活动，是帝国主义在侵朝战争以后对于社会主义阵营一次最严重的进攻。正如匈牙利社会主义工人党临时中央委员会会议的决议所说，匈牙利事件是由内部和外部的几方面原因造成的，任何片面的解释都是不正确的，而在这些原因中，国际帝国主义"起了主要的决定性的作用"。在匈牙利的反革命复辟阴谋被击退以后，以美国为首的帝国主义者，一方面操纵联合国通过反对苏联和干涉匈牙利内政的决议，一方面在整个西方世界煽起疯狂的反对共产主义的浪潮。美帝国主义尽管利用英法侵埃战争的失败，竭力企图夺取英法在中东北非的利益，但是还是声明保证同英法消除"误会"，取得"更密切、更亲密的谅解"，以便重整共同反对共产主义、反对亚非人民和反对全世界爱好和平人民的统一战线。为了反共、反人民、反和平的目的，帝国主义国家应该团结起来——这就是杜勒斯在北大西洋公约组织理事会会议上所说的"在世界历史的这一紧要关头，必须有一套生活和行动的哲学"的主要含义。杜勒斯多少带着醉意地断言："苏联共产党结构正处于恶化状态（？），而统治者的权力正在崩溃（？）……面对着这种形势，自由国家必须保持道义的压力，这种压力有助于破坏苏联—中国共产主义体系，有助于保持军事实力和决心。"他号召北大西洋公约国家"搞垮以军国主义（？）和无神论观念为基础的苏联强有力的专制政治（？）"，并且认为，"改变共产党世界的性质，在现在看来似乎是可能的事情！"

我们从来认为敌人是我们最好的教师。现在杜勒斯又在给我们上课了。他尽可以污蔑我们一千次，诅咒我们一万次，这毫无什么新奇之处。但是他从"哲学"上要求帝国主义世界把对于共产主义的矛盾放在其他一切矛盾之上，一切都为了"改变共产党世界的性质"，"破坏"和"搞垮"以苏联为首的社会主义体系，这对于他们虽然肯定是徒劳的，对于我们却给了十分有益的教训。尽管我们一贯主张而且继续主张社会主义国家和资本主义国家应该和平共处，实行和平竞赛，帝国主义者还是时时刻刻都想消灭我们。因此，我们无论什么时候也不能忘记敌人同我们之间的严重斗争，这就是世界范围内的阶级斗争。

在我们面前有两种性质不同的矛盾：第一种是敌我之间的矛盾（在帝国主义阵营同社会主义阵营之间，帝国主义同全世界人民和被压迫民族之间，帝国主义国家的资产阶级同无产阶级之间，等等）。这是根本的矛盾，它的基础是敌对阶级之间的利害冲突。第二种是人民内部的矛盾（在这一部分人民和那一部分人民之间，共产党内这一部分同志和那一部分同志之间，社会主义国家的政府和人民之间，社会主义国家相互之间，共产党和共产党之间，等等）。这是非根本的矛盾，它的发生不是由于阶级利害的根本冲突，而是由于正确意见和错误意见的矛盾，或者由于局部性质的利害矛盾。它的解决首先必须服从于对敌斗争的总的利益。人民内部的矛盾可以而且应该从团结的愿望出发，经过批评或者斗争获得解决，从而在新的条件下得到新的团结。当然，实际生活的情况是复杂的。有时为了对付主要的共同的敌人，利害根本冲突的阶级也可以联合起来。反之，在特定情况下，人民内部的某种矛盾，由于矛盾的一方逐步转到敌人方面，也可以逐步转化成为对抗性的矛盾。到了最后，这种矛盾也就完全变质，不再属于人民内部矛盾的范围，而成为敌我矛盾的一部分了。这种现象，在苏联共产党和中国共产党的历史上，都曾经出现过。总之，一个人只要站在人民的立场上，就决不应该把人民内部的矛盾同敌我之间的矛盾等量齐观，或者互相混淆，更不应该把人民内部的矛盾放在敌我矛盾之上。否认阶级斗争、不分敌我的人，决不是共产主义者，决不是马克思列宁主义者。

在开始谈到我们所要讨论的问题之前，我们认为必须首先解决这个根本立场问题。否则，我们就必然会迷失方向，就不可能对于国际现象作出正确的解释。

一

帝国主义者对于国际共产主义运动的攻击，长期以来，主要地集中于苏联。而最近时期国际共产主义运动中的争论，也大都同对于苏联的认识有关。因此，正确地估计苏联的革命和建设的基本道路，是马克思列宁主义者所必须回答的重要问题之一。

马克思主义关于无产阶级革命和无产阶级专政的学说，是工人运动经验的科学总结。但是，除了只存在了七十二天的巴黎公社以外，马克思和恩格斯没有亲自看到过他们所毕生努力争取的无产阶级革命的无产阶级专政的实现。俄国无产阶级在列宁和苏联共产党的领导之下，在一九一七年胜利地实现了无产阶级革命和无产阶级专政，接着又胜利地建成了社会主义社会。科学的社会主义从此由理论和理想变为活生生的现实。这样，一九一七年的俄国十月革命，就不但在共产主义运动历史上开辟了一个新时代，而且在整个人类历史上开辟了一个新时代。

苏联在革命以后的三十九年中获得了巨大的成就。随着剥削制度的消灭，苏联消灭了经济生活中的无政府状态、危机和失业。苏联的经济和文化，以资本主义国家所不能比拟的速度向前发展着。它的工业总产量，在一九五六年已经达到革命以前最高年份一九一三年的三十倍。革命以前工业落后、文盲众多的国家，现在已经成为世界上第二个工业强国，拥有世界上先进的科学技术力量和高度发展的社会主义文化。苏联劳动人民由革命前的被压迫者变成为国家和社会的主人翁，他们在革命斗争和建设劳动中发挥了巨大的积极性和创造性，他们的物质生活和文化生活的状况得到了根本的改变。十月革命以前的俄国本来是国内各民族的牢狱，而在十月革命以后，这些民族却得到了平等的地位，迅速地发展成为社会主义的先进民族。

苏联的发展并不是一帆风顺的。苏联在一九一八年到一九二零年，受到了十四个资本主义国家的进攻。早期的苏联，经历过内战、饥荒、经济困难、党内宗派分裂活动的严重的折磨。在第二次世界大战的决定性的时间内，在西方国家开辟第二战场以前，苏联曾经独力承受了并且击败了希特勒和他的伙伴们的几百万军队的进攻。这些严酷的考验没有压倒苏联，没有阻止它的前进。

苏联的存在，从根本上动摇了帝国主义的统治，而给予一切革命的工人运动和被压迫民族解放运动以无限的希望、信心和勇气。各国劳动人民援助了苏联，苏联也援助了各国劳动人民。苏联执行了维护世界和平、承认各民族一律平等和反对帝国主义侵略的外交政策。苏联是在世界范围内战胜法西斯侵略的主力。英勇的苏联军队同有关各国的人民力量合作，解放了东欧各国和中欧的一部、中国的东北部和朝鲜的北部。苏联同各人民民主国家建立了友好关系，援助了这些国家的经济建设，并且同它们在一起组成了世界和平的强大堡垒——社会主义阵营。对于全世界被压迫民族争取独立的运动，对于世界人民争取和平的运动，对于第二次世界大战以后新产生的亚非地区的许多和平国家，苏联也给予了重大的支持。

以上所说的这一切都是不可争辩的事实，而且是人们早已知道了的。为什么现在还要再一次提起这些事情呢？这是因为，共产主义的敌人固然一贯地抹煞这一切，而现在有些共产主义者在探讨苏联经验的时候，也往往把注意力集中到事情的次要方面，而忽视了事情的主要方面。

关于苏联的革命和建设的经验，就它们的国际意义说来，有几种不同的情况。在苏联的成功的经验中，一部分具有基本的性质，在人类历史的现阶段具有普遍意义。这是苏联经验中的首要和基本的方面。另一部分不具有这种普遍意义。此外，苏联还有一些错误的、失败的经验。错误和失败，尽管在表现形式和严重程度上各有不同，却是任何国家在任何时期都不能完全避免的。而苏联由于是第一个社会主义国家，没有成功的经验可以借鉴，它的一些错误和失败更加难于避免。这些错误和失败，对于所有共产主义者都是极其有益的教训。因此，苏联的全部经验，包括某些错误和失败的经验在内，都值得我们认真地加以研究，而它的成功的基本经验尤其重要。苏联发展的事实证明，苏联革命和建设的基本经验是一个伟大的成功，是马克思列宁主义在人类历史上第一曲响彻云霄的凯歌。

什么是苏联革命和建设的基本经验呢？据我们看来，至少以下这一些经验具有基本的性质：

（1）无产阶级的先进分子组织成为共产主义的政党。这个政党，以马克思列宁主义为自己的行动指南，按照民主集中制建立起来，密切地联系群众，力求成为劳动群众的核心，并且用马克思列宁主义教育自己的党员和人民群众。

（2）无产阶级在共产党领导之下，联合劳动人民，经过革命斗争从资产阶级手里取得政权。

（3）在革命胜利以后，无产阶级在共产党领导之下，以工农联盟为基础，联合广大的人民群众，建立无产阶级对于地主、资产阶级的专政，镇压反革命分子的反抗，实现工业的国有化，逐步实现农业的集体化，从而消灭剥削制度和对于生产资料的私有制度，消灭阶级。

（4）无产阶级和共产党领导的国家，领导人民群众有计划地发展社会主义经济和社会主义文化，在这个基础上逐步地提高人民的生活水平，并且积极准备条件，为过渡到共产主义社会而奋斗。

（5）无产阶级和共产党领导的国家，坚持反对帝国主义侵略，承认各民族平等，维护世界和平，坚持无产阶级国际主义的原则，努力取得各国劳动人民的援助，并且努力援助各国劳动人民和被压迫民族。

我们平常所说的十月革命的道路，撇开它在当时当地所表现的具体形式来说，就是指的这些基本的东西。这些基本的东西，都是放之四海而皆准的马克思列宁主义的普遍真理。

每个国家的革命和建设的过程，除了有共同的方面，还有不同的方面。在这个意义上说，每一个国家都有它自己的具体的发展道路。关于这个问题，我们将在后面去讨论。但是从基本原理上说来，十月革命的道路却反映了人类社会发展长途中的一个特定阶段内关于革命和建设工作的普遍规律。这不但是苏联无产阶级的康庄大道，而且是各国无产阶级为了取得胜利都必须走的共同的康庄大道。正是因为这个缘故，中国共产党中央委员会向党的第八次全国代表大会的政治报告中说："尽管我国的革命有自己的许多特点，可是中国共产党人把自己所干的事业看成是伟大的十月革命的继续。"

保卫十月革命所开辟的这一条马克思列宁主义的道路，在目前的国际形势下具有特别重大的意义。帝国主义者声言要"改变共产党世界的性质"，他们所要改变的正是这条革命道路。几十年来，一切修正主义者对于马克思列宁主义所提出的修正意见，所传播的右倾机会主义思想，也正是想避开无产阶级解放的这一条必由之路。一切共产主义者的任务，就是团结无产阶级，团结人民群众，坚决地击退帝国主义者对于社会主义世界的猖狂进攻，坚决地沿着十月革命所开辟的道路前进。

二

人们问道：既然苏联革命和建设的基本道路是正确的，为什么又发生斯大林的错误呢？

关于这个问题，我们在四月间的文章中已经讨论过了。但是由于最近时期东欧形势以及其他有关情况的发展，正确地认识和正确地对待斯大林错误的问题，已经成为影响许多国家共产党的内部发展和各国共产党相互团结的重大问题，已经成为影响全世界共产主义队伍反对帝国主义的共同斗争的重大问题。因此，需要把我们对于这个问题的观点作些进一步的申述。

斯大林对于苏联的发展和国际共产主义运动的发展是有伟大功绩的。我们在"关于无产阶级专政的历史经验"一文中说过："在列宁逝世之后，作为党和国家的主要领导人物的斯大林，创造性地运用和发展了马克思列宁主义；在保卫列宁主义遗产、反对列宁主义的敌人——托洛茨基分子、季诺维也夫分子和其他资产阶级代理人的斗争中，他表达了人民的意愿，不愧为杰出的马克思列宁主义的战士。斯大林所以赢得苏联人民的拥护，在历史上起了重要的作用，首先就是因为他和苏联共产党的其他领导人在一起维护了列宁的关于苏维埃国家工业化和农业集体化的路线。苏联共产党实行了这条路线，使社会主义制度在苏联取得胜利，并且造成了苏联在反希特勒的战争中取得胜利的条件，而苏联人民的这一切胜利是同全世界工人阶级和一切进步人类的利益相一致的。因此，斯大林这个名字也就很自然地同时在世界上享有很高的荣誉。"

但是斯大林在苏联的内外政策方面都犯了一些严重的错误。斯大林的个人专断的工作方法，曾经在一定程度上损害了苏联党的生活中和国家制度中的民主集中原则，破坏了一部分社会主义法制。由于斯大林在许多工作中严重地脱离群众，个人专断地决定许多重大政策，因而就不可避免地要犯严重的错误。这种错误，特别明显地表现在肃清反革命的问题上和对某些外国的关系问题上。斯大林在肃反工作中，在一方面，惩办了很多必须惩办的反革命分子，基本上完成了这条战线上的任务；但是在另一方面，却冤枉了许多忠诚的共产主义者和善良的公民，造成了严重的损失。斯大林在对待兄弟国家和兄弟党方面，总的来说，是站在国际主义的立场上，援助了各国人民的斗争和社会主义阵营的发展的。但是，在处理某些具体问题的时候，他却表现了大国沙文主义的倾向，缺乏平等的精神，更谈不到教育广大干部采取谦虚的态度；有时他甚至错误地干涉某些兄弟国家和兄弟党的内部事务，因而引起了许多严重的后果。

对于斯大林的这些严重的错误应该怎样解释呢？这些错误同苏联的社会主义制度的关系是怎样的呢？

马克思列宁主义的辩证法科学告诉我们，任何一种生产关系以及在这种生产关系的基础上建立起来的上层建筑，都有它的发生、发展和灭亡的过程。生产力发展到一定阶段，旧的生产关系基本上不能再同它相适应；经济基础发展到一定阶段，旧的上层建筑基本上不能再同它相适应。在这样的时候，就必然要引起根本性质的变革。谁要抵抗这种变革，谁就会被历史所抛弃。这一规律，以不同的形态适用于一切社会。

斯大林的错误，是不是由于苏联的社会主义经济制度和社会主义政治制度已经过时，而不能再适应苏联发展的需要了呢？当然不是如此。苏联这个社会主义社会还是年轻的，它所走过的时间还不到四十年。苏联经济迅速发展的事实证明，苏联的经济制度基本上是适合于生产力的发展的，苏联的政治制度也是基本上适合于经济基础的需要的。斯大林的错误并不是由社会主义制度而来；为了纠正这些错误，当然不需要去"纠正"社会主义制度。西方资产阶级想用斯大林的错误来证明社会主义制度的"错误"，这是完全没有根据的。另外有些人想用社会主义的国家政权对于经济事业的管理来解释斯大林的错误，认为政府管理了经济事业就必然成为妨害社会主义力量发展的"官僚主义机构"，这也无法令人信服。谁也不能否认，苏联经济的巨大高涨正是劳动人民的国家政权有计划地管理经济事业的结果，而斯大林所犯的主要错误，却很少同管理经济的国家机关的缺点有关。

但是在基本制度适合需要的情况下，在生产关系和生产力之间，在上层建筑和经济基础之间，也仍然存在着一定的矛盾。这种矛盾表现成为经济制度和政治制度的某些环节上的缺陷。这种矛盾，虽然不需要用根本性质的变革来解决，仍然需要及时地加以调整。

有了适合需要的基本制度，也调整了制度中的日常性质的矛盾（按照辩证法，就是处在"数量变化"阶段的矛盾），是否就可以保证不发生错误了呢？问题没有这样简单。制度是有决定性的，但是制度本身并不是万能的。无论怎样好的制度，都不能保证工作中不会发生严重的错误。有了正确的制度以后，主要的问题就在于能否正确地运用这种制度，就在于是否有正确的政策、正确的工作方法和工作作风。没有这些，人们仍然可以在正确的制度下犯严重的错误，仍然可以利用良好的国家机关做出并不良好的事情。

为了解决以上所说的这些问题，必须依靠经验的积累和实践的考验，不可能一蹴而就。而且，情况是不断变化的，旧的问题解决了，新的问题又产生了，任何一劳永逸的解决也是不会有的。从这种观点看来，就是在已经建立了巩固的基础的社会主义国家中，它的生产关系和上层建筑的某些环节也还有缺陷，在党和国家的政策、工作方法和工作作风方面，也还有这样那样的偏差，这并没有什么奇怪的地方。

在社会主义国家中，党和国家的任务，就在于依靠群众和集体的力量，及时地调整经济制度和政治制度的各个环节，及时地发现和纠正工作中的错误。当然，党和国家的领导人员的主观认识，总不可能百分之百地符合于客观实际。因此，在他们的工作中，个别的、局部的、暂时的错误总是不可避免的。但是，只要严格遵守并且努力发展马克思列宁主义的辩证唯物主义的科学，只要彻底遵守党和国家的民主集中制，只要认真地依靠群众，全国性的、长时期的、严重的错误，却是可以避免的。

斯大林后期的一些错误之所以发展成为全国性的、长期性的、严重的错误，而不能得到及时的纠正，正是因为他在一定范围内和一定程度上脱离了群众和集体，破坏了党和国家的民主集中制。党和国家的民主集中制之所以会受到某种破坏，有一定的社会历史的条件。这就是：党在领导国家方面还缺乏经验；新的制度还没有巩固到足以抵抗一切旧时代影响的侵袭（新制度的巩固过程和旧影响的消失过程，都不是直线的，它们的某种波浪式的起伏现象，在历史的转变时期是屡见不鲜的）；国内外的紧张斗争对于某些民主发展所起的限制作用；等等。但是仅仅这些客观条件并不足以使犯错误的可能性变为现实。在比斯大林所处环境更加复杂得多和困难得多的条件下，列宁却没有犯斯大林那样的错误。在这里，决定的因素是人们的思想状况。斯大林后期被一连串的胜利和歌颂冲昏了头脑，他的思想方法部分地但是严重地离开了辩证唯物主义，而陷入了主观主义。他开始迷信个人的智慧和权威，不肯认真地调查和研究各种复杂的实际情况，不肯认真地倾听同志们的意见和群众的呼声，以致使自己所决定的一些政策和措施往往违反客观实际情况。而且，他往往在一个长时间内固执地要推行这些错误的东西，而不能及时地改正自己的错误。

为了纠正斯大林的错误，消除这些错误的后果，苏联共产党已经采取了步骤，并且已经开始取得了成就。苏联共产党第二十次代表大会，在破除关于斯大林的迷信、揭露斯大林错误的严重性、消除斯大林错误的后果方面，表现了巨大的决心和勇气。全世界的马克思列宁主义者和同情共产主义事业的人们，都支持苏联共产党纠正错误的努力，希望苏联同志的努力得到完满的成功。很明显，由于斯大林的错误不是一个短时间的错误，这个错误的纠正不可能在一个早上就得到完全胜利。它需要一个相当长的时间的努力，需要细致的思想教育工作。我们相信，曾经克服过无数困难的伟大的苏联共产党，必将克服这些困难，达到自己的目的。

苏联共产党的这样一个纠正错误的斗争，当然不会从西方资产阶级和右翼社会民主党方面得到支持。他们为了乘机抹煞斯大林的正确方面，抹煞苏联和整个社会主义阵营在过去时期的巨大成就，为了乘机在共产主义队伍中制造混乱和分裂，硬把对于斯大林错误的纠正叫作所谓反对"斯大林主义"，叫作所谓"反斯大林分子"对于"斯大林分子"的斗争。他们的恶意本来是显而易见的。不幸，在某些共产主义者中间，也在那里传播着类似的说法。我们以为，共产主义者采取这种说法是极端有害的。

大家知道，斯大林尽管在后期犯了一些严重的错误，他的一生乃是伟大的马克思列宁主义革命家的一生。斯大林在青年时代为反对沙皇制度和传布马克思列宁主义而斗争，在参加了党中央的领导机关以后为准备一九一七年革命而斗争，在十月革命以后为保卫十月革命的成果而斗争，在列宁逝世以后的近三十年中为建成社会主义、保卫社会主义祖国、发展世界共产主义运动而斗争。从整个说来，斯大林始终是站在历史潮流前面指导斗争的，他是帝国主义的不可调和的敌人。甚至在他犯错误的时候，他的悲剧也在于，他相信那是捍卫劳动者的利益不受敌人侵害所必需的。无论如何，斯大林的错误虽然对苏联造成了不应有的损失，但是在斯大林领导时期，社会主义的苏联还是大大地向前发展了。这个不可否认的事实，不但说明了社会主义制度的力量，而且也说明了斯大林毕竟是一个坚定的共产主义者。因此，我们在总结斯大林的全部思想和活动的时候，必须同时看到他的正面和反面，他的功绩和错误。只要我们是全面地观察问题，那么，如果一定要说什么"斯大林主义"的话，就只能说，首先，它是共产主义，是马克思列宁主义，这是主要的一面；其次，它包含一些极为严重的、必须彻底纠正的、违反马克思列宁主义的错误。尽管在某些时候为了纠正这些错误而对这些错误加以强调是必要的。但是为了作出正确的估价，不使人们发生误解起见，将这些错误放在适当的地位也是必要的。我们认为，斯大林的错误同他的成绩比较起来，只居于第二位的地位。

只有采取客观的分析的态度，我们才能够正确地对待斯大林以及一切在他的影响下犯了类似错误的同志，才能够正确地对待他们的错误。他们的错误既然是共产主义者在工作中的错误，这就是共产主义队伍内部的是非问题，而不是阶级斗争中的敌我问题。我们就需要用对待同志的态度而不应该用对待敌人的态度来对待他们，就需要在批评他们的错误方面的同时，保护他们的正确方面，而不应该否定他们的一切。他们的错误有社会历史的根源，尤其有思想认识的根源。这种错误既可以在他们身上发生，也可以在某些别的同志身上发生。因此，在认识和纠正了他们的错误以后，就需要把这种错误看作严重的教训，看作一项可以利用的财产，用来提高一切共产主义者的觉悟，从而防止重犯这种错误，并且推进共产主义事业的发展。否则，如果对于这些犯错误的人采取否定一切的态度，把他们叫作这种分子那种分子，而加以歧视和敌视，就不但不能使自己的同志得到应有的教训，而且由于混淆了是非和敌我这两类性质不同的矛盾，势必在客观上帮助敌人反对共产主义的队伍，瓦解共产主义的阵地。

铁托同志和南斯拉夫共产主义者联盟其他领导同志在最近的言论中，对于斯大林的错误和其他有关问题所采取的态度，据我们看来，不能够认为是全面的和客观的。南斯拉夫的同志们对于斯大林的错误抱有特殊的反感，这是可以理解的。在过去时期内，南斯拉夫的同志们在困难条件下，作了坚持社会主义的可贵的努力。他们在企业和其他社会组织中实行民主管理的试验，也引起了人们的注意。中国人民欢迎苏联和其他社会主义国家同南斯拉夫取得和解，欢迎中南两国建立和发展友好关系，并且同南斯拉夫人民一样希望南斯拉夫在社会主义道路上日益繁荣和强盛。我们也同意铁托同志这次演说中的一些论点，例如对于匈牙利反革命分子的谴责，对于匈牙利工农革命政府的支持，对于英法以三国侵略埃及的谴责，对于法国社会党采取侵略政策的谴责。但是使我们惊异的是，他在演说中对于几乎所有社会主义国家和许多共产党都进行了攻击。铁托同志断定，"顽固的斯大林主义分子……在各国党内设法继续保持他们的职位，他们再一次希望巩固他们的统治，把这种斯大林主义的倾向强加在他们的人民的头上，甚至别国人民的头上"。因此，他宣称："我们必须同波兰同志们一起来反对其他国家的——无论东方国家的或西方国家的——党内出现的那种倾向。"我们没有看到过波兰党的领导同志认为必须对于兄弟党采取这种敌对态度的言论。对于铁托同志的这些意见，我们觉得必须说，他把所谓"斯大林主义"、"斯大林主义分子"等等作为攻击的对象，并且认为现在的问题是"在南斯拉夫开始的"路线和所谓"斯大林主义路线"哪一个得胜的问题，这种态度是不正确的。这只能把共产主义运动引向分裂。

铁托同志正确地指出："从将来是社会主义还是反革命这样的角度来看匈牙利目前的发展，我们必须保卫卡达尔的现政府，我们必须帮助它。"但是南斯拉夫联邦执行委员会副主席卡德尔同志在南斯拉夫联邦国民议会上关于匈牙利问题的长篇演说，却很难说是对于匈牙利政府的保卫和帮助。他的演说不但对于匈牙利事件作了一种完全不分敌我的解释，而且要求匈牙利的同志们"必须从根本上改变政治制度"；要求他们把全部政权交给布达佩斯的和其他区域性的工人委员会，"不管工人委员会成了什么样子"；要求他们"不必在恢复共产党方面枉费心机"，"因为对群众来说，这样的党是官僚专制的化身"。这就是卡德尔同志给兄弟国家所设计的"非斯大林主义路线"的一个标本。匈牙利的同志们拒绝了卡德尔同志的这个建议。他们解散了被反革命分子所操纵的布达佩斯和其他区域性的工人委员会，坚持地发展了社会主义工人党。我们认为，匈牙利的同志们是作得完全正确的。否则匈牙利的将来就不会是社会主义，而是反革命。

南斯拉夫的同志们显然是作得太过分了。即令他们对于兄弟党的批评有某些合理的部分，但是他们所采取的基本立场和方法都违背了同志式的讨论的原则。我们不愿意干预南斯拉夫的内部事务，但是这里所说的并不是内部事务。为了巩固国际共产主义队伍的团结，为了不给敌人在我们队伍中制造混乱和分裂的条件，我们不能不向南斯拉夫的同志们提出兄弟般的劝告。

三

斯大林的错误的一个严重后果是教条主义的发展。各国共产党的队伍在批判斯大林的错误的同时，展开了克服教条主义的斗争。这个斗争是完全必要的。但是一部分共产主义者由于对斯大林采取了否定一切的态度，由于提出了反对"斯大林主义"的错误口号，因而帮助了对于马克思列宁主义的修正主义思潮的发展。这种修正主义的思潮无疑是有利于帝国主义对于共产主义运动的进攻的，而事实上，帝国主义也正在积极地利用这种思潮。我们在坚决反对教条主义的时候，必须同时坚决反对修正主义。

马克思列宁主义认为：在人类社会的发展中有共同的基本规律。但是在不同的国家和民族中间，又存在着千差万别的特点。因此，每个民族都经历着阶级斗争，并且最后都将沿着在一些基本点上相同、而在具体形式上各有不同的道路，走向共产主义。只有善于根据自己的民族特点运用马克思列宁主义的普遍真理，各国无产阶级的事业才能得到成功。而且只要他们这样做，他们就会创造出自己的新的经验，从而给别的民族和整个马克思列宁主义宝库作出一定的贡献。教条主义者不了解，马克思列宁主义的普遍真理只有通过一定的民族特点，才能在现实生活中具体地表现出来和发生作用。他们不肯认真地研究本国、本民族的社会历史特点，不肯根据这些特点具体地运用马克思列宁主义的普遍真理。因此，他们也就不可能指导无产阶级的事业达到胜利。

马克思列宁主义既然是各国工人运动经验的科学总结，当然不能不重视运用先进国家经验的问题。列宁在《做什么？》一书中说过："社会民主主义的运动，根本上就是国际的。这不仅是说我们应当反对本国沙文主义，而且是说在年轻国家内刚刚开始的运动，只有在它运用别国经验的条件下，才能顺利发展。"列宁在这里是说俄国刚刚开始的工人运动必须运用西欧工人运动的经验。在年轻的社会主义国家运用苏联经验的问题上，他的这个观点也是适用的。

但是学习必须有正确的方法。苏联的一切经验，包括基本的经验，都是同一定的民族特点结合在一起的，都是别的国家所不应该原样照抄的，如前所说，苏联的经验中还有错误的、失败的部分。所有这些成功的和失败的经验，对于善于学习的人都是无价之宝。因为它们都可以帮助我们少走弯路，少受损失。反之，如果不加分析地原样照抄，那么，在苏联成功了的经验也可以在别的国家造成失败，更不要说失败的经验了。列宁在我们上文所引用的话下面紧接着说："但是，要真能运用别国经验，单单认识这种经验或单单抄袭别国最近的决议，是不够的。为此就必须善于用批评的态度来看待这种经验，独立地检查它。谁只要想一想现代工人运动已发展和散播到了如何广大的地步，就会懂得，为了履行这个任务，该要有多少丰富的理论力量和政治经验（以及革命经验）。"显然，在无产阶级已经取得政权的国家，问题比列宁在这里所说的更要复杂许多倍。

在中国共产党的历史上，在一九三一年到一九三四年间，教条主义者否认中国的特点，照抄苏联的某些经验，曾经使我国的革命力量遭到严重的失败。这个失败深刻地教训了我们的党。我们的党在一九三五年的遵义会议到一九四五年的第七次全国代表大会期间，曾经彻底地清算了这条为害严重的教条主义路线，团结了全党同志，包括犯过错误的同志在内，发展了人民的力量，从而取得了革命的胜利。如果不是这样做，取得胜利是不可能的。因为我们克服了教条主义路线，我们的党现在在学习苏联和其他兄弟国家的经验的时候，才有可能比较地少犯一些错误。也由于这样，我们能够充分了解目前波兰和匈牙利的同志们纠正过去时期教条主义错误的必要性和艰巨性。

教条主义的错误在任何时候任何地方都是必须纠正的。我们将继续努力纠正和防止在我们工作中的这类错误。但是反对教条主义同容忍修正主义毫无共同之点。马克思列宁主义承认各国的共产主义运动必然有它的民族特点，但是这决不是说，各国的共产主义运动可以没有基本的共同点，可以离开马克思列宁主义的普遍真理。在目前的反对教条主义的潮流中间，在我们国内和国外，都有人借口反对照抄苏联经验，而否认苏联的基本经验的国际意义，借口创造性地发展马克思列宁主义，而否认马克思列宁主义的普遍真理的意义。

由于斯大林和其他一些社会主义国家过去时期的领导者犯了破坏社会主义民主的严重错误，共产主义队伍中的一些不坚定的分子，就借口发展社会主义民主，企图削弱或者否定无产阶级专政，削弱或者否定社会主义国家的民主集中制，削弱或者否定党的领导作用。

无产阶级专政必须把对于反革命力量的专政同最广泛的人民民主，亦即社会主义民主，紧密地结合在一起，这是不能有任何怀疑的。无产阶级专政之所以强有力，所以能够战胜国内外的强大敌人而负起实现社会主义的伟大历史任务，正因为它是劳动群众对剥削者的专政、大多数人对少数人的专政，正因为它对于广大劳动人民实现了任何资产阶级民主所不能实现的民主。离开了对于广大劳动人民的密切联系，离开了他们的积极支持，就不可能有什么无产阶级专政，至少不可能有巩固的无产阶级专政。阶级斗争愈是紧张，无产阶级愈是需要采取最坚决最彻底的态度，依靠广大的人民群众，动员他们的革命积极性来战胜反革命力量。苏联十月革命时期和紧接着的国内战争时期"热火朝天"的群众斗争的经验，充分地证明了这个真理。我们党所常说的"群众路线"，也就是从苏联当时的经验学来的。苏联当时的紧张斗争，基本上依靠着人民群众的直接行动，当然不可能具备完善的民主程序。到了剥削阶级已经消灭、反革命力量已经基本上肃清以后，无产阶级专政虽然对于国内的反革命残余（这种残余在帝国主义存在期间不可能完全肃清）仍然是必要的，但是它的主要锋芒就应该转向防御国外的帝国主义侵略势力。在这种条件下，当然应该在国内政治生活中逐步地发展和健全各种民主的程序，健全社会主义法制，加强人民对于国家机关的监督，发展国家管理工作和企业管理工作中的民主方法，密切国家机关和企业管理机关同广大群众的联系，撤除损害这种联系的障碍，进一步克服官僚主义的倾向，而不应该象斯大林那样，在阶级消灭以后仍然强调阶级斗争的尖锐化，因而妨害了社会主义民主的健全的发展。苏联共产党坚决地纠正了斯大林在这个问题上的错误，这是完全正确的。

社会主义民主在任何意义上都不允许同无产阶级专政对立起来，都不允许同资产阶级民主混淆起来。无论在政治方面、经济方面和文化方面，社会主义民主的唯一目的，都是为了加强无产阶级和全体劳动人民的社会主义事业，为了发展他们建设社会主义的积极性，为了发展他们同一切反社会主义势力作斗争的积极性。因此，如果有一种民主可以被利用来进行反社会主义的活动，可以被利用来削弱社会主义事业，那么，这种所谓"民主"就决不是什么社会主义民主。

但是有些人并不是这样认识问题的。对于匈牙利事件的反应，最显著地暴露了这一点。在过去时期的匈牙利，劳动人民的民主权利和革命积极性受到破坏，而反革命分子却没有受到应有的打击，以致反革命分子在一九五六年十月间能够很容易地利用群众的不满情绪，组织武装叛乱。这就说明了过去时期的匈牙利还没有认真地建立起无产阶级专政。但是，当匈牙利处在革命和反革命、社会主义和法西斯主义、和平和战争的紧急关头的时候，一些国家的共产主义知识分子是怎样提出问题的呢？他们不但没有提出实行无产阶级专政的问题，反而出来反对苏联援助匈牙利社会主义力量的正义行动，出来宣称匈牙利的反革命是"革命"，出来向工农革命政府要求给予反革命分子以"民主"！个别社会主义国家的某些报纸，至今还在放肆地诋毁在艰苦条件下英勇奋斗的匈牙利共产主义者所采取的革命措施，但是对于全世界反动派的反共、反人民、反和平的浪潮，却几乎默不作声。这些奇异的事实说明了什么呢？这些事实说明，那些离开无产阶级专政而高谈民主的"社会主义者"，实际上是站在资产阶级方面而反对无产阶级，实际上是要求资本主义而反对社会主义，虽然他们中间许多人或者并没有自觉到这一点。列宁曾经再三指出，无产阶级专政的学说是马克思主义的最主要之点；是否承认无产阶级专政，乃是"马克思主义者和庸俗小资产者（以及大资产者）之间的最深刻的区别"。对于一九一九年的匈牙利无产阶级政权，列宁曾经要求他们"采取严酷无情和迅速坚决的强力手段"来镇压反革命分子，并且说："谁不了解这一点，谁就不是革命者，谁就没有资格当无产阶级的领袖或顾问。"由此可见，人们如果因为看到了斯大林后期所犯的错误，看到了过去时期匈牙利领导者所犯的错误，就否认马克思列宁主义关于无产阶级专政的基本原理，把这个基本原理污蔑为什么"斯大林主义"和"教条主义"，那就会走上背叛马克思列宁主义和离开无产阶级革命事业的道路。

否认无产阶级专政的人们也否认社会主义民主需要集中，否认无产阶级政党在社会主义国家中的领导作用。这些议论，对于马克思列宁主义者说来，当然不是什么新东西。恩格斯在同无政府主义者斗争的时候早已指出，在任何社会组织中，只要有联合活动存在，就必须有一定的权威和一定的服从。权威和自治之间的关系是相对的，它们的应用范围是因社会发展阶段不同而有所改变的。恩格斯说："把权威原则描写成绝对坏的东西，而把自治原则描写成绝对好的东西，这是荒谬的。"他并且说，谁要是坚持这种荒谬观念，谁就是在实际上"为反对派效劳"。列宁在反对孟什维克派的斗争中，透彻地指出了党的有组织的领导对于无产阶级事业的决定意义。在一九二零年批评德国共产主义"左派"的时候，列宁着重地指出：否认党的领导作用，否认领导者的作用，否认纪律，"这就等于完全解除无产阶级的武装以帮助资产阶级。这也就恰恰是小资产阶级的散漫、动摇、不能坚忍、不能团结、不能整齐动作等等的劣根性。这种劣根性如果任其横行，必使任何无产阶级的革命运动都会一败涂地"。这些原理是否过时了呢？是否不适用于某些国家的特殊情况呢？运用了这些原理，是否就会产生斯大林的错误呢？事实显然不是如此。马克思列宁主义的这些原理，经历了国际共产主义运动和社会主义国家发展的历史考验，到现在还没有遇到过一种可以称为例外的情况。斯大林的错误不是由于实行了国家生活中的民主集中制，实行了党的领导，恰恰是由于他在一定范围内和一定程度上破坏了民主集中制和破坏了党的领导。正确地贯彻国家生活中的民主集中制，正确地加强党对于社会主义事业的领导，乃是社会主义阵营各国团结人民、战胜敌人、克服困难而获得强大发展的基本保证。正是因为这样，帝国主义者和一切反革命分子为要打击我们的事业，总是向我们要求"自由化"，总是集中力量来破坏我们事业中的领导机构，来破坏无产阶级的核心共产党。他们对于目前某些社会主义国家中由于党和国家机关的纪律受到损害而产生的"不稳定状态"，表示了极大的满意，并且正在利用这种状况来加紧他们的破坏活动。这个事实说明，维护民主集中制的权威，维护党的领导的作用，对于人民群众的基本利益具有多少严重的意义。毫无疑问，民主集中制的集中必须建立在广泛的民主的基础上，党的领导必须是密切联系人民群众的领导。在这些方面如果发生了缺点，就必须坚决地加以批判和克服。但是对于这些缺点的批判，只能是为着巩固民主集中制，巩固党的领导，而绝对不能是象敌人所企求的那样，造成无产阶级队伍的涣散和混乱。

在借口反对教条主义而修正马克思列宁主义的人们中间，有些人索性否认无产阶级专政和资产阶级专政之间的界限，否认社会主义制度和资本主义制度之间的界限，否认社会主义阵营和帝国主义阵营之间的界限。在他们看来，用不着经过无产阶级政党领导的无产阶级革命，用不着建立无产阶级政党领导的国家，某些资产阶级国家就可以建设社会主义，它们的国家资本主义就已经是社会主义，甚至全人类社会都已经在"长入"社会主义了。但是，正在他们进行这种宣传的时候，帝国主义对于已经建立了多年的社会主义国家，却正在动员一切可以动员的军事、经济、外交、特务和"道义"的力量，积极准备把它们"破坏"和"搞垮"。这些国家的潜伏的和逃亡到外国的资产阶级反革命分子，也还在力求复辟。修正主义的思潮虽然是有利于帝国主义的，但是帝国主义者的行动，却并不有利于修正主义，而是证明了修正主义的破产。

四

为了反对帝国主义的进攻，各国无产阶级的最迫切的任务之一，是加强无产阶级的国际团结。帝国主义者和各国反动派为了达到他们的毁灭共产主义事业的目的，正在利用各国人民中狭隘的民族感情和某些民族隔阂，来千方百计地破坏无产阶级的国际团结。坚定的无产阶级的革命派坚决地维护这个团结，把这个团结看成各国无产阶级的共同利益。动摇分子在这个问题上动摇不定，没有明确的立场。

共产主义运动一开始就是国际性的运动，因为只有各国无产阶级共同努力，才能战胜各国资产阶级的共同压迫，而实现自己的共同利益。共产主义运动中的这种国际团结，大大地帮助了各国无产阶级革命事业的发展。

俄国十月革命的胜利，给了国际无产阶级革命运动的新发展以巨大的推动力量。在十月革命以来的三十九年中，国际共产主义运动已经得到了极其伟大的成就，在世界范围内成为强大的政治力量。全世界无产阶级和一切渴望解放的人们，都把关于人类的光明前途的全部希望，寄托在这个运动的胜利上面。

在过去的三十九年中，苏联由于是第一个胜利的社会主义国家，而在社会主义阵营出现以后，又是这一阵营中最强大和经验最丰富的国家，对于各社会主义国家以及资本主义世界的各国人民能够给予最重大的援助，所以它一直是国际共产主义运动的中心。这种情况不是任何人人为地决定的，而是历史条件所自然形成的。为了各国无产阶级共同事业的利益，为了共同反对以美国为首的帝国主义阵营对于社会主义事业的进攻，为了争取社会主义各国经济文化的共同高涨，我们必须继续加强以苏联为中心的国际无产阶级的团结。

各国共产主义政党之间的国际团结，是人类历史上一种完全新式的关系。这种关系的发展过程当然不会没有困难。各国共产主义政党必须联合，同时必须保持各自的独立。历史的经验证明，如果不把这两个方面正确地统一起来，而忽视任何一个方面，就不能不犯错误。当各国共产党相互间保持平等的关系，经过真正的而不是形式上的协商而达到意见和行动的一致，它们的团结就会增进。反之，如果在相互关系中把自己的意见强加于别人，或者用互相干涉内部事务的办法代替同志式的建议和批评，它们的团结就会受到损害。在社会主义各国中，由于共产党已经对于国家生活担负领导责任，由于党同党之间的关系往往直接涉及国家间的关系和民族间的关系，这种关系的正确处理就成为一个更加需要慎重对待的问题了。

马克思列宁主义从来坚持无产阶级的国际主义同各国人民的爱国主义相结合。一方面，各国共产党必须用国际主义的精神教育党员和人民，因为各国人民的真正的民族利益要求各民族的友好合作。另一方面，各国共产党又必须成为本国人民的正当的民族利益和民族感情的代表者。共产党人从来是真诚的爱国主义者，而且他们了解，只有在正确地代表了民族利益和民族感情的时候，他们才能受到本国广大人民真正的信任和爱戴，才能有效地在人民群众中间进行国际主义的教育，有效地协调各国人民的民族感情和民族利益。

为了巩固社会主义各国的国际主义团结，社会主义各国的共产党必须相互尊重对方国家的民族利益和民族感情。在较大国家的党对待较小国家的党的关系中，这一点尤其具有重要的意义。为了不致引起较小国家方面的反感，较大国家的党需要经常注意采取平等的态度。列宁说得对："各国有觉悟的共产主义无产阶级，对于遭受压迫极久的国家和民族内的民族心理残余，要特别慎重，特别注意。"

如前所说，斯大林在对待兄弟党和兄弟国家的关系中，曾经表现过某些大国主义的倾向。这种倾向的实质，就是忽视各国共产主义政党和各个社会主义国家在国际联合中的独立平等地位。这种倾向有一定的历史原因。旧时代大国对待小国的积习固然还会留下某些影响，而一个党或者一个国家在革命事业中所取得的一系列胜利，也难免不使人们产生一种优越感。

正是因为这样，为了克服大国主义的倾向，需要作有系统的努力。大国主义并不是某一国家特有的现象。乙国比甲国小和落后，但是比丙国大和先进，这样，乙国尽管埋怨甲国的大国主义，却往往同时对于丙国摆出大国的架子。我们中国人特别需要记住的是：我国在汉唐明清四代也是大帝国。虽然我国从十九世纪中叶以后的百年间成了被侵略的半殖民地，虽然我国现在还是一个经济文化落后的国家，但是在条件变化以后，大国主义倾向如果不竭力防止，就一定会成为严重的危险。而且应该指出，目前这种危险在我们的一些工作人员中已经开始露出了苗头。因此，中国共产党第八次全国代表大会的决议和中华人民共和国政府十一月一日的声明，都向自己的工作人员提出了反对大国主义倾向的任务。

但是妨碍无产阶级国际团结的，不仅有大国主义。大国在历史上不尊重甚至压迫小国，小国在历史上不信任甚至仇视大国。这两种倾向在各国人民中以至各国无产阶级队伍中都还或多或少地存在着。因此，为了巩固无产阶级的国际团结，除了首先要在较大国家中克服大国主义的倾向以外，还必须在较小国家中克服民族主义的倾向。无论是在大国或是小国，共产党人如果把本国本民族的利益同国际无产阶级运动的总利益对立起来，借口前者而反对后者，在实际行动中不认真维护无产阶级的国际团结，反而损害这种团结，这就是一种违反国际主义、违反马克思列宁主义的严重错误。

斯大林的错误曾经引起了某些东欧国家人民的严重不满。但是，在这些国家中，某些人对于苏联的态度也不是公正的。资产阶级民族主义分子竭力夸大苏联的缺点，而抹煞苏联的贡献。他们企图使人们不想到这一点：如果没有苏联存在，帝国主义将怎样对待这些国家和这些国家的人民。我们中国共产党人十分高兴地看到，波兰和匈牙利的共产主义政党现在已经在认真地制止那些制造反苏谣言、在各个兄弟国家的关系中煽动民族对立的坏分子的活动，并且着手破除在一部分群众中以至一部分党员中的民族主义偏见。这显然是巩固社会主义国家友好关系的迫切需要的措施之一。

我们在前面已经指出，苏联过去时期的对外政策，基本上是符合于国际无产阶级利益、符合于被压迫民族利益、符合于世界人民利益的。苏联人民在过去的三十九年中，在援助各国人民的事业方面作了巨大的努力和英勇的牺牲。斯大林所犯的一些错误，决不能使伟大的苏联人民的这种历史功绩减色。

苏联政府在改善苏南关系方面所作的努力，苏联政府在一九五六年十月三十日的宣言，以及在一九五六年十一月间同波兰的会谈，表示了苏联共产党和苏联政府彻底消除过去对外关系中的错误的决心。苏联所采取的这些步骤，对于加强国际无产阶级的团结，是一个重大的贡献。

很明显，当帝国主义者向各国共产主义队伍进行疯狂进攻的今天，各国无产阶级需要努力加强相互间的团结。大敌当前，那些妨害国际共产主义队伍团结的言论和行动，无论用了什么名义，都难于指望获得各国共产主义者和各国劳动人民的同情。

加强以苏联为中心的无产阶级的国际团结，不但符合于各国无产阶级的利益，也符合于全世界被压迫民族独立运动和全世界和平事业的利益。亚洲、非洲、拉丁美洲的广大人民，从切身的经验出发，很容易了解谁是他们的敌人，谁是他们的朋友。因此，帝国主义所煽动的反共、反人民、反和平的浪潮，在这些洲的十几亿人口中只能找到极少数人的冷落的响应。事实证明，苏联、中国、其他社会主义国家以及帝国主义国家的革命无产阶级，是埃及反侵略斗争的忠实支持者，是亚洲、非洲、拉丁美洲各国独立事业的忠实支持者。在反对帝国主义的斗争中，社会主义国家、帝国主义国家的无产阶级和争取民族独立的国家这三种力量，具有共同的利害，它们的相互支援对于人类前途和世界和平具有最伟大的意义。帝国主义侵略势力最近时期重新造成了国际形势的一定程度的紧张。但是依靠上述三种力量的联合斗争，加上全世界其他一切爱好和平的力量的共同努力，这种紧张状况是可以重新转向和缓的。帝国主义侵略势力不但没有从对埃及的侵略中得到什么东西，反而遭到了沉重的打击。由于苏联军队对于匈牙利人民的援助，帝国主义在东欧制造战争前哨阵地和破裂社会主义阵营团结的计划，也已经归于失败。社会主义各国坚持同资本主义国家和平共处，坚持发展相互间的外交关系和经济文化关系，坚持以和平谈判解决国际争端，坚持反对准备新的世界战争，坚持在全世界扩大和平地区、扩大和平共处五项原则的应用范围。所有这些努力，必将在全世界被压迫民族和爱好和平的人民中获得愈来愈广泛的同情。国际无产阶级团结的加强，更将使帝国主义好战分子不敢轻于冒险。因此，尽管帝国主义还在抵抗这些努力，但是和平的力量终将战胜战争的力量。

国际共产主义运动的历史，如果从一八六四年第一国际成立的时候算起，到现在还只有九十二年。在这九十二年中，虽然有许多迂回曲折，但是整个运动的进展是十分迅速的。在第一次世界大战期间，出现了占世界土地六分之一的苏联；而在第二次世界大战以后，又出现了占世界人口三分之一的社会主义阵营。这些社会主义国家犯了一些这样那样的错误，敌人就高兴起来了，有些同志和朋友就难过起来了，其中有一些人甚至对于共产主义事业的前途发生了动摇。但是无论敌人的高兴、同志和朋友的难过或者动摇，都是没有充足理由的。无产阶级初次担负国家的管理，迟的只有几年，早的也只有几十年，要求他们不遭到任何失败是不可能的。短时间的、局部范围的失败，不但过去有，现在有，将来也还会有。但是任何有远见的人决不会为此而感觉失望和悲观。失败是成功之母。目前的短时间的局部性的失败，正是增加了国际无产阶级的政治经验，从而为无限的将来岁月的伟大成功准备条件。如果拿英国资产阶级革命和法国资产阶级革命的历史来比较，我们事业中的这些失败就简直算不得什么。英国的资产阶级革命，开始于一六四零年。但是在战胜了国王以后，接着就出现了克伦威尔的独裁统治。接着又出现了一六六零年的旧王朝的复辟。直到一六八八年，资产阶级政党以政变的方式从荷兰迎来了一个带着荷兰海陆军进入英国的国王，这才使英国的资产阶级专政稳定下来。法国资产阶级革命从一七八九年爆发到一八七五年第三次共和国成立，经过了八十六年，中间交织着进步和反动，共和和帝制，革命的恐怖和反革命的恐怖，内战和外战，征服外国和投降外国，尤其动荡不宁。社会主义革命虽然受着全世界反动派的联合压迫，它的整个道路却顺利和稳定得多。这正是说明了社会主义制度的空前强大的生命力。在最近一段时间内，国际共产主义运动虽然遭到了一些挫折，但是我们却从此得到了许多有益的教训。我们纠正了或者正在纠正我们队伍中必须纠正的一些错误。在错误纠正以后，我们就会更加强大起来，就会团结得更好。同敌人的预料相反，无产阶级的事业将更好地前进而不是后退。

但是帝国主义的命运却完全是另一回事。在那里，帝国主义跟被压迫的民族之间，帝国主义国家相互之间，帝国主义政府跟人民之间，存在着根本利害的冲突，这种冲突愈来愈尖锐，没有一个医生能够找出医治的药方。

当然，新生的无产阶级专政的体系，目前在许多方面还有许多困难，还有许多弱点。但是比之以前苏联孤军奋斗的情况，我们现在是好得多了。而且，哪有一种新生的事物没有困难和弱点呢？问题是在于未来。我们前面的道路无论还有多少曲折，人类最后总是要走到光明的目的地——共产主义，这是没有任何力量可以阻止的。

录自：《再论无产阶级专政的历史经验》，《人民日报》，1956年12月29日，第1—3版。

[**历史背景介绍**]

1956年12月29日《人民日报》用三个版面刊发《再论无产阶级专政的历史经验》一文。这篇标注出处为"根据中国共产党中央政治局扩大会议的讨论由人民日报编辑部写成"的评论文章，历经近两个月的连续讨论和修改，按照《若干重大决策与事件的回顾》的记载，当时中央的工作日程排的很紧，往往是通宵达旦，不分昼夜。文章着重对苏共二十大关于斯大林问题引发的几个重大问题进行了分析讨论。首先，文章对苏联革命和建设道路进行了基本估计，既关注了斯大林对于苏联的发展和国际共产主义运动发展的伟大功绩，又全面认识了斯大林在苏联内外政策方面犯的严重错误，并对这些错误出现的原因进行了认真分析；其次，文章对苏联共产党为纠正斯大林的错误、消除这些错误的后果做出的努力和成就予以肯定，认为苏联共产党已经采取了步骤，并且开始取得成就，苏共二十大在破除关于斯大林的迷信、揭露斯大林错误的严重性、消除斯大林错误的后果方面，表现了巨大的决心和勇气；第三，文章明确提出"为了反对帝国主义的进攻，各国无产阶级的最迫切的任务之一，是加强无产阶级的国际团结"，并强调为了各国无产阶级共同事业的利益，为了共同反对以美国为首的帝国主义阵营对于社会主义事业的进攻，为了争取社会主义各国经济文化的共同高涨，我们必须继续加强以苏联为中心的国际无产阶级的团结。

[史家争鸣]

1957年1月初，香港《新生晚报》刊发评论称中共以前所发的文告，都只是与一国一党有关而已，但此次它却是以整个共产国际为对象发出"指导性"文告，这是从未有过的事情。正因为此，文章评论认为："从《人民日报》这篇'再论无产阶级专政的历史经验'一文，可以看得到这一有力的宣告，正是中共国际地位上升的迹象，它不但对苏联与东欧卫星国提出意见，并且对世界各国共产党宣誓了一种'基本立场'。人们应该注意的是，共产国际理论上的领导权，会不会从莫斯科转移到北平呢！"①

德国统一社会党中央对外联络部部长兼议会外交委员会主席福洛林主动向曾涌泉说，"再论"发表得真合时宜，正是这个时候极需这样高度马列主义理论水平的文章来解决急待解决的各种问题，这真是太好了。②

---

① 《香港反动派报纸胡乱评论人民日报文章》，《内部参考》1957年1月12日，第233页。
② 中国驻德使馆关于东德党政负责人对人民日报专论的反映致外交部电（1957年1月30日），中国外交部档案馆，203-00097-06，第69—70页。

[思考题]

1. 中共为什么要发表《再论无产阶级专政的历史经验》一文?

2.《再论无产阶级专政的历史经验》究竟对国际共运产生了怎样的影响?

3.《再论无产阶级专政的历史经验》的刊发对中苏关系又将会产生怎样的影响?

（赵继珂　编）

167

《列宁主义万岁——纪念列宁诞生九十周年》

（1960年4月22日）
（红旗杂志编辑部《列宁主义万岁
——纪念列宁诞生九十周年》）

一

今年4月22日，是列宁诞生的九十周年。

在列宁诞生后的第二年，即1871年，出现了英勇的巴黎公社起义。巴黎公社是一个划时代的伟大革命，是无产阶级企图推翻资本主义制度的具有全世界意义的第一次演习。当公社因凡尔赛的反革命进攻而临近失败的时候，马克思说："即使公社被搞垮了，斗争也只是延期而已。公社的原则是永存的，是消灭不了的；在工人阶级得到解放以前，这些原则将一再表现出来。"①

什么是公社的最主要的原则呢？按照马克思的说法，那就是：工人阶级不能简单地握取现成的国家机器，并运用它来达到自己的目的。换句话说，无产阶级应当采取革命手段，夺取政权，粉碎资产阶级的军事官僚机器，建立无产阶级专政以代替资产阶级专政。熟悉无产阶级斗争历史的人们都知道，正是在这个根本问题上，形成了马克思主义者同机会主义者、修正主义者的分水岭，而在马克思恩格斯逝世之后，正是列宁，他为了保卫公社的原则，对机会主义者、修正主义者进行了完全不调和的斗争。

巴黎公社没有得到成就的事业，经过了四十六年，终于在列宁直接领导下的伟大十月革命中赢得了胜利。俄国苏维埃的经验是巴黎公社经验的继续和发展。为马克思恩格斯不断阐明、而为列宁根据俄国革命的新经验加以充实的公社原则，首先在地球六分之一的土地上，变成为活生生的事实。马克思说得完全正确：公社的原则是永存的，是消灭不了的。

帝国主义的豺狼们企图绞杀新生的苏维埃国家，联合当时俄国的反革命势力，进行了武装干涉。但是，英勇的俄国工人阶级和苏联各族人民打走了这些外来的强盗，消灭了国内的反革命叛乱，从而巩固了世界上的第一个伟大的社会主义共和国。

在列宁的旗帜下，在十月革命的旗帜下，以无产阶级革命为主导的新的世界革命开始了，人类历史的新纪元开始了。

通过十月革命，列宁的声音迅速地传播到全世界。1919年中国人民反帝反封建的五四运动，正如毛泽东同志所说，"是在当时世界革命号召之下，是在俄国革命号召之下，是在列宁号召之下发生的"②。

列宁的号召所以强有力，就是因为它是正确的。列宁在帝国主义时代的历史条件下，揭示了一系列的关于无产阶级革命和无产阶级专政的不可辩驳的真理。

列宁指出，少数资本主义强国的财政资本寡头，即帝国主义者，不仅在本国剥削人民群众，而且压迫和掠夺全世界，把世界大多数国家变成为他们的殖民地和附属国。帝国主义战争是帝国主义政策的继续。世界大战就是由于帝国主义者贪婪无厌，为争夺世界的市场、原料产地和投资场所，为重新瓜分世界，而发动起来的。只要世界上还存在着资本帝国主义，就还存在着战争的根源，还存在着战争的可能性。无产阶级应当引导人民群众认识战争的根源，为争取和平、反对帝国主义而斗争。

列宁断言，帝国主义是垄断的、寄生或腐化的、垂死的资本主义，是资本主义发展的最后阶段，因而是无产阶级革命的前夜。无产阶级解放的实现，决不能经过改良主义的道路，而只能是经过革命的道路。资本主义国家的无产阶级解放运动应该同殖民地、附属国的民族解放运动结成联盟，这个联盟能够粉碎帝国主义者同殖民地、附属国的封建买办反动势力的联盟，因而不可免地要在全世界最终地结束帝国主义制度。

根据资本主义经济上、政府上发展不平衡的规律，列宁得出结论：由于资本主义的发展在各个国家内是极不平衡的，社会主义将首先在一个或几个国家中获得胜利，而不能在一切国内同时获得胜利。因此，即使社会主义在一个或几个国家中取得胜利，但是其他资本主义国家还存在，这就不仅会引起磨擦，而且会引起帝国主义颠覆社会主义国家的活动。所以，斗争将是持久的。社会主义和资本主义的斗争，将包括一个整个的历史时代。社会主义国家随时都应当警惕帝国主义侵袭的危险，竭尽全力来防止这种危险。

　　一切革命的根本问题，就是国家政权问题。列宁详尽地透彻地论述了无产阶级革命的根本问题，就是无产阶级专政问题。通过革命手段粉碎了资产阶级专政的国家机器而建立起来的无产阶级专政，是无产阶级同农民和其他一切劳动者的特殊的联盟，是阶级斗争在新条件下的另一形式的继续，是为镇压剥削阶级的反抗和抵抗外来的侵略，是为反对旧社会势力及其传统而进行的坚持的斗争，流血的与不流血的，强力的与和平的，军事的与经济的，教育的与行政的斗争。没有无产阶级专政，没有无产阶级专政在这些战线上充分发动劳动人民，顽强地和持续地进行这些不可避免的斗争，那就不可能有什么社会主义，就不可能有什么社会主义的胜利。

　　列宁认为，要实现无产阶级革命，要实现和巩固无产阶级专政，头等重要的是无产阶级要建立自己的一个真正革命的、同机会主义完全决裂的政党，既共产党。这个政党是用马克思主义的辩证唯物主义和历史唯物主义的理论武装起来的。这个政党的纲领，是组织无产阶级和一切被压迫的劳动人民进行阶级斗争，建立无产阶级的统治，经过社会主义而达到共产主义的最终目的。这个政党要同群众打成一片，重视群众的历史首创精神；在进行革命的时候，党要紧紧地依靠群众，在进行社会主义、共产主义建设的时候，党同样地要紧紧依靠群众。

　　这些真理，是列宁在十月革命前后不断揭示的。当时，世界反动派和庸夫俗子们都把列宁揭示的这些真理，视为骇人听闻的东西。但是我们看到，这些真理正在世界的实际生活中节节胜利。

　　从十月革命到现在，这四十多年中，世界上已经发生了新的巨大的变化。

由于社会主义、共产主义建设的伟大成就，苏联把一个原来在帝俄时代是经济技术很落后的国家，变成为具有世界第一流最先进技术的国家了。苏联在经济上技术上的飞跃，把欧洲资本主义国家远远地抛在后面，而且在技术上也把美国抛到后面去了。

以苏联为主力军的反法西斯战争的伟大胜利，冲破了帝国主义在中东欧的锁链。中国人民革命的伟大胜利，冲破了帝国主义在中国大陆上的锁链。一批新的社会主义国家诞生了。以苏联为首的整个社会主义阵营有全地球四分之一的土地，而人口已经占世界总人口的三分之一以上。现在社会主义阵营已经形成一个独立的世界经济体系，而和资本主义的世界经济体系相对立。社会主义各国的工业总产值，现在已经占全世界工业总产值的将近40%，不用很久，就会超过资本主义各国的工业总产值。

帝国主义的殖民地体系瓦解了，并且还在进一步瓦解中。斗争当然是曲折的，但是总的说来，民族解放运动的风暴正在日益广阔地席卷着亚洲、非洲和拉丁美洲。事物的发展走向它的反面：帝国主义者在那里正在一步一步地由强者变为弱者，而那里的人民却一步一步地由弱者变为强者。

第一次大战后一度存在过的资本主义相对稳定的局面早已结束。第二次大战后由于社会主义世界经济体系的形成，资本主义世界市场比过去大大缩小了。资本主义社会中生产力和生产关系的矛盾比过去更加尖锐化了。资本主义的周期性经济危机已经不是从前那样在每十年左右发生一次，而是几乎每三、四年发生一次。最近美国资产阶级的一些代表人物承认了美国在十年内遭遇过三次"经济衰退"，而且在刚渡过1957—1958年的"经济衰退"之后，现在感觉新的"经济衰退"要再来临了。资本主义经济危机的周期的缩短，是一种新的现象，它进一步地标志着世界资本主义制度越来越接近于它的不可避免的灭亡。

资本主义各国发展的不平衡，比以前更加厉害了。帝国主义的地盘越来越窄，狭路相逢，美帝国主义正在不断地从英国、法国和其他帝国主义的手里，夺取它们原有的市场和势力范围。以美国为首的帝国主义各国在十几年来一直在扩军备战，而在第二次大战中被战败的西德日本两国军国主义，在它们原来的敌人美帝国主义者的帮助下又再起了。这两个帝国主义跑出来参与资本主义世界市场的争夺，现在重新在大谈特谈它们的"传统友谊"，正在进行所谓"以华盛顿为起点的柏林—东京轴心"的新活动。西德帝国主义已经肆无忌惮地在国外找寻军事基地。这样就加剧了帝国主义内部的激烈的冲突，同时，增加了对社会主义阵营和一切爱好和平的国家的威胁。现在情况很像第一次大战后美英帝国主义者扶助德国军国主义再起一样，而结果也将依然是他们"搬起石头打自己的脚"。美帝国主义者在第二次大战后制造世界紧张局势，并不是表明它的强大，而是表明它的虚弱，并且恰恰是反映了资本主义制度的空前未有的不稳定性。

美帝国主义者，为了实现它的独霸世界的野心，不但处心积虑地对社会主义国家进行各种破坏和颠覆活动，而且借口反对"共产主义威胁"，以镇压各国革命的世界宪兵自居，在世界上到处布置军事基地，夺取中间地带，进行军事挑战。像老鼠过街人人喊打一样，美帝国主义者到处都碰得皮破血流，到处都在相反地激起人民革命斗争的新高涨。现在连他们自己也感觉到，同以苏联为首的社会主义世界的欣欣向荣的景象比较起来，"美国作为一个世界大国的影响，正在衰落"。在他们那里，"只看到一个古罗马的衰亡时期"。

四十多年来的世界变化，正是：帝国主义一天一天烂下去，社会主义一天一天好起来。我们现在面临着的是一个伟大的新时代，这个新时代的主要特点，就是社会主义的力量超过了帝国主义的力量，世界各国人民觉醒的力量超过了反动的力量。

现在的世界形势，显然已经比列宁在世时期有了巨大的变化，但是这一切变化，不是证明列宁主义已经过时，而是恰恰相反，越来越鲜明地证实列宁所揭示的真理，越来越鲜明地证实列宁在保卫革命的马克思主义和发展马克思主义的斗争中所提出的全部学说。

列宁在帝国主义和无产阶级革命时代的历史条件下，把马克思主义推进到一个新的阶段，而为一切被压迫阶级和被压迫人民指明了一条真正能够摆脱资本帝国主义奴役和摆脱贫困的道路。

这四十年，是列宁主义在世界上取得胜利的四十年，是列宁主义在世界上日益深入人心的四十年。列宁主义不但在已经建立了社会主义制度的各国中取得了并将继续取得伟大的胜利，而且在一切被压迫人民的斗争中不断取得新的胜利。

列宁主义的胜利，得到了全世界人民的欢呼，同时也就不能不引起帝国主义者和一切反动派的仇视。帝国主义者，为了削弱列宁主义的影响，为了麻痹人民群众的革命意志，对列宁主义进行了最野蛮的、最卑鄙的攻击和污蔑，并且从工人运动内部收买、利用动摇分子和叛徒，指使他们对列宁的学说进行歪曲和阉割。在十九世纪末年，当马克思主义击溃各种反马克思主义的思潮，在工人运动中广泛传播，并获得统治地位的时候，以伯恩斯坦为代表的修正主义者，适应资产阶级的需要，提出对于马克思学说的修正；现在，当列宁主义引导世界工人阶级、一切被压迫阶级和被压迫民族向帝国主义和各种反动派进军而获得伟大胜利的时候，以铁托为代表的现代修正主义者，适应帝国主义者的需要，提出对于列宁学说（即现代的马克思学说）的修正。正如1957年11月在莫斯科召开的社会主义国家共产党和工人党代表会议宣言所说："资产阶级影响的存在，是修正主义的国内根源。屈服于帝国主义的压力，则是修正主义的国外根源。"老的修正主义当时企图证明马克思主义已经过时，而现代修正主义则企图证明列宁主义已经过时。莫斯科会议宣言说："现代修正主义企图诽谤马克思列宁主义的伟大学说，说它是'过了时的'，似乎目前对于社会发展已经丧失了意义。修正主义者力图腐蚀马克思主义的革命灵魂，破坏工人阶级和劳动人民对于社会主义的信心。"宣言中这一段话，说得很正确，情形正是这样。

马克思列宁主义的学说，到现在是否"过时"？列宁关于帝国主义、关于无产阶级革命和无产阶级专政、关于战争与和平、关于建立社会主义和共产主义的全部完整的学说，是否还保持着自己的充沛的生命力？如果它还有效，还有充沛的生命力，是指它的一部分，还是指它的整体？我们平常说，列宁主义是帝国主义和无产阶级革命时代的马克思主义，是社会主义、共产主义胜利时代的马克思主义，这个说法是否还保持它的正确性？能不能说列宁原来的结论和我们平常关于列宁主义的概念已经无效，已经不正确，因而我们应该回头去接受那些早已被列宁驳斥得体无完肤、早已在实际生活中无耻地破产了的修正主义、机会主义的结论？这些是当前摆在我们面前的必须回答的问题。马克思列宁主义者必须彻底揭穿帝国主义者和现代修正主义者在这些问题上的谬论，清除他们在群众中的影响，使一些暂时受他们蒙蔽的人们清醒过来，并且进一步激发人民群众的革命意志。

二

美帝国主义者，许多国家资产阶级的公开代表人、以铁托集团为代表的现代修正主义者和社会民主党右翼，他们为了把世界人民引入歧途，竭力对于现代世界形势进行完全歪曲的描绘，企图以此来证明他们的所谓"马克思主义过时了"、"列宁主义也过时了"这类呓语。

铁托去年年底的一次讲话，反复地说了现代修正主义者的所谓"新时代"。铁托说："今天世界已进入了各国可以松一口气并平静地致力于它们国内建设任务的新时代。"他又说，"我们已经进入了议事日程上出现了新问题的时代，这些问题不是战争与和平的问题，而是合作、经济和其他方面的问题，就经济合作而论，也还有经济竞赛的问题。"[③]这个叛徒完全抹杀了世界上阶级矛盾和阶级斗争的问题，企图勾销马克思列宁主义者历来关于我们的时代是帝国主义和无产阶级革命的时代，是社会主义、共产主义胜利的时代的解释。

但是，世界上真实的情况是什么一回事呢？

帝国主义本国被剥削被压迫的人民"可以松一口气"了吗？还在帝国主义压迫下的一切殖民地和半殖民地的人民"可以松一口气"了吗？

在亚洲、非洲和拉丁美洲，以美帝国主义者为首的武装干涉"平静"了吗？在美帝国主义者还在占领我国台湾的时候，我们的台湾海峡"平静"了吗？在阿尔及利亚和非洲的许多地区的人民遭受法、英等帝国主义的武装镇压的时候，非洲大陆"平静"了吗？在美帝国主义采取轰炸、暗害、颠覆活动来破坏古巴的人民革命的时候，拉丁美洲"平静"了吗？

所谓"致力于它们国内建设任务"，是"建设"些什么呢？大家知道，现在世界上存在着各种不同的国家，而主要的是有两类性质根本不同的社会制度的国家，一类属于社会主义世界体系的国家，一类属于资本主义世界体系的国家。铁托所说的，是帝国主义为压迫本国人民、压迫全世界、进行扩充军备的"国内建设"呢？还是社会主义为增进人民幸福、谋求世界持久和平的"国内建设"呢？

战争与和平的问题，不能算成问题了吗？是帝国主义已经不存在，剥削制度已经不存在，因而也就不再存在战争的问题呢？还是让帝国主义和剥削制度永久存在下去，也不会有战争的问题呢？事实上，在第二次大战后，战争一直绵延不断。难道帝国主义镇压民族解放运动的战争，帝国主义武装干涉各国革命的战争，不算是战争吗？虽然这些战争还没有变成世界大战，但是，难道这类局部的战争不算是战争吗？虽然这些战争不是用核武器进行的，但是，难道用所谓常备武器进行的战争，不算是战争吗？是否美帝国主义者把1960年的将近60%的财政预算用于扩军备战，也不算是美帝国主义的好战政策呢？是否西德和日本的军国主义的复活，并不会给人类带来新的大战的危险呢？

是什么"合作"呢？无产阶级同资产阶级"合作"保护资本主义吗？殖民地半殖民地人民同帝国主义"合作"保护殖民主义吗？社会主义国家同资本主义国家"合作"保护帝国主义制度去压迫本国人民、镇压民族解放战争吗？

总之，按照现代修正主义者对于所谓"时代"的说法，就是在上述等等问题上，对列宁主义进行了挑战。他们的目的就是在于抹杀帝国主义国家本国人民群众和垄断资产阶级的矛盾，抹杀殖民地半殖民地人民和帝国主义侵略者的矛盾，抹杀社会主义制度和帝国主义制度的矛盾，抹杀爱好和平的世界人民和帝国主义好战集团的矛盾。

对于"时代"的区别，本来有各种不同的说法。大体上说来，一种是胡吹瞎说，臆造和玩弄一些模模糊糊的、令人捉摸不定的辞句，从而掩盖时代的本质，这是帝国主义者、资产阶级和工人运动中修正主义者惯用的伎俩。一种是对于阶级矛盾和阶级斗争全局的具体情况进行具体分析，提出严格的科学规定，从而彻底揭露时代的本质，这是每个严肃的马克思主义者进行的工作。

列宁这样提出区分时代的标志："……这里谈的是历史上的大时代，无论过去或将来，每个时代都有个别的、局部的、时而前进时而后退的运动，都有脱离一般运动和运动的一般速度的各种倾向。我们无法知道，这个时代的某些历史运动的发展会有多末快，有多末顺利。但是我们能够知道，而且确实知道，那一个阶级是这个或那个时代的中心，决定着时代的主要内容、时代发展的主要方向、时代的历史背景的主要特点等等。只有在这种基础上，即首先估计到区别不同'时代'的基本特征（而不是个别国家历史上的个别情节），我们才能够正确地制定自己的策略……"。④列宁这里说的，所谓时代，是那一个阶级成为时代中心的问题，是那一个阶级决定着时代主要内容、决定着时代发展主要方向的问题。

忠实于马克思辩证法的列宁，时时刻刻都没有离开分析阶级关系的立场。他认为，"马克思主义，是根据日常生活千百万件事实上所表现的阶级矛盾和阶级斗争，来判断'利益'的"。⑤他认为，"马克思的方法首先是考虑具体时间、具体环境中的历史过程的客观内容，以便首先了解，在这个具体环境里，那一个阶级的运动是可能推动社会进步的主要动力"。⑥列宁总是要我们根据阶级的分析，考察具体的历史发展过程，而不是去笼统地谈什么"一般的社会"，什么"一般的进步"。我们马克思主义者不能够单单根据某些眼前事变，某种细小的政治变动，来规定无产阶级的政策，而是应该从整个历史时代的阶级矛盾和阶级斗争的全局，来规定无产阶级的政策。这是马克思主义者的基本理论阵地。列宁正是牢牢地占领了这个阵地，而在阶级变化的新时期，在历史的新时期，得出了关于人类的希望全在于无产阶级的胜利，无产阶级必须准备在这个大革命的搏战中赢得胜利，从而建立无产阶级专政的结论。在十月革命后，1918年俄共（布）第七次代表大会上，列宁说过:"我们应当从商品生产的发展、向资本主义的过渡以及资本主义发展为帝国主义这个总的基础出发。这样,我们从理论上来占领和巩固阵地,任何一个没有背叛社会主义的人都不会把我们赶出这个阵地。同时,也可以从这里得出同样必然的结论:社会主义革命的时代已经开始了。"这就是列宁的结论,而且一直到现在,还是需要一切马克思主义者深思的结论。

革命的马克思主义者关于我们的时代是帝国主义和无产阶级革命的时代,是社会主义、共产主义胜利时代的提法,是不可能推翻的,因为这种提法完全正确地把握了我们现在这个大时代的基本特征。关于列宁主义是革命马克思主义在这样大时代中的继续和发展的提法,关于列宁主义是无产阶级革命、无产阶级专政的理论和政策的提法,也是不可能推翻的,因为正是列宁主义揭露了我们这个大时代中工人阶级与垄断资本的矛盾,帝国主义各国相互间的矛盾,殖民地半殖民地人民与帝国主义的矛盾,无产阶级获得胜利的社会主义国家与帝国主义国家的矛盾,因此,列宁主义也就成了我们胜利的旗帜。但是,同革命马克思主义这一系列的提法相反,在铁托们那种所谓"新时代"里面,实际上是,帝国主义不见了,无产阶级革命不见了,无产阶级革命、无产阶级专政的理论和政策当然也不见了。总之,在他们那里,看不见我们时代的阶级矛盾和阶级斗争的根本焦点,找不到列宁主义的根本问题,找不到列宁主义。

现代修正主义者硬说,在他们的所谓"新时代"里,由于科学技术的进步,马克思、列宁所提出的"旧概念"已经不适用了。铁托提出了这样的说法:"我们不是教条主义者,因为马克思和列宁没有预言月球火箭、原子弹和巨大的技术进步"⑦很好,不是教条主义者。谁要他们当教条主义者呢?但是,可以是为了马克思列宁主义而反对教条主义,也可以是反教条主义其名,而反对马克思列宁主义其实。铁托们就是属于后面这一类。在科学技术的进步对于社会发展起什么影响的问题上,有一种人,他们因为不能够用唯物史观来看待它,就产生了不正确的看法,这是可以理解的,但是现代修正主义者却故意在这个问题上制造混乱,利用科学技术的进步,妄图推翻马克思列宁主义。

近几年来，苏联在科学技术上的成就，站在世界的最前列。苏联的这些成就，是伟大十月革命的产物。这些突出的成就，标志着人类征服自然界的新纪元，同时对于保卫世界和平的事业起了很重大的作用。但是，在现代技术发展的新条件下，是不是像铁托所说的，马克思列宁主义的思想体系，业已被马克思列宁所"没有预言"的"月球火箭、原子弹和巨大的技术进步"所动摇了呢？能不能说，马克思列宁主义世界观、社会历史观、道德观等等基本观念，业已因此变成了所谓陈腐的"教条"，阶级斗争的规律已经从此再不存在呢？

马克思和列宁没有活到现在，当然没有可能看见现代世界上技术进步的一些具体情况。但是，自然科学的发展，技术的进步，对于资本主义制度说来，究竟是预兆着什么？他们认为，这只是预兆着新的社会革命，决不是预兆着社会革命会消失下去。

我们知道，马克思和列宁都是为自然科学和技术征服自然界的新发现和进步而欢欣鼓舞。恩格斯在"马克思墓前的演说"中曾说过：

"科学在马克思看来是一种在历史上起推动作用的、革命的力量。虽然任何理论科学中的每个新的甚至尚无从预见其实际应用的发现都使他感到异常喜悦，但当有了立即会对工业、对一般历史发展起革命影响的发现的时候，他所感到的喜悦更是完全不同了。"

恩格斯在说这段话之后，接着又说"须知，马克思首先是一个革命家"。说得很对啊！马克思总是以无产阶级革命家的观点，而不是以无产阶级革命消失论者的观点，去看待一切征服自然界的新发现的。

威廉·李卜克内西在"回忆马克思"一文里说：

"马克思嘲笑欧洲得胜的反动势力，它们幻想革命已被窒息，而没有想到自然科学正在准备一次新的革命。蒸汽大王在前一世纪中翻转了整个世界；现在它的统治已到末日；另外一种更大得无比的革命力量——电力的火花将取而代之。

"……这件事的后果是不可估计的。经济革命之后，一定要跟着政治革命，因为后者只是前者的表现而已。

"在马克思谈到科学与力学的这种进步时；他的世界观，尤其是现在所谓的唯物史观，表现得如此清晰，使我前此依旧保持着的某些疑点，像春天阳光下的积雪一样地融化了。"

马克思就是这样从科学和技术的进步那里，感到革命的气息的。他认为，科学技术的新进步将会引起推翻资本主义制度的社会革命。在马克思看来，自然科学和技术的进步，是进一步加强马克思主义整个世界观的阵地，加强唯物史观的阵地，而绝不是在动摇它。自然科学和技术的进步，是进一步地加强无产阶级革命和被压迫民族进行反对帝国主义斗争的阵地，而决不是在削弱它。

同马克思一样，列宁也是把技术的进步同社会制度的革命问题联系起来观察的。列宁就是这样地认为："蒸汽时代是资产阶级的时代，电气时代是社会主义的时代。"[⑧]

请把马克思、列宁的这种革命精神同现代修正主义者背叛革命的可耻态度比较一下吧！

在阶级社会，在帝国主义时代，马克思列宁主义者总只能用阶级分析的观点，去看待技术的发展和使用的问题。

由于社会主义制度是进步的，是代表人民利益的，因此，社会主义国家要利用原子能和火箭等类新技术来服务于国内和平建设，来征服自然界。社会主义国家对于这类新技术掌握得越多，发展得越快，就将进一步达到高速度发展社会生产力从而满足人民需要的目的，同时，就将进一步增强制止帝国主义战争的力量，增加保卫世界和平的可能性。所以，为社会主义各国人民的福利，为全世界人民的和平利益，各个社会主义国家，只要有可能，都应当越来越多地掌握这类为人民谋福利的新技术。现在，社会主义的苏联对于新技术的发展已经显著地占着优势。人们知道，打中月球的火箭正是苏联发射的，而不是由资本主义最发达的国家美国发射的。这一点说明：只有在社会主义国家，才能够有大量发展新技术的无限前途。

相反，由于帝国主义制度是反动的、反人民的制度。所以，帝国主义国家要把这类新技术用于侵略外国和威胁本国人民的军事目的，用于制造杀人的武器。对于帝国主义国家来说，这类新技术的出现，只是把社会生产力的发展和资本主义生产关系的矛盾推进到一个更新的阶段，它所带来的，决不是什么资本主义要永远生存下去，而将只能是进一步激发它本国人民的革命，将只能是资本主义这个吃人的罪恶的旧制度的毁灭。

美帝国主义者和它的伙伴，利用原子弹这类武器对全世界进行战争威胁，进行讹诈。他们说，谁不服从美帝国主义的统治，谁就要遭到毁灭。铁托集团也随声附和，为美帝国主义帮腔，在人民群众中散播原子战争的恐怖。美帝国主义的讹诈和铁托集团的帮腔，只能暂时迷惑不明真相的人，但是吓不倒觉悟了的人民；就是暂时不明真相的人，也会在先进分子的帮助下逐步明白过来。

马克思列宁主义者历来认定，在世界历史上，决定人类命运的，并不是技术，而是人，是人民群众。在中国抗日战争前和抗日战争期间，在有些人中曾经一度流行所谓“唯武器论”，说什么日本武器新，技术高，什么中国武器旧，技术低，所以，他们的结论是所谓“中国必亡”。毛泽东同志当时发表的“论持久战”，驳斥了这类胡说。他作了如下的分析：日本帝国主义者侵华战争必败，因为它是反动的，不义的，是失道寡助的；而中国人民抗日战争必胜，因为它是进步的，正义的，是得道多助的。毛泽东同志指出：战争的威力之最深厚的根源，存在于民众之中，而由人民群众觉悟起来、团结起来所组织的人民军队，将无敌于天下。这是马克思列宁主义的论点。结果如何呢？结果是：马克思列宁主义的论点胜利了，而那些什么“亡国论”终于失败了。第二次大战后，在朝鲜战争中，朝中人民打败了在武器装备上比自己高得多的美国侵略者，又一次证明了这个马克思列宁主义的论点。

觉悟的人民总会找出新的办法去抵制反动派的武装优势，从而取得自己的胜利。过去历史是这样，现在和将来也还是这样。由于社会主义的苏联在军事技术上已经占了优势，使美帝国主义者失去了原子武器和核武器的垄断地位，同时，由于世界人民的觉悟，美国本国人民的觉悟，在现在世界上就存在着成立禁止原子武器和核武器协定的可能性。我们是力求能够成立这类协定的。同好战的帝国主义者相反，社会主义各国和全世界爱好和平的人民，都是积极地、坚决地主张禁止和销毁原子武器和核武器。我们总是为反对帝国主义战争而斗争，总是为禁止原子武器和核武器而斗争，总是为保卫世界和平而斗争。这种斗争进行得越广泛，越深入，把美帝国主义者和其他帝国主义者的好战成性的残暴面貌揭露得越全面，越彻底，那末，也就越能够把美帝国主义者和其他帝国主义者在世界人民面前孤立起来，就越有可能束缚美帝国主义者和其他帝国主义者的手足，就越有利于世界和平的事业。反之，如果我们对帝国主义发动战争的危险丧失了警惕性，不努力发动各国人民起来反对帝国主义，把人民的手足束缚起来，那么，帝国主义就可以为所欲为地进行战争的准备，其结果就必然增加帝国主义发动战争的危险，而在战争爆发时，人民就可能因为毫无准备或准备不足，而不能够迅速地采取正确的态度对待战争，从而不能够有力地制止战争。当然，帝国主义者究竟打不打，不是由我们决定的，我们终究不是帝国主义者的参谋长。只要各国人民提高了觉悟，有了充分的准备，在社会主义阵营也已掌握了现代武器的条件下，可以肯定，如果美帝国主义者或其他帝国主义者拒绝达成禁止原子武器和核武器的协议，而且一旦敢于"冒天下之大不韪"，用原子武器和核武器进行战争，结果将只是这些在世界人民包围中的野兽自身很迅速地被毁灭，而决不会是什么人类的毁灭。帝国主义发动罪恶的战争，始终是我们所反对的，因为帝国主义战争会给各国人民（包括美国和其他帝国主义国家的人民）带来巨大的牺牲。但是，如果帝国主义者把这种牺牲硬加在各国人民头上，我们相信，正如俄国革命和中国革命的经验一样，这种牺牲是会得到代价的。胜利的人民，他们在帝国主义死亡的废墟上，将会以极迅速的步伐，创造出比资本主义制度高千百倍的文明，创造起自己真正美好的将来。

结论只能是：不论从那一方面来看，原子能、火箭等等，这些新的技术，都没有像现代修正主义者所说的那样，已经改变列宁所指出的帝国主义和无产阶级革命时代的基本特征。资本帝国主义制度，是绝对不会自己倒下去的，它将被本国的无产阶级革命和殖民地半殖民地的民族革命所推倒。当代技术的进步，不能挽救资本帝国主义制度灭亡的命运，而只是给资本帝国主义制度敲了一次新的丧钟。

三

现代修正主义者，从他们对现代世界形势的荒谬论断出发，从他们的那种所谓马克思列宁主义的阶级分析和阶级斗争的理论已经过时的荒谬论断出发，企图在暴力、战争、和平共处等一系列问题上，根本推翻马克思列宁主义的基本原理。

此外，还有些人，他们并不是修正主义者，他们是好心善意的人，真诚愿望做一个马克思主义者，可是面对着某些历史的新现象，感到迷惑，有了一些不正确的想法，例如他们中有人说，美帝国主义的原子讹诈政策的失败，就是暴力的终结。在我们彻底驳斥现代修正主义者的谬论的同时，也应当帮助这些好心善意的人改正自己的不正确的想法。

什么叫暴力？关于这个问题，列宁在"国家与革命"这本书里说得很多了。国家的出现和存在，本身就是一种暴力。列宁介绍了恩格斯以下的说明："……构成这个权力的，不仅有武装队伍，而且还有实体的附属物，如监狱以及其他种种强迫机关……。"列宁告诉我们，必须区别资产阶级专政的国家和无产阶级专政的国家这两种不同性质的国家，区别反革命的暴力和革命的暴力这两种不同性质的暴力，有反革命的暴力，就必然会有革命的暴力来反对它。没有革命的暴力，就不可能消灭反革命的暴力。剥削阶级占统治地位的国家，就是一种反革命的暴力，就是代表剥削阶级对被剥削阶级实行镇压的特别力量。在帝国主义者没有原子弹或火箭武器以前，和有了这类新武器以后，帝国主义的国家始终是镇压本国无产阶级和国外殖民地半殖民地人民的特殊力量，始终是这样的暴力机关；即使帝国主义者被迫不能使用这类新武器，帝国主义国家只要还没有被推翻，而代之以人民的国家，代之以本国无产阶级专政的国家，它当然依旧是帝国主义的暴力机关。

从有史以来，还没有过像现在资本帝国主义者形成了的这样大规模的极端凶残的暴力。十多年来，美帝国主义者一直肆无忌惮地采取比以前野蛮百倍的折磨手段，蹂躏本国工人阶级的杰出的儿子，蹂躏黑人，蹂躏一切进步人士，而且一直肆无忌惮地公开宣称要把全世界放在它的暴力统治之下。它继续不断地在扩张自己的暴力，同时其他帝国主义者也在从事加强暴力的竞赛。

以美国为首的帝国主义各国的军事膨胀，是在空前沉重的资本主义总危机下出现的。帝国主义越是疯狂地把它的军事力量发展到最高点，就越是意味它们本身接近于灭亡。现在连有些美帝国主义者的代表人，也预感到了资本主义制度灭亡的必然性。但是，是不是因为帝国主义已经接近于灭亡，帝国主义就会自己终结自己的暴力，帝国主义国家的当权者就会自行放弃原来建立起来的暴力呢？

能不能说，帝国主义者比起过去的时期说来，已经不成为暴力的爱好者，或者对于暴力的爱好程度已经下降了呢？

对于像这类的问题，列宁早已给了多次的回答。在"帝国主义是资本主义的最高阶段"一书中，他是这样指出的："……帝国主义在政治方面总是力图施用暴力和实行反动的。"十月革命后，他在"无产阶级革命和叛徒考茨基"一书中，还特别叙述了历史，把垄断前的资本主义和垄断资本主义即帝国主义的差别，作了一番比较。他说："垄断前的资本主义（它的全盛时期也正是在十九世纪七十年代），由于它的根本的经济特点（这种特点在英美表现得特别典型），比较地说，最爱和平，最爱自由。但是帝国主义，即在二十世纪才完全形成的垄断资本主义，由于它的根本的经济特点，则最不爱和平，最不爱自由，到处发展军国主义。"当然，列宁这些话，是在十月革命初期说的，那时无产阶级的国家才新生，它的经济力量还很幼弱，而经过了四十多年，如我们前面所叙述的，苏维埃国家本身和全世界都已经大大改变了面貌。那么，是不是因为苏联力量的强大，社会主义力量的强大，和平力量的强大，帝国主义的本性就已经改变，因而列宁的上述论断已经过时？或者说，帝国主义的本性虽然没有改变，但是它将再不使用暴力？这种看法是否合乎真实的情况呢？

在社会主义世界体系和资本主义世界体系的斗争中，社会主义体系已经很明显地占了优势。这一个伟大的历史事实削弱了帝国主义在全世界所拥有的暴力的地位。但是，这个事实会不会使帝国主义者从此不再压迫本国人民，不再向外扩张，进行侵略活动呢？会不会使帝国主义者的好战集团从此就"放下屠刀"、"卖刀买牛"呢？会不会使帝国主义国家的军火商集团从此就改营和平的行业呢？

所有这些问题，都放在当前一切严肃的马克思列宁主义者面前，而必须加以深思熟虑。显然，对这些问题看待得正确不正确，处理得正确不正确，是同无产阶级事业的成败和全世界人类的命运密切相关的。

战争是暴力所表现的最尖锐的形式。一种是国内战争，一种是国外战争。暴力并不是经常都用战争这样尖锐化的形式表现出来。在资本主义国家，资产阶级的战争是资产阶级平时政策的继续，资产阶级的和平是资产阶级战时政策的继续。资产阶级总是互相交替地采取战争与和平这两种形式去实行对人民统治和对外斗争。在所谓和平时期，帝国主义者依靠武装力量，用逮捕、监禁、苦役、屠杀等等这类暴力的形式去对付被压迫阶级和被压迫民族，同时又准备使用战争这类暴力的最尖锐的形式去镇压国内人民的革命，去进行对外的掠夺，去压倒外国的竞争者，去扑灭外国的革命；或者是，国内和平和国外战争同时存在。

在十月革命初期，各帝国主义者采取战争形式的暴力对付苏联，这是各帝国主义政策的继续；在第二次大战中，德帝国主义者采用大规模战争形式的暴力向苏联进攻，这是德帝国主义政策的继续。但是另方面，帝国主义者在各个不同时期又同苏联建立和平共处的外交关系，这当然也是帝国主义政策在一定条件下的另一种形式的继续。

的确，现在出现了有关和平共处的一些新问题。帝国主义者站在强大的苏联的面前，站在强大的社会主义阵营的面前，他们终究要考虑考虑，他们如果向苏联进攻，向社会主义国家进攻，会不会像希特勒一样反而加速自己的灭亡，会不会对于资本主义制度本身反而带来最严重的后果。

"和平共处"，这是十月革命后世界上出现了社会主义国家以后才产生的一个新概念，是列宁在十月革命前所预见的关于"社会主义不能在一切国家内同时获得胜利，它将首先在一个或几个国家中获得胜利，而其余国家在某些时间内将仍然是资产阶级的或资产阶级前期的国家"⑨这一种情况中所形成的新概念，是列宁在伟大的苏联人民战胜了帝国主义的武装干涉之后所提出的新概念。如上所述，起初，帝国主义者并不愿意同苏联和平共处。只是在干涉苏联的战争遭到失败之后，只是经过了几年的实际较量之后，只是在苏维埃国家业已站住了脚之后，只是在苏维埃国家和帝国主义国家业已形成某种均势之后，帝国主义者才被迫得同苏联"共处"。1920年，列宁说，"我们已经争得能够同资本主义列强共处的条件，这些强国现在已经不得不同我们建立贸易关系了"⑩。可见世界上第一个社会主义国家能够同帝国主义实行一定时期的和平共处，完全是斗争得来的。在第二次大战之前，从1920年到1940年德国进攻苏联之前，是帝国主义和苏联和平共处的时期。在这二十年间，苏联一直遵守和平共处的信义。但是，到1941年，希特勒就不愿同苏联和平共处了，德帝国主义者背信弃义地向苏联举行了野蛮的进攻。由于以伟大苏联为主力军的反法西斯战争的胜利，在世界上重新出现了社会主义国家同资本主义国家和平共处的局面。可是，帝国主义者是并没有死心的。美帝国主义在苏联和整个社会主义阵营周围到处建立军事基地和导弹基地网。美帝国主义一直到现在，还占领着我们的台湾，在台湾海峡随时向我们进行军事挑衅。美帝国主义武装干涉朝鲜，曾经在朝鲜土地上同朝鲜人民和中国人民进行过规模很大的战争，而结果是由于美帝国主义的失败才缔结了停战协定，但是直到现在，它还在干涉朝鲜人民的统一。美帝国主义用武器援助了法帝国主义占领军反对越南人民的战争，直到现在，也还在干涉越南人民的统一。美帝国主义曾经在匈牙利制造反革命的叛乱，一直到现在，还在东欧社会主义国家和其他社会主义国家，不断地企图利用各种方法，进行颠覆活动。事实还是如列宁在1920年2月间对美国记者所说的，在和平问题上，"我们这方面没有什么障碍。美国（以及其他国家）资本家方面的帝国主义才是障碍"⑪。

社会主义国家的外交政策只能是和平政策。社会主义制度决定我们不需要战争，决不会去发动战争，决不许可、决不应该、也决不能够侵占邻国的一寸土地。中华人民共和国自从成立以来，一直坚持和平的外交政策。我国同印度和缅甸这两个邻邦共同倡导了著名的和平共处的五项原则；我国还在1955年的万隆会议上和亚非各国共同通过了和平共处的十项原则。几年以来，我国共产党和我国政府一贯支持以赫鲁晓夫同志为首的苏共中央和苏联政府为争取和平所进行的活动，认为苏共中央和苏联政府所进行的争取和平的活动，在世界各国人民面前，进一步地证明了社会主义国家的和平外交政策的坚定性，也进一步地证明了各国人民制止帝国主义发动新世界大战和争取世界持久和平的必要性。

1957年的莫斯科会议宣言说："维护着和平事业的是当代的这些强大的力量：不可摧毁的以苏联为首的社会主义阵营；站在反帝立场上并且同社会主义国家一起构成广大和平地区的亚非爱好和平的国家；国际工人阶级，首先是它的先锋队——共产党；殖民地和半殖民地人民的解放运动；世界各国人民争取和平的群众运动。坚决反抗新战争的策划的，还有欧洲宣布中立各国的人民，拉丁美洲的人民以及帝国主义国家的人民群众。这些强大力量的联合可以阻止战争的爆发。"只要继续发展这些强大力量，和平共处的局面就有可能继续保持，甚至可以正式取得某种和平共处的协定，以至有可能达成禁止原子武器和核武器的协定。这是完全符合于世界各国人民的愿望的好事。但是，即使在这样的情况下，只要帝国主义制度还存在，作为暴力最尖锐化的形式，即战争，也并没有在世界上结束。事情并不是像南斯拉夫修正主义者所说的那样，列宁在反对机会主义的时候所反复说明、反复坚持的"战争是政策的继续"的定义，已经过时。[⑫]

我们相信列宁的思想是完全正确的：战争是剥削制度的必然产物，现代战争的根源是帝国主义制度。在帝国主义制度和剥削阶级死亡以前，这样性质或那样性质的战争，总还是会出现的。可能是帝国主义为重新瓜分世界而发生的相互间的战争，可能是帝国主义和被压迫民族之间的侵略和反侵略的战争，可能是帝国主义国家内被剥削阶级和剥削阶级之间的革命和反革命的国内战争，当然也还可能是帝国主义进攻社会主义国家而社会主义国家被迫进行防御的战争。所有这一切战争，都是一定阶级的政策的继续。马克思列宁主义者绝不能陷入资产阶级和平主义的泥坑，对于这一切战争的问题，只能采用具体的阶级分析的方法，来加以理解，并由此得出无产阶级在政策上的结论。正如列宁在"无产阶级革命的军事纲领"一文中所说："如果忘记任何战争都不过是政策用别种手段的继续，那在理论上是完全错误的。"

帝国主义为着达到它的掠夺、压迫的目的，总是有它的两手，一手是战争，一手是"和平"；因此，各国无产阶级和各国人民一定也要有两手来对付帝国主义，一手是揭穿帝国主义的和平欺骗，竭力争取真正的世界和平，一手是准备在帝国主义发动战争的时候，用正义战争来结束帝国主义的不义战争。

总之，为着世界各国人民的利益，在暴力、战争、和平共处这些问题上，都必须粉碎现代修正主义的谬论，坚持马克思列宁主义的观点。

南斯拉夫修正主义者否认暴力所固有的阶级性，因而抹杀革命暴力和反革命暴力的根本区别；否认战争所固有的阶级性，因而抹杀正义战争和非正义战争的根本区别；他们否认帝国主义战争是帝国主义政策的继续，否认帝国主义重新发动大战的危险性，否认只有在剥削阶级消灭之后才有消灭战争的可能性，以至于无耻地把美帝国主义的头子艾森豪威尔叫作是"消除冷战和建立持久和平及不同政治制度间和平竞赛的奠基人"[13]；他们否认在和平共处的条件下还存在复杂的、激烈的，包括政治、经济、意识形态各方面的斗争；等等——南斯拉夫修正主义者这些论点，都是为了毒害各国无产阶级和各国人民的思想，而有利于帝国主义的战争政策。

四

现代修正主义者把社会主义国家的对外和平政策和资本主义国家内的无产阶级对内政策混为一谈，因而认为不同社会制度的国家和平共处，就是资本主义可以和平长入社会主义，就是在资产阶级统治下的各国无产阶级可以抛弃阶级斗争，可以和资产阶级，和帝国主义者，实行"和平合作"，就是无产阶级和一切被剥削阶级应该忘记他们是在阶级社会中生活着，等等——这些论点也都是同马克思列宁主义根本对立的。他们的目的是要保护帝国主义的统治，企图使无产阶级和一切劳动群众永远接受资本主义的奴役。

各国和平共处，和各国人民革命，本来是两件事，而不是一件事；是两个概念，而不是一个概念；是两类问题，而不是一类问题。

和平共处，说的是国家与国家相互关系的问题；革命，说的是本国被压迫人民推翻压迫阶级的问题，而对殖民地半殖民地国家说来，首先是推翻国外压迫者即帝国主义者的问题。在十月革命以前，世界上没有什么社会主义国家和资本主义国家和平共处的问题，因为那时还没有社会主义国家；可是，世界上却存在了无产阶级革命和民族革命的问题，因为各国人民根据本国的具体情况，早已把这类革命或那类革命摆在决定自己国家命运的议事日程上。

我们是马克思列宁主义者，我们一直认为，革命是每一个民族自己的事情。我们一直认为，工人阶级只能自己解放自己，而某一个国家人民的解放，要依靠自己国内人民的觉悟，自己国内革命成熟的条件。革命不能输出，也不能输入。谁也不能不许别国人民进行革命，也不能用"揠苗助长"的方法去制造别国的革命。

在1918年6月间，列宁说得好："有人以为，革命可以在别的国家里按照定单和协议来进行。这些人不是疯子，就是挑拨者。近十二年来，我们经历了两次革命。我们知道，革命是不能按照定单和协议进行的，只有当千千万万的人认为不能再这样生活下去的时候，革命才会爆发。"⑭ 除了俄国革命的经验以外，中国革命的经验不也是一个最好的例证吗？我们中国人民在中国共产党领导下也经历了几次革命。帝国主义者和一切反动派也是像疯子一样，总说我们的革命是按照什么外来的定单和协议进行的。但是，全世界人民都知道我们的革命并不是由国外输入的，而是因为我国人民群众不能够在旧中国继续生活下去，因为我国人民要求创造自己的新生活。

当社会主义国家由于帝国主义进攻而被迫进行防御战争并举行反攻的时候，像苏联在反希特勒的战争中那样，为着追击和消灭这种从国外来的敌人因而越出国境，这应该不应该呢？毫无疑问，这是完全应该的，完全必需的，完全正义的。根据共产主义者的严格的原则，必须是绝对地限制在帝国主义向社会主义国家发动侵略战争的时候，社会主义国家才能够这样做。社会主义国家决不许可、决不应该、也决不能够在不是受到国外敌人侵略的情况下，使自己的军队越出国境。社会主义的国家的军队是正义的军队，在他们因为反击国外敌人而不得不越出国境的时候，当然会在他们所到的地方，发生影响，发生作用，但是，即使这样，在那些地方，在那些国家，也还只能根据人民群众的意志，才能够出现人民的革命，才能够建立起社会主义制度。

革命思想的传播，从来没有国家的界限。但是它只有在具体国家的具体条件下，经过人民群众的手，才会获得革命的果实。不仅在无产阶级革命的时代是这样，在资产阶级革命的时代也完全是这样。处在革命时代的各国资产阶级曾经把卢梭的"民约论"当作福音，而革命的各国无产阶级则把马克思的"共产党宣言"、"资本论"和列宁的"帝国主义是资本主义的最高阶段"、"国家与革命"等等当作福音。时代不同，阶级不同，意识不同，革命性质不同，而只要那个国家有那种革命的要求，并且在革命危机成熟的时候，就谁也阻止不了革命的爆发。社会主义制度终究要代替资本主义制度，这是一个不以人们自己的意志为转移的客观规律。不管反动派怎样企图阻止历史车轮的前进，革命或迟或早总会发生，并且将必然取得胜利。人类有史以来一切社会的更迭，都是这样。封建制度代替奴隶制度，资本主义制度代替封建制度，这些也都是不以人们自己的意志为转移的规律，而所有这些更迭，也都是通过革命。

臭名远扬的老修正主义者伯恩斯坦曾经说过以下一段话："你们回想一下古罗马吧，那里也曾有过一个统治阶级，它不从事劳动而只是生活得很好，结果这个阶级变弱了。这样一种阶级必须逐渐地交出它的统治。"⑮所谓奴隶主"这个阶级变弱了"，这是伯恩斯坦不能掩盖的历史事实，正如现在美帝国主义者也不能掩盖自己日益变弱这个现实的事实一样。但是，这一个无耻的、以历史家自命的伯恩斯坦，他偏偏想掩盖古代罗马史如下的最基本的事实，那就是：奴隶主并不是自己"交出它的统治"，它的统治是被长期的、反复的、绵延不断的奴隶革命所打垮的。

所谓革命，就是意味着被压迫阶级使用革命的暴力，意味着革命战争。奴隶革命是这样，资产阶级革命也是这样。列宁说得对："历史证明，从来没有一个被压迫阶级，不经过专政时期，即夺取政权并用暴力镇压剥削者的最猛烈最疯狂的反抗，就取得了统治，就能够取得统治。……先进国家的资产阶级也是经过一系列起义、内战，用暴力镇压国王、封建主、奴隶主及其复辟企图才取得政权的。"[16]

为什么事情会是这样的？

我们在这里还得用列宁的话来回答问题。

第一，正如列宁所说的："世界上还没有一个不经过斗争就自动下台的统治阶级。"[17]

第二，正如列宁所说的："反动阶级总是自己首先使用暴力，发动内战，'把刺刀提到日程上来'。"[18]

因此，我们怎样去设想无产阶级的社会主义革命呢？

我们还得再用列宁以下两段话来回答问题。

我们读一读列宁以下的一段话吧：

"历史上从来没有过一次不经过国内战争的大革命，并且也没有一个真正的马克思主义者会认为，不经过国内战争就能从资本主义过渡到社会主义。"[19]

列宁这一段话是把问题说得很清楚的。

我们再读一读列宁以下的又一段话吧：

"假使社会主义以和平方式产生，资本家先生们也是不愿意让它这样产生的。这样说还有点不够。假使连战争也没有，所有的资本家先生也会采取种种办法制止这种和平发展。伟大的革命即使像法国大革命那样以和平方式开始，也是以反革命资产阶级所发动的疯狂战争而告终。"[20]

问题又被列宁说得很清楚了。

伟大的十月革命就是列宁这些论断的最好的事实的见证者。

我们中国革命同样地也是列宁这些论断的最好的事实的见证者。人们不会忘记：中国人民，中国无产阶级，是在中国共产党的领导下，经过了二十二年的残酷的国内战争，才在全国范围内取得胜利，取得政权的。

第一次大战以后西方无产阶级革命的历史告诉我们：即使资本家先生们不是直接地、公开地掌握政权，而是经过它们的仆役——社会民主党那些叛徒们代理政权的时候，那些卑鄙的叛徒也当然会随时按照资产阶级的意旨，掩护资产阶级的白卫军暴力，把无产阶级的革命战士们投入血泊里。当时的德国就是如此。战败了的德国大资产阶级把自己的政权交给社会民主党人掌管。刚上台的社会民主党的政府立即在1919年1月向德国工人阶级实行了血腥的镇压。请大家回忆回忆被列宁所称为"世界无产阶级国际的优秀人物"、"国际社会主义革命的永垂不朽的领袖"卡尔·李卜克内西、卢森堡等，是怎样地在当时的社会民主党人的暴力下面流了他们的鲜血吧！请大家回忆回忆列宁所说的，那些叛徒们——所谓"社会主义者"是怎样地为了保护资本主义制度和资产阶级利益，"所干的这种杀人勾当的卑鄙无耻"[20]吧！请大家根据历史上和现在资本主义世界一切血淋淋的事实，想想老修正主义者和现代修正主义者所谓"资本主义和平长入社会主义"那一连篇的鬼话吧！

照上所说，是否我们马克思列宁主义者在有和平发展的可能条件下，也拒绝采用和平过渡的方针呢？不。绝不是这样的。

大家知道，科学共产主义的伟大创始人之——恩格斯在"共产主义原理"这个有名的著作中曾经回答过"能不能用和平的办法来废除私有制"的问题。

恩格斯答：

"但愿如此，共产主义者很少想反对这样办的。共产主义者知道得很清楚：任何密谋都不但无益，而且有害。他们知道得很清楚：革命既不能随心所欲地制造，也不能定做，它们在任何地方都是完全不以个别政党和整个阶级的意志和领导为转移的各种情况的必然结果。但同时，他们也看到，几乎所有文明国家的无产阶级的发展都大受压制，并且也看到共产主义者的反对者这样做，无异是想尽方法引起革命……。"

恩格斯这一段文字，是在一百多年前写的，但直到现在，我们读起来还是多末新鲜呵！

大家更知道，在俄国二月革命后的一段时间里，由于当时的特殊条件，列宁采取过革命和平发展的方针。列宁认为这是"革命历史上非常罕见的机会"②。他紧紧地抓住这个机会。但是，资产阶级临时政府和白卫军破坏了这种革命和平发展的可能性，而在7月间群众和平性质的示威中，使彼得格勒的街道流遍了工人和士兵的鲜血。因此，列宁指出："和平发展的道路已成为不可能的了。开始了非和平的、最痛苦的道路。"㉓

　　大家也知道，在中国抗日战争结束以后，当全国人民普遍热望和平的时候，我们党曾经同国民党进行和平谈判，试图经过和平的道路实现中国的社会政治改革，并且在1946年同国民党达成了一个实行国内和平的协议。但是，国民党反动派违背全国人民的意志，撕毁了这个协议，在美帝国主义支持下发动了全国的大内战。这就迫使中国人民不能不进行革命的战争。由于我们在争取和平改革的时候，没有放松警惕，没有放弃了人民武装，而且做了充分的准备，所以战争并没有吓倒人民，反而使战争的发动者自食其果。

　　如果无产阶级能够用和平方式取得政权，过渡到社会主义，这是对于人民最有利益的；有这种可能而不利用这种可能，是不对的。共产党人一旦在遇有"革命和平发展"这类机会的时候，必须像列宁那样紧紧抓住它，去实现社会主义革命的目的。但是，这类机会，总是如列宁所说的，是"革命历史上非常罕见的机会"。如果在一国范围内，某一个地方政权已经处于革命力量包围之中，在全世界范围内，某一个资本主义国家已经处于社会主义包围之中，在这种情形下，或许有较多的可能出现革命和平发展的机会。但是，即便是在这样的情形下，也绝不能认为革命和平发展是唯一的可能性，而应当同时准备革命非和平发展的另一种可能性。例如，在中国大陆解放以后，某些由奴隶主和农奴主统治的局部地区，虽然已经处于绝对优势的人民革命力量包围之中，但是，正如中国一句老话，"困兽犹斗"，那里一小撮最反动的奴隶主和农奴主还是要最后挣扎，拒绝和平改革，举行了武装叛乱，而只有在这些叛乱平定之后，才能实行社会制度的改革。

　　能不能说，在现在帝国主义国家，在帝国主义者为着保护它们的野蛮的吃人的制度，从来都还没有像现在这样一直武装到牙齿的时候，事情会如现代修正主义者所说的那样，帝国主义已经对本国无产阶级、本国人民和被压迫民族变得非常"和平"，因而列宁在二月革命后所说的那种"革命历史上非常罕见的机会"，就将是今后世界上无产阶级和一切被压迫人民遇到的经常状态呢？因而列宁所说的那种"罕见的机会"，就将是今后资本主义国家无产阶级俯拾即是的机会呢？我们认为，这种种说法都是毫无根据的。

马克思列宁主义者都不能忘记这个真理：一切统治阶级的武装首先就是为的压迫本国的人民。帝国主义者只有在压迫本国人民的基础上才可能压迫其他国家，才可能发动侵略，才可能进行不义的战争。他们要压迫本国人民，就需要维持和加强反动的武装力量。列宁在1905年的俄国革命中，曾经写道："常备军的作用，与其说是反对外部敌人，不如说是反对内部敌人。"㉔对于一切剥削阶级占统治地位的国家说来，对于一切资本主义国家说来，这个论点对不对呢？能否说在当时是对的，而到现在已经是错了的？在我们看来，这个真理到现在仍然是驳不倒的，并且事实越来越证明它的正确性。认真地说，任何一个国家的无产阶级如果没有看清这一点，就不能找到解放自己的道路。

列宁在"国家与革命"的著作中，把革命问题集中到打碎资产阶级国家机器这一点上。他摘录马克思的"法兰西内战"一书最重要的几段话，其中写道："在1848年至1849年革命以后，国家政权就成为'资本用以进行反劳动战争的全国武器'。"资产阶级政权进行反劳动战争的主要机器，就是它的常备军。因此，"公社所颁布的第一个法令，就是废除常备军而代之以武装的人民"。

所以，我们的问题，结果还是要回到巴黎公社的原则；而正如马克思所说，公社的原则是永存的，是消灭不了的。

马克思在十九世纪七十年代曾经把英国和美国看成例外，认为这两个国家有经过"和平的"道路过渡到社会主义的可能性，因为那时候这两个国家的军国主义和官僚制度还不大发展。但是，到了帝国主义时代，照列宁的说法，"马克思所说的这个例外已经失去时效"，因为这两个国家"已经完全落入一般欧洲式的，号令一切，压制一切的官僚军阀机关的污浊血腥泥潭中了"㉕。这是列宁同当时机会主义者论战的一个焦点。以考茨基为代表的机会主义者歪曲马克思那个"已经失去时效"的说法，企图用来反对无产阶级革命和无产阶级专政，即反对无产阶级为着争得解放，必需有革命的武力和武力的革命。列宁给考茨基以如下的回答：

"革命无产阶级的专政，是用暴力手段对付资产阶级；这个暴力手段之所以特别必要，是因为存在有军阀机关与官僚制度，关于这点，马克思恩格斯曾多次极详尽地说明过……但是，正是在马克思发表这个意见时的十九世纪七十年代，恰恰是在英美两国没有存在这些机关（而现在，这样的机关在英美也有了）。"㉖

可见，无产阶级采用武力革命的手段，是出于被迫的。马克思主义者从来愿意经过和平的道路过渡到社会主义；只要有和平的道路可寻，马克思列宁主义者就不会放弃这条道路。但是，当资产阶级拥有强大的军国主义和官僚制度的压迫机器的时候，资产阶级的目的就是在堵塞这样的道路。

上面引述的话，是列宁在1918年11月间写的。而现在的情况又是如何呢？是不是像现代修正主义者所说的那样，列宁那些话只在历史上可以算数的，而在现在情况下已经不能算数呢？大家都看到，现在的情况是差不多没有例外的，每一个资本主义国家，特别是以美国为首的几个帝国主义大国，都在拼命地加强它们的军国主义和官僚制度的压迫机器，尤其是它们的军事机器。

1957年11月在莫斯科召开的社会主义国家共产党和工人党代表会议宣言上说：

"列宁主义教导我们，而且历史经验也证明，统治阶级是不会自愿让出政权的。这样，阶级斗争的剧烈程度和所采取的形式，与其说是决定于无产阶级，不如说是决定于反动集团对于绝大多数人民的意志抵抗到什么程度，决定于在争取社会主义斗争的这一或那一阶段上这些集团是不是采取暴力。"

这是列宁逝世后几十年间，国际无产阶级斗争经验的新总结。

问题并不是无产阶级愿意不愿意进行和平的变革，而是资产阶级接受不接受这种和平的变革。作为列宁的学生，对于这个问题就只能这样地看待。

所以，同那些用和平过渡的空谈来麻痹人民革命意志的现代修正主义者相反，马克思列宁主义者认为，只有根据每一个国家的不同时期的具体条件，才能够提出和平过渡到社会主义的可能性的问题。无产阶级决不能片面地、没有根据地把自己的思想、方针和全部工作建筑在资产阶级愿意接受和平变革的估计上面，而必须同时准备两手，就是准备革命的和平发展，又准备革命的非和平发展。如何过渡，是武装起义过渡，还是和平过渡，这是同社会主义国家和资本主义国家之间和平共处根本不同的另一个问题，是每个国家内政的问题，是只能由每个国家每个时期的阶级力量对比关系去决定的问题，是只能由每个国家的共产党人自己作出决策的问题。

五

列宁在十月革命后的1919年，说过第二国际的历史教训。他说，第二国际时期的无产阶级运动是"向横广方向发展，以致革命水准不免暂时降低，机会主义不免暂时加强，而终于使第二国际遭到了可耻的破产"[22]。

什么叫做机会主义？根据列宁的说法："机会主义是牺牲根本的利益，贪图暂时的局部的利益"[23]。

什么叫做降低革命水准？这就是机会主义者力图使群众把自己的注意力放在日常的、暂时的、局部的利益上面，而忘记长远的、根本的、全局的利益。

马克思列宁主义者认为，应当从长远的、根本的、全局的利益着眼来看待议会斗争的问题。

列宁告诉了我们关于议会斗争的局限性，但是，他也警告共产主义者必需避免犯偏狭的宗派主义的错误。列宁在"共产主义运动中的'左派'幼稚病"这一本名著中，说明了俄国革命的经验：在什么条件下抵制议会是正确的，而在什么条件下抵制议会则是错误的。列宁认为，每一个无产阶级政党都应当利用各种可能的机会参加必要的议会斗争。如果共产党员只会讲革命的空话，不愿意做不屈不挠的耐心的工作，回避必要的议会的斗争，这在根本上是错误的，对于革命无产阶级的事业只有害处。当时列宁批评了欧洲一些国家的共产党员拒绝参加议会的错误。他说：

"'拒绝'参加国会的幼稚气，就在于他们想用这样'简单的'、'轻易的'、似乎是革命的方法，来'解决'与工人运动内部的资产阶级民主影响作斗争这一种困难任务，而事实上他们只是掩耳盗铃，只是闭起眼睛不看困难，只是用空话来回避这种困难罢了。"

为什么要参加议会的斗争？列宁认为，其目的就在于同工人运动内部的资产阶级影响作斗争，或者如他在另一处所说的，"其目的正是在于教育本阶级的落后阶层，正是在于唤醒和启发乡村中不开通的、被抑压的和愚昧无知的群众"。

这就是说，目的在于提高群众的政治水平和思想水平，把议会的斗争同革命的斗争统一起来，而不是相反地要使我们降低自己的政治水平和思想水平，使议会的斗争脱离了革命的斗争。

又要同群众打成一片，又不要降低革命水平，这就是列宁告诉我们在无产阶级斗争中必须坚持的一个根本原则。

又要参加议会的斗争，又不要迷信资产阶级的议会制度。为什么？因为，即使工人政党在议会中取得多数，或者成为议会中的第一大党，但是，只要资产阶级的军阀和官僚的国家机器原封不动，那末，议会也还只能是资产阶级专政的装饰品，并且，只要资产阶级的军阀和官僚的国家机器原封不动，资产阶级完全可以随时根据自己利益的需要，除了在必要时采取解散议会的办法以外，还能够采取公开或幕后的各种把戏，使议会中原来第一大党的工人阶级政党变成少数派，或者使工人阶级政党纵使能够在选举中得到比以前更多的选票，而却减少了议会的席位。因此，很难设想，资产阶级专政本身会因议会的选票而发生变化；也很难设想，无产阶级会因为获得多少议会选票，而就有可能在那里采取和平过渡到社会主义的措施。一系列资本主义国家的经验老早已经充分证明了这一点，而第二次大战后欧洲和亚洲各国的经验又对这一点再作了新的证明。

列宁说："无产阶级要是不把大多数居民争取到自己方面来，就不能取得胜利。但是，如果把这种争取工作局限于或者受制于设法在资产阶级统治下获得大多数选票，那就是极端愚蠢或欺骗工人"㉔。现代修正主义者认为列宁这个说法是陈旧了的。但是，摆在我们眼前的活生生的事实，证明了列宁这个说法，对于任何一个国家的无产阶级革命家来说，却依然是苦口良药。

降低革命水准，就是降低马克思列宁主义的理论水准，就是把政治斗争降低到经济斗争，把革命的斗争降低到仅仅局限于议会的斗争，就是为了暂时的利益，而拿原则去做交易。

在二十世纪初年，列宁在他的"做什么？"一书中就已经提出要注意"随着马克思主义的广泛传播而发生了理论水平的某种程度的降低"的问题。列宁引述了马克思论"哥达纲领"一封信内所提的意见：为达到运动的实际目的起见，可以缔结条约，但决不要拿原则来交易，决不要作理论上的"让步"。接着，列宁写了以下一段话，这一段话到了现在几乎已经为一切共产党人所熟知了。列宁是这样写的：

"没有革命的理论，就不会有革命的运动。当醉心于最狭隘实际活动的偏向与机会主义的时髦宣传打成一片的时候，我们必须始终极力坚持这一思想。"

对于革命的马克思主义者说来，这是多末重要的启示呵！整个的俄国革命运动，就是在以伟大的列宁为首的布尔塞维克党坚持革命的马克思主义的理论这一思想的指引下，而在1917年10月取得胜利的。

在上述的问题上，中国共产党也有过两次的经验。第一次是在1927年革命时期。当时陈独秀的机会主义对于我们党同国民党的统一战线所采取的政策，就是失掉了共产党应有的原则立场，主张在原则上把共产党降低到国民党，结果使革命失败。第二次是抗日战争时期，中国共产党中央坚持马克思列宁主义的立场，揭开了共产党同国民党的抗战主张的原则分歧，认为共产党决不能在抗日主张的原则上对国民党让步，而以王明为代表的右倾机会主义则重复了十年前陈独秀的错误，要在原则上把共产党降低到国民党。因此，我们全党同右倾机会主义者展开了一场很大的论战。毛泽东同志说：

"……如果共产党员忘记了这个原则性，他们就不能正确地指导抗日战争，他们就将无力克服国民党的片面性，就把共产主义者降低到无原则的地位，把共产党降低到国民党。他们就是对于神圣的民族革命战争和保卫祖国的任务犯了罪过。"㉚

正是由于我们党中央在原则上毫不让步，对于我们党同国民党的统一战线，采取了又联合又斗争的政策，因而巩固了和扩大了我们党在政治上思想上的阵地，因而也巩固了和扩大了民族革命的统一战线，结果就在抗日战争中壮大了人民力量，并且使我们能够在抗日战争结束之后，粉碎了蒋介石反动派的大规模进攻，而在全国范围内取得了伟大的人民革命的胜利。

根据中国革命的经验看来，当无产阶级同资产阶级在政治上合作的时候，在我们党内就容易发生右倾的错误，而当无产阶级同资产阶级在政治上决裂的时候，在我们党内就容易发生"左"倾的错误。我们党在领导中国革命的过程中，也曾经多次地进行了反对"左"倾冒险主义的斗争。"左"倾冒险主义者不能用马克思列宁主义观点来正确处理中国的复杂的阶级关系，不懂得在不同的历史时期，针对不同的阶级，采取不同的正确政策，而简单地实行了只斗争、不联合的错误政策。不克服这种"左"倾冒险主义的错误，中国的革命也是不能够胜利的。

根据列宁主义的观点，任何一个国家的无产阶级要取得革命的胜利，必需一个真正马克思列宁主义的党，这个党善于把马克思列宁主义的普遍真理和本国革命的具体实践结合起来，在各个时期正确地确定革命的对象，解决组织主力军和同盟军的问题，解决依靠谁和团结谁的问题。革命的无产阶级政党必须紧紧地依靠本阶级的群众，必须紧紧地依靠农村中的半无产阶级，即广大贫农群众，建立以无产阶级为领导的工农联盟，然后才可能在这个联盟的基础上团结一切可能团结的社会力量，并且，也才有可能按照不同国家不同时期的具体情况，建立劳动人民和可以团结的非劳动人民的统一战线。如果不这样，无产阶级就不可能在各个阶段达到革命胜利的目的。

现代修正主义者和某些资产阶级的代表人，企图使人相信，没有无产阶级的革命政党，没有无产阶级革命政党的上述一系列的正确政策，就可以实现社会主义。这是荒谬绝伦的说法，这完全是欺骗。马克思和恩格斯的"共产党宣言"曾经指出，当时有各种各样的"社会主义"，有小资产阶级的"社会主义"，有资产阶级的"社会主义"，有封建的"社会主义"，等等。现在，由于马克思列宁主义的胜利，由于资本主义制度的腐败，世界各国中，越来越多的人民群众向往社会主义，在一些国家的剥削阶级中，也就更多地出现了五花八门的所谓"社会主义"。正像恩格斯所说的那样，这些所谓"社会主义者"也"想用各种万应药方和各种补缀办法来消弭社会灾难而毫不伤及资本和利润"，他们"站在工人运动以外，宁愿向'士大夫'阶级请求援助"㉛。他们不过是挂"社会主义"的招牌，行资本主义的实际。在这样的情形下，坚持马克思列宁主义的革命原则，同一切降低革命水准的倾向，特别是同修正主义、右倾机会主义进行不调和的斗争，就具有极其重要的意义。

在目前保卫世界和平的问题上，也有人说，什么意识的争论已经不需要了。或者说，什么共产党人和社会民主党人已经没有方针的分歧了。这就等于要把共产党的思想水平和政治水平降低到资产阶级和社会民主党人的水平。这种说法就是受了现代修正主义的影响，而使自己脱离了马克思列宁主义的阵地。

争取和平的斗争和争取社会主义的斗争，这是两种不同的斗争。如果没有把这两种不同的斗争适当地加以区别，就是错误的。参加和平运动的社会成份，当然要复杂得多，其中还包括了资产阶级的和平主义者。我们共产党人站在保卫世界和平的最前线，站在反对帝国主义战争、主张和平共处、反对核武器的最前线。在这样的运动中，我们要同许多复杂的社会成份在一起，为争取和平而成立必要的协定；但是，我们又必须同时保持工人阶级政党的原则性，不要降低自己的政治水平和思想水平，不要在争取和平的斗争中把自己降低到资产阶级和平主义者的水平。这就存在着又联合又批评的问题。

现代修正主义者嘴里的"和平"，是在于给帝国主义的战争准备作粉饰工作，是在重弹那些老早被列宁驳斥过的老机会主义者所谓"超帝国主义"

的论调，是把我们共产党人关于两种不同制度国家和平共处的政策，曲解为消灭各国内部的人民革命。老修正主义者伯恩斯坦有句可耻的有名的话，叫做"运动是一切，而目的是没有的"。现代修正主义者也有类似的说法，就是：和平运动是一切，而目的是没有的。因此，他们所谈的"和平"，完全局限于为帝国主义者在一定历史条件下可能接受的"和平"，是企图降低各国人民的革命水准，使各国人民失却革命的斗志。

我们共产党人为保卫世界和平而斗争，为争取实现和平共处的政策而斗争。同时，我们支持被压迫民族反对帝国主义的革命战争，我们支持被压迫人民争取自己解放、争取社会进步的革命战争，因为这些革命战争都是正义的。当然，我们还必须继续向群众说明列宁关于资本帝国主义制度是现代战争根源的论点，还必须继续向群众说明马克思列宁主义关于我们斗争的最后目的就是用社会主义和共产主义来代替资本帝国主义的论点。在群众面前，我们必须不掩盖我们自己的原则。

六

我们现在正处在帝国主义制度进一步地加速崩溃、全世界人民的胜利和觉醒不断地向前发展的伟大新时代。

现在全世界各国人民比过去要幸运得多了，因为在十月革命之后四十多年间，已经有三分之一的人类摆脱了资本帝国主义的压迫，成立了一系列的社会主义国家，在这些国家内，真正地建立着国内持久和平的生活，他们在影响着全人类的命运，而将大大加速全世界的普遍的持久的和平日子的到来。

在所有社会主义国家中，在整个社会主义阵营中，站在最前列的，是伟大的苏联，是列宁和苏联共产党领导工人农民首创的第一个社会主义国家。在苏联，已经实现了列宁的理想，早已建成了社会主义，而且现在正在以赫鲁晓夫同志为首的苏共中央和苏联政府的领导下，开始着一个全面建设共产主义的伟大时期。苏联的英勇的、具有巨大智慧的工人、农民和知识分子，在为建成共产主义这一个伟大目标的斗争中，掀起了伟大的劳动的新高涨。

我们中国共产党人和中国人民为列宁主义的故乡——苏联的每一个新成就而欢呼。

中国共产党把马克思列宁主义的普遍真理同中国革命的具体实践相结合，领导全国人民，赢得了伟大的人民革命的胜利，并且沿着列宁所指出的社会主义革命和社会主义建设的共同大道，把社会主义革命进行到底，已经开始在社会主义建设的各个战线上获得了伟大的胜利。中国共产党中央根据列宁的原则，在我国的条件下，创造性地给我国人民提出了建设社会主义的总路线、大跃进和人民公社的正确方针，鼓舞了全国群众的首创的革命精神，因而正在日新月异地改变着我国的面貌。

东欧各社会主义国家，亚洲的其他社会主义国家，同样地在我们的共同的列宁主义的旗帜下，在社会主义建设事业中，取得了飞跃的成就。

列宁主义是战无不胜的旗帜。世界劳动人民紧紧地掌握着这个伟大的旗帜，就是掌握着真理，就是为着自己开辟不断胜利的道路。

我们永远地纪念着列宁。而当现代修正主义者企图沾污列宁主义这个国际无产阶级的伟大旗帜的时候，我们的任务，就是要保卫列宁主义。

大家都会记得：列宁在他的名著"国家与革命"里，说过历史上各被压迫阶级解放斗争中的革命思想家和领袖的学说的遭遇。列宁说，在他们逝世后，就会出现曲解，"阉割革命学说的内容，磨灭其革命锋芒，而使之庸俗化"。列宁接着说："现在资产阶级和工人运动中的机会主义者在这样'修琢'马克思主义的事情上正趋于一致了。他们把这学说的革命方面和革命精神加以割裂、曲解和遗忘，而把资产阶级可以接受或觉得可以接受的东西，提在第一位，加以颂扬。"是呵，现在我们正是又遇到了美帝国主义的一些代表人，他们又以神甫的脸孔出现，甚至称说马克思是"十九世纪的伟大思想家"，甚至承认马克思在十九世纪关于资本主义寿命不长的预言是"有根据的"，是"正确的"，但是，这些神甫们说，到了二十世纪，特别是最近几十年，马克思主义就不正确了，因为资本主义业已过时，业已停止存在，至少在美国是这样。我们听到帝国主义神甫们这些鬼话，就会感觉到现代修正主义者的语言，是同他们趋于一致的。但是，现代修正主义者并不限于曲解马克思的学说，而且还进一步地曲解马克思主义的伟大继承者和发展者——列宁的学说。

莫斯科会议宣言指出："在目前条件下，主要的危险是修正主义，或者说右倾机会主义。"有人说，莫斯科会议的这个判断已经不适合于今天的情况。我们认为，这种说法是错误的。这种说法会使人忽视对修正主义这个主要危险进行斗争的重要性，很有害于无产阶级的革命事业。正如从十九世纪七十年代开始，曾经有一段资本主义"和平"发展时期，在那个时期产生了伯恩斯坦的老修正主义一样，在现在帝国主义被迫接受和平共处的情况下，在许多资本主义国家还处于某种"国内和平"的情况下，修正主义的思潮最容易滋长和泛滥。因此，我们对于工人运动中的这种主要危险，不能不经常保持高度的警惕。

作为列宁的学生，作为列宁主义者，我们必须完全粉碎现代修正主义者曲解和割裂列宁学说的企图。

列宁主义是无产阶级的完整的革命学说，是在马克思恩格斯之后继续表达了无产阶级思想的完整的革命世界观。这个完整的革命学说，完整的革命世界观，不能加以曲解和割裂。我们认为，现代修正主义者曲解和割裂列宁主义的企图，不过是帝国主义末日垂死挣扎的一种表现而已。在苏联的共产主义建设节节胜利的面前，在各社会主义国家的社会主义建设节节胜利的面前，在以苏联为首的社会主义阵营的团结日益巩固的面前，在全世界人民日益觉醒为摆脱资本帝国主义枷锁而不断地进行英勇的斗争的面前，铁托们的修正主义者的企图，完全是徒劳的。

伟大的列宁主义万岁！

① "马克思关于巴黎公社的一次演说"
② "新民主主义论"
③ 铁托1959年12月12日在萨格勒布的讲话
④ "打着别人的旗帜"

⑤ "第二国际的破产"

⑥ "打着别人的旗帜"

⑦ 铁托 1959 年 12 月 12 日在萨格勒布的讲话

⑧ "关于全俄中央执行委员会和人民委员会的工作"

⑨ "无产阶级革命的军事纲领"

⑩ "我国国内外形势和党的任务"

⑪ "答美国'纽约晚报'记者问"

⑫ 见南斯拉夫"人民军报"1958 年 11 月 28 日"积极共处和社会主义"一文

⑬ 见南斯拉夫"战斗报"1959 年 12 月 4 日"艾森豪威尔到达罗马"一文

⑭ "莫斯科工会和工厂委员会第四次代表会议"

⑮ 见伯恩斯坦的"经济生活的各种形式"一文

⑯ "共产国际第一次代表大会"

⑰ "在勃列斯尼亚区工人代表会议上的演说"

⑱ "社会民主党在民主革命中的两种策略"

⑲ "预言"

⑳ "全俄社会教育第一次代表大会"

㉑ "给欧美工人的信"

㉒ "革命的任务"

㉓ "论口号"

㉔ "军队与革命"

㉕ "国家与革命"

㉖ "无产阶级革命和叛徒考茨基"

㉗ "第三国际及其在历史上的地位"

㉘ "在俄共(布)莫斯科组织积极分子大会上的演说"

㉙ "立宪会议选举和无产阶级专政"

㉚ "上海太原失陷以后抗日战争的形势和任务"

㉛ "'共产党宣言'1890年德文版序"

录自：红旗杂志编辑部：《列宁主义万岁——纪念列宁诞生九十周年》，《人民日报》1960年4月20日。

[历史背景介绍]

20世纪50年代末，中苏关系严重恶化。1960年年初，中共中央接连召开政治局扩大会议讨论中苏关系问题。会议认为赫鲁晓夫犯了严重错误，决定通过批评与自我批评的原则，促使赫鲁晓夫变好，在新的基础上达成团结。1960年4月，列宁九十周年诞辰到来之际，中共中央书记处在15、16、18、20日分别讨论确定了即将发表的由陈伯达、陆定一、胡乔木起草的三篇文章《列宁主义万岁》《沿着伟大列宁的道路前进》《在列宁的革命旗帜下团结起来》。其中，由陈伯达起草的《列宁主义万岁》，经过毛泽东两次审读和修改，于4月16日发表在中共中央理论刊物《红旗》杂志第八期。这篇文章言辞激烈，系统阐述了中共中央关于时代问题、战争与和平以及无产阶级革命等重大问题的看法，强调列宁主义并没有过时，间接但尖锐地批评了苏联的对外政策及指导思想。苏联政府认为中方这些文章是试图在意识形态领域向苏联宣战，有意挑战苏联作为列宁主义故乡的这一事实，并做出一系列回应。鉴于这篇文章引起的广泛反响，1960年6月，苏共中央还直接致信中共中央，逐条反驳上面三篇文章的观点，同时，利用纪念列宁《共产主义运动中的"左派"幼稚病》发表四十周年发表文章，同样间接但尖锐地批评中共中央的各项理论和政策。中苏双方由此展开意识形态的论战。

[史家争鸣]

杨奎松指出，中共中央之所以发表三篇文章，将当时中苏之间分歧的具体问题扩展到列宁主义理论观点方面，根本原因是毛泽东始终对苏共二十大提出的和平过渡、和平共处观点以及赫鲁晓夫的一系列做法抱有怀疑态度，他认为赫鲁晓夫之所以犯错，是因为在理论认知上出现误区。对于文章发表后引起的震动，中共中央并不认为会直接影响到中苏国家关系。[①]

李丹慧指出，20世纪50年代末60年代初，中苏两党都确定了处理双边关系的基本原则，"在马列主义原则的基础上实现团结"。《列宁主义万岁》的发表是中共中央在理论思想上对赫鲁晓夫叫板，对赫鲁晓夫施加了压力，实际上无论中方还是苏方都不想扩大与加重分歧。只是，"当意识形态问题与政治问题挂钩时，就预示了两党分歧最终公开化的前景"。[②]

牛军提出，对中苏关系，中国领导人不仅决心避免分裂，而且要争取"达到新的基础上的团结"。按照毛泽东的逻辑，中苏关系之所以还有缓和的余地，是因为苏共中央没有完全背叛马克思主义，因此将中苏团结寄希望于分清理论是非。然而，历史的发展证明，中苏国家关系的缓和只能建立在两国的共同利益而不是对马列主义理论的一致解释基础之上。[③]

[思考题]

1. 中共中央为何决定首先在理论问题上向苏共发难？

2. 中苏两党关系的分歧如何影响到中苏国家间关系？

3. 中苏两党的意识形态争论对国际共产主义运动造成了什么影响？

4. 与苏共的理论之争对中国对外关系产生了什么影响？

（郝江东　编）

---

① 杨奎松：《走向破裂（1960—1963）——中共中央如何面对中苏关系危机》，《当代中国史研究》1998年第3期，第89—91页。

② 李丹慧：《最后的努力：中苏在1960年代初的斗争与调和——1960年代中苏关系研究之一》，《社会科学》2006年第6期，第133页。

③ 牛军：《1962：中国对外政策"左"转的前夜》，《历史研究》2003年第3期，第34页。

168

艾森豪威尔告别演说
（1961年1月17日）
（1961年1月17日艾森豪威尔告别演说（节选））

...

Throughout America's adventure in free government, our basic purposes have been to keep the peace; to foster progress in human achievement, and to enhance liberty, dignity and integrity among people and among nations. To strive for less would be unworthy of a free and religious people. Any failure traceable to arrogance, or our lack of comprehension or readiness to sacrifice would inflict upon us grievous hurt both at home and abroad.

Progress toward these noble goals is persistently threatened by the conflict now engulfing the world. It commands our whole attention, absorbs our very beings. We face a hostile ideology — global in scope, atheistic in character, ruthless in purpose, and insidious in method. Unhappily the danger it poses promises to be of indefinite duration. To meet it successfully, there is called for, not so much the emotional and transitory sacrifices of crisis, but rather those which enable us to carry forward steadily, surely, and without complaint the burdens of a prolonged and complex struggle — with liberty the stake. Only thus shall we remain, despite every provocation, on our charted course toward permanent peace and human betterment ...

A vital element in keeping the peace is our military establishment. Our arms must be mighty, ready for instant action, so that no potential aggressor may be tempted to risk his own destruction.

Our military organization today bears little relation to that known by any of my predecessors in peacetime, or indeed by the fighting men of World War II or Korea.

Until the latest of our world conflicts, the United States had no armaments industry. American makers of plowshares could, with time and as required, make swords as well. But now we can no longer risk emergency improvisation of national defense; we have been compelled to create a permanent armaments industry of vast proportions. Added to this, three and a half million men and women are directly engaged in the defense establishment. We annually spend on military security more than the net income of all United States corporations.

This conjunction of an immense military establishment and a large arms industry is new in the American experience. The total influence — economic, political, even spiritual — is felt in every city, every statehouse, every office of the federal government. We recognize the imperative need for this development. Yet we must not fail to comprehend its grave implications. Our toil, resources, and livelihood are all involved; so is the very structure of our society.

In the councils of government, we must guard against the acquisition of unwarranted influence, whether sought or unsought, by the military-industrial complex. The potential for the disastrous rise of misplaced power exists and will persist.

We must never let the weight of this combination endanger our liberties or democratic processes. We should take nothing for granted. Only an alert and knowledgeable citizenry can compel the proper meshing of the huge industrial and military machinery of defense with our peaceful methods and goals, so that security and liberty may prosper together.

Akin to, and largely responsible for the sweeping changes in our industrial-military posture, has been the technological revolution during recent decades.

...

[历史背景介绍]

1961年1月17日，德怀特·D.艾森豪威尔结束了他的总统任期，在告别演说中警告全国同胞注意"军事-工业复合体"的日益强大。

通过电视向美国人民发表的这番言论特别重要，是因为艾森豪威尔参加了两次世界大战，在二战期间还曾作为盟军的军事指挥官亲历了战争的残酷。艾森豪威尔敦促他的继任者在与苏联打交道时，在对外的国防和对内的民主之间取得平衡。然而在任期间，他一方面建议同苏联谈判控制军备，另一面又大力发展核武器，在战略上依赖核威慑能力。艾森豪威尔通过八年的执政认识到，战后美国的国防政策发生了巨大变化，军工复合体影响力的日益增长令人担忧。

在第二次世界大战之前和期间，美国工业能力成功地转变为战时生产能力，为反法西斯战争提供了后勤补给。但战争结束后，这些军工企业不仅没有回到民用生产，反而变本加厉。艾森豪威尔警告说，"在美国的经验中，庞大的军事机构和军工企业的结合是一个全新的事物"，联邦政府与军工企业的合作虽然是必要的，但很容易导致滥用政府权力，导致军工力量的无限扩张，最终威胁到美国的民主制度和个人自由。对此，美国人民应该时时刻刻保持警惕。

[史家争鸣]

在艾森豪威尔总统的告别演说中，他提出的最重要的且影响最为深远的概念就是"军事-工业复合体"。这个概念和事物，对我们理解战后美国外交中的"军事化倾向"也是非常关键的。除了政府部门里的国防系统和军工企业之外，还有的学者认为应该加上"科学家"和"国会"。因为这两个部门或群体在军工利益集团的崛起、扩张和对政府权力渗透方面也起到了很大的作用。[①]

那么，军工复合体究竟是何时以及如何形成的呢？世界大战和冷战在其中起到了何种作用？在两次世界大战之前，美国国内并无固定或者说常备的军工企业，虽然它发动的战争并不少，比如美墨战争、美西战争等等。在两次世界大战，特别是第二次世界大战中，美国成为反法西斯战争的中流砥柱，通过《租借法案》和对盟国的军事援助，向前方战场源源不断输送武器装备和战争物资，未曾遭受战争直接破坏的美国本土成为盟军大后方。但同时，借战争逐步壮大起来的军工企业（很多都是民用企业将一部分生产能力转化为军工生产）尝到了政府订单的"甜头"，毕竟这些产生的利润是较少受到市场波动影响的。比如到二战结束后，雷神公司在磁电管、船用反潜雷达等方面成为行业龙头，洛克希德·马丁公司则在航空技术领域发展迅速。[②]

随着战争的结束、军人的复员，战时的军事生产面临减产甚至解散的风险。加上长期的战争让人心向往安定，"和平思潮"和反对战争的意愿推动战后出现短暂的"和平经济"。对军工企业来说，庞大的工业生产和资源动员能力很可能由"资产"一朝成为"负担"。冷战的爆发对他们来说，无疑是一场"及时雨"。甚至我们可以推定，在冷战对抗局面形成的过程中，军工利益集团必曾推波助澜。1947年，美国政府制定了《国家安全法》，决定成立国家安全委员会和相关的国家军事机构。国会于1949年将国家军事机构正式更名为国防部，由此奠定了该部门作为军工复合体中代表政府机构的核心地位，同时也是军工复合体形成的前提之一。

当代军工复合体是冷战时代的产物，其中1950年朝鲜战争的爆发成为一个关键点。杜鲁门政府的遏制政策很快就以扩充和动用常规力量进行局部战争在远东地区呈现出来。这一举动给了军工利益集团充分的借口和机会，

---

① Charles J. Dunlap, Jr., "The Military-Industrial Complex", *Journal of the American Academy of Arts & Sciences*, Vol.140, No.3, 2011, pp.135–147.

② A. Duane Litfin, "Eisenhower on the Military - Industrial Complex: Critique of a Rhetorical Strategy", *Central States Speech Journal*, Vol.25, No.3, pp.198–209.

向政府进行游说活动，增加国防预算，扩充军备，以赢得同苏联、中国的竞争。美国的国防开支从1950年的约1 500亿美元上升到1953年的不到5 000亿美元，增幅超过200%。[1] 从此以后，美国借冷战之名大肆发动侵略战争、对外进行军援和军售，联邦政府和国会的相关部门成为军工企业的游说和利益输送对象，军工复合体也日益膨胀，成为当前一股影响美国政治却非常"隐秘"的力量。从根本上说，军工企业对美国政治的渗透在于这些与国防有关的工业主要由营利性企业构成，它们对资本主义国际市场的依赖程度很高，像洛克希德·马丁公司、波音公司、诺斯罗普·格鲁门公司、通用动力公司、雷神公司这美国五大军工企业全是在华尔街上市的公司。

随着苏联的解体和冷战的结束，军工复合体似乎遇到了一个发展瓶颈期，已经习惯霸权身份的美国需要寻找新的"对手"以维持对国际政治的支配地位。从把伊朗、朝鲜定义为"无赖国家"到"9·11事件"后借反恐名义发动伊拉克战争、阿富汗战争，再到当前与俄罗斯和中国的对抗，军工复合体及其行为始终是理解美国对外政策逻辑不可忽视的环节。[2]

在这里还需要指出的是，美国的大学、智库和科研机构也深深卷入军工复合体之中。以1969年为例，美国在研的所有科学研究项目中，约有一半与军方有关。这一年中，约195家教育机构获得了10 000美元或以上的国防合同。目前，在美国前100名国防合同承包人中，麻省理工学院、斯坦福大学和约翰斯·霍普金斯大学三所知名学府赫然位列其中。

回到艾森豪威尔的这篇演说，我们不禁要问，为什么这位曾经的五星上将、即将离任的总统，在冷战对抗依旧激烈的20世纪60年代初向美国及世人发出如此警告？艾森豪威尔在演讲中说："庞大的军事机构和军火工业的结合在美国经验中是全新的。每一个城市、每一个州议会和联邦政府的每一个办公室，都感受到了他们在经济、政治甚至精神上的全面影响。"关键在

---

① Chalmers Johnson, *The Sorrows of Empire: Militarism, Secrecy, and the End of the Republic*, New York: Metropolitan Books, 2004, pp.55–56.

② William D. Hartung, "Eisenhower's Warning the Military-Industrial Complex Forty Years Later", *World Policy Journal*, Vol. 18, No.1, 2001, pp.39–44.

于，这些军工企业的利润所得，归根结底来自美国纳税人，军队规模越大、武器生产越多，可用于社会发展其他目标的资源就越少。军备竞赛越激烈，美国滑向帝国主义的倾向越明显。况且，在20世纪50年代美苏都投入了大量的财力和资源进行核军备竞赛，核技术不断更新迭代，大当量的热核武器和不断扩充的核武库足以毁灭整个人类，而不断出现的地区性危机又让美苏游走于核战争的边缘。所有这些都促使美苏领导人重新思考大国相处的模式和人类未来的出路。

在其任内，为了控制军工复合体的扩张，艾森豪威尔一直试图削减五角大楼的预算，目的是希望政府能够负担得起预算，保持国家安全和健康财政的"大平衡"，结果在一定程度上打乱了军事部门的发展节奏，尤其是美国空军。[1]

在即将卸任之时，艾森豪威尔指出美国政府和未来的政治精英们应该对此保持警醒，并且在政治上对军工复合体进行管理和必要的规制，不要以牺牲美国人民和社会发展为代价换取美国的军事安全。为此，除了国内政治上的行动之外，艾森豪威尔还指出"外交"对于实现"和平与安全之间平衡"的重要性。在国防上的投入已经够多了，忽视外交会使情况变得更糟。这集中体现在他任内积极推动的几件事：结束朝鲜战争、美苏元首会晤及美苏缓和、开启军备控制谈判。艾森豪威尔认为，在相互尊重和信任的情况下，裁军是一项持续的任务。美苏必须一起学习如何消除分歧，通过外交谈判的手段，不是用武器，而是用智慧达到目的。

总而言之，目睹过两次世界大战的残酷、经历过美苏在冷战初期的危机，同时居总统之高位得以知晓现代武器的威力和危害，又洞察到战后美国政治中的"危险倾向"，艾森豪威尔在告别演说中提出要对"军工复合体"保持警惕。可惜的是，半个多世纪过去了，这个不断膨胀的"巨物"不仅未能受到应有的阻遏，反而成为世界上四处煽风点火、挑起战争和争端的幕后

---

[1] Dolores E. Janiewski, "Eisenhower's Paradoxical Relationship with the 'Military-Industrial Complex'", *Presidential Studies Quarterly*, Vol. 41, No. 4, 2011, pp.667–692.

推手，更裹挟着美国社会一步步走向极化和撕裂。在某种程度上可以说，这篇演说堪与凯南的"长电报"相提并论，为我们揭示了"美国行为的根源"。

[**思考题**]

1.战后美国的对外政策是否如演讲所说"致力于维护世界和平"？

2.如何理解演说中提到的"军事—工业复合体"与战后美国的对外政策？

3.如何看待演说中提到的国家安全与民主制度之间的关系问题？

（陈波 编）

169

《不结盟国家和政府首脑宣言》

（1961年9月6日）

（《不结盟国家和政府首脑宣言》）

（1961年9月6日）

1961年9月1日至6日，不结盟国家和政府首脑会议在贝尔格莱德举行，目的是就国际问题交换意见，以便更有效地对世界和平与安全以及各国人民之间的和平合作做出贡献。

下列不结盟国家和政府首脑参加了会议：（1）阿富汗、（2）阿尔及利亚、（3）缅甸、（4）柬埔寨、（5）锡兰、（6）刚果[①]、（7）古巴、（8）塞浦路斯、（9）埃塞俄比亚、（10）加纳、（11）几内亚、（12）印度、（13）印度尼西亚、（14）伊拉克、（15）黎巴嫩、（16）马里、（17）摩洛哥、（18）尼泊尔、（19）沙特阿拉伯、（20）索马里、（21）苏丹、（22）突尼斯、（23）阿拉伯联合共和国、（24）也门、（25）南斯拉夫。

下列国家派观察员出席了会议：（1）玻利维亚、（2）巴西、（3）厄瓜多尔。

上述各国的国家和政府首脑是在这样的时刻共聚一堂的：国际形势发生了大大恶化的转变，世界和平受到严重的威胁。与会国家由于对和平的前途深为关切，为了表达世界广大多数人民的愿望，认识到在我们时代任何人民和任何政府都不能也不应该放弃他们对保障世界和平的责任，与会国在平等、真诚和互相信任的气氛中，在仔细地研究了国际关系的目前状态和今天

---

① 指刚果（利奥波德维尔）。

世界的主导倾向之后，发表宣言如下：

不结盟国家和政府首脑注意到，在从以统治为基础的旧秩序向以各国合作为基础以及建立在自由、平等和促进繁荣的社会正义之上的新秩序的过渡中，存在着导向世界冲突的危机；

考虑到，社会变化的活力充沛的过程和形式常常导致或者本身就是旧的、已存在的力量和新兴的民族主义力量之间的冲突；

考虑到，只有在这种对抗导向一个殖民主义——帝国主义和新殖民主义统治的各种表现形式都被根本消除的世界之后，持久和平才能实现；

认识到，在非洲、亚洲、欧洲和拉丁美洲发生冲突的这个时期中，现在存在着威胁世界和平的尖锐的危急情况，而且不能排除大国的对立有导致世界大战的可能性；要根本消除冲突的根源，就是要消除一切表现形式的殖民主义并且接受和在世界上实行和平共处的政策；遵循这些原则，过渡和冲突的时期就能够奠定各国间合作和兄弟关系的牢固基础。

因此声明如下：

（一）

战争从来没有象今天这样以如此严重的后果威胁着人类。另一方面，人类从来没有象今天这样拥有用以消灭作为国际关系中的政策工具的战争的那么强大的力量。

帝国主义正在日益削弱。殖民帝国和对亚洲、非洲和拉丁美洲人民的其他形式的外国压迫，正在逐渐从历史舞台上消失。许多民族在争取民族独立和平等的斗争中已经取得了伟大的成就。同样，拉丁美洲各国人民正在对国际关系的改善继续做出日益有效的贡献。世界上的巨大社会变化进一步促进了这种发展。这一切不仅加速了各国人民遭受外国压迫的时代的结束，而且也使得以独立和平等权利原则为基础的各国人民之间的和平合作成为他们的自由和进步的重要条件。

在发展科学、技术和发展经济的手段方面已经取得了巨大的进步。

在世界的这种发展的鼓舞下，广大多数人民越来越认识到这个事实：民族之间的战争不仅是一个时代错误，而且是对人类的罪行。各国人民的这种认识正在形成一种伟大的道义力量，能够对国际关系的发展产生重大的影响。

根据这一点和它们的人民的意志，与会国政府坚决反对关于战争——包括"冷战"——是不可避免的看法，因为这种看法反映了一种无能为力和绝望的情绪，是同世界的进步背道而驰的。它们宣告如下的不可动摇的信念：国际社会能够不采用实际上属于人类历史过去时代的手段来组织生活。

但是，现有的军事集团正在发展成为越来越强大的军事、经济和政治集团，根据逻辑和它们的相互关系的性质看来，必然不时引起国际关系的恶化。

冷战和它会变成真正的战争的经常性的严重危险，已经成为国际关系中存在的局势的一部分。

由于这一切原因，不结盟国家的国家首脑和政府代表希望这样来促请世界各国注意现有的局势和各国人民必须努力寻找稳定和平的可靠道路。

（二）

当前世界的特征是存在着不同的社会制度。与会国并不认为这种不同构成了对稳定和平的不可克服的障碍，只要排除掉对其他国家人民的统治和对他们的内部发展进行干涉的尝试。

各国人民和国家都必须依据他们自己的条件、需要和可能来解决他们自己的政治、经济、社会和文化制度问题。

进一步说，要把这一种或那一种社会或政治制度从外部用武力强加于人民的任何尝试，都是对世界和平的直接威胁。与会国家认为，在这种情况下，和平共处的原则，是代替"冷战"和可能发生的全面核灾祸的唯一的办法。因此，这些原则——包括人民享有自决、独立和自由决定经济、社会和文化发展的方式和方法的权利——必须成为一切国际关系的唯一的基础。

各国人民之间在物质和文化交流方面的积极国际合作，是加强对于不同社会制度国家之间和平共处的可能性的信心的一项重要手段。

在这一方面，与会国强调指出，共处的政策等于是作出积极的努力来争取消除历史遗留下来的不正义和消除民族压迫，同时保证每一个国家的人民自己的独立发展。

认识到意识形态的不同是人类社会发展中的必然有的一部分，所以与会国认为，各国人民和政府应该避免使用意识形态来达到从事冷战，施加压力或者把自己的意志强加于人的目的。

（三）

参加这次会议的不结盟国家和政府首脑并不提出解决一切国际争端特别是关于两个集团之间的争端的具体建议，他们首先愿意提请注意我们时代的、必须迅速解决的那些尖锐的问题，以使它们不至于导致不可挽救的后果。

在这一方面，他们特别强调指出，必须有巨大的责任感和现实的态度来从事解决由于社会制度不同而产生的各种问题。

参加这次会议的不结盟国家无意组成一个新的集团而且也不能成为一个集团。他们诚挚地希望同谋求有助于加强世界的信心与和平的任何政府进行合作。不结盟国家愿意这样做，特别是因为它们认识到，世界和平的稳定在很大程度上取决于大国之间的相互关系。有鉴于此，与会国认为这是一个原则问题，即：大国应该采取更果断的行动来通过谈判的途径解决各种问题，同时应该表现出必要的建设性态度并准备达成相互都能接受而又有利于世界和平的解决办法。

与会国认为，在目前的情况下，有利于和平的不结盟国家的存在和活动，是保卫世界和平的更加重要的因素之一。

与会国认为，重要的是：不结盟国家应该参与解决有关世界和平与安全的悬而未决的国际问题，因为没有一个不结盟国家能够不受这些问题的影响或者对这些问题无动于衷。

它们认为，进一步扩大世界上不参加集团的地区，是唯一可能而且是不可或缺的代替办法，来代替把世界完全分裂成集团的政策和加强冷战的政策。不结盟国家鼓励和支持为自己的独立和平等而进行斗争的各国人民。与会国深信，新解放的国家的出现将进一步有助于缩小集团对立的地区，从而鼓舞旨在加强和平以及促进独立与平等的国家之间和平合作的趋势。

1. 与会国庄严地重申它们支持在联合国大会第十五届会议上通过的给予殖民地国家和人民独立宣言，并且建议立即无条件地、彻底地和最后废除殖民主义，并且决意协同作出努力来制止各种新殖民主义和帝国主义统治的一切形式和表现。

2. 与会国要求立即制止针对附属国人民的任何种类的武装行动和镇压措施，以使他们能够和平地和自由地行使自己享有完全的独立的权利，同时使他们的国家领土的完整得到尊重。任何国家给予一个殖民国家用以进行这种镇压的任何援助，那是违背联合国宪章的。

严格尊重所有国家的领土完整的与会国，将竭尽全力反对其他国家进行兼并的任何图谋。

3. 与会国认为，阿尔及利亚人民为争取自由、自决和独立以及为保卫包括撒哈拉在内的自己的国家领土的完整而进行的斗争是正义的和必要的。因此，与会国决意给予阿尔及利亚人民以一切可能的支持和援助。不结盟国家和政府首脑特别感到满意的是，阿尔及利亚临时政府总理作为阿尔及利亚的合法代表参加了这次会议。

4. 与会国深为关切地提请注意安哥拉的事态发展以及葡萄牙殖民当局针对安哥拉人民所采取的令人不能容忍的镇压措施，并且要求立即制止对安哥拉人民的血腥屠杀；安哥拉人民应该得到一切爱好和平的国家，特别是联合国会员国的支援，以便他们能够毫不迟延地建立自己的自由和独立的国家。

5. 与会国要求立即结束一切殖民占领，并要求在亚洲、非洲和拉丁美洲受到侵犯的那些国家里恢复人民应该享有的领土完整，同时要求从他们的国土上撤走外国部队。

6. 与会国要求依据突尼斯行使自己的充分的国家主权的合法权利，立即从突尼斯整个领土撤走法国的武装部队。

7. 与会国要求刚果①的悲惨事件不能重演，而且他们认为国际社会有责任来继续竭尽全力消除这种悲惨事件的后果，并且防止对这个年轻的非洲国家的任何进一步的外国干涉，以便刚果能够在它的主权、统一和领土完整受到尊重的基础上自由地走上自己的独立发展的道路。

8. 与会国坚决谴责南非联邦所实行的种族隔离政策并要求立即放弃这种政策。他们进一步声明，世界上任何地方的种族歧视政策，都是严重违反联合国宪章和世界人权宣言的。

9. 与会国庄严地宣布，他们绝对尊重少数种族或少数宗教受到保护的权利，特别是抵御种族灭绝或任何其他蹂躏他们的基本人权的罪行的权利。

10. 与会国谴责在中东推行的帝国主义政策，并声明支持依据联合国的宪章和决议完全恢复巴勒斯坦阿拉伯人民的一切权利。

11. 与会国认为，在其他国家的领土上，特别是违反了这些国家明确表示的意志而建立和保持外国军事基地，是对这些国家的主权的粗暴的破坏。他们声明完全支持努力争取撤除这些基地的那些国家。他们呼吁保持着外国基地的那些国家认真考虑撤除这些基地，作为对世界和平的贡献。

12. 他们也认识到，古巴关塔那摩的美国军事基地影响到该国的主权和领土完整，古巴政府和人民已经表示他们反对长期保持这个基地。

13. 与会国重申他们的如下信念：

甲、一切国家都有统一、自决和独立的权利，根据这种权利，它们可以决定它们的政治地位并自由地谋求它们的经济、社会和文化发展，而不受威胁或阻碍。

乙、各国人民都可以把他们的自然财富和资源自由地用于他们自己的目的，而不损害由于以互利原则和国际法为基础的国际经济合作而产生的任何义务。一国人民无论如何也不能被剥夺他们自己的生存手段。

---

① 指刚果（利奥波德维尔）。

丙、与会国确认古巴象任何其他国家一样拥有这样的权利：依据他们自己的条件、需要和可能来自由选择自己的政治和社会制度。这种权利应该得到尊重。

14. 与会国表示它们的这样的决心：不应当进行恫吓、干预或干涉，来影响各国人民行使自决权，包括它们奉行积极的和独立的政策以获得和维护它们的主权的权利。

15. 与会国认为，裁军是人类的迫切需要和最紧急的任务。与会国的一致看法是，只有通过全面的、彻底的、有严格国际监督的裁军才能根本解决这个问题，在目前的军备状况下，根本解决这个问题已经具有迫切的必要性。

16. 与会的国家或政府首脑指出，全面的和彻底的裁军应当包括取消武装部队、军备、外国基地、武器制造，取消除了用于国内治安目的以外的军事训练机构和设施；完全禁止核武器和热核武器、细菌和化学武器的生产、持有和使用，取消在各国领土上运送、放置和实际使用大规模毁灭性武器的装备和设施。

17. 与会国要求所有的国家、特别是目前探索外层空间的国家，保证只把外层空间用于和平目的。他们表示希望国际社会将通过集体行动建立一个国际机构，以便在和平利用外层空间的国际合作方面促进和协调人类的行动。

18. 与会国要求各大国不再拖延地签订全面彻底裁军条约，以拯救人类免于战争灾难，并把现在消耗在军备方面的力量和资源用于全人类的和平的经济和社会发展。与会国还认为：

甲、在将来一切世界裁军会议上都应当有不结盟国家代表参加；

乙、关于裁军问题的一切讨论应当在联合国主持下进行；

丙、应当有一种有效的视察和监督制度来保证全面彻底裁军，这种制度的执行者应当包括不结盟国家的成员。

19. 与会国认为应当尽速缔结禁止一切核试验和热核试验的协定，这是十分重要的。为了这个目的，必须立即恢复谈判，或者分别进行，或者作为全面裁军谈判的一部分。同时应当恢复暂停一切核武器试验的做法，而且一切国家都应当遵守。

20. 与会国建议联合国大会在即将举行的会议上，通过关于召开专门讨论裁军问题的大会特别会议或在联合国主持下召开世界裁军会议以开始实行全面裁军的决议。

21. 与会国认为应当努力消除殖民主义和帝国主义遗留下来的经济不平衡状态。他们认为有必要通过经济、工业和农业方面的加速发展来消除少数经济先进国家和许多经济较不发达国家之间生活水平不断扩大的鸿沟。与会国建议立即建立一个联合国资本发展基金，并立即开始工作。他们进一步商定要求对经济较不发达国家的贸易规定公正的条件，特别是进行建设性的努力来消除原料商品贸易中的过度波动，以及对新兴国家的贸易和收入有不利影响的限制性措施和做法。总之，要求科学和技术革命的成果应用于经济发展的一切领域，以加速国际社会正义的实现。

22. 与会国邀请所有在发展过程中的国家在经济和商业方面进行有效的合作，以对付经济领域中的压力政策，以及工业国家的经济集团可能造成的有害结果。他们邀请所有有关国家考虑尽速召开一次国际会议来讨论它们的共同问题，并且就如何制止可能阻挠他们发展的一切有害的办法达成协议，并且讨论和商定保证实现它们经济和社会发展的最有效的措施。

23. 与会国宣布，受援国必须有自由决定它们所接受的经济和技术援助的用途，并且根据它们的需要草拟它们自己的计划和规定轻重缓急。

24. 与会国认为联合国大会应当通过修改宪章以设法解决扩大安全理事会和经济及社会理事会成员的问题，以便使大会的这两个最重要机构的组成和工作同组织的需要和联合国会员国扩大的情况相适应。

25. 为了世界组织的团结以及保证其工作的效率，绝对有必要为联合国秘书处拟订出一个更适当的结构，在这样做的时候要考虑到公平的地域分配。

26. 承认了中华人民共和国政府的那些与会国建议，联合国大会在即将举行的会议上应当接受中华人民共和国政府的代表为那个国家在联合国中唯一合法的代表。

27. 与会国认为德国问题不仅仅是一个区域性问题，而且会对国际关系的未来发展道路起决定性的影响。

与会国对于导致目前德国和柏林局势严重恶化的事态发展感到关切，要求有关各方根据不结盟国家或政府首脑1961年9月5日发出的呼吁不要使用武力或者以使用武力相威胁来解决德国问题或柏林问题。

不结盟国家和政府首脑决定把这个宣言送交联合国，并且提请这个世界组织的所有会员国注意。还将把这个宣言送交所有其他国家。

录自：中国国际问题研究所编辑部：《不结盟运动主要文件集》，北京：中国对外翻译出版公司，1987年，第18—27页。本书编者在编写时略有修改。

[历史背景介绍]

第二次世界大战后，西方殖民国家遭到严重削弱，亚非拉民族解放运动掀起了新的高潮，世界帝国主义殖民体系加速瓦解，一大批亚非拉美国家获得了民族独立。这些新独立的国家在美苏争霸的两极格局中多采取独立自主、不结盟的外交政策。

1955年的万隆会议是亚非国家团结和合作的象征，它预示着国际舞台上一股新兴力量的出现，同时揭开了不结盟运动的序幕。1956年7月，南斯拉夫总统铁托、埃及总统纳赛尔和印度总理尼赫鲁在南斯拉夫的布里俄尼岛举行会晤，提出了不结盟的主张。1960年9月，铁托、纳赛尔、尼赫鲁以及加纳总统恩克鲁玛和印尼总统苏加诺在纽约出席第15届联合国大会期间，举行了会谈，商议了召开不结盟国家首脑会议事宜，酝酿发起不结盟运动。1961年2月至4月，铁托出访非洲九国，倡议召开不结盟国家首脑会议。

1961年6月5日至13日，不结盟国家首脑会议的筹备会议在埃及开罗举行，共有21个国家的代表出席了会议。会议拟订了邀请参加不结盟国家首脑会议的国家的五条标准，即：该国应奉行建立在与不同政治和社会制度的国家共处以及不结盟基础上的独立政策，或倾向于赞成这一政策；该国应一贯支持民族独立运动；该国不应参加与大国争夺有牵连的多边军事联盟；如该国与一个大国订有双边军事协定或缔结过区域性防务条约，则该协定或条约缔结的目的不应与大国争夺有任何牵连；如该国已将军事基地租让给外国，则此种租让不应与大国争夺有任何牵连。会议还决定同年9月上旬召开不结盟国家和政府首脑会议。

1961年9月1日至6日，第一次不结盟国家和政府首脑会议在南斯拉夫首都贝尔格莱德举行。25个国家作为正式成员参加了会议，除了南斯拉夫和古巴外，它们都来自亚洲和非洲。另有3个拉美国家作为观察员列席了会议。与会各国代表就当前的国际局势，特别是亚洲、非洲和拉丁美洲地区的重大问题，交换了意见。会议通过了《不结盟国家和政府首脑宣言》和《关于战争的危险和呼吁和平的声明》等文件。《宣言》宣布：不结盟国家全力支持为争取和维护民族独立而斗争的各国人民，要求撤除一切设在别国领土上的外国军事基地，消除一切形式的殖民主义。《宣言》强调"和平共处的原则，是代替'冷战'和可能发生的全面核灾祸的唯一的办法"。《宣言》提出了非集团的原则，表示"不结盟国家无意组成一个新的集团而且也不能成为一个集团"。第一次不结盟国家和政府首脑会议的召开，标志着不结盟运动的正式形成。

［史家争鸣］

1. 万隆会议是首次不结盟运动峰会的前身吗?

第一种观点认为，不结盟国家自身就把万隆会议看作不结盟运动发展进程中的一部分，万隆会议应被看作首次不结盟运动峰会的前身，两个会议的区别在于侧重点，而非原则与内容[①]。"1955年万隆会议实际上已揭开了不结盟运动的序幕。南斯拉夫总统铁托曾经指出，不结盟的'一些原则来自万隆

----

① A.W. Singham and Shirley Hune, *Non-alignment in an Age of Alignments*, Westport: Lawrence Hill & Co., 1986, pp.67-68.

会议'。"①

第二种观点认为，万隆会议并未直接导致首次不结盟运动峰会的召开，并未设想持续性的合作，万隆会议的主题在于结束殖民主义，并未表态不结盟，只是单一事件。②

第三种观点认为，驱使首次不结盟运动峰会召开的理念、原则，不同于万隆会议，两次会议都是单一事件，首次不结盟运动峰会是一个承上启下的中间状态，使不结盟议程摆脱专门的反帝反殖、严格的地方主义，趋向超越四大洲历史、政治、社会、经济、文化边界。③

2. 不结盟运动是国际性政治运动还是国际组织？

中国学术界对不结盟运动概念的解释，大抵可以分为两类。一类把不结盟运动视为国际性政治运动，将它纳入第三世界的范畴进行研究，认为它是第三世界崛起的标志性事件之一，重点关注它兴起的历史条件或背景、发展历程、重要成员国的不结盟政策；另一类则把不结盟运动视为发展中国家的国际组织，将它归入国际政治领域进行研究，重点探讨它的特点、地位和历史作用。④

第一种观点认为，不结盟运动是国际性政治运动。吴武、张忠绪认为，"不结盟运动是第三世界中小国家参与的国际性政治运动"。⑤李植枬等认为，"不结盟运动是一种强有力的国际性政治运动，它奉行独立、自主和非集团的宗旨和原则"。⑥畅征等认为，不结盟运动是由中小国家组成的国际性政治

---

① 《世界现代史》编写组：《世界现代史》（下册），北京：高等教育出版社、人民出版社，2013年，第106页。

② Lorenz M. Lüthi, "Non-Alignment, 1946–1965: Its Establishment and Struggle against Afro-Asianism," *Humanity*, Vol.7, No.2 (July, 2016), pp.201–23; Jürgen Dinkel, *The Non-Aligned Movement: Genesis, Organization and Politics (1927–1992)*, Boston: Brill, 2018, pp.80–83.

③ Jovan Cavoški, *Non-Aligned Movement Summits: A History*, London: Bloomsbury Publishing, 2022, pp.39–47.

④ 高志平：《三十年来中国对不结盟运动的研究》，《世界历史》2012年第1期，第126—127页。

⑤ 吴武、张忠绪：《当代世界政治经济与国际关系新编》，西安：陕西人民出版社，1989年，第180页。

⑥ 李植枬主编：《20世纪世界史》下卷，武汉：湖北教育出版社，1998年，第326页。

运动，其宗旨是主张独立、自主、和平和中立的外交政策，不与任何大国结盟，加强成员国的团结和协商，支持民族独立运动，反对殖民主义、种族主义和霸权主义。[1] 孙洁琬等认为，不结盟运动是"由许多刚刚获得解放和独立的中小国家参加的国际性政治运动，反映了这些国家在两大阵营对立的国际环境中，求生存、求和平、求发展的共同愿望"。[2] 邢爱芬也认为不结盟运动是"第三世界的一个大型世界性政治运动"。[3]

第二种观点认为，不结盟运动是第三世界的国际组织。周敏凯认为，全球主要国际组织种类繁多，数量庞大，而不结盟运动是其中一种，即"全球性政治组织"。[4] 朱光磊在谈到第三世界国家对国际组织建设的推动作用的时候认为，"第三世界国家为了维护自身的利益，建立了许多新的国际组织"，其中就包括不结盟运动。[5] 渠梁等按照国际组织与集团在总体运行中的地位和作用，把国际组织分为三种，即：主导政治协调和社会发展的国际组织与集团；主导力量制衡的国际组织与集团；主导经济运转的国际组织与集团。他将不结盟运动纳入第一种即主导政治协调和社会发展的国际组织与集团，认为不结盟运动是以第三世界国家为主体，代表它们的要求的国际协调组织。[6]

[**思考题**]

1.《不结盟国家和政府首脑会议宣言》有哪些关键词？

2.《不结盟国家和政府首脑会议宣言》如何阐述和平共处原则？

3.《不结盟国家和政府首脑会议宣言》如何认识美苏冷战对抗？

---

[1] 畅征、陈峰君：《发展中国家政治经济概论》，北京：中国人民大学出版社，2001年，第14页。

[2] 孙洁琬、刘长敏编：《当代世界经济与政治新编》，北京：知识产权出版社，2003年，第47页。

[3] 邢爱芬等著：《影响世界格局的国际关系理论》，北京：北京师范大学出版社，2001年，第325页。

[4] 周敏凯：《国际政治学新论》，上海：复旦大学出版社，2004年，第53页。

[5] 朱光磊编著：《政治学概要》，天津：天津人民出版社，2001年，第179页。

[6] 渠梁：《国际组织与集团研究》，北京：中国社会科学出版社，1989年，第11—12页。

4.如何认识《不结盟国家和政府首脑会议宣言》支持新中国恢复在联合国的合法席位?

（高志平　编）

170

古巴导弹危机（史料：两幅漫画）
（1962年10月）

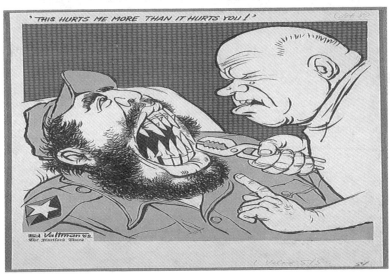

171

肯尼迪就古巴导弹危机的电视讲话

（1962年10月22日）

(Radio and Television Report to the American People on the Soviet Arms Buildup in Cuba)

President John F. Kennedy

The White House

October 22, 1962

Good evening, my fellow citizens:

This Government, as promised, has maintained the closest surveillance of the Soviet military buildup on the island of Cuba. Within the past week, unmistakable evidence has established the fact that a series of offensive missile sites is now in preparation on that imprisoned island. The purpose of these bases can be none other than to provide a nuclear strike capability against the Western Hemisphere.

Upon receiving the first preliminary hard information of this nature last Tuesday morning at 9 A.M., I directed that our surveillance be stepped up.And having now confirmed and completed our evaluation of the evidence and our decision on a course of action, this Government feels obliged to report this new crisis to you in fullest detail.

The characteristics of these new missile sites indicate two distinct types of installations. Several of them include medium range ballistic missiles, capable of carrying a nuclear warhead for a distance of more than 1,000 nautical miles. Each of these missiles, in short, is capable of striking Washington, D. C., the Panama Canal, Cape Canaveral, Mexico City, or any other city in the southeastern part of the United States, in Central America, or in the Caribbean area.

Additional sites not yet completed appear to be designed for intermediate range ballistic missiles — capable of traveling more than twice as far — and thus capable of striking most of the major cities in the Western Hemisphere, ranging as far north as Hudson Bay, Canada, and as far south as Lima, Peru. In addition, jet bombers, capable of carrying nuclear weapons, are now being uncrated and assembled in Cuba, while the necessary air bases are being prepared.

This urgent transformation of Cuba into an important strategic base — by the presence of these large, long-range, and clearly offensive weapons of sudden mass destruction — constitutes an explicit threat to the peace and security of all the Americas, in flagrant and deliberate defiance of the Rio Pact of 1947, the traditions of this Nation and hemisphere, the joint resolution of the 87th Congress, the Charter of the United Nations, and my own public warnings to the Soviets on September 4 and 13. This action also contradicts the repeated assurances of Soviet spokesmen, both publicly and privately delivered, that the arms buildup in Cuba would retain its original defensive character, and that the Soviet Union had no need or desire to station strategic missiles on the territory of any other nation.

The size of this undertaking makes clear that it has been planned for some months. Yet, only last month, after I had made clear the distinction between any introduction of ground-to-ground missiles and the existence of defensive antiaircraft missiles, the Soviet Government publicly stated on September 11 that, and I quote, "the armaments and military equipment sent to Cuba are designed exclusively for defensive purposes, " that there is, and I quote the Soviet Government, "there is no need for the Soviet Government to shift its weapons for a retaliatory blow to any other country, for instance Cuba, " and that, and I quote their government, "the Soviet Union has so powerful rockets to carry these nuclear warheads that there is no need to search for sites for them beyond the boundaries of the Soviet Union."

That statement was false.

Only last Thursday, as evidence of this rapid offensive buildup was already in my hand, Soviet Foreign Minister Gromyko told me in my office that he was instructed to make it clear once again, as he said his government had already done, that Soviet assistance to Cuba, and I quote, "pursued solely the purpose of contributing to the defense capabilities of Cuba, " that, and I quote him, "training by Soviet specialists of Cuban nationals in handling defensive armaments was by no means offensive, and if it were otherwise, " Mr. Gromyko went on, "the Soviet Government would never become involved in rendering such assistance."

That statement also was false.

Neither the United States of America nor the world community of nations can tolerate deliberate deception and offensive threats on the part of any nation, large or small. We no longer live in a world where only the actual firing of weapons represents a sufficient challenge to a nation's security to constitute maximum peril. Nuclear weapons are so destructive and ballistic missiles are so swift, that any substantially increased possibility of their use or any sudden change in their deployment may well be regarded as a definite threat to peace.

For many years, both the Soviet Union and the United States, recognizing this fact, have deployed strategic nuclear weapons with great care, never upsetting the precarious status quo which insured that these weapons would not be used in the absence of some vital challenge.

Our own strategic missiles have never been transferred to the territory of any other nation under a cloak of secrecy and deception; and our history — unlike that of the Soviets since the end of World War II — demonstrates that we have no desire to dominate or conquer any other nations or impose our system upon its people. Nevertheless, American citizens have become adjusted to living daily on the bull's-eye of Soviet missiles located inside the U.S.S.R. or in submarines.

In that sense, missiles in Cuba add to an already clear and present danger — although it should be noted the nations of Latin America have never previously been subjected to a potential nuclear threat. But this secret, swift, extraordinary buildup of Communist missiles — in an area well known to have a special and historical relationship to the United States and the nations of the Western Hemisphere, in violation of Soviet assurances, and in defiance of American and hemispheric policy — this sudden, clandestine decision to station strategic weapons for the first time outside of Soviet soil — is a deliberately provocative and unjustified change in the status quo which cannot be accepted by this country, if our courage and our commitments are ever to be trusted again by either friend or foe.

The 1930's taught us a clear lesson: aggressive conduct, if allowed to go unchecked and unchallenged, ultimately leads to war. This nation is opposed to war. We are also true to our word. Our unswerving objective, therefore, must be to prevent the use of these missiles against this or any other country, and to secure their withdrawal or elimination from the Western Hemisphere.

Our policy has been one of patience and restraint, as befits a peaceful and powerful nation which leads a worldwide alliance. We have been determined not to be diverted from our central concerns by mere irritants and fanatics. But now further action is required, and it is under way; and these actions may only be the beginning. We will not prematurely or unnecessarily risk the costs of worldwide nuclear war in which even the fruits of victory would be ashes in our mouth; but neither will we shrink from that risk at any time it must be faced.

Acting, therefore, in the defense of our own security and of the entire Western Hemisphere, and under the authority entrusted to me by the Constitution as endorsed by the Resolution of the Congress, I have directed that the following initial steps be taken immediately:

First: To halt this offensive buildup a strict quarantine on all offensive military equipment under shipment to Cuba is being initiated.

All ships of any kind bound for Cuba from whatever nation or port will, if found to contain cargoes of offensive weapons, be turned back. This quarantine will be extended, if needed, to other types of cargo and carriers. We are not at this time, however, denying the necessities of life as the Soviets attempted to do in their Berlin blockade of 1948.

Second: I have directed the continued and increased close surveillance of Cuba and its military buildup.The foreign ministers of the OAS [Organization of American States], in their communiqué of October 6, rejected secrecy on such matters in this hemisphere. Should these offensive military preparations continue, thus increasing the threat to the hemisphere, further action will be justified. I have directed the Armed Forces to prepare for any eventualities; and I trust that in the interest of both the Cuban people and the Soviet technicians at the sites, the hazards to all concerned of continuing this threat will be recognized.

Third: It shall be the policy of this Nation to regard any nuclear missile launched from Cuba against any nation in the Western Hemisphere as an attack by the Soviet Union on the United States, requiring a full retaliatory response upon the Soviet Union.

Fourth: As a necessary military precaution, I have reinforced our base at Guantanamo, evacuated today the dependents of our personnel there, and ordered additional military units to be on a standby alert basis.

Fifth: We are calling tonight for an immediate meeting of the Organization of Consultation under the Organization of American States, to consider this threat to hemispheric security and to invoke articles 6 and 8 of the Rio Treaty in support of all necessary action. The United Nations Charter allows for regional security arrangements, and the nations of this hemisphere decided long ago against the military presence of outside powers. Our other allies around the world have also been alerted.

Sixth: Under the Charter of the United Nations, we are asking tonight that an emergency meeting of the Security Council be convoked without delay to take action against this latest Soviet threat to world peace. Our resolution will call for the prompt dismantling and withdrawal of all offensive weapons in Cuba, under the supervision of U.N. observers, before the quarantine can be lifted.

Seventh and finally: I call upon Chairman Khrushchev to halt and eliminate this clandestine, reckless, and provocative threat to world peace and to stable relations between our two nations. I call upon him further to abandon this course of world domination, and to join in an historic effort to end the perilous arms race and to transform the history of man. He has an opportunity now to move the world back from the abyss of destruction by returning to his government's own words that it had no need to station missiles outside its own territory, and withdrawing these weapons from Cuba by refraining from any action which will widen or deepen the present crisis, and then by participating in a search for peaceful and permanent solutions.

This Nation is prepared to present its case against the Soviet threat to peace, and our own proposals for a peaceful world, at any time and in any forum — in the OAS, in the United Nations, or in any other meeting that could be useful — without limiting our freedom of action. We have in the past made strenuous efforts to limit the spread of nuclear weapons.

We have proposed the elimination of all arms and military bases in a fair and effective disarmament treaty. We are prepared to discuss new proposals for the removal of tensions on both sides, including the possibilities of a genuinely independent Cuba, free to determine its own destiny. We have no wish to war with the Soviet Union — for we are a peaceful people who desire to live in peace with all other peoples.

But it is difficult to settle or even discuss these problems in an atmosphere of intimidation. That is why this latest Soviet threat — or any other threat which is made either independently or in response to our actions this week — must and will be met with determination. Any hostile move anywhere in the world against the safety and freedom of peoples to whom we are committed, including in particular the brave people of West Berlin, will be met by whatever action is needed.

Finally, I want to say a few words to the captive people of Cuba, to whom this speech is being directly carried by special radio facilities. I speak to you as a friend, as one who knows of your deep attachment to your fatherland, as one who shares your aspirations for liberty and justice for all. And I have watched and the American people have watched with deep sorrow how your nationalist revolution was betrayed — and how your fatherland fell under foreign domination. Now your leaders are no longer Cuban leaders inspired by Cuban ideals. They are puppets and agents of an international conspiracy which has turned Cuba against your friends and neighbors in the Americas, and turned it into the first Latin American country to become a target for nuclear war — the first Latin American country to have these weapons on its soil.

These new weapons are not in your interest. They contribute nothing to your peace and well-being. They can only undermine it. But this country has no wish to cause you to suffer or to impose any system upon you. We know that your lives and land are being used as pawns by those who deny your freedom. Many times in the past, the Cuban people have risen to throw out tyrants who destroyed their liberty. And I have no doubt that most Cubans today look forward to the time when they will be truly free — free from foreign domination, free to choose their own leaders, free to select their own system, free to own their own land, free to speak and write and worship without fear or degradation. And then shall Cuba be welcomed back to the society of free nations and to the associations of this hemisphere.

My fellow citizens, let no one doubt that this is a difficult and dangerous effort on which we have set out. No one can foresee precisely what course it will take or what costs or casualties will be incurred. Many months of sacrifice and self-discipline lie ahead — months in which both our patience and our will will be tested, months in which many threats and denunciations will keep us aware of our dangers. But the greatest danger of all would be to do nothing.

The path we have chosen for the present is full of hazards, as all paths are; but it is the one most consistent with our character and courage as a nation and our commitments around the world. The cost of freedom is always high, but Americans have always paid it. And one path we shall never choose, and that is the path of surrender or submission.

Our goal is not the victory of might, but the vindication of right; not peace at the expense of freedom, but both peace and freedom, here in this hemisphere, and, we hope, around the world. God willing, that goal will be achieved.

Thank you and good night.

录自：President John F. Kennedy, "Radio and Television Report to the American People on the Soviet Arms Buildup in Cuba", October 22, 1962. John F. Kennedy President library and Museum, Available at: https://microsites.jfklibrary.org/cmc/oct22/doc5.html, 2023-12-23.

[历史背景介绍]

1962年10月14日，美国U-2侦察飞机拍摄到苏联正在古巴建设的中程（1100英里）导弹发射场照片，在搜集更多资料后，10月16日美国官员向肯尼迪总统报告苏联确实在古巴部署了导弹。古巴导弹危机正式拉开帷幕。在确定苏联在古巴建设导弹基地之后，肯尼迪总统以及执委会成员一致认为，"美国不能接受苏联在古巴部署导弹这一事实"，美国必须对苏联的挑战进行回击。而为了向美国民众和国际社会表明美国的态度和揭露苏联的欺骗行为，美国决策层最终决定由肯尼迪总统亲自发表电视讲话，以此"向世人说明苏联导弹在古巴的存在和我们实施海上隔离的意图"。在讲话中，肯尼迪总统明确提出："我想告诉古巴人民，不要让你们卷入残酷的核战争，不要让你们成为第一个拉美拥有核武器的国家，不要让你们成为拉美第一个可能遭受大规模核打击的国家，希望你们明白核武器并不能对古巴的安全提供任何帮助，相反只会削弱你们的安全。"

[史家争鸣]

古巴导弹危机期间出任美国驻苏大使的福伊·科勒曾说过这样一段话："赫鲁晓夫显然打算把偷运导弹进入古巴作为改变力量对比的一种手段，足以做到迫使美国接受一项解决德国问题的办法。"[①]

美国学者托马斯·帕特森则认为，肯尼迪总统并没有简单地继承其前任的古巴政策，而是过分地关注如何促使卡斯特罗下台，为此对古巴施加种种压力。在很大程度上，正是因为美国对古巴的敌视才使得危机发生。肯尼迪不单单从其前任手中接过了古巴问题，并且使它变得更为糟糕。[②]

1963年1月，肯尼迪总统在谈到古巴导弹危机的教训时强调：最重要的是，当我们保卫自身的重大利益时，核大国必须避免这样的对抗，即迫使对方在丢脸的退却和进行一场核战争之间作出选择。[③]

[思考题]

1. 苏联为什么选择在古巴部署导弹？美苏究竟谁应该为古巴导弹危机爆发承担更大的责任？

2. 肯尼迪总统在电视讲话中特别提到"二战"时期英法的绥靖政策，此

---

① ［美］罗伯特·肯尼迪：《十三天：古巴导弹危机回忆录》，复旦大学历史系拉丁美洲研究室译，上海：上海人民出版社，1977年，"译者的话"，第3页。
② 赵学功：《十月风云：古巴导弹危机研究》，天津：天津人民出版社，2008年，前言，第2页。
③ 赵学功：《十月风云：古巴导弹危机研究》，第424页。

处作此类比是否合适？

3. 肯尼迪总统的电视讲话对古巴导弹危机的成功解决产生了怎样的影响？

（赵继珂　编）

172

联邦德国《和平照会》
（1966年3月25日）
（联邦德国《和平照会》）

Note From the Federal Republic of Germany to the United States and Other Powers on West German Efforts To Improve Relations With the Soviet Union and Eastern European Countries, March 25, 1966 [①]

[Extract]

The German people desire to live on good terms with all, including their East European neighbours. Hence the Federal Government has been trying in various ways to improve relations with the states and peoples of Eastern Europe. If we consider that there are many who look upon this policy with unfounded mistrust and even make every effort to frustrate it, the results are, on the whole, nevertheless satisfactory. They are an encouragement to the Federal Government to continue on its present course.

Despite the fact that the Federal Government has made particular efforts to cultivate relations with Poland, the country which suffered most of all among the

---

① Department of State Bulletin, April 25, 1966, pp.654–657. The note was sent by the Federal Republic to all governments with which it had diplomatic relations and to Eastern European and Arab countries with which it did not. The note was not sent to Albania, the People's Republic of China, the Republic of Cuba, and Democratic People's Republic of Korea, or the Democratic Republic of Viet-Nam. ——原文注

East European nations in the Second World War, it has made but little progress in this direction. Although the Polish Government is obviously interested in more lively trade between Germany and Poland, it has hitherto not given any indication that it is interested in achieving a conciliation between the two nations. Rather does it hamper the cultural contacts we seek, stands for the continued division of Germany and at the same time calls upon the Federal Government to recognize the Oder-Neisse Line, though it is generally known that, under the allied agreements of 1945, the settlement of frontier questions has been postponed until the conclusion of a peace treaty with the whole of Germany and that, according to International Law, Germany continues to exist within its frontiers of 31 December 1937 until such time as a freely elected all-German government recognizes other frontiers.

If, when the occasion arises, the Poles and the Germans enter into negotiations on frontier questions in the same spirit that led to the conciliation between Germany and her Western neighbours, then Poles and Germans will find their way to agreement. For in this question neither emotions nor alone the power of the victor, but rather reason, must prevail.

In recent years the Federal Government has established official relations with Poland, Romania, Hungary and Bulgaria. It is also endeavoring to create such relations with Czechoslovakia as well, and would welcome a renewal of more friendly relations between the people of that state and the German people.

In the opinion of the Federal Government the Munich Agreement of 1938 was torn asunder by Hitler and no longer has any territorial significance. The Federal Government, therefore, as it has often declared, does not assert any territorial claims against Czechoslovakia; it stresses that this is the official statement of German policy.

The policy pursued by the Federal Government is neither revanchist nor restorative. It is looking forward, not backwards, and its aim is an equitable

European order on the basis of peaceful agreements, an order in which all nations can live together freely and as good neighbors. After all, the Soviet Union and the countries of Eastern Europe belong to Europe as well.

Already by its co-operation in the reshaping of Western Europe, the Federal Government has shown that its vision goes beyond the situation of pre-war Europe. It is seeking new forms in international co-operation because it is convinced that the old order of nation states as we have known them in our continent is no longer adequate to cope with the enormous political, economic and technical tasks of this age. We can only master these tasks if we combine our efforts.

The Federal Government has therefore participated in all plans for European unification. Nowhere has the idea of European integration found such a response as in the Federal Republic of Germany, whose Basic Law (Constitution) even provides for the cession of sovereign rights to supranational organizations. A policy, therefore, which is aimed at achieving international co-operation and association, serves the cause of peace; it needs peace if it is to accomplish its aims.

But this peace is not secure.

The Government of the USSR has announced time and again that it does not want war. The Federal Government presumes that the Soviet Union really means this, but the value of Soviet assurances is diminished by quite unambiguous and massive threats like those frequently made against the Federal Republic, as, for instance, in the note communicated by the Soviet Government on 5 February 1963[①]which states:

"It is not hard to imagine that in the event of a thermo-nuclear war the mighty and concentrated blows of rockets and nuclear weapons will

---

① Ante. ——原文注

inevitably come down over West Germany and that that country would not survive a third world war."

And on 16 January 1963 the then Soviet Prime Minister said in East Berlin that the Federal Republic of Germany " if a war breaks out, will burn out like a candle in the very first hour."[1]

Only last month Soviet marshals asserted they could "wipe any enemy from the face of the earth in no time at all"; they declared that the arrogance of the West German revanchists forced them to keep their powder dry but that "never mind, the means are there of cooling down the hotheads." Such language reveals a mentality which the Federal Government can only view with concern, and it has all the more reason as the Soviet Union does in fact possess the strongest ground forces in Europe and, furthermore, has at its disposal a very large arsenal of nuclear and hydrogen bombs, rockets as well as a fleet of nuclear bombers and guided-missile submarines. It has concentrated both its conventional and its nuclear forces in the Western part of the area under its rule.

The Federal Republic of Germany did not have any troops of its own until 1955. Its security depended entirely on the protection afforded by its Western allies. It did not join NATO until May 1955, when it began to build up the Federal Armed Forces. Today the Federal Republic of Germany has a defensive force but does not possess nuclear weapons nor has it such weapons at its disposal.

Already in the Paris agreements of 1954, the Federal Government renounced the production of weapons of mass destruction, especially nuclear weapons, and to that extent subjected itself to international control by the Western European Union.

The Federal Government is determined in accord with its allies to defend itself against any attack on its freedom. However, it is not equipped for a war of

---

① Ante. ——原文注

aggression. Nor would it be capable of waging such a war since it has assigned all its combat units to NATO, an alliance concentrated only on defense. Within the framework of this alliance it advocates, together with other allies, that all parties to it should share in the responsibility for nuclear defense. It does not, however, as it has repeatedly declared, seek national possession of nuclear weapons.

Its policy is aimed at increasing security in Europe and at creating a situation in which threats, pressures, ultimatums, and use of force, in any form, are impossible. Its aim is to eliminate the sources of political tension. It therefore advocates both a solution of the German problem and a consistent disarmament policy that will contribute towards safeguarding the peace.

The Government of the Federal Republic of Germany, however, wants to do more than just make these general points. It therefore has the honor to submit to the United States Government the following ideas and suggestions regarding disarmament and the safeguarding of peace.

1. The Federal Government is aware of the dangers involved in a proliferation of nuclear weapons. If it proves too difficult to arrive at a comprehensive settlement of the non-proliferation problem, the Federal Government would consider a step-by-step approach advisable. There are obviously only two ways for a state to come into possession of nuclear weapons, i.e., either by producing these weapons itself or by obtaining them from a nuclear power. Both these possibilities should be eliminated.

As regards the first possibility, the Federal Republic of Germany, as has already been mentioned, renounced the production of nuclear weapons as early as 1954 and to that extent submitted to international control. In the light of this the Federal Government appeals to all non-nuclear states who are members of military alliances in East or West to express the same renunciation and submit to a similar international control. This should be followed by further steps concerning the non-aligned states.

To eliminate also the second possibility of spreading nuclear weapons, the Federal Government suggests that the nuclear powers come to an agreement not to transfer any nuclear weapons to the national control of other countries.

2. Nobody will be able to claim that the nuclear armaments race increases security in Europe and throughout the world. The Federal Government therefore declares that it is prepared to consent to any agreement in which the countries concerned pledge themselves not to increase the number of nuclear weapons in Europe but to reduce them in stages. Such an agreement, however, would have to extend to the whole of Europe, preserve the overall balance of power, provide for effective control, and be linked with essential progress in the solution of political problems in Central Europe.

3. As a receiving country for fissionable material the Federal Republic of Germany has submitted to international controls which ensure that such material is not used for the production of nuclear weapons. As a supplying country the Federal Republic of Germany, in its supply agreements with receiving countries outside the EURATOM area, is prepared in general to demand similar controls by the International Atomic Energy Agency. Its attitude is based on the assumption that other supplying countries impose the same condition.

4. The Federal Republic of Germany and its Western Allies have already exchanged declarations renouncing the use of force. As the governments of the Soviet Union and some other East European countries have repeatedly expressed their anxiety, unfounded as it is, over a possible German attack, the Federal Government proposes that formal declarations be exchanged also with the governments of the Soviet Union, Poland, Czechoslovakia and any other East European state, in which either side gives an undertaking to the other people not to use force to settle international disputes.

5. To dispel the mistrust with regard to alleged German aggressive intentions, the Federal Government also proposes bilateral agreements with the Soviet, Polish,

Czechoslovak, Hungarian, Romanian and Bulgarian governments concerning the exchange of military observers to attend maneuvers of armed forces.

6. Finally, the Federal Government is prepared to participate and to co-operate in a constructive spirit in a world disarmament conference, or in any other disarmament conference, promising success.

The Federal Government considers that these suggestions and proposals stand the best chance, at the present stage, of being carried into effect. It realizes, however, that more far-reaching proposals are required if the world is to be given security in every respect and if it is to be guarded against the risk of nuclear war. It is prepared to co-operate also in such more comprehensive plans; it believes, however, that all efforts to achieve security, disarmament and armaments control will fail to bring decisive and lasting success unless there is a simultaneous step-by-step removal of the causes of tension in the world. Looking at Europe, that means, above all, solving the German problem in an equitable manner by ...

录自：United States Department of State, *Documents on Germany, 1944–1985*, 1985, pp.914–917.

[历史背景介绍]

20世纪60年代之后，1961年的柏林危机和1962年的古巴导弹危机都标志着冷战进入了一个新的紧张阶段，核战争的威胁迫在眉睫。此后，无论是美苏两个大国，还是夹在美苏之间的部分欧洲国家，都逐步开始了寻求"缓和"的尝试。作为冷战的"前线国家"，联邦德国特别期待能在可接受的框架下缓和与东欧国家间的关系，于是就有了这份1966年春天的《和平照会》。该照会是发给世界上所有国家的（仅有个别例外），然而其重点显然在于联邦德国于苏东国家间的关系。值得注意的是，当时的德国总理是路德维希·艾哈德（1963年10月—1966年12月在任），领导政府的是联邦德国1949年建国一来一直执政的偏保守的基民盟，其外交政策的核心是"哈尔斯坦主义"。许多人认为，直到维利·勃兰特于1966年12月出任联邦德国外交部长，甚至迟至勃兰特1969年当选总理之后，联邦德国的外交政策才从"哈尔斯坦主义"转向了"新东方政策"。但这篇艾哈德执政时期的外交照会告诉我们，联邦德国的政策转向可能发生得更早。

[史家争鸣]

学者彼得·本德尔（Peter Bender）认为，当1955年联邦德国加入北约以及华约成立之后，两个德国就分属于两大对立的军事集团，东西方的持续冲突使得德国失去了统一的最后机会，新的东方政策的萌芽在那时就有了。[1]

蒂莫西·加顿艾什（Timothy Garton Ash）和阿恩·霍夫曼（Arne Hofmann）认为，新东方政策源于1961年8月13日开始修建的柏林墙。在新旧政策转变之间，应有几年政策的重新定位时期，而这一重新定位就是从修建柏林墙之后开始的。[2]

而海尔加·哈甫藤多恩（Helga Haftendorn）等学者认为，1966年3月25日的《和平照会》也可以被视作是新东方政策起步的一个标志："该照会详细阐述了德国东方政策的原则并强调了波恩在缓和方面的义务。联邦德国提出了一个共同放弃使用武力宣言的换文。这份照会，尤其是它所采用的语调表明，波恩摆脱了此前僵硬的立场……"。[3]

可以说上述这些观点作为观察问题的不同视角，都有其一定的合理性，并不能以简单的对错来判断。

---

[1]　Peter Bender, *Die Neue Ostpolitik : und ihre Folgen vom Mauerbau bis zur Vereinigung*, München: Deutscher Taschenbuch Verlag, 1996, S. 29.
[2]　Timothy Garton Ash, *In Europe's Name: Germany and the Divide Continent*, London: Vintage, 1994, pp.35-36; Arne Hofmann, *The Emergence of Détente: Brandt, Kennedy and the Formation of Ostpolitik*, London/New York: Routledge, 2007, p.3.
[3]　海尔加·哈甫藤多恩：《多边框架下的德国东方政策》，詹欣译，载李丹慧主编：《冷战国际史研究》第5辑，北京：世界知识出版社，2008年，第89页。

［思考题］

1.《和平照会》与"新东方政策"之间是一种怎样的关系？

2. 在《和平照会》中，联邦德国对德波之间的"奥得—尼斯河边界"到底是什么态度？

3.《和平照会》对待苏联和对待东欧国家的措辞有哪些异同？

4. 苏联显然不会喜欢这份照会，然而美国其实也对《和平照会》颇不以为然，认为其"傲慢自大"，阅读文本之后你觉得这是为什么？

5.《和平照会》中非常超前地质疑了民族国家在未来的角色："the old order of nation states as we have known them in our continent is no longer adequate to cope with the enormous political, economic and technical tasks of this age"，但同时又提到了"balance of power"这样的老概念，这反映了当时欧洲政治的一种什么状态？

（童欣　编）

173

《不扩散核武器条约》

（1968年7月1日）
（Treaty on the Non-Proliferation of Nuclear Weapons）

The States concluding this Treaty, hereinafter referred to as the "Parties to the Treaty",

Considering the devastation that would be visited upon all mankind by a nuclear war and the consequent need to make every effort to avert the danger of such a war and to take measures to safeguard the security of peoples,

Believing that the proliferation of nuclear weapons would seriously enhance the danger of nuclear war,

In conformity with resolutions of the United Nations General Assembly calling for the conclusion of an agreement on the prevention of wider dissemination of nuclear weapons,

Undertaking to cooperate in facilitating the application of International Atomic Energy Agency safeguards on peaceful nuclear activities,

Expressing their support for research, development and other efforts to further the application, within the framework of the International Atomic Energy Agency safeguards system, of the principle of safeguarding effectively the flow of source and special fissionable materials by use of instruments and other techniques at certain strategic points,

Affirming the principle that the benefits of peaceful applications of nuclear technology, including any technological by-products which may be derived by nuclear-weapon States from the development of nuclear explosive devices, should be available for peaceful purposes to all Parties to the Treaty, whether nuclear-weapon or non-nuclear-weapon States,

Convinced that, in furtherance of this principle, all Parties to the Treaty are entitled to participate in the fullest possible exchange of scientific information for, and to contribute alone or in co-operation with other States to, the further development of the applications of atomic energy for peaceful purposes,

Declaring their intention to achieve at the earliest possible date the cessation of the nuclear arms race and to undertake effective measures in the direction of nuclear disarmament,

Urging the co-operation of all States in the attainment of this objective,

Recalling the determination expressed by the Parties to the 1963 Treaty banning nuclear weapon tests in the atmosphere, in outer space and under water in its Preamble to seek to achieve the discontinuance of all test explosions of nuclear weapons for all time and to continue negotiations to this end,

Desiring to further the easing of international tension and the strengthening of trust between States in order to facilitate the cessation of the manufacture of nuclear weapons, the liquidation of all their existing stockpiles, and the elimination from national arsenals of nuclear weapons and the means of their delivery pursuant to a Treaty on general and complete disarmament under strict and effective international control,

Recalling that, in accordance with the Charter of the United Nations, States must refrain in their international relations from the threat or use of force against the territorial integrity or political independence of any State, or in any other manner inconsistent with the Purposes of the United Nations, and that the establishment and maintenance of international peace and security are to be promoted with the least diversion for armaments of the world's human and economic resources,

Have agreed as follows:

ARTICLE I

Each nuclear-weapon State Party to the Treaty undertakes not to transfer to any recipient whatsoever nuclear weapons or other nuclear explosive devices or control over such weapons or explosive devices directly, or indirectly; and not in any way to assist, encourage, or induce any non-nuclear-weapon State to manufacture or otherwise acquire nuclear weapons or other nuclear explosive devices, or control over such weapons or explosive devices.

ARTICLE II

Each non-nuclear-weapon State Party to the Treaty undertakes not to receive the transfer from any transferor whatsoever of nuclear weapons or other nuclear explosive devices or of control over such weapons or explosive devices directly, or indirectly; not to manufacture or otherwise acquire nuclear weapons or other nuclear explosive devices; and not to seek or receive any assistance in the manufacture of nuclear weapons or other nuclear explosive devices.

ARTICLE III

1. Each Non-nuclear-weapon State Party to the Treaty undertakes to accept safeguards, as set forth in an agreement to be negotiated and concluded with the International Atomic Energy Agency in accordance with the Statute of the International Atomic Energy Agency and the Agency's safeguards system, for the exclusive purpose of verification of the fulfilment of its obligations assumed under this Treaty with a view to preventing diversion of nuclear energy from peaceful uses to nuclear weapons or other nuclear explosive devices. Procedures for the safeguards required by this Article shall be followed with respect to source or special fissionable material whether it is being produced, processed or used in any principal nuclear facility or is outside any such facility. The safeguards required

by this Article shall be applied on all source or special fissionable material in all peaceful nuclear activities within the territory of such State, under its jurisdiction, or carried out under its control anywhere.

2. Each State Party to the Treaty undertakes not to provide: (a) source or special fissionable material, or (b) equipment or material especially designed or prepared for the processing, use or production of special fissionable material, to any non-nuclear-weapon State for peaceful purposes, unless the source or special fissionable material shall be subject to the safeguards required by this Article.

3. The safeguards required by this Article shall be implemented in a manner designed to comply with Article IV of this Treaty, and to avoid hampering the economic or technological development of the Parties or international co-operation in the field of peaceful nuclear activities, including the international exchange of nuclear material and equipment for the processing, use or production of nuclear material for peaceful purposes in accordance with the provisions of this Article and the principle of safeguarding set forth in the Preamble of the Treaty.

4. Non-nuclear-weapon States Party to the Treaty shall conclude agreements with the International Atomic Energy Agency to meet the requirements of this Article either individually or together with other States in accordance with the Statute of the International Atomic Energy Agency. Negotiation of such agreements shall commence within 180 days from the original entry into force of this Treaty. For States depositing their instruments of ratification or accession after the 180-day period, negotiation of such agreements shall commence not later than the date of such deposit. Such agreements shall enter into force not later than eighteen months after the date of initiation of negotiations.

ARTICLE IV

1. Nothing in this Treaty shall be interpreted as affecting the inalienable right of all the Parties to the Treaty to develop research, production and use of nuclear energy for peaceful purposes without discrimination and in conformity with

Articles I and II of this Treaty.

2. All the Parties to the Treaty undertake to facilitate, and have the right to participate in the fullest possible exchange of equipment, materials and scientific and technological information for the peaceful uses of nuclear energy. Parties to the Treaty in a position to do so shall also cooperate in contributing alone or together with other States or international organizations to the further development of the applications of nuclear energy for peaceful purposes, especially in the territories of non-nuclear-weapon States Party to the Treaty, with due consideration for the needs of the developing areas of the world.

ARTICLE V

Each Party to the Treaty undertakes to take appropriate measures to ensure that, in accordance with this Treaty, under appropriate international observation and through appropriate international procedures, potential benefits from any peaceful applications of nuclear explosions will be made available to non-nuclear-weapon States Party to the Treaty on a non-discriminatory basis and that the charge to such Parties for the explosive devices used will be as low as possible and exclude any charge for research and development. Non-nuclear-weapon States Party to the Treaty shall be able to obtain such benefits, pursuant to a special international agreement or agreements, through an appropriate international body with adequate representation of non-nuclear-weapon States. Negotiations on this subject shall commence as soon as possible after the Treaty enters into force. Non-nuclear-weapon States Party to the Treaty so desiring may also obtain such benefits pursuant to bilateral agreements.

ARTICLE VI

Each of the Parties to the Treaty undertakes to pursue negotiations in good faith on effective measures relating to cessation of the nuclear arms race at an early date and to nuclear disarmament, and on a treaty on general and complete disarmament under strict and effective international control.

ARTICLE VII

Nothing in this Treaty affects the right of any group of States to conclude regional treaties in order to assure the total absence of nuclear weapons in their respective territories.

ARTICLE VIII

1. Any Party to the Treaty may propose amendments to this Treaty. The text of any proposed amendment shall be submitted to the Depositary Governments which shall circulate it to all Parties to the Treaty. Thereupon, if requested to do so by one-third or more of the Parties to the Treaty, the Depositary Governments shall convene a conference, to which they shall invite all the Parties to the Treaty, to consider such an amendment.

2. Any amendment to this Treaty must be approved by a majority of the votes of all the Parties to the Treaty, including the votes of all nuclear-weapon States Party to the Treaty and all other Parties which, on the date the amendment is circulated, are members of the Board of Governors of the International Atomic Energy Agency. The amendment shall enter into force for each Party that deposits its instrument of ratification of the amendment upon the deposit of such instruments of ratification by a majority of all the Parties, including the instruments of ratification of all nuclear-weapon States Party to the Treaty and all other Parties which, on the date the amendment is circulated, are members of the Board of Governors of the International Atomic Energy Agency. Thereafter, it shall enter into force for any other Party upon the deposit of its instrument of ratification of the amendment.

3. Five years after the entry into force of this Treaty, a conference of Parties to the Treaty shall be held in Geneva, Switzerland, in order to review the operation of this Treaty with a view to assuring that the purposes of the Preamble and the provisions of the Treaty are being realised. At intervals of five years thereafter, a majority of the Parties to the Treaty may obtain, by submitting a proposal to this

effect to the Depositary Governments, the convening of further conferences with the same objective of reviewing the operation of the Treaty.

ARTICLE IX

1. This Treaty shall be open to all States for signature. Any State which does not sign the Treaty before its entry into force in accordance with paragraph 3 of this Article may accede to it at any time.

2. This Treaty shall be subject to ratification by signatory States. Instruments of ratification and instruments of accession shall be deposited with the Governments of the United Kingdom of Great Britain and Northern Ireland, the Union of Soviet Socialist Republics and the United States of America, which are hereby designated the Depositary Governments.

3. This Treaty shall enter into force after its ratification by the States, the Governments of which are designated Depositaries of the Treaty, and forty other States signatory to this Treaty and the deposit of their instruments of ratification. For the purposes of this Treaty, a nuclear weapon State is one which has manufactured and exploded a nuclear weapon or other nuclear explosive device prior to 1 January, 1967.

4. For States whose instruments of ratification or accession are deposited subsequent to the entry into force of this Treaty, it shall enter into force on the date of the deposit of their instruments of ratification or accession.

5. The Depositary Governments shall promptly inform all signatory and acceding States of the date of each signature, the date of deposit of each instrument of ratification or of accession, the date of the entry into force of this Treaty, and the date of receipt of any requests for convening a conference or other notices.

6. This Treaty shall be registered by the Depositary Governments pursuant to Article 102 of the Charter of the United Nations.

ARTICLE X

1. Each Party shall in exercising its national sovereignty have the right to

withdraw from the Treaty if it decides that extraordinary events, related to the subject matter of this Treaty, have jeopardized the supreme interests of its country. It shall give notice of such withdrawal to all other Parties to the Treaty and to the United Nations Security Council three months in advance. Such notice shall include a statement of the extraordinary events it regards as having jeopardized its supreme interests.

2. Twenty-five years after the entry into force of the Treaty, a conference shall be convened to decide whether the Treaty shall continue in force indefinitely, or shall be extended for an additional fixed period or periods. This decision shall be taken by a majority of the Parties to the Treaty.

ARTICLE XI

This Treaty, the English, Russian, French, Spanish and Chinese texts of which are equally authentic, shall be deposited in the archives of the Depositary Governments. Duly certified copies of this Treaty shall be transmitted by the Depositary Governments to the Governments of the signatory and acceding States.

录自：https://www.iaea.org/publications/documents/infcircs/treaty-non-proliferation-nuclear-weapons，2023-08-20.

[历史背景介绍]

因为核武器的巨大破坏力以及冷战斗争的需要，美苏在防止核武器扩散问题上的磋商自二战后就已经开始。1946年6月，时任美国驻联合国原子能委员会代表伯纳德·巴鲁克（Bernard Mannes Baruch）提议，各国应创立一个国际原子能管控机构以处理核事务（称作"巴鲁克计划"），这开启了冷战四十多年中东西方阵营就核管控进行协商的先例。1961年，在联合国大会上通过的"爱尔兰决议"草案勾勒了《不扩散核武器条约》的核心条款，即核大国将承诺不放弃对核武器的控制，且不向无核国家传播制造核武器的信息。无核国家也应该承诺不制造或以其他方式获得核武器。

1962年古巴导弹危机后，美苏关系相对缓和。加之，彼时更多国家开始拥有核武器，尤其是法国和中国这两个追求独立于超级大国外交和国防政策的国家分别于1960年和1964年进入核俱乐部。美苏双方在核不扩散问题上的合作基础扩大。

1962年至1968年，各国就缔结《不扩散核武器条约》进行频繁协商。该条约缔结的主要难题是有核国家和无核国家间在核保障问题上的不同意见。首先，无核国家难以接受与有核国家在权利和义务上的不对称性。其次，无核国家担心《不扩散核武器条约》会对本国安全产生不利影响，即核大国无法在全球范围内提供防止核攻击与核讹诈的保护。第三，无核国家担心《不扩散核武器条约》会损害其和平利用原子能事业，一些重要的工业国家倾向于将核保障措施视为一种合法的工业间谍活动。但是，在美苏的共同倡导下，同时也为了换取获得民用核材料、核信息的途径，诸多无核国家选择接受《不扩散核武器条约》。该条约于1968年7月1日由英、美、苏等59个国家签署，于1970年3月5日正式生效。但直至今日，印度、以色列和巴基斯坦等国仍未加入《不扩散核武器条约》。

[史家争鸣]

核不扩散问题研究者罗兰·波普（Roland Popp）认为，在20世纪60年代，基于《不扩散核武器条约》构建的国际核秩序是不稳定、有争议和不完整的。此时，不仅法国、中国、印度等国选择不签署该条约，同时美国与其盟国在协商具体条款时也存有龃龉。以西欧国家为例，西德方面认为基于该条约形成的核保障条款是美苏的"核共谋"。意大利和荷兰也支持波恩的立场。在该条约签订之时，美国同其盟国的矛盾仍未能得到妥善解决。[①]

美国外交政策研究者迈克尔·布伦纳（Michael J. Brenner）指出，对美而言，《不扩散核武器条约》是其试图形成一种国际法规以控制核援助接收

---

① Roland Popp, Liviu Horovitz and Andreas Wenger, eds., *Negotiating the Nuclear Non-Proliferation Treaty: Origins of the Nuclear Order*, London and New York: Routledge, 2017, pp.23-27.

国不将用于和平目的的核技术、材料用于军事目的。但是，在尼克松–福特政府时期，《不扩散核武器条约》的执行力度极为有限。彼时美国致力于核燃料的私有化，防止核扩散则是次要事务。1972年，美国才取消后处理技术向国外的流出。直到1974年印度实现"和平核爆炸"后，核不扩散事务才再次引起包括美国在内的世界各国的关注。[①]

苏联核历史研究者大卫·霍洛威（David Holloway）认为，《不扩散核武器条约》和1969年美苏开始进行的限制战略武器谈判（The Strategic Arms Limitation Talks）为世界核秩序提供了一个框架。二者既控制了核武器的扩散，又规范了美苏之间的战略核竞争。在20世纪80年代核战争的风险上升到了古巴导弹危机以后的最高水平时，《不扩散核武器条约》仍然保持了效力，并且为越来越多的国家所接受。[②]

[**思考题**]

1. 概述《不扩散核武器条约》的基本内容。

2. 阐释《不扩散核武器条约》产生及存续的基础。

3. 探索《不扩散核武器条约》在世界范围内的推行案例。

4. 评价《不扩散核武器条约》在世界核秩序中的作用。

（朱雅莉　编）

① Michael J. Brenner, *Nuclear Power and Non-proliferation: the Remaking of U.S. Policy*, Cambridge and New York: Cambridge University Press, 1981, pp.6–7 and p.216.
② Leopoldo Nuti and David Holloway, eds., *The Making of the Global Nuclear Order in the 1970s: Issues and Controversies*, London and New York: Routledge, 2021, pp.248–249.

174

尼克松关岛讲话

（1969年7月25日）
（1969年7月25日尼克松总统在
关岛的非正式谈话（节选））

...

As you know, my background here goes back a few years. It was in 1953 that I first visited this area. That trip was very extensive, with the usual 4 days in each country, a so-called state visit in each country. It provided an opportunity to meet the leaders, but more than that to know the countries in a very effective way.

In the 16 years that have passed, however, since that time, the changes have been very dramatic. I have returned to Asia, as you know, on a number of occasions since then, and particularly to the countries that we will be visiting on this trip.Consequently, I have kept up with later developments and also, with the exception of President Yahya [Gen. Agha Muhammad Yahya Khan] in Pakistan, I know each of the Asian leaders that I will be meeting and will be able to speak to them from that background.

...

Also, as we look over the historical perspective, while World War II began in Europe, for the United States it began in the Pacific. It came from Asia. The Korean war came from Asia. The Vietnamese war came from Asia.

So, as we consider our past history, the United States involvement in war so often has been tied to our Pacific policy, or our lack of a Pacific policy, as the case might be.

As we look at Asia today, we see that the major world power which adopts a very aggressive attitude and a belligerent attitude in its foreign policy, Communist China, of course, is in Asia, and we find that the two minor world powers — minor, although they do have significant strength as we have learned — that most greatly threaten the peace of the world, that adopt the most belligerent foreign policy, are in Asia, North Korea and, of course, North Vietnam.

When we consider those factors we, I think, realize that if we are thinking down the road, down the long road — not just 4 years, 5 years, but 10, 15 or 20 — that if we are going to have peace in the world, that potentially the greatest threat to that peace will be in the Pacific.

I do not mean to suggest that the Mideast is not a potential threat to the peace of the world and that there are not problems in Latin America that concern us, or in Africa and, of course, over it all, we see the great potential conflict between the United States and the Soviet Union, the East-West conflict between the two super powers.

But as far as those other areas are concerned, the possibility of finding some kind of solution, I think, is potentially greater than it is in the Asian area.

Pursuing that line of reasoning a bit further then, I would like to put it in a more positive sense: When we look at the problems in Asia, the threat to peace that is presented by the growing power of Communist China, the belligerence of North Korea and North Vietnam, we should not let that obscure the great promise that is here.

As I have often said, the fastest rate of growth in the world is occurring in non-Communist Asia. Japan, in the last 10 years, has tripled its GNP [gross national product]; South Korea has doubled its GNP; ... Thailand has doubled its GNP. The same is true of Singapore and of Malaysia.

The record in some of the other countries is not as impressive. But consider the Philippines where there are very grave problems, as you will learn when you are there, political problems and others. One of the brighter spots is that when I was in the Philippines in 1953, it was a major importer of rice. Today, as a result of "miracle rice", it no longer has to import it. Some progress is being made in an area like that.

When we look at India and Pakistan and the terribly difficult and traumatic experience they have had, because of their conflict with each other more than with the problems they have had from the outside, the picture tends to be rather black.

But India's rate of growth as a result of 2 good crop years, and a reasonably good one this year, has been at 6 percent. If we can get the population problem — if they can — under better control the promise for the future, of course, is rather bright.

As far as Pakistan is concerned, they are emphasizing growth in manufacturing. They are growing at the rate of 10 percent per year in manufacturing and from 1965 to 1970 their agricultural production will go up 21 percent.

When you visit these two countries, even in the brief visits that we have, when you see the poverty which strikes you in the face, if you have not seen it before, with a tremendous impact, you will wonder whether there is a great deal to hope for. But all I can say is that having seen what it was in 1953 and seeing what it was again in 1967, the amount of progress that has taken place, even in those countries where the rate has not been as high as others, is a very, very formidable thing to see.

So, what I am trying to suggest is this: As we look at Asia, it poses, in my view, over the long haul, looking down to the end of the century, the greatest threat to the peace of the world, and, for that reason the United States should continue to play a significant role. It also poses, it seems to me, the greatest hope for progress in the world — progress in the world because of the ability, the resources, the ability of the people, the resources physically that are available in this part of the world. And for these reasons, I think we need policies that will see that we play a part and a part that is appropriate to the conditions that we will find.

Now, one other point I would make very briefly is that in terms of this situation as far as the role we should play, we must recognize that there are two great, new factors which you will see, incidentally, particularly when you arrive in the Philippines — something you will see there that we didn't see in 1953, to show you how quickly it has changed: a very great growth of nationalism, nationalism even in the Philippines, vis-a-vis the United States, as well as other countries in the world. And, also, at the same time that national pride is becoming a major factor, regional pride is becoming a major factor.

The second factor is one that is going to, I believe, have a major impact on the future of Asia, and it is something that we must take into account. Asians will say in every country that we visit that they do not want to be dictated to from the outside, Asia for the Asians. And that is what we want, and that is the role we should play. We should assist, but we should not dictate.

At this time, the political and economic plans that they are gradually developing are very hopeful. We will give assistance to those plans. We, of course, will keep the treaty commitments that we have.

But as far as our role is concerned, we must avoid that kind of policy that will make countries in Asia so dependent upon us that we are dragged into conflicts such as the one that we have in Vietnam.

This is going to be a difficult line to follow. It is one, however, that I think, with proper planning, we can develop.

...

录自: *Public Papers of the Presidents of the United States: Richard Nixon, 1969,* pp.544–556, U.S. GPO, 1971.

尼克松主义，又称关岛主义，是20世纪60年代末美国对外战略做出重大要调整的步骤之一，系1969年7月25日尼克松在关岛举行的一场记者会中所提出，并在11月3日一场关于"越战问题"的演说中再次确认。尼克松在演说中强调"美国将协助盟友的防务安全与经济建设"，但不会"承担世界上所有自由国家的防卫义务"。尼克松主义的基本内涵是虽然美国仍将为各个盟友提供核保护伞，但各个盟友均须各自负起自己国家的防卫责任。这一政策提出的实质是当美国实力相对下降时，美国将通过加强与盟友的合作、共同分担国际义务的方式巩固其霸权地位。尼克松主义标志着美国对亚洲乃至其国际政策的转变，其实施的重点内容便是"越南战争的越南化"。

尼克松主义提出的背景是，越南战争的长期化以及美国在东南亚不堪重负的国际义务。在1969年1月尼克松总统首次就职时，美国全面卷入越战近四年，已造成三万多美国士兵阵亡，国内舆论也逐步转向反对继续越南战争：当年5月的一项盖洛普民意调查显示，56%的公众认为当年向越南派兵是错误的：在50岁以上的人中，61%的美国人支持这一观点，而21岁至29岁的人中也有49%的人表达这种看法。尼克松在1968年的总统竞选期间曾表示要为越南争取"和平与荣誉"，结束越南战争、调整对盟国的政策成为他不得不考虑和选择的政策目标。

1969年7月24日，尼克松总统上任仅7个月，就乘坐美国航空母舰"大黄蜂"号在夏威夷西南1 500公里处欢迎阿波罗11号宇航员返回地球，宣示美国空间科技带来的荣耀。也正是从这里，他开始了作为总统首次出访亚洲的旅程。当专机在关岛中转加油时，他举行了一次非正式的新闻发布会——实际上是为他的亚洲之行吹风。整篇谈话纵论亚洲的未来及其对美国的意义，然而毕竟是"非正式"，谈话略显语无伦次，该声明却有着深刻的内涵和深远的意义：在重申美国对亚洲盟友承诺的同时，要对美国愿意以及能够为盟友做什么设定了新的限制，进而提出美国希望盟友"为自己做些什么"。

尼克松在谈话中指出，美国将履行其在亚洲的所有条约承诺，但"就国际安全问题而言……美国将鼓励并有权期待，这个问题将越来越多地由亚洲国家自己处理，并由亚洲国家承担责任"。当年11月3日，尼克松在椭圆形办公室就越南战争向全国发表演说，将关岛声明明确概括为三个重要原则：第一，美国将遵守其所有条约承诺；第二，美国仍然为盟国提供军事和经济援助；第三，各盟国应承担起各自防务的主要责任。

如何解读尼克松政府上述政策调整所对应的"思维逻辑"？应该说，"尼克松—基辛格"决策核心是从战后国际环境的重新评估中得出了这些原则。他们认为，战后国际环境到彼时发生了戏剧性的变化。第二次世界大战后，美国是唯一一个逃脱了战争社会和经济破坏的大国。因此，在战后的最初几年里，朋友和昔日的敌人都依赖美国的援助来重建经济和"抵抗共产主义的渗透"。然而，到了20世纪60年代末，战后的国际秩序已经被一种新的格局所取代：多极化的发展使以往接受美国经济和军事援助的国家现在能够为自己的国防作出更多贡献；发展中国家需要的美国帮助和保护更少了。更重要的是社会主义阵营内部关系的重要变化。苏联对东德、匈牙利和捷克斯洛伐克的镇压，以及中苏分裂和边境冲突，加速了阵营内部的分化瓦解。尼克松认为，这些事件证明了"共产主义世界正在出现多中心主义"，这一改变的局面给美国带来了"不同的挑战和新的机遇"。

与此同时，西方集团也经历了某种程度的转变。1966年，法国退出了北约的军事指挥部，挑战美国在西方阵营的领导地位。美国在欧洲最重要的合作伙伴——英国，则继续从帝国的荣耀中衰落，于1968年从苏伊士运河以东的势力范围撤退。美国和欧洲的经济问题进一步加重了联盟的负担，使美国为自由的生存"付出任何代价"的能力遭到严重的削弱。所有的问题则聚焦于印支地区，越南战争继续妨碍美国外交的灵活性，最终可能会耗尽其资源。

这些现实让尼克松政府重新思考美国的利益究竟为何以及如何才能更好地维护和实现。尽管尼克松接受了美国对世界和平与稳定仍然"不可或缺"的前提，但他也承认美国力量的局限性。他坚持认为，其他国家"为了他们和我们的利益，应该承担更大的责任"，这明确承认美国已经独木难支。因此，美国必须寻求在其外交政策的"目的"与可用的"手段"之间取得平衡。正如基辛格所言："我们的利益将决定我们的承诺，而不是相反。"1974

年6月，尼克松在美国海军学院的毕业典礼演讲中对尼克松主义的理念阐述得最为清晰：现实主义应该成为美国外交政策的基础，尤其是冷战政策的基础。由于美国所能取得的成就是有限的，因此只能通过在大国之间建立和维持相对的和平与稳定，才能维护美国的地位。①

尼克松主义具体的表现就是在美国力量在亚洲的收缩、调整与中国和苏联的关系，寻求中、美、苏大三角战略的平衡。除了越南战争"越南化"外，在伊朗、柬埔寨等地，美国开始大幅削减军事和经济援助。在韩国，驻扎在那里的61 000名美军中有20 000人在1971年6月前撤离。

1972年，尼克松访华开启了冷战的新篇章，美国开启与中华人民共和国的商业、文化交流。这一切也为美国外交政策创造了新的机会。在军备控制领域，美苏通过谈判限制代价高昂且危险的军备竞赛，双方签署的关于战略武器和反弹道导弹系统的协议标志着两个超级大国之间新的缓和局面。

［史家争鸣］

对于尼克松主义，持赞同意见的学者认为尼克松主义和"尼克松—基辛格"团队的外交政策是对冷战爆发初期全面遏制战略的一种替代方案或"拨乱反正"，因为凯南的政策最终不免会使美国背负繁重的国际义务，过度延展军事和经济力量而削弱自己的实力。他们认为，20世纪60年代末和70年代初的国内和国际形势根本不允许美国再继续越战那样的大规模海外军事干预。相反，美国应该在国际舞台上"平衡"国际政治的权力分配，而不是追求优势——说白了就是"有多大能耐办多大事"。他们甚至认为尼克松主义的提出是一个值得肯定的变化，是美国外交和政治走向成熟的标志：尼克松政府的所作所为在一定程度上接受并尽可能保全美国力量的限度。②

---

① Robert S. Litwak, *Détente and the Nixon Doctrine: American Foreign Policy and the Pursuit of Stability, 1969–1976*, NY: Cambridge University Press, 1984, pp.63–64.
② Earl C. Ravenal, "The Nixon Doctrine and Our Asian Commitments", *Foreign Affairs*, Vol.49, No.2, pp.201–217; Laura Summers, "Cambodia: Model of the Nixon doctrine", *Current History*, Vol. 65, No. 388, 1973, pp.252–256; Pauker, Guy J., et al., *In Search of Self-reliance: US Security Assistance to the Third World under the Nixon Doctrine*, RAND Corp, 1973, pp.1–4; Trager, Frank N., "The Nixon Doctrine and Asian Policy", *Southeast Asian Perspectives*, No.6, June, 1972, pp.1–34.

而另一面，对尼克松主义持批评意见的，则对其意义和效果存在分歧。他们认为尼克松在东南亚的政策——将战争扩大到柬埔寨，并将美国在越南的存在又拖延了四年——与前任约翰逊总统的策略本质上并无不同。另一些人则指出，"越南化"这个新名词和所谓基于新战略考量的政策，与其说是一个鼓舞人心的想法，不如说是对失败的接受甚至"装裱"。事实上，尼克松强化"代理人"在美国政策中的作用开启了冷战的新阶段：他的继任者卡特、里根则从这一理念出发，以支持发展中国家的"自由战士"为名，策动地区战争和动乱。还有一些学者质疑尼克松利用代理人力量的本质仍然是维护美国利益。伊朗就是这一政策出了问题的最明显的例子。尼克松不断向巴列维政权提供支持，扶植一位与本国人民福祉渐行渐远的统治者，加剧了伊朗国内乃至中东地区的紧张局势，最终为1979年的伊朗伊斯兰革命铺平了道路。[①]

部分批评者还指责尼克松主义实际上扩大了国际核扩散的潜在风险。因为美国防务承诺的不确定性让盟国担心在国际重大危机发生时是否"在受核保护的名单"上，还是要凭借一己之力"自行承担防务责任"。这种不确定性导致那些欧亚重要盟国之外的，诸如以色列、印度、巴基斯坦和巴西等，甚至韩国等国家谋求"求人不如求己"的出路，纷纷选择加入核开发的行列，最终导致了地区局势的不稳定。[②]

在尼克松主义的具体的实施上，印支问题是所有工作的核心。在四年内，尼克松政府将驻越南美军从55万人减少到2.4万人。支出从每年250亿美元下降到不到30亿美元。与此同时，他继续美国在北越的轰炸，同时寻

---

①　Joan Hoff, "A Revisionist View of Nixon's Foreign Policy", *Presidential Studies Quarterly*, Vol.26, No.1，1996, pp.107–129; Guittard, A., *Iran and the Nixon Doctrine: American Arms and the Rise and Fall of the Shah. Elements*, 2010. https://doi.org/10.6017/eurj.v6i1.9025; Chua, Daniel Wei Boon, "Becoming a 'Good Nixon Doctrine country': Political relations between the United States and Singapore during the Nixon presidency", *Australian Journal of Politics & History*, Vol.60, No.4., 2014, pp.534–548.

②　Kimball, Jeffrey, "The Nixon Doctrine: A Saga of Misunderstanding", *Presidential Studies Quarterly*. Vol.36, No.1, 2006, pp.59–74; Komine, Yukinori, "Whither a 'Resurgent Japan': The Nixon Doctrine and Japan's Defense Build-up, 1969–1976", *Journal of Cold War Studies*, Vol.16, No.3, 2014, pp.88–128.

求通过谈判结束战争。1973年1月22日，经过长期的秘密谈判，国务卿威廉·罗杰斯和北越首席谈判代表黎德寿在巴黎签署了《关于结束战争和恢复越南和平的协议》。尼克松表示，这代表了他自1968年总统竞选以来所承诺的"荣誉和平"。

[**思考题**]

1. 如何从尼克松关岛谈话理解和认识其上任后的对外战略思考和设计？

2. 如何看待尼克松7月25日在关岛的谈话与当年11月3日就越南问题演讲之间的联系？

3. "尼克松主义"及其实施如何影响了20世纪70年代的亚太乃至国际政治秩序？

（陈波　编）

175

勃兰特施政纲领演说

（1969年10月28日）
（勃兰特施政纲领演说）

Regierungserklärung von Bundeskanzler Willy Brandt vor dem Deutschen Bundestag in Bonn am 28. Oktober 1969

Herr Präsident! Meine Damen und Herren! Wir sind entschlossen, die Sicherheit der Bundesrepublik Deutschland und den Zusammenhalt der deutschen Nation zu wahren, den Frieden zu erhalten und an einer europäischen Friedensordnung mitzuarbeiten, die Freiheitsrechte und den Wohlstand unseres Volkes zu erwei- tern und unser Land so zu entwickeln, daß sein Rang in der Welt von Morgen an- erkannt und gesichert sein wird. Die Politik dieser Regierung wird also im Zeichen der Kontinuität und im Zeichen der Erneuerung stehen.

Unser Respekt gebührt dem, was in den vergangenen Jahren geleistet worden ist – im Bund, in den Ländern und in den Gemeinden, von allen Schichten unseres Volkes. Ich nenne die Namen Konrad Adenauer, Theodor Heuss und Kurt Schumacher stellvertretend für viele andere, mit denen die Bundesrepublik Deutschland einen Weg zurückgelegt hat, auf den sie stolz sein kann. Niemand wird die Leistungen der letzten zwei Jahrzehnte leugnen, bezweifeln oder geringschätzen. Sie sind Geschichte geworden.

Die Beständigkeit unserer freiheitlichen Grundordnung ist am 28. September er- neut bestätigt worden. Ich danke den Wählern für die eindeutige Ablehnung des Extremismus, den es weiterhin zu bekämpfen gilt.

(Beifall bei den Regierungsparteien sowie bei der CDU/CSU.)

Unsere parlamentarische Demokratie hat 20 Jahre nach ihrer Gründung ihre Fähigkeit zum Wandel bewiesen und damit ihre Probe bestanden. Dies ist auch außerhalb unserer Grenzen vermerkt worden und hat unserem Staat zu neuem Vertrauen in der Welt verholfen.

Die strikte Beachtung der Formen parlamentarischer Demokratie ist selbstver- ständlich für politische Gemeinschaften, die seit gut 100 Jahren für die deutsche Demokratie gekämpft, sie unter schweren Opfern verteidigt und unter großen Mühen wieder aufgebaut haben. Im sachlichen Gegeneinander und im nationalen Miteinander von Regierung und Opposition ist es unsere gemeinsame Verant- wortung und Aufgabe, dieser Bundesrepublik eine gute Zukunft zu sichern.

Die Bundesregierung weiß, daß sie dazu der loyalen Zusammenarbeit mit den gesetzgebenden Körperschaften bedarf. Dafür bietet sie dem Deutschen Bundestag und natürlich auch dem Bundesrat ihren guten Willen an.

Unser Volk braucht wie jedes andere seine innere Ordnung. In den 70er Jahren werden wir aber in diesem Lande nur so viel Ordnung haben, wie wir an Mitverantwortung ermutigen. Solche demokratische Ordnung braucht außerordentliche Geduld im Zuhören und außerordentliche Anstrengung, sich gegenseitig zu verstehen.

Wir wollen mehr Demokratie wagen. Wir werden unsere Arbeitsweise öffnen und dem kritischen Bedürfnis nach Information Genüge tun. Wir werden darauf hinwirken, daß nicht nur durch Anhörungen im Bundestag,

(Abg. Dr. Barzel: Anhörungen?)

sondern auch durch ständige Fühlungnahme mit den repräsentativen

Gruppen unseres Volkes und durch eine umfassende Unterrichtung über die Regierungspolitik jeder Bürger die Möglichkeit erhält, an der Reform von Staat und Gesellschaft mitzuwirken.

(Abg. Dr. Barzel: Die Regierung will uns gnädigst anhören?! – Abg. Wehner: Beruhigen Sie sich! Das heißt neudeutsch„ Hearing", nichts anderes! – Abg. Dr.Barzel: Dann soll er es doch richtig sagen!)

Wir wenden uns an die im Frieden nachgewachsenen Generationen, die nicht mit den Hypotheken der Älteren belastet sind und belastet werden dürfen; jene jungen Menschen, die uns beim Wort nehmen wollen – und sollen. Diese jungen Menschen müssen aber verstehen, daß auch sie gegenüber Staat und Gesell- schaft Verpflichtungen haben.

Wir werden dem Hohen Hause ein Gesetz unterbreiten, wodurch das aktive Wahlalter von 21 auf 18, das passive von 25 auf 21 Jahre herabgesetzt wird.

(Beifall bei den Regierungsparteien.)

Wir werden auch die Volljährigkeitsgrenze überprüfen.

Mitbestimmung, Mitverantwortung in den verschiedenen Bereichen unserer Gesellschaft wird eine bewegende Kraft der kommenden Jahre sein. Wir können nicht die perfekte Demokratie schaffen. Wir wollen eine Gesellschaft, die mehr Freiheit bietet und mehr Mitverantwortung fordert. Diese Regierung sucht das Gespräch, sie sucht kritische Partnerschaft mit allen, die Verantwortung tragen, sei es in den Kirchen, der Kunst, der Wissenschaft und der Wirtschaft oder in anderen Bereichen der Gesellschaft.

Dies gilt nicht zuletzt für die Gewerkschaften, um deren vertrauensvolle Zusam- menarbeit wir uns bemühen. Wir brauchen ihnen ihre überragende Bedeutung für diesen Staat, für seinen weiteren Ausbau zum sozialen Rechtsstaat nicht zu bescheinigen.

Wenn wir leisten wollen, was geleistet werden muß, brauchen wir alle aktiven Kräfte unserer Gesellschaft. Eine Gesellschaft, die allen weltanschaulichen und religiösen Überzeugungen offen sein will, ist auf ethische Impulse angewiesen, die sich im solidarischen Dienst am Nächsten beweisen. Es kann nicht darum gehen, lediglich hinzunehmen, was durch die Kirchen für die Familie, in der Jugendarbeit oder auf dem Sektor der Bildung geleistet wird. Wir sehen die gemeinsamen Aufgaben, besonders, wo Alte, Kranke, körperlich oder geistig Behinderte in ihrer Not nicht nur materielle Unterstützung, sondern auch menschliche Solidarität brauchen. Im Dienst am Menschen – nicht nur im eigenen Land, sondern auch in den Entwicklungsländern – begegnet sich das Wirken kirchlicher und gesellschaftlicher Gruppen mit dem politischen Handeln.

Wir werden uns ständig darum bemühen, daß sich die begründeten Wünsche der gesellschaftlichen Kräfte und der politische Wille der Regierung vereinen lassen.

Meine Damen und Herren! Diese Regierung geht davon aus, daß die Fragen, die sich für das deutsche Volk aus dem zweiten Weltkrieg und aus dem nationalen Verrat durch das Hitlerregime ergeben haben, abschließend nur in einer europäischen Friedensordnung beantwortet werden können. Niemand kann uns jedoch ausreden, daß die Deutschen ein Recht auf Selbstbestimmung haben, wie alle anderen Völker auch.

(Beifall bei den Regierungsparteien und Abgeordneten der CDU/CSU.)

Aufgabe der praktischen Politik in den jetzt vor uns liegenden Jahren ist es, die Einheit der Nation dadurch zu wahren, daß das Verhältnis zwischen den Teilen Deutschlands aus der gegenwärtigen Verkrampfung gelöst wird. Die Deutschen sind nicht nur durch ihre Sprache und ihre Geschichte – mit ihrem Glanz und Elend – verbunden; wir sind alle in Deutschland zu Haus. Wir haben auch noch gemeinsame Aufgaben und gemeinsame Verantwortung: für den Frieden unter uns und in Europa.

20 Jahre nach Gründung der Bundesrepublik Deutschland und der DDR müssen wir ein weiteres Auseinanderleben der deutschen Nation verhindern,

also versuchen, über ein geregeltes Nebeneinander zu einem Miteinander zu kommen. Dies ist nicht nur ein deutsches Interesse, denn es hat seine Bedeutung auch für den Frieden in Europa und für das Ost-West-Verhältnis. Unsere und unserer Freunde Einstellung zu den internationalen Beziehungen der DDR hängt nicht zuletzt von der Haltung Ostberlins selbst ab. Im übrigen wollen wir unseren Landsleuten die Vorteile des internationalen Handels und Kulturaustausches nicht schmälern.

Die Bundesregierung setzt die im Dezember 1966 durch Bundeskanzler Kiesinger und seine Regierung eingeleitete Politik fort und bietet dem Ministerrat der DDR erneut Verhandlungen beiderseits ohne Diskriminierung auf der Ebene der Regierungen an, die zu vertraglich vereinbarter Zusammenarbeit führen sollen. Eine völkerrechtliche Anerkennung der DDR durch die Bundesregierung kann nicht in Betracht kommen. Auch wenn zwei Staaten in Deutschland existieren, sind sie doch füreinander nicht Ausland; ihre Beziehungen zueinander können nur von besonderer Art sein.

(Beifall bei den Regierungsparteien. – Unruhe bei der CDU/CSU.)

Anknüpfend an die Politik ihrer Vorgängerin erklärt die Bundesregierung, daß die Bereitschaft zu verbindlichen Abkommen über den gegenseitigen Verzicht auf Anwendung oder Androhung von Gewalt auch gegenüber der DDR gilt.

Die Bundesregierung wird den USA, Großbritannien und Frankreich raten, die eingeleiteten Besprechungen mit der Sowjetunion über die Erleichterung und Verbesserung der Lage Berlins mit Nachdruck fortzusetzen. Der Status der unter der besonderen Verantwortung der Vier Mächte stehenden Stadt Berlin muß unangetastet bleiben. Dies darf nicht daran hindern, Erleichterungen für den Verkehr in und nach Berlin zu suchen. Die Lebensfähigkeit Berlins werden wir weiterhin sichern. West-Berlin muß die Möglichkeit bekommen, zur Verbesserung der politischen, wirtschaftlichen und kulturellen Beziehungen der beiden Teile Deutschlands beizutragen.

Wir begrüßen es, daß der innerdeutsche Handel wieder zunimmt. Hierzu haben auch die Erleichterungen beigetragen, die durch die Vereinbarung am 6. Dezember 1968 eingetreten sind. Die Bundesregierung hält einen weiteren Ausbau der nachbarlichen Handelsbeziehungen für wünschenswert.

Wir haben das bisherige Ministerium für gesamtdeutsche Fragen entsprechend seinen Aufgaben in Ministerium für innerdeutsche Beziehungen umbenannt. Die Deutschlandpolitik insgesamt kann nicht Sache eines Ressorts ein. Sie ist eine ständige Aufgabe der ganzen Regierung und umfaßt Aspekte der auswärtigen Politik, der Sicherheits- und Europapolitik, ebenso wie die Bemühungen um den Zusammenhalt unseres Volkes und um die Beziehungen im geteilten Deutschland.

Meine Damen und Herren, in unserer Bundesrepublik stehen wir vor der Notwendigkeit umfassender Reformen. Die Durchführung der notwendigen Reformen und ein weiteres Steigen des Wohlstandes sind nur möglich bei wachsender Wirtschaft und gesunden Finanzen. Doch diese Bundesregierung hat ein schwieriges wirtschaftspolitisches Erbe übernommen, das zu raschem Handeln zwang:

(Beifall bei den Regierungsparteien. – Lachen und Widerspruch bei der CDU/CSU.)

Seit gestern ist die Parität der Deutschen Mark um 8, 5% verbessert. Die außenwirtschaftliche Absicherung auf steuerlichem Wege wurde endgültig aufgehoben.

Wir werden die Forderung des Gesetzes zur Förderung der Stabilität und des Wachstums erfüllen. Dieses Gesetz, eine der großen Reformleistungen des 5. Deutschen Bundestages, verpflichtet zum Handeln, wenn das gesamtwirtschaftliche Gleichgewicht gefährdet ist. Diese Pflicht war seit dem Frühjahr 1969 vernachlässigt worden.

(Lebhafter Beifall bei den Regierungsparteien.)

Der Beschluß der Bundesregierung vom letzten Freitag, vom 24. Oktober, beendet eine Phase der Unsicherheit und beseitigt das fundamentale Ungleichgewicht in unserer Zahlungsbilanz.

(Zuruf von der CDU/CSU: Abwarten!)

Außenwirtschaftlich haben wir damit einen entscheidenden Beitrag geleistet, um den Welthandel weiter zu liberalisieren und das Weltwährungssystem zu stabilisieren.

Binnenwirtschaftlich wird die Aufwertung die Preisentwicklung des Jahres 1970 dämpfen.

(Abg. Dr. Müller-Hermann: Abwarten!)

Allerdings wäre mehr zu erreichen gewesen, wenn die vorige Bundesregierung rechtzeitig gehandelt hätte.

(Beifall bei den Regierungsparteien. – Zurufe von der CDU/CSU.)

Der Höhepunkt der Preisentwicklung kann wegen dieses Versäumnisses sogar noch vor uns liegen.

(Lachen und Zurufe von der CDU/CSU.)

Ohne Aufwertung wäre eine weitere Zuspitzung der Konjunkturlage mit der Gefahr einer nachfolgenden Rezession kaum vermeidbar gewesen.

(Beifall bei den Regierungsparteien.)

Unser Ziel lautet: Stabilisierung ohne Stagnation. Diesem Ziel dient unser wirtschafts- und finanzpolitisches Sofortprogramm. Es enthält:

1. Eine Finanzpolitik, die eine graduelle Umorientierung des Güterangebots auf den Binnenmarkt hin fördert.

(Zuruf von der CDU/CSU: Sehr bedenklich!)

2. Weitere Konsultationen mit der Bundesbank über eine der neuen Lage nach der DM-Aufwertung angemessene Linie der Geld- und Kreditpolitik.

3. Die Fortsetzung und Intensivierung der bewährten Zusammenarbeit mit den Gewerkschaften und Unternehmensverbänden im Rahmen der

Konzertierten Aktion, an der in Zukunft auch Vertreter der Landwirtschaft teilnehmen werden.

(Beifall bei den Regierungsparteien.)

4. Die Intensivierung der Zusammenarbeit zwischen Bund, Ländern und Gemeinden im Konjunkturrat der öffentlichen Hand.

5. Die aktive Mitarbeit der Bundesregierung an einer stärkeren Koordinierung der Wirtschafts- und Finanzpolitik in den Mitgliedstaaten der Europäischen Gemeinschaft und an der notwendigen Weiterentwicklung des Weltwährungssystems.

6. Die Aufwertung der D-Mark verlangt von uns einen Einkommensausgleich für die Landwirtschaft. Unsere Verpflichtung gegenüber den deutschen Bauern müssen wir jedoch mit den Römischen Verträgen über den Gemeinsamen Markt in Einklang bringen.

Der Rat der Europäischen Gemeinschaften hat anerkannt, daß der Einkommensverlust der deutschen Landwirtschaft voll ausgeglichen werden muß. Nach stundenlangen Beratungen hat er – der Rat – in den heutigen Morgenstunden folgendes beschlossen:

Auf Antrag der deutschen Delegation wurde zunächst eine Übergangsregelung für die Dauer von 6 Wochen getroffen.

(Zuruf von der CDU/CSU: Was kommt danach?)

Während dieser Zeit werden die Preise nach der bisherigen Parität aufrechterhalten und durch ein Grenzausgleichssystem abgesichert. Nach dieser Zeit erhält die Landwirtschaft den Einkommensausgleich. Dieser Ausgleich kann zum Teil durch eine Änderung des Mehrwertsteuergesetzes herbeigeführt werden.

(Unruhe bei der CDU/CSU.)

Wie das im einzelnen geschieht, darüber wird dieses Hohe Haus in Kürze beraten müssen.

(Abg. Dr. Barzel: Was machen die Bauern so lange? – Weitere Zurufe von der CDU/CSU.)

Der Rest wird durch direkte Ausgleichszahlungen gedeckt, an denen sich die Gemeinschaft beteiligen wird. Der Rat der Europäischen Gemeinschaften wird in Kürze erneut zusammentreten, um die Einzelheiten der langfristigen Regelung festzulegen.

(Abg. Rasner: Also wir wissen noch nichts!)

Leider hat der Rat dem mehrfach und mit großem Nachdruck vorgetragenen Antrag der Bundesregierung, das bisherige Preisniveau durch ein Grenzausgleichssystem auf Dauer beizubehalten, nicht entsprochen. Unsere Partner in der EWG und die Kommission vertraten den Standpunkt, daß dadurch die Grundlage der gemeinsamen Agrarpolitik und des Gemeinsamen Marktes in Frage gestellt werden würde.

Dieser Kompromiß zeigt deutlich, meine Damen und Herren, daß ein Widerspruch zwischen der weit vorangetriebenen Integration des Agrarmarktes und der mangelnden Koordinierung der Konjunktur- und Währungspolitik besteht. Eine Weiterentwicklung der Agrarpolitik im Rahmen der EWG muß daher in Zukunft stärker auf Fortschritte bei der Wirtschafts- und Währungspolitik abgestimmt werden.

(Beifall bei den Regierungsparteien.)

Es bleibt das Ziel der Bundesregierung, die nationale Verantwortung für die land- wirtschaftliche Strukturpolitik zu erhalten. Bei der notwendigen Strukturverbesserung der Landwirtschaft muß vermieden werden, daß eine Politik des Preisdrucks betrieben wird.

Die vorzeitige Verwirklichung des gemeinsamen Agrarmarkts hat ohne Zweifel die internen Anpassungsprobleme der deutschen Landwirtschaft wesentlich verschärft. Wir halten es deshalb für unausweichlich, der Landwirtschaft bei der Überwindung ihrer Schwierigkeiten zu helfen. Sie soll sich zu einem gleichrangigen Teil unserer modernen Volkswirtschaft entwickeln, der an der allgemeinen Einkommens- und Wohlstandsentwicklung in vollem Umfang teilnimmt.

Unser Sofortprogramm, wie ich es in fünf Punkten skizziert habe, ist ein klares Angebot der Bundesregierung an alle, die unsere Wirtschaft tragen. Eine stetige Wirtschaftsentwicklung ist die beste Grundlage des gesellschaftlichen Fortschritts. Sie schafft das Klima, in dem sich private Initiative, Risikobereitschaft und Leistungsfähigkeit entfalten können. Sie sichert die Arbeitsplätze, schützt die steigenden Einkommen und wachsenden Ersparnisse vor der Auszehrung durch Preissteigerungen.

Auf Dauer können Stabilität und Wachstum nur in einer funktionsfähigen marktwirtschaftlichen Ordnung erreicht werden. Ein wirksamer Wettbewerb nach innen und nach außen ist und bleibt die sicherste Gewähr für die Leistungskraft einer Volkswirtschaft. Allen protektionistischen Neigungen im In- und Ausland erteilen wir eine klare Absage.

(Beifall bei den Regierungsparteien.)

Das Gesetz gegen Wettbewerbsbeschränkungen wird modernisiert werden. Unternehmenskonzentration ist zwar in vielen Bereichen notwendig. Sie darf aber nicht zur Ausschaltung des wirksamen Wettbewerbs führen. Deshalb ist eine vorbeugende Fusionskontrolle notwendig. Diese soll sich auf alle Bereiche der Wirtschaft erstrecken. Die Einrichtung einer unabhängigen Monopolkommission kann dazu ein wichtiges Instrument sein. Die Mißbrauchskontrolle marktbeherrschender und marktstarker Positionen muß ausgebaut werden. Dagegen soll die leistungssteigernde Kooperation zwischen Mittel- und Kleinunternehmen, auch im Handwerk und Handel, erleichtert werden. Sie darf nicht an dem Verbot von Bagatellkartellen scheitern. Die Klein- und Mittelbetriebe haben ein Recht auf gleiche Startchancen im Wettbewerb und auf einen wirksamen Schutz vor diskriminierenden Praktiken.

Die Fusionskontrolle soll auch für die Presse gelten. Diese Regierung beabsichtigt, ein Presserechts-Rahmengesetz vorzulegen. Im Fernsehen sollen neue technische Möglichkeiten zum besten Nutzen der Gesellschaft, vor allem auch für Bildungsaufgaben, verwendet werden; in jedem Falle sind dabei die Interessen der Öffentlichkeit vorrangig zu sichern.

(Beifall bei den Regierungsparteien. – Abg. Rasner: Das sagt nichts!)

Ein verbessertes Kartellgesetz muß zum Instrument einer wirksamen und fortschrittlichen Mittelstandspolitik werden. Auf dieser Grundlage können dann weitere Maßnahmen zur Verbesserung der Finanzierungsmöglichkeiten, zum Ausbau des Beratungswesens und zu einer vom Betrieb unabhängigen Alterssicherung für die Selbständigen aufbauen.

Zu den Schwerpunkten der Wirtschafts- und Gesellschaftspolitik dieser Bundesregierung gehört das Bemühen um eine gezielte Vermögenspolitik. Die Vermögensbildung in breiten Schichten – vor allem in Arbeitnehmerhand – ist völlig unzureichend; sie muß kräftig verstärkt werden.

(Beifall bei den Regierungsparteien.)

Die Bundesregierung wird einen Entwurf zum Ausbau des Vermögensbildungsgesetzes vorlegen. Darin soll als nächster Schritt der Begünstigungsrahmen für vermögenswirksame Leistungen von 312 auf 624 DM erhöht werden. Die Bundesregierung erwartet, daß Gewerkschaften und Arbeitgeber diese Offerte annehmen.

Darüber hinaus soll die Vermögensbildung so gestaltet werden, daß gleichzeitig die Kapitalbildung in der Wirtschaft und die Anlage in Beteiligungswerten erleichtert werden. Ein gesetzliches Zwangssparen entspricht jedoch nicht unserer freiheitlichen Gesellschaftsordnung.

(Beifall bei den Regierungsparteien.)

Nach der Absicht der Regierung sollen das Sparen im eigenen Betrieb in die allgemeine Sparförderung einbezogen und die Möglichkeiten des Bausparens erweitert werden. Weitere Vorschläge zur Vermögenspolitik, vor allem auch im Zusammenhang mit der notwendigen Reform der Sparförderung werden geprüft.

Die Verbesserung des Sparerschutzes und die Reform des Börsenwesens sind dabei wichtige flankierende Maßnahmen.

Dauerhafte Sicherheit kann es in einer entwickelten Gesellschaft nur durch Veränderung geben. Das wird sich in den 70er Jahren noch deutlicher zeigen. Der permanente wirtschaftliche und soziale Wandel ist eine Herausforderung an uns alle. Er kann ohne die Initiative des einzelnen nicht gemeistert werden. Die Eigeninitiative braucht jedoch die Unterstützung der Politik. Wir dürfen keine Gesellschaft der verkümmerten Talente werden. Jeder muß seine Fähigkeiten entwickeln können. Die betroffenen Menschen dürfen nicht einfach ihrem Schicksal überlassen werden. Im Bewußtsein der Verantwortung für die wirtschaftliche Zukunft unseres Landes in den 70er Jahren werden wir uns besonders intensiv der Ausbildung und Fortbildung sowie der Forschung und der Innovation annehmen.

Dabei gilt es insbesondere, das immer noch bestehende Bildungsgefälle zwischen Stadt und Land abzubauen. Ich bin sicher, daß wir auf diese Weise beträchtliche Leistungsreserven unserer Gesellschaft mobilisieren und die Chancen jedes einzelnen verbessern können.

(Beifall bei den Regierungsparteien.)

Meine Damen und Herren, Solidität wird die Richtschnur unserer Finanzpolitik sein.

(Abg. Dr. Barzel: Na! Bei diesem Staat?)

Wir dürfen allerdings nicht verschweigen, daß die Situation weniger günstig ist, als sie von bestimmter Seite dargestellt wurde.

(Abg. Dr. Barzel : Und deshalb Ihre ganzen Vorhaben!)

Die Bundesregierung steht zunächst vor der Aufgabe, einen mittelfristigen Finanzplan für die Jahre 1969 bis 1973 und – so bald wie möglich – einen Entwurf für den Bundeshaushaltsplan 1970 dem Hohen Hause vorzulegen.

(Abg. Dr. Barzel: Aber vorweg erst einmal die Steuern senken! Das ist dann,,

solide"!)

Die neue mittelfristige Finanzplanung wird unsere politischen Absichten in Zahlen ausdrücken. Dabei ist all das zu berücksichtigen, was bei der Aufstellung des letzten mittelfristigen Finanzplans des Bundes noch nicht gewollt oder noch nicht absehbar gewesen ist:

1. In dem letzten Finanzplan, der die Jahre 1968 bis 1972 umfaßt, ist eine Vielzahl von Maßnahmen nicht enthalten, die durch die vorige Bundesregierung im letzten Jahr getroffen wurden.

2. Diese Regierung hat die finanziellen Möglichkeiten für die Erfüllung einer Reihe von politischen Forderungen des 5. Deutschen Bundestages zu prüfen.

3. Für die nationale Agrarpolitik stehen im Haushalt 1969 3, 4 Milliarden DM, nach den Ansätzen der Finanzplanung im nächsten Jahre nur noch 2, 7 Milliarden DM zur Verfügung. Dies dürfte nach den Unterlagen, die der Landwirtschaftsminister vorgefunden hat, keineswegs ausreichen. Die in Zukunft getrennt auszuweisenden Ausgaben für die EWG-Marktordnungen werden im Jahre 1970 um 1, 4 Milliarden DM höher sein als bisher veranschlagt.

4. Durch die Verzögerung der Aufwertung der Deutschen Mark sind im Bundeshaushalt besondere Belastungen entstanden: zusätzliche Leistungen im öffentlichen Dienst

(Lachen und Zurufe von der Mitte: Ah ja!)

– ich wiederhole: zusätzliche Leistungen im öffentlichen Dienst als Folge der Situation auf dem Arbeitsmarkt durch die Nichtaufwertung

(Beifall bei den Regierungsparteien – Anhaltendes Lachen bei der CDU/CSU)

und jetzt höher als im Frühjahr zu veranschlagende Ausgleichsmaßnahmen für die Landwirtschaft.

(Abg. Rasner: Durch die Aufwertung! – Weitere Zurufe von der CDU/CSU.)

Meine Damen und Herren, die in der vorigen Legislaturperiode angekündigte

Steuerreform wird die Bundesregierung verwirklichen. Wir erfüllen damit auch das Verfassungsgebot zur Schaffung des sozialen Rechtsstaates. Wir haben nicht die Absicht, bestehende Vermögen durch konfiskatorisch wirkende Steuern anzutasten. Wir wollen auch in der Steuerpolitik die Voraussetzungen für eine breitere Vermögensbildung schaffen.

Zunächst werden wir den Bericht der Steuerreformkommission abzuwarten haben. Unser Zielt ist es, ein gerechtes, einfaches und überschaubares Steuersystem zu schaffen. Die Vorlage einer reformierten Abgabenordnung muß beschleunigt erfolgen.

Bei einer rationellen Bewirtschaftung und bei Verwendung moderner, kostensparender Methoden können die öffentlichen Haushalte die in den nächsten Jahren entstehenden Finanzierungsaufgaben erfüllen, ohne daß die Steuerlastquote des Jahres 1969 erhöht wird.

(Abg. Dr. Barzel: Nennen Sie doch mal die Zahlen!)

Ohne der Arbeit der Steuerreformkommission vorzugreifen, halten wir es für notwendig, zwei vnderungen vorwegzunehmen:

(Abg.: Dr. Barzel: Erst einmal einen ausgeben!)

1. Der Arbeitnehmerfreibetrag, der seit 1964 unverändert 240 DM jährlich beträgt, soll vom 1. Januar 1970 an verdoppelt werden.

(Beifall bei den Regierungsparteien. – Zurufe von der Mitte.)

Dies ist ein notwendiger Akte der sozialen Symmetrie zugunsten der Arbeitnehmer.

(Erneuter Beifall bei den Regierungsparteien. – Abg. Dr. Barzel: Kommt auch noch in die „soziale Symmetrie"!)

2. Vom 1. Januar 1970 an soll auch die Einkommensgrenze, von der ab die Ergänzungsabgabe bislang erhoben wird, zugunsten der mittleren Einkommen verdoppelt werden.

(Abg. Köppler: Das ist die andere Symmetrie! – Zuruf des Abg. Dr. Barzel.)

– Ach, wissen Sie, Sie müssen sich noch angewöhnen, auch einmal einer Regierungserklärung zuzuhören. Alles will gelernt sein.

(Lebhafter Beifall bei den Regierungsparteien. – Zurufe von der Mitte. – Abg. Dr. Barzel: Herr Kollege Brandt, und Sie werden sich daran gewöhnen müssen, daß hier nicht nur „angehört" wird!)

Ab 31. Dezember 1970 soll die Ergänzungsabgabe ganz fortfallen; sie war zur Sanierung des Bundeshaushalts nach der finanzwirtschaftlichen Krise im Jahre 1966 eingeführt worden.

(Zurufe von der CDU/CSU: Soziale Symmetrie!)

Die Bundesregierung wird die Finanzreform vollenden und wird sie in praktische Finanzpolitik umsetzen. Besonders hervorzuheben ist das Zusammenwirken im Finanzplanungsrat. Dieser Rat ist die institutionelle Hilfe, um den Ausgleich zwischen den Interessen von Bund, Ländern und Gemeinden zu vollziehen. Wir sind sicher, daß es auch auf diesen Gebieten zu einer fruchtbaren Zusammenarbeit mit dem Bundesrat kommen wird.

Die Regierung muß bei sich selbst anfangen, wenn von Reformen die Rede ist.

(Zuruf von der CDU/CSU: Allerdings!)

Die Zahl der Ministerien wurde vermindert,

(Lachen bei der CDU/CSU)

eine erste Flurbereinigung der Ressortzuständigkeiten vorgenommen. Wir werden diese Bemühungen fortsetzen, um Verantwortlichkeiten klarer festzulegen und Doppelarbeit zu vermeiden.

(Beifall bei den Regierungsparteien.)

Das Bundeskanzleramt und die Ministerien werden in ihren Strukturen und damit auch in ihrer Arbeit modernisiert.

Dem Bundestag wird eine Übersicht vorgelegt werden, aus der sich die jetzt geltenden Zuständigkeiten ebenso ergeben wie die Zusammensetzung und

Arbeitsgebiete der neu gebildeten Kabinettsausschüsse.

Für das Bundespostministerium und das Bundesverkehrsministerium, die künftig gemeinsam von einem Bundesminister geleitet werden, bot es sich schon lange an, zergliederte Zuständigkeitsbereiche zusammenzufassen. Das Post- und Fernmeldewesen kann seine Aufgaben für unsere Gesellschaft besser erfüllen, wenn die ministerielle Aufsicht sich auf das politische Notwendige beschränkt. Dadurch wird die Eigenständigkeit der Bundespost gestärkt und eine wirtschaftliche Unternehmensführung erleichtert.

(Zuruf des Abg. Stücklen.)

Die Bundesregierung beabsichtigt daher, der Bundespost eine neue Rechtsform zu geben. Diese Veränderungen, zu deren Vorbereitung eine Kommission eingesetzt wird, werden den Rechten der Postbediensteten ebenso wie den Interessen der Postkunden gerecht werden.

Das Vertriebenenministerium wird in das Innenministerium eingegliedert.

(Zuruf rechts.)

Ich begrüße es, daß der Staatssekretär a. D. Dr. Nahm sich bereit erklärt hat, dort seinen früheren Arbeitsbereich zu betreuen.

(Beifall bei der SPD. – Zuruf von der CDU/CSU.)

Die Bundesregierung bleibt sich ihrer Verantwortung für die Vertriebenen, Flüchtlinge und Kriegsgeschädigten bewußt. Sie wird die notwendigen Maßnahmen zur Eingliederung vollenden. Sie wird den Lastenausgleich und die Kriegsfolgegesetzgebung, auch im Interesse der Flüchtlinge aus der DDR, zu einem gerechten Abschluß bringen. Sie wird weiter alle vernünftigen Bestrebungen fördern, die der Erhaltung und Entfaltung der kulturellen Leistungen und Werte Ostdeutschlands dienen.

Die Bundesregierung wird in dieser Legislaturperiode ein Gremium schaffen,

(Abg. Dr. Barzel: Noch eines!?)

dem Politiker aus Bund, Ländern und Gemeinden, Verwaltungsbeamte und Wissenschaftler angehören. Es soll Vorschläge zur Fortentwicklung der bundesstaatlichen Struktur ausarbeiten.

Für die Länderneugliederung werden wir von dem nach Art. 29 unseres Grundgesetzes gestellten Auftrag ausgehen. Für die Verwaltungsreform und die Reform des öffentlichen Dienstrechts werden wir Vorschläge unterbreiten.

Verwaltungsreform und Reform des öffentlichen Dienstes sind miteinander zu verbinden. Die Laufbahnreform muß das Leistungsprinzip stärker in den Vordergrund stellen,

(Beifall bei den Regierungsparteien und bei Abgeordneten der CDU/CSU)

die Personalführung flexibler gestalten und die Personalentscheidungen transparenter machen. Die Bundesregierung ist der Überzeugung, daß die Angehörigen des öffentlichen Dienstes Anspruch haben auf Teilnahme an dem allgemeinen wirtschaftlichen Fortschritt.

Um die Sicherheit in unserem Lande zu gewährleisten, wird die Bundesregierung die Modernisierung und die Intensivierung der Verbrechensbekämpfung energisch vorantreiben. Sie wird unverzüglich die Arbeit an einem Sofortprogramm aufnehmen und dieses dem Deutschen Bundestag im Jahre 1970 zuleiten.

Die Bundesregierung wird die vom Herrn Bundespräsidenten als früherem Bundesminister der Justiz begonnenen Reformen unseres Rechts fortführen.

(Zurufe von der CDU/CSU.)

Sie hofft, hierfür eine ebenso große Mehrheit über alle Parteien hinweg zu erhalten, wie sie die vom letzten Bundestag verabschiedeten Reformgesetze gefunden haben. Es geht um mehr als um die erforderliche Anpassung von Rechtsvorschriften an die sich rapide verändernden wirtschaftlichen, technischen und sozialen Verhältnisse. Die Menschen in unserer Industrie- und Dienstleistungsgesellschaft erwarten eine soziale und humane Rechts- und Lebensordnung, die allen Bürgern gleiche Chancen und Schutz auch vor dem wirtschaftlich Stärkeren gewährt.

Zunächst wollen wir unsere zersplitterte Rechtspflege für den rechtsuchenden Bürger durchschaubarer machen. Die Zuständigkeiten für die Verwaltungs- und Finanzgerichtsbarkeit werden auf den Bundesminister der Justiz übertragen. Die ordentliche Gerichtsbarkeit soll dreistufig gegliedert werden. Dem Bürger soll außerdem nicht nur ein gutes, sondern auch ein schnelleres Gerichtsverfahren zu Verfügung gestellt werden.

(Abg. Dr. Barzel: Bravo!)

Entscheidend ist, daß unsere Richter den ihnen gestellten Aufgaben gewachsen sind. Dazu müssen wir ihre Aus- und Fortbildung überdenken, ihre Verantwortungsfreude – etwa durch die Heraushebung des Einzelrichters – stärken.

(Zustimmung des Abg. Dr. Barzel)

ihre Mitwirkung in eigenen Angelegenheiten verbessern, ihnen eine ihrer verfassungsrechtlichen Stellung gemäße Besoldung geben und für die Gerichte die Möglichkeiten erschließen, die die moderne Technik bietet. Dem Verfassungsrichter jedenfalls muß das Recht eingeräumt werden, sein von der Mehrheitsmeinung abweichendes Votum zu veröffentlichen.

(Zustimmung bei der SPD.)

Im Zivilrecht ist die Reform des Eherechts dringend. Die Bundesregierung wird auf der Grundlage der Empfehlungen der eingesetzten Kommission im kommenden Jahr eine Reformnovelle vorlegen. Weltanschauliche Meinungsverschiedenheiten dürfen uns nicht daran hindern, eine Lösung zu finden, um die Not der in heillos zerrütteten Ehen lebenden Menschen zu beseitigen. Dabei muß verhindert werden, daß im Falle der Scheidung Frau und Kinder die sozial Leidtragenden sind.

(Beifall bei der SPD und Abgeordneten der FDP.)

Wir meinen, daß in dieser Legislaturperiode die Strafrechtsreform vollendet werden muß, der sich die Fortsetzung der Reform des Strafvollzugs anschließen wird. Mit der Verabschiedung der beiden Strafrechtsreformgesetze ist ein guter

Anfang gemacht worden. Die Bundesregierung wird weitere Novellen zum Strafgesetzbuch so rechtzeitig vorlegen, daß sie zusammen mit dem bereits verabschiedeten Gesetz am 1. Oktober 1973 in Kraft treten können.

Die Bundesregierung weiß, daß unsere Soldaten in vielen Einheiten und in vielen Funktionen bis an die Grenzen der Leistungsfähigkeit gefordert werden. Die zur Ausführung nötige Zahl der Berufs- und Zeitsoldaten sowie der Stand der Ausbildung und Ausrüstung entsprechen nicht überall den Aufträgen. Wir wissen, daß darüber hinaus der Wandel unserer Gesellschaft und der Fortschritt der Technik, daß vor allem aber die praktische Erfahrung unserer Soldaten heute eine umfassende kritische Bestandsaufnahme der Bundeswehr nötig gemacht haben. Diese Bestandsaufnahme wird unverzüglich eingeleitet. Soldaten, Wissenschaft und Bundesregierung werden dabei zusammenwirken. Im Verteidigungs-Weißbuch 1970 werden dem Parlament die vorläufigen Ergebnisse dieser generellen Inventur und sogleich die beabsichtigten Veränderungen vorgelegt werden.

Wir müssen die Bundeswehr als integrierten Teil unserer Gesellschaft verstehen. Schon heute will ich in fünf Punkten die Absichten der Bundesregierung klar herausstellen:

1. Wir wollen ein Maximum an Gerechtigkeit durch Gleichbehandlung der wehrpflichtigen jungen Männer schaffen; Wehrdienstausnahmen und -befreiungen werden abgebaut. Ob sich daraus Konsequenzen für die Dauer des Grundwehrdienstes ergeben, werden wir prüfen.

2. Innerhalb des Verteidigungsministeriums sollen die Führungsstäbe die international übliche militärische Arbeitsweise anwenden; sie werden dazu von bürokratischem Ballast befreit.

(Beifall bei der SPD.)

Technik und Beschaffung werden nach Methoden modernen industriellen Managements rationalisiert.

3. Wir werden die bisherigen Bemühungen um geeignete Ausbilder,

Truppenführer und technische Fachleute fortsetzen und ausbauen. Auch aus diesem Grunde wird die Sorge für die Truppe im Zentrum unserer Bemühungen stehen.

4. Wir vertrauen auch auf die fruchtbare Arbeit des Wehrbeauftragten des Deutschen Bundestages. An den Grundsätzen der Inneren Führung, zu deren Innehaltung Inspekteure, Kommandeure und Soldaten aller Rangstufen sich verpflichtet wissen, werden wir festhalten.

(Beifall bei den Regierungsparteien.)

Wir wissen, daß auf dem Boden der feststehenden rechtlichen und sittlichen Maßstäbe Anpassungen einzelner Regelungen an Entwicklung und Erfahrung nötig sein können.

5. Wir halten am Recht der Kriegsdienstverweigerung aus Gewissensgründen fest. Für sie gilt das Prinzip gerechter Gleichbehandlung. Das Verfahren soll entbürokratisiert werden.

(Beifall bei den Regierungsparteien.)

Die Leistungen der Soldaten und Zivilisten in der Bundeswehr, meine Damen und Herren, werden nur dann voll wirksam, wenn sie von der Anerkennung durch die öffentliche Meinung getragen werden.

(Beifall bei den Regierungsparteien und bei Abgeordneten der CDU/CSU.)

Meine Damen und Herren, Bildung und Ausbildung, Wissenschaft und Forschung stehen an der Spitze der Reformen, die es bei uns vorzunehmen gilt. Wir haben die Verantwortung, soweit sie von der Bundesregierung zu tragen ist, im Bundesministerium für Bildung und Wissenschaft zusammengefaßt.

Mit diesem Hohen Haus sind wir uns wohl darin einig, daß die Aufgaben von Bildung und Wissenschaft nur gemeinsam von Bund, Ländern und Gemeinden gelöst werden können. Der 5. Deutsche Bundestag hat für die Zusammenarbeit von Bund und Ländern eine Reihe neuer Möglichkeiten geschaffen, die diese Bundesregierung voll ausschöpfen will; sie will den Ländern – ohne deren

Zuständigkeiten anzutasten – helfen.

Schwere Störungen des gesamten Bildungssystems ergeben sich daraus, daß es bisher nicht gelungen ist, die vier Hauptbereiche unseres Bildungswesens – Schule, Hochschule, Berufsausbildung und Erwachsenenbildung – nach einer durchsichtigen und rationalen Konzeption zu koordinieren. Solange aber ein Gesamtplan fehlt, ist es nicht möglich, Menschen und Mittel so einzusetzen, daß ein optimaler Effekt erzielt wird.

Die Bundesregierung hat aufgrund des Art. 91 b des Grundgesetzes eine klare verfassungsrechtliche Grundlage für eine Bildungsplanung gemeinsam mit den Ländern erhalten. Besonders dringlich ist ein langfristiger Bildungsplan für die Bundesrepublik für die nächsten 15 bis 20 Jahre. Dieser dem Bundestag und den Länderparlamenten vorzulegende Plan soll gleichzeitig erklären, wie er verwirklicht werden kann. Gleichzeitig muß ein nationales Bildungsbudget für einen Zeitraum von 5 bis 15 Jahren aufgestellt werden.

(Beifall bei den Regierungsparteien.)

Die Bundesregierung wird in den Grenzen ihrer Möglichkeiten zu einem Gesamtbildungsplan beitragen. Das Ziel ist die Erziehung eines kritischen, urteilsfähigen Bürgers, der imstande ist, durch einen permanenten Lernprozeß die Bedingungen seiner sozialen Existenz zu erkennen und sich ihnen entsprechend zu verhalten. Die Schule der Nation ist die Schule.

(Lebhafter Beifall bei der SPD und Beifall bei der FDP. – Lachen bei der CDU/CSU.)

Wir brauchen das 10. Schuljahr, und wir brauchen einen möglichst hohen Anteil von Menschen in unserer Gesellschaft, der eine differenzierte Schulausbildung bis zum 18. Lebensjahr erhält. Die finanziellen Mittel für die Bildungspolitik müssen in den nächsten Jahren entsprechend gesteigert werden.

(Zuruf von der CDU/CSU: Wie?)

Die Bundesregierung wird sich von der Erkenntnis leiten lassen, daß der zentrale Auftrag des Grundgesetzes, allen Bürgern gleiche Chancen zu geben, noch nicht annähernd erfüllt wurde. Die Bildungsplanung muß entscheidend dazu beitragen, die soziale Demokratie zu verwirklichen.

(Beifall bei den Regierungsparteien.)

Zu den neuen Aufgaben der Bundesregierung gehört es, ein Hochschulrahmengesetz vorzulegen. Ein solches Gesetz wird auch die Lage der bisherigen Fachhochschulen im Rahmen eines Gesamthochschulsystems zu berücksichtigen haben. Fragen der Personalstruktur stehen zunächst im Mittelpunkt. Für Hochschulen und staatliche Forschungseinrichtungen müssen wirksame Vorschläge für die Überwindung überalterter hierarchischer Formen vorgelegt werden. Soweit der Bund vorwiegend betroffen ist, werden entsprechende Maßnahmen beschleunigt getroffen.

Der Ausbau der Hochschulen muß verstärkt vorangetrieben werden. Um eine kurzfristige Erweiterung der Kapazitäten der Hochschulen zu erreichen, soll ein möglichst großer Teil der Mittel für den Hochschulbau sofort für solche Bauten bereitgestellt werden, die durch eine Rationalisierung des Bauverfahrens innerhalb von 12 bis 15 Monaten schlüsselfertig zur Verfügung stehen können.

Die Bundesregierung wird prüfen, wie den Ländern bei der Überwindung des Numerus clausus in wesentlichen Fachbereichen am besten geholfen werden kann. Vordringlich werden auch die modernen Unterrichts-Technologien und das Fernstudium anzuwenden sein.

Die Hochschulreform ist aber nur ein Teil der vor uns liegenden Reformen unseres allgemeinen Bildungswesens. Die Bildungspolitik kann und darf nicht mehr nach Ausbildungsstufen isoliert betrachtet werden. Bildung, Ausbildung und Forschung müssen als ein Gesamtsystem begriffen werden, das gleichzeitig das Bürgerrecht auf Bildung sowie den Bedarf der Gesellschaft an möglichst hochqualifizierten Fachkräften und an Forschungsergebnissen berücksichtigt. Grundlegende Reformen in Bildung und Forschung sind zugleich Bedingung für die zukünftige wirtschaftliche Wettbewerbsfähigkeit unseres Landes.

Meine Damen und Herren, neuerdings wird viel über die technologische Lücke, über das, was einige den Mut zur Lücke nennen, und über rationale Kriterien für die Festsetzung von Prioritäten in und zwischen den verschiedenen Kategorien der Forschung diskutiert. Wir meinen, ein Land von der Größe der Bundesrepublik kann und muß auch heute noch die Grundlagenforschung in ihrer ganzen Breite fördern. Dies steht nicht in Widerspruch zur Auswahl von Schwerpunkten für die staatliche Förderung von Forschung und Entwicklung, die wegen der begrenzten Mittel unerläßlich ist. Ein wichtiges Ziel der Bundesregierung ist, Methoden des politischen Entscheidungsprozesses über Forschungsprioritäten zu entwickeln, die heute kaum in den Anfängen vorhanden sind.

Die Bundesregierung beabsichtigt, verstärkt Haushaltsmittel für die Förderung der Informatik und der Entwicklung von Computer-Sprachen einzusetzen. Diese Seite der Datenverarbeitung ist besonders umfangreich und erfordert mehr Mittel als die Entwicklung der eigentlichen Rechenmaschinen. Man übertreibt nicht, wenn man der Computertechnik eine katalytische Wirkung nicht allein für die gesamte wissenschaftlich-technische Entwicklung zuspricht, sondern weit darüber hinaus auch für die industrielle Produktion, die Verwaltung und andere Bereiche.

Wir sind uns bewußt, daß moderne Forschungsvorhaben weltweit miteinander verflochten sind. Wir werden jede internationale, vor allem europäische Arbeitsteilung auf diesem Gebiet fördern. Meine Damen und Herren, in Europa gibt es eine Gemeinschaft der Wissenschaftler, die in ihrer Leistungsfähigkeit hinter der amerikanischen und sowjetrussischen dann nicht zurückstehen braucht, wenn sie es lernt, ihre Kräfte zu vereinigen.

(Beifall bei den Regierungsparteien.)

Meine Damen und Herren, die Bundesregierung wird stärker als bisher eine wachstumsorientierte Strukturpolitik betreiben. Durch die Auflösung des

Bundesschatzministeriums und die Übernahme des ERP-Vermögens in das Bundeswirtschaftsministerium können die strukturpolitischen Maßnahmen in der Regional-, Sektoral- und Unternehmensgrößenpolitik besser koordiniert und intensiviert werden. Eine „Strukturpolitik aus einem Guß" wird möglich.

Unter Erhaltung der Priorität Berlins und des Zonenrandgebiets bleibt die Stärkung der Leistungskraft ländlicher Gebiete ein strukturpolitischer Schwerpunkt. Die Konzentration der Mittel auf entwicklungsfähige Standorte sichert die höchste Effizienz. Die Gemeinschaftsaufgabe der Verbesserung der regionalen Wirtschaftsstruktur verlangt dabei neue Formen der Zusammenarbeit von Bund und Ländern. Ich sage noch einmal: eine große strukturpolitische Aufgabe ist die Modernisierung unserer Landwirtschaft.

Die Industriewirtschaft ist auf ein stetiges und billiges Angebot von Energie und Rohstoffen angewiesen. Wir werden die Politik der Gesundung des Steinkohlenbergbaus, der Sicherung der Mineralölerzeugung, der Öffnung der Märkte für neue Energieträger und der Verbesserung des Wettbewerbs in der Elektrizitätswirtschaft ausbauen. Die Vorsorge für Krisensituationen erfordert auch einen ausreichenden Vorrat an lebenswichtigen Importwaren.

Umwelt und Lebensverhältnisse werden sich in den 70er Jahren immer rascher verändern. Besonders auf den Gebieten der Raumordnung, des Städtebaus und des Wohnungsbaus werden daher systematische Vorausschau und Planung immer wichtiger. Als erster Schritt muß ein Städtebauförderungsgesetz zügig verabschiedet werden.

(Beifall bei den Regierungsparteien. – Abg. Dr. Barzel: Sie sind ja nicht einig in der Koalition!)

Dieses Gesetz soll eine Reform des Bodenrechts einleiten, die den Gemeinden eine sachgerechte Durchführung ihrer Planungen ermöglicht und die Bodenspekulation verhindert.

(Beifall bei den Regierungsparteien.)

Dabei dürfen und wollen wir nicht aus dem Auge verlieren, daß es die breite Streuung privaten Eigentums zu fördern und den bäuerlichen Bodenbesitz zu wahren gilt.

(Zurufe von der CDU/CSU.)

Wir werden ein langfristiges Programm des sozialen Wohnungsbaus aufstellen und mit den Ländern abstimmen. Es wird sich am Bedarf orientieren.

Neben diesen Aufgaben steht gleichberechtigt die Verbesserung des Wohngeldgesetzes.

Die Zielvorstellungen für die räumliche Entwicklung der Bundesrepublik sollen in einem Bundesraumordnungsprogramm entwickelt werden. Maßnahmen der Strukturpolitik, der regionalen Wirtschaftsförderung und des Städte- und Wohnungsbaus werden sich hier sinnvoll einfügen. Die Bundesregierung bietet Ländern und Gemeinden an, Vorstellungen für einen langfristig angelegten Städtebau zu entwickeln. Sie wird diese in einem zweiten Städtebaubericht konkretisieren.

Meine Damen und Herren, die Bundesregierung ist mit vielen draußen im Lande und sicher auch mit vielen in diesem Hause der Überzeugung, daß dem Schutz der Natur, von Erholungsgebieten, auch dem Schutz der Tiere, mehr Aufmerksamkeit geschenkt werden muß.

(Beifall bei den Regierungsparteien und bei Abgeordneten der CDU/CSU. – Zurufe von der CDU/CSU.)

Die Verbesserung der Struktur unserer Wirtschaft erfordert ein leistungsfähiges Verkehrswesen.

(Anhaltende Unruhe bei der CDU/CSU.)

Mit Nachdruck wird die Bundesregierung die in der letzten Legislaturperiode eingeleiteten Reformen fortsetzen. Moderne Verkehrspolitik bedarf einer umfassenden Planung, zu der die Verkehrswissenschaft noch mehr als bisher heranzuziehen ist. Die Bundesregierung wird als Voraussetzung für eine von ihr angestrebte liberalere Verkehrswirtschaft ihre Bemühungen verstärken, gleiche Wettbewerbsbedingungen für die Verkehrsträger zu schaffen.

Die Deutsche Bundesbahn hat in den letzten Jahren in erfreulicher Weise begonnen, sich auf die Verkehrsbedürfnisse der Zukunft auszurichten. Weitere Reformen in Organisation und Verwaltung sind notwendig, damit sie — einem Wirtschaftsunternehmen vergleichbar — nach modernen kaufmännischen Grundsätzen handeln kann. Es ist auch an der Zeit, daß der Bund als Eigentümer der Bundesbahn die durch den Wiederaufbau nach dem Krieg bei ihr entstandene Schuldenlast abnimmt. Die Zusammenarbeit zwischen den Verkehrsträgern im kombinierten Verkehr wird die Bundesregierung weiter fördern.

Das Autobahn- und Bundesstraßennetz wird in einem Fünfjahresplan als Teil eines Plans für die Jahre 1971 bis 1985 verstärkt ausgebaut werden. Ein Schwerpunkt wird die Chancenverbesserung strukturell schwacher Gebiete sein.

Im Jahre 1970 wird außerdem der Entwurf der neuen Straßenverkehrsordnung vorgelegt.

Die Bundesregierung wird die Vorarbeiten für ein Schnellverkehrssystem mit einer Reisegeschwindigkeit von über 200 km in der Stunde,

(Abg. Dr. Barzel: Donnerwetter! — Weitere Zurufe von der CDU/CSU.)

das in ein mitteleuropäisches Schnellverkehrssystem einzubetten ist, vorantreiben.

(Beifall bei den Regierungsparteien. — Abg. Rasner: 210! — Unruhe bei der CDU/CSU.)

Meine Damen und Herren, die Bundesregierung ist dem sozialen Rechtsstaat verpflichtet. Sie wird zur Verwirklichung dieses Verfassungsauftrags das unübersichtlich gewordene Arbeitsrecht in einem Arbeitsgesetzbuch zusammenfassen.

(Beifall bei der SPD.)

Sie wird auch mit den Arbeiten für ein den Anforderungen der Zeit entsprechendes Sozialgesetzbuch beginnen. Zur besseren Überschaubarkeit der Sozialleistungen wird die Bundesregierung das Sozialbudget zu einer Grundlage sozial- und wirtschaftspolitischer Entscheidungen ausbauen.

Auf der Grundlage der in der letzten Legislaturperiode eingebrachten Gesetzentwürfe wird eine Reform des Betriebsverfassungsgesetzes und des Personalvertretungsgesetzes durchgeführt. Im Rahmen der Reform des Personalvertretungsgesetzes wird eine materielle und formelle Ausweitung der Mitwirkung der Personalvertretung vorgeschlagen. Unabhängig davon wird die Bundesregierung in ihrem eigenen Bereich schon jetzt Wert darauf legen, daß die Personalräte auch in solchen Sachfragen gehört werden, die nach geltendem Recht noch nicht zu deren Zuständigkeitsbereich gehören.

(Beifall bei der SPD.)

Der in der vergangenen Legislaturperiode angeforderte Bericht der Mitbestimmungskommission wird geprüft und erörtert werden.

(Zurufe von der CDU/CSU: Aha!)

Wir wollen die demokratische Gesellschaft, zu der alle mit ihren Gedanken zu einer erweiterten Mitverantwortung und Mitbestimmung beitragen sollen.

Meine Damen und Herren, dem Schutz der Menschen vor den Risiken für die Gesundheit, die durch die technisierte und automatisierte Umwelt entstehen, dienen umfassende, aufeinander abgestimmte Maßnahmen in Wissenschaft und Forschung, in der Gesundheitsgesetzgebung, in der Gesundheitsvorsorge und in der gesundheitlichen Aufklärung. Die Bundesregierung wird ein Institut für Sozialmedizin einrichten, das ausreichende Grundlagen für breit angelegte, gezielte Vorsorgeuntersuchungen und für die Frühdiagnose der großen Krankheiten unserer Zeit schafft. Dem weiteren Ausbau der Krebsforschung und Krebsvorsorge messen wir besondere Bedeutung bei. Zum ausreichenden Schutz vor Luft- und Wasserverunreinigung und vor Lärmbelästigung werden entsprechende Gesetze vorgelegt.

(Beifall bei der SPD. – Zuruf von der CDU/CSU: Blauer Himmel! – Weitere Zurufe von der CDU/CSU.)

– Wenn ich jetzt doch einmal eine Zwischenbemerkung machen darf: Hier kommt wieder einer mit dem „blauen Himmel" und hat noch immer nicht gemerkt, wie sehr er sich mit den törichten Bemerkungen von 1961 blamiert hat;

(Beifall bei der SPD.)

denn damals wurde von dem gesprochen, was längst notwendig war und heute notwendig ist.

(Zurufe von der CDU/CSU. – Abg. Dr. Barzel: Gegen wen reden Sie jetzt?)

–Nicht gegen Sie, Herr Kollege Barzel!

Um kranken Menschen die besten Chancen zur Wiederherstellung ihrer Gesundheit und Leistungsfähigkeit zu geben, wird die Bundesregierung einmal 1970 ein Gesetz zur wirtschaftlichen Sicherung eines bedarfsgerecht gegliederten Systems leistungsfähiger Krankenhäuser vorlegen, zum anderen die ärztliche Ausbildung reformieren und modernisieren. Die entsprechende Verordnung soll noch im Frühjahr 1970 verabschiedet werden.

Die Bundesregierung bekennt sich zum Grundsatz der freien Arztwahl und der freien Berufsausübung der Heilberufe.

(Abg. Barzel: Jubel bei der SPD!)

Abgestimmt auf die europäische Entwicklung wird sie dafür sorgen, daß im Arzneimittelwesen Staat und Hersteller verantwortlich zusammenwirken, um ein Maximum an Sicherheit zu gewährleisten.

Im Zuge der Lebensmittelrechtsreform wird 1970 dem Deutschen Bundestag ein umfassender Gesetzentwurf zugeleitet. Hier geht es um den bestmöglichen Verbraucherschutz, um Klarheit und Wahrheit in Werbung und Deklaration.

(Beifall bei der SPD.)

Meine Damen und Herren, Kindergeld, Steuerbegünstigungen und andere materielle Hilfen für die Familien müssen aufeinander abgestimmt und zugleich mit dem weiteren Ausbau der Ausbildungsförderung verbunden werden. Die weithin unzureichenden personalen Hilfen vor allem für berufstätige Mütter sind zu verbessern. Über die Erhöhung des Kindergeldes soll im Jahre 1970 entschieden werden.

Für die gesellschaftspolitischen Reformen und die moderne Gestaltung unseres demokratischen Industriestaates will und braucht jede Bundesregierung eine starke Mitwirkung der Frauen.

(Beifall bei der SPD.)

Die Frauenenquete wird beschleunigt fortgeführt. Die notwendigen Konsequenzen werden gezogen werden, um den Frauen mehr als bisher zu helfen, ihre gleichberechtigte Rolle in Familie, Beruf, Politik und Gesellschaft zu erfüllen.

Die Bundesregierung wird darauf achten, daß Rationalisierung und Automatisierung nicht zu Lasten der Erwerbstätigen gehen, sondern den sozialen Fortschritt fördern. Wirtschafts-, Arbeitsmarkt- und Bildungspolitik werden auch bei notwendigen Umstrukturierungen sichere Arbeitsplätze gewährleisten. Wir wollen alle entsprechenden Bestrebungen der Tarifparteien unterstützen.

Technischer Fortschritt und wirtschaftliche Entwicklung stellen ständig neue Anforderungen an die Mobilität aller Erwerbstätigen. Darum halten wir die Einführung eines Bildungsurlaubs für eine wichtige Aufgabe.

(Beifall bei den Regierungsparteien.)

Zur Humanisierung des Arbeitslebens haben Gesetzgeber und Tarifparteien den Schutz der Arbeitnehmer am Arbeitsplatz zu garantieren. Die Arbeitssicherheit und die gesundheitliche Betreuung am Arbeitsplatz werden ausgebaut.

Die Bundesregierung bekennt sich zur Bewahrung und Stärkung der Tarifautonomie.

(Beifall des Abg. Dr. Barzel.)

Wir werden Errungenes sichern und besonders für die Mitbürger sorgen, die trotz Hochkonjunktur und Vollbeschäftigung im Schatten leben müssen, die durch Alter, durch Krankheit oder durch strukturelle Veränderung gefährdet sind. Die Bundesregierung wird im verstärkte Maßnahmen bemüht sein, die den Benachteiligten und Behinderten in Beruf und Gesellschaft, wo immer dies möglich ist, Chancen eröffnen.

Vom 1. Januar 1970 an werden die Kriegsopferrenten erhöht. Sie werden jährlich an die wirtschaftliche Entwicklung angepaßt.

(Lebhafter Beifall bei den Regierungsparteien und bei Abgeordneten der CDU/CSU.)

Auch strukturelle Verbesserungen sind vorgesehen.

Damit jeder Bürger klar erkennen kann, auf welche Sozialleistungen er Anspruch hat, wird eine Rentenberechnung nach Punkten eingeführt werden,

(Beifall bei der SPD.)

um Übersicht und Anschaulichkeit der Sozialleistungen zu erhöhen. Die Bundesregierung wird im Laufe der Legislaturperiode den schrittweisen Abbau der festen Altersgrenze prüfen und sich bemühen, sie durch ein Gesetz über die flexible Altersgrenze zu ersetzen.

(Beifall bei den Regierungsparteien.)

Die gesetzliche Alterssicherung soll für weitere Gesellschaftgruppen geöffnet werden.

Zur Weiterentwicklung der Krankenversicherung wird die Bundesregierung ein Sachverständigengremium einsetzen. Dieses soll eine gründliche Bestandsaufnahme und Vorschläge für eine moderne Gesetzgebung erarbeiten.

Die Krankenversicherungspflichtgrenze für Angestellte wird überprüft und dynamisiert. Oberhalb der Versicherungspflichtgrenze wird auch für alle Angestellten der Arbeitgeberbeitrag eingeführt werden.

(Beifall bei den Regierungsparteien.)

Die Auswirkungen der vom 1. Januar 1970 an in Kraft tretenden Beitragsrückgewähr werden einer ständigen Überprüfung unterzogen.

Zur Vorbereitung der Reformen der Jugendgesetzgebung und des Bundesjugendplans werden wir die Jugend selbst einschalten.

(Abg. Dr. Barzel: Warum machen Sie denn hier keinen Jugendausschuß?)

Die Bundesregierung wünscht, ein europäisches Jugendwerk zu schaffen.

(Beifall bei der SPD.)

Nach unseren Vorstellungen soll sich die Jugend osteuropäischer Länder daran beteiligen können.

(Beifall bei den Regierungsparteien.)

Der Förderung des Sports werden wir unsere besondere Aufmerksamkeit widmen, ohne von dem Grundsatz abzulassen, daß der Sport von staatlicher Bevormundung frei bleiben muß. Der Höhepunkt der sportlich bedeutsamen Ereignisse in unserem Land werden die XX. Olympischen Sommerspiele in München und Kiel sein. Wir haben damit die Chance, der Weltöffentlichkeit das moderne Deutschland vorzustellen.

(Beifall bei den Regierungsparteien. – Zuruf von der CDU/CSU: Dann haben wir es also schon!)

Die Bundesregierung befürwortet, so wie es mit den Vertretern der drei Fraktionen schon im vorigen Bundestag besprochen worden war, die Bildung einer Deutschen Sport-Konferenz. Sie würde aus Vertretern des Deutschen Sportbundes, des Bundes, der Länder und der Gemeinden zusammengesetzt sein und die Koordinierung aller Sportmaßnahmen ermöglichen.

Meine Damen und Herren, die Bundesregierung wird im kommenden Jahr, dem ersten des neuen Jahrzehnts, in Ergänzung dieser Erklärung ihre Pläne und Vorhaben auf dem Gebiet der inneren Reform unseres Landes dem Parlament und der Öffentlichkeit in Einzelberichten unterbreiten. Sie wird im Januar 1970 den Bericht zur Lage der Nation erstatten, im Februar den Jahreswirtschaftsbericht zur

Diskussion stellen.

(Abg. Dr. Barzel: Und werden Sie den Haushalt beraten?)

Im März wird die Bundesregierung den Bericht über die Lage der Landwirtschaft, im April den Sozialbericht vertreten. Im Mai wird die Bildungs- und Wissenschaftspolitik der Bundesregierung, im Juni das Weißbuch zur Verteidigungspolitik vorgetragen werden.

(Abg. Dr. Barzel: Und wann kommt der Haushalt?)

Nach den Parlamentsferien werden Berichte über die Verkehrspolitik und die Gesundheitspolitik, über Raumordnung und Städtebau, über die Vermögensbildung und über die Steuerreform folgen. Damit werden das Parlament und die Öffentlichkeit im ersten der 70er Jahre ein umfassendes Bild der Reformpolitik dieser Regierung gewinnen können.

(Beifall bei den Regierungsparteien.
– Abg. Dr. Barzel: Und wann kommt der Haushalt? Vielleicht darf dieses Haus bei der Termingestaltung auch noch mitreden!)

Bei alledem dürfen wir nicht vergessen: Nur der Friede macht unsere Welt sicher; nur auf der Grundlage der Sicherheit kann der Friede sich ausbreiten. Diese Erkenntnis teilen wir mit den meisten Völkern dieser Erde. Die Bundesregierung ist entschlossen, dazu den deutschen Anteil zu leisten im Bewußtsein ihrer besonderen Verantwortung in Europa und nach besten Kräften, die wir aber nicht überschätzen.

Wir werden die Initiative des Herrn Bundespräsidenten aufgreifen und die Friedensforschung – im Wissen um die begrenzte Zahl der dafür gegenwärtig zur Verfügung stehenden Kräfte – koordinieren, ohne die Unabhängigkeit dieser Arbeit zu beeinträchtigen. Wir wollen auch damit einen deutschen Beitrag für die Befriedung der von Krisen und Kriegen zerrissenen Welt leisten. Es liegt im nationalen Interesse, die internationale Zusammenarbeit zu verstärken, damit die Völker ihre Umwelt besser verstehen. Professor Carl Friedrich von Weizsäcker hat sich bereit erklärt, der Bundesregierung auf diesem Gebiet beratend zur Seite zu stehen.

(Beifall bei den Regierungsparteien.)

Zur notwendigen internationalen Zusammenarbeit gehört der Austausch geistiger Leistungen. Die Darstellung der deutschen Kultur im Ausland wird sich künftig stärker darauf richten, anderen Völkern neben den unvergänglichen Leistungen der Vergangenheit ein Bild dessen zu vermitteln, was in dieser Zeit des Überganges auch in Deutschland an geistiger Auseinandersetzung und fruchtbarer Unruhe tägliche Wirklichkeit ist.

Die Bundesrepublik Deutschland wird ihre Zusammenarbeit mit den Ländern Afrikas, Lateinamerikas und Asiens im Geiste der Partnerschaft ausbauen.

Am Vorabend der zweiten Entwicklungsdekade erklärt sie: Wir werden zu einer gemeinsamen Strategie der Entwicklung beitragen und Anregungen aus dem Bericht der Pearson-Kommission in Betracht ziehen. Die Bundesregierung wird sich bemühen, das dort vorgesehene Ziel für die öffentlichen Leistungen an der Entwicklungshilfe durch eine Steigerungsrate von durchschnittlich 11 % im Jahr zu erreichen. Wir werden Wege suchen, um Rückflüsse aus Mitteln der öffentlichen Kapitalhilfe wieder voll für Zwecke der Entwicklungshilfe zu verwenden. Die Zahl der deutschen Entwicklungsexperten und Entwicklungshelfer wird erhöht mit dem Ziel, sie bis zur Mitte der 70er Jahre zu verdoppeln. Die Bundesregierung wird fortfahren, die Qualität der deutschen Hilfe zu verbessern. Dazu wird sie Planung und Durchführung der Entwicklungshilfe vereinfachen und straffen. Partnerschaft mit den Ländern der Dritten Welt ist nicht allein Sache des Staates. Daher wird die Bundesregierung auch alle nichtstaatlichen Initiativen fördern, die den Entwicklungsprozeß in diesen Ländern beschleunigen können.

Die Welt kann von einem wirtschaftlich starken Lande wie dem unsrigen eine liberale, den Handel aller Länder fördernde Außenwirtschaftspolitik erwarten. Dazu tragen wir durch unsere eigenen Bemühungen und durch unsere Beteiligung in allen mit dem Welthandel befaßten Organisationen bei. Ebenso wollen wir den Handel der Entwicklungsländer fördern; ich nenne hier nur die universellen Präferenzen für Waren aus den Entwicklungsländern.

Meine Damen und Herren, die Außenpolitik dieser Bundesregierung knüpft an die Friedensnote vom März 1966 und die Regierungserklärung vom Dezember 1966 an. Die in diesen Dokumenten niedergelegte Politik hat damals die Zustimmung aller Fraktionen dieses Hauses erhalten. Der Wille zu Kontinuität und konsequenter Weiterentwicklung gestattet es, auf manche Wiederholung zu verzichten. Die Bundesregierung beabsichtigt, in den Vereinten Nationen, in ihren Sonderorganisationen und in anderen internationalen Organisationen verstärkt mitzuarbeiten. Dies gilt auch für weltweite Abkommen der Abrüstung und Rüstungsbegrenzung, die zunehmend Bedeutung gewinnen. Die Bundesregierung wird dabei die Politik fortsetzen, die ich als Außenminister am 3. September 1968 auf der Konferenz der Nichtnuklearmächte in Genf entwickelt habe.

Wir unterstreichen die grundsätzliche Bereitschaft, mit allen Staaten der Welt, die unseren Wunsch nach friedlicher Zusammenarbeit teilen, diplomatische Beziehungen zu unterhalten und die bestehenden Handelsbeziehungen zu verstärken. Die Bundesregierung lehnt jede Form von Diskriminierung, Unterdrückung und fremder Beherrschung ab, die das friedliche Zusammenleben der Völker auch in unseren Tagen immer von neuem gefährdet.

(Beifall bei den Regierungsparteien.)

Meine Damen und Herren, das nordatlantische Bündnis, das sich in den 20 Jahren seiner Existenz bewährt hat, gewährleistet auch in Zukunft unsere Sicherheit. Sein fester Zusammenhalt ist die Voraussetzung für das solidarische Bemühen, zu einer Entspannung in Europa zu kommen. Welche der beiden Seiten der Sicherheitspolitik wir auch betrachten, ob es sich um unseren ernsten und nachhaltigen Versuch zur gleichzeitigen und gleichwertigen Rüstungsbegrenzung und Rüstungskontrolle handelt oder um die Gewährleistung ausreichender

Verteidigung der Bundesrepublik Deutschland: unter beiden Aspekten begreift die Bundesregierung ihre Sicherheitspolitik als Politik des Gleichgewichts und der Friedenssicherung. Und ebenso versteht sie unter beiden Aspekten die äußere Sicherheit unseres Staates als eine Funktion des Bündnisses, dem wir angehören und als dessen Teil wir zum Gleichgewicht der Kräfte zwischen West und Ost beitragen.

Wir brauchen zu unserer Sicherheit Freunde und Verbündete, so wie sie zu ihrer Sicherheit uns und unseren Beitrag brauchen. Ohne gegenseitiges Vertrauen in die politische Stabilität dieser Einsicht sind weder Bündnis noch Sicherheit aufrechtzuerhalten. Wir werden deshalb in und gegenüber dem Bündnis die bisherige Politik fortsetzen und erwarten dies auch von unseren Bündnispartnern und von ihren Beiträgen zur gemeinsamen Sicherheitspolitik und zu den vereinbarten gemeinsamen Sicherheitsanstrengungen.

So wie das westliche Bündnis defensiv ist, so ist auch unser eigener Beitrag dazu defensiv. Die Bundeswehr ist weder nach ihrer Erziehung und Struktur noch nach ihrer Bewaffnung und Ausrüstung für eine offensive Strategie geeignet. Die Bundesregierung wird an dem ihrer Verteidigungspolitik zugrunde liegenden Defensivprinzip keinen Zweifel lassen.

Meine Damen und Herren, die engen Bindungen zwischen uns und den Vereinigten Staaten von Amerika schließen für die Bundesregierung jeden Zweifel an der Verbindlichkeit der Verpflichtungen aus, die von den USA nach Vertrag und Überzeugung in Europa, für die Bundesrepublik und für Berlin übernommen worden sind. Unsere gemeinsamen Interessen bedürfen weder zusätzlicher Versicherungen noch sich wiederholender Erklärungen.

(Beifall bei den Regierungsparteien und bei Abgeordneten der CDU/CSU.)

Sie sind tragfähig für eine selbständigere deutsche Politik in einer aktiveren Partnerschaft.

(Erneuter Beifall.)

Die Bundesregierung wird sich gemeinsam mit ihren Verbündeten konsequent für den Abbau der militärischen Konfrontation in Europa einsetzen. Sie wird zusammen mit ihnen auf gleichzeitige und ausgewogene Rüstungsbeschränkung und Truppenreduzierung in Ost und West hinwirken.

Zur Thematik einer Konferenz, die der europäischen Sicherheit dienen soll, bekräftigt die Bundesregierung die Haltung, die in dem am 12. September dieses Jahres in Helsinki übergebenen Memorandum eingenommen worden ist. Eine derartige Konferenz kann nach sorgfältiger Vorbereitung eine wichtige Etappe auf dem Wege zu größerer Sicherheit bei geringerer Rüstung und zu Fortschritten zwischen den Partnern Ost- und Westeuropas werden.

Unter den gegenwärtigen Spannungsherden ist der Konflikt im Nahen Osten besonders besorgniserregend. Die Bundesregierung meint, daß es im Interesse der betroffenen Völker läge, eine Lösung zu finden, wie sie in der Entschließung des Sicherheitsrates der Vereinten Nationen vom 22. November 1967 angeboten wurde. Wir wünschen gute Beziehungen zu allen Staaten dieser Region und bestätigen zugleich die Entschlossenheit, keine Waffen in Spannungsgebiete zu liefern.

(Beifall bei den Regierungsparteien und bei Abgeordneten der CDU/CSU.)

Wir vereinigen uns mit allen Staaten und nicht zuletzt mit den gequälten, betroffenen Menschen in dem Wunsch, daß der Krieg in Vietnam endlich beendet wird durch eine politische Lösung, die von allen Beteiligten gebilligt werden kann. Wir bekräftigen unsere Bereitschaft, dann, wenn es soweit ist, am Wiederaufbau beider zerstörter Landesteile mitzuwirken.

(Beifall bei den Regierungsparteien und bei Abgeordneten der CDU/CSU.)

Meine Damen und Herren, der bevorstehenden Konferenz der Sechs in Den Haag kommt eine besondere Bedeutung zu. Diese Konferenz der Sechs kann darüber entscheiden, ob Europa in den sachlichen miteinander verknüpften Themen des inneren Ausbaus, der Vertiefung und der Erweiterung der Gemeinschaft entweder einen mutigen Schritt nach vorn tut oder aber in eine gefährliche Krise gerät. Die Völker Europas warten und drängen darauf, daß die Staatsmänner der Logik der Geschichte den Willen zum Erfolg an die Seite stellen.

(Beifall bei den Regierungsparteien und bei Abgeordneten der CDU/CSU.)

Der deutsch-französische Gleichklang kann dabei ausschlaggebend sein. Die Bundesregierung ist bereit, den engen vertraglichen Bindungen jene Unverbrüchlichkeit zu verleihen, die beispielgebend sein sollte für die Art der Beziehungen, die zwischen europäischen Partnern heute hergestellt werden können.

Meine Damen und Herren, die Erweiterung der Europäischen Gemeinschaft muß kommen. Sie, die Gemeinschaft, braucht Großbritannien ebenso wie die anderen beitrittswilligen Länder. Im Zusammenklang der europäischen Stimmen darf die britische keineswegs fehlen, wenn Europa sich nicht selbst schaden will.

(Beifall bei den Regierungsparteien und bei Abgeordneten der CDU/CSU.)

Wir haben mit Befriedigung verfolgt, daß für die ausschlaggebenden Kräfte der britischen Politik weiterhin die Überzeugung gilt, Großbritannien brauche seinerseits Europa. Es ist an der Zeit, so meinen wir, den sicher schwierigen und vermutlich auch zeitraubenden Prozeß einzuleiten, an dessen Ende die Gemeinschaft auf einer breiteren Grundlage stehen wird.

Im Zusammenhang damit wird die Bundesregierung darauf hinwirken, daß die Gemeinschaft neue Formen wirtschaftlicher Zusammenarbeit mit den Staaten Europas entwickelt, die ihr nicht beitreten können oder wollen.

Die Bundesregierung wird die Entwicklung einer engeren politischen Zusammenarbeit in Europa mit dem Ziel fördern, eine gemeinsame Haltung dieser Staaten in weltpolitischen Fragen Schritt um Schritt aufzubauen. Wir wissen uns darin auch besonders einig mit Italien und den Benelux-Staaten.

Unser nationales Interesse erlaubt es nicht, zwischen dem Westen und dem Osten zu stehen. Unser Land braucht die Zusammenarbeit und Abstimmung mit dem Westen und die Verständigung mit dem Osten.

Aber auf diesem Hintergrund sage ich mit starker Betonung, daß das deutsche Volk Frieden braucht – den Frieden im vollen Sinne dieses Wortes – auch mit den Völkern der Sowjetunion und allen Völkern des europäischen Ostens.

(Beifall bei allen Fraktionen.)

Zu einem ehrlichen Versuch der Verständigung sind wir bereit, damit die Folgen des Unheils überwunden werden können, das eine verbrecherische Clique über Europa gebracht hat.

Dabei geben wir uns keinen trügerischen Hoffnungen hin: Interessen, Machtverhältnisse und gesellschaftliche Unterschiede sind weder dialektisch aufzulösen, noch dürfen sie vernebelt werden. Aber unsere Gesprächspartner müssen auch dies wissen: Das Recht auf Selbstbestimmung, wie es in der Charta der Vereinten Nationen niedergelegt ist, gilt auch für das deutsche Volk.

(Beifall bei allen Fraktionen.)

Dieses Recht und der Wille, es zu behaupten, können kein Verhandlungsgegenstand sein.

(Allgemeiner Beifall)

Wir sind frei von der Illusion, zu glauben, das Werk der Versöhnung sei leicht oder schnell zu vollenden. Es handelt sich um einen Prozeß; aber es ist an der Zeit, diesen Prozeß voranzubringen.

In Fortsetzung der Politik ihrer Vorgängerin erstrebt die Bundesregierung gleichmäßig verbindliche Abkommen über den gegenseitigen Verzicht auf Anwendung von oder Drohung mit Gewalt. Die Bereitschaft dazu gilt – ich darf es wiederholen–auch gegenüber der DDR. Ebenso unmißverständlich will ich sagen, daß wir gegenüber der uns unmittelbar benachbarten Tschechoslowakei zu den Abmachungen bereit sind, die über die Vergangenheit hinausführen.

(Beifall bei Abgeordneten der SPD.)

Die Politik des Gewaltverzichts, die die territoriale Integrität des jeweiligen Partners berücksichtigt, ist nach der festen Überzeugung der Bundesregierung ein entscheidender Beitrag zu einer Entspannung in Europa. Gewaltverzichte würden eine Atmosphäre schaffen, die weitere Schritte möglich macht.

Diesem Zweck dienen auch gemeinsame Bemühungen, um den Handel, die technische Kooperation und den kulturellen Austausch zu fördern.

Die Bundesregierung verzichtet heute bewußt darauf, über den in der Erklärung gesetzten Rahmen hinaus Festlegungen vorzunehmen

(Abg. Dr. Barzel: Hört! Hört!)

oder Formeln vorzutragen, welche die von ihr erstrebten Verhandlungen erschweren könnten.

(Beifall bei den Regierungsparteien.)

Sie ist sich bewußt, daß es Fortschritte nur geben kann, wenn es neben unserer Bereitschaft auch eine kooperative Haltung in den Hauptstädten der Staaten des Warschauer Vertrages gibt.

Meine Damen und Herren, kurzfristig wird die Bundesregierung eine Reihe von Entscheidungen treffen, die ihren Willen zur kontinuierlichen und konsequenten Weiterführung der bisherigen Politik beispielhaft deutlich machen:

Erstens. Die Bundesregierung wird auf der Konferenz in Den Haag darauf hinwirken, daß wirksame Maßnahmen zur Vertiefung und Erweiterung der Gemeinschaft und zur verstärkten politischen Zusammenarbeit eingeleitet werden.

Zweitens. Sie wird das Angebot der Vereinigten Staaten von Amerika aufgreifen, die deutsche industrielle Leistungskraft auf begrenzten Gebieten der Weltraumforschung zu beteiligen.

Drittens. Sie wird sich aktiv an den Arbeiten des vom Rat der Nordatlantikpaktorganisation eingesetzten Ausschusses für die Probleme der modernen Gesellschaft beteiligen.

Viertens. Sie wird demnächst das sowjetische Aide-mémoire zum Thema

Gewaltverzicht beantworten und einen Termin für die von der Sowjetunion angeregten Verhandlungen in Moskau vorschlagen.

Fünftens. Sie wird der Regierung der Volksrepublik Polen einen Vorschlag zur Aufnahme von Gesprächen zugehen lassen, mit dem sie die Ausführungen Wladislaw Gomulkas vom 17. Mai dieses Jahres beantwortet.

(Abg. Dr. Barzel: Dazu hätte das Parlament gern etwas gehört!)

Sechstens. Sie wird den Vertrag über die Nichtverbreitung von Atomwaffen unterzeichnen, sobald – entsprechend den Beschlüssen der letzten Bundesregierung– die noch ausstehenden Klärungen herbeigeführt sind.

(Beifall bei den Regierungsparteien. – Lachen bei der CDU/CSU.)

– Meine Damen und Herren, wenn nicht gerade heute darüber in Washington gesprochen würde, würde ich auf die höhnischen Zurufe von soeben antworten. Ich verzichte darauf, zu antworten, weil mir am Erfolg der Verhandlungen liegt und nicht an der Polemik in diesem Augenblick. Das können wir auch morgen noch machen.

(Beifall bei den Regierungsparteien.)

Polemisieren dazu können wir auch noch morgen oder übermorgen.

(Zuruf von der CDU/CSU: Schulmeister! – Abg. Dr. Barzel: Herr Kollege Brandt, bringen Sie bitte eins nicht durcheinander: Wir legen Wert darauf, zu wissen, welches Angebot Sie Polen machen werden! – Weitere Zurufe von der CDU/CSU.)

– Es ging jetzt nicht um Polen, es ging um den NV-Vertrag.

(Abg. Dr. Barzel: Unsere Unruhe begann bei Polen, wo wir etwas mehr wissen wollen!)

– Ich habe Ihnen das dazu gesagt, was heute im Rahmen der Regierungserklärung zu sagen ist.

(Beifall bei den Regierungsparteien. – Abg. Dr. Barzel: Aber zu wenig!)

Meine Damen und Herren! Diese Regierung redet niemanden nach dem

Mund.

(Lachen bei der CDU/CSU.)

Sie fordert viel, nicht nur von anderen, sondern auch von sich selbst.

(Beifall bei den Regierungsparteien.)

Sie setzt konkrete Ziele. Diese Ziele sind nur zu erreichen, wenn sich manches im Verhältnis des Bürgers zu seinem Staat und seiner Regierung ändert.

Die Regierung kann in der Demokratie nur erfolgreich wirken, wenn sie getragen wird vom demokratischen Engagement der Bürger. Wir haben so wenig Bedarf an blinder Zustimmung, wie unser Volk Bedarf hat an gespreizter Würde und hoheitsvoller Distanz.

(Lebhafter Beifall bei den Regierungsparteien.)

Wir suchen keine Bewunderer; wir brauchen Menschen, die kritisch mitdenken, mitentscheiden und mitverantworten.

(Beifall bei den Regierungsparteien.)

Das Selbstbewußtsein dieser Regierung wird sich als Toleranz zu erkennen geben.

(Lachen bei der CDU/CSU.)

Sie wird daher auch jene Solidarität zu schätzen wissen, die sich in Kritik äußert. Wir sind keine Erwählten; wir sind Gewählte.

(Lebhafter Beifall bei den Regierungsparteien.)

Deshalb suchen wir das Gespräch mit allen, die sich um diese Demokratie mühen.

Meine Damen und Herren, in den letzten Jahren haben manche in diesem Land befürchtet, die zweite deutsche Demokratie werde den Weg der ersten gehen. Ich habe dies nie geglaubt. Ich glaube dies heute weniger denn je.

Nein: Wir stehen nicht am Ende unserer Demokratie, wir fangen erst richtig an.

(Abg. Dr. Barzel: Aber Herr Brandt! – Weitere Zurufe von der CDU/CSU.)

Wir wollen ein Volk der guten Nachbarn sein und werden im Inneren und nach außen.

(Anhaltender lebhafter Beifall bei den Regierungsparteien. – Abg. Dr. Barzel: Das ist ein starkes Stück, Herr Bundeskanzler! Ein starkes Stück! Unglaublich! Uner- hört!)

录自：*Willy Brandt online biografie*, Significant Speeches, Government policy declaration to the German Bundestag in Bonn, https://www.willy-brandt-bi-ografie.de/quellen/bedeutende-reden/regierungserklaerung-vor-dem-bunde-stag-in-bonn-28-oktober-1969/.

[历史背景介绍]

1966年3月25日，联邦德国发布的《和平照会》标志着联邦德国开始积极寻求与东欧国家改善关系，但由于艾哈德政府在德国问题上依然坚持"哈尔斯坦主义"，取得的实际效果有限。1966年12月，战后一直执政的基民盟在不得已的情况下接纳社民党，组成大联盟政府。出任外交部长的社民党人维利·勃兰特决心在《和平照会》的基础上进一步松动"哈尔斯坦主义"。他提出，那些东欧国家之所以只承认民主德国而不承认联邦德国，是因为他们作为由苏联在战后扶植起来的"卫星国"根本没有任何其他的选择余地。对于这种有"先天缺陷"的国家，不宜再以强硬的"哈尔斯坦主义"去要求。很快，1967年1月31日联邦德国便同罗马尼亚正式建立了外交关系，与匈牙利和捷克斯洛伐克的建交试探也在进行之中。然而，1968年苏联带领华约五国出兵捷克斯洛伐克镇压了"布拉格之春"，使得联邦德国的"缓和"计划受到挫折。1969年，勃兰特率领社民党获得大选胜利并出任总理，这份材料正是他的施政纲领，并且被人们认为是"新东方政策"出台的标志。对苏联而言，1969年3月发生在中苏边境的地带的武装冲突也令其重新衡量在欧洲进行"缓和"的价值。

[史家争鸣]

丹嫩贝格（Julia von Dannenberg）认为，虽然新东方政策是在勃兰特政府时期实现的，但"东方政策"的议程却是在1966—1969年间的大联合政府时期就已经设计好了。①

但德国当代史的重要学者舍恩霍夫（Klaus Schönhoven）和施图尔姆（Daniel Friedrich Sturm）都认为，大联合政府在东方政策和德国政策方面均未取得突破，没有值得一提的进展。②

青年学者温克尔（Martin Winkels）在博士论文中提出：在对苏东国家的政策方面，大联盟时期所取得的成功确实远低于预期，但这主要是因为1966—1969年期间的苏联政府并没有在"新"东方政策所关注的问题上尝试进行缓和。所以，就算勃兰特任总理的社民党—自民党联合政府在1966年执政，"新"东方政策也不会在1966—1969年期间取得多大效果。1969年之后，越南战争的后果以及中美关系的接近改变苏联对西欧的外交策略，也就是说联邦德国外交政策能够获得成功的空间仍然取决于美苏关系大格局的调整。③

中国学者杨萍的看法与之相似，除了考虑勃兰特等联邦德国政治家的主动性外，应该看到苏联对德政策的变化是新东方政策得以出台和实施的重要外部条件。④

刘晓岚在论文中强调，"新东方政策"所涉及的不仅仅是"德国统一"问题和"缓和"问题，它同时也是二战后阿登纳带领联邦德国融入西欧和北

---

① Julia von Dannenberg, *Then Foundations of Ostpolitik: The Making of the Moscow Treaty between West Germany and the USSR*, New York: Oxford University Press, 2008, p.vii.

② Sturm, Daniel Friedrich, Uneinig in die Einheit. Die Sozialdemokratie und die Vereinigung Deutschlands 1989/90, (Willy-Brandt-Studien), Bonn 2006, S. 44. Klaus Schönhoven, Wendejahre. Die Sozialdemokratie in der Zeit der Großen Koalition 1966–1969. In: Dowe, Dieter (Hrsg.), Die deutsche Sozialdemokratie nach 1945, Band 2, Bonn 2004, S. 385.

③ Martin Winkels, Die Deutschland und Ostpolitik der ersten Großen Koalition in der Bundesrepublik Deutschland（1966–1969), Dissertation, Rheinischen Rheinischen-Wilhelms-Universität zu Bonn, 2009.

④ 杨萍:《论联邦德国的新东方政策及其中的苏联因素》，华中师范大学硕士学位论文，2006年。

约之后，联邦德国处理二战遗留问题并与东欧保持接触的补充性步骤。[①]

[思考题]

1. 你觉得这份施政纲领与"新东方政策"之间是一种怎样的关系？

2. 如果理解材料中对民主德国（DDR）的态度，其中的哪些得到了实践？

3. 材料中"任何人都不能劝我们放弃独立自主的权利"一句，在联邦德国后来的外交实践中有哪些体现？

4. 这份材料中，联邦德国对苏联、波兰、捷克斯洛伐克的态度与1966年的《和平照会》相比，有哪些异同？

5. "我们现在和以后想当一个被人视为好邻居的民族，在德国内部是这样，对外也是这样。"——结合整篇演讲，如何理解勃兰特的这句话？

（童欣　编）

---

① 刘晓岚:《联邦德国"新东方政策"新探》，南京大学硕士学位论文，2012年。

176

《中美上海联合公报》

（1972年2月27日）
（中华人民共和国和美利坚合众国联合公报）
（1972年2月27日）

应中华人民共和国总理周恩来的邀请，美利坚合众国总统理查德·尼克松自一九七二年二月二十一日至二月二十八日访问了中华人民共和国。陪同总统的有尼克松夫人、美国国务卿威廉·罗杰斯、总统助理亨利·基辛格博士和其他美国官员。

尼克松总统于二月二十一日会见了中国共产党主席毛泽东。两位领导人就中美关系和国际事务认真、坦率地交换了意见。

访问中，尼克松总统和周恩来总理就美利坚合众国和中华人民共和国关系正常化以及双方关心的其他问题进行了广泛、认真和坦率的讨论。此外，国务卿威廉·罗杰斯和外交部长姬鹏飞也以同样精神进行了会谈。

尼克松总统及其一行访问了北京，参观了文化、工业和农业项目，还访问了杭州和上海，在那里继续同中国领导人进行讨论，并参观了类似的项目。

中华人民共和国和美利坚合众国领导人经过这么多年一直没有接触之后，现在有机会坦率地互相介绍彼此对各种问题的观点，对此，双方认为是有益的。他们回顾了经历着重大变化和巨大动荡的国际形势，阐明了各自的立场和态度。

中国方面声明：哪里有压迫，哪里就有反抗。国家要独立，民族要解放，人民要革命，已成为不可抗拒的历史潮流。国家不分大小，应该一律平等，大国不应欺负小国，强国不应欺负弱国。中国决不做超级大国，并且反对任何霸权主义和强权政治。中国方面表示：坚决支持一切被压迫人民和被压迫民族争取自由、解放的斗争；各国人民有权按照自己的意愿，选择本国的社会制度，有权维护本国独立、主权和领土完整，反对外来侵略、干涉、控制和颠覆。一切外国军队都应撤回本国去。中国方面表示：坚决支持越南、老挝、柬埔寨三国人民为实现自己的目标所作的努力，坚决支持越南南方共和临时革命政府的七点建议以及在今年二月对其中两个关键问题的说明和印度支那人民最高级会议联合声明；坚决支持朝鲜民主主义人民共和国政府一九七一年四月十二日提出的朝鲜和平统一的八点方案和取消"联合国韩国统一复兴委员会"的主张；坚决反对日本军国主义的复活和对外扩张，坚决支持日本人民要求建立一个独立、民主、和平和中立的日本的愿望；坚决主张印度和巴基斯坦按照联合国关于印巴问题的决议，立即把自己的军队全部撤回到本国境内以及查谟和克什米尔停火线的各自一方，坚决支持巴基斯坦政府和人民维护独立、主权的斗争以及查谟和克什米尔人民争取自决权的斗争。

美国方面声明：为了亚洲和世界的和平，需要对缓和当前的紧张局势和消除冲突的基本原因作出努力。美国将致力于建立公正而稳定的和平。这种和平是公正的，因为它满足各国人民和各国争取自由和进步的愿望。这种和平是稳定的，因为它消除外来侵略的危险。美国支持全世界各国人民在没有外来压力和干预的情况下取得个人自由和社会进步。美国相信，改善具有不同意识形态的国与国之间的联系，以便减少由于事故、错误估计或误会而引起的对峙的危险，有助于缓和紧张局势的努力。各国应该互相尊重并愿进行和平竞赛，让行动作出最后判断。任何国家都不应自称一贯正确，各国都要准备为了共同的利益重新检查自己的态度。美国强调：应该允许印度支那各国人民在不受外来干涉的情况下决定自己的命运；美国一贯的首要目标是谈判解决；越南共和国和美国在一九七二年一月二十七日提出的八点建议提供了实现这个目标的基础；在谈判得不到解决时，美国预计在符合印度支那每个国家自决这一目标的情况下从这个地区最终撤出所有美国军队。美国将保持其与大韩民国的密切联系和对它的支持;美国将支持大韩民国为谋求在朝鲜半岛缓和紧张局势和增加联系的努力。美国最高度地珍视同日本的友好关系,并将继续发展现存的紧密纽带。按照一九七一年十二月二十一日联合国安全理事会的决议,美国赞成印度和巴基斯坦之间的停火继续下去,并把全部军事力量撤至本国境内以及查谟和克什米尔停火线的各自一方;美国支持南亚各国人民和平地、不受军事威胁地建设自己的未来的权利,而不使这个地区成为大国竞争的目标。

中美两国的社会制度和对外政策有着本质的区别。但是,双方同意,各国不论社会制度如何,都应根据尊重各国主权和领土完整、不侵犯别国、不干涉别国内政、平等互利、和平共处的原则来处理国与国之间的关系。国际争端应在此基础上予以解决,而不诉诸武力和武力威胁。美国和中华人民共和国准备在他们的相互关系中实行这些原则。

考虑到国际关系的上述这些原则,双方声明:

——中美两国关系走向正常化是符合所有国家的利益的;

——双方都希望减少国际军事冲突的危险;

——任何一方都不应该在亚洲—太平洋地区谋求霸权,每一方都反对任何其他国家或国家集团建立这种霸权的努力;

——任何一方都不准备代表任何第三方进行谈判,也不准备同对方达成针对其他国家的协议或谅解。

双方都认为,任何大国与另一大国进行勾结反对其他国家,或者大国在世界上划分利益范围,那都是违背世界各国人民利益的。

双方回顾了中美两国之间长期存在的严重争端。中国方面重申自己的立场:台湾问题是阻碍中美两国关系正常化的关键问题;中华人民共和国政府是中国的唯一合法政府;台湾是中国的一个省,早已归还祖国;解放台湾是中国内政,别国无权干涉;全部美国武装力量和军事设施必须从台湾撤走。中国政府坚决反对任何旨在制造"一中一台"、"一个中国、两个政府"、"两个中国"、"台湾独立"和鼓吹"台湾地位未定"的活动。

美国方面声明:美国认识到,在台湾海峡两边的所有中国人都认为只有一个中国,台湾是中国的一部分。美国政府对这一立场不提出异议。它重申它对由中国人自己和平解决台湾问题的关心。考虑到这一前景,它确认从台湾撤出全部美国武装力量和军事设施的最终目标。在此期间,它将随着这个地区紧张局势的缓和逐步减少它在台湾的武装力量和军事设施。

双方同意,扩大两国人民之间的了解是可取的。为此目的,他们就科学、技术、文化、体育和新闻等方面的具体领域进行了讨论,在这些领域中进行人民之间的联系和交流将会是互相有利的。双方各自承诺对进一步发展这种联系和交流提供便利。

双方把双边贸易看作是另一个可以带来互利的领域,并一致认为平等互利的经济关系是符合两国人民的利益的。他们同意为逐步发展两国间的贸易提供便利。

双方同意,他们将通过不同渠道保持接触,包括不定期地派遣美国高级代表前来北京,就促进两国关系正常化进行具体磋商并继续就共同关心的问题交换意见。

双方希望,这次访问的成果将为两国关系开辟新的前景。双方相信,两国关系正常化不仅符合中美两国人民的利益,而且会对缓和亚洲及世界紧张局势作出贡献。

尼克松总统、尼克松夫人及美方一行对中华人民共和国政府和人民给予他们有礼貌的款待,表示感谢。

录自:《联合公报》,《人民日报》1972年2月28日,第1版。

[历史背景介绍]

20世纪60年代末,美国因越战与金融危机陷入内外交困的境地,美苏争霸呈现出"苏攻美守"的态势。1969年年初,初登总统之位的尼克松便指示政府部门加速推动对华和解,争取使冰封20年的中美关系正常化。同年,在中苏交恶的背景下，中国领导人也积极回应了美方的和解信号。最终，借由巴基斯坦、罗马尼亚的多渠道传话，经过了华沙、巴黎、纽约的多轮双边会谈，1971年7月，基辛格终于以美国总统特使的身份成功访华。在此次与周恩来会谈期间，基辛格第一次提出了尼克松访华后中美发表"联合公报"的问题。此后，基辛格与其助理黑格又于当年10月及1972年1月两次来华磋商"公报"的具体文本，尽管双方立场不断接近，却始终没能完全消弭分歧。直到尼克松访华期间，相关谈判仍在进行。就在尼克松行将返回美国的2月27日13点55分，双方才终于正式达成了这一划时代的文件。这份发布于上海的《中华人民共和国和美利坚合众国联合公报》，（史称《上海公报》，以下简称《公报》）与之后的《中美建交公报》《八·一七公报》并称为"三个联合公报"，是当今中美关系的支柱性文件。

[史家争鸣]

中国中美关系史专家宫力高度评价《公报》，她认为《公报》不仅在文本上为日后的中美关系改善奠定了谅解和发展基础，并且中美之间还"由此产生了一种默契，那就是双方都明白，在国际战略的新格局中，中国和美国都获得了新的活动余地"。具体而言，宫力认为《公报》取得了四个方面的成果：一、"双方首次共同确认了和平共处的政策"；二、"双方共同确认了反对'霸权'的坚定立场"；三、在台湾问题上双方达成一定的妥协；四、"双方决定通过不同渠道保持和加强两国间的接触"。[①]

著名冷战国际史专家陈兼指出，作为一份"非传统"文件，《公报》在"建立中美战略伙伴的框架"的同时，也以其独特的措辞提高了中国的国际声望，使中国成为另一个"在世界上与美国平起平坐"的社会主义国家。这不仅在地缘上严重"削弱了苏联与美国进行全球斗争的能力"，也极大挑战了苏联在其阵营内部意识形态领域的垄断地位，进而对80年代末90年代初

---

① 宫力：《跨越鸿沟：1969—1979年中美关系的演变》，郑州：河南人民出版社，1994年，第174—175页。

的冷战瓦解产生了根深蒂固的影响。①

中美关系史权威、美国历史学家陆伯彬（罗伯特·罗斯）从谈判策略的角度分析了《公报》的得与失，他认为"《公报》的成功之处在于它的模棱两可"，它是以一种"新奇的方式"产生的，它允许"双方就各自的观点发表声明"，从而"避免了双方由于社会制度的不同和在对第三世界问题的看法上存在极端分歧的情况下进行复杂谈判的必要"。然而"这种模糊性对美国而非中国有利"，因为美国纵使私下承诺反对台湾独立，但美方在《公报》中所使用的"认为"和"不提出异议"一类模糊措辞仍为美国"留下了极大的选择余地"。②

外交史专家张曙光同样注意到《公报》的这种独特的"模糊性"，但他认为，美国纵然在诸多敏感问题上"做出了令人想象空间较大的表述"，但中国也并未如美国所愿"承诺一定放弃武力作为解决台湾问题的一个选项"，因此《公报》只是形成了一个"暂时便利"的双赢，"不仅使得中美外交关系正常化未能在尼克松任期内实现，也为台湾问题迄今仍然是中美战略与政治关系中的核心问题留下了病根"。③

美国长岛大学历史学教授夏亚峰则认为，《公报》虽然"没有明确关系正常化进展的时间表，也没有提及实现全面正常化的条件"，却也不失为一个好的开端，因为它体现了中美关系的"妥协模式"（modus vivendi）："虽未达到完全正常化，但（双方）承认两国拥有共同利益，有必要进行沟通并努力逐步克服剩余的困难"。总之，《公报》是整个中美和解时期两国关系的"基本宪章"。④

---

① Chen Jian: *Mao's China and the Cold War*, Chapel Hill: University of North Carolina Press, 2001, p.276.

② 罗伯特·罗斯：《风云变幻的美中关系：在谈判中合作（1969—1989）》，丛凤辉等译，北京：中央编译出版社，1998年，第54—56页。

③ 张曙光：《接触外交：尼克松政府与解冻中美关系》，北京：世界知识出版社，2009年，第142页。

④ Yafeng Xia, *Negotiating with the Enemy: U.S.-China Talks during the Cold War, 1949—1972*, Bloomington and Indianapolis: Indiana University Press, 2006, p.209.

[**思考题**]

1.《公报》涵盖了哪几方面的议题？中美在这几个方面各自的诉求是什么？

2.《公报》文本出现了哪些不同于正常行文的表达？为什么要这样表达？

3.如何评价《公报》的"非传统性"？

4.《公报》与"尼克松主义"的关系是什么？

5.中美缓和对冷战产生了什么影响？

（丁夏阳　编）

177

里根演说

（1983年3月8日）
（里根"邪恶帝国"演说）

Reverend clergy all, Senator Hawkins, distinguished members of the Florida congressional delegation, and all of you：

I can't tell you how you have warmed my heart with your welcome. I'm delighted to be here today.

Those of you in the National Association of Evangelicals are known for your spiritual and humanitarian work. And I would be especially remiss if I didn't discharge right now one personal debt of gratitude. Thank you for your prayers. Nancy and I have felt their presence many times in many ways. And believe me, for us they've made all the difference.

The other day in the East Room of the White House at a meeting there, someone asked me whether I was aware of all the people out there who were praying for the President. And I had to say, "Yes, I am. I've felt it. I believe in intercessionary prayer."

But I couldn't help but say to that questioner after he'd asked the question that — or at least say to them that if sometimes when he was praying he got a busy signal, it was just me in there ahead of him.

[Laughter]

I think I understand how Abraham Lincoln felt when he said, "I have been driven many times to my knees by the overwhelming conviction that I had nowhere else to go."

From the joy and the good feeling of this conference, I go to a political reception.

[Laughter]

Now, I don't know why, but that bit of scheduling reminds me of a story — [laughter] — which I'll share with you.

An evangelical minister and a politician arrived at Heaven's gate one day together. And St. Peter, after doing all the necessary formalities, took them in hand to show them where their quarters would be. And he took them to a small, single room with a bed, a chair, and a table and said this was for the clergyman. And the politician was a little worried about what might be in store for him. And he couldn't believe it then when St. Peter stopped in front of a beautiful mansion with lovely grounds, many servants, and told him that these would be his quarters.

And he couldn't help but ask, he said, "But wait, how — there's something wrong — how do I get this mansion while that good and holy man only gets a single room?" And St. Peter said, "You have to understand how things are up here. We've got thousands and thousands of clergy. You're the first politician who ever made it."

[Laughter]

But I don't want to contribute to a stereotype.

[Laughter]

So, I tell you there are a great many God-fearing, dedicated, noble men and women in public life, present company included. And yes, we need your help to keep us ever mindful of the ideas and the principles that brought us into the public arena in the first place. The basis of those ideals and principles is a commitment to freedom and personal liberty that, itself, is grounded in the much deeper realization that freedom prospers only where the blessings of God are avidly sought and humbly accepted.

The American experiment in democracy rests on this insight. Its discovery was the great triumph of our Founding Fathers, voiced by William Penn when he said, "If we will not be governed by God, we must be governed by tyrants."

Explaining the inalienable rights of men, Jefferson said, "The God who gave us life, gave us liberty at the same time."

And it was George Washington who said that "of all the dispositions and habits which lead to political prosperity, religion and morality are indispensable supports."

And finally, that shrewdest of all observers of American democracy, Alexis de Tocqueville, put it eloquently after he had gone on a search for the secret of America's greatness and genius — and he said, "Not until I went into the churches of America and heard her pulpits aflame with righteousness did I understand the greatness and the genius of America. America is good. And if America ever ceases to be good, America will cease to be great."

Well, I'm pleased to be here today with you who are keeping America great by keeping her good. Only through your work and prayers and those of millions of others can we hope to survive this perilous century and keep alive this experiment in liberty — this last, best hope of man.

I want you to know that this administration is motivated by a political philosophy that sees the greatness of America in you, her people, and in your families, churches, neighborhoods, communities — the institutions that foster and nourish values like concern for others and respect for the rule of law under God.

Now, I don't have to tell you that this puts us in opposition to, or at least out of step with, a prevailing attitude of many who have turned to a modern-day secularism, discarding the tried and time-tested values upon which our very civilization is based. No matter how well intentioned, their value system is radically different from that of most Americans. And while they proclaim that they're freeing us from superstitions of the past, they've taken upon themselves the job of superintending us by government rule and regulation. Sometimes their voices are louder than ours, but they are not yet a majority.

An example of that vocal superiority is evident in a controversy now going on in Washington. And since I'm involved, I've been waiting to hear from the parents of young America. How far are they willing to go in giving to government their prerogatives as parents?

Let me state the case as briefly and simply as I can. An organization of citizens, sincerely motivated and deeply concerned about the increase in illegitimate births and abortions involving girls well below the age of consent, sometime ago established a nationwide network of clinics to offer help to these girls and, hopefully, alleviate this situation. Now, again, let me say, I do not fault their intent. However, in their well-intentioned effort, these clinics have decided to provide advice and birth control drugs and devices to underage girls without the knowledge of their parents.

For some years now, the federal government has helped with funds to subsidize these clinics. In providing for this, the Congress decreed that every effort would be made to maximize parental participation. Nevertheless, the drugs and devices are prescribed without getting parental consent or giving notification after they've done so. Girls termed "sexually active" — and that has replaced the word "promiscuous" — are given this help in order to prevent illegitimate birth or abortion.

Well, we have ordered clinics receiving federal funds to notify the parents such help has been given. One of the nation's leading newspapers has created the term "squeal rule" in editorializing against us for doing this, and we're being criticized for violating the privacy of young people. A judge has recently granted an injunction against an enforcement of our rule. I've watched TV panel shows discuss this issue, seen columnists pontificating on our error, but no one seems to mention morality as playing a part in the subject of sex.

Is all of Judeo-Christian tradition wrong? Are we to believe that something so sacred can be looked upon as a purely physical thing with no potential for emotional and psychological harm? And isn't it the parents' right to give counsel and advice to keep their children from making mistakes that may affect their entire lives?

Many of us in government would like to know what parents think about this intrusion in their family by government. We're going to fight in the courts. The right of parents and the rights of family take precedence over those of Washington-based bureaucrats and social engineers.

But the fight against parental notification is really only one example of many attempts to water down traditional values and even abrogate the original terms of American democracy. Freedom prospers when religion is vibrant and the rule of law under God is acknowledged. When our Founding Fathers passed the First Amendment, they sought to protect churches from government interference. They never intended to construct a wall of hostility between government and the concept of religious belief itself.

The evidence of this permeates our history and our government. The Declaration of Independence mentions the Supreme Being no less than four times. "In God We Trust" is engraved on our coinage. The Supreme Court opens its proceedings with a religious invocation. And the members of Congress open their sessions with a prayer. I just happen to believe the schoolchildren of the United States are entitled to the same privileges as Supreme Court Justices and Congressmen.

Last year, I sent the Congress a constitutional amendment to restore prayer to public schools. Already this session, there's growing bipartisan support for the amendment, and I am calling on the Congress to act speedily to pass it and to let our children pray.

Perhaps some of you read recently about the Lubbock school case, where a judge actually ruled that it was unconstitutional for a school district to give equal treatment to religious and nonreligious student groups, even when the group meetings were being held during the students' own time. The First Amendment never intended to require government to discriminate against religious speech.

Senators Denton and Hatfield have proposed legislation in the Congress on the whole question of prohibiting discrimination against religious forms of student speech. Such legislation could go far to restore freedom of religious speech for public school students. And I hope the Congress considers these bills quickly. And with your help, I think it's possible we could also get the constitutional amendment through the Congress this year.

More than a decade ago, a Supreme Court decision literally wiped off the books of 50 States statutes protecting the rights of unborn children. Abortion on demand now takes the lives of up to one and a half million unborn children a year. Human life legislation ending this tragedy will some day pass the Congress, and you and I must never rest until it does. Unless and until it can be proven that the unborn child is not a living entity, then its right to life, liberty, and the pursuit of happiness must be protected.

You may remember that when abortion on demand began, many, and, indeed, I'm sure many of you, warned that the practice would lead to a decline in respect for human life, that the philosophical premises used to justify abortion on demand would ultimately be used to justify other attacks on the sacredness of human life — infanticide or mercy killing. Tragically enough, those warnings proved all too true. Only last year a court permitted the death by starvation of a handicapped infant.

I have directed the Health and Human Services Department to make clear to every health care facility in the United States that the Rehabilitation Act of 1973 protects all handicapped persons against discrimination based on handicaps, including infants. And we have taken the further step of requiring that each and every recipient of Federal funds who provides health care services to infants must post and keep posted in a conspicuous place a notice stating that "discriminatory failure to feed and care for handicapped infants in this facility is prohibited by Federal law." It also lists a 24-hour, toll-free number so that nurses and others may report violations in time to save the infant's life.

In addition, recent legislation introduced in the Congress by Representative Henry Hyde of Illinois not only increases restrictions on publicly financed abortions, it also addresses this whole problem of infanticide. I urge the Congress to begin hearings and to adopt legislation that will protect the right of life to all children, including the disabled or handicapped.

Now, I'm sure that you must get discouraged at times, but you've done better than you know, perhaps. There's a great spiritual awakening in America, a renewal of the traditional values that have been the bedrock of America's goodness and greatness.

One recent survey by a Washington-based research council concluded that Americans were far more religious than the people of other nations; 95 percent of those surveyed expressed a belief in God and a huge majority believed the Ten Commandments had real meaning in their lives. And another study has found that an overwhelming majority of Americans disapprove of adultery, teenage sex, pornography, abortion, and hard drugs. And this same study showed a deep reverence for the importance of family ties and religious belief.

I think the items that we've discussed here today must be a key part of the Nation's political agenda. For the first time the Congress is openly and seriously debating and dealing with the prayer and abortion issues — and that's enormous progress right there. I repeat: America is in the midst of a spiritual awakening and a moral renewal. And with your Biblical keynote, I say today, "Yes, let justice roll on like a river, righteousness like a never-failing stream."

"Now, obviously, much of this new political and social consensus I've talked about is based on a positive view of American history, one that takes pride in our country's accomplishments and record. But we must never forget that no government schemes are going to perfect man. We know that living in this world means dealing with what philosophers would call the phenomenology of evil or, as theologians would put it, the doctrine of sin.

There is sin and evil in the world, and we're enjoined by Scripture and the Lord Jesus to oppose it with all our might. Our nation, too, has a legacy of evil with which it must deal. The glory of this land has been its capacity for transcending the moral evils of our past. For example, the long struggle of minority citizens for equal rights, once a source of disunity and civil war, is now a point of pride for all Americans. We must never go back. There is no room for racism, anti-Semitism, or other forms of ethnic and racial hatred in this country.

I know that you've been horrified, as have I, by the resurgence of some hate groups preaching bigotry and prejudice. Use the mighty voice of your pulpits and the powerful standing of your churches to denounce and isolate these hate groups in our midst. The commandment given us is clear and simple: "Thou shalt love thy neighbor as thyself." But whatever sad episodes exist in our past, any objective observer must hold a positive view of American history, a history that has been the story of hopes fulfilled and dreams made into reality. Especially in this century, America has kept alight the torch of freedom, but not just for ourselves but for millions of others around the world.

And this brings me to my final point today. During my first press conference as President, in answer to a direct question, I pointed out that, as good Marxist-Leninists, the Soviet leaders have openly and publicly declared that the only morality they recognize is that which will further their cause, which is world revolution. I think I should point out I was only quoting Lenin, their guiding spirit, who said in 1920 that they repudiate all morality that proceeds from supernatural ideas — that's their name for religion — or ideas that are outside class conceptions. Morality is entirely subordinate to the interests of class war. And everything is moral that is necessary for the annihilation of the old, exploiting social order and for uniting the proletariat.

Well, I think the refusal of many influential people to accept this elementary fact of Soviet doctrine illustrates an historical reluctance to see totalitarian powers for what they are. We saw this phenomenon in the 1930's. We see it too often today. This doesn't mean we should isolate ourselves and refuse to seek an understanding with them. I intend to do everything I can to persuade them of our peaceful intent, to remind them that it was the West that refused to use its nuclear monopoly in the forties and fifties for territorial gain and which now proposes 50-percent cut in strategic ballistic missiles and the elimination of an entire class of land-based, intermediate-range nuclear missiles.

At the same time, however, they must be made to understand we will never compromise our principles and standards. We will never give away our freedom. We will never abandon our belief in God. And we will never stop searching for a genuine peace. But we can assure none of these things America stands for through the so-called nuclear freeze solutions proposed by some.

The truth is that a freeze now would be a very dangerous fraud, for that is merely the illusion of peace. The reality is that we must find peace through strength.

I would agree to a freeze if only we could freeze the Soviets' global desires. A freeze at current levels of weapons would remove any incentive for the Soviets to negotiate seriously in Geneva and virtually end our chances to achieve the major arms reductions which we have proposed. Instead, they would achieve their objectives through the freeze.

A freeze would reward the Soviet Union for its enormous and unparalleled military buildup.It would prevent the essential and long overdue modernization of United States and allied defenses and would leave our aging forces increasingly vulnerable. And an honest freeze would require extensive prior negotiations on the systems and numbers to be limited and on the measures to ensure effective verification and compliance. And the kind of a freeze that has been suggested would be virtually impossible to verify. Such a major effort would divert us completely from our current negotiations on achieving substantial reductions.

A number of years ago, I heard a young father, a very prominent young man in the entertainment world, addressing a tremendous gathering in California. It was during the time of the Cold War, and communism and our own way of life were very much on people's minds. And he was speaking to that subject. And suddenly, though, I heard him saying, "I love my little girls more than anything — "And I said to myself, "Oh, no, don't. You can't — don't say that."

But I had underestimated him. He went on: "I would rather see my little girls die now, still believing in God, than have them grow up under communism and one day die no longer believing in God."

There were thousands of young people in that audience. They came to their feet with shouts of joy. They had instantly recognized the profound truth in what he had said, with regard to the physical and the soul and what was truly important.

Yes, let us pray for the salvation of all of those who live in that totalitarian darkness — pray they will discover the joy of knowing God. But until they do, let us be aware that while they preach the supremacy of the state, declare its omnipotence over individual man, and predict its eventual domination of all peoples on the Earth, they are the focus of evil in the modern world.

It was C.S. Lewis who, in his unforgettable "Screwtape Letters，" wrote: "The greatest evil is not done now in those sordid 'dens of crime' that Dickens loved to paint. It is not even done in concentration camps and labor camps. In those we see its final result. But it is conceived and ordered (moved, seconded, carried and minuted) in clear, carpeted, warmed, and well-lighted offices, by quiet men with white collars and cut fingernails and smooth-shaven cheeks who do not need to raise their voice."

Well, because these "quiet men" do not "raise their voices"; because they sometimes speak in soothing tones of brotherhood and peace; because, like other dictators before them, they're always making "their final territorial demand, " some would have us accept them at their word and accommodate ourselves to their aggressive impulses. But if history teaches anything, it teaches that simple-minded appeasement or wishful thinking about our adversaries is folly. It means the betrayal of our past, the squandering of our freedom.

So, I urge you to speak out against those who would place the United States in a position of military and moral inferiority. You know, I've always believed that old Screwtape reserved his best efforts for those of you in the church. So, in your discussions of the nuclear freeze proposals, I urge you to beware the temptation of pride — the temptation of blithely declaring yourselves above it all and label both sides equally at fault, to ignore the facts of history and the aggressive impulses of an evil empire, to simply call the arms race a giant misunderstanding and thereby remove yourself from the struggle between right and wrong and good and evil.

I ask you to resist the attempts of those who would have you withhold your support for our efforts, this administration's efforts, to keep America strong and free, while we negotiate real and verifiable reductions in the world's nuclear arsenals and one day, with God's help, their total elimination.

While America's military strength is important, let me add here that I've always maintained that the struggle now going on for the world will never be decided by bombs or rockets, by armies or military might. The real crisis we face today is a spiritual one; at root, it is a test of moral will and faith.

Whittaker Chambers, the man whose own religious conversion made him a witness to one of the terrible traumas of our time, the Hiss-Chambers case, wrote that the crisis of the Western World exists to the degree in which the West is indifferent to God, the degree to which it collaborates in communism's attempt to make man stand alone without God. And then he said, for Marxism-Leninism is actually the second oldest faith, first proclaimed in the Garden of Eden with the words of temptation, "Ye shall be as gods."

The Western world can answer this challenge, he wrote, "but only provided that its faith in God and the freedom He enjoins is as great as communism's faith in Man."

I believe we shall rise to the challenge. I believe that communism is another sad, bizarre chapter in human history whose last pages even now are being written. I believe this because the source of our strength in the quest for human freedom is not material, but spiritual. And because it knows no limitation, it must terrify and ultimately triumph over those who would enslave their fellow man. For in the words of Isaiah: "He giveth power to the faint; and to them that have no might. He increased strength. But they that wait upon the Lord shall renew their strength; they shall mount up with wings as eagles; they shall run, and not be weary."

Yes, change your world. One of our Founding Fathers, Thomas Paine, said, "We have it within our power to begin the world over again." We can do it, doing together what no one church could do by itself.

God bless you, and thank you very much.

录自："Ronald Reagan's 'Evil Empire' Speech to the National Association of Evangelicals," March 8, 1983, reproduced from "National Center for Public Policy Research," available https://nationalcenter.org/ncppr/2001/11/04/ronal-reagans-evil-empire-speech-to-the-national-association-of-evangelicals-1983/.

[历史背景介绍]

1983年3月8日，里根总统在佛罗里达州奥兰多举行的全国基督教福音派协会会议上发表讲话。在这次讲话中，里根声称共产主义"是现代世界邪恶的焦点"。这次讲话很快便成为所谓"邪恶帝国"演说。据说，所谓"邪恶帝国"这个表述的发明权属于里根演讲稿撰写人安东尼·多兰（Anthony

R. Dolan)。①里根明确拒绝接受美国和苏联对冷战以及两国之间正在进行的核军备竞赛必须承担同样责任的观点。他声称美苏之争是一场正义与邪恶的战斗。当时，美国国会正在讨论是否支持"核冻结"决议案。"核冻结"是苏联所支持的理念，如果得以实施，就可以阻止美国在欧洲部署巡航和潘兴II型导弹。3月7日里根总统在白宫会见保守派领袖和支持防御的民选官员，就"核冻结"议题进行了讨论。里根声称，他这届政府坚决反对"核冻结"。与会人士敦促他要多利用总统的"天字第一号讲坛"来谈论这个问题。会后，根据总统国家安全事务顾问威廉·克拉克（William Clark）当时的记录，里根在第二天要给全国基督教福音派协会的讲话稿中加进了相关内容。这些新增内容使得生活在铁幕后的持不同政见者大受鼓舞，而美国国内里根政策的反对者包括媒体大吃一惊。这次讲话成为里根最著名的演说之一。

[史家争鸣]

当时美国主流媒体对里根"邪恶帝国"演说多有批评，认为这是里根对苏联的诋毁和攻击，并不体现美国对苏一以贯之的战略。媒体和里根的批评者有个基本共识，认为这个演说"仅仅重燃他冷战斗士的旧形象……使得人们更加怀疑他对军备控制有多少诚意"。②

有关里根政府的相关政策及他对苏联的修辞战在冷战最后阶段的作用，西方英语学界大致形成三种主要观点。第一，里根政策的支持者，特别是一些保守派人士认为，里根政府积极的政策包括强化军备（特别是1983年宣布的"星球大战"计划）以及对苏联政权合法性的夸张性的语言攻击最终导致苏联的解体。③比如，美国西北大学传播学副教授托马斯·古德奈特在1986年发表一篇研究文章，指出里根"邪恶帝国"演说既没有宣布新政策，

---

① Frank Warner, "The Battle of the Evil Empire," *The Morning Call*, Allentown, Pa., March 5, 2000. Frankwarner.typepad.com. December 4, 2003. Retrieved December 12, 2023.

② Michael Reese, John Walcott, Eleanor Clift, Thomas DeFrank, John J. Lindsay, and Mary Lord, "Return of the Cold Warrior？" *Newsweek*, March 21, 1983, p.21.

③ Robert C. Rowland and John M. Jones, "Reagan's Strategy for the Cold War and the Evil Empire Address," *Rhetoric & Public Affairs,* Vol. 19, No. 3 (October 2016), pp.427-428.

也没有就国防预算或相关问题提供特别的信息。演说之后，引发不少争论。因为，在这个演说中，里根所释放的信息是世界上最强大的核国家的军队总司令要与对手打一场全面战争。不过，古德奈特认为，这次演说"远远超出对苏联政策粗俗的谴责或对反苏主题的简单总结，它描绘出这样一个世界：有关核问题的争论是人类根本活动的表现形式。因此，这是将里根政府的相关政策从世俗领域转入精神领域的修辞手法"。①

第二，与保守派观点截然相反的人士认为，里根对苏政策的关键不是强化军备或使用刺激性的语言攻击苏联，而是在1983年年底和1984年年初发生的政策转向，开始与苏联人认真讨论军控问题。学者中持这种观点的代表人物是加拿大多伦多大学教授贝丝·费舍尔。她强调里根在第一任期内对苏存在敌意，不愿意与苏联领导人举行首脑会晤，到第二个任期时他才逐渐有所改变。②

第三，这一派认为里根是个战略家，有个一以贯之的对苏大战略。里根幕僚、曾任总统经济和核防御政策助理的马丁·安德森是将里根政府一系列的对苏政策定义为"大战略"的第一人。③ 这一大战略指导了里根政府的言论和行动。根据这一大战略，里根政府从意识形态上诋毁苏联为"邪恶帝国"、与苏联搞军备竞赛、在苏联和东欧内部倡导自由的价值观以及与苏联谈判促进军备控制等一系列政策。著名学者如耶鲁大学教授约翰·盖迪斯，美国大战略研究学者、约翰·霍普金斯大学教授哈尔·布兰茨等是这一派的主要代表。④ 2016年，两位美国学者发文，对里根的"邪恶帝国"演说与里

---

① G. Thomas Goodnight, "Ronald Reagan's Reformulation of the Rhetoric of War: Analysis of the 'Zero Option,' 'Evil Empire,' and 'Star Wars' Addresses," *Quarterly Journal of Speech,* Vol. 72 (November 1986), pp.400–401.

② Beth Fischer, *The Reagan Reversal: Foreign Policy and the End of the Cold War*, Columbia: University of Missouri Press, 1997; Beth Fischer, "Reagan and the Soviets: Winning the Cold War," in W. E. Brownlee and H. D.Graham eds., *The Reagan Presidency: Pragmatic Conservatism and Its Legacies*, Lawrence: University Press of Kansas, 2003, pp.113–32.

③ Martin Anderson, *Revolution: The Reagan Legacy*. Stanford: Hoover Institution Press, 1990.

④ John L. Gaddis, *The Cold War: A New History*, New York: The Penguin Press, 2005, p.217; John L. Gaddis, *Strategies of Containment: A Critical Appraisal of American National Security Policy During the Cold War*, 25th Anniversary, ed., New York: Oxford University Press, 2005, p.353; Hal Brands, *What Good is Grand Strategy? Power and Purpose in American Statecraft from Harry S. Truman to George W. Bush*, Ithaca: Cornell University Press, 2014, p.110, p.103, pp.126–127.

根的冷战战略之间的关系进行了详细的分析。作者认为，里根的修辞战是其对苏大战略的重要部分。这包括三个方面的内容：第一，他指责苏联制度是邪恶和失败的；第二，美国赢得冷战的战略必须大规模提升美国军力，迫使苏联别无选择只得与美国进行裁减军备的谈判；第三，里根的修辞战包括为自由民主制度的辩护，预言民主制度最终将战胜苏联共产主义制度。[①]

1988年5月莫斯科美苏首脑会晤期间，里根公开承认把苏联视为"邪恶帝国"的讲话是"另一个时代"的遗迹。他说苏联已发生了"深刻变化"，超级大国的紧张关系已大幅减缓，戈尔巴乔夫为苏联的剧变作出了重要贡献。[②]

[思考题]

1. "邪恶帝国"演说涉及里根政府对苏联政策的要点有哪些？

2. "邪恶帝国"演说是如何体现美国外交政策理念的？

3. "邪恶帝国"演说是里根政府对苏联政策的转折点吗？

4. "邪恶帝国"演说与冷战终结有什么关系？

（夏亚峰　编）

[①]　Robert C. Rowland and John M. Jones, "Reagan's Strategy for the Cold War and the Evil Empire Address," pp.427–464.

[②]　Jack Matlock, *Autopsy on An Empire: The American Ambassador's Account of the Collapse of the Soviet Union*, New York: Random House, 1995, pp.121–123; James Mann, *The Rebellion of Ronald Reagan: A History of the End of the Cold War*, New York: Penguin Books, 2010, pp.304–306.

178

《苏美联合声明》
（1985年11月21日）
（苏美日内瓦峰会联合声明）

By mutual agreement, President of the United States Ronald Reagan and General Secretary of the Central Committee of the Communist Party of the Soviet Union Mikhail Gorbachev met in Geneva November 19–21. Attending the meeting on the U.S. side were Secretary of State George Shultz; Chief of Staff Donald Regan; Assistant to the President Robert McFarlane; Ambassador to the USSR Arthur Hartman; Special Advisor to the President and the Secretary of State for Arms Control Paul H. Nitze; Assistant Secretary of State for European Affairs Rozanne Ridgway; Special Assistant to the President for National Security Affairs Jack Matlock. Attending on the Soviet side were Member of the Politburo of the Central Committee of the CPSU, Minister of Foreign Affairs E. A. Shevardnadze; First Deputy Foreign Minister G. M. Korniyenko; Ambassador to the United States A. F. Dobrynin; Head of the Department of Propaganda of the Central Committee of the CPSU, A. N. Yakovlev; Head of the Department of International Information of the Central Committee of the CPSU L. M. Zamyatin; Assistant to the General Secretary of the Central Committee of the CPSU, A. M. Aleksandrov.

These comprehensive discussions covered the basic questions of U.S.-Soviet relations and the current international situation. The meetings were frank and useful. Serious differences remain on a number of critical issues.

While acknowledging the differences in their systems and approaches to international issues, some greater understanding of each side's view was achieved by the two leaders. They agreed about the need to improve U.S.-Soviet relations and the international situation as a whole.

In this connection the two sides have confirmed the importance of an ongoing dialogue, reflecting their strong desire to seek common ground on existing problems.

They agreed to meet again in the nearest future. The General Secretary accepted an invitation by the President of the United States to visit the United States of America and the President of the United States accepted an invitation by the General Secretary of the Central Committee of the CPSU to visit the Soviet Union. Arrangements for and timing of the visits will be agreed upon through diplomatic channels.

In their meetings, agreement was reached on a number of specific issues. Areas of agreement are registered on the following pages.

Security

The sides, having discussed key security issues, and conscious of the special responsibility of the USSR and the U.S. for maintaining peace, have agreed that a nuclear war cannot be won and must never be fought. Recognizing that any conflict between the USSR and the U.S. could have catastrophic consequences, they emphasized the importance of preventing any war between them, whether nuclear or conventional. They will not seek to achieve military superiority.

Nuclear and Space Talks

The President and the General Secretary discussed the negotiations on nuclear and space arms.

They agreed to accelerate the work at these negotiations, with a view to accomplishing the tasks set down in the Joint U.S.-Soviet Agreement of January 8, 1985, namely to prevent an arms race in space and to terminate it on earth, to limit and reduce nuclear arms and enhance strategic stability.

Noting the proposals recently tabled by the U.S. and the Soviet Union, they called for early progress, in particular in areas where there is common ground, including the principle of 50% reductions in the nuclear arms of the U.S. and the USSR appropriately applied, as well as the idea of an interim INF agreement.

During the negotiation of these agreements, effective measures for verification of compliance with obligations assumed will be agreed upon.

Risk Reduction Centers

The sides agreed to study the question at the expert level of centers to reduce nuclear risk taking into account the issues and developments in the Geneva negotiations. They took satisfaction in such recent steps in this direction as the modernization of the Soviet-U.S. hotline.

Nuclear Non-Proliferation

General Secretary Gorbachev and President Reagan reaffirmed the commitment of the USSR and the U.S. to the Treaty on the Non-Proliferation of Nuclear Weapons and their interest in strengthening together with other countries the non-proliferation regime, and in further enhancing the effectiveness of the Treaty, inter alia by enlarging its membership.

They note with satisfaction the overall positive results of the recent Review Conference of the Treaty on the Non-Proliferation of Nuclear Weapons.

The USSR and the U.S. reaffirm their commitment, assumed by them under the Treaty on the Non-Proliferation of Nuclear Weapons, to pursue negotiations in good faith on matters of nuclear arms limitation and disarmament in accordance with Article VI of the Treaty.

The two sides plan to continue to promote the strengthening of the International Atomic Energy Agency and to support the activities of the Agency in implementing safeguards as well as in promoting the peaceful uses of nuclear energy.

They view positively the practice of regular Soviet-U.S. consultations on non-proliferation of nuclear weapons which have been businesslike and constructive and express their intent to continue this practice in the future.

Chemical Weapons

In the context of discussing security problems, the two sides reaffirmed that they are in favor of a general and complete prohibition of chemical weapons and the destruction of existing stockpiles of such weapons. They agreed to accelerate efforts to conclude an effective and verifiable international convention on this matter.

The two sides agreed to intensify bilateral discussions on the level of experts on all aspects of such a chemical weapons ban, including the question of verification. They agreed to initiate a dialogue on preventing the proliferation of chemical weapons.

MBFR

The two sides emphasized the importance they attach to the Vienna (MBFR) negotiations and expressed their willingness to work for positive results.

CDE

Attaching great importance to the Stockholm Conference on Confidence and

Security Building Measures and Disarmament in Europe and noting the progress made there, the two sides stated their intention to facilitate, together with the other participating states, an early and successful completion of the work of the conference. To this end, they reaffirmed the need for a document which would include mutually acceptable confidence and security building measures and give concrete expression and effect to the principle of non-use of force.

Process of Dialogue

President Reagan and General Secretary Gorbachev agreed on the need to place on a regular basis and intensify dialogue at various levels. Along with meetings between the leaders of the two countries, this envisages regular meetings between the USSR Minister of Foreign Affairs and the U.S. Secretary of State, as well as between the heads of other Ministries and Agencies. They agree that the recent visits of the heads of Ministries and Departments in such fields as agriculture, housing and protection of the environment have been useful.

Recognizing that exchanges of views on regional issues on the expert level have proven useful, they agreed to continue such exchanges on a regular basis.

The sides intend to expand the programs of bilateral cultural, educational and scientific-technical exchanges, and also to develop trade and economic ties. The President of the United States and the General Secretary of the Central Committee of the CPSU attended the signing of the Agreement on Contacts and Exchanges in Scientific, Educational and Cultural Fields.

They agreed on the importance of resolving humanitarian cases in the spirit of cooperation.

They believe that there should be greater understanding among our peoples and that to this end they will encourage greater travel and people-to-people contact.

Northern Pacific Air Safety

The two leaders also noted with satisfaction that, in cooperation with the Government of Japan, the United States and the Soviet Union have agreed to a set of measures to promote safety on air routes in the North Pacific and have worked out steps to implement them.

Civil Aviation / Consulates

They acknowledged that delegations from the United States and the Soviet Union have begun negotiations aimed at resumption of air services. The two leaders expressed their desire to reach a mutually beneficial agreement at an early date. In this regard, an agreement was reached on the simultaneous opening of Consulates General in New York and Kiev.

Environmental Protection

Both sides agreed to contribute to the preservation of the environment — a global task — through joint research and practical measures. In accordance with the existing U.S.-Soviet agreement in this area, consultations will be held next year in Moscow and Washington on specific programs of cooperation.

Exchange Initiatives

The two leaders agreed on the utility of broadening exchanges and contacts including some of their new forms in a number of scientific, educational, medical and sports fields (inter alia, cooperation in the development of educational exchanges and software for elementary and secondary school instruction; measures to promote Russian language studies in the United States and English language studies in the USSR; the annual exchange of professors to conduct special courses in history, culture and economics at the relevant departments of Soviet and American institutions of higher education; mutual allocation of scholarships for the best students in the natural sciences, technology, social sciences and humanities for the period of an academic year; holding regular meets in various sports and increased television coverage of sports events). The two sides agreed to resume cooperation in combatting cancer diseases.

The relevant agencies in each of the countries are being instructed to develop specific programs for these exchanges. The resulting programs will be reviewed by the leaders at their next meeting.

Fusion Research

The two leaders emphasized the potential importance of the work aimed at utilizing controlled thermonuclear fusion for peaceful purposes and, in this connection, advocated the widest practicable development of international cooperation in obtaining this source of energy, which is essentially inexhaustible, for the benefit for all mankind.

录自: "Joint Soviet-United States Statement on the Summit Meeting in Geneva," November 21, 1985, reproduced from National Center for Public Policy, available https://www.presidency.ucsb.edu/documents/joint-soviet-united-states-statement-the-summit-meeting-geneva.

[历史背景介绍]

1979年苏联入侵阿富汗，美苏对抗加剧。美苏关系在经历了20世纪70

年代的缓和之后，进入所谓的"第二次冷战"（1979—1985）。1981年1月，共和党保守派里根入主白宫，实施对苏强硬政策。在其第一任期内，宣布"星球大战计划"（即"战略防御计划"），试图通过军备竞赛拖垮苏联。但里根也认识到，要解决超级大国之间的问题，比如裁减军备特别是战略核武器，他必须与苏联领导人接触和谈判。1985年3月，戈尔巴乔夫就任苏共中央总书记，成为苏联最高领导人，实施改革与新思维，试图改善与其他国家的关系。在此之前，苏联军方一直认为要赢得假想中的核战争，必须拥有大量的核武器。戈尔巴乔夫接受共同安全（common security）的理念，其核心思想是"一个国家只有在与竞争对手合作而不是对抗中才能得到安全"。这样，到了1985年，美苏两国有了共同目标，就是要裁减核军备，尽管他们对如何实现这个目标仍有严重分歧。[①]

　　同年11月，里根与戈尔巴乔夫在日内瓦举行美苏首脑会晤，这是美苏首脑1979年以来的第一次峰会。虽然双方在军控、人权及第三世界的冲突等问题上并没有达成任何实质性的协议，但是实现了一个目标，那就是双方开始建立起互信，承诺定期举行峰会并约定互访对方国家。日内瓦首脑峰会成为美苏关系缓和的转折点，而这主要是建立在里根和戈尔巴乔夫之间建立的互信。出席美苏日内瓦峰会的美国国务卿乔治·舒尔茨在1993年出版的回忆录是这样记载里根与戈尔巴乔夫在峰会期间的互动的："个人之间的默契是明显的。他们对对方的态度是轻松自如的，整个峰会期间充满微笑和使命感。"[②] 这种互信以及双方共同希望实现最终和平销毁核武器的目标，为日内瓦首脑峰会签署联合声明奠定了基础。联合声明尽管没有达成正式裁减核军备的协议，双方宣布"核战争是没有赢家的，因此千万不要打核战争"。声明同时倡导在核聚变领域"最大限度地发展国际合作以便为人类的福祉获得一种永远用不完的能源"。通过这次会晤，里根得出的结论是：戈尔巴乔

---

① American Heritage Foundation, "Reagan and Gorbachev: The Geneva Summit", July 26, 2018, https://ahf.nuclearmuseum.org/ahf/history/reagan-and-gorbachev-geneva-summit/.
② George Shultz, *Turmoil and Triumph: My Years as Secretary of State*, New York: Charles Scribner's Sons, 1993, p.606.

夫是一个"不同类型"的苏联领导人，与他的前任们相比不那么僵化，有可能与他达成"一些实质性的协议"。①之前，戈尔巴乔夫对里根也有较多的疑虑，但通过与里根会谈，他确信里根至少愿意在平等和相互尊重的基础上进行对话。戈尔巴乔夫认为，日内瓦峰会"给苏美关系、世界局势注入了某种稳定因素"。②之后，从1986年到1989年初里根离任，里根与戈尔巴乔夫又举行了四次首脑会晤，美苏关系急剧升温，冷战对抗日益缓和。1988年12月，里根宣布冷战终结。

[史家争鸣]

学界普遍认为，1985年11月苏美日内瓦峰会是两个超级大国关系缓和、冷战和平终结的起点。争论的焦点：冷战终结是里根还是戈尔巴乔夫的贡献更大？被《纽约时报》誉为"冷战史学泰斗"的耶鲁大学约翰·加迪斯教授断言西方赢得了冷战胜利，他成为"里根胜利派"的主要代表。他极为推崇里根，认为里根在1976年至1984年间有一个和平结束冷战的大战略。他在2005年出版的《冷战：一部新历史》中称里根是"美国多年以来少见的机敏能干的政治家"。在2005年修订再版的已成为冷战研究经典著作的《遏制战略》一书中，加迪斯明确提出"里根入主白宫之时就有一套明确的挽救遏制战略的想法"，目的是实现凯南"要么使苏联分裂、要么使苏联逐渐软化下来的政策，而这些想法主要是他自己形成的"。③美国著名外交史家梅尔文·莱弗勒教授在2009年发表的一篇论文中则指出，"里根并没有一个赢得

---

① Hal Brands, *What Good is Grand Strategy?: Power and Purpose in American Statecraft from Harry S. Truman to George W. Bush*, Ithaca: Cornell University Press, 2014, p.131; Steven F. Hayward, *The Age of Reagan: The Conservative Counterrevolution, 1980–1989*, Crown Forum, 2009, pp.460–461.

② Anatoly Dobrynin, *In Confidence: Moscow's Ambassador to America's Six Cold War Presidents*, New York: Random House, 1995, pp.592–593.

③ John L. Gaddis, *The Cold War: A New History*, New York: The Penguin Press, 2005, p.217; John L. Gaddis, *Strategies of Containment: A Critical Appraisal of American National Security Policy During the Cold War* (Revised and updated edition), New York: Oxford University Press, 2005, p.353.

冷战的大战略。他的政策实际上是非常矛盾的"。① 美国国家安全档案馆高级研究员约翰·普拉多斯在2011年出版的著作中甚至说，将里根描绘成一位大战略家是蓄意歪曲事实。②

曾经是加迪斯教授在耶鲁大学大战略研讨班的学员、现任约翰·霍普金斯大学基辛格讲座教授、美国大战略研究学者哈尔·布兰茨教授与以上学者的观点有较大不同，他论证道，"从外表看，里根总统任职初期，并没有形成大战略"，③ 但是"里根的大战略，在1982年和1983年出台的总统决策指令中有明确的阐述，目的是充分利用美国对莫斯科的优势，扭转冷战对抗的局势，之后再重新建立新型的超级大国关系"。④ 这个大战略在1985年戈尔巴乔夫就任苏联最高领导人之后逐渐发挥作用。⑤ 布兰茨认为里根确实有一个成功结束冷战的大战略。

美国长岛大学夏亚峰教授认为，里根在1981年1月至1989年1月担任总统的八年间，有个一以贯之的大战略。这个大战略双轨并进，一是"以实力求和平"，确立美国的实力优势地位；二是"静默外交"（quiet diplomacy），通过低调谈判，解决两个超级大国之间复杂而敏感的问题。⑥ 里根对苏联"静默外交"的真正起点就是日内瓦美苏首脑峰会。

2018年，莱弗勒教授又发文指出，里根寻求与苏联人对话以便结束冷战，最终使得美国在冷战中胜出。在此过程中，里根的情商比重振美国军备更重要；他在美国国内获得的政治信度和支持比他对外发动的意识形态攻势更重要；他的执着、和蔼比他的疑心更重要。他与戈尔巴乔夫共同寻求结束核军备竞赛以及为避免导致人类毁灭的核战争爆发的努力最终导致苏联的解

① 梅尔文·莱弗勒：《美国赢得冷战的大战略》，载于牛军主编：《战略的魔咒：冷战时期的美国大战略》，上海：上海人民出版社，2009年版，第9页。

② John Prados, *How the Cold War Ended: Debating and Doing History*, Washington: Potomac Books, 2011, p.178.

③ Hal Brands, *What Good is Grand Strategy?*: *Power and Purpose in American Statecraft from Harry S. Truman to George W. Bush,* Ithaca: Cornell University Press, 2014, p.110.

④ Hal Brands, *What Good is Grand Strategy?* p.103.

⑤ Hal Brands, *What Good is Grand Strategy?* pp.126–127.

⑥ 夏亚峰：《里根政府的冷战战略及其后果》，《历史研究》2022年第1期，第187页。

体和冷战和平终结。戈尔巴乔夫发挥了主导作用，里根的作用是次要的。[①]

文安立现任耶鲁大学历史系讲座教授，是继加迪斯之后当今最有影响力的冷战史专家，他的研究特别注重冷战对第三世界的影响。[②] 文安立并不排斥美国赢得冷战的观点，但他强调资本主义制度从19世纪开始显现的全球化及其改变世界的功效在20世纪70年代之后更为强化，从而决定了冷战发展的历史进程和结局。美国赢得冷战是因为美国恰巧站在这一历史进程的获胜一方。换言之，西方赢得冷战，并不是西方意识形态和制度的优势，而是西方制度所带来的巨大的生产力和物质财富的优势，决定了西方意识形态在这场冲突中胜出。他认为戈尔巴乔夫对结束东西方冷战所起的作用比里根要大。同时，美国在当时也愿意与苏联通过谈判来结束冷战。他在《冷战：一部世界史》结论部分写道："说美国赢得了冷战胜利，我认为确实是这样。说苏联或者说俄国输掉了冷战，而且输得很惨，这也是事实。"[③]

[思考题]

1. 为什么里根在宣布苏联为"邪恶帝国"两年多之后决定与苏联领导人举行峰会？

2. 1985年11月的美苏日内瓦首脑会晤取得哪些实质性成果？

3. 戈尔巴乔夫决定与里根举行峰会并签署联合声明，他希望达到什么目的？

4. 苏美日内瓦峰会联合声明有何历史意义？

（夏亚峰　编）

---

① Melvyn Leffler, "Ronald Reagan and the Cold War: What Mattered Most," *Texas National Security Review*, Vol. 1, Issue 3 (May 2018), pp.76-89.

② 参见 O. Arne Westad, *The Global Cold War: Third World Interventions and the Making of Our Times,* New York: Cambridge University Press, 2005.

③ O. Arne Westad, *The Cold War: A World History*, New York: Basic Books, 2017, p.621.

179

美苏雷克雅未克首脑会晤

（1986年10月11日）
（美苏雷克雅未克首脑会晤第一次会议纪要）

Memorandum of Conversation, Reagan—Gorbachev, First Meeting, Reykjavik, 10 : 40 a.m. — 12 : 30 p.m., October 11, 1986

After exchanging greetings, R. Reagan and M. Gorbachev agree on the order of conducting the meeting.

[Reagan] I have been impatiently awaiting this meeting. In the organizational plan, it would evidently be expedient to devote part of the time to talks held one-on-one, and part of the time — to the exchange of opinions in the presence of the ministers of foreign affairs. Is this procedure acceptable to you ?

[Gorbachev] Yes, I agree with this. As a matter of fact, that is what we had in mind when we proposed the meeting.

[Reagan] With what problems shall we begin our discussion? It seems to me that we have an entire series of problems which were left without adequate discussion at our meeting in Geneva, as well as questions which have arisen since that time. I am referring to the problem of intermediate range weapons, space, and agreements on ABM [anti-ballistic missile] defense, as well as proposals on strategic weapons which were discussed by our delegations at the talks in Geneva.

I am proceeding from the fact that both our sides have expressed the desire to rid the world of ballistic missiles and of nuclear missiles in general. The world is impatiently awaiting an answer from us on the question of whether it is possible to realize this desire.

[Gorbachev] Mr. President, I believe that it would make sense to first conduct a brief exchange of opinions on the situation in the world which has prompted us to appeal to you with the proposal of an urgent meeting, and then I would like to present to you the specific ideas with which we have come to this meeting. I believe that it would be beneficial to invite E.A. Shevardnadze and G. Shultz to that part of our discussion when I will present the specific proposals. Obviously, we will be ready to discuss all questions which the American side feels necessary to raise.

What you have said in regard to the topics of the discussion coincides with our feelings about what questions are expedient to discuss at a personal meeting of the leaders. I can assure you that we have much to say on the problematics of arms limitation and disarmament. At our subsequent meetings, as I understood from the speech you gave prior to your departure for Reykjavik, we will also touch upon other questions — regional, humanitarian, and bilateral, which are the subject of concern for both your country and ours.

[Reagan] I would like to add that, in my opinion, we really will have to talk about human rights. Unlike other questions which we have cited, this problem will not be the subject of official agreements between us. However, it has a great influence on how far we can go in cooperation with the Soviet Union in view of our public opinion. I already told you in Geneva, and I will repeat now, that human rights, and specifically questions of exit from the Soviet Union, are ever present in appeals to me. And if we are unable to resolve these problems in a satisfactory manner, then this will also affect other questions in the sense that the community will not give the American government credit for implementing possible agreements, if we do not convince the Soviet side to agree to an easing of its position on human rights.

[Gorbachev] We will still talk about human rights. But now I would like to express in principle form our general impression of what has happened in the world since the meeting in Geneva, what problems are the subject of concern of the Soviet Union and the USA. It is useful to compare our evaluations on this matter, and then to go on to specific problems of arms control and disarmament, including strategic arms, medium-range missiles, the ABM Treaty and the cessation of nuclear testing. On these questions I will speak out specifically, as we had agreed, in the presence of E.A. Shevardnadze and G. Schultz [sic].

[Reagan] Yes, I agree with your approach. I raised the topic of human rights only to remind you of those explanations which I gave on this topic in Geneva. We do not want to intervene in the domestic functions of your government. However, we believe it is important that you know the force of public opinion in the USA. We are a nation of immigrants. One out of every eight Americans has some relation with your country and your people. Just yesterday I received a letter from one of the senators, whose mother is Russian. I understand the force of the national spiritual tie, since I, as an Irishman, feel these ties myself, in this case with Ireland. Therefore, I see that all Americans are concerned about what is going on in that country which is bound to them with these ties. And it will be easier for us to conclude agreements on various questions under conditions when our public opinion is not aroused and is not angered by some events in the country of their cultural heritage. However, I agree that these problems become secondary in importance as compared with the problems of nuclear arms. They have worldwide significance, and the entire world awaits their decision from us.

[Gorbachev] Mr. President, in the spirit of our coordinated approach to the question of how to organize our meeting, I would like to make you aware of the evaluations given by the Soviet leadership, and by me personally, of the importance of the meeting in Reykjavik in connection with the situation in the world and the status of Soviet-American relations. Much is being said these days throughout the world about our meeting, and the most varied, even opposing, judgements [sic] are being expressed. But now, when we are sitting at this table and our meeting has begun, I am even more firmly convinced of the fact that the decision to hold it was a responsible step by both sides. First of all, our direct discussion signifies that Soviet-American dialogue continues. Although it is proceeding with difficulty, not as our peoples and the entire world would like, nevertheless it is continuing. And this in itself already justifies the trip to Reykjavik. Some people — and there are quite a few of them — believe that the Reykjavik meetings are associated with certain personal ambitions of the participants. I am in categorical disagreement with this and refute it. The meeting is a testimony to our responsibility to the respective peoples of our countries and the entire world. After all, much in the world really does depend on our two countries, and on the quality of relations between them and their leaders.

[Reagan] I have already told you that I believe our situation to be unique. Here we are, the two of us, sitting together in a room, and we may resolve the question of whether there will be peace or war in the world. We both want peace, but how to achieve it, how to strengthen trust and reduce mutual suspicion between our two peoples !

[Gorbachev] That was my second thought, and I would like to develop it, supporting in principle what you have said. After Geneva, we put a complex and expansive mechanism of Soviet-American dialogue into motion. In this time, the mechanism of our dialogue has been disrupted several times, it has suffered many bumps and bruises, but on the whole it is moving ahead, and the movement is taking on force. This is a positive result. However, on the main questions which concern both sides — how to eliminate the nuclear threat, how to utilize the beneficial impulse of Geneva, how to reach specific agreements — there is no movement, and this concerns us somewhat. Many words have been said regarding these problems. They have been discussed in detail and are being discussed at the negotiations on YaKV [editor's note: reference is made here to the Soviet-American talks in Geneva on nuclear-space arms]. However, these talks have practically come to a standstill. How can we give a different evaluation when at these talks there are 50–100 variants swimming around in the air, and we cannot see one or two which would really ensure the progress of the negotiations? Therefore, we have come to the conclusion that we need an urgent meeting with you, so as to give a strong impulse to this process and allow us to reach agreements which could be concluded during our next meeting in the USA.

[Reagan] I think exactly the same. As has been explained to me, there is an entire series of proposals on the negotiating table in Geneva. There was a proposal to limit nuclear missiles by 50 percent, to a limit of 4, 500 warheads. For you this turned out to be too low a threshold, and you proposed parameters of 6,400–6,800 warheads. For us this figure was too high, since it allows a threat of destruction to the entire world. We proposed an intermediate solution, a middle figure between these two indicators, i.e., 5,500 nuclear weapons, keeping in mind the fact that our goal remains the total elimination of strategic nuclear missiles.

[Gorbachev] I would like to make clear to you and to the U.S. government the thought that we want such solutions to the problem of arms limitation and are approaching our proposals which I will present today in such a way that the reduction in nuclear arms would consider to an equal degree the interests of both the USA and the Soviet Union. If in our proposals we considered only our own interests, and thereby gave reason to suspect that we were seeking roundabout means of attaining military supremacy, this would not stimulate the American side to seek agreement, and could not be the basis of agreement. Therefore, I would like to precisely, firmly and clearly announce that we are in favor of such a solution to the problem which would ultimately provide for complete liquidation of nuclear weapons and would ensure equality and equal security of the USA and the Soviet Union at all stages of movement toward this goal. Any other approach would be unintelligible, unrealistic, and inadmissible. We would hope that the USA would act in the same way.

[Reagan] We have exactly the same feelings. A difficult question here is verification and control over the fulfillment of the assumed responsibilities for arms reduction. There is a Russian proverb to this effect: Trust, but verify. At our previous talks, we expressed optimism regarding the reduction of intermediate-range nuclear missiles in Europe. I am referring to the total elimination of this class of weapons. The participants in the negotiations cite a number of other questions where progress is possible, specifically strategic arms. Yet in all these questions we need verification and control over fulfillment of the agreed-upon responsibilities. If we are able to achieve this, then the entire world will welcome such an outcome.

[Gorbachev] I will not object here. We have a clear position in favor of effective control over fulfillment of disarmament agreements. Today, when we have supposedly come to that stage when the process of developing specific agreements may begin, it is rather important for us to ensure effective and reliable control within the framework of such agreement. If we do not have this, then I do not think that we will be able to ensure tranquility and a peaceful situation for our peoples. We are ready to go together with you as far in questions of control as our confidence in fulfillment of responsibilities under the agreements will permit. I am prepared to speak out more specifically later, when we invite our ministers. But now I would like to say a few words about the future meeting in the USA. We view Reykjavik as a step along the path to this meeting.

[Reagan] Our meeting has been called a "base camp" on the way to Washington.

[Gorbachev] Yes, and they added that it was located halfway. After all, Reykjavik is located almost exactly halfway between Moscow and Washington.

[Reagan] When I agreed to your proposal regarding the meeting, I did not measure the geographical distance. It just seemed to me that London was not quite a suitable place for a meeting of the format and character which you proposed. It is too large a city, with too many distractions, but here we can discuss everything calmly. By the way, can we talk about the date of your visit to Washington? Are you going to give your suggestions, or should I name a date ?

[Gorbachev] I will complete my thought. I have already spoken publicly and indicated in correspondence with you that both our countries must be interested in the effectiveness of my visit to the USA. We agree that this meeting must lead to tangible achievements on cardinally important problems of limiting the arms race which worry the Americans, the Soviet people, and other peoples. You and I cannot allow the upcoming meeting to fail in this sense. It would be a very serious blow. People would begin to ask what kind of politicians these are who meet with each other, pronounce many words, talk for hours, hold one, two, three meetings, and still cannot agree on anything. This would be a scandalous outcome, with consequences which would be difficult to predict. It would evoke disappointment throughout the entire world. The meeting in Reykjavik, we are convinced, must create the prerequisites for the fact that during my visit to the USA we will be able to work out and sign agreements on problems of arms limitation. This would give it a significant result. But for this we must compare our points of view on these problems today and tomorrow, outline the means of their resolution, coordinate the assignments given to our ministers of foreign affairs and other representatives, and define the volume of work, and already with consideration of all this determine when it would be most expedient to conduct my visit to the USA.

[Reagan] One other problem which I have not mentioned. If we come to an agreement regarding the number of strategic missiles, then we will have to agree at the same time on their maximal throw-weight. After all, it would hardly make sense to establish some limit on the number of missiles and open the possibility for the parties to have only heavy missiles within the framework of this limit. This would not reduce the destructive force of nuclear missiles, and we do not agree to this. We must, within the framework of an intermediate decision, agree also on the throw-weight, obviously keeping in mind the ultimate goal of total elimination of nuclear weapons.

[Gorbachev] I will answer that question for you. But now, if you do not object, we will invite Mr. Schultz [sic] and E. A. Shevardnadze.

The discussion was further continued in the presence of the USSR Minister of Foreign Affairs and the U.S. Secretary of State.

Reagan briefly informs his [sic] both ministers about the content of the discussion which had been held, and gives the floor to M. S. Gorbachev.

[Gorbachev] I will begin the presentation of our proposals.

Our parties are in agreement that the principle question of international policy of the two countries is the recognition of complete elimination of nuclear weapons as our mutual goal. This is logically tied with our agreement in Geneva regarding the fact that nuclear war is inadmissible and impossible. How do we understand the movement toward this goal? Our approach was presented in my announcement of 15 January 1986. Your side also made corresponding official announcements. I would like to confirm our point of view regarding the fact that we should move toward this goal in stages, ensuring at each stage equal security for both sides. We expect that the USA will act in the same manner. Such an approach is once again organically tied with our agreement in Geneva regarding the fact that not one of the parties should strive to achieve military supremacy over the other.

I will present our proposals on strategic offensive arms. Both we and the USA have presented proposals on a 50 percent reduction of SOA. We spoke of this also at the meeting in Geneva. However, since that time, many variants have passed across the negotiation table. I would like to confirm now that the Soviet leadership is interested specifically in deep, 50 percent, reductions in SOA — and no less. The year which has elapsed since Geneva has convinced us of the fact that the world awaits from the USSR and the USA not merely insignificant, but specifically deep reductions in SOA. We are proposing now, as opposed to our previous proposal of a 50 percent reduction in arms which can reach each other's territory, to agree on the reduction only of SOA. We are leaving aside intermediate range missiles and U.S. forward basing means. Here we consider the point of view of the USA, and are making a great concession to it. Since strategic arms comprise the basis of the nuclear arsenals of both sides, we believe that their reduction must be performed with the constant retention of equality or parity. We are proceeding from the fact that both the USSR and the USA will agree with the fact that the reductions must consider the historically formulated peculiarities in the structure of the nuclear forces of each of the parties.

With 50 percent reductions, we are ready to take into account the concerns of the USA regarding heavy missiles and also intend to significantly reduce our weapons of this type. I emphasize — significantly, and not cosmetically. However, we also expect that the USA will also show similar attention toward the concerns of the USSR. I will illustrate this with the following example. The USA has 6,500 nuclear warheads on submarines deployed throughout the world, which present a great problem in terms of verification and control. Of these, 800 are warheads with MRV (multiple reentry vehicles). We also know the accuracy of the American missiles, both ground and submarine based. We hope that the USA will meet the Soviet Union halfway on this point.

Medium-range missiles [IRBM]. We have spoken much about them, much is being said about them throughout the world, and various predictions are being made. The Soviet leadership has once again analyzed this problem from all sides.

We have considered the situation in Western Europe, the opinion of the governments and the community of these countries, and decided that we must approach this problem from the broadest positions, naturally considering both our interests, the interests of our allies, and the interests of the USA. Based on this, we propose the complete elimination of USSR and USA missiles of this class in Europe. We are agreeing to a great concession — withdrawing the question of the nuclear forces of England and France. I think you understand what a great new step we are now taking: After all, the nuclear potentials of these countries continue to grow quantitatively and qualitatively. Yet we are ready to seek a compromise solution and are even agreeing to considerable risk for this sake. We would hope that the USA, acting in the spirit of compromise, would agree to make some concessions to us, and considering the major concession which we have made, would withdraw the question of the Soviet medium-range missiles in Asia, or would at least agree to begin talks on nuclear arms — Soviet and American — in Asia.

Within the framework of this problem, we are ready to resolve the question also of missiles with a range of less than 1,000 km. We are ready to freeze their numbers and to begin negotiations on these missiles. This is how our proposals on nuclear arms appear. We would hope that the American leadership will duly evaluate our broad compromise approach.

The third question consists of the problems of ABM defense and banning of nuclear testing. I believe that for us the assurance of preserving a timeless ABM Treaty, the clearly designated term for non-exercising [sic] the right of withdrawal from the treaty, would have the goal of strengthening the conditions of the ABM Treaty as a foundation on which we could resolve the problems of nuclear disarmament as a whole. Here we propose coming to an agreement on a compromise basis. We are adopting the American approach, which provides for the basic term of non-exercizing [sic] the right of withdrawal from the treaty and the term of conducting negotiations, and are proposing to define the joint term of full and strict adherence to all points of the ABM Treaty. Here it is important to ensure mutual understanding of the fact that developments and testing in the sphere of SDI would be allowed within the confines of laboratories, with prohibition of outside-of-laboratory testing of means intended for space-based destruction of objects in space and on Earth. Obviously, this would not entail a prohibition on testing permitted under the ABM Treaty, i.e., testing of stationery ground-based systems and their components.

In regard to the term of non-exercising the right to withdraw from the treaty, different figures were quoted by both sides. We are proposing as a compromise variant a rather long time — 10 years and no less, and then we would have, say, 3–5 years to decide what to do further on this problem.

One other aspect. Logically stemming from the need for preserving the ABM Treaty which has been acknowledged [sic] by both sides is also the need to prohibit anti-satellite means. After all, it is clear to you and to us that if this were not done, then in the course of creating anti-satellite means it would be possible also to develop anti-missile weapons. Therefore, it is prudent to reach mutually acceptable agreements on the prohibition of anti-satellite means and to cut off this channel.

On the problem of nuclear testing. We have pondered this question at length and from all sides. Perhaps in some degree it is understandable that until the parties agree to broad measures for reducing the strategic potential, their nuclear weapons, one of the sides might still have doubts as to the expediency of total cessation of nuclear testing. However, today in the context of the proposals which I have presented, such doubts must be cast aside. Therefore, it is expedient to agree on the full and final prohibition of nuclear testing. As we know, we have had negotiations on this question. We propose to renew them on a bilateral or trilateral (with the participation of Great Britain) basis. Obviously, as long as the negotiations are going on, the parties may act at their discretion. But in the course of the negotiations, as we understand, questions of control, of reducing [sic] the energy yield thresholds of the blasts, of reducing their number, and of the agreements of 1974 and 1976 could be reviewed. The start of negotiations on the total and general prohibition of nuclear testing would create good prerequisites for the rapid development of an agreement on strategic arms.

This, Mr. President, is the packet of our proposals on all the basic aspects of reducing nuclear weapons. I propose that you and I, here in Reykjavik, give directives to our appropriate departments — the ministries of foreign affairs and others — for the joint development of agreements which we could coordinate and sign during my visit to Washington.

In this context, I would like to emphasize once again that the Soviet Union is interested in the effective and reliable control over measures for disarmament, and is ready to implement it by any means needed, and by means of on-site inspections. We are awaiting such an approach also from the United States.

I have spoken here of some very serious things, and in order to avoid any ambiguity, I would like to give you an English translation of the standard text of what I have said.

[Reagan] We are very encouraged by what you have presented here. Of course, I also noted certain divergences in our positions as concerns strategic and intermediate-range missiles. For example, in our position, reaching the zero point on intermediate-range missiles in Europe also requires the reduction of Soviet missiles in Asia, which may be aimed at Europe under conditions when the USA no longer has any means of deterrence there. Such a situation is not suitable to us. We propose the reduction of Soviet missiles in Asia, or instead of zero — the reduction of Soviet and American missiles in Europe to 100 units, so that the USA would still have a means of deterrence. On strategic arms, we want to attain reduction of this class of weapons to zero. And here I would like to draw a line to the ABM Treaty. As I already said in Geneva, we viewed SDI as an idea having significance only under conditions of liquidation of strategic weapons. Therefore, we are proposing to you, at the same time as reduction in the number of these arms, to sign an agreement which would replace the ABM Treaty. This agreement would provide for both sides to conduct research in the sphere of defensive arms within the framework of laboratory testing permitted by the ABM Treaty. However, when either of the sides approaches the limits, going outside the framework of the ABM, then the tests could be conducted in the presence of the other party. If, for example, we were the first to reach this boundary, then we would invite you to observe the testing of such systems. And if the tests showed the possibility and practical expediency of creating a defensive system, then this agreement would obligate us to share this system with the other side. In exchange, the parties would promise to fully liquidate strategic arms, and within a period of 2–3 years would agree in the course of negotiations on such a system of mutual use of such systems. The reason for such an approach consists of the fact that each of the sides will retain the capacity for production of offensive weapons: After all, we had it before, and we need a guarantee that no one will create it anew, whether this be either of our two sides or some maniac like Hitler, who will want to create offensive weapons. We will need a defense against this.

And we propose to protect ourselves once and for all against the rebirth of strategic [sic] arms in the world, and on this basis to build our future for many years.

[Gorbachev] Let me react briefly to your comments. First of all, we view your statements as being preliminary. I have just presented entirely new proposals, and they have not yet been discussed at any negotiations. Therefore, I ask you to give them proper attention and to express your reaction later. Secondly, what you have said is on the same level and in the same plane as what the American participants in the negotiations in Geneva say. We value the efforts of experts on the detailed development of questions, but they have not moved matters ahead. We need a new input, a new impulse. We want to create it with our proposals. But how is the American side acting? We are proposing to accept the American "zero" in Europe and to sit down at the negotiating table on Asia within the framework of the medium-range missile problem, while you are retreating from your former position. We do not understand this. In regard to ABM defense. We are proposing to retain and strengthen this fundamentally important agreement, while you propose rejecting it and destroying the mechanism which creates the basis for strategic stability. We do not understand this. About SDI. You need not worry. We have gotten to the bottom of this question, and if the USA creates a three-level system of ABM defense, we will find an answer. We are not concerned by this, but rather by the fact that SDI would mean a transfer of the arms race to a new environment, its elevation to a new stage, the creation of new types of weapons which would destabilize the strategic situation in the world. If that is the goal of the USA, then we can still understand its position. But if it wants stronger security for its people and for the entire world, then its position contradicts that goal and is directly dangerous.

Concluding my reaction to your comments, I would like to express the hope that you, Mr. President, will carefully review our proposals and give an answer, point by point, on what you agree with, what you do not agree with, and what disturbs you.

[Reagan] We will continue our discussion of these questions in the second half of the day. For now I will make only one comment. If we were to propose studies in the sphere of strategic defensive systems under conditions where we would reject the reduction of offensive weapons, we could be accused of creating a cover for a first strike. But our position is not such. We propose the rejection of offensive strategic systems. The agreement which I have proposed would prohibit us from expanding a strategic defensive system until we reduced offensive arms. This system would be our protection and yours in case of unforeseen situations, a sort of gas mask. After all, when the use of chemical weapons was prohibited after World War I, we did not reject gas masks. They were the guarantee of our protection against such a weapon in case someone decided to use it. And the methods of creating such a weapon are known. It is exactly the same with offensive strategic weapons. We need a gas mask here. But we can discuss this in more detail at the next meeting.

[Gorbachev] Alright. We will continue the discussion in the same complement.

录自：FBIS-USR-93-061, 17 May 1993. Transcript of Reagan-Gorbachev Summit in Reykjavik. 93WC0065A Moscow MIROVAYA EKONOMIKA I MEZHDUNARODNYYE OTNOSHENIYA in *Russian*, No. 4, Apr 93, pp.79–86.

[历史背景介绍]

美苏两国在日内瓦峰会上并没有达成削减核武器协定。进入1986年之后，戈尔巴乔夫急切希望通过裁减军备来减少国防开支。1月14日，戈尔巴乔夫致函里根，倡议到1999年年底全部销毁核武器。[①] 他对同事们说，"如果我们不在一些具体的甚至是重要的问题方面做出让步，我们最终会输得很惨"。促使他下决心与美国谈判裁减核武器的另外一个原因是1986年4月26日在苏联乌克兰首府基辅附近发生的切尔诺贝利（Chernobyl）核反应堆爆炸事故。在他看来，这次灾难显示了"核战争可能是什么样子"。[②] 直到1986年夏天，美方对戈尔巴乔夫的倡议反应都是比较冷淡，美苏两国裁减军备谈判也陷入窘境，毫无进展。有鉴于此，戈尔巴乔夫便提出在同年秋与里根再举行一次首脑会晤，里根很快便同意了。

美苏关系的缓和在1986年10月的雷克雅未克首脑会晤时得以延续。然

---

① 参见 Svetlana Savranskaya and Thomas Blanton, eds., *The Last Superpower Summits: Gorbachev, Reagan and Bush: Conversation that Ended the Cold War*, Budapest and New York: Central European University Press, 2016, p.138。

② 参见 Anatoly C. Chernyaev, *My Six Years with Gorbachev*, University Park: Penn State University Press, 2000, pp.83–84; Vladislav Zubok, A *Failed Empire: The Soviet Union in the Cold War: From Stalin to Gorbachev*, Chapel Hill: The University of North Carolina Press, 2nd edition, 2009, p.288。

而，美苏两国代表团来冰岛出席这次会议的目的迥然不同。美方希望通过这次会晤，营造超级大国关系继续缓和的气氛，提升里根总统在国内的支持率。当时美国民众对里根总统和共和党颇为不满，民主党在11月国会选举之后很可能将赢得对参议院的控制。里根明确告诉戈尔巴乔夫：这次会晤是即将在1987年举行的华盛顿峰会的彩排，是通向华盛顿峰会的"大本营"。①苏联方面是带着具体的提案和准备要做的让步来到雷克雅未克，有更多的考虑和期待。在雷克雅未克首脑会晤第一次会议上，戈尔巴乔夫提出更为大胆的设想，准备对美方做出重大让步：削减50%战略进攻武器，包括苏联占绝对优势的重型导弹但同时允许美国将短程导弹和核武器留在前沿基地；双方立即销毁除英、法两国核力量之外在欧洲的中程导弹；双方保证在10年内（苏联原先的立场是15年，里根7月25日提出7.5年的方案）不退出1972年签署的《限制反弹道导弹防御系统条约》，美国将"战略防御计划"限制在实验室或仅仅为地面控制系统（不发展到太空）；禁止反卫星系统；通过谈判实现全面禁止核试验。在随后的会议上，里根则提出在今后10年内销毁所有具有进攻性的弹道导弹。戈尔巴乔夫又进一步提出销毁所有战略武器，两位领导人甚至提议要销毁全部核武器。可惜，这些提议都未落实，因为戈尔巴乔夫的所有出价都是建立在里根约束"战略防御计划"（即"星球大战计划"）的前提之下的（即将其限制在实验室），但这是里根无法接受的条件。②出席美苏雷克雅未克首脑会晤的美国军控署负责人肯尼思·阿德尔曼（Kenneth Adelman）承认，美国代表团"空手来到会上，没有可以给予对方的东西，也不准备给对方任何东西。当苏联人把一件件'礼物'打开时，我

① 参见 Svetlana Savranskaya and Thomas Blanton, eds., *The Last Superpower Summits: Gorbachev, Reagan and Bush: Conversation that Ended the Cold War*, p.170。

② Svetlana Savranskaya and Thomas Blanton, eds., *The Last Superpower Summits: Gorbachev, Reagan and Bush: Conversation that Ended the Cold War*, p.170; Hal Brands, *What Good is Grand Strategy?: Power and Purpose in American Statecraft from Harry S. Truman to George W. Bush,* Ithaca: Cornell University Press, 2014, p.132; Ronald Reagan, *An American Life*, New York: Simon & Schuster, 1990, pp.675-679; George Shultz, *Triumph and Turmoil: My Years as Secretary of State,* New York: Charles Scribner's Sons, 1993, pp.757-773.

们只是呆呆地坐在那里"。①

　　尽管双方在雷克雅未克会晤期间没有达成任何裁军协议，但美苏两个超级大国能开诚布公地讨论销毁各自拥有的全部核武器这件事本身，充分说明双方已经建立起一定的互信。里根明确表示，"我们对苏联毫无恶意。我们认识到我们两国制度方面的差异，但是我们可以作为友好的竞争者而共存"。②戈尔巴乔夫也认为通过这次会谈，确认里根不是那种会对苏联发动进攻的战争狂人，而是一位有远见的领导人，和他一样厌恶军备竞赛。他告诉政治局的同事们，"雷克雅未克首脑会晤之后，我们与美国人相互理解达到了一个新的高度"。③苏联驻美国大使多勃雷宁的回忆录中也说，此时戈尔巴乔夫"坚信他可以而且一定会与里根合作"。④

[史家争鸣]

　　戈尔巴乔夫在他的俄文版回忆录中将雷克雅未克称为"莎士比亚似的激情"，将其与切尔诺贝利核反应堆爆炸事故相提并论。他认为这两件事加在一起动摇了二战后建立起来的国际体系的基础。他把雷克雅未克会晤看成是"一次重大突破，最终会到达大规模控制军备目的的新起点"。他确信，在销毁全部核武器问题上，里根是真诚的。⑤里根后来根据听众的不同，对雷克雅未克首脑会晤给出了两个不同的解读。其一，强调他拒绝在"战略防御计划"问题上对戈尔巴乔夫让步（他在日记中是这样记录的，在竞选过程中对保守派也是如是说）；⑥其二，回避失败的责任，宣称，"雷克雅未克会晤

---

①　Kenneth Adelman, *The Great Universal Embrace: Arms Summitry — A Skeptic's Account*, New York: Simon & Schuster, 1989, p.55.

②　Hal Brands, *What Good is Grand Strategy?* p.131.

③　Svetlana Savranskaya and Thomas Blanton, eds., *The Last Superpower Summits: Gorbachev, Reagan and Bush: Conversation that Ended the Cold War*, p.133.

④　Anatoly Dobrynin, *In Confidence: Moscow's Ambassador to America's Six Cold War Presidents*, New York: Random House, 1995, p.610.

⑤　转引自 Svetlana Savranskaya and Thomas Blanton, eds., *The Last Superpower Summits: Gorbachev, Reagan and Bush: Conversation that Ended the Cold War*, pp.123-133.

⑥　Frances FitzGerald, *Way Out There in the Blue: Reagan, Star Wars, and the End of the Cold War*, New York: Simon & Schuster, 2001, p.350.

的重要意义不在于我们没有能签署协议；她的重要性在于我们（在销毁核武器）问题方面已经走得很近。这方面的进展在会晤之前的几个月是不可想象的"。①

出席美苏雷克雅未克首脑会晤的美国国务卿乔治·舒尔茨（George Shultz）在1993年出版的回忆录中是这样评价这次会晤的："在世人眼里，雷克雅未克成为'峰会'一词的象征。"② 里根政府国家安全委员会主管苏联事务的官员杰克·马特洛克（Jack Matlock）也是这次首脑会晤的参与者和当事人，他认为雷克雅未克会晤对戈尔巴乔夫的持久影响是他与里根全部销毁核武器思想的互动和共鸣。他坚信，"这次会晤所做到并且具有重要意义的事情是使得戈尔巴乔夫相信里根真正希望结束军备竞赛"。③

然而，美国著名记者和历史学家弗朗西丝·菲茨杰拉德（Frances FitzGerald）则认为，雷克雅未克首脑会晤是"冷战历史上最匪夷所思的一次峰会"。④ 两个超级大国当时并没有准备将这次会议看作是一次峰会。当时的媒体报道也很对立。有的认为这是一次"不寻常的、具有深远意义的、探讨大规模裁减甚至销毁所有核武器的努力，是令人惊叹的一次未能抓住的、擦肩而过的好机会"。还有一些评论则认为，这次美苏首脑会晤"险象环生"。不管怎样，子孙后代都会把她看作是"历史性的侥幸脱险"。⑤

美国著名记者和作家孟捷慕（James Mann）断言，这次首脑会晤"使得双方都了解了对方所能做出的最大让步"。⑥ 被《纽约时报》誉为"冷战史学泰斗"的耶鲁大学约翰·加迪斯教授将雷克雅未克美苏首脑会晤看成是冷战的一个重要转折点，他的理由是："在这次会议期间，令他们的助手和盟国

---

① Raymond L. Garthoff, *The Great Transition: American-Soviet Relations and the End of the Cold War*, Washington: Brooking Institution Press,1994, p.290.

② George Shultz, *Turmoil and Triumph: My Years as Secretary of State*, p.752.

③ Jack Matlock, *Reagan and Gorbachev*, New York: Random House, 2004, p.242.

④ Frances FitzGerald, *Way Out There in the Blue: Reagan, Star Wars, and the End of the Cold War*, p.315.

⑤ Raymond L. Garthoff, *The Great Transition: American-Soviet Relations and the End of the Cold War*, pp.285-286.

⑥ James Mann, *The Rebellion of Ronald Reagan: A History of the End of the Cold War*, New York: Penguin Group, 2009, p.45.

惊愕不已的是美苏两国领导人发现他们有个共同的志趣，如果不在'战略防御计划'的技术方面，至少在销毁核武器的原则上。"[①]

美国胡佛研究所研究员亚伯拉罕·索费尔（Abraham D. Sofaer）曾于1985—1990年任美国国务院法律顾问，他在2006年发表《雷克雅未克的一项遗产：与敌人谈判》一文认为美苏雷克雅未克峰会为军控和外交留下重要经验教训。他写道，"有持续价值的经验教训是：虽然两国之间有严重分歧，两国领导人还是决定与对方接触；他们在处理与一个即使不是彻底的敌人、也是主要竞争对手的谈判时应对挑战的方式。"美苏双方这次会晤期间的互动为1987年12月8日美苏首脑华盛顿峰会上顺利签署《中导条约》（Intermediate-Range Nuclear Forces Treaty）和1991年签署的《削减战略武器条约》（Strategic Arms Reduction Treaty — START I）奠定了基础。[②]

[思考题]

1. 在1985年的日内瓦峰会期间，美苏两国领导人约定1986年在华盛顿、1987年在莫斯科举行峰会。是什么原因促使戈尔巴乔夫在1986年9月提出要与里根在同年秋举行一次会谈的？

2. 为什么美方决定要低调处理美苏首脑在雷克雅未克的会晤，坚持不把这次会晤看成是戈尔巴乔夫/里根第二次峰会？从会议的准备和礼仪上看，美方做了怎样的安排？

3. 戈尔巴乔夫在雷克雅未克峰会期间提出的销毁全部核武器的倡议为什么没有得到美方的认可？

4. 美苏雷克雅未克首脑会晤具有怎样的历史意义？

（夏亚峰　编）

---

① John L. Gaddis, *The Cold War: A New History*, New York: The Penguin Press, 2005, p.232.

② Abraham D. Sofaer, "A Legacy of Reykjavik: Negotiating with Enemies," in Sidney D. Drell & George P. Shultz, *Implications of the Reykjavik Summit on Its Twentieth Anniversary*, Stanford: Hoover Institution Press, 2007, p.127, p.139.

180

戈尔巴乔夫关于苏联从阿富汗撤军的演说

（1988年2月8日）
（戈尔巴乔夫关于苏联从阿富汗撤军的演说）

The military conflict in Afghanistan has been going on for a long time now. It is one of the most bitter and painful regional conflicts. Judging by everything, certain prerequisites have now emerged for its political settlement. In this context the Soviet leadership considers it necessary to set forth its view and to make its position totally clear ...

By now documents covering all aspects of a settlement have been almost fully worked out at the Geneva negotiations ...

So what remains to be done? To establish a time frame for the withdrawal of Soviet troops from Afghanistan that would be acceptable to all. Precisely that a time frame, since the fundamental political decision to withdraw Soviet troops from Afghanistan was adopted by us, in agreement with the Afghan leadership, some time ago, and announced at that same time ...

The question of the withdrawal of our troops from Afghanistan was raised at the 27th Congress of the Communist Party of the Soviet Union.

That was a reflection of our current political thinking, of our new, modern view of the world. We wanted thereby to reaffirm our commitment to the traditions of good-neighborliness, good will and mutual respect which trace back to Vladimir Lenin and the first Soviet-Afghan treaty in 1921. Progressive forces of Afghan society have understood and accepted our sincere desire for peace and tranquility between our two neighboring countries, which for several decades were showing an example of peaceful coexistence and mutually beneficial equitable cooperation.

Any armed conflict, including an internal one, can poison the atmosphere in an entire region and create a situation of anxiety and alarm for a country's neighbors, to say nothing of the suffering and losses among its own people. That is why we are against any armed conflicts. We know that the Afghan leadership, too, takes the same attitude.

It is well known that all of that has caused the Afghan leadership, headed by President Najibullah, to undertake a profound rethinking of political course, which has crystallized in the patriotic and realist policy of national reconciliation ...

Success of the policy of national reconciliation has already made it possible to begin withdrawing Soviet troops from portions of the Afghan territory. At present there are no Soviet troops in 13 Afghan provinces because armed clashes have ceased there ...

The Afghans themselves will decide the final status of their country among other nations. Most often it is being said that the future peaceful Afghanistan will be an independent, non-aligned and neutral state. Well, we would only be happy to have such a neighbor on our southern borders ...

And now about our boys, our soldiers in Afghanistan. They have been doing their duty honestly, performing acts of self-denial and heroism.

Our people profoundly respect those who were called to serve in Afghanistan. The state provides for them, as a matter of priority, good educational opportunities and a chance to get interesting, worthy work.

The memory of those who have died a hero's death in Afghanistan is sacred to us. It is the duty of party and Soviet authorities to make sure that their families and relatives are taken care of with concern, attention and kindness.

And, finally, when the Afghan knot is untied, it will have the most profound impact on other regional conflicts too.

Whereas the arms race, which we are working so hard and with some success to stop, is mankind's mad race to the abyss, regional conflicts are bleeding wounds which can result in gangrenous growth on the body of mankind.

The earth is literally spotted with such wounds. Each of them means pain not only for the nations directly involved but for all-whether in Afghanistan, in the Middle East, in connection with the Iran-Iraq war, in southern Africa, in Kampuchea, or in Central America.

Who gains from these conflicts? No one except the arms merchants and various reactionary expansionist circles who are used to exploiting and turning a profit on people's misfortunes and tragedies.

Implementing political settlement in Afghanistan will be an important rupture in the chain of regional conflicts.

Just as the agreement to eliminate intermediate and shorter range missiles is to be followed by a series of further major steps towards disarmament, with negotiations on them already underway or being planned, likewise behind the political settlement in Afghanistan already looms a question: which conflict will be settled next? And it is certain that more is to follow.

States and nations have sufficient reserves of responsibility, political will and determination to put an end to all regional conflicts within a few years. This is worth working for. The Soviet Union will spare no effort in this most important cause.

录自："Mikhail Gorbachev's Statement on Afghanistan," February 8, 1988, TASS, February 8, 1988, available in *Seventeen Moments in Soviet History,* February 8, 1988. 5-6. http://soviethistory.msu.edu/1985-2/the-afghans/the-afghans-texts/gorbachev-statement-on-afghanistan/.

[历史背景介绍]

　　1979年12月苏军入侵阿富汗是冷战时期苏联对第三世界干涉的高潮，引起国际社会的强烈批评和抗议。联合国安理会以104票赞成（18票反对）通过决议，抗议苏联入侵。美国总统卡特对苏联实施包括粮食在内的贸易禁运，并成功领导66国共同抵制1980年在莫斯科举行的夏季奥运会。苏联领导人很快意识到出兵阿富汗是一步臭棋，严重损害了苏联与其他国家的关系。

　　早在1983年初，巴基斯坦政府就开始与苏联人商讨体面退出阿富汗的策略。1985年3月，戈尔巴乔夫就任苏共中央总书记，成为苏联最高领导人。戈尔巴乔夫很早就认识到，苏联卷入阿富汗和其他地区冲突对莫斯科来说是负担，但他一直不愿意对此做出重大的政策调整，以一个失败者的身份从阿富汗撤军。到1986年，莫斯科便在寻求利用外交途径结束在阿富汗的战争。苏联提出的撤军条件包括三个方面：维持阿富汗内部稳定；容忍有限的外国对阿富汗的干涉；国际社会承认苏联支持的共产党政权阿富汗民主共和国。1987年12月华盛顿美苏首脑会晤期间，戈尔巴乔夫对里根说："苏联撤军必须和美国放弃对阿富汗国内反政府力量的支持联系在一起。"[1] 由于苏联国内的经济困境，戈尔巴乔夫特别需要西方放松对苏贸易管制，稳定超级大国间的关系。里根"大棒加胡萝卜"的政策促使戈尔巴乔夫下决心调整苏联对第三世界的政策。[2] 华盛顿美苏首脑会晤后，苏联开始改变对第三世界的政策。戈尔巴乔夫终于下定决心，在1988年2月8日就阿富汗问题发表的公开声明中，明确指出"要制定一个各方均能接受的苏联从阿富汗撤军的时间表"。4月14日，由联合国主导，苏联、巴基斯坦伊斯兰共和国、阿富汗民主共和国、美国四方签订《日内瓦协议》，确定了苏联从阿富汗撤军的基本准则，使得苏联能较为体面地撤出阿富汗。为安抚苏联，美国同意在

---

① 　Artemy M. Kalinovsky, *A Long Goodbye: The Soviet Withdrawal from Afghanistan*, Cambridge, MA: Harvard University Press, 2011, p.119.

② 　Andrei Grachev, *Gorbachev's Gamble: Soviet Foreign Policy and the End of the Cold War*, Polity, 2008, pp.111-112.

这份国际协议上签字，使得苏联外长谢瓦尔德纳泽可以将苏联撤军描绘成是外交成果，是戈尔巴乔夫新思维的产物。同年5月，苏联开始从阿富汗撤军并于1989年2月撤出全部军队。但令戈尔巴乔夫苦恼的是，美国拒绝放弃对阿富汗反政府武装的支持。[①] 苏联撤军并没有给阿富汗人民带来和平与稳定，1992年4月，阿富汗民主共和国被反政府武装推翻，阿富汗再次陷入内战。

[史家争鸣]

西方学界一直在争论是什么原因最终导致苏联决定从阿富汗撤军。大致可以分为三种观点：第一，部分西方学者认为苏联撤军最主要的原因是战争给苏联带来的人力和物力的消耗，莫斯科认识到苏联无法以军事手段赢得这场战争；[②] 第二，另外一些学者则认为，苏联撤军最主要的原因是这场战争所造成的社会成本太高，苏联公民中公开反战的声音越来越大，僵化的苏联共产主义体制无法适应这次战争给苏联社会带来的巨大变化；[③] 第三，苏联撤军最关键的原因是戈尔巴乔夫新思维以及撤军会对苏联在第三世界的声誉产生什么影响等因素综合平衡的结果。这是为什么苏联没有在戈尔巴乔夫上台的1985年就仓促撤军，而是选择在军事、政治、经济、国际关系等领域各方力量达到相对平衡之后，最后才在1989年撤出全部在阿富汗的军队。[④]

[①] George Shultz, *Triumph and Turmoil, My Years as Secretary of State*, New York: Charles Scribner's Sons, 1993, p.1094; James Scott, *Deciding to Intervene: The Reagan Doctrine and American Foreign Policy*, Durham: Duke University Press, 1996, p.79; Alvin Z. Rubinstein, "The Soviet Withdrawal from Afghanistan," *Current History*, October 1988, p.336.

[②] Alex Alexiev, "U.S. Policy and the War in Afghanistan," *Global Affairs*, Vol. 3, No. 1 (Winter, 1988), p.90; Amin Saikal and William Maley eds., *The Soviet Withdrawal from Afghanistan*, New York: Cambridge University Press, 1989, p.7.

[③] Diego Cordovez and Selig S. Harrison, *Out of Afghanistan: The Inside Story of the Soviet Withdrawal*, New York: Oxford University Press, 1995, p.3, p.247; Alvin Z. Rubinstein, "The Soviet Withdrawal from Afghanistan," *Current History*, October 1988, p.339.

[④] 参见 Major Harry M. York, The *Soviet Withdrawal from Afghanistan: Strategic Context*, School of Advanced Military Studies, United States Army Command and General Staff College, Fort Leavenworth, Kansas, 2013-02 (available on-line), pp.30-32; Artemy M. Kalinovsky, *A Long Goodbye: The Soviet Withdrawal from Afghanistan*, p.14; Sarah E. Mendelson, *Changing Course: Ideas, Politics, and the Soviet Withdrawal from Afghanistan*, Princeton: Princeton University Press, 1998, pp.92-123。

1. 1979年苏联入侵阿富汗之后便陷入战争泥沼。为什么在这场战争持续8年多之后，苏联领导人才下定决心撤出阿富汗？

2. 戈尔巴乔夫决定撤军是出于怎样的战略考量？

3. 苏联提出的撤军条件包括哪些内容？美国满足了苏联的条件吗？

4. 苏联撤出阿富汗无疑有利用苏联改善与其他大国的关系。苏联在阿富汗遭遇的失败是否削弱了莫斯科在第三世界的影响力，最终导致苏联的解体？

（夏亚峰　编）

181

《科尔和戈尔巴乔夫关于德国统一的声明》

（1990年7月16日）
（科尔和戈尔巴乔夫关于德国统一的声明）

The Kohl-Gorbachev Agreement on German Unification, July 1990

A central feature of the Cold War was the so-called "German Question", flowing from the failure of the four main Allied powers (the United States, Great Britain, France, and the USSR) to reach agreement on the status of Germany after World War II. Their postwar partition of that country into military occupation zones, followed by the onset of the Cold War, had resulted in its enduring division into capitalist West Germany (the Federal Republic of Germany, or FRG) and communist East Germany (the German Democratic Republic, or GDR), with the former eventually joining NATO and the latter in the Warsaw Pact. The partition was solidified by the "iron curtain" of barbed wire and fortifications that separated East from West, and later also by the Berlin Wall.

In 1989 and 1990, however, the fall of the Berlin Wall, the liberation of Eastern Europe from Soviet control, and the winding down of the Cold War removed the main obstacles to German unification. Exploiting this new situation, the Germans pressed the four powers that had divided their country to let them reunite. After some initial hesitance, a framework for discussions was approved.

But the West envisioned a unified Germany that was part of NATO, while Soviets insisted that it must be neutral. In July 1990, in an effort to break the impasse, West German chancellor Helmut Kohl traveled to the USSR and persuaded Gorbachev to accept NATO membership for a united Germany, in return for major economic concessions and a pledge that the NATO military structure would not expand into eastern Germany until Soviet troops had left. This agreement removed the last major hurdle and, once appropriate treaties were completed and signed, 3 October 1990 was proclaimed the "Day of German Unity."

A. STATEMENT BY HELMUT KOHL, 16 JULY 1990

The ... significance of our meeting lies in the results: We have agreed that significant progress could be made in central questions. This breakthrough was possible because both sides are aware that in Europe, in Germany and in the Soviet Union historic changes are taking place that give us a special responsibility ...

President Gorbachev and I have agreed that we have to face this historic challenge and that we have to try to be worthy of it. And we understand this task out of a special duty to our own generation, which consciously saw and witnessed the war and its consequences, and which has the great, maybe unique, chance to durably create the future of our Continent and our countries peacefully, securely and freely.

It is clear to President Gorbachev and to me that German-Soviet relations have a central significance for the future of our peoples and for the fate of Europe. We want to express this and have agreed to conclude an all-encompassing bilateral treaty immediately after unification, which shall organize our relations durably and in good-neighborliness ...

Today I can state the following with satisfaction and in agreement with President Gorbachev：

- The unification of Germany encompasses the Federal Republic, the GDR and Berlin.

- When unification is brought about, all the rights and responsibilities of the Four Powers will end. With that, the unified Germany, at the point of its unification, receives its full and unrestricted sovereignty.

- The unified Germany may ... decide freely and by itself if and which alliance it wants to be a member of ... I have declared as the opinion of the West German Government that the unified Germany wants to be a member of the Atlantic Alliance, and I am certain that this also complies with the opinion of the Government of the GDR.

- The unified Germany concludes a bilateral treaty with the Soviet Union for the reorganization of the troop withdrawal from the GDR, which shall be ended within three to four years ...

- As long as Soviet troops will remain stationed on the territory of the GDR, NATO structures will not be expanded to this part of Germany ...

- A unified Germany will refrain from producing, holding or commanding of atomic, biological and chemical weapons and will remain a member of the Non-Proliferation Treaty ...

B. STATEMENT BY MIKHAIL GORBACHEV, 16 JULY 1990

Chancellor Kohl has said a great deal about the great work we have done together ...

We could work so fruitfully because ... our relations are already marked by a very high level of dialogue, and the meetings on highest levels, the telephone calls, the mutual visits have contributed to this intensive dialogue.

We have expected that there will be ... changes, for example in the area of NATO.

The Warsaw Pact has already, as you know, changed its doctrine at its last session. That was a challenge, a call to change the structures of the blocs, from military blocs to more political ones.

We have received a very important impulse from the conference in London, NATO's most recent conference, which brought very important positive steps ...

If the ... step of London had not been made, then it would have been difficult to make headway at our meeting. I want to characterize the two last days with a German expression: we made realpolitik. We have taken as a basis today's reality, the significance for Europe and the world.

We have reached agreement over the fact that the NATO structure is not going to be expanded to the territory of the former GDR. And if on the basis of our agreement the Soviet troops will be withdrawn in a time frame of, let us say, three to four years, then we take it that after this time period this territory will also be part of a Germany that has full sovereignty. We take it that no other foreign troops appear there; here we have trust and are aware of the responsibility of this step.

Mr. Chancellor, it was you most of all who developed this idea at this meeting. We cannot talk yet about a unified Germany, it is still an idea yet, but an idea that I welcome ...

录自：“The Kohl-Gorbachev Agreement on German Unification, July 1990”, in Edward H. Judge, John W. Langdon, ed., *The Cold War through Documents: A Global History*, Rowman & Littlefield Publishers, 2017, pp.352–355.

[**历史背景介绍**]

德国，作为乔治·凯南眼中的"世界五大力量中心"之一，一直是冷战争夺的核心地带，数次危机都围绕着德国（特别是柏林）展开。

对联邦德国而言，实现"统一"一直是从建国开始孜孜以求的目标，可是由分区占领所导致的"两个德国"的政治现实却在冷战格局逐渐加固。到了20世纪60年代，联邦德国的外交政策开始趋于承认现实，积极谋取与东欧国家改善关系，但1966年3月的《和平照会》所取得的效果并不令人满意。1966年年底基民盟与社民党的大联合政府掌权，维利·勃兰特出任外交部长并开始谋划更为"独立自主"的"新"东方政策，同时在德国统一问题上从"汉贼不两立"的"哈尔斯坦主义"渐渐转向"以接近求转变"的新方向。在1966—1969年的外交实践中勃兰特逐步认识到，任何改善与东欧国家关系的努力都必须经过莫斯科。1970年8月《莫斯科协定》签字之后，新东方政策终于取得了实质性进展。不过，两德相互承认并共同加入联合国的局面，固然改善了联邦德国的安全处境，但从形式上看，德国重新统一的希望似乎更加渺茫了。

然而，戈尔巴乔夫所面临的经济困境，尤其是1989年社会主义阵营发生的种种风波和剧变出人意料地将德国重新统一的机会推到了联邦德国领导人面前。时任联邦德国总理的科尔抓住了这个机会，在1990年7月的这场关键谈判中为"重新统一"（实则为民主德国加入联邦德国）奠定了外交上的基础。

值得注意的是，在此次与科尔的会谈之前，戈尔巴乔夫已经在1990年6月与美国总统布什进行的华盛顿谈判中做出让步，同意统一后的德国成为北约成员国。

[史家争鸣]

德国学者维尔讷·魏登菲尔德（Werner Weidenfeld）认为戈尔巴乔夫愿意在"德国重新统一"问题上让步的主要原因是苏联经济的窘境急需联邦德国的贷款。[①]

民主德国最后一任总理汉斯·莫德罗（Hans Modrow）认为，虽说民主德国并不是被苏联"叛变或者出卖的"，但戈尔巴乔夫在处理这样一个重大

---

① 见维尔讷·魏登菲尔德，彼得·瓦格纳，埃尔克·布鲁克：《德国统一史——争取德国统一的外交政策：决定性的年代（1989～1990）》（第四卷），欧阳甦译，北京：社会科学文献出版社，2016年。

国际问题时目光短浅，只顾私利，使苏联放弃了对民主德国的传统责任。不但使民主德国难以支撑下去，实际上也开启了苏联的崩溃进程。[1]

吴伟和王游认为，联邦德国"吞并"民主德国，事实上让北约东扩。但是，苏联一方面再无财力去支持民主德国，更不愿意"像斯大林、赫鲁晓夫和勃列日涅夫那样派军队去兄弟国家处理问题"，于是只能"一退再退"。[2]

王彦认为，除了经济困境之外，内政压力也是戈尔巴乔夫做出让步的重要原因。1990年5月立陶宛和爱沙尼亚都发表独立宣言，戈尔巴乔夫急需西方的支持以巩固自身地位，进而在没有与苏联外交部和苏共政治局进行充分讨论的情况下轻易做出让步。[3]

除了大国关系外，李华强调了民主德国的内部的政治危机给苏联造成的压力。柏林墙已于1989年底不复存在，全国各地均爆发了要求两德统一的大游行，如果政府彻底拒绝统一，局面将很快走向全面失控。[4]

克劳斯·拉尔斯（Klaus Larres）特别指出西方阵营内部对德苏关系的制约性力量：联邦德国在发展与苏联的关系时不得不谨慎地将进展速度控制在其他西方国家可以接受的范围之内，这样的情形被称为联邦德国与美、英、法关系中的"拉巴洛因素"（Rapallo factor）。西方国家特别警惕德苏之间的接近会形成一个威胁西方的强大力量集团——就像1922年《拉巴洛条约》所起到的效果那样。[5]

事实上，对"拉巴洛因素"保持高度警惕的国家不限于西方阵营之内，比如波兰一定记得历次德俄友好对自己造成的伤害。

特里·麦克尼尔（Terry McNeill）特别提醒那些觉得"德国重新统一"

---

[1] 汉斯·莫德罗：《我眼中的改革——前民主德国总理亲历苏东剧变始末手记》，马细谱、余志和、赵雪林译，北京：中央编译出版社，第96—104页。

[2] 吴伟、王游：《苏联与德国统一》，《历史教学》，2016年第14期，第3—12页。

[3] 王彦：《戈尔巴乔夫时期苏联在"德国统一"问题上的政策研究》，东北师范大学硕士学位论文，2004年。

[4] 李华：《戈尔巴乔夫与1990年的德国统一》，《德国研究》，2005年第3期，第24—29页。

[5] Klaus Larres, Panikos Panayi, *The Federal Republic of Germany since 1949, Politics, Society and Economy before and after Unification*, London: Routledge, 1997.

为"水到渠成"之事的人：对于冷战时期的东西方两大阵营、德国的所有邻国乃至两个德国自身的统治精英而言，德国的分裂其实是一种更令人满意的状态，而突然改变现状则意味着高度的不确定性，重新统一并不是德国的必然命运。[①]

[思考题]

1. 作为一场最高领导人参加的外交谈判，你感觉联邦德国从中获得了什么，苏联又获得了什么？为什么会这样？你了解到多少两位领导人都未曾提及的因素？

2. 在科尔与戈尔巴乔夫在叙述北约机构是否进入民主德国疆域一事时的侧重点有什么区别？

3. 这两篇谈话在"德国重新统一"的问题上的说法有哪些共同点，又有哪些差异？

4. 你是否能从这两篇象征着东西方和解的讲话中看出苏联（及其后继者俄罗斯）与西方关系的隐忧？

（童欣　编）

---

① Terry McNeill, "The USSR and the German Question". In: Kirchner, E.J., Sperling, J. (eds) The Federal Republic of Germany and NATO. Palgrave Macmillan, 1992. https://doi.org/10.1007/978-1-349-21938-4_5.